普通高等教育“九五”国家级重点教材

中国社会史概论

（第二版）

冯尔康 著

中国教育出版传媒集团
高等教育出版社·北京

内容简介

本书是教育部“九五”国家级重点教材。本书从社会史研究历程的独特角度探讨社会史学科建设的一系列理论问题，阐释社会史的研究对象、特点、方法和功能；突出对社会史史料学的研究，并把它视为社会史研究的重要理论组成部分；论述了中国古代、近代(前期)社会结构及演变；并以饮食、生育、丧葬、节庆为例描述古代社会生活方式和社会风俗。本书注重概括性、涵盖性与典型性、故事性的结合，力求选择典型、有趣的事例，增强可读性。

本书可供高校历史学、社会学等相关专业教学使用，也可供社会读者研究、学习。

图书在版编目(CIP)数据

中国社会史概论／冯尔康著. --2版. --北京：高等教育出版社，2024.3
ISBN 978-7-04-062007-8

Ⅰ.①中… Ⅱ.①冯… Ⅲ.①社会发展史-中国-高等学校-教材 Ⅳ.①K20

中国国家版本馆CIP数据核字(2024)第054680号

中国社会史概论(第二版)
Zhongguo Shehuishi Gailun

策划编辑 张 林　责任编辑 张 林　封面设计 刘晓翔 杨立新　版式设计 童 丹
责任绘图 李沛蓉　责任校对 马鑫蕊　责任印制 刁 毅

出版发行	高等教育出版社	网　　址	http://www.hep.edu.cn
社　　址	北京市西城区德外大街4号		http://www.hep.com.cn
邮政编码	100120	网上订购	http://www.hepmall.com.cn
印　　刷	河北鑫彩博图印刷有限公司		http://www.hepmall.com
开　　本	787mm×1092mm 1/16		http://www.hepmall.cn
印　　张	28.5	版　　次	2004年12月第1版
字　　数	480千字		2024年3月第2版
购书热线	010-58581118	印　　次	2024年3月第1次印刷
咨询电话	400-810-0598	定　　价	57.00元

本书如有缺页、倒页、脱页等质量问题，请到所购图书销售部门联系调换

物 料 号 62007-00

自　序

社会史，或者说新社会史、新史学的研究在历史学界似乎已经成为一种“显学”，或被视为史学界的主流，许多高等学校历史学院系开设了这一课程，然而可作为教材的著作尚不多见。

现有的中国社会史通论性的著作，有周谷城在20世纪30年代著述的《中国社会史论》（1988年重编版），李泉等人的《中国古代社会史通论》（1996），黄宽重、柳立言的《中国社会史》（1996），周积明、宋德金主编的《中国社会史论》（2000）等书。它们对社会史的研究与教学都产生着积极的作用，但作为高等学校的教材，还有不尽如人意之处（对上述著作的评论，将在第一章有所说明），教学与研究需要一部新的社会史教科书。

对此反映最敏锐的可能是出版机构，1990年中国社会史年会在成都举行期间，就有出版社编辑找笔者，希望笔者邀请几位同好编写一部中国社会史讲义，供高等学校教学使用。笔者对这种建议既感到荣幸，又觉得尚不具备条件，不敢应承。因为当时社会史的研究刚刚恢复，宏观的、微观的考察均极其缺乏，而且毫无理论准备，这时候如果贸然去写带有总结性、前瞻性的高度概括性的教材，是写不出来的，即使勉强完稿，一定是极其不像样子的东西，愧对学术界和大学生。然而编写社会史概论的事则深深地印在笔者脑子里。直至1997年，教育部拟编制重点教材规划，鉴于社会史研究的迅速进展，笔者遂提出编写《中国社会史概论》的设想，并被列入计划。自1998年开始，笔者除了通常地进行有关社会史专题和其他历史问题的研讨之外，在每年春天集中阅读上一年的有关社会史的重要论著、论文，尤其关注它的理论和重大历史事件的讨论信息，并且写了几篇心得文章，陆续发表出来。如今笔者着手写作此书，有两个因素在起作用，一是十几年来中国社会史研究在国内外的长足发展，有许多成果可为笔者借鉴和介绍；二是个人对某些专题也不陌生了，有一些现成的稿子。现在的写作，比起十几年前，条件是好得多了，当然也不是说多么成熟，而是说可以勉力为之了。

决定写作，问题就来了：它是社会史方面的书，在四十万字左右的篇幅里应该写什么？它作为教材应当有何特点？笔者权衡再三，采取下述原则：

第一，致力于学科理论建设。社会史作为一门学科，它是什么样的学问，这样的学科理论问题，作为学科建设来讲是必须回答的。笔者考虑到社会史研究的变化性、开拓性和争鸣性，不能不对学科理论作着力的叙述。什么是社会史，20

世纪上半叶的学者不进行理论的讨论，只从事具体史事的研究；到下半叶，专史说、分支学科说、整体史说、社会历史说、方法说、视角说、范式说相继面世，不仅如此，新社会史、新史学同社会史纠缠在一起了，跨学科的研究也产生了。在这种情形下，社会史研究该怎么办？社会史将走向何方？如何能走得更好？事关社会史研究的前途问题，总应当求得一种理解出来，或许会对学科的发展有好处。有鉴于此，为着学科建设（特别是在当前情形下的建设），为着初学者，笔者决心加强自己并不能胜任的社会史理论的研讨，力图采取新的讨论方法，就是从社会史的研究历程去认识它，从学者研究实践中去明了什么是社会史以及它的研究对象、范畴、方法和功能，而不着重于纯学理的讨论。虽说是进行理论研讨，然而笔者是从事微观史学研究的，理论素养甚差，因此所讲述的社会史“理论”，实含有几十年治史经验之谈，并未升华到理论层次，这一点也是有自知之明的，请读者明了此情，对此不要抱有多大的希望。

第二，致力于史料学的探讨，并把它视作理论建设的内涵。如同社会史研究对象的不确定性一样，什么是社会史史料也是难于把握的，时至今日，还没有关于社会史史料学的像样的论文，更不必说专著了，因此社会史史料学的问题值得郑重地提出来加以讨论。社会史的史料与历史学的史料有无不同？“正史”里有社会史史料吗？方志、文集、笔记、族谱家谱、报刊、书信、日记、契约文书、民间日用文书、小说、诗词、戏剧、传单、广告等体裁的历史文献与社会史史料有无关系？社会史史料如何搜集、利用？对这些疑问，笔者于2002年撰写《关于建设中国社会史史料学的思考》一文（台湾《汉学研究通讯》2002年第4期），提出社会史史料研究方向性意见。随着数字化时代的发展，电子书日益普及的同时，视觉资料引起人们的关注，2006年笔者就此撰写《史学著作的图文配合与构建视觉史料学》（《学术月刊》2006年第7期）倡言建设视觉图籍史料学。现在对社会史史料学又有进一步的理解，故而不惜笔墨地书写出来。没有史料，便没有史学研究，没有社会史史料，社会史研究也就无从说起，因此讨论社会史史料，既是社会史的理论建设问题，也可以视为社会史研究的理论组成部分，归属于学科建设范围之内。

第三，概括性、涵盖性与典型性、故事性的结合。本书是以教材为目标编写的，应当朝着教材的要求、规范去努力。教材涵盖量要大，应有概括性，信息量应该丰富，文字要简约；历史现象的交代既要繁多，却又不能大事铺陈，不必作繁琐考证。这类要求，笔者能够做到，但也有许多做不到的地方。社会史本身是丰富生动的，贴近人们生活的，写得好，读者会乐于接受，为此不能限于概括性的要求，忽视必要的故事情节的描述，不能令这本书干涩乏味，要力求选择典型的、有趣的事例，让它具有可读性。

由于学术史理论暨史料学叙述占据大量篇幅，因而笔者对中国社会史史实的叙述受到很大限制。这虽是有一利就有一弊，总是笔者没有处理好，本想在修订本有所纠正，大量压缩社会史研究史的说明，削减社会史史料学内容，省下篇幅增加日常生活史内容——主要是在第四章增进四节：近当代海外移民及其传承中华文化，古人公共卫生史，明清徽州知识女性的独立谋生及文学创作生活，清代前期天主教徒宗教生活。笔者深知，仅此增订，对中国社会史的叙说，仍然只是局部，没有给出一部完整的中国社会史简史。及至修订，新的研究信息和新发现的史料势必增写，根本不能缩减相关篇幅，只好增添海外华人生活史、天主教徒生活史两节。笔者十分羞愧，未能写出“简明中国社会史”。这是第一版的憾事，如今亦未能弥补。在此，唯有敦请读者留意：理论和史料两章所叙述的史事、史料，在客观上起到某种叙述社会史史实的作用，请不要放弃从这个角度去把握它。

本来《自序》到此可以结束，然因笔者欣喜三部中国社会史新教材的诞生，欣喜中国社会史研究的巨大发展和成就，不妨在此作出最简单的概述，以便读者先有所明了，能够喜欢这门学科。

笔者喜见的三部中国社会史教材是：池子华、吴建华主编的《中国社会史教程》（安徽人民出版社 2009 年），梁庚尧著《中国社会史》（东方出版中心 2016 年），张笑川主编《中国社会史导论》（上海教育出版社 2020 年）。作为教材，这三部著作推进了中国社会史的系统性、精湛性和实用性。当然，任何著作都不会尽如人意，是以笔者仍乐于修订拙作。

就中国社会史研究来说，笔者喜见改革开放以来中国社会史研究出现巨大的进展，即从关注社会结构史、社会群体与生活方式，进到日常生活史研究。其实社会结构史与日常生活史并行不悖，是将社会史研究深入且细化。如个人与家庭史，家族史；底层群体——平民百姓、贱民、半贱民、弱势群体；妇女史研究演进历程——女性史—性别史—男性史—全面性别史；城市与乡村日常生活的细化：医疗社会史与生活环境史发展出生命史研究，进而归纳出综合性的“三生”史，即生命史、生计史和生态环境史；于是有了个体化的人生史：出生—童年—教育—就业—婚姻—生育—人际交往—疾病与医疗—老年—家庭伦理—死亡—丧葬—祭祀；微观研究又同整体史相联系。总之，当今的社会史研究，是在自然生态环境与社会生态环境下人的日常生活史（个性化的日常生活史），进而映照人类社会整体史。

当今社会史研究法，跨学科、多学科综合研讨的属性突出。如社会学、历史人类学与区域史研究的结合，就中方法论的进化体现在：关注民间文献资料搜集，运用田野调查、社会调查、向下看的方法，口述史、个案史以及实证研究法。又如生态环境史与水利史研究的结合；综合医学史、人类学与历史学的医疗社会史研究。在跨学科、多种方法综合研究中，学者不忘对心态史、心灵史、情感史、概念史的关照。

社会史史学功能转变，由资鉴的政治功能转向社会功能，所以特别关注日常生活、生命健康与生存环境。

最后，笔者表达一种期望，即期冀社会史研究从日常生活史研究再出发：令它成为个性化的日常生活史。社会史研究复兴之开始，研究者就有书写“有血有肉”历史的志向，然而在关注社会结构和社会生活研讨中，那基本上成为一种愿景，待“日常生活”理念成为主导思想，在“生活与制度”新探索中开始实现“还历史以血肉”，令中国社会史研究跨入一个新阶段。笔者期盼中国社会史研究在新探索中不断前进，从“日常生活”再出发、再探索，这应当是毫无疑问的！学术研究本质是不断创新，不断发展，中国历史学的发展史就是这样子的，传统史学的发展不必说了，以近现代史学来讲，是在不断前进：梁启超的“新史学”提倡史学研究关注民众，提醒学者留意于民间历史；阶级论讲斗争史，概念中有被压迫阶级的贫困民众，实践中的“忆苦思甜”；结构论瞩目群体及其生活（社会生活）；新文化史、新社会史提倡以人为中心，将目光投向人的日常生活。下一步的研究对象将是什么呢？是否从日常生活出发，探讨和书写个性化的日常生活——“个性日常生活”。笔者设想的“个性日常生活史”，期冀展现生活的多样性、变化性、丰富多彩性；尊重多元文化、国内多民族文化、个人人生观（爱好、职业、信仰、交游、婚姻、生命）选择将是其主导意识。笔者推理：个性生活的多样性，孕育、成长于家庭、社区、社会及职业中，即家庭家族传承因素，职业的某种“规定性”，社区文化、当代社会流行文化观念、历史传承意识的影响，使得个人总是有其身份属性的，有其有形的或无形的群体，或者有其组织（政治性的、信仰性的、俱乐部性的等）活动。进入“个性生活”研究，对中国人而言尤其有必要。中国人受两千多年大一统的君主专制政体影响，有家国一体意识，讲求共性，但个性不足，“个性生活”研究的必要性、迫切性是显然的。在全球化时代，再出发将中国人日常生活、个性生活纳入世界史研究中，加强中外日常生活、个性生活比较研究是十分必要的。

著者

2003年12月初稿（2004年版《前言》），2021年12月20日续写

目　录

第一章　社会史及其理论

什么是“社会史”，学术界的认识有很大的差异。究竟社会史是怎样的一门学问？笔者在本书的开篇讨论这一问题，自然会涉及它的定义、研究对象、范畴、方法、功能以及它的研究历史。

无论认为社会史是历史学的专门史，还是整体史，都需要把它放在历史学中来讨论，因此笔者有意先明确关于历史学的认识，再谈什么是社会史的问题。故而先以第一节来讲对历史学的理解，当然，目标是关照社会史与历史学的关系。

如何研究社会史的理论？笔者摈弃抽象学理的方法，从社会史的研究实况中寻找它的理论，所以第二节专门论述这一方法论问题，然后各节考察社会史的研究史和现状，从而整理出笔者的观点。由于中国社会史研究同西方年鉴派史学、新史学、新社会史关系密切，理所应当给予必要的关注，因而将年鉴运动史学的介绍也安排在第二节。

鉴于讲述社会史的理论，这一章就有十多万字，读者可能难于一下把握笔者的观点，故而也在第一节交代对社会史的基本看法，而展开论说，则在其他各节。

第一节　历史学和社会史

一、历史学之我见：“讲故事”的历史学定位

（一）历史学是陈述之学

历史学就是讲故事，讲人物、事件、制度，以及产生这些故事的自然生态环境、社会生存环境和人文环境；讲故事的历史具有五种要素，即时间、地点、人物、情节及环境（前四种要素所形成的历史故事的社会背景及自然生态环境）。

历史学以其讲故事反映现代人类社会的知识、观念对历史的理解。

（二）历史学要不要讲道理（历史哲学）

讲故事的陈述史学不讲道理吗，不讲历史运动、历史发展轨迹吗，只是说

一些具体的事情吗？非也，它是讲哲理的。但在表达方式上有两种作法：

一种是实证派作法，寓论于史。作者有历史观点，有揭示历史面貌的愿望，但不采取大量议论的方式，而是夹叙夹议，选择充分的、较充分的史实表达自己的见解，并希望通过史实让读者自行理解历史，从中获取教益。这种作法，易于明了具体道理和经验，难于揭示大道理（所谓“规律”）。

另一种是义理派作法。史实不多，或利用二手材料、他人考订的史料，建构史学模式，去讲论历史哲理、规律，给人以宏观道理的启示，开人心智。

实证法（实证派）与义理法（义理派）是何种关系呢？笔者之意，实证是义理的基础，义理是实证的升华；没有实证，便没有义理。两者需要结合，实证努力理论化，勿为繁琐考证所累；义理要向实证靠拢，最好要有实证功力。

（三）历从史学之异于其他人文学、社会科学看其陈述历史（讲故事）的特点

文学，形象思维之学，得益于想象；哲学，宏观逻辑思维之学，得益于抽象思维；经济学、法学、社会学等，是强调规律、理论、模式之学。

历史学，重陈述，讲故事，特别看重的是寻求史实及对其描述中的阐述。它不能仅仅凭借想象，或抽象思维，或套用公式理论，从根本上有别于其他学科。

历史学这种用史料和历史遗物所叙述的故事包罗万象，为各种学科提供可选择的史料和观点，这就使得历史学有点人文科学、社会科学基础的味道。

（四）历史学需要保持“讲故事”的特色

历史学应保持其特点，是陈述历史和在陈述中引出固有的道理，而不是一般地讲述宏观义理和规律。笔者不赞同以义理、新方法之探讨为史学研究的主流，或谓史学不讲理论，为其他科学学科所小觑，不如理论化；然而史学研究正在与自然科学、社会科学、其他人文学科的研究相结合，有其活跃性，至于社会地位下降，那是另外一回事（在近代社会，人文学科的传统主流地位为自然科学和工程科学所代替，非仅史学一家也）。笔者的这种史学观念是传统的，是固守史学本位，认为唯其如此，才能保持历史学的特色，而在人文学科中保留一席之地。

二、历史学的发展历程、走向与社会史研究

关于历史学业已经历的发展过程、当今趋势，以及与陈述史学的关系问

题，笔者仅将概约化的看法缕述于次：

（一）古代史学嬗变为实证史学

古代史学可视为政治史的历史学，主要是通过历史人物的活动讲述政治史（含军事史、外事史），被有的学者称为“帝王史”，或被讥讽为“断烂朝报”。

实证史学。从梁启超提倡“新史学”，到王国维、胡适、傅斯年、顾颉刚、陈寅恪、陈垣、吕思勉、柳诒征等所提倡和实践的实证史学，政治史仍然是其研究的主要内容，同时也开始了经济史、文化史、社会史以及科技史的专门史研究。实证史学在方法上重视实证，特别讲求材料的发现和搜集。实证史家在观念上，最初多信仰进化论，后来多样化了，主要是实验主义、自由主义。他们强调学术研究独立思考，学术自由，反对政治干预。

在相当长的时间里，国人主要根据苏联的理论解释，来理解马克思主义、列宁主义并运用于中国历史研究，将人类进入文明社会以来的历史视为阶级斗争史，是一个阶级战胜另一个阶级的历史。在具体研究上，将历史分为政治、经济和文化三大块，政治史主要研讨阶级斗争史、农民战争史、政治斗争史、中国革命史和国际共产主义运动史。这一时期史学在观念上强调探索历史发展的科学规律，强调生产力与生产关系、经济基础与上层建筑的辩证关系及前者决定后者的理论。功能方面强调为无产阶级政治服务。对下层民众史研究发掘出一些史料。

（二）社会史及其与整体史关系

1. 历史学中的社会史

20 世纪上半叶历史学、社会学、经济史学、人类学、民俗学共同开创社会史研究。20 世纪 80 年代中期以来，大陆史家接受二三十年代社会史研究、阶级论史学关于劳动者斗争史研究的成果，并受西方年鉴史学运动影响，自觉或较自觉地开展社会史研究，形成方兴未艾及持之以恒的局面，成为史学研究主流。在台湾地区，社会史研究在领域的拓宽和探讨的深度上均有令人瞩目的成就。

社会史大大扩展了历史研究的领域，社会结构、日常生活、民间信仰与意识、心态、情感、医疗、公共卫生、生态环境、生命史都进入研究范围。

社会史与其他学科，特别是社会学、人口学、历史人类学等学科，有着交叉研究的内容，因而成为历史学与其他学科进行跨学科研究的桥梁。

社会史在研究方法上采用归纳法，视角转向普通民众（所谓“从下向上看”）。历史人类学的田野调查法、社会学的个案研究法、哲学的辩证法等，也被吸收为研讨的方法。

社会史的研究，令史学功能由政治功能向社会文化功能转化。当代史学面临历史知识大众化的重要任务，史鉴功能日益削弱，而社会史以其研究内容贴近民众生活，社会史知识易于为民众接受。因此，社会史的社会文化功能真正体现了史学功能。

2. 社会史与以“整体史”（“全面历史”）为特征的“新史学”的关系

在西方，历史学走出年鉴运动，“新史学”正在形成之中。台湾学者在进行社会史研究的同时，就有新史学之愿望，由 1990 年创刊的《新史学》杂志命名可知。大陆学者提出社会史是一种研究范式之说，与整体史联结起来。

整体史也称“总体史”“社会的历史”“社会史学”“新文化史”，它的产生有其必要性：一方面历史学、社会史研究领域一再扩大，出现所谓“历史碎化”现象，学科研究特别需要总和、综合；另一方面，与其他学科的交叉研究，使历史学成为容纳百川之学，处于跨学科研究的“中心”地位，也需要进行学科整合，而社会史难以完成这种使命。历史学研究在许多方面有回归的现象：政治史回归，早期社会史所排除的政治史被赋予新意的研究，即从对个人（帝王、英雄）的研究演进到对政权史及其有关符号、象征的研究；叙述史回归，不以发现规律为重点目标，而以公众乐于知道的事件人物为描述对象；主体回归，以人为主体，将人从决定论观念下释放出来；人物传记回归，不仅是描述个人的历史，而且要反映人物所处世界和社会；等等。所有这些令人有史学回归之感。然而回归不是复原，而是以研究整体史为使命和特征，是真正意义上的历史、完整的历史，而不是残缺的历史。

社会史与整体史的关系，由社会史研究的内容、经历、趋向可知一二。社会史经历如下的发展，可能发展到整体史的阶段：社会结构（政治史的某种延伸及同社会学、经济学的结合）、日常生活（社会现象）→心态、意识、信仰（文化层面）→生态环境、身体医疗（关怀生命、社会问题）→向跨学科的整体史发展。

社会史可能是从实证史学向整体史学过渡的中间形态、过渡形态。

当然，社会史研究的使命，在中国远未结束，整体史的出现尚处于愿望阶段，需要创造条件，迎接其到来。

上面说社会史研究的出现和在历史学中的地位，那么社会史是什么学科？

下面将有所交代。

第二节　从社会史研究实践进行理论探讨与社会史定义

一、关于社会史定义的不同观点与研究实践中的探讨

（一）社会史定义的不同观点

有关社会史的定义，我国学术界约有六种观点：

1. 社会史是专门史说、史学分支学科说。将社会史视为与政治史、经济史、文化史等专门史一样，主要研究与政治、经济、文化并列的“社会”。

2. 社会史是历史社会学与社会历史学“联姻”产生的历史学新学科。此说比专门史说更多地吸取社会学的理论，具有浓厚的社会学色彩。

3. 总体史说。针对专门史说，全面地考察历史，说明历史。不同于早先的历史即政治史说，也不是简单地政治史加经济史、文化史、社会史，而是社会的全部历史、总体的历史。

4. 方法论说。认为社会史没有独立的研究范畴，不成其为专门史，只是研究历史的一种方法、一种观察历史问题的视角。

5. 范式说。与方法论说不同，或者说大为前进一步，视社会史为一种史学范式。认为当代的“新史学”基本上，或者首先就是以社会史为表征。从历史学研究的进程来看，这个新范式将是取代兰克模式的重要范式之一。

6. 新社会史说。要在由传统经济史出发而构建的整体史的框架之外，寻求以更微观的单位诠释基层社会文化的可能性，构建本土化的中国社会史/中国历史叙述。

（二）笔者的定义

笔者对社会史学科的定义是：研究历史上人的日常生活、人的生命全过程，及其所反映的社会意识、社会运行机制。它以社会群体、社会组织、等级、阶级、地域、社区、人口的社会构成，以及上述成分所形成的社会结构及其变动，构成社会结构的人群的日常生活行为变化及其观念，产生变化的自然环境与社会环境的因素为研究范畴，揭示其在历史上的发展变化及在历史进程中的作用与地位；它是历史学的一门专史，并将研究置于整体史（全部历史）范围之内，以促进历史学全面系统地说明历史进程，以及可能了解的历史演进

规则；它与社会科学、自然科学、工程科学、人文学的许多学科有着交叉研究的内容，具有多学科、跨学科研究的性质及方法，并将随着各种相关学科的发展，丰富其研究内容。

这个定义使社会史立足于专门史，面向全部历史。

笔者对于学术“定义”的理解与多数学者的见解是一致的，“定义”不可能是完美无缺的；它不会限制研究历程；它会随着学科研究的发展、方法论的更新而改变。所以笔者给社会史下定义仅仅是表示个人的理解，不过是讨论中的一种意见，笔者还会随着研讨经验的积累和史学界研究的发展，对这种认识重新思考，予以修订。

（三）从社会史研究的实践进行理论探讨

所谓“定义”应是研究实践的理论总结，根据研究状况作的规范，所以笔者的这个定义是依据中外学者的社会史研究状况及自身的研究实践作出的。

对于社会史的理论，笔者于1985—1986年、1988年先后两次进行初步的探讨，写出几篇文章。① 研讨的方法，虽然也了解一些社会史研究的情况，但基本上是从学理出发进行的，即从原理上说社会史应当是何种学问，没有有意识地从研究状况去考虑。1998年以来，笔者再次思考这个问题时，感到不能简单地走老路子，得有新的思路和方法。在1998年撰写并提交给中国社会史第七届年会和学术研讨会的《拓宽·深化·综合·探索——浅谈当前的社会史研究》论文中讲到理论探讨“不能走从理论到理论的路子”，“不妨从了解社会史研究的状况入手……从中认识社会史是什么，也许是可行的方法”。“存在”自然有其合理性，从中认识社会史是什么，应该是可行的方法。笔者这么想着，在阅读时贤的论著时发现已经有学者有同样认识，坚定了笔者的信心。比如，张思的《中国社会史研究与历史社会学》，在谈到什么才是社会史的问题时说：“只能从一个时代的社会史学者群体正在实际从事的研究当中得到回答，‘真正的社会史’不可能是飞来之物，它只应在社会史学者群体的实际选择中去寻求。”② 他强调从社会史学者群体的实际选择中寻找理论。周晓虹考察社会史研

① 冯尔康：《开展社会史的研究》，《百科知识》1986年第1期；《开展社会史研究》，《历史研究》1987年第1期；《社会史研究与史学研究》，《人民日报》1988年10月21日；《三论开展社会史研究》，《南京大学学报·社会史专辑》1989年。

② 张思：《中国社会史研究与历史社会学》，严昌洪主编：《经济发展与社会变迁国际学术研讨会论文集》，华中师范大学出版社2002年版，第542页。

究对象的方法是，“仔细分析这一学科的产生和具体的发展历史”，以便“发现这一学科实际的研究对象和发展形态”。[①] 他进行了从社会史的“发生”观察社会史研究对象的理论探讨。从社会史研究者的实际选择中发现关于社会史的理论，应是理论探讨的必由之路，也许是唯一的有效之路。英国史学家同样从社会史研究中探寻史学发展，霍布斯鲍姆（E. J. Hobsbawm）在《从社会史到社会的历史》一文中写道：“这篇文章的目的是要做观察与分析，而不是要陈述个人的信念或者是表达作者个人的偏好和价值判断。”观察、分析什么呢？“社会史在经过二十几年的大量（但未成系统）的发展之后，它到底是处于什么状态下，以及它的前途如何？”[②] 他认为要通过社会史的发展史来了解社会史本身。

接下来我们将通过对社会史研究状况的介绍，检讨我国社会史的研究对象和任务，以及发展社会史研究的可行的经验；因为要作社会史的历史的叙述，不免要堆砌研究史的资料，令本章带有资料性，而笔者则希望以此构筑成论证式的文字。

二、西方年鉴运动与社会史研究进程概略

西方社会史研究由法国年鉴学派兴起，它不仅是法国的史学流派，对西方史学以及世界史学也产生了巨大的影响，所以要了解西方社会史研究的发展史及其学科精神，对年鉴学派的历史应予充分注意，当然也不能忽视其他流派及在各国的状况。关于社会史研究史的分期，已有学者涉及，如前述霍布斯鲍姆的《从社会史到社会的历史》、勒高夫（J. Le Goff）的《新历史》[③]，美国纽约大学夏伯嘉的《战后欧美史学发展趋势》[④]、梁其姿的《心态历史》[⑤]、叶汉明的《女性主义史学与中国妇女社会史》[⑥]、汪荣祖的《布岱尔与法国安娜学派》[⑦]、常建

---

① 周晓虹：《试论社会史研究的若干理论问题》，《历史研究》1997 年第 3 期，第 68 页。

② ［英］霍布斯鲍姆：《从社会史到社会的历史》，吉伯特、格劳巴德编：《当代史学研究》，李丰斌译，台湾明文书局 1982 年版，第 23 页。

③ ［法］勒高夫：《新历史》，梁其姿译，台湾《食货》复刊第 12—13 卷。

④ ［美］夏伯嘉：《战后欧美史学发展趋势》，台湾《新史学》第 3 卷第 2 期，1992 年 6 月。

⑤ 梁其姿：《心态历史》，台湾《史学评论》第 7 期，1984 年 3 月。

⑥ 叶汉明：《女性主义史学与中国妇女社会史——当代西方研究的批判及中国妇女史学的展望》，张妙清、叶汉明等编：《性别学与妇女研究：华人社会的探索》，香港中文大学出版社 1995 年版。

⑦ 汪荣祖：《布岱尔与法国安娜学派》，《史学九章》，台湾麦田出版社 2002 年版。

华的《新时期中国社会史理论争鸣及其演进》[1]。笔者这里吸收诸家研究成果，然因后来研究的发展，有的方面必须重新来看，所以结论不会完全相同。

在世界史学的范围里讲，社会史自 1929 年布洛克（Marc Bloch）、费弗尔（Lucien Febvre）创办《经济与社会史年鉴》杂志，至今天的 90 多年间，似乎可以区分为两个大的发展阶段，即 20 世纪 20 年代末至 60 年代的兴起期和 20 世纪 70 年代以来的兴盛期；前后两期又可各自划分为两个小的段落。而后期往往被称为“新社会史”，或视作“新史学”，这是史学研究的发展及各个国家称呼不一所致，笔者还是谓之为社会史，而“新”字则是反映社会史研究的拓展及在探索中前进的阶段性。

（一）西方社会史研究的兴起期

兴起期的第一段落可视为“形成期”，自“年鉴”杂志诞生至 1946 年改变名称为《经济·社会·文明年鉴》；自此至 20 世纪 60 年代为第二个小段落，如果细说的话也可以定在 1968 年，因为这一年年鉴学派在法国史坛取得影响深远的胜利，可视为“初步发展期”。据陈启能的研究，在此期间社会史新史学取代传统史学，成为史坛主潮，表达方式上的解释式替代了叙述式。[2] 兴起期的社会史，以向传统史学挑战的姿态出现，研究新问题，使用新的研究方法和表达方法，颇具批判性，有如下的特点。

1. 在形成期，社会史更多地与社会经济史纠缠在一起

年鉴杂志的出现，标志着史学研究的一个学派——现代社会史学的产生。[3] 诚然如此，但它的真正确立，还要看其研究成果和特定理论的完成。

年鉴杂志的名称“经济”与“社会”并列，实际是以经济史为主，学者所研究的多以社会经济史为对象。年鉴运动第三代代表人物之一何威（J. Revel，又译勒韦尔）编辑《年鉴史学论文集》（梁其姿等译，台湾远流出版公司 1989 年）所辑的八篇文章，开头两篇是布洛克的《欧洲中世纪的“发明”》和《水碾的出现及其胜利》，都发表在年鉴杂志于 1936 年发行的第 36 期上。第一篇讲新式套马、套牛的方法和水力发明与奴隶制崩溃没有关系，认为劳动力来

---

① 常建华：《新时期中国社会史理论争鸣及其演进》，《河北学刊》2004 年第 1—2 期。

② 陈启能：《战后西方史学发展的特点和趋势》，《光明日报》2000 年 10 月 20 日。

③ 叶汉明：《女性主义史学与中国妇女社会史——当代西方研究的批判及中国妇女史学的展望》，张妙清、叶汉明等编：《性别学与妇女研究：华人社会的探索》，香港中文大学出版社 1995 年版，第 103 页。

源少和生产效率低才是重要因素；第二篇讲水碾出现及其推广的历史，涉及奴隶制、庄园主、修道院以及农民、农妇对它的态度。这两篇都同社会经济史关系密切。霍布斯鲍姆认为社会史中经济史的作品，“乃是社会史当中最优秀的著作，其余的社会史著作皆无法与之相比”，因为社会史家“所感兴趣的是经济体系的演变，他们之所以对此感兴趣是因为它能够促使我们去了解社会结构与变迁，尤其是各种社会阶层与社会群体之间的关系”。[①] 霍布斯鲍姆此种见解甚为敏锐，道出了当时社会经济史发达的原因。

2. 反对以政治史为历史研究主体

年鉴学派创始人费弗尔也宣称，他所为之而奋斗的历史学是针对政治史、外交史及其叙述方法的。[②] 年鉴学派倒不是摒弃政治史，只是反对历史以政治史为主体，所以美国学者格奥尔格·伊格尔斯在所著《二十世纪的历史科学——国际背景评述》中说年鉴学派的著作，“国家就连经济都包括在一种内容广泛的社会思考之中。这并不意味着政治因素遭到了忽视”[③]。

3. 年鉴创始人代表作问世，社会史学说奠立

布洛克于1939年发表《封建社会》，费弗尔在三年后的1942年出版《十六世纪的无信仰问题：拉伯雷的宗教》，这两部书是年鉴学派的经典之作，“为后来历史作出纲领”。前部书从中古欧洲人的生活条件着手，谈及他们与大自然的直接接触、通行语言、宗教气氛及社会阶层的社会生活，从而超越了法律制度史。后一书“发掘了‘十六世纪宗教生命’的深处，肯定了思想、感情、信仰的长久持续时间”[④]，“力图说明拉伯雷时代法国人的思维工具，以及在拉伯雷以前和以后的长时期内曾左右着生活方式、思想方式和信仰方式的一系列概念”[⑤]。

4. 马克思主义的影响

年鉴运动第三代重要人物勒高夫讲述新史学的历史，特地分析它同马克思主义两者之间的“重要汇同及可能的分歧”，他说：“从很多角度来看，马克思

---

① ［英］霍布斯鲍姆：《从社会史到社会的历史》，吉伯特、格劳巴德编：《当代史学研究》，李丰斌译，台湾明文书局1982年版，第25页。

② ［法］勒高夫：《新历史》，梁其姿译，台湾《食货》复刊第12卷第10、11期，1983年2月。

③ ［美］格奥尔格·G. 伊格尔斯：《二十世纪的历史科学——国际背景评述》，何兆武等译，《史学理论研究》1995年第3期。

④ ［法］勒高夫：《新历史》，梁其姿译，台湾《食货》复刊第12卷第10、11期，1983年2月，第429页。

⑤ ［法］布罗代尔：《历史和社会科学：长时段》，蔡少卿主编：《再现过去：社会史的理论视野》，浙江人民出版社1988年版，第55页。

不愧是新历史的大师之一：他写的历史是问题性的，是综合各学科的知识的，是处于长久持续时间内的，同时是整体历史的尝试。”① 他肯定马克思与新史学一些相通的地方：社会形态的演变与长时段；基础与上层建筑关系的理论与结构的理论；劳动群众的历史作用与对下层群众历史的关心。正是由于存在这些相通的方面，所以马克思主义部分地为新史学家所接受和运用，马克思本人从而被誉为新史学的一位大师。还有一些马克思主义的史家参与社会史、新史学的研究，如米歇尔·伏维尔所说：“法国史学的一些先驱领域，不管是社会史、经济史，还是文化—心态史，马克思主义史学家都参与开发，并给予很大的影响。”②

（二）西方社会史研究的兴盛期

就年鉴运动而言，其第三代代表人并不赓续前辈名分，而自称“新史学”派，他们在前辈学术传统基础上，向历史人类学和心态史方向发展，特别关注气候、民俗、人体、心态、神话、饮食方面的研究，具有新认识、新角度、新对象的特点。③

20 世纪五六十年代，年鉴运动不仅在法国扎根，更影响到其他国家，如伊格尔斯所说，年鉴学派“给予说拉丁语的国家、东欧国家（尤其是波兰）和斯堪的纳维亚地区国家的社会史和经济史以巨大的推动作用，而且英美和日本等国的历史研究最终也几乎在所有方面亦步亦趋地模仿着他们”④。在社会史，或曰新史学、新社会史的兴盛期，各国流派纷呈，除法国的年鉴学派外，有英国的马克思主义历史学派（新社会史学）、美国社会科学史学派（克莱奥学派）和美国个案史研究、德国的比勒菲尔德学派和经验及日常社会史研究、意大利的微观史学。20 世纪七八十年代处于蓬勃发展阶段，到了 80 年代，“社会史的研究取向在历史专业中已被广泛接受与实践，并在许多方面成为新的正统主流”⑤。林富士在《历史学的新展望》也认为“新史学在最近二三十年来已蔚为西方史学的主流”⑥。新史学内部在 80 年代末以来进行反思，有一种史学危机

---

① ［法］勒高夫：《新历史》，梁其姿译，台湾《食货》复刊第 13 卷第 1、2 期，第 95 页。

② 姚蒙：《“今天的史学正处于转折过渡之中”：访法国著名历史学家米歇尔·伏维尔》，《史学理论》1988 年第 1 期。

③ 参阅刘军：《雅克·勒高夫：摆脱恐惧的新史学》，《中华读书报》2002 年 4 月 24 日。

④ ［美］乔治·G. 伊格尔斯：《80 年代的历史学——十年回顾》，杨豫译，《史学理论》1988 年第 3 期，第 104 页。

⑤ 韦思谛（Stephen Averill）：《中国与“非西方”世界的历史研究之若干新趋势》，吴喆等译，台湾《新史学》第 11 卷第 3 期，2000 年 9 月。

⑥ 林富士文见台湾《新史学》第 3 卷第 2 期，1992 年 6 月，第 182 页。

感；讨论研究方向的转变，有在新的基础上回归实证史学之趋向，并受到后现代思潮的挑战。不过研究还在持续进行，势头并未衰减。这个时期有着下述特点。

1. 新史学研究成为史学主流

众多国家学术界开展新史学研究，乃至其成为史学主流。

法国作为新史学年鉴派的发祥地，富有成就。中国学者陈彦清理法国史学的变异，即年鉴学派的转向时指出，1978 年勒高夫等主编的《新史学》问世，被视为“新史学”时期的开端，史家继续更新方法，开辟新领域，深化史学的自我认识。① 1987 年法国史学家米歇尔·伏维尔在接受中国学者姚蒙采访时说，“法国史学在目前是强大的、持续发展着的，也是具有生命力的”；法国史学正在从社会、经济、人口史转向文化—心态史的研究，处于转折过渡之中。② 法国史学于 20 世纪七八十年代处于更新之中，看来是事实。90 年代以来又有新趋势，据沈坚的归纳有四个方面：一是史学内部划分越来越细，呈分化趋势；二是从以社会经济史为研究重点转向政治和文化史研究；三是从整体史和宏观研究转向微观史；四是从对结构和系统研究转向具体事件研究。③ 在具体研究上，有的历史学家致力于法国大革命史的研讨，如彼埃尔·诺拉主编的《纪念地点》，从符号、纪念碑、节庆、歌曲等方面重新研究法国革命和法国共和国的传统，试图说明政治史的写作不仅需要沿着政党和社会—经济结构的线索，而且需要依据集体“回忆”的线索。④ 勒高夫著作众多，据常绍民等介绍，主要有《中世纪的知识分子》（1957）、《中世纪文明：400—1500》（1965）、《历史研究方法论》（1974）、《另一个中世纪》（1977）、《炼狱的诞生》（1981）、《中世纪的想象》（1985）、《历史与记忆》（1986）、《交易所与生活》（1986）、《圣路易》（1996）。在他笔下的中世纪欧洲社会介于饥饿与扩张、信仰与反抗、战争与和平之间，人们为了生存，伐林垦荒，建立村寨、城堡和城市，开始发明钟表等机器，勾勒出中世纪社会生活的图景。⑤

---

① 陈彦：《法国的“新史学现象”：年鉴派的新一代简析》，《史学理论》1988 年第 2 期。

② 姚蒙：《“今天的史学正处于转折过渡之中”：访法国著名历史学家米歇尔·伏维尔》，《史学理论》1988 年第 1 期。

③ 沈坚：《法国史学的新发展》，《史学理论研究》2000 年第 3 期。

④ 参阅［美］乔治·G. 伊格尔斯：《80 年代的历史学——十年回顾》，杨豫译，《史学理论》1988 年第 3 期。

⑤ 常绍民：《勒高夫的主要著作》，刘军：《雅克·勒高夫：摆脱恐惧的新史学》和周莽：《“新历史”与另类的勒高夫》，均见《中华读书报》2002 年 4 月 4 日。

英国史家的新史学研究较为成功。早在1952年，《昔日与现在》（*Past and Present*）期刊创立，为社会史研究提供了园地。新社会史的研究，批评以前排除政治史的社会史，认为它浅薄、狭隘，新研究注重社会结构和群体。霍布斯鲍姆在1981年出版《盗匪》一书，另有《革命时代 1789—1848》《资本时代 1848—1875》《帝国时代 1875—1914》等著作。汤普森对工人阶级进行结构研究，也强调文化因素的研究，于1963年推出《英国工人阶级的形成》。1983年勃里格斯的《英国社会史》问世。据该书的中译者陈叔平说，英国的史学家都推荐它是了解英国历史的一部专著。[①] 彼得·伯克著有《近代早期欧洲的通俗文化》（1978）、《历史写作的新视角》（1992）、《文化史的变异》（1997）。他认为20世纪70年代以来欧洲史学界有两个大变化，一个是生态史的出现，另一个是新文化史的产生，新文化史就是社会文化史。[②]

德国史学界《历史与社会》杂志面世，提倡社会史是历史的社会科学。[③] 1989年美国学者杰弗·埃利著文说："在过去的十年中，西德史学领域中最重要的新发展当属日常社会史的起步。七十年代中期，日常社会史这一提法获得广泛传播，被越来越多的社会历史学家所采用，并很快成为活跃展开的地方性讨论和研究中的口号。"[④] 日常社会史被越来越多地接受，标志着社会史研究的兴旺。于尔根·库辛斯基用12年的时间（1961—1972）将其38卷巨著《资本主义制度下工人生活状况史》出版完毕，表明史家试图从工人运动史转向全面研究工人阶级生活状况。[⑤] 约在20年后（1980—1981），他发表了另一部著作《德国人民日常生活史》，让人明了普通人在什么条件下生活。汉斯·梅迪克则是日常生活史的理论倡导者，撰写了《划艇上的传教士：人种学的认知方法作为对社会史的挑战》（1987）。

意大利史坛出版《历史季刊》，史家研究"小历史"，写细小的历史问题和下层人物，代表作是京士堡（也译作金斯伯格）的《奶酪与蛆》（又译《奶酪与蛆

---

① ［英］阿萨·布里格斯：《英国社会史》，陈叔平等译，商务印书馆2015年版，第2页，"译者的话"。

② 杨豫等：《新文化史学的兴起——与剑桥大学彼得·伯克教授座谈侧记》，《史学理论研究》2000年第1期。

③ 参阅孙江：《规范、传承与文化霸权》，《天津社会科学》2001年第1期。

④ ［美］杰弗·埃利：《劳工史、社会史、日常社会史：日常经历、文化与政治，西德社会史发展的新方向?》，中译文见《八十年代的西方史学》，中国社会科学出版社1990年版，第138页。

⑤ 参阅［美］乔治·G. 伊格尔斯：《80年代的历史学——十年回顾》，杨豫译，《史学理论》1988年第3期，第113页。

虫》），讲述一个16世纪乡村磨坊主的精神世界，强调大众文化对精英文化的相对自主性。该书被译成不同的英文版本，对英、美史学的发展造成很大的影响。[①]

波兰的新史学甚受同行的称赞，勒高夫说："波兰极成功的史学派产生了当今最优秀、最创新的人物，如布罗尼斯罗・格里梅克，他那本关于十四世纪巴黎的《边缘人》的书，实在脍炙人口。"又如维陀德・古拉的《措施与人》的论文，"说明了社会斗争的历史怎样影响了日常生活的策略"。[②] 维托尔德・库拉的《计量和人》，表明作者从早期的结构主义倾向的经济分析向人类学范畴转变。[③] 该书被翻译成多种西方文字。

美国的新社会史令人瞩目。它兴起于20世纪50年代末，出现专门的社会史刊物《社会和历史比较研究》（*Comparative Studies in Society and History*）。新社会史家提出结构主义理论，以及"自下向上观察历史"的观点和方法，侧重研究劳工史、妇女史、种族史（特别是非裔黑人史）和移民史，80年代末以来，后现代史学向新史学挑战，新文化史的研究成为热点，强调多元化的历史认识。[④] "社会性别"理论被引入女性史研究，将妇女本身看作一个独立的主体，研究她们的社会地位。[⑤] 妇女史和性别史的研究热，使得关于女工、居家生活、婚姻和育儿的著作多了起来，如玛丽莲・亚鲁（Marilyn Yalom）著《乳房的历史》，关注于女性的身体史，又撰《老婆的历史》，注意力转移到女性的社会身份方面。[⑥] "社会史课题还随着对社会行为其他方面的历史研究而增加，例如健康社会史和死亡史明显地成为正在崛起的领域。"这些研究虽然遭到论述琐碎、缺乏概括的指责，但是"至今历三十年而不衰，而且在今后相当长的时间里还必将继续左右美国的史坛"[⑦]。

---

① ［美］夏伯嘉：《战后欧美史学发展趋势》，台湾《新史学》第3卷第2期，1992年6月，第97页；王汎森评介《奶酪与蛆》文，见台湾《新史学》第6卷第3期，1995年9月，第217页。

② ［法］勒高夫：《新历史》，梁其姿译文，台湾《食货》复刊第12卷第12期抽印本，第5页。

③ ［美］乔治・G. 伊格尔斯：《80年代的历史学——十年回顾》，杨豫译，《史学理论》1988年第3期，第112页。

④ 参阅王希：《近30年美国史学的新变化——埃里克・方纳教授访谈录》，《史学理论研究》2000年第3期。

⑤ 周兵：《美国妇女史研究的回顾与展望》，《史学理论研究》1999年第3期。

⑥ ［美］玛丽莲・亚鲁：《乳房史》，诺普夫出版社1997年版；《老婆史》，哈珀柯林斯公司2000年版；参阅康慨：《老婆的问题》，《中华读书报》2001年4月25日。

⑦ 王新扬：《美国新社会史的兴起及其走向》，台湾《新史学》第6卷第3期，1995年9月，第155页；斯特恩：《拓宽视野：美国社会史研究的趋势》，蔡少卿主编：《再现过去：社会史的理论视野》，浙江人民出版社1988年版，第41页。

2. 研究内容不断扩展

（1）日常生活史

前面介绍德国社会史研究时，特别说到日常生活史的研讨。对于受文化人类学、文化史影响甚大的日常生活史研究的开展，美国耶鲁大学萧凤霞有所说明：“80 年代在学术上是令人振奋的十年。不管是中国还是西方，学术研究的结构和思想都有了空前的变化。……当时全世界的历史学已经历了从重视政治史到重视经济史和社会史的转变过程，文化的意义在历史运动中的角色日益受到重视；与此同时，人类学也摆脱了共时性的结构主义和功能主义的分析模式，转而关心在日常生活中不断重现的文化意义，这种新的研究规范的核心，在于历史感。”① 这时德国的史学研究，“重点已从结构与过程转移到了文化与生活方式上面来”；不仅德国如此，美国、法国、意大利、英国亦然，“社会史也日益从结构转向人们的生活世界”②。社会史研究开始关注人们的日常生活，如法国埃马纽埃尔·勒华拉杜里的《蒙塔尤：1294—1324 年奥克西坦尼的一个山村》，描绘了 13、14 世纪之交蒙塔尤村落居民的生活、思想、习俗，用作者的话说：“蒙塔尤仿佛成为一座灯塔，至少像是一面庞大的反光镜，它将光束扫向各个方向，从而照亮和揭示了我们以前人类兄弟的意识和生存状况。”③

（2）医疗社会史（身体史）

20 世纪 70 年代后期，勒高夫在《新历史》文中预见性地提出人群生命史（或曰身体史、医疗社会史）研究的开展，他写道：“最有前途的发展可能就是人文科学（首先是历史学）与生命的科学间藩篱之降低甚至摧毁。新历史追求重建一个完整的人的历史，他们要把人的身体生理放进一个社会性的时间之中……”④他从人文学与生命科学需要结合，说明人群生命史必有前途。1992 年出版的《历史学的新展望》中已收有《身体的历史》专文，论述身体史的研究情形。据林富士转述，这种历史，不同于医学史、医疗史，它所讨论的主题有三：其一为宗教、道德、社会价值系统与“身体”的关系；其二为对“身体”的若干基本认定；其三是社会对性、两性关系的看法及其演变。具体的题

---

① 《汤明檖文集》，广东人民出版社 1997 年版，第 325 页。

② ［美］格奥尔格·G. 伊格尔斯：《二十世纪的历史科学——国际背景评述（续三）》，王燕生译，何兆武校，《史学理论研究》1995 年第 4 期，第 150、154 页。

③ ［法］埃马纽埃尔·勒华拉杜里：《蒙塔尤：1294—1324 年奥克西坦尼的一个山村》，许明龙、马胜利译，商务印书馆 1997 年版，“中文版前言”第 4—5 页。

④ ［法］勒高夫：《新历史》，台湾《食货》复刊第 13 卷第 1、2 期，第 93 页。

目有人类对生命、性爱和死亡的态度，人类对其身体各个部位的认知和态度，人类对肉体与灵魂或精神之间的关系的解释，性别和两性关系，身体与政治权力之间的关系，身体与人类文明的关系。① 身体史的名著有芭芭拉·杜登的《肤下的女人：18 世纪德国一位医生的病患》（1987），向人们历来所理解的人体自然史挑战，分析现代人与 18 世纪德国人对身体的不同观念，进而阐释人类社会历史。她所描写的 18 世纪，德国人将生与死解释成不同世界之间的历程，而现代人则从社会科学的角度理解生育率和死亡率；现代人认为健康是自然情况及权利，为社会所保障，而前人认为痛苦是不可避免的；现代人认为身体属于个人，法律上等同其他个体，前人则视自身为宇宙巨链中的一环。杜登的学术观点影响了其他研究者，如美国的费侠莉（Charlotte Furth）。她认为身体史是一种经验或感知的历史，对它的研究需要根植于特定的文化领域；要有生物学知识（解剖图、生育、消化、内分泌等）和语言学知识；它之所以兴盛，“是二十世纪晚期现代感性的典型产物。我们对身体的注重的确得助于当代科学、医学，但也得力于资本主义文化的大众消费，以及世纪末我们对性事及年青的特别着迷”②。身体史必须根植于特定的文化领域，如性别史、政治史、劳工史、技术史、艺术史、医学史、科学、宗教史等。③ 身体史研究方向的开拓，从开始不为人承认而后得到理解，到逐渐成为常态研究，这是新史学探索和开放精神的一种显著反映。

（3）生态环境史

生态环境史的研究有长足发展。年鉴学派起始就认识到生态环境对人类社会的影响，费弗尔著《菲利浦二世和法朗什-孔泰地区》，讲述地理环境对人的活动的影响和人对地理环境的反作用。布罗代尔（Frnand Braudel）的力作《菲利浦二世时代的地中海和地中海世界》，认为环境是历史的积极组成部分，环境是活的，和人类互相发生关系。他们为年鉴史学奠定了关注生态环境史的基础，加之 20 世纪中叶因环保运动生态环境恶化而开展，刺激了生态环境史研究的进行。环境史约在 20 世纪 60 年代正式出现，70 年代以来环境史成为国际

① ［法］勒高夫：《新历史》，台湾《新史学》第 3 卷第 2 期，1992 年 6 月，第 186 页。

② ［美］费侠莉：《再现与感知——身体史研究的两种取向》，蒋竹山译，台湾《新史学》第 10 卷第 4 期，1999 年 12 月。

③ 参阅［美］费侠莉：《再现与感知——身体史研究的两种取向》，蒋竹山译，台湾《新史学》第 10 卷第 4 期，1999 年 12 月。

史学界引人关注的新领域之一。环境史被一些学者认为是研究人与自然环境的关系、自然在人类生活中的角色与人对自然的认识的历史，研究内容包括：人类对自然评价、态度之变化及意义之探讨；人类经济行为对环境的影响及人类环境价值观对经济的影响；森林及水资源保护运动的历史。环境史研究的发展体现在两个方面，一是专业团体和杂志状况的变化，二是研究范围的扩大。美国环境史学会 1974 年成立，不久出版《环境评论》杂志，后来更名为《环境历史评论》，突出“史”的研究，1996 年该刊与森林史学会的《森林和资源保护史》合并，成为《环境史》，此外还有内部交流刊物《环境史通讯》。研究范围不断扩展，从地域上看已覆盖全球，从研究论题上看已涉及各方面。环境史理论对传统的历史编纂思想形成挑战，过往的史观是循环论的，是进步和发展史观，然而 20 世纪 70 年代以来正在形成一种生态学与发展相结合的可持续发展史观。环境史的研究方法是跨学科的，是人文、社会科学和自然、工程科学之间的持续不断的对话。①

此外，历史人口学的研究在 20 世纪六七十年代讨论人的生存问题，主要是生死、婚姻、生育等方面的内容，侧重于人口的群体行为，结合社会经济进行研讨。90 年代以来，转向人口日常的社会实践研究，探讨家庭成员在具体的生活条件下的人口行为，而不只是群体进程。

3. 跨学科研究和新的研究方法、角度层出不穷

心态史、计量史、个案法之外，新出现的研究法和视角层出不穷，包括记忆史、表象史、性别史等，我们将在第五节方法论部分有所说明。

4. 整体史的观念被突出强调

社会史是“社会的历史”观念，是年鉴学派的重要观点。费弗尔、布洛克就具有“总体历史”概念，费弗尔认为新史学应是“科学的、综合的、比较的、全面的”，不能是一鳞片爪的，希望历史学家、经济史家、社会学家合作研究。第二代布罗代尔再次强调了总体研究的重要性。20 世纪 70 年代以后，整体史越来越受到人们的重视。霍布斯鲍姆的《从社会史到社会的历史》、勒高夫的《新史学》，均为强调整体史研究的代表作。这个对历史学、社会史研究来说重大的方向性问题，将在第四节作重点介绍。

---

① 参阅包茂宏：《环境史：历史、理论和方法》，《史学理论研究》2000 年第 4 期。

三、西方及东北亚学者对于中国社会史的研究

与西方史学研究社会史、新史学的潮流相一致，许多西方学者将注意力移向中国社会史。这里，笔者仅就所阅读的有关论文①、书籍和聆听西方学者演讲、交谈所获得的零星材料作出描述，自然是举隅式的，而且多是2004年以前的信息，以后的很少。

对中国社会史研究较多的是美国和欧洲汉学家，东方则以日本学者为多，韩国亦有。他们所研究的时间多在近当代，明清时期也不少，时代越早就越少。研讨的问题，较为集中在乡绅、下层社会、家族、家庭、婚姻、宗教、民间宗教和民间意识诸方面。美国研究中国社会史的学者有何炳棣、孔斐力、魏克曼、刘广京、周锡瑞、邓锐龄、韩书瑞等人，费侠莉、黄宗智、艾尔曼、李中清、王非、王国斌等人的研究也多有涉及，学者中华裔颇多。法国有专门的研究机构，在1958年成立研究20世纪中国的组织，1985年出现研究当代中国历史和文明的机构，并出版《汉学文献览要》杂志。1996年这两个机构合并，在巴黎建立近现代中国研究中心，有20多名研究人员，还有来自巴黎东方语言学校、巴黎第二大学等高等学府的兼职研究者。他们受年鉴学派的学术影响，几十年来创作了一批关于中国新史学的著述。日本研究中国历史的学者大有人在，韩国有中国史研究学会。下面将介绍各国学者在若干领域的研究成果。

社会通史研究。法国谢和耐著《中国社会史》（耿昇译，江苏人民出版社1995年），从中国的上古论述到20世纪70年代，从社会、政治制度、法律、技术、经济和文化生活的互相影响说到中国历史的每个时代，并且非常关注技术史。此书名为“社会史”，可以理解为整体史类型的史书。

明清社会史研究。何炳棣著《明清社会史论》，初版为哥伦比亚大学出版社1962年版，此后有意大利文、韩文、日文等多种文字译本。中文版由徐泓中文译注，台湾联经出版公司2013年出版。徐泓在译者序中视该书为“旷世巨著”，诚

① 主要有韦思谛：《中国与“非西方”世界的历史研究之若干新趋势》，吴喆等译，台湾《新史学》第11卷第3期，2000年9月；朱政惠：《法国近现代中国研究中心及其科研走向——法国、瑞典中国学研究机构学术访问记》，《史学理论研究》2000年第4期；范德：《近年英语世界明史研究新趋向》，《中国史研究动态》2000年第1期；定宜庄：《对美国学者近年来研究中国社会史的回顾》，《中国史研究动态》2000年第9期；杨念群：《美国中国学研究的范式转变与中国史研究的现实处境》，《清史研究》2000年第4期；司徒琳：《美国史学研究大趋势与明清史研究》，2002年6月16日在南开大学历史学院、中国社会史研究中心演讲；等等。在下面的叙述中凡取材于上述论文，不再一一注明。

然，何著问世即被国际学界评为“最精要的明清社会经济史纲”。他研究传统中国社会流动，认为明代初期社会精英的流动率，即使近代西方社会也难超过。他以48种明清进士登科录资料（含12226个案例）为研究的统计数据主体，外加20种举人和贡生同年录，总案例23480个，分别制作举业的初阶、中阶、高阶造成的社会流动统计表。登科录资料之外，他还利用政府法令、方志、传记、家谱、生活小说等进行综合分析，得出如下结论：个人和家庭身份变化的无阻碍；社会流动存在制度化和非制度化因素，科举制度使得普通农民家庭子弟登科出仕令其家庭、家族社会地位变化进入另一层次；向上流动之外，另有向下社会流动，多系遗产诸子均分制造成。何炳棣是第一位成功地使用计量史学方法撰写中国社会史专著的学者，启发后学重视这一方法。何炳棣的《中国会馆史论》（台湾学生书局1965年、中华书局2017年）同样是社会史专著。

城市史研究。美国学者对中国城市史的研究，集中在上海、北京、天津、成都、重庆和汉口，研究上海史的项目多达十几项。拍瑞讨论上海劳工；古德曼和韦克曼分别以城市为中心研究同乡会和警察史；罗威廉（William T. Rowe）的《汉口：一个中国城市的冲突和社区（1795—1895）》（中国人民大学出版社2016年），运用“市民社会”和“公共领域”理论研究汉口史，论述商会、救火队和近代市民精神以及国家与社会之间的互动结构。1964年美国施坚雅（G. William Skinner）将中心地理论引入区域市场研究，构建了一个中国农村市场的等级体系，后来著作《中华帝国晚期的城市》（叶光庭等译，中华书局2000年），影响世界中国城市史研究。

地域社会史，特别是江南社会史研究。约翰·威·达迪斯1996年出版《明代社会：14—17世纪的江西泰和县》。日本明清史学界“地域社会论”流行，起源于1981年的名古屋大学东洋史研究室主办了以“地域社会的观点——地域社会与领导阶层”为题的研讨会，这种理论具有不定型性，所以更能吸引学者参与讨论。其中，森正夫强调“意识”的作用[①]。岸本美绪将“意识”理解为“当时人所共有的社会认识来创造社会的一种思考方式”，她的《明清交替与江南社会——17世纪中国的秩序问题》[②] 是一部关于中国社会史

① 关于日本“地域社会论”的研究状况，可参考山田贤的《中国明清时代“地域社会论”的研究现状与课题》，太城佑子译中文，载台湾暨南大学历史学研究所编《暨南史学》第2号，1999年6月。

② ［日］岸本美绪：《明清交替与江南社会——17世纪中国的秩序问题》，东京大学出版会1999年版。

研究的代表作。

宗族史研究。美国许烺光著《宗族·种姓·俱乐部》（薛刚译，华夏出版社 1990 年），比较中国、印度、美国文化，以宗族、种姓和俱乐部分别作为三个国家的文化标志，可见他对宗族制度及其文化在中国文化中的定位之高。日本井上彻作《宗族形成的动因》《宗族形成与展开》《宗族普及的局面》等文，讨论宗族形成原因、祠堂设立和宗族组织化的手段。日本学者还关注清代宗村落共同体、满族社会进程、社会经济史、社会阶层、土地制度、农民起义。韩国朴元熇著《明清徽州宗族史研究》（2002），以歙县方氏家族为中心，探讨宗族组织的建立及其扩大的原因、徽州商人与宗祠的关系、市镇与宗族、明清时代的族谱。2003 年 8 月韩国中国史学会年会以中国宗族史为议题，笔者应邀作《中国传统家族文化的当代价值》[①] 的演讲。恩斯特·伯施曼著《中国祠堂》，书中包括 250 余幅照片、测绘草图，德文初版于 1914 年，中译本赵省伟编，贾金明译，于 2020 年由重庆出版社出版。卜正民作《家族传承与文化霸权：1368 年至 1911 年的宁波士绅》。

妇女史、性别史研究。美国学者贺萧（Gail Hershatter）对 20 世纪上海妓女进行研究（1997），论及她们的生活方式、工作环境和对她们的改造措施，提供了社会史、性别史和文化史研究结合的例证。论文集《将中国性别化》（1994）中，传统的和新潮的研究方法兼而有之。荷兰学者冯客（Frank Dikotter）撰著《中国的性·文化和现代化》（1995），讨论民国初年性别和性别角色、国族与族群认同。美国学者柯临清（Christina Gilmartin）则考察革命女性的实际地位。艾伦·维德莫（Ellen Wldmer）等于 1997 年印行《中华帝国晚期的女作家》。高彦颐（Dorothy Ko）于 1995 年作《闺阁师：17 世纪中国的妇女与文化》，认为明清之际女性文人已经有了属于自己的文化空间，从而指出后世研究者对古代女性生活的被压抑程度的误解。曼素恩（Susan Mann）著《缀珍录：18 世纪及其前后的中国妇女》。白馥兰（Francesca Bray）作《技术与性别：晚期帝制中国的权力经纬》。意大利乔万尼·维蒂罗的博士论文是关于晚明小说中男子同性恋的研究。

身体史研究。美国齐托（Zito）和巴洛（Barlow）著《中国的身体、主体

① 冯尔康：《中国传统家族文化的当代价值》，韩国中国史学会《中国史研究》第 27 辑，2003 年 12 月。

和权力》，讨论类似性别问题，特别是身体、性别行为与权力的关系。此外有费侠莉著《繁盛之阴——中国医学史中的性（960—1665）》，日本栗山茂久著《身体的语言——古希腊医学和中医之比较》。

民间信仰和民众意识研究。孔飞力（Philip Alden Kuhn）的《叫魂：1768 年中国妖术大恐慌》（陈兼等译，上海三联书店 1999 年），研讨乾隆年间出现的民间治病方式之一的“叫魂”引发的政治事件，反映俗文化的流行、骚动和官方对策。此书在中国读者中引起强烈反响。苏联学者巴布金著《中国秘密社会史略》（1985），俄罗斯科斯佳耶娃作《20 世纪头 25 年中国的秘密社会》（1995）。

法律社会史研究。瞿同祖的《中国法律与中国社会》，1947 年在美国出版，开创法制社会史的研究。作者认为法律“反映某一时期、某一社会的社会结构”，“中国古代法律的主要特征表现在家族主义和阶级概念上”。[①] 他说法律全面反映家族制度，主要是承认父权。张小也在《重新梳理中国法律社会史的发展脉络——写在瞿同祖诞辰 110 周年之际》（《南国学术》2020 年第 4 期）中指出瞿氏著作从法律角度切入，运用社会学方法分析，对中国古代法律与社会的关系做了整体性探索，可读性极强，给人难以磨灭的印象。黄宗智著《民事审判与民间调解：清代的表达与实践》（中国社会科学出版社 1998 年），开启了这一领域的研究，影响及于中国学人。

灾荒史和生态环境史研究。环境史为我国学者所知，似乎是 20 世纪 90 年代初期的事情。笔者在 1993 年始有所闻，次年收到美国印第安纳州立大学历史系教授邓海伦寄来的由她编辑的《中国生态环境历史研究通讯》第一期（1994）和函件，从而获知美国、澳大利亚等国学者和我国台湾学者研究中国生态环境史的一些具体情况。该刊物《编者的话》认为生态环境史是“正在扩充领域的学术”，刊物的宗旨是在“促进历史学者、生态专家及对中国生态环境历史有兴趣的人员对这方面的消息、看法、思想及知识的交流”。该刊首要的读者对象是历史学家、生态学家、人类学家、经济学家和其他有关人士，而其传播的地区为英法等欧洲国家、日本、澳大利亚、新西兰、美国和我国。法国魏丕信（Pierre-étienne Will）著《18 世纪中国的官僚制度与荒政》（徐建青译，江苏人民出版社 2003 年）、与他人合著《中国 1650—1850 年间的义仓制度》（1991）。美国马立博（Robert Marks）撰《虎、米、丝、泥：帝制晚期华

① 瞿同祖：《中国法律与中国社会》，商务印书馆 2017 年版，第 xii 页“导论”。

南的环境与经济》。日本学者在地域社会研究中还留意生态环境史，1979 年京都大学东南亚研究中心举行“长江三角洲研讨会”，是农学家和史学家对话的划时代会议，推动农业技术、生态、环境史的研讨。森田明著《清代水利社会史的研究》（国书刊行会 1990 年），并编辑《中国水利史的研究》（国书刊行会 1995 年）。饭岛涉的《鼠疫与近代中国：卫生制度化和社会变迁》（朴彦、余新忠、姜滨译，社会科学文献出版社 2019 年）是一部专深之作。2003 年初“非典”流行之后，他撰文《SARS 与中国社会：历史的展望》，谈到人类历史上的传染病，特别是发生在 19、20 世纪之交中国鼠疫的影响与排华运动以及“非典”的教训。①

社会救济事业研究。日本夫马进撰著《中国善会善堂史研究》（伍跃、杨文信、张学锋译，商务印书馆 2005 年），此书与梁其姿的《施善与教化：明清时期的慈善组织》（北京师范大学出版社 2013 年），为研究社会慈善事业的成功之作，常建华对此二书作过评论。

宗教史和教徒研究。茹安娜·汉德林·史密斯于 1999 年发表论文《明清中国的放生：佛教徒的启发和士大夫的想象》。卜正明著《为权力祈祷：佛教与晚明中国士绅社会的形成》，由江苏人民出版社于 2005 年出版。

人口史研究。李中清、康文林著《中国农村的命运与幸运——辽宁的社会组织与人口行为，1774—1874》（1997）。李中清、王丰合著《人类的四分之一：马尔萨斯的神话与中国的现实（1700—2000）》（陈卫等译，生活·读书·新知三联书店 2000 年），视马尔萨斯关于中国人口问题的观点为神话，予以挑战，认为中国古代有内在性压抑人口增长的办法，即控制性爱、包办婚姻、溺婴或弃婴、收养义子等，是家庭根据家庭环境状况调整人口行为以使其集体效用达到最大化。

商业文化研究。加拿大汉学家卜正民（Timothy Brook）著《纵乐的困惑：明代的商业和文化》（方骏、王秀丽、罗天佑译，海南出版社 2023 年）。

社会结构和社会下层研究。苏联佳普金娜作《中国社会政治体制下的农村和农民（19 世纪后半叶—20 世纪初期）》（1984），西季赫缅诺夫著《中国历史的篇章》（1987），对清代的社会结构作出说明。森正夫在《明清社会经济史

① ［日］饭岛涉：《SARS 与中国社会：历史的展望》，《华南研究资料中心通讯》第 32 期，2003 年 7 月。

旧稿选》（1983）中论述了主佃关系、农村主仆关系、乡绅、社会变动与民众。

清史和皇室史研究。何炳棣1967年作《清朝在中国历史上的重要性》，引起争论，罗友枝作《再观清代：清朝在中国历史上的重要性》与他讨论，何炳棣再撰文《我对汉化问题的再思考：对罗友枝“再观清代”一文的答复》。罗友枝于1998年出版《最后的皇族：清代宫廷社会史》（周卫平译，上海人民出版社2020年），认为清朝并未汉化。1999年柯娇燕著《半透明之镜：清帝国意识形态中的“历史”与“身份”》。

宦官史研究。美国蔡世山于1996年出版《明代宦官》。

绅士、知识分子史研究。美国韩书瑞对18世纪士人的研究有专著问世。法国王枫初1986年的博士论文是《巴黎—上海，思想辩论和社会实践，1920—1925年中国的进步知识分子》。日本奥崎裕司著《中国乡绅地主的研究》（汲古书院1978年），讨论乡绅地主思想及其形成，明清社会的乡绅地主，并且有个案研究。

工人运动史研究。法国比昂科等撰《国际工人运动词典・中国卷》，谢诺著《1919—1927年的中国工人运动》，鲁林撰《30年代的上海工人：苦力、强盗和工联主义者》（1993）和《上海的罢工和政治》。美国裴宜理（E. J. Perry）著《上海罢工——中国工人政治研究》（刘平译，江苏人民出版社2001年），有别于工人运动是政党政治的产物观点，该书认为工人政治发端于工人自身，即地缘、祖籍、性别、大众文化、教育程度、工作经历等，这些都对集体行动造成影响，而且不同的工人从事不同的政治。

农民和下层民众运动史。孔飞力著《中华帝国晚期的叛乱及其敌人：1796—1864年的军事化与社会结构》，将政治军事史的研究与社会史研究结合起来。周锡瑞研究义和团运动，重视下层文化的考察。

资产阶级研究。法国白吉尔著《中国的资产阶级和辛亥革命》（1968）、《民族资产阶级与帝国主义——1923年华商纱厂的危机》（1980）、《中国资产阶级的黄金时代（1911—1937）》（1986）。

华侨史研究。法国梯也尔・派拉研究法国华侨经营的企业。美籍华裔才女张纯如①（Iris Chang）著《美国华裔史录》，从历史的角度描写华人的生活。

① 张纯如的另一本著作《南京大屠杀：第二次世界大战中被遗忘的大浩劫》，让西方世界了解日本侵华暴行。她于2004年11月自戕，引起美国侨人的沉痛怀念。

19 世纪中叶及 20 世纪华人无奈地离乡背井前往美国，出现三次移民潮：淘金热时期，最贫穷者，劳工；1949 年之后，官员、专业人士、富商；20 世纪最后 20 年，各种不同的社会背景的移民。

社会变迁史研究。法国巴斯蒂著《清末社会变革（1873—1911）》（1979）、《晚清官方的皇权观念》。1997 年美国加州大学理查德·冯·革拉恩等组织了“宋元明变迁”专题会议，计划出版《宋元明在中国史中的连接》一书，内容有中国和中亚关系、中国社会与国家、社会身份特征和社会权力文化与知识的弹性四个方面。范德著《朱元璋与明代早期立法：蒙古统治之后中国社会的整合》。王国斌作《转变的中国——历史变迁与欧洲经验的局限》，从经济变化、国家形成和社会冲突三方面入手，比较中国和西欧历史的异同，否定长期流行的西方中心主义研究框架。吴承明为该书作序，誉之为“迄今我所见到的惟一的一部从整体上考察、在观点和方法上都具有新思维的中西比较史学著作”①。美国学界原来对 1949 年的历史分界线看得非常重，出版的学报名曰《共和国中国》（*Republican China*），后来发觉民国时期与新中国时期存在着可观的社会和制度的连续性，遂将杂志更名为《20 世纪中国》（*Twentieth-Century China*）。扩大涵盖年代和主题，反映正在进行的对历史分期的思考之转变。至于美国“新清史”研究与社会史关系，笔者缺乏关注，本书难予评介。

第三节　中国社会史研究的复兴及同西方史学的关联

中国社会史研究与西方有所不同，本节将介绍中国的研究情况，并寻找中西方研究的联系性。

一、历史学、社会学、民族学、人类学、经济史学结合的社会史研究的兴起

1902 年梁启超发表《新史学》，对传统的王朝史和英雄史表示不满，呼吁

① ［美］王国斌：《转变的中国——历史变迁与欧洲经验的局限》，李伯重等译，江苏人民出版社 1998 年版，中文版序第 2 页。

增加对民众历史的研讨，唱出了史学新声，中国的近代新史学随之而逐渐发生，社会史的研究也是在新史学的潮流中孕育而萌生的。

（一）"社会史大论战"与社会史研究的发轫

一些并不太了解情况的学者以为中国社会史的研究是从 20 世纪 30 年代的"社会史大论战"开始的，其实这是没有什么根据的误解。这次大论战辩论的内容，据参与者侯外庐回忆，有五个方面：马克思主义的亚细亚生产方式，中国历史是否经过奴隶制阶段，中国封建社会的断限和特征，商业资本主义社会，近代中国是否为半殖民地半封建社会等问题。① 笔者认为这是讨论中国生产方式演变史、中国社会发展史，探求当时中国社会的出路，是一场政治思想讨论。其实讲发展史，具有强烈的党性、革命性，起着宣传作用，虽然社会史大论战具有某种学术性，但不是我们通常所理解的学术范围的社会史研究，因此不能将它视作中国社会史研究的开端。② 对此，不妨看一看论战的当事人的见解，或许会客观一些。论战的参与者陶希圣在《食货》创刊号《编辑的话》中，说到社会史论战是"所谓'中国社会史论战'"，是"理论争斗，总算热闹过了"，现在的"经济社会史"研究，不是"那样的激昂，那样的趋时"。③ 可见后来的社会史研究不是社会史大论战的继续。侯外庐也没有将它同社会史研究连在一起。参与者的意见，后人不能不予以尊重，不要将我们今日所理解的社会史研究强加到他们身上。当然，论战所涉及的生产方式、社会形态、商业等内容，与社会史研究恰有重合点，对社会史研究的兴起与开展不无启示之处。有学者认为论战启发了中国社会史研究的契机。刘志琴说："这场名为社会史的论战，实际上是中国社会发展史的争论，与今日所言之社会史不尽相同，但由于这是对中国国情的基本估计，推动了史学界对中国社会结构、传统文化、家庭婚姻、伦理道德、风俗习惯、群体生活的进一步研究，促进了社会史的发展。"④ 王家范认为包括社会史大论战在内的 20 世纪二三十年代的论战，其参与者对政治目标的关心远过于学术建设，而其对新史学的影响不可低估，主要是输入一系列的"问题意识"，是史学创

---

① 侯外庐：《韧的追求》，生活·读书·新知三联书店 1985 年版，第 222 页。

② 冯尔康等编著：《中国社会史研究概述》，天津教育出版社 1988 年版，第 2 页。

③ 陶希圣：《食货》创刊号《编辑的话》，1934 年 12 月。

④ 刘志琴：《社会史的复兴与史学变革》，《史学理论》1988 年第 3 期。

新意识所不可或缺的能源。[①] 常建华认为社会史大论战刺激了社会史研究。[②] 看来，社会史大论战本身不是社会史研究，但对社会史研究的开展有激发作用。

（二）多学科结合下的史学新途径——社会史研究的兴起

与其重视“社会史大论战”与社会史研究的关联，不如直接了解学者自发进行的具体的社会史研究及其成果，虽然这里缺乏热烈的争论，但它是扎扎实实的研讨。

20 世纪上半叶，历史学家和社会学家、民俗学家、经济学家、人类学家共同努力，写出一批研究性的中国社会史专著和论文，遂使这一学问得以肇兴。最早出现的是张亮采的《中国风俗史》（商务印书馆 1911 年），二三十年代各学科专家的社会史专题著作相继问世，20 年代后期至 30 年代前期的作品尤多，留给后人的参考价值颇为丰富。下面以问世先后列出一些著作，同时考虑到开创之难，故而多所胪列。这些作者及其著作是：

社会学家陈顾远的《中国古代婚姻史》，商务印书馆 1925 年。

贾伸的《中华妇女缠足考》，北平香山慈幼院 1925 年。

陈东原的《中国妇女生活史》，商务印书馆 1928 年。

社会活动家陶成章的《教会源流考》，广州中山大学历史语言研究所 1928 年。

史学家吕思勉的《政治经济掌故讲义》，内含宗族、婚姻、农工商业、钱币、财产、饮食、衣服、宫室、户籍，并抽出两种，印成《中国宗族制度小史》《中国婚姻制度小史》二书，中山书局 1929 年。

古文字学家、文学家、史学家郭沫若的《中国古代社会研究》，上海联合书店 1930 年。

史学家周谷城的《中国社会之结构》，新生命书局 1930 年。

杨筠如的《九品中正与六朝门阀》，商务印书馆 1930 年。

社会学家李安宅的《〈仪礼〉与〈礼记〉之社会学的研究》，商务印书馆 1931 年。

民族学家杨成志的《云南罗罗族的巫师及其经典》，中山大学文史研究所

---

① 王家范：《中国历史通论》，华东师范大学出版社 2000 年版，第 367 页。

② 常建华：《20 世纪中国社会史研究》，周积明、宋德金主编：《中国社会史论・上卷》，湖北教育出版社 2000 年版，第 173 页。

1931 年。

古文字学家、史学家杨树达的《汉代婚丧礼俗考》，商务印书馆 1933 年。

朱齐华的《中国近代社会史解剖》，上海新新出版社 1933 年。

经济史家、社会活动家陶希圣的《婚姻与家族》，商务印书馆 1934 年。

史学家陈垣的《元西域人华化考》，励耘书屋丛刻本 1934 年。

王书奴的《中国娼妓史》，上海生活书店 1934 年。

史学家谢国桢的《明清之际党社运动考》，商务印书馆 1934 年。

经济史家全汉昇的《中国行会制度史》，新生命书局 1934 年。

民俗学家江绍原的《中国古代旅行之研究》，商务印书馆 1935 年。

黄现璠的《唐代社会概略》，商务印书馆 1936 年。

袁业裕的《中国古代氏姓制度研究》，商务印书馆 1936 年。

王芷章的《清代伶官传》，中华书局 1936 年。

社会活动家邓云特（邓拓）的《中国救荒史》，商务印书馆 1937 年。

尚秉和的《历代社会风俗事物考》，商务印书馆 1938 年。

史学家蒙思明的《元代社会阶级制度》，哈佛燕京学社 1938 年。

王伊同的《五朝门第》，成都金陵大学中国文化研究所 1943 年。

高达观的《中国家族社会之演变》，正中书局 1944 年。

史学家傅衣凌的《福建佃农经济史丛考》，福建协和大学中国文化研究会 1944 年。

陈彩章的《中国历代人口变迁之研究》，重庆商务印书馆 1946 年。

人类学家潘光旦的《明清两代嘉兴的望族》，商务印书馆 1947 年。

戴魏光的《洪门史》，和平出版社 1947 年。

史学家刘节的《中国古代宗族移殖史论》，正中书局 1948 年。

谢国桢《清初流人开发东北史》，开明书店 1948 年。

史学家吴晗和社会学家费孝通等编的《皇权与绅权》，上海观察社 1949 年。

这个时期产生了许多社会史专题论文，这里仅举出发表在 1936 年 12 月《食货》创刊号上的两篇文章：鞠清远的《汉代的官府工业》，何兹全的《魏晋时期庄园经济的雏形》。

关于社会史的著述，与当时的高等学校开设社会史课程密切相关。其时不少大学开有社会史课，如在 20 世纪 30 年代前期，北京大学陶希圣开设中国社会史课，选修这个课的何兹全回忆说受其影响甚大，因之一生研究中国社会经济史①。清华大学特请陶希圣去讲授这一课程，而该校教师吴晗开设明代社会史课。顾颉刚于1946年在苏州社会教育学院开设中国古代社会史课。

此时的研究状况、成果形式、研究内容及特点，分别叙述于次。

1. 研究状况

第一，史家自觉开辟社会史研究之路。杨树达在清华大学讲授《汉书》，着重于婚丧礼俗的介绍，并将备课的札记整理成《汉代婚丧礼俗考》一书。②贾伸在北平香山慈幼院教学，觉得过去的历史缺少妇女的活动，遂着手于妇女史研究，写出《中华妇女缠足考》。人们普遍憧憬于新史学在政治史之外将平民写进史书。杨树达、贾伸的研究是为新史学探路，走到社会史研究的途径上来。

第二，社会学家自觉追寻历史演变，踏入社会史研究之路。陈顾远认为社会学研究的那些现象并非起自今日，而是千百年递变的结果，“所以想用社会学研究解决现有的问题，倘不明白这题底起源和历史，便难寻出他的演进的原理，和自身存在的所以然，也就无从下手了”，因此撰写《中国古代婚姻史》③，追寻后世婚姻状况与历史传承的联系。高达观认为社会学者对家族最感兴趣，为明了中国家族社会的特性，遂将古代与现今家族社会作一比较，因此写作《中国家族社会之演变》，对古今家族社会初步做出通贯的清理。

第三，民俗学家的社会史研究。罗绳武撰文《民俗学之社会史的研究》④，表述民俗学与社会史的关系。20世纪20年代北京大学民俗学会作了很多民俗调查，顾颉刚等人到北京西山妙峰山进行庙会考察，从民俗学角度研究中国社会史。他在开创时期的研究最有成绩，论著后来被辑成《顾颉刚民俗学论集》。⑤ 这里还要说明的是，民俗学家的研究具有“从下向上看”的观念和方法，他们在开辟民俗学研究之初，当顾颉刚、沈尹默、刘半农等民俗学研究作

---

① 何兹全：《爱国一书生·八十五自述》，华东师范大学出版社1997年版，第55页。

② 杨树达：《汉代婚丧礼俗考·自序》，商务印书馆1933年版。

③ 陈顾远：《中国古代婚姻史·序言》，商务印书馆1925年版。

④ 罗绳武：《民俗学之社会史的研究》，北京女师大《礼俗》半月刊第1卷第3期，1931年4月。

⑤ 钱小柏编：《顾颉刚民俗学论集》，上海文艺出版社1998年版。

品在北京大学刊物上发表之后，为具有传统观念的文人所蔑视①，但他们坚持着走“从下向上看”的学术道路。

各个学科学者的带有自觉性的社会史研究，令我们知道人文学科和社会科学的历史学、人类学、社会学、经济学、民族学、民俗学、文字学、法学的研究者，以及一些社会活动家，共襄开创社会史的盛举。这告诉我们：社会史自始就是多学科的产物，就具有跨学科的性质。

社会史研究状况表明，史学家具有突破传统的创新精神，致力于开展新史学研究，而社会史为其中之一。

2. 研究成果形式

研究成果形式多样，介绍如下。

（1）社会史专题著作。

（2）社会史通史著作。

（3）断代社会史专著。

以上三种形式的著述，在前面的书单中可以分别找到，这里不再列举。

（4）通史、断代史著作中包含的社会史内容，如邓之诚的《中华二千年史》②，吕思勉的《先秦史》《秦汉史》《两晋南北朝史》和《隋唐五代史》③四部断代史，都讲到社会风俗、社会组织，将人们的社会生活作为全部历史的一部分内容。张荫麟著《中国史纲》，颇有社会史的眼光，如主张对粗俗文化与精粹文化一视同仁，在书中写出社会群体的奴隶、庶民、家庭、士、宗教、卿大夫。他之所以能如此，得益于求学时期钟情于哲学、社会学，所谓：“哲学将广我以超放之观，而社会学将喻我以人事之条贯也，吾一资以治史矣。”④被誉为写作“第一部有名的新式通史”的夏曾佑，在1906年出版的《最新中学中国历史教科书》第二篇《凡例》中表示写史的三个纲领，其一是“关乎社会者，如宗教、风俗之类，每于有大变化时详述之”⑤，表明他对社会史的看重。

---

① 钱小柏编：《顾颉刚民俗学论集》，上海文艺出版社1998年版，第163页。

② 邓之诚：《中华二千年史》1—4卷，商务印书馆1934年版；5卷，中华书局1956—1958年版。

③ 吕思勉：《先秦史》，开明书店1941年版；《秦汉史》，开明书店1947年版；《两晋南北朝史》，开明书店1948年版；《隋唐五代史》，写于1949年以前，上海中华书局1959年版。上海古籍出版社1983年重印四书。

④ 王焕镳：《张君荫麟传》，张荫麟：《中国史纲》附录，上海古籍出版社1999年版。

⑤ 夏曾佑：《中国古代史》，河北教育出版社2000年版，第7页。

（5）社会形态史著作中的社会史内容。受社会史大论战影响，或者说就是它的成果，产生了一些社会形态史的专著，就中蕴含许多社会史的内容。陶希圣的《中国社会史》，从政治、经济、思想诸方面叙述中国上古史，它虽名为社会史，但实际是上古史通史、上古社会形态史，并非真正的社会史，不过其中颇有社会史的成分。

（6）其他。有两种类型：

一种是社会史资料汇编，汇集有关社会史古文献资料，以便研究者的利用。如瞿宣颖编辑《中国社会史料丛钞》甲集（商务印书馆 1937 年），摘录古籍中衣饰、饮食、建筑、居室等 20 类资料，并加按语说明。萧一山远赴英国、法国搜求天地会活动的资料，编纂成《近代秘密社会史料》（北平研究院 1935 年），既有史料价值，又有研究性。张次溪辑《清代燕都梨园史料续编》（松筠阁 1937 年），汇集了清代北京伶人史料。

另一种是翻译外国的有关著述。如日本有高岩著、贺杨灵译《元代奴隶考》（光华书局 1933 年），法国格拉勤著、李璜译述《古中国的跳舞与神秘故事》（中华书局 1933 年），荷兰施列格撰、薛澄清译《天地会研究》（商务印书馆 1940 年）等书。此外还有西人著作中涉猎中国社会史事的，随着该书的中译而传入中国社会史学界，比如德国人缪勒利尔著、叶启芳译《婚姻进化史》（商务印书馆 1936 年），讲到中国古代妇女的缠足是男子约束女子使之牢固附着于家庭的产物。

3. 研究内容

这个时期社会史的研究范围，大大突破了传统史学的政治史和某些制度史的内容，呈现出广泛性，涉及社会生活众多方面。

从中国社会科学院历史研究所资料室与北京大学历史系合编的《中国史学论文索引》著录来看，20 世纪上半叶的论文分类有：家族制度与宗法思想（内含婚姻制度）、士绅与结社、民俗、人口统计、宗教、民间文艺、中国地方城市沿革史、都市与贸易、农民的生活、职工生活调查与研究、妇女生活调查与研究、中国历代民族迁移与移殖等。当时的编者不一定有“社会史”的概念，但其分类编目基本上反映了学界研究中国社会史的内容。[①]

---

① 中国社会科学院历史研究所资料室、北京大学历史系合编：《中国史学论文索引》，中华书局 1980 年版。

再从社会史书目来看，研究范围涉及婚姻、丧葬、妇女、家族、身份、阶层、阶级、娱乐、救荒、移民、人口、少数民族生活、侨民、结社、民众运动、法律社会、旅行、中外文化交流、民俗等社会生活及社会结构的历史。例如黄现璠的《唐代社会概略》一书介绍了唐代的阶级和风俗：贱民、娼妓、劳动、贵族、坐食等阶层，跳舞、化装、戏剧、打球、拔河、酺、婚姻等习俗。

学者研究的内容颇为丰富，研究领域比起传统史学宽阔得多。不仅如此，研究课题是学者自觉确定的，应当有其持续性。

4. 研究的学术特点

（1）资料排比与现象罗列

许多社会史的专著和包含社会史内容的史书，将所研究的课题区分出若干细目，对原始资料加以排比，给予极其简单的说明，类似于提纲，而缺乏提纲的概括性和明确的富有探讨性的观点，像《汉代婚丧礼俗考》《中国风俗史》《中华二千年史》，莫不如此。值得重视的是，这类书籍史料翔实，归类细微，便于读者明了掌握，以利进一步的研讨。

（2）社会史研究同社会经济史研究相结合

社会史研究的人们生活方式中的衣食住行所表现出的物质文明，与经济史，特别是社会经济史研究的物质生产与消费，本是这两个学科的交叉点或共同点，这时两种研究同步进行，且纠缠在一起。陶希圣于 1936 年创办《食货》杂志，在全民族抗战前所刊载的文章中，关于中国史的，主要集中在身份、人口、家族、土地制度和田赋租税等方面，对于农村、耕作、货币、市场、都市、寺院经济和妇女、婚姻以及动乱方面的内容亦有所涉及。可见社会经济史占着多么大的分量。这种情况甚至令当时人以为社会经济史的研究就是社会史的研究。顾颉刚在为瞿宣颖编辑的《中国社会史料丛钞》序言中说：过去治史不外是政治史，“至于今日，史家多于历史诸现象中特提经济一观点，其说风靡一世，社会史遂有取政治史而代之之趋势”①，就将社会史与经济史等同起来。这在今天我们认为是某种误解，其实当时是一致的，学者们并不区分此疆彼界。

（3）单一现象的观察与综合研究的缺乏

---

① 瞿宣颖纂辑：《中国社会史料丛钞·甲集·上册》，商务印书馆 1937 年版，“顾序”第 1 页。

其时的社会史著作，大多研究某一种历史社会现象，如伶人、贱民、婚姻、丧葬的专史研讨，同时也很少将它们放在全部历史现象中作出考察。

（4）深入而系统的研究著作引人注目

有一些著作具有系统性，分析深入，见解新颖，成为后世研究者的必备参考文献。

陶希圣的《婚姻与家族》，清理中国历史上的宗法制度及其演变史，认为家族制度与宗法制度不是一回事，前者渊源于后者，成为家长制的家族制度，在这种制度下，婚姻是两个联姻家族的事情，而不顾及婚姻当事人青年男女的爱情。同时，此书还将家族、婚姻的演变同社会生产关系的变化综合起来考虑。

郭沫若的《中国古代社会研究》，是他的史学研究代表作，影响了当时和后世众多的研究者。他概述了上古以来中国社会的演进，同时论述了社会结构，包括婚姻制度和家族关系，社会政治组织，祭祀，战争，阶级结构和被压迫者的反抗革命，民众生产生活史诸如渔猎、畜牧、商旅（交通）、耕种、工艺（器用）的衣履和装饰品，精神生产的宗教、艺术（跳舞、装饰、雕塑、音乐）及其生活的反映。

邓云特（邓拓）的《中国救荒史》，有别于常见的认为灾荒的产生是由于大自然力的破坏的观点，强调人类社会的因素，以探讨造成灾害的深层原因。他认为救荒史并非仅为叙述一般事实的历史，且应为社会病态史及社会病源学史，其任务在于揭发历史上各阶段灾荒的一般性及特殊性，分析其具体的原因，以探求社会学的治疗原则与途径。他提出了灾荒史的研究范畴和方向，有益于这门学问的发展。

潘光旦的《明清两代嘉兴的望族》（商务印书馆 1947 年），运用优生学的理论和家族文献研究人才产生的历史。他用优生学的眼光分析古代家谱，指出好的家谱叙述氏族由来、世代蝉联、人物事迹、族际婚姻，可以提供制作血系图、血缘网络图、世泽流衍图，从而令人知道持续的族际婚姻对于家族人才出现的重要作用。

陈寅恪著《唐代政治史述论稿》，从民族文化着眼讨论唐代政治史变迁，认为种族和文化这两个问题，“实李唐一代史事关键之所在，治唐史者不可忽视者也”。对种族、血统、文化三者的关系，提出文化标准的观念，认为“汉人与胡人之分别，在北朝时代文化较血统尤为重要。凡汉化之人即目为汉人，胡化之人即目为胡人，其血统如何，在所不论”。[①]

（5）指导人生、改造社会为学术研究目标

20 世纪上半叶是中华民族觉醒和发愤图强的时代，学者们有着强烈的社会使命感，希望克服传统社会的不良因素，引导民众走向健康的生活，所进行的社会史研究，与这种社会抱负颇为一致。陈东原在 20 年代意识到女性希望有新生活，但是不知道如何获得，因此写作《中国妇女生活史》，意图将女性“回头的路，现在的路，将来的路，系统的、深切的、明白指出”，令向上者得到勇进的力量，守旧者得以认清旧道德的虚伪性[②]，可见作者为妇女生活改善而撰著的鲜明目的。吕思勉认为中国古代男尊女卑与男女并重的两种思想并存，当时需要发扬后一种观念，则“女权之盛昌，固计日可待也”[③]，为女性解放而张目。王书奴作《中国娼妓史》，与当时的废除娼妓制度相合拍。

（6）未触及社会史理论问题

究竟什么是社会史，它的研究对象、功能是什么？那时并没有作为问题提出来加以讨论，更没有产生共识。

总体来说，20 世纪上半叶的社会史研究，具有初步开展的特点，成就颇大，影响深远，许多著作为后世再版；当然，不少著作堆砌史料，研究深度不足，这是起步时期难免发生的现象。要之，上半叶的研究可视为中国社会史的勃兴，它留给后世丰富的学术遗产，是中国社会史研究的重要阶段。

（三）中国社会史研究与西方史学研究思潮的关联

中国社会史研究的发生似乎与当时西方出现的年鉴学派并无直接的关联，那时中国也没有出现对年鉴学派著述的介绍。迟至 1976 年，汪荣祖的《白德尔与当代法国史学》问世[④]，才有评介年鉴学派的专文。虽然如此，西方史学的译作却有一些，因此两者之间并非毫无关系。我们从研究成果看，中西方新史学开始都是社会史与经济史研究的结合，顾颉刚所说的经济史取代政治史的趋势，表明两者合作向传统的政治史研究挑战，此中西方相同点之一；关注社

---

① 陈寅恪：《唐代政治史述论稿》，生活·读书·新知三联书店 2001 年版，第 183、200 页。

② 陈东原：《中国妇女生活史》，商务印书馆 2017 年版，第 2 页。

③ 吕思勉：《中国婚姻制度小史》，知识产权出版社 2018 年版，第 100 页。

④ 汪荣祖：《白德尔与当代法国史学》，台湾《食货》复刊第 6 卷第 6 期，1976 年 9 月；参阅汪荣祖：《史学九章》第四章《布罗代尔与法国安娜学派》，生活·读书·新知三联书店 2006 年版。

会下层民众和女性的历史，此又一相同之处；多学科的交叉研究，此为相同点之三。由此我们说中国社会史研究受到西方史学、年鉴学派的影响，故而有共同的史学思潮。

二、社会史研究的扭曲与基本停顿状态

20 世纪下半叶中国学术界对社会史的研究情况，由于政治制度和意识形态的不同，笔者拟对大陆和台湾地区作分别的说明，并略及香港地区的研究情况。

说到大陆的社会史研究，首先面临如何认识 1949—1978 年这三十年的史学研究问题，学者间的分歧颇大，不妨由此入手，表明笔者的认识。

（一）中外学者对中国社会史研究状况的不同见解

许多外国学者认为 1949—1978 年间中国进行了社会史研究，他们看到中国史学界热烈讨论农民战争史的事实，如英国史家巴勒克拉夫（Geoffrey Barraclough）说："中国历史学著作和研究的最显著的特征，至少大约从 1955 年以后，在于对农民起义和农民战争的关注……评介农民运动在中国历史上的作用是今天中国共产主义史学研究中的中心问题。"他又说："新中国历史研究的根本特征是优先考虑社会史和经济史……1949 年以来，马克思主义的态度和社会—经济研究方法取得统治地位。但取得的成果并不总是尽如人意……尽管如此，1949 年以后中国历史研究的进展从整个来说十分可观。"① 是的，我们都知道农民战争史及其他民众运动史是当时史学最重要的研究内容之一，所谓史坛的"五朵金花"中就有农民战争一朵。

针对大陆一些学者的社会史研究长期沉寂、几近空白的观点，一些台湾学者认为这个问题涉及社会史的界定及个人的选择，如果把 20 世纪 50—70 年代的历史论述完全排除在中国社会史研究之外，既不符合史实，也不是实事求是的态度。如黄宽重认为，在包括 50—70 年代在内的 40 多年的宋史研究领域，大陆"对社会史的研究投入可观的人力，有一定的成绩和特色"②。

我国大陆的一些学者的观点截然不同，认为这个时期社会史研究中断了，所以才有 20 世纪 80 年代的复兴社会史研究的举动。笔者以为这三十年中社会

① ［英］杰弗里·巴勒克拉夫：《当代史学主要趋势》，杨豫译，上海译文出版社 1987 年版，第 217—222 页。

② 黄宽重：《海峡两岸宋史研究动向》，台湾《新史学》第 3 卷第 1 期，1992 年 3 月，第 157 页。

史研究“基本上处于停止状态”，而所谓“基本上”，“是说社会史的研究不是完全没有进行，只是太少了。……这个时期有少量社会史范围的论文，研究了宗族、妇女、婚姻、民族生活、阶级结构等方面的问题，有一定的学术价值”①。这里说的有所研究的宗族史，王玉波在《启动·中断·复兴——中国家庭、家族史研究述评》的专论中认为：“50至70年代，是我国家庭、家族史研究中断时期。不过，中断是逐步的，大体经过低潮、变形和绝迹三部曲。”②家族史专家徐扬杰撰写了与王文同类性质的文章——《中国家族史研究的历史和现状》，就三十年间的研究说：“似乎中国历史上不存在家族制度这个现象，史学界好像把这个问题忘诸脑后了。”③ 宗族史是三十年中有所研究的领域，资深学者却持不以为然的态度，不能不发人深思。文化史专家刘志琴对那时的社会史研究也不看好，她回顾中国社会史研究史，说“20年代兴起，50年代中断，80年代中期复兴”，亦持中断说，并明确指出这是“冷落”时期。④ 郭松义说新中国成立50年来社会史研究经历从冷落到恢复兴起的曲折过程，20世纪50年代仍有某些专题研究，60年代中期起的十余年一片荒漠，社会史遭到冷落的原因一是史家集中讨论几个大问题，二是“左”的思想蔓延，研究者惧怕而疏远社会史。⑤ 这些学者都是那个时代的过来人，而且都是方家，不约而同地作出停顿说，似乎不可以“不合实际”来否定这些看法。

两种截然相反的意见，足以促使我们对那时的史学研究及社会史研究状况进行深入的辨析，并探究分歧出现的原因。

（二）社会史研究的扭曲——农民战争史和工人运动革命史

1. 成果多为20世纪上半叶研究继续的产物

三十年中有少量的社会史论著问世，如：

董家遵的《中国收继婚姻之史的研究》，岭南大学西南社会经济研究所1950年。

李剑农的《魏晋南北朝民户大流徙》，武汉大学编译委员会1951年。

---

① 冯尔康等：《中国社会史研究概述》，天津教育出版社1988年版，第33页。

② 王玉波：《启动·中断·复兴——中国家庭、家族史研究述评》，《历史研究》1993年第2期，第180页。

③ 徐扬杰：《中国家族史研究的历史和现状》，《中国史研究动态》1994年第6期，第4页。

④ 刘志琴：《提高社会史水平的三部曲》，《历史研究》1993年第2期，第8页；《社会史的复兴与史学变革：兼论社会史和文化史的共生共荣》，《史学理论》1988年第3期。

⑤ 郭松义：《中国社会史研究五十年》，《中国史研究》1999年第4期。

李亚农的《殷代社会生活》，上海人民出版社 1955 年。

王承祒的《中国古代社会史试论》，学习生活出版社 1955 年。

顾颉刚的《秦汉的方士与儒生》，群联出版社 1955 年。

傅衣凌的《明清时代商人及商业资本》，人民出版社 1956 年。

这些著作出版于 1950 年至 1956 年之间，基本上是 20 世纪上半叶研究的产物，或者是继续加工的产品。在此之后，这类作品就极其罕见了，我们在图书信息中，偶尔见到的黄少槐著《我国少数民族的宗教与风俗》（上册）（民族出版社 1958 年），孙作云的《诗经与周代社会研究》（中华书局 1966 年），已属不易。只是论文还有一些，如吴晗在《灯下集》（生活·读书·新知三联书店 1960 年）中收录的《宋元以来老百姓的称呼》《谈烟草》，其他如冯先铭的《从文献看唐宋以来饮茶风尚及陶瓷茶具的演变》（《文物》1963 年第 1 期），党军的《唐代长安春节景象》（《人民日报》1962 年 2 月 6 日），阴法鲁的《唐代西藏马球戏传入长安》（《历史研究》1959 年第 6 期）等，涉及人们的生活和娱乐。沈从文撰写的《中国古代服饰研究》引人注目，他是根据周恩来的指示编写的，基本完成于 60 年代前半期，郭沫若作序。即使如此，这本书拖到 1981 年才由香港商务印书馆印行，可知这时有关文化史、社会史著作的出版之难。另外，陈寅恪的研究别具一格，著作《论再生缘》《柳如是别传》（图 1-1），姜伯勤著文评介，认为陈氏晚年写作“业已从制度文化为重点的广义文

图 1-1　清代画作《河东君初访半野堂小景》

化史研究，转向心灵历史的研究。这就是‘以诗证史’的面貌出现的对一个时代的情感与思潮的关注。这一转变与国际史学界对心态、心智史和妇女史的关注是同步发生的”①。这些著述表明社会史研究并非完全绝迹，不过基本情形是，50年代前半期的成果是20世纪上半叶研究的体现，其后的研究真是微乎其微。

2. 阶级斗争史与社会史的关系

阶级斗争史无疑是社会史研究的内容，但是，当时的研究借用王玉波的话说是“变形”了。笔者在《中国社会史研究概述》中，从这三十年的历史研究总情况说到如何认识阶级斗争史的研究，“这时的历史研究主要注意政治、经济两方面，又侧重于阶级斗争（农民起义、‘市民’斗争、工人运动、农民运动）和生产关系。在阶级分析中涉及历史上一些等级、阶级、阶层，这本来是社会史的研究内容，但当时理解得不全面。如前所述，人们把精力集中到阶级矛盾采取外部对抗形式方面，而忽略内部形态时期的一般状况，即如人们兴趣浓厚的古代租佃关系来说，对地主占有土地与地租是人们着力描写的，但地主的生活状况如何，衣食住行的崇尚是什么，婚丧怎样进行，节日怎么过，有何娱乐，有何社交，这些问题多半以骄奢淫逸腐化堕落的概念作交代，并不令人明了其究竟，当然更不能说明它的这些生活与其阶级本性、阶级斗争的关系。同样，对佃农生活只能以‘极端贫困’、‘卖妻鬻子’的套话来说明，令人不能了了。如此着重研究的两大对立阶级的生活状况不过尔尔，其他社会集团的社会史研究更付阙如”②。那时是研究了阶级，而缺乏对阶级状况和群体生活的研讨，是从阶级斗争与革命政治目标出发，是将学术研究纳入阶级斗争的轨道③，造成研究缺少学术性。如果说这就是社会史研究，不免让人接受它时产生思想障碍。应当说农民战争史的命题，进入了社会史研究的范畴，但由于学术性的不足，大大降低它在社会史研究中的地位。三十年的史学研究中，社会史占据何种成分，重要的是考察那些似乎是社会史作品究竟研究了什么内容，有何学术价值，如果在这方面取得较为一致的看法，分歧就易于解

---

① 姜伯勤:《陈寅恪先生与心史研究——读〈柳如是别传〉》，台湾《新史学》第6卷第2期，第190页。

② 冯尔康等编著:《中国社会史研究概述》，天津教育出版社1988年版，第34页。

③ 王玉波在《历史研究》1993年第2期《启动·中断·复兴——中国家庭、家族史研究述评》的文章里说:“几乎所有的中国家庭、家族史论著，都生拉硬凑地把家庭、家族与阶级、政治联系起来，纳入阶级斗争的轨道。”

决了。

3. 社会生活史方面的内容最贫乏

古人的衣食住行，节日、娱乐生活，婚嫁丧葬习俗，风土人情，民间社团活动，从历史著作中消失了。那时只有在民间文学史和少数民族史的研究中时或能够见到少许的生活史内容，而且是别有缘故的，容在后面叙述。生活史之不见容于历史，在《中国通史参考资料》中亦充分表现出来，在“文化大革命”前梓行的几部书里，完全没有摘编古人生活方式的资料，比起《中华二千年史》真是一种倒退。20 世纪 50 年代中期以后，“社会史”的名称在相当长一段时间内不再出现于历史著作中，令年轻人根本就不知道还有社会史这门学问。

4. 对社会史的不同界定是中外学者产生分歧的原因之一

20 世纪 80 年代中，笔者对什么是社会史的理解，基本上是今日人们所说的狭义社会史，而不是广义的“社会的历史”——整体史（总体史）。认为“中断”的学者可能也是这样认识社会史的。今天海内外较多的学者把社会史理解为“社会的历史”。以广义的社会史界定来看，容易将那三十年的中国历史研究视为以社会史研究为主流。不过笔者依然认为那基本上不是社会史研究：片面的阶级斗争史，与整体的历史研究很难等同起来；过分强调为政治服务的史学研究，缺乏学术性，恐不能构筑成整体的社会史。

中外学者产生分歧的另一个原因，是亲身感受与纯学理的分析视角的不同。作为过来人的大陆学者深知那时的史学研究的强烈政治性，即以 20 世纪 60 年代前期的宗族史研究而言，出现的几篇文章，意在说明族权的罪恶，实质上是与在农村实行社会主义教育运动（“四清”运动）相配合。因为运动指导文件指出，农村联宗祭祖、续修家谱是封建主义复辟行为，在清除之列。这类论文在客观上起了配合政治运动的作用。亲身感受者知道这类文章的学术含量不足，而境外人则没有这种理解；并且从纯学术观点来看，那些文章的题目还是有其某种学术价值的，境外学者看到并肯定这一点，亦是有道理的，所以两者的分析结合起来，互相纠正与补充，就可能认识得准确一些。

5. 关于三十年中有关社会史研究的评价

虽说三十年中社会史研究基本停顿，也应看到这时少量的社会史及其他史学著述对后来的社会史研究有一定的积极意义。从民众运动史、社会结构史、社会运行和问题史的角度看，有可资借鉴的成果，同时它也是后来社会史研究大规模开展的某种基础，如原先的农民战争史研究者，随后转向民间秘密宗教史、会党史的研讨，“族权”史的史家进而对宗族史进行全面的探讨。[①] 就其积极意义来讲，研究的“停顿”是相对的，不应一笔抹杀。

说到三十年的社会史研究，由此申述对三十年中史学研究的看法。常建华将这个时期的社会史研究与上半叶相比，认为“社会形态史的研究进一步深化，农民战争史成果可观，但基本上是诠释理论模式和说明公式化的规律”[②]。王家范讲到“苏式”社会主义观念和方法论对中国史学研究的影响：“在相当长的时间内，对五种社会形态‘普遍规律’情有独钟，不自主地放弃对中西历史文化比较的深入思考，精力专注于‘社会性质’、‘阶级定性’、‘阶级压迫’、‘阶级斗争’等共性概念层面上，影响到本国历史文化自身的深沉考察和开拓深挖，而与政治的过度关联又或多或少影响到他们的求实求真，生搬硬套的毛病很突出。”[③] 史学研究生搬硬套经典著作的理论，史学作品去说明经典理论，过分强调为政治服务，于是乎成为注疏史学。当然，在具体研究中仍然有一些成果值得称述。

（三）社会史研究基本停顿的原因

1. 相关学科被取消

新中国成立后，社会学、人类学、政治学一度被取消。从前面的叙述我们已经知道，社会史的研究与社会学者、文化人类学者的研究不可分离，没有这两个学科，社会史研究孤掌难鸣。相应地，社会生活史的研究也难以进行，原先的研究还遭到指斥。吕思勉的关于社会史内容的研究，被指责为“根本不符合于历史科学的研究要求”[④]，抹杀了此种研究的学术价值。只有民间文学史的研究得以保留，因此《中国通史参考资料》第三册就有《民歌》子目，选择魏晋南北朝时期的“吴歌”“西曲”“北曲”资料，这种幸存，从一个侧面反映取消社会学、人类学对社会史研究的不良影响。直到改革开放，恢复社会学、人类学、政治学学科及其研究以后，社会史研究因应复出。

---

① 参阅常建华：《中国社会史研究十年》，《历史研究》1997 年第 1 期。

② 常建华：《20 世纪中国社会史研究》，周积明、宋德金主编：《中国社会史论》，湖北教育出版社 2000 年版，第 183 页。

③ 王家范：《中国历史通论》，华东师范大学出版社 2000 年版，第 376 页。

④ 吕思勉：《隋唐五代史》，上海人民出版社 1958 年版，“出版说明”。

2. 批判剥削阶级生活方式的影响

当时社会上批判资产阶级和一切剥削阶级的生活方式。在这种情形下，设若历史研究介绍古人的衣食住行生活方式、各种文化娱乐和节日生活、婚嫁丧葬仪式和相关活动，而由于有关社会上层的历史记载多，说明他们生活状况的文章必然也多，这不就成了宣扬剥削阶级的生活方式吗？在这种政治批判的社会态势下，史家自然不会也不便于留心社会生活史了。

3. 对历史是阶级斗争史的教条式的理解

那时将全部历史简单地视为阶级斗争史，就中，又以农民战争史、工人运动史、中国共产党党史、国际共产主义运动史为基本点。这样地认识历史，当然把社会史排除在历史研究范围之外了。

三、大陆社会史研究的复兴与迅速发展

（一）复兴的原因和初期表现

改革开放后，学术环境大改观，社会对“影射史学”不满，视之为哈巴狗，史学陷入某种“危机”，史学家对过往研究中各种决定论和单一方法论产生怀疑和不满，特别是社会的现代化转型激发史学家思考史学的真正出路，为改变史学状况作出努力。邓京力将社会史的复兴概括为四个方面的反思：其一，历史学与现实社会关系的反思，适应新时代要求而选择社会史；其二，对共和国史学发展历程的反思，希望铸造有血有肉的富有社会生活内容的历史；其三，对中国史学与西方史学关系的反思，借鉴西方年鉴史学的发展经验；其四，对史学同其他学科相互关系的反思，界定社会史研究的跨学科特性。①

20 世纪 80 年代前期兴起文化史的研究，随即社会史的研讨被提出来，其标志是 1986 年在天津召开的“中国社会史研讨会”。这次会议由南开大学历史系、《历史研究》杂志社、天津人民出版社联合发起，史学、社会学、哲学、文学、民俗学、经济学和新闻出版界 80 余人出席，会上讨论了社会史研究对象、范畴、任务和功能、社会史的研究方法、社会史的研究史，以及具体的社会史研究问题。自此之后，社会史研究迅猛开展。这次研讨会被学者誉为“标志着中国社会史从停滞走向复兴的重要里程碑”。孙江认为社会史的“复兴”，凸显出两个特征：“终结政治叙述对历史的独占权，呼唤整体的历史叙述；历

① 邓京力：《新时期中国社会史发展趋势研究》，《史学理论研究》2000 年第 1 期。

史学摆脱意识形态的纠缠，加速社会科学化。”① 其开展的情况，使得王先明认为它已成为史学研究的热点之一。② 社会史研究以一股激流震荡着史坛。此后大规模的社会史年会每两年举行一次，到 2018 年业已举办 16 次。这期间社会史的研究，从组织机构上，也有一定保障，即在社会科学院和一些高等学校形成研究中心（如南开大学中国社会史研究中心），进行专题研讨和开设专门课程；产生了一些学会，如中国社会史学会、中国谱牒学会、中国会党史研究会等，这些学会定期组织学术研讨会，不同程度地推动了研究的进行。至于社会史专题的讨论会，则是学者们的经常聚会。研究的领域日益拓宽，并向深度发掘，学术专著和论文大量地涌现。参与社会史探讨的，不仅有老年学者，更多的是中青年学者，表明它已把很多人的兴趣吸引过来了。③ 复兴以来的社会史研究，自始就注意理论的探讨，但更重要的是强调对历史本身的研治，所以从一开始就走上了实证的道路，而没有停留在摇旗呐喊或空洞的理论研究上，这恐怕是社会史能得以深入展开并得到越来越多学者认同的原因所在。

常建华认为复兴以后的社会史研究具有四个特色：一是还历史以血肉的社会生活研究；二是揭示社会精神面貌的社会文化研究；三是置社会史于地理空间的地域社会研究；四是建设社会史学科的努力。④

（二）两个发展阶段

社会史研究复兴后，20 世纪 80 年代中期至 90 年代中为第一发展阶段，是以社会生活史为研究中心内容的社会史复兴期；90 年代中期以来进入第二发展阶段，是社会史与文化史紧密结合的以研讨日常生活史为主要内容的新社会史、新史学时期。

1. 第一阶段：以社会生活史为研究重点的复兴期

1986 年首届中国社会史研讨会上，与会者批评过往的历史学“研究范围狭窄，忽略对社会生活的研究……导致史学著作对我国社会历史缺乏有血有肉的阐述”⑤。1987 年中国社会科学院历史研究所中国古代社会生活史课题组召开

---

① 孙江主编：《事件 · 记忆 · 叙述》，浙江人民出版社 2004 年版，第 21 页。

② 王先明：《近十年中国社会史研究述评》，日本《中国史学》第 6 卷，1996 年 12 月，第 95 页。

③ 参阅郭松义：《80 年代以来中国大陆婚姻、家庭史研究述评》，日本《中国史学》第 6 卷，1996 年 12 月，第 93 页。

④ 常建华：《中国社会史研究十年》，《历史研究》1997 年第 1 期。

⑤ 宋德金：《开拓研究领域促进史学繁荣——中国社会史研讨会述评》，《历史研究》1987 年第 1 期，第 127 页。

讨论会，认为该课题的研究，“有助于全面、生动、形象地展示丰富多彩的历史画卷，使人类历史的活动过程有血有肉、真实生动地出现在人们面前，从而有助于深化历史研究”[①]。可见人们一致希望通过社会史研究使得历史有血有肉地丰满起来。对此，那时笔者是这样考虑的：生产斗争、阶级斗争好比是历史的骨架，如果仅有骨架，“历史就单调，干瘪，不形象，不生动。社会史扩大了史学研究的领域，把人们的家庭、宗族、娱乐、时尚、社交同阶级的、政治的斗争联系起来，把社会的各种现象联系起来，把它们摆到各自的位置上，历史就丰满了，就如同人类经络舒展了，有血有肉了，形象化了”[②]。

20 世纪 80 年代中期起的十几年，社会生活史的论著与年俱增，彭卫就 1995 年以前的饮食、婚姻、居住、丧葬、服饰、风俗礼仪、社会风尚、妇女生活、阶层生活、社区生活、娱乐等 11 项研究论文所作的逐年统计，计有论文 465 篇，其中发表在 1966 年以前的 28 篇，1979—1986 年的 76 篇，1987—1995 年则为 361 篇。[③] 1987—1995 年的近十年之间发表的文章，超过以前两倍半，不能不说发展迅速。常建华于 1996 年综论十年来的社会史研究，撰文《中国社会史研究十年》，第一个子目就是“社会生活研究：还历史以血肉”[④]，应当说准确地反映了复兴社会史研究初期学者的实践情形。以个人切身的体会，让历史有血有肉，研究社会生活史，是同仁当时的理想，是希望开展社会史讨论的动因之一，而十年的实践表明社会史家的愿望得到某种程度的实现。

2. 第二阶段：社会史与文化史研究的结合及新社会史观念的提出

郭玉峰依据报刊的披露对 2001 年中国社会史研究论文作出索引，据其分类，笔者统计，计有论文 768 篇，其中：社会史理论 26 篇，社会结构 20 篇，社会群体、社会组织 23 篇，社会阶层 20 篇，宗族 49 篇，婚姻家庭 127 篇，生育 17 篇，信仰 100 篇，节日娱乐风俗 93 篇，社会心态、社会心理 48 篇，社会生活 71 篇，社会问题、灾害与救助 34 篇，妇女 53 篇，人口与迁徙 72 篇，其他 15 篇。[⑤] 不难看出其中婚姻家庭、节日娱乐风俗、社会生活等社会生活史的

---

① 浦斯：《中国古代社会生活史讨论会简记》，《中国史研究动态》1987 年第 12 期，第 1 页。

② 冯尔康：《开展社会史的研究》，《百科知识》1986 年第 1 期，第 16 页。

③ 彭卫：《近五十年中国古代社会生活史研究述评》，日本《中国史学》第 6 卷，1996 年 12 月，第 69 页。

④ 常建华：《中国社会史研究十年》，《历史研究》1997 年第 1 期，第 164 页。

⑤ 郭玉峰：《2001 年中国社会史论文索引》，常建华、余新忠主编：《社会史研究通讯》第 5 期，2002 年。

论文将近300篇，按大类来分，居于首位；关于社会文化意识（含信仰、心态、心理）的研究蒸蒸日上，约有150篇，居其次；社会结构（含统计中的社会结构、社会阶层、社会组织、宗族）方面的论文100多篇，也不少；人口社会史（生育、人口与迁徙）论文不足100篇，在全部社会史研究中占有一定地位；生态环境史、身体史研究尚未有强劲的开展，但出现了，就是可喜现象。

自从20世纪80年代中期社会史研究开展以来，社会生活史首先引起学者的关注，这种态势没有变化，著作仍在陆续问世。如中国社会科学院历史研究所主持的断代社会生活史，计有夏商、西周、春秋战国、秦汉、魏晋南北朝、隋唐五代、辽宋西夏金、元、明、清十卷，各卷的主要内容是衣食住行、婚嫁丧葬、节日娱乐、社会意识。[①] 沈阳出版社梓行《木鱼室书屋·生活掠影》丛书，分别以秦汉、魏晋、隋唐、宋元、辽金、明清、晚清、民国“生活掠影”为名出版断代生活史。不过，90年代中期以来文化史与社会史的结合研究成为新趋势，社会文化史研究吸引着更多的学者。1996年在重庆师范学院召开第六届社会史年会，会后出版论文集，以《区域·社会·文化——“区域社会比较”国际学术研讨论集》（重庆出版社2000年）为题；1998年在苏州大学举办社会史年会，会议论文集名曰《家庭·社区·大众心态变迁国际学术研讨会论文集》（黄山书社1999年）。连续两届会议都对社区与文化有兴趣，反映了社会史研究与文化史研究结合的愿望。刘玉才主编的《图说古代社会生活丛书》（广陵书社2004年），以配置大量插图为一特色，并以专题介绍为另一特点。兹再举一例，以见学者热情之一斑。侯杰、范丽珠著《世俗与神圣——中国民众宗教意识》（天津人民出版社2001年），论述民众宗教意识的生成环境、淡漠的宗教情绪、信仰功利性、多神崇拜鬼信仰、祖先崇拜为核心等内容。

关于社会史理论问题的讨论，20世纪90年代后期以来也可以说进入一个新时期，将社会史视为一种研究方法的观点被明确地提了出来，跟着视角说、范式说出现，新社会史的观念也产生了，越来越多的学者认为社会史就是整体史。当然这一观点尚在讨论中，不会很快形成共识。

近年社会史的研讨状况与特点，不妨从几项专题史研究中作进一步的了解。

---

① 这套书由中国社会科学出版社于20世纪90年代陆续出版。

（三）领域广泛的专题史研究简况

1. 家族史研究

总的情形是走出过往的家族“族权”是政权附庸的定位及定性研究，而向全方面开展，特别是对宗族的社会功能和文化功能展开了研讨。研究专著甚多，从先秦到当代，有通论的著作，如：

徐扬杰的《中国家族制度史》，人民出版社1992年。

冯尔康、常建华、朱凤翰、阎爱民、刘敏著《中国宗族社会》，浙江人民出版社1994年。

常建华的《宗族志》，是宗族史、谱牒史的通贯研究专著，上海人民出版社1998年。

断代家族史的研究较多，有朱凤翰的《商周家族形态研究》（天津古籍出版社1990年）等。下面主要将明清以来家族史的研究，按照著述的内容略作说明。

（1）研究家族活动及族谱的社会功能，互助、救济的作用，家族文化活动，如陈支平著《近500年来福建的家族社会与文化》（生活·读书·新知三联书店1991年）。

（2）联宗作为家族史的重要问题被提出来，钱杭撰著《血缘与地缘之间——中国历史上的联宗与联宗组织》（上海社会科学院出版社2001年），讲到同姓联宗、通谱、异姓联宗、联宗世系学。在宗亲会大量出现的当今，读此书颇有时代感。

（3）由祭祖看家族组织的发展。李文治的研究，指出嘉靖时期放宽民间祭祖世代及宗族政治性质加强的见解，被部分学者接受。①

（4）望族研究。此类著作甚多，张杰撰《清代科举家族》（社会科学文献出版社2003年）。还有《文化名门世家丛书》的出版，陆续问世的有《新会梁氏：梁启超家族的文化史》《义宁陈氏：从陈宝箴到陈寅恪》《常熟翁氏：状元门第 帝师世家》《德清俞氏：俞樾 俞阶云 俞平伯》等。②

（5）将家族史纳入地方史的历史人类学的研究，陈春声、刘志伟、郑

① 李文治：《明代宗族制的体现形式及其基层政权作用——论封建所有制是宗法家族制发展变化的最终根据》，《中国经济史研究》1988年第1期。

② 黄兴涛主编：《文化名人世家丛书》，中国人民大学出版社1999年版。

振满等人的华南历史人类学的研究，被学者认为是历史人类学的“工作坊”①。

（6）新发现的以村落为基础的家族研究，如周銮书主编的《千古一村——流坑历史文化的考察》（江西人民出版社 1997 年），说的是宋代以来江西乐安董氏家族史。

（7）现代家族史颇有研究者，钱杭等人在江西田野调查，写出《传统与转型：江西泰和农村宗族形态——一项社会人类学的研究》（上海社会科学院出版社 1995 年）。

王沪宁作《当代村落家族文化——对中国社会现代化的一项探索》（上海人民出版社 1991 年），颇具学术性和资料性。

萧唐镖等作《村治中的宗族——对九个村的调查与研究》（上海书店出版社 2001 年），将当代村落家族状况分类（单姓、杂姓、主姓等），讨论家族与村治关系。

笔者对当代家族史颇有兴趣，撰写《十八世纪以来中国家族的现代转向》（上海人民出版社 2005 年），认为家族随着社会变化在演变，朝着民主化家族和宗亲会式的俱乐部两个方向演进。

（8）宗族经济与社会结构研究，如张研撰著《清代族田与基层社会结构》（中国人民大学出版社 1991 年），将族田与社会基层结构联系起来考察家族史。

（9）少数民族家族史研究。钱宗范等著《广西各民族宗法制度研究》（广西师范大学出版社 1997 年），开拓民族地区宗法制度研究新领域，讨论汉族及壮族、瑶族、彝族等十余个民族的宗法文化、宗法制度存在的一般形态、宗族生活、宗法的改造及当代社会可资利用的宗法传统。

（10）人类学家对福建闽江下游家族史的跟踪调查：

林耀华：《金翼：中国家族制度的社会学研究》（生活·读书·新知三联书店 1989 年）；

林耀华：《义序的宗族研究》（生活·读书·新知三联书店 2000 年）；

庄孔韶：《银翅：中国的地方社会与文化变迁》（生活·读书·新知三联书店 2000 年）；

① 张小也：《人文学者的工作坊》，《中华读书报》2002 年 5 月 22 日，第 17 版。

黄树民：《林村的故事——1949 年后的中国农村变革》（生活·读书·新知三联书店 2002 年）。

（11）姓氏文化与家族文化研究的结合。姓氏文化的研究成为热点，丛书好几套，其中有李学勤主编的《中华姓氏谱》（现代出版社、华艺出版社 2002 年），一个一个地叙述姓氏源流（姓源、迁徙、分布）、人物、人文（文化、信仰、遗存）、文献。《中华姓氏通史》也是一个一个地描述姓氏历史和文化，如徐建华作《中华姓氏通史·徐姓》（东方出版社 2002 年），述其姓源、文化、文献和名人，这四方面内容为此套系列图书内容的固定格式。还有天津出版的《百家姓书系》（天津新蕾出版社 1999 年），笔者为之作序。此外有学者开始从遗传学角度进行姓氏文化研究，袁义达等著《中国姓氏群体遗产和人口分布》（华东师范大学出版社 2002 年），通过 Y 染色体发现“姓氏基因”，将宋、元、明、当代四个时期的 100 个常见姓氏人口分布曲线绘出，发现 1000 年来中国人的姓氏传递是连续的稳定的。人们将姓氏文化同寻根问祖联系起来。

宗族成员聚族而居，形成家族聚落，而且村落往往以其居住者姓氏命名，所以宗族史同村庄史联系在一起，宗族史就成为村落史基本内容。

（12）家族史与法律史研究的结合：魏道明撰《清代家族内的罪与罚》（社科文献出版社 2021 年）

2. 家庭与婚姻史研究

家庭史，往往在婚姻史、人口史、家族史的研究中有所体现，表明这几种专门史的研治是联系在一起的，例如杨际平等撰《五—十世纪敦煌的家庭与家族关系》（岳麓书社 1997 年）、王跃生撰著《十八世纪中国婚姻家庭研究》（法律出版社 2000 年）。当然家庭史有其专门著作，如王玉波的《中国家长制家庭制度史》（天津社会科学院出版社 1989 年）、谢维扬的《周代家庭形态》（中国社会科学出版社 1990 年）等，还有陈葆真著《乾隆皇帝的家庭生活与内心世界》（北京大学出版社 2020 年），郭成康作《乾隆帝：盛世光环下的多面人生》（中国大百科全书出版社 2021 年），张宏杰《乾隆：政治、爱情与性格》（天地出版社 2021 年）。

这里具体介绍南开大学中国社会史研究中心张国刚的“中国家庭史”研究课题组所召开的家庭史研讨会，以见家庭史研究的内容和深度。2003 年 9 月举办的家庭史研讨会，讨论中国历代农民家庭规模与家庭经济。对于农民家庭规模，李根蟠认为，战国秦汉农村未发现联合家庭，平均每家四口多人，所谓“五口之家”，实际是核心家庭。李润强认为，从唐代分家析产原则观察，家庭人口约在四口至八口之间。王曾瑜提出，唐宋农户平均家口数有可能比某些朝代略高，但平均数大体在一家七口以内。栾成显依据明代户帖、黄册资料，认为农户家庭人口在五口上下，明代保甲文书反映的家庭人口规模都很小。郭松义提出，从各种档案资料的统计来看，清代小农家庭规模多数应在三至五口之间，通常说的八口之家虽有，但比例不大。江太新提出，直隶获鹿县在嘉、道、咸三朝，农户平均人口都在五口以下。李金铮提出，近代以来直至20世纪上半叶河北定县家庭人口始终在五口左右。张国刚提出问题：联合家庭有多大的存在可能？在特定生产力水平情况下，一对夫妇能够养活多少孩子？他主张小家庭说。与会者的基本意见是战国以来的中国农村农民家庭人口在四至八口之间，五口上下。于是姜涛提出的“八口之家：理想的家庭规模”，“五口之家：现实的平均户量”之说，得到与会者的重视。在一个时期内人们以为中国历史上以直系家庭乃至联合大家庭为主，二十年的研究成果以及提交给这次会议的论文表明，大家庭不是历史的主流，占主流地位的还是核心小家庭。为什么会是这样的呢？与会者认为同土地所有制相关，每户占有或租佃耕地有限，不允许家庭人口膨胀，从优化生产组织、节约成本讲，也以小家庭为优越。其实这就涉及农民家庭经济状况、家产继承制与分家。笔者则在会上概述了古代农民家庭经济研究法，认为对农民家庭需要进行阶层的分析，在此基础上比较、综合，寻求对农民经济有个整体认识；理清家与户、家庭与家族的区别与连续；对农民家庭进行常态与变态、静态与动态研究；清理农民家庭经济与生态环境、生产力及几种社会制度的关系。

婚姻史的著述较多，彭卫的《汉代婚姻形态》一书，李学勤的《序言》谓之为“眼界之广阔，见解之新颖，使读者深感其吸引力”①。郭松义、王跃生的研究，均利用档案史料，扎实，颇见功力。郭松义著《伦理与生活——清代的婚姻关系》（商务印书馆2000年），论述婚姻社会圈、地域圈、婚龄、童养媳、入赘婚、妾、寡妇再婚、出妻卖妻、婚外性关系等，婚姻中的主导伦理与婚姻愿望有冲突，有妥协，即道德伦理和现实生活之间存在差异，是价值观念不同所致，故以此取定书名。王跃生撰著《清代中期婚姻冲突透析》（社会科学文

---

① 彭卫：《汉代婚姻形态》，三秦出版社1988年版，序言，第3页。

献出版社 2003 年)，论述了包办婚、早婚的冲突，夫妻冲突，婚外性行为和婚外孕，寡妇的生存环境及其婚姻冲突。他的《18 世纪中国婚姻论财中的买卖性质及其对婚姻的作用》(《中国经济史研究》2001 年第 1 期)，谈到因论财，初婚聘金还少一些，再婚反而价格更高，婚姻又是女方市场，造成许多男子因缺乏金钱而婚配困难，这在客观上起到消极的人口抑制作用。李中清、郭松义等编《婚姻家庭与人口行为》(北京大学出版社 2000 年)，系三十余位不同国家的学者在北京举行的研讨会的论文结集。笔者作有《清代的婚姻制度与妇女的社会地位述论》(《清史研究集》，光明日报出版社 1985 年)，论及包办婚姻、婚龄与童养媳、旌表贞节与寡妇再婚、溺女与育婴堂、妇女“家庭女仆”的地位和妇女与生产劳动六个问题，除同性恋外，几乎涉及了后来学术界讨论的所有问题。

3. 人口史研究

20 世纪 80 年代的人口史研究着重于人口数字，为此而进行户口、丁口、户型的讨论，获知宋代、明代人口过亿，当然清代更多。代表作有葛剑雄主编的《中国人口史》(复旦大学出版社 2005 年)，内分六卷，由葛剑雄、冻国栋、吴松弟、曹树基、侯杨方分别撰写，叙述了户口制度、人口数量的变动过程、人口分布、人口迁移、人口结构诸种人口史要素。

姜涛著《人口与历史——中国传统人口结构研究》(人民出版社 1998 年)，运用长时段理论从事人口结构的研讨，包括人口的规模结构、地域结构、城乡结构、阶级结构、性别与年龄结构、婚姻与家庭结构六个部分。方志远作《明清湘鄂赣地区的人口流动与城乡商品经济》(人民出版社 2001 年)，研究区域人口的流动与商品经济发展的关系。

人口史中的移民史受到学者关注，《历史人类学学刊》创刊号①就发表两篇文章：梁洪生的《从“异民”到“怀远”——以“怀远文献”为重心考察雍正二年宁州移民要求入籍和土著罢考事件》，邵鸿的《利益与秩序——嘉庆二十四年湖南省湘潭县的土客仇杀事件》。

4. 士人与官员研究

关于士人的研究没有间断过，主要成果有刘泽华等的《士人与社会》(天

---

① 中山大学历史人类学研究中心、香港科技大学华南研究中心编：《历史人类学学刊》，2003 年 4 月。

津人民出版社1992年）。对魏晋南北朝时期的士人研究较多，特别是有文学史研究者的加盟，如宁稼雨著《魏晋士人人格精神——〈世说新语〉的士人精神史研究》（南开大学出版社2003年），从精神史、文化史的角度，透过《世说新语》来观察魏晋士人精神面貌的变化及其在中国文人精神史和文化史上的重要意义。绅士史尤其引起学者的热情，继张仲礼的《中国绅士——关于其在19世纪中国社会中作用的研究》（上海社会科学院出版社1991年）之后，王先明著《近代绅士——一个封建阶层的历史命运》（天津人民出版社1997年），认为绅士阶层在近代由封闭型流动发展为开放型流动，最终由分化走向消亡，是近代中国社会结构及其社会功能易变中的一个时代特色。有的研究注重下层士人及其出路，如刘晓东的《明代士人生存状态研究》（吉林文史出版社2002年），他先期发表的《科举危机与晚明士人社会的分化》（《山东大学学报》2002年第2期），认为解额日广，仕途艰难，士人不得不弃儒经商，或卖文为生，使通俗的市井文学流行，出现市民文人。赵轶峰的《山人与晚明社会》（《东北师大学报》2001年第1期），谓不少士人出家为道士，这是脱离传统儒家道路的一种倾向，引发飘逸闲适文风的出现。还有柏桦的《明清州县官群体》（天津人民出版社2003年）。

官员家产。陈志武等《清代官员家产结构的量化研究》（《经济学家茶座》2018年第2期），从抄家清单发现浙江秀水人、逦南道庄肇奎家产结构：土地24%，房屋17%，家当什物20%，借贷生息39%。放债（借贷）一项值得注意！

5. 旗人生活史

刘小萌著《清代北京旗人社会》（中国社会科学出版社2008年）。定宜庄作《满族的妇女生活与婚姻制度研究》（北京大学出版社1999年）。第二届“清代档案与清代社会”学术研讨会于2021年6月25—27日在南开大学历史学院举行。会议讨论了盛京地区旗人、汉民分治司法体系的瓦解历程；“哈哈珠子”含义及在康熙朝政中暗含的影响力；清初盛京上三旗包衣佐领及所属人等的身份构成。

6. 商人史与徽学研究

除了评论商人社会地位、商业经营、商业道德之外，商人研究主要集中在徽商、晋商、海商（闽粤沿海商人），而徽商研究尤多，这同21世纪以来徽学兴起相一致。主要研究内容为徽商与家族的互动关系，徽商妇女的勤于持家与贞节。另外研究发现，徽商贾而好儒，子弟读书出仕，联络文人，发展文化事业；立志报效官府并得到支持。徽商心态也受传统价值观的影响，在传统的自卑感压迫下，徽商提出人生事业以业商为第一位，业儒为第二位的价值观。徽学的主要研究者有叶显恩①、张海鹏②、唐力行③、赵华富④、周绍泉、栾成显、王振忠、卞利、胡中生等人。张海鹏等主编《中国十大商帮》（黄山书社 1993 年），分别论述山西、陕西、安徽、福建、江右（江西）、宁波、龙游（浙江）、洞庭（苏州）、广东、山东商人及其商业活动和兴衰。唐力行论述传统社会的商人，先秦时期是商人的黄金时代，秦代以后商人处于无组织状态，明代中叶以后商人组织化程度日益提升，近代商人群体意识提高，成为传统社会转型的推动者。在观念上，商人经历了"四民"之末—士商平等—商为"四民"之纲的地位变化。⑤ 王振忠著《从黄山白岳到东亚海域》（上海人民出版社 2021 年），以徽州文书为素材，论述"徽州朝奉"名称的流布所反映的徽商势力的强大和当铺伙计的奸猾。卞利作《明清徽州社会史研究》（安徽大学出版社 2004 版），论叙徽学的形成与发展，是关于徽学理论较系统的学术专著，对祁门程氏、谢氏的个案研究引人入胜。胡中生著作《明清徽州人口与社会研究》（安徽大学出版社 2016 年），对徽州人口史进行"人口与社会"整体性讨论。周琳以《商旅安否——清代重庆的市场、商人与商业制度》为题于 2020 年 8 月 20 日在清华大学社会科学院演说，认为行帮是自我管理，协商、博弈、冲突、互动中生成、演变，有生命力，是活的制度史。

7. 妇女史、性别史研究

妇女史研究，从被压迫史、解放史，扩展到两性关系史、性别史的研究，高世瑜的论文《中国妇女史研究百年回眸》〔《山西师大学报》（哲学社会科学版）2020 年第 4 期〕作出总括：初兴于清末民初，主要起源于近代社会变革，体裁从传统《列女传》式的人物传记发展成为妇女群体史。妇女史研究崛起于 20 世纪 80 年代，与新时期的改革开放与学术繁荣密切相关，学术因素占据主要地位，在学科理论建设与实证研究方面都取得了前所未有的成果。蓬勃发展

① 叶显恩：《明清徽州农村社会与佃仆制》，安徽人民出版社 1983 年版。

② 张海鹏、王廷元主编：《明清徽商资料选编》，黄山书社 1985 年版；张海鹏、王廷元主编：《徽商研究》，安徽人民出版社 1995 年版。

③ 唐力行：《明清以来徽州地区社会经济研究》，安徽大学出版社 1999 年版。

④ 赵华富：《两驿集》，黄山书社 1999 年版。

⑤ 唐力行：《中国传统社会中的商人》，周积明、宋德金主编：《中国社会史论》，湖北教育出版社 2000 年版，第 550 页。

于21世纪初，研究课题空前广泛、视野扩大、理论探讨深入，在史学界已从边缘走向主流，成为引人瞩目的一个新兴学科，产生多部著述，如裔昭印主编《妇女与性别史研究》（上海三联书店2016年）、方建新著《中国妇女通史》多卷本（杭州出版社2011年）、伊沛霞、姚平主编《当代西方汉学研究集萃·妇女史卷》（上海古籍出版社2012年）。同时走向妇女/性别史，超越以妇女为研究对象的局限，性别成为解析历史的一个新的理论范畴。陆续出现的著作如杜芳琴撰著《发现妇女的历史——中国妇女史论集》（天津社会科学院出版社1996年）和《中国社会性别的历史文化寻踪》（天津社会科学院出版社1998年）。后一种运用性别观念和口述史学方法探讨妇女史研究的理论和中国历史上的女性史，该书作者认为，在我国，科学意义上的妇女史的研究刚刚起步，系统的扎实的学科建设还有待开拓。再从皇宫女性史的研究来看，成果是令人瞩目的，笔者所见到的即有：

朱子彦：《后宫制度研究》，华东师范大学出版社1998年；

黄濂：《中国后妃陵墓》，大连出版社1999年；

安作璋主编：《中国历代后妃》，河南人民出版社1990年；

吴以宁、顾吉辰：《中国后妃制度研究（唐宋卷）》，华东理工大学出版社1995年；

赵剑敏：《皇冠与凤冠——中国后妃》，上海古籍出版社1995年；

柳树藩：《临朝太后大传》，黑龙江人民出版社1995年。

姜贞吟：《女归成神：性别与宗族/亲、族群之间的多重交织》，台湾“中央”大学出版中心、远流出版公司2021年。

笔者著《徽学研究》，天津人民出版社2019年，介绍清代徽州贤媛独立谋生能力与技能。

关于同性恋的研究成果相继出现。吴存存著有《明清社会性爱风气》（人民文学出版社2000年），考察明清两代性爱风气发展变化的脉络，对《金瓶梅》性崇拜的解读颇有见地。她还有论文多篇，论述同性恋流行在社会上层和士人中，因为成为风气，并不遮掩，他们的对象是娈童、门子、小唱，产生同性恋文学。① 吴氏近著《戏外之戏：清中晚期京城的戏园文化与梨园私寓制》（香港大学出版社2017年）论述清代中晚期北京戏院文化，演戏体制与运行方

① 吴存存：《明中晚期社会男风流行状况叙略》，《中国文化》2001年第17、18期。

式，以及优伶卖艺与卖身关系，此之谓“戏外之戏”。吴氏于 2020 年在《戏曲与俗文学研究》发表论文《平民的情歌——从晚清北方平民唱本看下层女性对性别、性爱的理解与期待》，运用草民文学（不是落魄文人的民间文学）“馒头铺唱本”，说明农村妇女与农民、货郎、手艺人之间的调情及家庭矛盾。张在舟的《暧昧的历程——中国古代同性恋史》（中州古籍出版社 2001 年），汇集较为丰富的资料，说明同性恋演变过程，魏晋南北朝时期浮荡，明清淫靡，并对优伶同性恋、教徒同性恋、福建地区同性恋、女性同性恋作专题研究。

域外学者研治中国妇女史，高彦颐颇有成就，如前述《闺塾师》（江苏人民出版社 2005 年），而国内学者倾注于域外妇女史研治，如令狐萍作《金山谣：美国华裔妇女史》（中国社会科学出版社 1999 年），张晓梅作《女子学园与美国早期女性的公共参与》（人民出版社 2016 年）。

妇女史的研究，总体来说内容有所拓宽，如女子的财产继承、女性法律地位、日常生活的装饰、女性祠堂等，方法上借鉴其他学科理论，取材上不乏利用文学作品，成就颇为可观，并同性别史结合起来。

8. 法制社会史的研究

瞿同祖开创法律与社会的研究，张仁善著《礼·法·社会——清代法律转型与社会变迁》（天津古籍出版社 2001 年），探讨礼与法怎样从合一走向分离，及其与社会的关系。张小也撰文《重新梳理中国法律社会史的发展脉络——写在瞿同祖诞辰 110 周年之际》（《南国学术》2020 年第 4 期）指出 2001 年张仁善的著作鲜明打出“法律社会史”的旗帜，希望将丰富的社会史内容引入法律史研究领域，他的研究思路符合标准的功能主义，调整宗族、家庭与成员关系，成为传统法律主要职志。张小也在文中认为梁治平的《寻求自然秩序中的和谐：中国传统法律文化研究》《清代习惯法：社会与国家》讨论重点从特定的文化类型的法律转移到日常生活中的法律上来，实际上更加接近社会史的研究方法，符合社会史放弃“化约式”研究法，关注“微观的权力边界”的研究旨趣。张小也连续发表有关论文，如《从分家继产之讼看清代的法律与社会》（《明清人口婚姻家族史论》，天津古籍出版社 2002 年）。张仁善 2020 年开始编辑《近代中国司法图景：史料集萃与导读》，汇集 1901—1949 年有关司法的著名学者代表性文章及奏议、会议纪要摘录，勾勒近代中国司法图景。

9. 民间会社研究

研究民间组织及其活动、群体意识，与民俗学结合，特别是在庙会史研究方面，新著迭出。赵世瑜著《狂欢与日常——明清以来的庙会与民间社会》（生活·读书·新知三联书店 2000 年），将民间庙会生活空间向外延展，探索明清社会转型时期的民众生活与大众文化，庙会成为全民狂欢时节，与日常生活一起形成人们正常的生活节奏；作者认为社会史是历史学研究新范式，而此书就是这一理论的实践，故在书末附录他的关于社会史理论的三篇文章。其中，《太阳生日：东南沿海地区对崇祯之死的历史记忆》《黑山会的故事：明清宦官政治与民间社会》，是不同时代的历史记忆、区域性民族记忆的研究，是史学与民俗学的结合。陈宝良的《狂欢时代：生活在明朝》（人民出版社 2020 年），包括政治、文化、社会三篇，阐明明代物质与精神生活史特点；“狂欢时代”，是指明朝中后期社会礼教松懈之后，个人自由意志得以充分发挥的时代特征。陈氏还著有《中国的社与会》《明代社会生活史》《中国流氓史》《明代士大夫的精神世界》等书。

基层社会的管理与民间社会生活的研究，有王日根的《明清民间社会的秩序》（岳麓书社 2003 年），考察义田、会馆、会社、家族、商业等社会成分与民间社会秩序的互动关系，认为官民相得是社会稳定发展的思想基础，官民的联结与互动是中国社会演进的基本机制。

弱势群体是民间社会的群体之一，有学者予以关注。蔡勤禹作《国家、社会与弱势群体》（天津人民出版社 2003 年），从国家与社会的视角，厘清有关观念、立法，分析政府与民间社会救济事业的业绩和水平。

10. 城市史研究

20 世纪 80 年代的城市史研究侧重于上海、天津、重庆、武汉几个大城市，随后分别出版了这四个城市的研究成果。关于北京、南京、西安、杭州史的著作也有出现。杨宽的《中国古代都城制度史研究》（1993）、史念海的《中国古都和文化》（1998）、侯仁之主编的《北京城市史历史地理》（2000）、傅崇兰的《中国运河城市发展史》（1985），为学者关注。有一种研究渠道是从商会史研究入手，如天津、苏州商会研究。天津社会科学院出版的《城市史研究》，到 2001 年印行 28 辑，设有“城市空间”“城市近代化”“城市文化”“城市政治与社团”等专栏。熊月之主编《上海通史》（上海人民出版社 1999 年），有 15 卷之多，其第 13 卷为承载的《当代生活》，第 14 卷是陈同等著《当代文化》。李长莉著《晚清上海社会的变迁——生活与伦理的近代化》（天津人民出版社 2002 年），论述了晚清中国第一通商古埠，随着它的城市化、商业化的进程，社会生活与伦理发生巨变，洋货流行，贵贱失序，崇尚享乐，女性就业，男女自由交往等。徐刚毅主编《老苏州·百年旧影》（江苏人民出版社 1999 年）、《老苏州·百年历程》（1895—2000）（江苏古籍出版社 2001 年），利用老照片讲述百年来的苏州历史变迁。租界史是近代城市史的一部分，外国人对此早有研究，中国学者近年亦多关注。费成康著《中国租界史》（上海社会科学院出版社 1991 年），论述租界从出现到收回的过程及其土地、管理制度。张洪祥著《近代中国通商口岸与租界》（天津人民出版社 1993 年），叙述了天津成为被迫开放城市与外国租界设立、运营及收回的历史。城市史研究也进入租界的社会生活领域，如尚克强、刘海岩主编的《天津租界社会研究》（天津人民出版社 1996 年），除了叙述租界形成和市政管理，还论述租界居民与社会生活、文化教育及社会问题；常建华主编《中国城市社会史名篇精读》（上海教育出版社 2020 年）。

关于城市空间与属性研究，刘凤云著《明清城市空间的文化探析》（中央民族大学出版社 2001 年），论传统城市的属性、特征及空间模式，具体介绍城墙、坊巷与社区、官衙与民居、市廛与寺观、公共场所的剧院、茶馆与会馆、私家园林。刘凤云撰文论明清城市的坊巷与社区，认为坊制不存在，而形成不同等级层次的住宅区，出现人文差异。2021 年 10 月 30 日，南开大学中国社会史研究中心与历史学院主办的“南开中古社会史研究班学术讲座第 28 期”在线上举行，徐畅作《唐中后期都城官僚交往中的同坊之谊——以白居易与新昌杨家为例》的报告，将家族史研究与都市内部空间相结合，认为隋唐以降，由于选举权的上移，世家大族普遍由乡居变为城居，如弘农杨氏不同房支的家族成员居于都城内的不同坊，经过数代，其官场声望凝聚于所居之坊，“坊望”成为其表示身份要素之一，如杨於陵等居于新昌坊。白居易也居此，原因是朝参方便，再就是靠近姻亲所居靖恭坊，便于密切联系。夏晓虹主编《晚清北京的文化空间》（北京大学出版社 2021 年），以具体的文化人物、事件机构和相关的文学文本呈现晚清北京历史横断面的文化生态和城市性格。作者多系在学或刚获得博士学位的青年学者。另有研究农村住宅的，吴建华论清代人口与住房，讲到人口增加，扩建住宅，侵占耕地及老宅基地的家族分配。①

---

① 吴建华：《清代江南人口与住房的关系探略》，《中国人口科学》2002 年第 2 期。

11. 江南社会文化史

明清江南社会文化史为中外学者所关注，岸本美绪的论述已有交代。国内学者关注于这个地区名门望族和士人、城乡社会和民间会社活动。吴仁安著《明清时期上海地区的著姓望族》（上海人民出版社 1997 年）、《明清江南望族与社会经济文化》（上海人民出版社 2001 年）和《明清史事与江南望族探微》（上海书店出版社 2017 年）三书，论述江南望族史，涉猎江南市镇、著名望族、社会风尚、海外贸易、官制、科举。江庆柏作《明清苏南望族文化研究》（南京师范大学出版社 1999 年）。钱杭、承载撰著《十七世纪江南社会生活》（浙江人民出版社 1996 年），论述江南文人社团、艺事文风、印刷和图书收藏及衣食住行。冯贤亮专著《近世江南的城乡社会》（复旦大学出版社 2021 年），研究近世江南城乡生活环境、乡村生活和社会调控、水乡生活的变迁、城镇空间分布格局、交通网络与公共服务、传统产业与新型经济形态、生活的现代化与人生追求、较为良性的城乡社会结构。（朱）小田著《在神圣与凡俗之间——江南庙会论考》（人民出版社 2002 年），通论庙会的组织、活动内容、人们的观念与娱乐、社会功能，利用“主位观”理解参与庙会活动的民众欢乐心情。庙会允许女性参与，是小传统，庙会中的妇女绝不是那样刻板的，大传统话语下的女性没有真实反映女子的全面生活状态。上海人民出版社、上海书店出版《江南文化研究丛书》，内容涉及士人生活、江南儒学、典型家族、家风家训、海派文化、医药文化、近代报刊和新型城镇等，汇集著作有冯贤亮的《明清之际的江南社会与士人生活》，何俊主编的《江南儒学的构成与创化》，叶舟的《诗礼传家：江南家风家训的变迁》，郭骥等所作的《孕育与蜕变：从江南文化到海派文化》。此外还有徐茂明的《江南士绅与江南社会》（中西书局 2021 年），吴滔的《清代江南市镇与农村关系的空间透视——以苏州地区为中心》《嘉定县事——14—20 世纪初江南地域社会史研究》。

12. 社会结构史研究

这类研究是社会史研究的重要内容，前述郭玉峰统计 2001 年社会史研究论文 768 篇，其中社会史理论 26 篇，社会结构 20 篇，社会群体、社会组织 23 篇，社会阶层 20 篇，宗族 49 篇。这些都属于社会结构史的范畴，计有 138 篇，占总篇数的 18%，比重不小。本书第三章将社会结构及其演变的历史作为重要内容予以介绍，故这里对研究状况的说明从略，仅仅举出两本专著，即笔者主编的《中国社会结构的演变》（河南人民出版社 1994 年）和孙达人著的《中国农民变迁论——试探我国历史发展周期》（中央编译出版社 1996 年）。

13. 社会变迁史研究

主张整体史研究的学者致力于社会变迁的探讨，如陈旭麓著《近代中国社会的新陈代谢》，张静如主编的《国民政府统治时期中国社会之变迁》，龚书铎主编的《中国社会通史》，笔者主编的《中国社会结构的演变》，刘志琴主编的《近代中国社会文化变迁录》等，由书名就可知作者撰写变迁史的观点了。这里再从中国社会史学会第八次年会的主题“经济发展与社会变迁”的讨论来看学者对社会变迁的关注，尤其是对近代以来社会变动的留心。会上，姜涛的论文《中国近代社会结构变迁的几个问题》，认为近代中国在结构上最显著的变化，体现为政权、政区和城市结构体系由一元向二元乃至多元的变动，而城市体系变动更具本质性。香港学者叶汉明的《成长与滞化：抗战前山东潍县纱布商的例子》，论述潍县商业资本发展，但未能引发生产方式的质变和生产力的提升，故而是“发展的滞化”①。此外还有李友梅等所作《从弥散到秩序：“制度与生活”视野下的中国社会变迁（1921—2011）》。

14. 国内外移民

此类研究的著作有贾建飞的《清乾嘉道时期新疆的内地移民社会》（社会科学文献出版社 2012 年）；美国洛杉矶加州大学社会学教授周敏主编的《长为异乡客？——当代华人新移民》（世界科技出版公司 2021 年），本书从社会学、人类学及相关视角探讨分布世界各地当代华人社区特点、形成动因、结果与发展趋势。

15. 节日生活

节日生活历来为人们重视，缅怀祖先的中元节虽然没有冬至祭祖那么隆重，但届时往往举行仪式。任娅萱作《祖先的节日：明清以来山东中部的礼仪与生活》（线装书局 2020 年），叙述中元节在山东中部传承与流变。

16. 当事人讲述当代文化学术教育研究生活

当代文化教育学术界高龄学者自撰、口述人生经历，颇能反映当代文化教育学术研究界生态。兹列几部作品：

《章开沅口述自传》，北京师范大学出版社 2015 年。

---

① 叶汉明：《成长与滞化：抗战前山东潍县纱布商的例子》，严昌洪主编：《经济发展与社会变迁国际学术研讨会论文集》，华中师范大学出版社 2002 年版，第 461 页。

刘泽华著《八十自述》，收入《刘泽华全集》，天津人民出版社2019年。

何兆武口述、文靖执笔《上学记》，生活·读书·新知三联书店2006初版，人民文学出版社2016年新一版。

宁宗一口述、陈鑫执笔《一个教书人的心史：宁宗一九十口述》，中国大百科出版社2021年。

乐黛云著《九十年沧桑：我的文学之路》，中国大百科出版社2021年。

台湾出版界的王鼎钧四部回忆录《昨天的云》《怒目少年》《关山夺路》《文学江湖》，生活·读书·新知三联书店2013年。

刘显曾整理的《刘节日记（1939—1977）》，大象出版社2009年。保存作者（历史学家）经历战乱和政治运动的文字，体现一个正直学者的人生信条。

（四）需要特别关注的日常生活史、生态环境史和医疗社会史研究

学者越来越关爱人类生命，关注生命史，全力捕捉人们的生活流程并予以描述，于是日常生活史、生态环境史、医疗社会史成为学者重点研治对象，成果日益丰富。社会生活史研究进入日常生活史研究，令社会史研究进入新阶段，生态环境史研究和医疗社会史研究成就突出，形成双枝并秀的可喜局面，应予重点介绍。

1. 备受瞩目的日常生活史研究

21世纪以来社会史学界的日常生活史研究风风火火，成就斐然，常建华既是研究成绩突出者，还是热心倡导者。他自2011年撰写《从社会生活到日常生活——中国社会史研究再出发》（《人民日报》2011年3月31日），到2021年又连续发表三篇论文，即《日常生活与社会文化史——“新文化”观照下的中国社会文化史研究》（《史学理论研究》2012年第1期）、《中国社会生活史上生活的意义》（《历史教学》2012年第2期）和《生活与制度，社会史的新探索》（《历史教学》2021年第2期）。他认为的日常生活史学理要点主要有四方面。其一，“社会生活”一词含义较为模糊，伸缩性很大，在研究实践中，人们对于该词内涵与外延的认识不一，需要厘清“生活”涵义和另辟蹊径，不如日常生活简明。其二，明确日常生活概念与内涵，以人为中心，尊重个人，关注个人的生活史、生命史，这是史学研究的根本方向，借以改变以规律、事件为叙事中心的见物不见人的研究法。其三，从社会生活转变为日常生活，是观念的转变，即不同于社会生活史、结构史强调人的身份及身份性生活，摈弃阶级论主导观念的约束性影响。其四，从日常生活视角观察它与制度的关联，

与历史变动的关系，与政治经济文化意识形态的关系。生活史立足于民众的日常活动，镶嵌于社会组织、物质生活、岁时节日、生命周期、聚落形态中。注意社会分层，了解不同社会群体的生活。日常生活研究，还历史以血肉。社会文化研究，揭示社会精神面貌；区域社会研究，置社会史于地理空间。此外，警惕日常生活史研究中出现细碎弊端，强调微观研究与宏观研究结合，争取大历史、小历史的有机结合与并呈。总之，从社会生活史进入日常生活史的发展历程，真正是中国社会史研究的“再出发”与“新探索”，可视为社会史研究进入新阶段的标志。

日常生活史研究的成果，体现在民间生活、节日生活、家庭生活、家族生活，出版物颇有一些。

（1）综合性的日常生活史

赵冬梅的《人间烟火——掩埋在历史里的日常于人生》（中信出版集团2021年），叙说个体生命的衣食住行、行走坐卧，在奔腾不息的时间洪流中古代寻常百姓生活，构成历史上极为生动、极富生命力的画卷。常建华、张传勇编《中国历史上的日常生活与地方社会》（科学出版社2021年）。本书中有关汉代的论文从不同侧面展示汉代以来日常生活史，多为专论某一个时期个人生活，如阎爱民、臧莎莎的《汉代画像中的夫妻生活图像》，李长莉的《晚清“洋货流行”与消费风气演变》；元明清部分侧重日常生活与地域社会方面。侯旭东利用石刻资料研治北朝农民的日常生活，撰文《北朝乡里制与村民的生活世界——以石刻为中心的考察》（《历史研究》2001年第6期），认为村民对村落组织有归属感，将官方的乡里架空。

（2）中国古代社会日常生活丛书

中国工人出版社傅娉编辑一套从上古到清代日常生活史图籍，描绘古代从皇帝到平民衣食住行、生育、交游、文化娱乐生活，反映古人生活实态，并配有精美插图，四色印制，2018—2022年陆续出版，已与读者见面的有：

伊永文：《古代中国闲情琐谈》

冯尔康：《古人日常生活与社会风俗》

常建华：《中国古代岁时节日》

常建华：《中国古代女性婚姻家庭》

王凯旋：《秦汉社会日常生活》

毕宝魁：《隋唐社会日常生活》

高世瑜：《唐代妇女生活》

伊永文：《宋代市民日常生活》

伊永文：《明代社会日常生活》

冯尔康：《清代社会日常生活》

（3）城市居民日常公共生活研究

王笛研讨市民文化（或者用传统语汇为市井文化），著作《街头文化：成都公共空间、下层民众与地方政治（1870—1930）》（中国人民大学出版社2006年），《显微镜下的成都》（上海人民出版社2020年），《茶馆：成都公共生活和微观世界（1950—2000）》（北京大学出版社2021年）。其中最后一本运用微观历史研究法，从休闲、社交、娱乐、经营、群体、社团、秩序等角度，描述茶馆的社会、文化、政治功能，反映民众日常生活以及成都城市历史脉动。所著《袍哥：1940年代川西乡村的暴力与秩序》（北京大学出版社2018年），主角袍哥原来是反清秘密结社，大量平民参加，创造独特民间文化。该组织不仅凝聚自家成员，更能控制社会运行，是国家之外的社会力量。比如人们为评理到茶馆“吃讲茶”，袍哥是调解人，在茶馆就解决了民事纠纷，于是政府权威缺失，茶馆就成为地方各类权威人士的活动空间。王笛还有作于1993年的《跨出封闭的世界——长江上游区域社会研究（1644—1911）》（中华书局2001年），描述以四川为中心长江上游的社会全貌。李长莉著《微历史：近代中国人的生活世界》（社会科学文献出版社2021年），认为“微历史是探索中国近代社会转型的一个孔道”，所谓“微历史”，是社会底层的历史，生活领域最早开启近代社会转型。

（4）直接用“日常生活”为专著命名

于赓哲著《隋唐人的日常生活》，在视频公开课讲稿基础上扩充成书，颇具可读性，陕西人民教育出版社2017年梓行。

黄正建著《走进日常——唐代社会生活考伦》（中西书局2016年）按衣、食、住、行四大门类叙述唐人社会生活，对生活物件，如唐代的戒指、耳环、冬春衣、胡服、宴会、胡食、住房、绳床等较为关注。

此外还有如下著作。

杨泓：《古物的声音：古人的生活日常与文化》，商务印书馆2018年。

常建华、夏炎主编：《日常生活视野下的中国宗族》，科学出版社2019年。

（5）一日三餐的餐饮用具——筷子

人们饮食使用筷子进餐，日常生活离不开筷子。王晴佳撰《筷子：饮食与文化》（生活·读书·新知三联书店 2019 年），在中文版《自序》说明写作原因："我们家虽然在美国生活了多年，但日常饮食仍以中餐为主，因此每天使用筷子。像许多孩子一样，我的儿子使用筷子进食，需要敦促和教导。我于是想找一本筷子使用的说明书，并由此想到关心一下筷子研究的现状。"作者虽旅居美国，日常饮食是中餐，自然使用筷子进食，而且教育儿子使用筷子。筷子，不仅中国人使用，日本人、韩国人亦然，在海外的日本餐馆为客人提供刀叉和筷子，为保障筷子卫生的纸套书写"御著"字样。

（6）别具一格的日常生活——"日常统治"

日常生活，一般指人的生活，无论是民间还是官场。侯旭东特别提出"日常统治"概念，将视野指向政府日常行政及其与民众日常生活的关系，开辟了新的研究领域。他的著作《什么是日常统治史》（生活·读书·新知三联书店 2020 年，列入罗志田主编的《乐道文库》），强调研究制度关注到人，在制度的产生、实行、变化中映现官民生活。具体研治秦汉以降王朝运行机制与实态，历史上的日常统治、日常运作，文书行政、官场运作、郡县统治与君臣关系，产生的事件与日常生活。还有胡恒的《皇权不下县？清代县辖政区与基层社会治理》（北京师范大学出版社 2015 年）。

2. 生态环境史与灾荒史研究

我国学术界有意识地开展生态环境史研究，也就是 20 多年，但学科理论建树和研究成果令人振奋。

（1）学科理论的认知

王利华于 2019 年 10 月接受高森访谈，形成《以生命为中心展开历史思考——王利华教授漫谈中国环境史研究》一文，对生态环境史研究的定位和意义，中国生态环境史学的精神内核，环境史研究路径的摸索，中国环境史编写的任务与目标，环境史学科建设、人才培养，环境史研究的精神内核是关注生命等内容作出概要的说明。第一，环境史研究是史学研究"题中之义"，需要改变过往的缺位。他说"人类同自然界打交道的故事，所以还需要通过探究人与自然的关系变化来理解人类历史。永远不能忘记：人首先是一种生物，是鲜活的生命而非不食人间烟火的神灵鬼怪……必须具备一定自然条件才能完成生命过程，不能逃脱自然规律最终支配，因为人是自然界的一部分"。过往史学忽视人的自然性、生物性，自然界在历史叙事中常常缺位。第二，环境史的产生。环境史学20世纪70年代在美国诞生，而后环境史迅速发展，“是因应当今社会对环境生态问题的严重关切而迅速兴起的一种新史学”。第三，环境史使命。中国水、土、空气污染诸多环境生态问题迅速积聚，所以不能置身事外的史学家要系统考察历史上的人与自然关系，认识中国文明绵延发展的自然根基，查找生态危机的来龙去脉。透过时间纵深来认识现实问题，帮助人们历史理性地认识生态环境危机。他说：“中国环境史研究的根本任务，就是通过既往经验理解过去的生命历程和‘生生之道’。”“在处理人与自然关系、对待自然环境方面曾经犯过哪些错误？对当今和未来有何启示？把它们梳理清楚，可为当今环境保护和生态文明建设提供重要借鉴。”第四，环境史的主要命题，“关注人的自然性和人与自然关系的历史变化……正是环境史学的主要命题”。第五，多学科合作共同建设环境史学。他认为，在先前，学者在历史地理学、农牧渔林史、水利史、灾害史、地球环境变迁领域有所涉猎，唯未系统整合研究。环境史应是一门汇流的学问，诸多领域的成果作为基础“质料”，构建一门独具神形的新史学——环境史学。第六，“中国环境史学的精神内核”，就是“生命关怀”，以“生命中心论”展开思考“生命共同体”。①

（2）20世纪与21世纪之际的研究成绩

环境史研究兴起之初，学者大多是从事农业史的。《中国农史》杂志开辟“生态·农业·社会”专栏，发表生态环境与农村社会的论文。有关史料的汇编，如李国祥等主编的《明实录类纂·自然灾异卷》（武汉出版社1993年）、马宗晋等主编的《中国灾害研究丛书》（湖南人民出版社）12种、孟昭华主编的《人间正道历尽沧桑：影响人类生活的102次灾难》（中国青年出版社1995年）、夏明方的《民国时期自然灾害与乡村社会》，将灾荒问题与自然、生态、技术和经济、政治、文化、心理诸方面联系起来进行综合考察，论述自然灾害与人口变迁、与乡村经济、与社会冲突的关系。冯贤亮著《明清江南地区的环境变动与社会控制》（上海人民出版社2002年），从行政管理、地方防护、水利调控、灾害应变机制、宗教和民间信仰等方面，分析中央、地方政府和民间三者对自然和社会的应变能力，保持江南社会的长期稳定发展。王利华的《中古华北饮食文化的变迁》（生活·读书·新知三联书店2018年），从人的食物

① 高森：《以生命为中心展开历史思考——王利华教授漫谈中国环境史研究》，《历史教学》2019年第24期。

变化、动物的消亡（鹿）看生态环境的恶化。复旦大学历史地理研究中心于1999年举办“灾害与社会”研讨会，一些论文以自然灾害个案为切入点，说明灾害的过程与规律、灾害与人口关系、灾害中官方与地域社会的作用、灾害与社会风俗的关系。

（3）水利史研究与环境史的结合

张俊峰的《当前中国水利社会史研究的新视角与新问题》（《史林》2019年第4期），采取以水为中心的学术视角，探讨水利社会类型，平原、丘陵、山区、滨湖等地带，水域围垦史，水上人群史，渔民史与捕捞权及纠纷，湖泊土地二重性，丰水期与干涸期等。

（4）建筑学从环境史、医疗史角度反思当代城市建筑群

2020年，《建筑学报》推出“抗疫特集”（第Z1期），发表《群论：当代城市·新型人居·建筑设计》，反思当代城市建筑。陈薇的《观察、记录与反思》从建筑群结构考察公共卫生建设，提出建筑群布局设想。文章指出，南京老城区房屋低、居民少、生活销售点多，故而感染少；高新区人口密集，商业网点集中，密封电梯及按钮、风口与管道、地漏与弯管、地铁拉手、厕所卫生与污水处理、开窗通风与空气是否循环送风，都与病菌传播有关系。他实际上思考新的城市建筑群如何符合公共卫生与合理生态环境要求。

（5）气候变化与人口消长

李伯重的《气候变化与中国历史上人口的几次大起大落》一文关注小冰河期与人口死亡。过去两千年中国气候经历十次较大变化，变冷了，每冷1 ℃、雨量每减少100毫米，均影响农作物生长。据葛剑雄的观点，中国历史上人口出现八次大波动，大增大减，而与气候变化正相同，故云：“中国历史上人口的‘大起大落’与气候变化有密切关系，应是无可置疑的。”气候变化引起农业产量的增减、农业区域的移动，从而导致人口发生变化产生间接影响：气候恶化通常激化社会矛盾、触发社会危机，引起原有社会结构解体，引起外来烈性传染病的传播，导致人口减少。①

（6）历史上两次生态环境巨变，形成早期自然资源保护思想

王利华的《思想与行动的距离——祖国古代自然资源与环境保护概观》（《史学理论研究》2020年第2期）提出，古代两度出现程度不同的资源环境

---

① 李伯重：《气候变化与中国历史上人口的几次大起大落》，《人口研究》1999年第1期。

困境，第一次在西周至秦汉时期，山林川泽自然资源不敷利用，催生了早熟的自然资源保护思想理论和礼法制度；第二次是清朝中期“人口爆炸”造成巨大资源（特别是土地）危机和生存压力，使 18 世纪末期成为历史上的环境拐点，山区毁林开垦迅速显现恶劣的环境后果。早熟的生物保护思想和制度就是两千多年前形成系统的生物保护思想和制度，主张有节制地开发利用，保证自然资源不枯竭，经济生产持续发展。《周易·系辞下》：“天地之大德曰‘生’”。《管子·水地》：“地者，万物之本原，诸生之根菀也。”“水者，地之血气，如筋脉之通流者也。”《管子·地数》：“苟山之见荣者，谨封而为禁。有动封山者，罪死而不赦。”《礼记》：“林麓川泽，以时入而不禁。”孟子指责齐宣王“广囿专利”。先秦诸子的自然观念和资源保护思想，在宋明理学中得到了一次明显升华。宋儒在自然、生命和天人关系方面提高了认识境界，提倡“天地万物一体之仁”“即物穷理”，认为人与草木鸟兽虫鱼一气相通。清代人口暴增，乾隆五十五年（1790）达到 3 亿，造成中国大地人与自然关系数千年历史演变的一个最大拐点。洪亮吉（1746—1809）在 1797 年写道：“治平之久，天地不能不生人；而天地之所以养人者，原不过此数也。”随后在《百物》批驳“天生百物，专以养人”的人类自我中心论调。1850 年汪士铎言：“人多之害，山顶已殖黍稷；江中已有洲田；川中已辟老林……犹不足养，天地之力穷矣！”乾隆以后，告示、族规、村规、合同、契约中关于保护山林的内容增多。早熟的保护生态环境意识值得赞扬，行动未跟上，是社会知行问题。

我们常讲“天人合一”“天人和谐”，古人敬畏天地，实质上是敬畏大自然，出现天神、风神、雷神、水神、山神、河神、海神等自然物的崇拜，产生治河、封山育林、禁网护渔等规约及措施。已有的生态环境史的研究，从特定地区的某些物种的消失，认识生态环境的变化，令人们知道土地制度与环境保护、城市及区域盛衰与水源、陕西从中国社会中心地区的退出与水土流失、工业化与生态环境的变化等的关系。生态环境关系着人类社会持续健康发展，是亟待大力开展研究的领域。

（7）多学科综合研究

学者的共识是生态环境史，就是农学、林学、气象学、物理学、化学、生物学、海洋学、地理学与历史学综合研究的产物，这是多学科的综合研究，非一个学科所能单独完成的。当然，“历史学者在积极学习自然科学理论知识、合理借鉴和运用其先进技术方法的同时，应当保持自己的思想主导性和学术自信心……保持思想独立性、问题判断力。自然科学家的历史解说，终究无法替代历史学家的专业思考。”（王利华语）双方应成为诤友，结盟、合伙，多学科合作研究是学界深所期望的。

（8）生态环境的研究

在历史研究，尤其是社会史研究中，颇有学者留心于论题中的生态环境涵义或同生态环境的关系。孙达人著作《中国农民变迁论——试探我国历史发展周期》（中央编译出版社 1996 年），重视自然环境、生产力、交通等因素的特点。冯天瑜等撰著《中华文化史》（上海人民出版社 1990 年），以大量的篇幅论述生态环境的人文背景及其与中华文化的关系。研究宗族史的赵华富在 20 世纪 90 年代中期去安徽黟县南屏村叶氏家族居地调查家族活动，注意到往日封山育林的族规及习俗对后世的影响，肯定家族保护生态环境的积极作用。[①] 江庆柏的《明清苏南望族文化研究》中有“良好的自然环境”一节；方志远的《明清湘鄂赣地区的人口与城乡商品经济》，设有“自然环境”一目。

其他相关著作列举如下：

王利华专著：《中国历史上的环境与社会》，生活·读书·新知三联书店 2007 年；《中国环境史研究第一辑：理论与方法》，中国环境科学出版社 2009 年；《徘徊在人与自然之间——中国生态环境史探索》，天津古籍出版社 2012 年；《人竹共生的环境与文明》，生活·读书·新知三联书店 2013 年；主编《中国农业通史·魏晋南北朝卷》，中国农业出版社 2009 年。

王利华：《中国环境通史》第一、二卷，中国环境出版集团 2019 年。

侯甬坚等：《中国环境通史》第三卷，中国环境出版集团 2021 年。

梅雪芹等：《中国环境通史》第四卷，中国环境出版集团 2021 年。

夏明方专著：《民国时期自然灾害与乡村社会》，中华书局 2000 年；《近世棘途——生态变迁中的中国现代化进程》，中国人民大学出版社 2012 年；《文明的“双相”：灾害与历史的缠绕》，广西师范大学出版社 2020 年，涉猎自然灾害、救荒、生态环境与中国发展关系。

3. 医疗社会史研究

医疗社会史研究状况，可以用机遇与兴旺来概括，2003 年的“非典”、2020 年暴发的新冠疫情是人类的大灾难，却促使学者提升对医疗社会史研究现

---

① 赵华富：《黟县南屏叶氏调查报告》，《’95 安徽大学学术活动月论文选粹》，第 113 页。

实意义和学术价值的认知。学者作为疫情经历者，其学术使命感，促进了以关爱生命为使命的中国医疗社会史研究的兴盛。下面将对医疗社会史研究的契机与研讨状况，它是怎样的学科及其建设，研治的成就，对生命史的关注，还有境外学者对中国医疗史的研究，分专题一一进行说明。

（1）起步、疫情契机与成就

零星的研治与译文。如果我们将缠足史的研究视为身体史研究，那么医疗社会史研究出现得较早，但是作为学术界新兴研究领域的医疗社会史，学者有意识的研究是在20、21世纪之交。在民间育婴、种痘方面有论文发表如杜家骥的《清代天花病之流传、防治及其对皇族人口之影响初探》（李中清、郭松义主编：《清代皇族人口行为和社会环境》，北京大学出版社1994年），表现出对医疗史关注的是在介绍西方研究方面，有成套译作问世——“阅读身体系列”有《身体与社会》《西方文化中的女性身体》《身体与情感》等（春风文艺出版社1999—2000年），“生理人文系列”推出《乳房的历史》《男人和女人的自然史》等（华龄出版社2001—2003年）。

21世纪以来，“非典”疫情和2009年起确定的“国际关注的突发公共卫生事件”令中国医疗社会史研究勃兴。余新忠著《清代江南的瘟疫与社会——一项医疗社会史的研究》，论述疫情特征和防治。他认为，瘟疫在时间上呈现递增态势；空间上集中在大城市为中心的人口稠密、社会经济较发达地区；瘟疫种类以霍乱、伤寒、痢疾肠胃道传染病为主，嘉道之际真性霍乱传入，反映瘟疫国际化趋势；传播途径以水传播为主；杀伤力减弱；瘟疫影响人们的心态、风俗、信仰。他认为瘟疫产生的原因中，天灾是必然诱因，而人口是影响瘟疫分布的关键因素；防治瘟疫，社会、政府有互动作用，社会力量与政府一致。该专著于2003年由中国人民大学出版社出版，恰逢“非典”肆虐，这种别开生面的研究，令人耳目一新，受到各界赞扬。这是我国大陆第一部医疗社会史的力作，或谓为“第一部重量级的‘医疗社会史’专著”，为“医疗史研究开创了一个新的局面”（蒋竹山语）。余新忠随即发表新作《对中国疾病、医疗史探索的过去、现实与可能》（《历史研究》2003年第4期），对身体史、社会医疗史的研究作出回顾，预言身体史的研究或许会改写人类历史。

新冠肺炎大流行，学者深刻认识到医疗社会史、生态环境史共同目标是关怀人类生命，因而积极撰写并发表文章，以2021年为例，《天津师范大学学报》（社会科学版）2021年第2期开设“疫情风险与应对”专栏，刊登唐巍等

《韧性社区建设与突发公共卫生事件防控》等文。《史学集刊》2021 年第 4 期“医疗社会史研究”专栏，发表刘金源《疫情之下的社会分裂——英国医学界关于 1832 年霍乱的病源学之争》。《文史知识》2021 年第 12 期设有“特别关注：古代文史医学中的叙事”栏目，内有王家葵《本草疾病词汇琐谈》、王慧《论〈儒林外史〉中的疾病叙事及其对举情节》等文。《南开学报》（哲学社会科学版）2021 年第 4 期的“疾病社会文化史研究”专栏，发表刘鹏《儒学化与地域化：明清温病学说的建构》等三篇文章。南开大学中国社会史研究中心主办、常建华主编的《中国社会历史评论》2021 年第 1 期开设“医疗社会”专栏，有陈荣杰等所作的《走马楼吴简疾病词语“风病”“癫狂病”考辨》等文。《南开史学》2021 年第 1 期（总 31 期）发表曾紫来的《宗教视野下古希腊人对瘟疫的认识变化初探》。《兰州大学学报》（社会科学版）2021 年第 4 期设有“灾害史研究专题”栏目，内有张剑光《祈哀鬼神：中国古代疫病应对措施探析》等文章。《历史教学》2021 年第 10 期设置“生命史学”专栏，刊出余新忠《专栏寄语》、冯尔康《防治新冠肺炎疫情对医疗社会史学科建设的启示》、李玉尚《〈五行志〉鼠类灾异文化的传承与变迁》等文。2021 年 12 月 18 日中国灾害防御协会灾害史专业委员会、南开大学历史学院、南开大学中国社会史研究中心、中国人民大学清史研究所暨生态史研究中心、中国水利水电科学研究院水利史研究所、中国可持续发展研究会减灾与公共安全专业委员会联合召开“全球史视野下灾害、生命与日常生活”研讨会，参会学者的论文有王晓葵的《寻找灾害人类学与灾害史研究的结合点》、王利华的《浅议环境史与灾害史的表里关系》、夏明方的《跨界之思：全球史视野下的中国灾害研究》、唐元的《先秦时期文献记载的瘟疫认知与管理应对举措》、张田生的《明清瘟疫与医学知识的生产》、余新忠的《历史视域中的中医抗疫》，等等。从上述文章的篇名可知，作者们围绕瘟疫防治、瘟疫史与生命史关系的研讨，体现了强烈的现实关怀。

研究成果更集中体现在诸多精深学术见解的联袂问世。上面说的期刊论文、研讨会都反映研究出盛况，此外还有医疗史专题讲座，如复旦大学历史系主办海外学者中国医学史研究系列讲座，陕西师范大学、首都师范大学开通医疗社会史网站，请专家学者发表历史上防疫经验教训的演讲。这里仅列出 2020 年、2021 年问世的医疗史专著和资料汇编。2020 年有陈高傭的《中国历代天灾人祸表》（商务印书馆）、于赓哲的《从疾病到人心——中古医疗社会史再探》（中华书局）、李贞德的《女人的中国医疗史——汉唐之间的健康照顾与性别》（修订二版）（台湾三民书局）。2021 年有余新忠的《追寻生命史》（北京师范大学出版社）、杨奕望的《明清江南儒医的守正与通变》（上海人民出版社）、熊秉贞的《幼医与幼蒙：近世中国社会的绵延之道》（广西师范大学出版社）。大型医疗史资料汇编有余新忠主编的《中国近代医疗卫生资料汇编》《中国近代医疗卫生资料续编》各 30 册，国家图书馆出版社于 2018 年、2020 年先后出版；《近代卫生防疫史料汇编》（全 50 册），国家图书馆出版社于 2020 年出版。此外有研究项目在进行中，如余新忠主持的《宋元以来中医知识的演变与现代“中医”的形成研究》。中华医学期刊数据库开通，收录中华医学会期刊 144 种，已于 2021 年 12 月供读者网上阅览。疫情期间医疗社会史研究专著、资料集联袂问世，充分表明学者现实关怀的强烈意识。

（2）医疗社会史学科建设

医疗社会史内涵、外延与功能，涉及医疗技术的对象——病人及其同社会（身份地位、经济状况）的关系，不是简单的治病史，关涉人的身体健康和生命安全，这是医疗社会史学科建设的根本问题。

关于身体史研究。侯杰、姜海龙在《身体史研究刍议》（《文史哲》2005 年第 2 期）文中提出身体史研究五个方面的见解：身体器官史、器官功能史、生命关怀史、身体视角史、综合身体史；扩展研讨性态史、性别史、姿态史、性史情感史、恐惧史、幽默史。侯杰于 2003 年开始在《天津日报 · 文史副刊》开辟“身体史专栏”，讲到身体既是自然科学研究范畴，也是人文与社会科学的心灵、灵魂研究。黄金麟在《历史、身体、国家——近代中国的身体形成，1895—1937》（新星出版社 2006 年）中，通过论述身体的国家化、法权化、时间化、空间化，认为身体的生成是非常政治性的过程和结果。江绍原作《发须爪——关于它们的风俗》（上海文艺出版社 1987 年），认为在中国历史上剃发与辫子、缠足与放足都同政治史有关，反映身体国家化历程。

医疗社会史研究主要内容有三个方面：疾病医疗史、瘟疫史和公共卫生史。其一，疾病医疗史中，医疗器械和医生技术向来为研究者重视，医患关系也应为不可忽视的重要内容。杨念群作《再造“病人”——中西医冲突下的空间政治（1832—1985）》（中国人民大学出版社 2019 年），通过比较传统社会中医出诊与西医传入中国后的西医坐诊，认为坐诊方式改变了医患关系。当今社会医患关系的紧张，有其深刻社会原因。其二，瘟疫危害人的生命并改变人类历史面貌，研究瘟疫史的必要性和迫切性为学界共识，为预防，为承认病毒与人类共存，人类需要有效的应对方略，要将瘟疫史的方方面面了解透彻，从中获取与传染病如何共存的知识。瘟疫史多有成绩，如在鼠疫流行史方面，有伍连德等的《鼠疫概论》（卫生署海港检疫处、上海海港检疫所 1937 年）；余伯陶的《鼠疫抉微》，收入《中国医学大成》第六集（岳麓书社 1990 年）；张剑光的《三千年疫情》（江西高校出版社 1998 年）。其三，钻研公共卫生制度与实践极为必要。21 世纪才过 20 余年，世界突发公共卫生事件却有七起之多，加强公共卫生史研讨必须提上日程。公共卫生是政府与民众之间关系纽带，事涉国家安全、民众健康平安，政府需要完善公共卫生系统建设，民众需要牢固树立公共卫生意识，处理好个人卫生与公共卫生关系。笔者撰文《防治新冠肺炎疫情对医疗社会史学科建设的启示》（《历史教学》下半月刊 2021 年第 10 期），可参考。

医疗社会史研究的核心内容是关爱生命。余新忠在《生命史学：医疗史研究的趋向》一文中率先提出生命史学研究的主旨与内涵："'生命史学'的核心是要在历史研究中引入生命意识，让其回到人间，聚焦健康。"要义有三点：一是"关注生命，引入生命意识"，这是历史是由生命书写的本质所决定的；二是生命史学探究的范畴不局限于医疗史，"但直接关注健康并聚焦于健康的医疗史无疑是其中十分重要的核心内容"；三是鉴于"生命是丰富多彩的、能动的"，"而能动的生命不仅让历史充满了偶然性和多样性"，所以需要"更多地关注（生命）文化的意义与影响，更多引入新文化史等新兴史学思潮的理念和方法"。[①] 与其具有相同观点的是熊秉真，她于 2021 年出版的新著《幼医与幼蒙——近世中国社会的绵延之道》中发表感想：医疗健康应是人文学科重要论题，过往历史学的通史对于健康疾病、卫生等专题内容边缘化处理，需要改变；日本、欧洲学界由于民众知识和生活上的需要，已经把关于健康和卫生的历史作为人文学科中核心研究领域，不是纯粹的医学、生物学问题。她呼吁学界重视医疗社会史研究，将它放在核心研究领域。

当前医疗社会史研究的前沿问题。主要包括以下方面：医疗社会史学理探索，现代医疗卫生机制的创立与演进，疾病的社会文化史，药物、医学、社会

---

① 余新忠：《生命史学：医疗史研究的趋向》，《人民日报》2015 年 6 月 3 日。

与文化，医学知识的形成与演变，历史演进中的医疗实践、机构与资源，医者、技具与诊疗，老年社会医院服务与养老院服务如何结合，高科技发展中生活快节奏、高消费下人类的精神健康问题。

医疗社会史专业委员会成立促进学科建设。2021 年 7 月 3 日至 4 日在南开大学成功举行的“‘医疗社会史在中国’——中国社会史学会医疗社会史专业委员会成立大会暨首届学术年会”上，成立中国社会史学会医疗社会史专业委员会，选出会长余新忠、副会长陈明等 9 人，聘请梁其姿等为顾问。专业委员会的成立，对于医疗社会史研究具有里程碑意义，使得医学、史学、人类学等专业学者能够更好地共同关心生命、医疗和社会的研究。余新忠表示学会要担当起通过学术服务社会，围绕着疾病、医疗和健康议题，以全球的视野、跨学科的思维，为“人”更加健康全面地发展和人类文明价值体系的构筑贡献力量。王振国希望医疗社会史研究有别于医学的过度技术化倾向，要关注人本身，关注人性本身，关注人与自然关系；这个学科具有跨学科性，研究要警惕过度分散而失去重点。①

（3）研究领域的广阔及成就

医疗社会史研究的具体内容和成就，在前两个子目中多有交代，这里继续说明研究状况。

中古医疗社会史。于赓哲在《从疾病到人心——中古医疗社会史再探》中，通过对海内外大量史料的爬梳整理，剖析实际案例，探索疾病与人心、医疗与社会、中医与西医之间的关系，尝试发掘文字背后隐藏的史实，并提供一种思路，试图将传统医学从“科学还是迷信”的窠臼中拉回来，还原中国古代医学本来面貌。其切入点既有医学史研究的回顾与展望、医者形象的模塑、医患关系的探讨，亦有对古代的卫生体系、瘟疫致与治的思维模式等问题的思考。

近代北京公共卫生史。杜丽红著《制度与日常生活：近代北京的公共卫生》（中国社会科学出版社 2015 年），试图通过公共卫生史阐明制度影响日常生活的过程。

医学图籍出版及广告。张仲民作《出版与文化政治：晚清的“卫生”书籍

① 祝介梅：《构建学术共同体，助推医史研究新发展——“医疗社会史在中国”会议综述》，《历史教学》（下半月刊）2021 年第 8 期。

研究》（上海书店出版社 2009 年）和《弄假成真：近代上海的医药广告研究》（台湾独立作家出版社 2016 年）以及《弄假成真：近代上海医药广告造假现象透视》（复旦大学出版社 2023 年）。

药品治疗与社会。张仲民等合编《药品、疾病与社会》（上海古籍出版社 2018 年）；蒋竹山作《人参帝国：清代人参的生产、消费与医疗》（浙江大学出版社 2015 年）；陈明作《殊方异药：出土文书与西域医学》（北京大学出版社 2005 年）。

中医文献研究。马继兴作《中医文献学》（上海科学技术出版社 1990 年）。古代四大女医之一的明代常州谈允贤（1461—1556）著《女医杂言》，成书于明武宗正德五年（1510），记录三十一则医案，所治患者全部为女子，但包括内、外、妇、儿各科病症，反映明代妇女的生活场景。本书有明代万历十三年（1585）谈氏纯敬堂刻本，中国中医药出版社于 2016 年出版《谈允贤〈女医杂言〉评按译释》本。

食物与健康。季羡林作《糖史》（江西教育出版社 2009 年）。周正庆作《中国糖业的发展与社会生活研究》（上海古籍出版社 2006 年）。林富士主编《红唇与黑齿：槟榔文化特展展览手册》（“中央研究院”历史语言研究所 2014 年）。

中国传统疗法。梁其姿作《为中国医疗史研究请命》提出，“近年来，中国传统疗法渐再抬头，而且不限于华人社会。一些传统的技术如针灸、按摩、推拿等在世界各地成为兴盛的‘另类’医学，在欧美，不少医疗保险公司也已将这些疗法包纳在保险政策里，说明西方社会已承认这些疗法的正当性与有效性。传统草药的研发，更是学院的主流科研项目之一，往往得到商界大力支持，被认为是充满商机的投资。”[①] 在美国，目前至少有 39 所遍布各州的提供针灸与“东方医学”训练的立案学院。梁其姿著《面对疾病——传统中国社会的医疗观念与组织》（董建中译，中国人民大学出版社 2012 年），论述疫苗的历史时提到传统中国是如何接受这种域外医疗技术的。李建民作《从中医看中国文化》（商务印书馆 2016 年），内容有“鬼神之病与‘场所’”，中医技术及其自然、性别、政治意义，“艾火与天火——中医‘灸’疗法的起源”，“‘附子’毒药在政治中的运用”。[②] 他的《生命史学：从医疗看中国历史》（复

① 梁其姿：《为中国医疗史研究请命》，《中华读书报》2011 年 7 月 20 日。
② 李建民：《从中医看中国文化》，商务印书馆 2016 年版。

旦大学出版社 2008 年）一书的“自序”谓：“《生命史学》旨在建构一个完整的古典医学研究体系，同时也发掘真知识。”

独生子女生育史。阎云翔作《中国独生一代的“包办婚姻”，折射伪个人主义的盛行?》（《国际社会科学杂志》中文版，2016 年第 1 期），80 后青年夫妇的离婚，双方父母强力参与，甚至成为主要当事人，起主导作用。此种奇特现象，表现出独生子女对父母感情和财务上的依赖，愿意放弃自主性和独立性，但这种亲权回归不是简单理解的个体化的退潮。

（4）多学科跨学科研究法

在“‘医疗社会史在中国’——中国社会史学会医疗社会史专业委员会成立大会暨首届学术年会”上，梁其姿开幕式致辞强调医疗史研究与其他专业关系紧密，好的医疗社会史研究一定是跨学科跨文化的，必须结合政治史、社会史、制度史来展开，一定要照顾不同的文化面，如身体史、性别史、社会阶层史、族群史等。张大庆强调医学史有多重面向，把社会史引进医学史研究，社会历史学、人口史、人口统计学、医学社会学成为学术资源和研究动力。疾病的全球化刺激了疾病的跨文化研究，为此，不同学科的研究者讲求合作之道是为要务，而其前提是互相尊重，破除门户之见。首先在于尊重行外人，自然科学、医学研究者不能小觑人文学科学者；吸收各学科研究成果，弥补本学科的不足，正确的研究态度是立足本学科，兼取其他学科之长，提高科研成果品质。为此，不同学科的学者因共同的治学目标而结成朋友，就更便于取长补短了，设立多学科学者参与的课题研究组就成为必要的了。

（5）介绍域外对中国医疗社会史研究

梁其姿致力于此，前述中医治疗在西方的拓展即属于此种研究，她于 2021 年 10 月 20 日在复旦大学历史学系主办的海外学者中国医学史研究系列讲座上发表《域外（西方）中国医学史研究新方向：食物与药物》演说（彭博新闻 2021 年 12 月 11 日报道），提到中国传统食物药物中食疗本草概念；西方学界中有关传统中国医疗文化史中食物和药物研究的抬头；近年西方有关中国疾病史、身体史、环境史等研究往“食物”史的转向，研究药物，不只是“物”，它有社会性。笔者阅览澳大利亚中文报刊获知，悉尼卢正平中医师在新冠疫情期间，在《澳洲新报周刊》连续撰文《医疗灯夜话》，结合防治疫情解读中医名著《伤寒论》与《瘟疫论》，到 2021 年 11 月 27 日已刊出第 27 期（上）。

来华传教士的医疗活动。赵晓阳的《60年来基督教与近代中国医疗卫生事业研究评述》（《兰州学刊》2017年第12期），从基督教与近代医疗卫生、医学传教在不同地区的实践和作用两方面作出研究回顾。文章指出，开展卫生工作是基督教传教重要手段，把西方医学的主要方法、观点介绍到中国，用汉文、满文翻译西医书籍；清朝中后期以后，在澳门、香港及内地兴建医疗设施、诊所、医院，从事医疗服务，逐渐为大众接受。

四、台湾新史学的崛起和成就

这里说的台湾地区新史学研究，主要是讲岛内史家的成就，并将有关海外华人在台湾出版的研究成果包括在内。

（一）20世纪50—70年代是台湾地区新史学的酝酿期

20世纪六七十年代台湾史学界受美国社会科学方法、结构主义史学的影响，从社会组织、社会结构探讨中国社会史。许倬云组织了两次“社会经济史”研讨班，培养出一批很有成就的学者，如毛汉光、邢义田、何启民、刘增贵、刘淑芬、梁庚尧、刘石吉、黄宽重、尹章义等人，陆续有研究专著问世。这一时期颇有一些著作值得留意：

许倬云：《中国古代社会史论——春秋战国时期的社会流动》（广西师范大学出版社2006年再版）、《汉代农业：早期中国农业经济的形成》（江苏人民出版社2021年）、《西周文明》；

南怀瑾：《禅宗丛林制度与中国社会》，台湾人文世界杂志社1962年；

金发根：《永嘉乱后北方的豪族》，台湾中国学术著作奖助委员会1964年；

劳榦：《中国的社会与文学》，台湾文星书店1964年；

王建秋：《宋代太学与太学生》，台湾中国学术著作奖助委员会1965年；

朱琳：《洪门帮会志》，台湾文星书店1965年；

毛汉光：《两晋南北朝士族政治之研究》，台湾中国学术著作奖助委员会1966年；

郭立诚：《行神研究》，台湾中华丛书编审委员会1967年；

徐朝阳：《中国亲属法溯源》，台湾商务印书馆1968年；

胡朴安：《中华全国风俗志》，台湾启新书局1968年；

何浩天：《汉画与汉代社会生活》，台湾中华丛书编审委员会1969年；

余精一：《中国农业社会史论》，台湾进学书局1970年；

周绍贤:《道家与神仙》，台湾中华书局 1970 年;

王德毅:《宋代灾荒的救济政策》，台湾中国学术著作奖助委员会 1970 年。

就所举的图书可知，其时学者关注的是士人群体（太学生、士族乃至豪族），佛道宗教，救灾，农业社会和工商业社会。

（二）20 世纪 80 年代以来台湾地区新史学的长足发展

2002 年 8 月，“中研院”近代史研究所吕芳上在关于女性口述史的座谈会上指出，当时台湾地区史学的研究倾向，集中在台湾地区史和文化史（新文化史）。① 这给我们一个鲜明的信息，即台湾史学界出现新文化史研究热，而女性史被视为新文化史的研究领域。台湾学者一般不用“社会史”概念，而将新的史学研究视为“新史学”，女性史在大陆是归入社会史范畴的，台湾则纳入文化史，这类概念有所不同，我们在论及台湾地区社会史、新史学时应当注意。新文化史的研究热潮，反映的是 20 世纪 80 年代以来台湾新史学崛起并有了长足发展，取得颇多成绩。

1. 方向的转换和有组织地进行某些社会史专题研究

2002 年 7 月“中研院”院士许倬云、刘翠溶等四人提出《对本院历史学研究现况的看法与提案》，讲述了历史研究的变化：“在二十世纪中期，史学家一改过去只重视帝王将相的历史，提倡研究一般民众的历史；到了二十世纪末期，史学家更进而提倡以群体人类的经营为研究对象，并注重人类与自然环境的互动。”② 这种研究方向性的转变，从“中研院”历史语言研究所的研究方向的变化中得到鲜明的印证。

历史语言研究所是 20 世纪 20 年代建立的学术机构，以杰出的贡献享誉史坛。它在相当长时期以研究先秦史、断代史及文献学、考古学著称，1980 年以来研究方向转到历史人类学的社会与文化范围。对于这种转变及其研究的具体方向，该所的说明是：

> “1980 年以来，新进一批研究人员，在研究方法及研究范畴上均有新的发展，其研究的重点为利用历史材料以及田野调查所搜集当代民间材料，从事社会史、民族史、宗教史、医疗史，以及生活礼俗史之研究，大

---

①《倾听她们的声音——女性口述历史座谈会》，台湾《当代》2002 年 10 月号（第 182 期）。

② 台湾“中研院”:《学术咨询总会通讯》，第 11 卷第 2 期，2002 年 11 月，第 30 页。

抵属于历史人类学的范围，而总归于社会和文化。……

“社会史研究，从社会结构的探讨更进一层研究生活礼俗的演变，从关注人群生命而及于医疗疾病与文化的关系，以及生死观等思想心态的课题。……

“宗教史，主要探讨信仰与文化的关系，包括古代宗教、道教、佛教与近现代之民间宗教，以探索基层社会人群之心灵层次的关怀为主。……

“至于妇女史研究，主要着重妇女在历史上各项活动中所担任的角色，还旁及生命医疗。”①

与这种研究方向相适应，该所设立了文化思想史、法律史、礼俗宗教、生命医疗史等研究室。该所的历史学家“是以广义的社会史占最大多数”。由此不难了解到历史语言研究所在人员、机构、研究方向上，从政治史、人类学和文献学为主的研究转到社会史和社会文化史方面来。这种转变，从生命医疗史研究的确定中更能显示出来。

为开辟人群生命史的研讨，该所于 1992 年成立“疾病、医疗与文化”专题小组，除所内人员参加，还吸收所外同好和青年学生。小组规定每年度大约举办十次讨论会，每次多由一个人作报告，至 1997 年 6 月已举行 48 次讨论，57 人次作报告，在《新史学》杂志上出版了《疾病、医疗与文化专号》研究专辑。还于 1997 年 6 月举办“医疗·社会与文化研讨会”。这个小组后来建设为生命医疗史研究室。

如此有影响的历史研究所更新研究方向，标志着台湾地区史学研究转向新史学，或者说转向社会史、新社会史、新文化史。

下面提供一个事例来支持笔者的判断。20 世纪 90 年代，台北艺术大学有计划地进行台湾老照片的搜集与研究，它的“台湾老照片数位博物馆”于 1996 年起搜集 1961 年以前的台湾老照片，三年后收集近三万张，按内容分成十二类，设馆展出。其中“台湾原味：生活馆”，含有台湾人的生活空间、台湾人的生活情事、民俗生活及人像写真四个展厅；“方圆台湾：地理资讯馆”，展示大稻埕风华，有“去河边散步”“到街上逛逛”“今天要扮什么戏”等单元。② 可见老照片

① 见 2003 年 3 月网上公布的台湾“中研院”历史语言研究所的简介。

② 许素朱：《“台湾老照片数位博物馆”建置机制之探讨》，台湾汉学研究中心主办“地方文献学术研讨会”（2002 年 10 月 16—18 日）论文。

被利用来说明历史上民众的社会生活方式，与新社会史、新文化史的研究相一致。1999年南投县大地震后，人们更感到灾害会毁灭历史资料，不进行有意识地收集、保存将会丧失历史，故而拨专款组织人员进行专题搜集与研究。

再述一个事例，即2000年创办的台北大学，以学术的应用为教学方针，故设立“休闲运动与管理学系”，它的历史学系教学方向是“强调‘历史即生活’，以现实人生为导向，比较研究、跨学科整合、多元文化和语言训练及资讯技术的掌握运用为教学重点”①。强调“历史即生活”的历史系，重视生活史、新史学的教学与研究是势所必然的。

如此看来，用群体的方式有意识地进行专题学术研究，重要的是方向选择要准确和富有创意，“医疗·社会与文化”专题的提出，富有学术前瞻性，是新史学的开创性方向，它的提倡，实属难能可贵。将老照片作为史料来运用，是近年学术界开展的事情，为新史学开辟了新的史料来源。上述事例表明，这种有组织的研究，充分地表现了台湾史学界开创新方向、新领域的研究，是新史学起步的新气象。

2. 出现热心于新史学研究的群体及其刊物《新史学》杂志

一群中青年史学家锐意进行新史学研究，汇聚在一起，编辑出版同仁刊物——《新史学》，该刊认为“一个时代必有一个时代的史学，新的时代往往孕育出新的史学”②，并以此自期，希望由他们之手诞育出新的史学。他们所讲史学革新，实际是向传统史学发起挑战。该刊自1990年创办，每季度一期，坚持不懈。所登载的论文，多系新方向的研究成果，并非草率之作，故引起史学同行的瞩目。吕端在《介绍台湾一份历史刊物〈新史学〉》文中认为它已经“显现高雅的学术气质”③。就笔者的感觉，每当阅览它的目录辄有一种新鲜感，而文章则扎实有新意。台湾《新史学》之所以硕果累累，乃因它有以“新史学”为研究方向的作者群。

3. 研究领域广阔，新方向不断出现

研究范围广阔，除了较常见的婚姻、妇女、家族、身份、移民、会党、宗教、都市、社区，并对社会救济、福利、民间文化给予较多的关注，特别是新开辟的生态环境史和人群生命史的研究，已做出一些成绩。下面就几个研究较

---

① 台北大学简介，2002年。

② 《发刊词》，台湾《新史学》第1卷第1期，1990年3月，第1页。

③ 吕端：《介绍台湾一份历史刊物〈新史学〉》，《中国史研究动态》1994年第10期，第23页。

多的领域作分别的说明。

（1）总论社会经济发展与社会风气变迁

徐泓著《圣明极盛之世：明清社会史论集》（台湾联经出版公司 2021 年）、《明清社会史论集》（北京大学出版社 2020 年）。两书内容基本相同，唯联经版增加几篇文章。徐泓在《代序·研究明清史的学与思》中指出：“把史学工作作为志业而非职业，读书才不会白读，历史学才不会被社会所遗弃。……把历史情节当作我们训练自己能力和增长智慧的场所，历史研究就会活起来了。”徐氏是明清史权威学者，开风气之先研讨明清社会经济发展与社会风气变迁，涉猎明代家庭、婚姻及人口研究，地域（江浙、华北、广东、福建）社会经济与城市史研究，在明清盐业史探究中对灶户的剖析，进入社会结构领域，特别留意于国际明清史研究热点，关注有关“新清史”论争。

（2）生态环境史

“中研院”经济所的学者于 20 世纪 90 年代初开展研究工作，与澳大利亚国立大学太平洋研究学院合作，于 1993 年在香港召开“中国生态环境历史学术讨论会”，会后刘翠溶等主编出版了《积渐所至：中国环境史论文集》（“中研院”经济研究所 1995 年），内容分为九类：比较的观点、对自然环境的诠释、人类的聚落、边疆地区、水文与水利、气候、疾病、环境的形象（官方的心态、文学的和通俗的感受）、环境与近代经济发展。分类中已显出社会史的内容。此书是关于中国生态环境史研究的开山之作。生态环境史的研究在继续进行，2002 年 11 月“中研院”台湾所召开“环境史国际研讨会”，讨论水文环境的变迁、产业与环境、环境变迁的检讨、土地利用与环境变迁、族群与环境、疾病与环境、灾害与重建、生态环境与政策等专题，蔡采秀发表论文《环境、生态现代化与集体意识》。有关论文陆续问世，如邱仲麟的《人口增长、森林砍伐与明代北京生活燃料的转变》（《“中研院”历史语言研究所集刊》第 74 本第 1 分，2003 年 3 月），论述明代北京因建都而人口增长，日用燃料需求增加，将周围林木砍伐殆尽，改用煤炭，影响地区生态环境。

（3）人群生命史

梁其姿率先于 1987 年发表《明清预防天花措施之演变》①；2000 年她来南

① 梁其姿：《明清预防天花措施之演变》，《国史释论：陶希圣先生九秩荣庆祝寿论文集》，台湾食货出版社 1987 年版。

开大学作《医疗社会史研究的意义》《明清时期医学知识的普及》讲演，阐述元代以来方士的概念，明清医家所认定南方风土致疾的主要原因，几种疾病的重新定义，医学入门书籍和医生的专业化等问题。

历史语言研究所的研究引人注目，他们的研究与传统的医学史不同，是以“社会”和“文化”为重心，以人群的生命历程为核心。笔者想不妨将“人群生命史”权作这种研究的代称。历史语言研究所于1997年6月举办“医疗与中国社会”研讨会；1999年举办“健与美的历史”研讨会，据会议参加者李贞德说，会议“以美丽作为参照范畴”，“利用医疗、宗教、军事、美术乃至商业活动等领域的资料，从各种角度探讨与健康相关的议题”。并认为“人们对‘健美’的定义和态度随时空而改变。由此，医疗史学者重新思考健康与疾病的界线，并检讨医疗传统中的身体文化”[①]。林富士将注意力放在道士与医疗史方面，撰写《中国早期道士的医疗活动及其医术考释——以汉魏晋南北朝时期的“传记”资料为主的初步探讨》（《“中研院”历史语言研究所集刊》第73本第1分，2002年3月）。李建民对身体史的研究相当投入，进入中医学史范畴，如作《〈本草纲目·火部〉考释》（《“中研院”历史语言研究所集刊》第73本第3分，2002年9月），讲述李时珍将火区分为天、地、人三类，人火是讲人体外的火热之气，有内在化倾向，认为李时珍的理论受金元医学的影响。割股疗亲的历史现象最早为日人桑原骘藏所注意，邱仲麟连续发表《不孝之孝——唐以来割股疗亲现象的社会史初探》（《新史学》第6卷第1期1995年3月）、《人药与血气——“割股”疗亲现象中的医疗观念》（《新史学》第10卷第4期，1999年12月），叙述割股的内涵和割股者的动机、割股的行动及其救护、割股与国家政令、割股与儒家孝道伦理、割股疗亲对人部药的实践与扩展、割股疗亲行为中的血气观念诸问题。指出割股疗亲是一种带有亲族性的民俗医疗行为。他还撰有《明代北京的瘟疫与帝国医疗体系的应变》（《“中研院”历史语言研究所集刊》第75本第2分，2004年），认为北京流行过痘疹、大头瘟、羊毛瘟、疙瘩瘟、吐血瘟，后两种瘟病可能是腺鼠疫，疫情最重的是明崇祯十六年（1643），死亡二十多万人，成为次年李自成进京的一种社会条件。

---

① 李贞德：《从医疗史到身体文化的研究——从“健与美的历史”研讨会谈起》，台湾《新史学》第10卷第4期，1999年12月。

“中研院”台湾所于2002年10月下旬举办“医疗与文化学术研讨会”，发表的论文有李丰楙的《收惊：一个从“异常”返“常”的法术医疗现象》、林淑蓉的《各种疾病、药物与身体疾病》、罗纪琼的《文化对医疗影响——以剖腹产为例》、颜学诚的《内丹身体的知觉：兼论几个身体研究的取向》、余德慧等的《中国人生死的观念的探讨》、余舜德的《冷与热的身体感》等。

“中研院”近代史研究所亦有研究，于2002年出版《第三届国际汉学会议论文集历史组：性别与医疗》，2002年8月至2004年7月进行“性别与医疗”研究计划。

需要特别介绍的是黄金麟的专著《历史·身体·国家——近代中国身体的形成（1895—1937）》（台湾联经出版公司2002年）。“身体有历史吗?”黄金麟在《自序》中提出这样的问题。他说将身体放在历史与国家之间具有深意：是要讨论身体经历了怎样的历史，而成为今天的样子；身体发展状况隐含了何种历史特定性与危险性；它能否被当成永恒的、普遍的模式来看待，取决于它自身的发展和学者的研究。作者具体讲到政治、军国民与公民、礼法、时间、游移与对身体的影响。他提出的问题和研究非常有意思。此外还有蒋竹山的《人参帝国：清代人参的生产、消费与医疗》（浙江大学出版社2015年）。

此外，与医疗社会史有关的育婴生育史的研究成果也在这里说明。

熊秉真的《幼幼——传统中国的襁褓之道》，是育婴扶幼文化的开创性专著。她说：“这个新的领域，使我们对中国社会史，生活史，乃至科学史、经济史、文化思想史，都有了一番崭新的体会。”又说“育婴史之知识，对中国历史人口学之阐释，助益尤多”。① 熊秉真另撰著《童年记忆：中国孩子的历史》（台湾麦田出版公司2000年），继续她的幼儿史研究。在新冠疫情中熊秉真出版《幼医与幼蒙——近世中国社会的绵延之道》（广西师范大学出版社2021年），勾勒中国儿童成长历程和儿童观的流变趋势，揭示诸多幼医文献，研讨不同文明和民族对于克服疾病的共同努力。

（4）宗教史

台湾有一些佛学院，如佛光山在高雄和宜兰设立两所大学，嘉义有南华大学，新竹有玄奘人文社会学院，也有道教学院，它们建有各自的宗教研究所，在

① 熊秉真：《幼幼——传统中国的襁褓之道》，台湾联经出版公司1994年版，第178页。

一些高等学校也设立宗教研究机构，如台南成功大学道教史研究中心。所以台湾对宗教史有相当强的研究力量，有刊物发表他们的学术文论，如台湾《中华佛学研究》、台湾《中华佛学学报》《玄奘学报》《慈济》《生死学通讯》，其他的杂志、学报也刊登宗教及宗教史文章，如台湾《当代》173 期开辟《人间佛教的当代对话》专栏。佛学方面的研究，涉及教义、历史的和当代的人物、僧尼的生活，如刘淑芬的《“三月十”——中古后期的断屠与斋戒》，所说“年三月”，指佛教的每年正、五、九三个斋月，“十”指道教十斋日，唐高祖武德二年（619）下令在这些日子里禁止屠宰。刘淑芬认为这是大事，这时不得执行死刑，并影响于朝鲜、日本；道教的十斋日后来成为佛教斋日。① 台湾佛教史及当代佛教亦为学者所关注，江灿腾的《徘徊在殖民化与去殖民化之间——台湾本土佛教近百年来的变革沧桑史》（台湾《当代》第 173 期 2002 年 1 月），针对日本殖民文化论说台湾佛教史。陈美华的《另类典范：当代台湾比丘尼的社会实践》（《佛学研究中心学报》第 7 期，2002 年 7 月）提出：研究的三个脉络，台湾汉人父系、父权社会，佛教传统，女权运动及女性主义新潮流；三个切入点，即身份、形象和身体；不满于过往的运用西方理论的研究。

1993 年，傅伟勋作《死亡的尊严与生命的尊严——从临终精神医学到现代生死学》（台湾正中书局 1993 年），为生死学探讨之滥觞，并于 1997 年正式提出这门学问。南华大学成立生死学研究所，编辑《生死学通讯》杂志。研究所于 2001 年 10 月召开“现代生死学理论建构”研讨会，由医学、教育、哲学、心理学、社会学、临终关怀、民俗医疗、风水文化切入探讨生死学理论，250 人与会。惠开的《“生死学”到底研究些什么内容》（《生死学通讯》第 7 期，2002 年春），从“养生”到“送死”为范畴，议题有生命的实相，生命哲学，生命及生死、死亡教育，两性关系，生命周期，生死关怀，临终精神医学，悲伤辅导，现代科技与生死问题，另类医疗，养生技艺，生命礼仪、生死民俗与世界各国死亡文化，生死与艺术表现，生死与医疗之公共政策与法规，生死相关服务事业，风水研究，命理研究，微观生死学，生命语汇研究，生命的安顿与死亡的超越。探索生死学的进路，包括史学在内的各学科。生死学与新史学关系密切，应当引起注意。

---

① 刘淑芬：《“三月十”——中古后期的断屠与斋戒》，台湾《大陆杂志》104 卷第 1 期、第 2 期，2002 年 1 月、2 月。

关于道教史，台南成功大学道教研究室，开设中国道教史、华南地区道教发展史研究等课程。该研究室与台南市道教会合作编辑出版《道教学探索》。他们希望通过关于道教的学术研究，寻找复兴道教的途径，以有益于人类社会的伦理建设。笔者见到 1987 年 12 月的该刊创刊号至 1992 年 12 月的第六号，盖为每年一辑，发表道教史研究论文和译著。台北出版的《当代》第 175 期（2002 年 3 月）开设“道教专辑”，载有李丰楙的《末世与济度》、谢宗荣的《台湾道教艺术》、李丰楙的《升游与谪凡——道教文学中的永恒主题》。诸文论述道教：东汉以前为古道教，后为新道教，影响后世；道教隐而不显，农民革命常用之；韩国道教可娶妻，接近天师道，着白色衣，日本神道教受中国阴阳五行思想影响。

学者还将宗教学与社会医疗结合在一起进行考察，2003 年 4 月“中研院”民族所、慈济大学等联合主办“东台湾宗教与医疗学术研讨会”，同年 6 月佛光人文学院召开“宗教与社会学术研讨会”，会议都涉及医疗社会史的论题。

（5）女性史

前述陈美华在《另类典范：当代台湾比丘尼的社会实践》（《佛学研究中心学报》第 7 期，2002 年 7 月）文中，认为妇女史自 20 世纪 60 年代研究以来，经历女性主义（重政治）、妇女、性别三个阶段，体现了对女性史研究方法论的关注。

关于女性史，费思言著《由典范到规范：从明代贞节烈女的辨识与流传看贞洁观念的严格化》（台湾大学文史丛刊 1998 年硕士论文）。所谓“典范”，指典型，系倡导的产物；“规范”，系指法令的或社会的规则，需要执行。作者认为明代烈女的出现，不仅是倡导的产物，也是女性自觉接受的表现。作者的研究法，是区别实际的贞洁烈女与被记录的贞洁烈女，分析烈女产生的社会机制。从三个层面理解贞洁烈女：特定的行为模式，守节、殉节；妇女的道德实践，对婚姻关系的信守与三从；维系父系社会的功能，家庭的延续，父系血脉的纯正。指明烈女行为有其自身取向，其认知有其社会性；所谓“礼教吃人”，揭示礼教社会作用的一个方面，强调的是受害者的被支配性，而忽视被吃者的自愿性。刘静贞著《不举子——宋人的生育问题》（台湾稻乡出版社 1998 年），宋人有损子坏胎因果报应的恐惧心理，可又有不生育或生子溺毙的矛盾现象，此书因而回答为什么不举子，为什么不得不“不举子”，从生育过程的产育之难、经济原因及性别选择作出讨论。

女性史的专题文章颇多，笔者印象深刻的有：蒋竹山的《女体与战争——明清厌胜之术“阴门阵”再探》（台湾《新史学》第10卷第3期，1999年9月），述说明清时期的一些战争期间，如明末农民战争、太平天国战争，女性被强迫赤裸身体，驱赶到前线，令对方士兵因看到女阴而觉得晦气，厌战，通过心态分析，对鲜为人知的阴门阵作出说明。林丽月的《从〈杜骗新书〉看晚明妇女生活的侧面》（《近代中国妇女史》第3期，1995年），发现《杜骗新书》的社会史、经济史研究的史料价值，揭示部分女子利用女性的弱点行骗，女棍、牙婆、卖婆使妇女“商品化”，被卫道之士视为世风日下。张彬村的《明清时期寡妇守节的风气——理性选择的问题》（台湾《新史学》第10卷第2期，1999年6月），认为明清时代寡妇普遍会守节，就像唐宋以前寡妇普遍会再嫁一样，是一种理性的选择，并且是沿袭元朝的规定，守节因而成为符合寡妇利益的合适选择。何素花的《清初士大夫与妇女——以禁止妇女宗教活动为中心》（《清史研究》2003年第3期），以乾隆年间地方官打击宗教活动与妇女入寺烧香事例，考察士大夫力图在规范中控制妇女活动范围。

关于女性口述史，游鉴明等编辑《走过两个时代的台湾职业妇女访问纪录》（“中研院”近代史研究所1994年），记录几位20世纪初年出生的职业女性的历史。游鉴明另撰有《倾听她们的声音——女性口述历史的方法与口述史料的运用》（台湾左岸文化事业有限公司2002年），讨论女性口述历史的方法，意在为研究社会下层的历史提供资料。为了开展口述史研究，王芝芝翻译美国人唐诺·里奇的《大家来做口述历史》（台湾远流出版公司1997年），为台湾学者从事口述史学提供借鉴。

“中研院”近代史研究所致力于妇女史研究，编辑出版的《近代中国妇女史研究》，每年一辑，2002年已经出版第10期。每期既有学术专论，还有学术讨论，报导研究动态，书评，有关史料介绍。以第10期为例，论文有王正华的《女人、物品与感官欲望：陈洪绶晚明人物画中江南文化的呈现》、许慧琦的《去性化的“娜拉”：五四新女性现象的论述策略》，史料介绍有林维红的《无言的女眷——〈曾纪泽日记〉女眷生活辑录》等。可见其推动妇女史研究的价值。此外，近代史研究所还编辑妇女史研究的著述目录：《近代中国妇女史中文资料目录》（“中研院”近代史研究所1995年），著录17世纪以来讨论妇女问题的中文书籍、论文资料，计13533条，分类编辑，计有18类，为学者提供了检索的便利。

2003年6月台北故宫博物院主办"女性的形象与才艺学术讨论会"，关于女性的论文有：游国庆的《两周金文中的女性议题》、刘静贞的《五代女性意象组构与辨识》、刘芳日的《形象之外——论宋画所反映的女性观点》、王鸿泰的《明清士人的女性想象》等。

（6）通俗文化与日常生活史

民间文化史，或者说俗文化史的研讨表明，所谓文化史的研究热是一点不假的，诚如王尔敏于2000年所说："此类庶民文化问题三十年来日益受到重视，近已愈见形成学风，有不少专家学者，群趋此一庞大领域。"① 俗文化所讨论内容表现在以下诸多方面。

通俗文化、民间信仰被纳入社会史、文化史的研究。20世纪80年代以来不断有专著问世，如1988年出版的林富士的《汉代的巫者》，1989年蔡相辉的《台湾的王爷与马祖》，1990年祝平一的《汉代相人术》。

社会群体与社会生活文化研究。梁其姿著《施善与教化：明清的慈善组织》，在《导言》中说明她的研究是要"透过民间慈善组织发展的历史，看社会经济改变与价值观改变的关系"，注意于百姓的价值观，她认为贫穷观念有两层含义，即社会经济的，道德层面的。欧洲早先，因耶稣是穷人，对贫穷者不歧视，贫穷有正面意义。16世纪以后，穷人及游荡社会的乞丐被视为疾病，商业发展以来，经济实力成为衡量人的标准，贫穷在道德上受谴责。中国社会比西方中世纪的社会流动性大。宋代以前贫穷不构成需要解决的特殊经济社会问题，人们认为贫穷是鳏寡孤独者没有家庭照料，缺乏家族邻里关照，穷人产生于不完整家庭，所以是伦理问题，贫穷者并非道德有亏，不把贫穷看作耻辱，慈善事业不可能彰显。宋代以后等级变化激烈，明末以前贫穷观念演化，慈善事业遂有发展。②

物质文化与生活礼俗研究。"中研院"历史语言研究所2002年12月14—15日举办"物质文化的历史研究"，讨论物质与人类行为互动关系，系历史学家、人类学家、考古学家之间的对话，论人对物质使用方式、过程、意义、变迁、人在其中形成的自我定位，涉及建筑、家具、服饰、乐器、灯烛、浴室、铁器、医药、轿子、图像，还有对生活礼俗、视觉文化、博物馆藏的认识。

日常生活史方面的著作、论文颇多，王尔敏的两部专著《明清时代庶民文

---

① 王尔敏：《明清时代庶民文化生活·再版赘言》，"中研院"近代史研究所2002年。

② 梁其姿：《施善与教化——明清的慈善组织》，河北教育出版社2001年版，第4页。

化生活》（“中研院”近代史研究所 2000 年增订版）和《明清社会文化生态》（台湾商务印书馆 1997 年），引人注目。《明清时代庶民文化生活》，论述民间文化八个方面，即民间多神信仰、日常生活节奏、饮食医药与养生益寿法、日常礼仪规矩、应世规矩与关禁契约、玄理术数之信从、游乐才艺、风月调教等方面，“在现代疾速世变之中，捕捉一些即将流失之文化资产”。朱倩如著《明人的家居生活》（台湾明史研究小组 2003 年），将社会生活史的研究深入到居家生活的领域，发掘散文、笔记、图画方面的资料，论述居家生活的社会背景，居家生活的空间与格局，居家生活的类型、园艺、学艺、闲适诸方面，认为居家是生活的主体，快活的源泉，雅静的场域，自我的乐地，性命的归宿。在论文方面，王鸿泰的《从消费的空间到空间的消费——明清城市中的酒楼与茶馆》（台湾《新史学》第 11 卷第 3 期，2000 年 9 月），认为明清时代人们去酒楼茶馆原是为饮食消费，那里成为一种消费空间，而后人们再去酒楼、茶馆，不仅是为饮食，还将那种地方当作娱乐场所，向高消费方向发展，使它们变成一种空间的消费。因此从酒楼到茶馆，显示休闲性的趋势日常化、普及化，反映城市生活的发展变化，是城市公共空间日渐扩张的过程，并反映社会经济及社会文化观念的更新。邱仲麟的《诞日称觞——明清社会的庆寿文化》（台湾《新史学》第 11 卷第 3 期，2000 年 9 月），认为明代中叶以后庆寿年龄下降，庆寿文化中有雅俗冲突，指出中国近世以来重视老人家生日的习惯，与西方重视小孩生日的风气极不相同，呈现中西生日文化的重大差异。

（7）社会文化史、礼制与礼俗

何淑宜的硕士论文《明代士绅与通俗文化——以丧葬礼俗为例的考察》，由郭廷以奖学金补助出版。该书以丧礼丧俗为核心探讨明代士绅与通俗文化的关系，认为士绅对丧俗的奢僭屡有批评，以为可以导致社会秩序危机，于是有宗族、乡约及丧事组织致力于丧俗改革。林丽月认为此书是“开拓文化史新课题的努力与成果之一”①。

张寿安的《以礼代理——凌廷堪与清中叶儒学思想之转变》（“中研院”近代史研究所 1994 年），给人的直观感觉是论述学术史和思想史的，是表述凌廷堪礼制思想的，诚然如此，但是书中讨论了礼学思想兴起的社会与经济背

① 何淑宜：《明代士绅与通俗文化——以丧葬礼俗为例的考察》，台湾师范大学历史研究所专刊（30），2000 年。

景，礼学思想的社会实践，涉及恤党赒里、约乡正俗、尊祖收族的民间礼俗，启发读者认识礼制思想向民间灌输，影响俗礼的演变。张寿安随后撰著《十八世纪理学考证的思想活力——礼教论争与礼秩重省》（“中研院”近代史研究所2001年），继续礼学与社会实践关系的讨论。

熊秉真、吕妙芬汇编研讨会的论文，成《礼教与情欲：前近代中国文化中的后/现代性》（“中研院”近代史研究所1999年）一书，收有王鸿泰、张寿安、刘诠聪、叶汉明、汪荣祖、熊秉真等人的论文，文章论述到礼制与人情、妓女与文人、华南特殊婚俗、幼学发展与儿童关怀等专题历史。熊秉真主编《欲盖弥彰：中国历史文化中的“私”与“情”——私情篇》（台湾汉学研究中心2003年），从书名上看，应是如何理解传统文化中的“私”与“情”观念，为“私”与“情”张目。

（8）城市史

对于城市史的研究，陈怡行发现，学者们不是从社会史的角度切入，便是从经济史的角度切入，而对“城市”这个实体空间的研究较少。他综合学者对明清时期城市的研究，认为中国城市经历了三次巨大变化，转化成为我们今日所熟识且生活其中的城市。第一次变化发生于明朝中期以后，第二次发生于清代初期，第三次出现于1840年鸦片战争之后。① 台湾学者对于城市史研究有着明显的加强趋势。“中研院”历史语言研究所与台湾暨南大学于2001年12月19—21日合办“中国的城市社会：14—20世纪”研讨会，探讨生活史、城市史研究潜力。徐泓作《传统中国大学校园的空间规划——明南京国子监》（《史学：传承与变迁学术研讨会论文集》，1998年），认为传统大学校园的特色：之一是在教学区、生活区之外，有一个以孔庙为主轴的祭祀空间，强化人生观的教育；之二是各项建筑的等级与主次分明；之三是师生均住在校园内，朝夕相处，老师以身教、言教引导学生。王鸿泰著《流动与互动——由明清间城市生活的特性探讨公众场域的开展》（台湾大学历史学研究所博士论文，1998年），对明清城市生活的特点作出描述。

4. 台湾地区新史学的研究特点

大陆学者定宜庄对于台湾的社会史（实际是指台湾学者所说的“新史

---

① 陈怡行：《定型与变型：明清福州城市风格流变》写作计划书，感谢他供给我阅读，时在2004年初冬。

学”）研究作过如下的评述：“台湾学者对于社会史的研究，起步既早，起点也相对较高，在研究领域的开拓和对有关问题探讨的深度上，都取得了令人瞩目的成就。”① 从上述的种种具体研究，不难发现20世纪80年代以来台湾的史学研究可以说进入新史学的阶段，以“新史学”为旗帜，大力开辟新的研究领域和发掘认识深度，此外还有新的进展，就笔者认识到的有：

其一，多学科的综合研究生态环境史、人群生命史（医疗社会史）、新文化史。这些研究领域都不是历史学所单独能够很好完成的，需要自然科学、社会科学、人文学科进行交叉研究，至少人文和社会科学要结合起来。目前的多学科交叉研究，基本上处于从各自学科出发而开展的阶段，尚未达到有计划地合作的境地。

其二，新领域的继续拓展。从大的研究范围来讲是生态环境史、医疗社会史、新文化史的开拓，在一些固有的领域里，许多新课题是别开生面的，如性别史中的阴门阵，医疗社会史中的割股疗亲，心态史中的物怪，群体史中的慈善救济史，人口史的育婴、幼儿史，城市史和生活史中的消费空间与空间消费，宗教史与生死学的关系，民间日用类书的进入研究视野，均给人非常新鲜的感觉。这些新方向的拓延，表明新史学的探索精神、开放精神和研究的活力。

其三，文化史与社会史的结合。所谓文化史是新文化史，并非传统的文学艺术史、哲学史、思想史，而是同社会生活紧密联系的社会文化史，诸如过去不能登大雅之堂的民间意识、民间宗教和“怪力乱神”的意识。学者在研究中注意观察文化与生活的联系，考察的是生活中的文化因素，文化所反映的生活，意识受生活的影响及其反作用。社会史与文化史的合作，是历史研究的理论升华，从对人类社会现象的描述进到追寻人们为什么会制造那种生活，提高理性的认识。

其四，研究细致扎实。做学问本来就是老老实实的行当，应有认真的态度，不能浮躁，哗众取宠。观看新史学的著述，大多是资料翔实、文必有物的，对新的研究者具有参考价值。

其五，理论与方法的探讨。这里主要介绍许倬云的当代史学研究见解，他

① 《海峡两岸“传统社会与当代中国社会史”学术研讨会综述》，《中国史研究动态》1995年第11期，第16页。

在 1999 年 5 月台湾汉学研究中心举办的“社会、民族与文化展演国际研讨会”上所作的专题演讲。笔者注意到四点，一是厘清社会历史研究的发展，即从静态结构模式到动态研究，“过去着眼于研究结构，然后功能研究渐为研究主题。现在则研究功能的着眼点，又逐渐转变为研究社会内部各个次级系统间的动态，例如冲突、融合……等等主题。注视于社会内部的异，而不像过去一样，笼笼统统地视某一社会为稳定的整体单元”。二是与第一点相联系，强调进行动态研究，把握事物发展变化的过程，“寻求动态平衡的过程”，“研究的主题，针对‘动’，也许比观察‘静’，更能掌握其精神”。三是如何认识社会冲突研究与细部微观分析，主张“大处着眼，从小处着手”的研究法，他说“近二三十年来，社会研究颇多注意于社会内部的分散离解与冲突；也有些研究则注意于细部的微观分析”，而“这两种研究方式，可能会走向虚无主义”，不如“从大处着眼，从小处着手，研究动态趋衡的过程，则诸种次级单元间的分合迎拒，无非是‘和而不同’的过程，不必一定是冲突”。四是在学科日益专门化的同时，及时地进行学科整合，“今日社会科学诸学门的研究，因为专门化，而日益分离；形同割据之势。如果不早日整合，知识将有流于繁琐之虞。从一些观念的疏通入手，或是整合学科的第一步工作”。①

五、香港社会史研究

20 世纪下半叶香港的社会史研究，既有符合世界潮流的一面，又有留心于本地历史的特点。1994 年印行的周嘉荣、刘诙聪主编的《当代香港史学研究》（香港三联书店 1994 年）一书，收有游子安的《香港的中国社会史研究（1949—1991）》、刘诙聪的《香港地区中国妇女史研究述评》、李家驹等的《香港中国基督教新教史研究》和周佳荣的《香港的东南亚史及海外华人史研究》四篇文章，对社会史研究作出概述。大体的情形是社会史著述的数量并不算多，但在史料搜集及个别课题的研究上，有显著的成绩，尤以对香港社会的区域研究较为突出。比较集中的课题有婚姻、家庭及族谱学；人口构成及社会阶层，如客家、疍民、奴婢、士族；人口与城市发展；社会运行中的骚乱及工人运动等。20 世纪 80、90 年代之际，社会学家、人类学家关注对中国人的行

① 许倬云：《试论社会、族群与文化》，王秋桂等主编：《社会、民族与文化展演国际研讨会论文集》，台湾汉学研究中心丛刊・论著类第 7 种，2001 年版。

为、社会关系和心态方面的探讨。罗香林、罗炳绵、林天蔚、何冠彪等人的研究成果引人注目。林天蔚是继罗香林①之后研究谱牒学颇有成就的学者：他论述族谱的源流、分期、新旧谱学的不同及建立新谱学构思；利用族谱资料说明宋代中原人士移徙广东的两条路线；论说综合利用族谱、方志资料进行研究的价值。林天蔚还撰写《湛江市博立村许国仁爱周公家谱》（南方出版社 2002 年）一书，也是他研究谱牒学的实践。

妇女史研究。该领域也经历从妇女史到两性关系史、性别史的研讨过程。叶汉明致力于研究方法论的探讨，主持有关的国际学术研讨会，与张妙清等合编《性别学与妇女研究：华人社会的探索》，书中收有她的论文《女权主义史学与中国妇女社会史——当代西方研究的批判及中国妇女史学的展望》。该文概论中国妇女史研究的过程，妇女史与社会史的关系，认为妇女史作为社会史的一种批判而出现，两者应为互补合作关系；妇女史受社会史的影响，关注社会底层妇女，它的研究内容已超越妇女参政运动史的政治史范围，向妇女社会活动策略、女性友谊、家庭生活、性、生育、劳动、教育等新课题开展，从而使妇女史纳入新社会史的范畴。② 颇有成就的妇女史研究者刘咏聪出版论著三种，为《德·才·色·权——论中国古代女性》（台湾麦田出版有限公司 1998 年）、《女性与历史——中国传统观念新探》（香港教育图书公司 1993 年）、《中国古代的育儿》（商务印书馆国际有限公司 1997 年）。其讨论重点有二，一是关于历史上“女祸”观念的缘起与发展、传统史家对后妃主政的负面评价，批评女人“祸水”之说；二是传统社会对女性才德的评论，主张从文化意义和社会背景方面讨论古人限制女性才能的观念。还有一位女学者黄嫣梨著《妆台与妆台以外——中国妇女史研究论集》（香港牛津大学出版社 1999 年），认为中国妇女生活史，是一部由妆台步向妆台以外的历史，这种步法，这种进步，这种转换，是与时代并进的，也是应有的发展。黄嫣梨另撰有《汉代妇女文学五家研究》（河南大学出版社 1993 年）、《清代四大女词人——转型中的清代知识女性》（汉语大词典出版社 2002 年），后一书探讨女性独立自主的思想活动。具体讨论时，学者多关注宫廷女性、婚

---

① 罗香林：《中国族谱研究》，香港中国学社 1971 年版。

② 叶汉明：《女权主义史学与中国妇女社会史——当代西方研究的批判及中国妇女史学的展望》，张妙清、叶汉明等编：《性别学与妇女研究：华人社会的探索》，香港中文大学出版社 1995 年版，第 97—150 页。

姻及家庭、少数民族妇女、缠足、女性信仰、女性教育、香港女性史、女性文学艺术、文学中的女性等问题。

士人和历史人物研究。在这一领域，何冠彪的研究成就引人注目，他著有《生与死：明季士大夫的抉择》（台湾联经出版公司 1997 年）、《明清人物与著述》（台湾商务印书馆 1996 年）、《戴名世研究》（台湾稻香出版社 1988 年）、《明末清初学术思想研究》（台湾学生书局 1991 年）等书。《生与死：明季士大夫的抉择》一书，论述明季士大夫是否殉国的争论，生死难易的比较，在忠孝之间的抉择，殉国者的两种类型，殉国的原因，当时士人对殉国者的评价。黄继持的《明代中叶文人型态》，将文人区分为事功实用型和纯文人的鉴赏型两类。①

海外华人史研究。笔者以为这是香港史学界和出版界的一项值得称道的成就，有许多研究著作和翻译作品问世。早在 20 世纪 50 年代，梁子衡著《华侨社会研究》（香港海潮出版社 1958 年），徐松石作《东南亚民族的中国血缘》（香港平安书店 1959 年）。1964 年宋哲美的《马来西亚华人史》（中华文化事业公司 1964 年）问世；执教于香港浸会大学的黄枝连著《马华社会史导论》（新加坡万里文化企业公司 1971 年）。华侨史专家颜清湟著《出国华工与清朝官员——晚清时期中国对海外华人的保护（1851—1911）》（中国友谊出版公司 1990 年），《新马华人社会史》（中国华侨出版公司 1991 年）。王赓武的华人史著作，有《中国与海外华人》（香港商务印书馆 1994 年），英文本的作品由姚楠编译成《南海贸易与南洋华人》（香港中华书局 1988 年）。香港中文大学于 1986 年举办“亚洲地区华人社会教育事业的展望”学术会议，1987 年召开“两次大战期间在亚洲的海外华人”会议，会议论文由香港中文大学结集出版。② 此外还有李胜生著《加拿大的华人与华人社会》（宗力译，香港三联书店 1992 年）、麦礼谦撰《从华侨到华人——二十世纪美国华人社会发展史》（香港三联书店 1992 年）、邝治中作《新唐人街》（香港中华书局 1989 年）。

宦官及其群体研究。梁绍杰作《黑山会护国寺——明清两代宦官的祖庙及其变迁》，叙述宦官以刚铁为祖师，在护国寺崇奉他，组织义会，将该寺建设

① 黄继持：《明代中叶文人型态》，赵令扬编：《明清史集刊》第 1 卷，香港大学中文系 1985 年。

② 以上参阅周佳荣等主编：《当代香港史学研究》，香港三联书店 1994 年版，第 371—377 页。

成宦官养老院。① 文章资料翔实，大有扩充研究的余地。梁绍杰另辑录《明代宦官碑传录》，由香港大学出版社于 1997 年出版。

在教会史研究中，有的学者将宣教史与中国社会史研究相结合，实堪引起学者的留意。

六、中国社会史、新史学研究与西方年鉴史学、新史学的关系

现当代的西方史学积累了丰富的研究经验，提出了许多理论，年鉴学派、新社会史、新史学、西方马克思主义史学涌现大量的社会史著作，值得中国社会史研究者参考，近三四十年来介绍、翻译、研究西方学者的著述甚多。

（一）介绍、研究年鉴运动及西方新史学

前面说过，20 世纪上半叶的年鉴运动没有怎么引起中国学者的注意，到了 20 世纪 70 年代出现前述汪荣祖介绍布罗代尔的研究，此后情况大变，学者普遍留心年鉴运动和西方新史学研究的动向，并有意识地展开介绍。

20 世纪 80 年代初台湾学者翻译年鉴运动创始人及代表人物布洛克、布罗代尔的论著，由黄俊杰编辑出版《史学方法论丛》，颇得读者欢迎，台湾学生书局 1984 年增订三版。

梁其姿等翻译何威编辑的《年鉴史学论文集》。

20 世纪 80 年代后期以来大陆学者评述、译介外国史学理论的著述相继面世，就中有：

彭卫、孟庆顺：《历史学的视野——当代史学方法概述》，陕西人民出版社 1987 年。

蔡少卿主编：《再现过去：社会史的理论视野》，浙江人民出版社 1988 年。

《史学理论丛书》编辑部：《八十年代的西方史学》，中国社会科学出版社 1990 年。

中国留美历史学会编：《当代欧美史学评析——中国留美历史学者论文集》，人民出版社 1990 年。

庞卓恒主编：《西方新史学述评》，高等教育出版社 1992 年。

何兆武主编：《历史理论与史学理论——近现代西方史学著作选》（商务印

---

① 梁绍杰：《黑山会护国寺——明清两代宦官的祖庙及其变迁》，赵令扬编：《明清史集刊》第 6 卷，香港大学中文系 2002 年。

书馆 1999 年）。本书介绍马基雅维里、培根、笛卡儿、孟德斯鸠、伏尔泰、休谟、康德、兰克、孔德、弗洛伊德、鲁滨孙、韦伯、罗素、曲威廉、斯宾格勒、汤因比、福格尔等人的作品。

何兆武、陈启能主编：《当代西方史学理论》（中国社会科学出版社 1996 年），论述西方史学理论的发展，自由主义的史学，分析的历史哲学，生命派的史学理论，计量史学的发展，法、英、美史学研究，当代自然科学与西方史学的科学化，苏联对当代西方史学的批判和研究，当代中国对西方史学理论的研究。

姚蒙：《法国当代史学主流——从年鉴派到新史学》，香港三联书店 1988 年。

对年鉴运动的评介是关注的重点，1993 年广州的学者将雅克·勒高夫请去演讲，6 月 10 日勒高夫接受访问，谈话录以《〈年鉴〉运动及西方史学的回归》为题发表在《史学理论研究》1999 年第 1 期。他认为“年鉴学派”，不如称为“年鉴运动”，因为并无年鉴学派，只是围绕《年鉴》产生了一种运动；年鉴同其他社会科学对话推动史学研究，可称为跨学科史学；年鉴运动立志于全面的整体的历史；人种学发展为人类学（关于人的科学），理解人的日常生活历史，一切人的历史。

（二）翻译西方史学作品

20 世纪 80 年代末以来，西方史学著作被翻译为中文的很多，有的是单部作品的翻译，如：

［英］杰弗里·巴勒克拉夫：《当代史学主要趋势》，杨豫译，上海译文出版社 1987 年。

［法］雅克·勒戈夫（勒高夫）等主编：《史学研究的新问题新方法新对象——法国新史学发展趋势》，郝名玮译，社会科学文献出版社 1988 年。

［法］勒高夫等：《法国当代新史学》，姚蒙等编译，上海译文出版社 1989 年、台湾远流出版公司 1993 年。

［美］伊格尔斯：《历史研究国际手册——当代史学研究和理论》，陈海宏等译，华夏出版社 1989 年。

还有将译作编辑为丛书的，如前述的“阅读身体系列”“生理人文系列”图书，此外，“新世纪学术译丛”收有乔伊斯·阿普尔比、林恩·亨特等的《历史的真相》（中央编译出版社 1999 年）。

年鉴学派和西方新史学的一些著作被译成中文行世，如：

［法］弗尔南·布罗代尔：《菲利浦二世时代的地中海与地中海世界》，唐家龙、吴模信等译，商务印书馆 1996 年。

［法］埃马纽埃尔·勒华拉杜里：《蒙塔尤：1294—1324 年奥克西坦尼的一个山村》，许明龙等译，商务印书馆 1997 年。

［法］安德烈·比尔基埃等主编：《家庭史》，袁树仁等译，生活·读书·新知三联书店 1998 年。

江苏人民出版社编辑印行的“海外中国研究丛书”，第二批有马克斯·韦伯的《儒教与道教》、谢和耐的《中国社会史》、布迪等的《中华帝国的法律》、汤森的《中国政治》、获百瑞的《东亚文明——五个阶段的对话》、魏斐德的《洪业——清朝开国史》、孔斐力的《叫魂：1768 年中国妖术大恐慌》。

［美］史谦德：《北京的人力车夫：1920 年代的市民与政治》，周节垚等译，江苏人民出版社 2021 年。

［美］白德瑞：《爪牙：清代县衙的书吏与差役》，尤陈俊、赖俊楠译，广西师范大学出版社 2021 年。

［美］许曼：《跨越门闾：宋代福建女性的日常生活》，刘云军译，上海古籍出版社 2021 年。

［美］史景迁：《追寻现代中国 1600—1949》，温洽溢译，四川人民出版社 2019 年。史景迁的中国史著作甚多，还有《曹寅与康熙：一个皇室宠臣生涯揭秘》，陈引驰等译，上海远东出版社 2005 年；《康熙：重构一位中国皇帝的内心世界》，温洽溢译，广西师范大学出版社 2011 年；《天安门：知识分子与中国革命》，中央编译出版社 1998 年；《王氏之死》《雍正王朝之大义觉迷》《利玛窦的记忆之宫》等。

［美］周策纵：《五四运动史现代中国的知识革命》，陈少卿译，四川人民出版社 2019 年。

（三）年鉴史学和西方史学观念的接受、审视与运用

葛志毅把西方新史学的影响作为观察角度，将中国社会史研究的复兴，视为“大陆史学界对世界史学发展大潮的回应”①。这是从总体上看大陆社会史研究的复兴与西方史学的关系，台湾新史学的兴起，同西方史学也有类似

---

① 葛志毅：《由社会史研究引发的史学思考——论史学发展中的科学化与大众化问题》，《求是学刊》1997 年第 5 期，第 94 页。

情形。从研究方向来看，整体史、心态史、生态环境史、医疗社会史、性别史等方向或领域，均是年鉴运动、西方新史学的研究开展在前，国人踵而行之。西方后现代主义开始盛行，强调解读文本，两岸的研究也有相应的表现，费思言的明代烈女及其观念的研讨似乎是典型的例子。如果说台湾学术界反应较快的话，大陆学者随后也有反响，研究领域比起往日大大地拓宽了，外国和我国台湾地区新史学所研讨的问题，大陆学者大多涉及了。西方影响是中国史学研究状况的一个方面，中国学者的研究有的看似同于西方，而产生的观念则不一定相同。姜伯勤认为陈寅恪于 20 世纪 50 年代研究《再生缘》业已从制度文化为重点的广义文化史研究，转向心灵历史的研究。这一转变与国际史学界对心态、心智史和妇女史的关注是同步发生的。这种同步进行的研究，是在互不影响的情况下发生的。笔者于 1999 年发表《清代节烈女子的精神世界》（台湾《历史月刊》1999 年第 4 期），解读《清史稿・列女传》的资料，其时并不知道西方的后现代主义，而是将中国社会流行人与人之间要“理解”的观念利用到理解古人方面；同时对过往批判古人的社会思潮作出反思，从而有那样观点的文章。所以同样的学术见解、思潮的出现，可能是多元的，很难是一元的、一个模式的。中国史学有其自身的特点，这一点也应当充分注意到。

（四）开始讨论本土化的问题

20 世纪下半叶殖民主义解体，多元文化和本土化成为世界性的思潮。所谓“本土化”，与本位文化相对应，是说将西方主流文化运用到本民族时，不要生搬硬套，而应充分考虑到本位文化的特点，有选择地予以接受。台湾学者陈其南在《家族与社会》（台湾联经出版公司 1990 年）中表述了本土化的见解，他不满意于先前对西方学术理论的趋从，指出它的无济于事。朱云汉的《社会科学本土化的深层课题》（香港《二十一世纪》2002 年 12 月号），认为本土化就要经常反省西方文化为本位的问题，要寻找反映中国人本位的观念。当然本土化不是封闭心灵与排他情绪，而是设身处地理解、尊重其他文化的学术观点。本土化的讨论，相信对本土化的实践会大有好处。

大陆同样有学者关注本土化，胡成以资本主义萌芽问题的讨论为例，批评中国学术界使用非中国资料产生的理论指导研究，不过是削足适履，不会得到成功。他提出建立本土化的理论框架，对“中国实际”进行恰当的时代定位。这“中国实际”就是中国固有学术思想和认识方法，20 世纪以来学术研究的进展和积累，以及马克思主义在这一研究中的发展。[①] 杨念群对目前社会史研究未能关照本国特点表示不满："我们的文化史、社会史研究在纵深层次上基本上还是为西方现代化的普遍进程提供一个地区性注脚，远未形成具有本土解释和反思能力的有效框架。"[②] 他本身则希望建立合于中国历史的理论模式。王家范未提本土化之说，然而从下引一段话中透露出他的强烈愿望："中国社会史以这种未经西方学者透彻认识的特殊社会为研究对象，既要认真吸取西方社会学和社会史一切成功的经验，又必须根据我国国情进行理论与方法的再创造。社会史的复兴，应该用学科的实践证明，中国人完全有能力认识历史的'自我'。建设一个具有中国特点和中国气派的社会史新学科是我们的共同奋斗目标。"[③] 2002 年 8 月，文学、史学、哲学、社会学、人类学、经济学等九个学科的四十余位中青年学者出席"中国需要什么样的新史学——纪念梁启超《新史学》发表 100 周年学术研讨会"，呼吁包括史学在内的人文社会科学各学科的研究"回到中国本土经验上来"，"要从中国自己的历史发展模式中寻求理论支点"，真是"可以说对话的基础首先是强烈的本土意识"[④]。诚然，本土化的意识在史学家中增强了，不过本土化理论的建立，只有在学术研究的长期过程中才有可能，不是一蹴而就的。有了这种意识就是很难得的前进。

本土化是必要的、必须的，这不是拒绝外来文化，目的是揭示本土文化，着力于本国文化的建设，创造自身的历史理论，写本国之历史。

第四节 社会史研究的探索性、开放性和向整体史转化的特点

上述中外社会史研究的历程表明，社会史在学科理论、研究领域、方法及与其他学科的关系等方面绝不墨守成规，在探索精神鼓舞下，不断地克服学术上的僵硬化与简单化。它的研究范围在继续拓宽，研究方法在不断更新，探求学科理论，加强同相关学科的联系，一直处于开放状态，有前进不辍的劲头。

---

① 胡成：《"资本主义萌芽"与本土化研究的思考》，《史学理论研究》1999 年第 2 期。

② 杨念群：《美国中国学研究的范式转变与中国史研究的现实处境》，《清史研究》2000 年第 4 期。

③ 王家范：《中国历史通论》，华东师范大学出版社 2000 年版，第 415 页。

④ 张小也：《中国需要什么样的新史学?》，《中华读书报》2002 年 9 月 4 日。

那么它的整体史、研究领域和方法究竟是什么，这一节将展开讨论。

一、社会史的研究领域

要了解社会史的研究对象和范畴，涉猎面较广阔的社会史专著应当是可靠的依据，学者根据社会史的著述所作的概括也应该是一种参考意见，学者专门为这个问题所作的设计同样有参考价值，故我们从这三个方面作出考察。

（一）中外社会史专著的实际内容

社会史专著的内容，是反映社会史研究对象最好的证据。

阿萨·勃里格斯撰著《英国社会史》，他以六个特点自许：专注于人们的经验，这经验既包括个人的，也涵盖集体的；研究语言、文学、美术、音乐与研究社会科学并重；不局限于伦敦地区，而是系统地运用其他地方史志材料；英格兰与苏格兰等地历史不同，故专门作英格兰史；作跨越时间的前后比较研究；不囿于书斋，而勇于探索。他把他的书看作“从石器时代一直写到撒切尔时代的书”，是一部英国从古至今的通史，并且是按照“社会的历史”观点写作的，他认为“社会史可不是那种充斥了细微末节、繁琐小事的历史。它是社会的历史，‘社会’这个字眼本身就值得仔细研究”。又强调，“说到社会史中的政治因素，我认为是决不应该剔除的，而人们应当理解，把政治因素包括进去是很重要的”。[1] 因此，他在书中叙述到政治制度、事件、人物、经济生产、家庭、宗教、人口、生育、营养、衣着、交通、教育等生活方面，且常常引用诗歌予以形象化表达。在他看来，应当将社科研究与人文研究运用到社会史研究中，写出具有概括性的社会的历史，即社会通史。

中国学者的概括历史时期较长的社会史专著同样显示出著作者的社会史观念。

笔者和常建华合著的《清人社会生活》（天津人民出版社 1990 年），包括五个部分，即社会群体和社会结构（等级、社团、宗族、家庭），生活方式及其演变（衣食住行、婚姻、丧葬、祭祀、娱乐），人口社会（人口、妇女、儿童、老人、社会救济），少数民族社会生活，社会生活史在清代全部历史中的作用与地位。此书对生产关系史、阶级斗争史、政治制度史、思想史未作专题叙述，但并未忽视社会生活史与政治史和历史发展关联的内容。笔者意在建立

---

① ［英］阿萨·勃里格斯：《英国社会史》，陈叔平等译，中国人民大学出版社 1991 年版。

清代社会生活史的一种研究和描述的框架，重心是在社会结构和社会生活。

乔志强主编的《中国近代社会史》一书，将社会史的内容分为三大部分：社会构成，含人口、家庭、宗族、社区、民族及社会变动；社会生活，含物质生活（衣食住行及用具）、精神生活（信仰、娱乐、礼俗、节日）、人际关系；社会功能，含教养功能、控制功能（权力控制、规范控制、社会问题和治理）。这是在理论上不“包罗政治、经济、文化等在内的所有社会现象的历史，而是研究人类有史以来赖以生存并必然结成的社会本身的历史”①。作者虽说该书的范围不包括所有的历史现象，实际却包罗广阔。此书与《清人社会生活》都着力描述社会结构和社会生活的历史，同时又突出社会控制的问题。

龚书铎主编，曹文柱、朱汉国副主编的《中国社会通史》，包括先秦、秦汉魏晋南北朝、隋唐五代、宋元、明代、清前期、晚清和民国八卷，提出宏观社会史理论框架，内分五部分：“社会存在前提”，含社会存在时段、地理环境、人口的基本状况、社会生产力发展程度；“社会构造”，含横向的家庭、群体等，纵向的等级、阶级；“文化构造”，包含物质、制度和理论构造；“社会运行机制”，包括生活方式、社会控制、社会保障和社会激励；“社会运行状态与社会变迁”。内容系三大部分组成，为社会结构、社会运行、社会变迁②，重视社会运行的历史，与《中国近代社会史》相同。关注社会存在前提，是本书的一大特色。

李泉、王云等著《中国古代社会史》（天津人民出版社 1996 年），分总论、社会群体、社会层级、社会生活、社会调控、社会问题等篇，概述了社会史研究理论和中国古代社会史主要内容，除对社会阶层、群体和生活方式的介绍之外，特别说明古代社会控制理论及基本模式，灾荒与流民、社会犯罪、秘密社会等社会问题，是较为简明的古代社会史教材。

周积明、宋德金主编的《中国社会史论》，前面已作专门介绍，不再赘述。

台湾学者黄宽重、柳立言认为：社会组织的形态与结构的变化，对中国历史文化的发展，更有多方面而深刻的影响，因此从社会的角度去掌握历史的发展与变化的现象，同样具有重要的意义。他们在《中国社会史》一书中，涉猎家族、科举出仕、妇女与婚姻、社会冲突与协调、娱乐与赌博、宗教与民间信

① 乔志强主编：《中国近代社会史》，人民出版社 1992 年版，第 2 页。
② 龚书铎主编，曹文柱、朱汉国副主编：《中国社会通史》，山西教育出版社 1996 年版。

仰等内容，“反映基层社会及联系政治与社会关系的几个重要面相。虽由于篇幅的限制，未能全面涵盖社会史所涉的领域，但希望反映近来研究的新趋势”①。作者表达出新的研究趋势，即社会文化史与社会史的结合，而将社会史固有的社会结构的内容仍然放在应有的地位。

20 世纪 30 年代，周谷城著《中国社会之结构》《中国社会之变化》《中国社会之现状》三书，第一部是纵论中国历史上传统势力，第二部研讨国际资本主义发展过程中中国转变的原因及变化痕迹，第三部是在前两部研究基础上寻找中国社会之前途。可知他是重点讨论中国社会之变迁，目光放在近现代。到了 1988 年他将这三部书合编为《中国社会史论》（齐鲁书社 1988 年）行世。至此，请读者注意，《中国社会史论》有两部，一部是周谷城的，重视社会结构和变迁的研讨；另一部是晚出的周积明等主编的，成于众人之手，反映 90 年代的社会史概念的研究成果。但两者有个共同特点，即都讨论社会阶层和社会结构。

此外，有一部历史社会学的专著值得在此作一简介，这就是文崇一的《历史社会学——从历史中寻找模式》（台湾三民书局 1995 年），作者在《自序》中明确历史社会学是“利用历史资料去处理社会学问题，建立社会学的概念、理论，或模式”。此书讨论中国历史上的变迁问题、行为与结构问题，给人一种历史运动感，可以借鉴。

学者们虽有各自的理解，而写出来的著作，有着许多相同之处：都以社会结构、社会生活方式为重要研究对象，特别是对以社会结构为研究对象达成共识；对民间意识、信仰、观念等社会文化史内容，不论理解的深浅，都涵盖在研究范围之内；有的著作虽然不叙述政治史，但并不采取排除政治史的态度，而是不同程度地将它纳入研究视野之中，进行全部社会历史的考察。学者间的不同在于研究的范畴是历史的方方面面，还是突出在某些方面，研究的目标是一步达到“社会的历史”境界，还是分两步到达，归根结底是整体史还是专史的定位问题。

（二）学者概述西方社会史的研究内容

西方社会史的研究内容，已有学者作了某种概括，引人注意的总结是霍布斯鲍姆于 20 世纪 70 年代在《从社会史到社会的历史》文中所说明的：“我认

① 黄宽重、柳立言：《中国社会史》，台湾空中大学出版社 1996 年版。

为，在过去十年或十五年当中，社会史当中之主要之富有趣味的研究工作乃是围绕在下列之主题或问题丛上，此即：（1）人口学与宗族关系；（2）史学范围以内的都市之研究；（3）阶级与社会群体；（4）‘心态’或集体意识之历史及人类学意义底下的‘文化’历史；（5）社会之变革（例如‘现代化’或‘工业化’）；（6）社会运动及社会抗议之现象。”① 他认为这六个方面的研究内容表现了社会史研究在向“社会的历史”转化。

彼得·伯克概括欧美和俄国新史学、新文化史的主题为五个方面：（1）物质文化的研究，如食物、服装等；（2）身体、性别研究；（3）记忆、语言的社会历史；（4）形象的历史；（5）政治文化史，研究非正式的规则，如人们对政治的态度、组织政治的方式。②

苏联学者兹韦耶列娃则谈到新社会史的研究及其具体内容：“新社会史的典型特征就在于重视研究组成社会的各社会集团和阶层，它们在例如出身、教育、成分（贵族名流乡绅、‘资本主义化’的商人阶层、手工业者、农民）等方面又各具特征。由此，‘新’史学家更加重视各社会集团的行为，群众意识的内容，‘人民文化’，社会反抗运动，宗教信仰，‘普通人’的社会信念以及他们在周围世界中的自我意识。”③ 她所说的新社会史是加强社会集团史的研治，并包含了社会结构、社会生活、社会文化诸多内容。

这三位学者总括的意见，值得注意的是：第一，社会构成和日常社会生活史是研究的重要内容；第二，“社会的历史”“新社会史”观念已出现；第三，社会史研究与人类学的文化理论相结合，实即将社会文化史纳入研究范围；第四，扩大研究领域，如社会变革、私生活、社会团体、公共领域和社会冲突。第三、第四两点也可以说是第一点的内涵和解释。要之，是社会史在原先社会结构史、社会生活史研究内容基础上，扩展研究范围，成为“新社会史”和“社会的历史”。

（三）学者对社会史研究范围的设计和设想

在介绍社会史专著和学者的概括之后，为进一步阐释社会史的研究对象，

---

① 吉伯特、格劳巴德编：《当代史学研究》，李丰斌译，台湾明文书局 1982 年版，第 41 页。

② 杨豫等：《新文化史学的兴起——与剑桥大学彼得·伯克教授座谈侧记》，《史学理论研究》2000 年第 1 期。

③ ［苏联］兹韦耶列娃：《英国的社会史和“新史学”：若干比较与思考》，《世界史研究动态》1989 年第 2 期，第 43、45 页。

不妨再看学者对社会史研究内容的构想，或者说学科建设的理想。

哈罗德·珀金在《社会史》中，以社会史学家如何理解他的研究对象为话由，谈了他的看法；他的重心是在社会结构方面，但没有忽视物质与精神、政治与法律的内容，他写道：历史学家“应当试图把社会看成一个具有结构、功能和环境的、具有自我延续、自我反应能力的社会，要考虑其地理环境和宇宙空间环境，它必须包括国家的自然史，从生态学、解剖学、心理学、病理学角度对它进行研究，由于国家不仅仅存在于物质层面，还必须从心理学角度对它进行研究：研究它对自身的认识、它的目标、规范及理想”。他说从生态学的角度考虑社会结构，要注意到“包括每个社会成员所生存的已给定的‘社会要素’，社会的规模和形态，亦即人口及人口的地理分布，其职业、年龄、社会地位；社会制度的形式，从婚姻或财产继承习俗到封建效忠、庇荫或者雇佣契约；以及社会团体的复合体——家庭、教会、犯罪、骑士制、学校、医院、济贫院、俱乐部、工会、职业团体，甚至工厂、政治党派，或者政府机构，个人必然要加入这些团体，或者在其外围活动，并且具有自己的特性”。对于生产，他指出社会史家应有的视角，“……农业、工业和商业，不是因为对它们本身感兴趣，但是不以它们为参考，就不能对社会功能作出任何解释”。他还说：“社会史学家不能忽略政治、法律和政府的社会内涵。”① 他的设想涵盖广阔，包括从生态环境到社会的种种现象及人们的心理活动。

罗炳绵构思中国近代史社会的要点，为社会组织、社会制度与风尚、社会经济、社会改革运动和社会思想。他的社会史设计，在社会组织、社会生活之外，没有忽视社会经济、社会文化和社会运动。②

另有学者提出了新社会史的概念，并论及它的研究范畴与对象，认为范畴可以分为三个层面：物质的、社会的、精神的。三者均脱离不了人群，亦即个人与社会，新社会史就是要对这三者做整体的探讨，即以生活礼俗史作为重心来拟制研究提纲，以反映新社会史的内涵。其中包括十二个部分：（1）生态资源：山林（含野生动物）、川泽海滨（水产动植物）、平地田野（农）、草原谷地（牧）、矿产；（2）产业经营：农、渔牧、工商业；（3）日用生活：饮食、衣着、建筑、行

---

① ［英］哈罗德·珀金：《社会史》，中译文见蔡少卿主编：《再现过去：社会史的理论视野》，浙江人民出版社 1988 年版，第 131—135 页。

② 罗炳绵：《中国近代社会史研究途径的探索》，台湾《食货》复刊第 6 卷第 8 期，1976 年，第 479 页。

旅；（4）亲族人伦：血亲构成与伦理、姻亲构成与伦理、谱牒、门风、家族经济、祖先崇拜；（5）身份角色：亲族、婚姻、妇女、非齐民人口；（6）社群聚落：聚落形态、社群之构成、社群公共事务、慈善救助；（7）生活方式（品味）：产业经营与生活方式，作息时间，官吏、士大夫、僧道隐逸；（8）艺文娱乐：品目、地点、场合；（9）生活礼仪：生命礼仪、社群礼节；（10）信仰与宜忌：本土信仰、教派信仰、行业信仰、宜忌；（11）生命的体认：身体、医疗（含本草）、命运、生命限度的突破；（12）生命的追求：人格风范、职业追求、人生意义、人与天地万物、今生与来世。以上关于新社会史的研究内容，在礼俗史方面规范细致，包括了生态环境、职业、群体、礼仪、宗教、信仰、心态、性别等多种内容，虽然没有罗列政治，但不是要排除它，只是不将传统的政治史课题考虑进来，而政治史新课题是必须容纳在内的。

张国刚不是一般性地讲社会史是研究人的科学，而是将人的历史区分为三个层次，以此规范社会史，“社会史研究人本身，这里的人是生物种群与社会关系的统一，它包括人们作为生物存在和延续所需要的物质条件（衣食住行、生老病死）和社会环境条件（人口、资源、地域），包括人的社会化过程中涉及的基本社会关系（家庭、学校、社区、职业、团体）和复杂的社会关系（政治生活、经济生活和思想文化生活）”①。

由上述诸家作品本身和学者的概括以及各家的设想，不难发现学术界对社会史研究的对象、范畴见解的不同。一种意见是将人类社会生活的自然环境和资源、社会生产和社会经济、政治制度和人们的政治生活、社会组织与社会群体、人们的社会生活和文化生活、人们的信仰和心态、人类自身的生产和社会医疗，无论是物质的还是精神的，都囊括在研究范围之内，人类社会生活的方方面面，就现在人类所认识到的，几乎无所不包；另一种看法是研究面远没有那么广阔，主要是不愿意将政治史和经济史、文化史的所有内容都直接地包括进来。这两种观点关乎社会史是历史学中的专门史，还是本身即全部的历史（整体史、总体史、通史、“社会的历史”、社会史学）的分歧问题。以下就这个问题作一些探讨。

二、整体史的观念

对于整体史的认识，学者间似无分歧意见，但我们仔细分别的话，仍有旨

---

① 张国刚：《试论社会史研究的学科结构》，《天津社会科学》2001 年第 1 期。

趣的差别。

（一）以社会结构和文化心态为重心的整体史概念

“社会的历史”，或者说整体史、总体史、新社会史，它的涵义是什么？我们从研究著述和学者的议论中不难发现有两种内涵，其一是指全社会的、几乎是无所不包的研究内容，其二是在承认它的多方面内容之外，更重要的是指研究方法和视角。何威讲的“绝对以群体现象为主，以复杂性为要，并同时采用几个解释系统”①，或许能作为这种社会史内涵的概括。在我国学术界还有“社会的历史”是专门史，要放在整体史中进行研究的观点。在这个子目里我们只谈第一种涵义。

1. 西方学者的整体史见解

布洛克、费弗尔以及布罗代尔的社会史研究，都充分利用地理学、经济史的知识，作多学科的研讨，虽然在内容上时或侧重在社会经济或其他方面，但力求对历史作出全面的解释，要把握历史的整体性，所以勒高夫指出“凡新历史都是整体历史的尝试”，他说新历史“要肯定整体历史和要求整个历史天地的更新，新历史的先驱作品虽然大都只处于某个历史领域内，但都表现出它们力求超越专业化的雄心壮志。它们——包括古卑尔和华士刁的作品——都是整体历史的尝试，它们所研究和介绍的是一个社会的全部”。② 所谓新史学就是整体的历史，用霍布斯鲍姆的话说是“社会的历史”，勃里格斯也是说“社会的历史”。姜芃总述英国新社会史的特点，第一条就是“以研究整个社会为目标，其方向是建立一种总体的‘社会的历史’，强调把社会作为一个有机的整体的历史来研究”③。对于20世纪80年代末期出版前两卷《德国社会史》的乌尔利希·韦勒的社会史研究，伊格尔斯指出：“我们当然必须要考虑到，韦勒的工作——也类似于布罗岱尔的一样——应该看作是宏大的包罗万象的提纲，而不是经验性的工作，是社会史学，而不是社会

① ［法］勒高夫：《新历史》，梁其姿译，台湾《食货》复刊第12卷第10、11期，1983年2月，第7页。

② ［法］勒高夫：《新历史》，梁其姿译，台湾《食货》复刊第12卷第10、11期，1983年2月，第425页。

③ 姜芃：《中国社会史的发展与英国新社会史：若干比较与思考》，《史学理论研究》1994年第1期，第44页。

史。"[①] 他把整体史的社会史说成是"社会史学"，而不是"社会史"，一字之别，差异悬殊。葛志毅观察外国新史学的发展，认为可以断言："社会史研究在很大程度上为史学发展的宗旨找到方向，亦即史学应以整个社会做为自己研究对象的宗旨，开始得到实现。"[②] 他们众口一词：今日之社会史即整体历史、全部社会的历史，即"社会的历史"，即"社会史学"，即新社会史，而不是一般所说的"社会史"。这些看法主要是从西方社会史的研究实践中总结出来的。

2. 中国学者的整体史观念

中国学者亦有持整体史说观念的。陈旭麓认为"社会史是社会变迁史，是社会纵深变化动态的过程"[③]。张静如说："社会史是一门综合性学科，是历史学中层次最高的部分，是立于各类专史之上的学科。"[④] 蔡少卿、孙江在讲到社会史的广义和狭义定义时肯定社会结构在社会史研究中的意义，他们说："社会史的定义可以从社会结构——功能及其运行机制静态和动态两方面展开，其广义定义是'再现'人类社会过去的历史，其狭义定义可以是研究社会结构变迁时普通人的经历。"[⑤] 基本上是持"社会的历史"说。许倬云于 2003 年 9 月在南开大学作《社会史研究反省》的讲演，说年鉴学派研究有主轴，但一度题目零碎了，不过主轴的研究，还是综合的、系统的、全部的。看来他是主张整体史的。西方整体史观念，"对我国年轻一代史学工作者产生了很大影响，他们认为没有必要固守某一时代确定下来的历史学学科界限，历史学应该向人们展现过去人类生活的全貌"[⑥]。

王家范主张借鉴年鉴学派的使"一切成为历史"的整体研究新目标，社会史是对历史学的叛逆，既不属于历史学，也不属于与其密切相关的社会学，应被确认为一门新学科。既然要使一切成为历史，对它的研究"便是接纳现

① ［美］伊格尔斯：《20 世纪的历史科学——国际背景述评》，何兆武等译，《史学理论研究》连载，1995 年第 3 期，第 153 页。

② 葛志毅：《由社会史研究引发的实现思考——论史学发展中的科学化与大众化问题》，《求是学刊》1997 年第 5 期，第 95 页。

③ 陈旭麓：《关于社会史的讲话》，《南京大学学报·社会史专辑》1989 年，第 2 页。

④ 张静如：《以社会史为基础深化党史研究》，《历史研究》1991 年第 1 期，第 90 页。

⑤ 蔡少卿、孙江：《回顾与前瞻——关于社会史研究的几个问题》，《历史研究》1989 年第 4 期，第 91 页。

⑥ 邹兆辰、邓京力等：《新时期中国史学思潮》，当代中国出版社 2001 年版，第 170 页。

代社会科学‘整体研究’的新思维方式”，至于它的微观研究，“天地是相当广阔的，不应作任何具体的限制。但从学科建设的角度看，似也应用一个引力中心以形成相对宽松的引力场”，即“认识中国传统社会的社会结构和社会变革艰难的特殊性，围绕着揭示中国传统社会何以变革艰难这一奥秘，设计一系列课题研究计划”①。他在专门史说、整体史说之外，别创一说，不过从他的“一切”都是历史和整体研究方法来看，他接近于整体史，或者说倾向于整体史。

赵世瑜的范式说，在将社会史视作历史研究范式（下一节将作说明）的同时，充分肯定年鉴学派的整体史观念，“社会史不仅是一种新的历史范式，而且应该是一种综合的、整体的研究”②。

3. 整体史概念

在整体史的主张中，我们了解到：第一，整体史是年鉴史学（新史学）的一种努力目标，它在经历开始提出—中间的忽视—再度的提倡这样的周折后被认识得愈加明确；第二，对全部人类社会的历史进行全面的考察，从物质生活到精神生活乃至心理层面，不放过任何细部社会现象；第三，社会结构及其变迁是始终如一的中心研究课题，心态史、身体史等方面是陆续增加的重要研究方向；第四，在其内部，总的观念相同，然而也有所差异，如王家范的观点的特意性，对“社会”模糊的理解，广义与狭义之别；第五，跨学科研究、“历史回归”可能是使它得以实现的必要手段和方法。

此外，特别值得探讨的是作为专门史的社会史与整体史的关系，以及前者对后者实现的意义。

（二）我国一些学者所讲的“整体史”的旨趣和专史说

包括笔者在内的一些社会史研究者也讲“整体史”，但是与前述整体史颇异其趣，需要分辨清楚，否则会令人产生整体史已一统天下的误解。

将社会史视为历史学一个分支学科的乔志强，说社会史最基本的特征之一“是它体现的那种‘全面的’、‘整体的’历史。这一学科特征决定了社会史研究一方面应当从‘社会’整体角度探讨历史发展变迁及其规律性，探索历史社

---

① 王家范：《中国历史通论》，华东师范大学出版社2000年版，第411—420页。

② 赵世瑜：《社会史的概念》，周积明、宋德金主编：《中国社会史论》，湖北教育出版社2000年版，第17页；赵世瑜：《狂欢与日常——明清以来的庙会与民间社会》，生活·读书·新知三联书店2002年版，第453页。

会机制及其发展变迁”。从前面介绍的他的著作中社会构成、社会生活、社会功能三个方面的研究内容看，他重视社会结构史研究的观点，但在三个方面里基本上没有政治制度和政治史的内容，所以他的“整体史”的内涵与霍布斯鲍姆等人所说的并不一致。从表面上看，他的研究内容与“整体史”并不完全协调，然而实际并非如此，因为他只是要求把微观研究放到总体中考察，即局部研究不要忘记总体研究的目标，正如他所说的：“微观研究应当从整体社会史的角度进行，即把微观研究的对象放在总体社会史中进行考察，在系统社会史的知识体系中明确专题研究的位置。”①

笔者在1988年写作的《三论开展社会史研究》中说：“社会史以社会组织、社会结构、人口社会、社会生活方式与风尚为主要研究对象，兼及其他直接表现社会关系的社会生活。这是接受了西方正在形成的社会史是‘社会的历史’的概念，扩大了社会史研究的内涵。”同时认为：“社会史渗透到政治史、经济史、文化史等专史领域，凡是这些专史中属于人们社会关系的内容，也就是社会史的内容。”② 笔者接受了“社会的历史”，但是有自己的理解，即以狭义的社会史为基准，将人际关系史深入到政治史、经济史、文化史中去。还在1987年笔者发表的《开展社会史研究》中就说到这一点，并指出它们之间的差异，文中写道：“社会史研究的内容，含有物质与精神两个方面，涉及政治、经济与文化各个领域，它同历史学其他专史的区别在于它是研究社会生活的。社会史研究生活方式，自然涉及衣食住行等物质方面，但它与物质文化史、科技史不同，它不研究生产力水平、生产过程、生产工具、生产技术及产品，它研究物品是怎样被人们使用的及在人们生活中的作用。比如：物质文化史要研究服装的缝纫制作等，而社会史却注重了解服饰制度以及人们对衣饰的追求与好尚。某项科技发明于社会史并不重要，但发明的推广，在人们生活中的作用，则是社会史所留意的。娱乐是精神文化生活，社会史与文化史都研究它，但角度不同……政治史研究政治制度、政治斗争、阶级斗争、对外关系等内容，社会史也涉及这些问题，它考察等级、宗族、家庭，都同法律制度发生联

---

① 乔志强：《深化中国社会史研究》，《历史研究》1993年第2期，第8页。他的观点在《社会史研究对象、知识体系及其学科地位》文中有所发挥，见周积明、宋德金主编：《中国社会史论》，湖北教育出版社2000年版。

② 冯尔康：《三论开展社会史研究》，《南京大学学报·社会史专辑》1989年，第14页。

系；研究民众组织如秘密结社等，又属于阶级斗争的范畴。”① 我很笨拙，不知道怎么把社会史与文化史，以及与政治史、经济史之间的关系明确地表达出来，但是深知不能孤立地研究社会史，必须将它置于历史的整体中去观察，因此部分地接受整体史观念，其实与霍布斯鲍姆等人的概念并不一致，而与乔志强的属于相同类型。

（三）置于整体史下的专门史说

在中国还有许多社会史是专门史的主张者。20 世纪 80 年代提出的就不必说了，因为那时多数人赞成专门史说，所以这里仅述及 20 世纪 90 年代和 21 世纪初发表的、针对整体史说的意见。如周晓虹的《试论社会史研究的若干理论问题》一文，反对社会史是整体史、通史说，认为我国整体史观的产生受到年鉴学派及 20 世纪 70 年代以来某些西方社会史学家的影响，也与一些史学家对现代社会学的误解有关。他主张社会史是专门史，它的研究对象是：“以人类历史上的社会，或者说以人类历史上的社会结构和社会行为及其相互作用为自己的研究对象，它既力求描绘历史上不同时期的社会结构及其变迁对人们的社会行为的影响，也着眼于说明人们有意识的社会行为对社会结构及其变迁的建构和推动作用。”② 他同多数社会史家一样给予社会结构史以重要的地位，不过同时强调对社会行为的研究。孟彦弘认为历史学发展到今天，整体史观已成为史学家所应具备的最基本的历史观念，若研究整体史，业已不需要强调“社会的历史”，“社会史”视作“历史”的别名已经失去它的意义，所以还是将社会史看作专门史，以群体结构、社会生活、社会心态、社会运行等为研究对象，以助于将历史研究推向系统、深入。③ 张国刚认为社会史是史学的分支学科，“它具有综合性的特点，但它又决不是包罗万象的总体史”④。以上三位学者的专门史说，表明直至 21 世纪初“社会的历史”观念并不能笼罩整个社会史学界，应当说这是好现象，任何事物定于一尊，它就难于发展了。

这里需要特别指出，认为社会史是专门史的中国学者，虽然没有强调把社会史放在整体史中研究，但是实际上有着这个观念。因为绝大多数研究者都具有宏观史观的素养，不会忘记历史的整体性，一般的情况下，不会在研究专门

---

① 冯尔康：《开展社会史研究》，《历史研究》1987 年第 1 期，第 80 页。
② 周晓虹：《试论社会史研究的若干理论问题》，《历史研究》1997 年第 3 期，第 71 页。
③ 孟彦弘：《社会史研究刍议》，《史学理论研究》1998 年第 2 期，第 140 页。
④ 张国刚：《试论社会史研究的学科结构》，《天津社会科学》2001 年第 1 期。

问题时，仅仅注意那个研究对象，而对与其有联系的事物不作综合性的考察。

总之，整体史有两种理解，一是“社会的历史”、全面的历史、整体史、通史，二是置于全部历史中进行考察的社会史专门史。

第五节 社会史研究法

在社会史是整体史的观点里，同时具有社会史是一种研究方法的涵义，另有社会史就是一种研究法的观点，笔者主张社会史是历史学的一门专门史。下面进入社会史研究法议题。

一、社会史研究法的特点

在具体交代研究法之前，有必要概述社会史研究法的特点，笔者认识到以下四点。

特点之一，方法应多样化，不会也不应当简单、单一，因为历史本身是复杂的，并非非此即彼；而且历史运动是非线性运动，不是直线，很难像函数曲线那样表达。

综观起来，所谓方法，不完全是一般讲的单纯的、具体的方法，同时是与社会史研究的内容紧密结合在一起的方法，它既是内容又是方法，方法与内容密切地融合为一体。对此，霍布斯鲍姆在谈到心态史学时作了直截了当的说明：“学者对‘心态’之历史所产生的兴趣都代表了一个更直接的处理社会史之方法论问题的方法。”①内容与方法的统一，是观察整体史研究法需要把握的第二个特点。

第三个特点是，基于整体史的研究多系跨学科研究，需要吸收各种学科的研究法，变成自身的方法论的不可缺少的内容。西方新社会史家对此有切身的体会，自然有明确无误的认识，作为局外人的苏联学者兹韦耶列娃等也注意到了，他们说西方社会史好像有两个实体，其一是“建立在跨学科基础上的、当代历史科学存在的特殊的和主要的形式”②。跨学科是新史学的不争的事实，这

---

① ［英］霍布斯鲍姆：《从社会史到社会的历史》，吉伯特、格劳巴德编：《当代史学研究》，李丰斌译，台湾明文书局 1982 年版，第 48 页。

② ［苏联］兹韦耶列娃：《英国的社会史和“新史学”》，《世界史研究动态》1989 年第 2 期，第 44 页。

样就自然地将其他学科的研究方法融入本学科的研究中来。

第四个特点是方法变化的迅速。处在信息时代，事情变化快，人的观念更新也快，因而史学研究法也不停地变换，似乎在做试验一样，新的方法出现了，不怎么解决问题，就会有更新的方法出现，遂令产生不久的方法遭到冷落。所以不能被眼花缭乱的各种方法的出现弄得不知所措，方法要适合研究的需要和自身的需求。

下面就对新社会史研究的种种方法略作介绍。

二、社会史研究法介绍

这里仅是胪列研究法，排列先后没有讲究。

（一）结构论

社会学家和社会心理学家所关注的社会结构和社会变迁问题，以及由此形成的社会结构理论，为社会史家所重视和借用，出现前面说过的社会史侧重研究社会结构演变史的状况。社会史家关注的社会结构，其内容比较庞杂，关涉到社会群体、社会组织、社会等级及阶级构成，人口结构，种族、民族结构，社区结构，政治结构等方面。社会结构论有几个要点，其一是强调观察社会结构诸要素之间的关系，社会结构的要素指构成人类社会生活的基本元素，如群体、组织、社区，具体说是家庭、宗教、政党等，结构要素间的矛盾冲突和社会问题、社会运动；其二是重视结构的变动性，即作动态性的了解，而不是将它看成静止不变的，这才能发现社会的变化和运动方向；其三是考察静止状态的社会结构，试图建立一种社会模式，以便总体把握社会的状态。通过这三方面的综合观察来认识社会。

（二）解析日常生活的心态史学

勒高夫说："心态，是指个人或人群无意识的精神内涵和不由自主的心理行为。"① 心态史学，研究民众的个体及群体意识，包括思想史家难于总结的概念、模糊的思维活动、隐藏中的潜意识；它与人的日常行为关系更加密切，利用它研究社会的历史的价值非同寻常。心态与社会环境关联。年鉴学派产生初期就尝试性地使用了这种方法，待到 20 世纪 60 年代末期以后越来越多的学者发现它的价值而采用此方法，及至 1978 年杜比（G. Duby）的《三个等级：封

① ［法］勒高夫：《〈年鉴〉运动及西方史学的回归》，《史学理论研究》1999 年第 1 期，第 125 页。

建主义的想象》一书面世，心态史学有了代表作。这部书写的是 11—13 世纪十字军东征时期，封建社会武士、教士和农民三个等级意识形态的转变。杜比试图认识物质与心态之间的关系，以了解社会的演变。1984 年梁其姿对中国心态史学表达了某种失望，或者说期待："至今，史学家似乎对过去的社会属于日常生活的，或不自觉的，涉及感情或感性的层面都不甚关怀。在研究精神生活方面亦似乎较偏重于自觉的，有意识的思想。换言之，除了一些个别的琐碎的例外，心态在中国史研究方面几乎是一片空白。"① 这种空白的情形不久就有所改变，相关研究著作陆续出版，如彭卫著《历史的心镜——心态史学》（河南人民出版社 1992 年）。不过"心态"不是历史演变的全部原因，不可能全面解释历史现象，在运用这种方法的时候应有这个思想准备。

（三）"从下向上看"的观点与方法

这是针对过往英雄史观笼罩下史学只研究社会上层的政治史而发出的挑战，主张将在历史书上消失的小人物请回来，即把视线移向社会下层民众，以便对历史有个整体看法，故而叫做"从下向上看"，这样也就使它具有了方法论的意义。眼光下移，考察的对象就是一般平民百姓，比如美国史家就注目于黑人史、移民史、劳工史、妇女史，并为了使这些研究得以深入，特别开展了社区史、城市史的研讨。注视小人物，就同日常生活史联系在一起，于是生老病死、性、两性关系、消闲生活、私生活、犯罪、教育、家庭等方面的历史都成为研讨课题。

（四）量化方法（计量史学）

追求计量的分析，而不满足于定性分析的量化方法，最初由经济史学家采取，社会史家效尤于后，而人口史、社区史等方面的研究中运用尤为显著。利用数学的方法，制作统计图表，作出史学分析，增强论点的准确性和说服力，避免定性分析中史家主观性的误断，因此伊格尔斯说"数字将会加强研究的科学品味"。20 世纪下半叶计算机的广泛使用，为量化史学提供了客观的条件。不过，量化方法需要具备可供利用的大量的、准确的统计数字，否则不可能进行量化性的分析，所以不是什么历史问题都可以采用这种方法。它也不可能解释一切历史问题，也正如伊格尔斯所说："数量只不过是一种辅助手段，借以从统计上证明有关社会发展的论断。"② 计量方法的运用者应有相应的数学知

---

① 梁其姿：《心态历史》，台湾《史学评论》第 7 期，1984 年 4 月，第 97 页。

② ［美］伊格尔斯：《20 世纪的历史科学——国际背景述评》，何兆武等译，《史学理论研究》连载，1995 年第 2 期，第 152 页。

识，不是什么人都可以随便使用的。量化方法在运用中也出现偏颇，因为它容易使人注意于数字、图表，从而忽视历史上人的因素和行为的作用。

（五）长时段

布罗代尔著《历史和社会科学：长时段》，将历史划分为长、中、短三个时段，希望从长时段的研究中发现历史进程的带有规律性的因素。又在《日常生活的结构》中说明长时段包括三个层次的结构，即日常生活的结构、社会结构和社会心理结构，后一结构决定前两个结构，是人类社会活动的极限。①

（六）阶级论

马克思主义的阶级理论认为，人们在生产关系中的地位（对生产资料的占有状况、在生产中的地位、在分配中的地位）决定其阶级属性，从而影响甚至规定其思想、政治行为。马克思、恩格斯在《共产党宣言》中指出："至今一切社会的历史都是阶级斗争的历史。"恩格斯后来给"至今一切社会的历史"加了一个注释"这是指有文字记载的全部历史"。② 毛泽东也曾指出："阶级斗争，一些阶级胜利了，一些阶级消灭了。这就是历史，这就是几千年的文明史。"③ 我国理论界一度有人将马克思主义的阶级斗争学说，理解为一切社会矛盾都受阶级矛盾制约，或说到底都是阶级矛盾，而阶级斗争则是社会发展的唯一动力。这样的认识，后来被有些人视为历史决定论的说法。

（七）等级论

等级是法律规定和社会习俗形成的，在古代社会人人皆在等级之中，等级极其影响人的社会地位和社会生活以及思想意识。等级与阶级不同，等级是对人的身份地位的界定，是法定的一种社会制度，而阶级是对人的生产、生存状况的认识理论（首先是认识人的经济地位的理论），是理论性的概括。近现代社会等级制度消失，但它的观念意识仍在一定程度上影响着人们的生活。等级由礼制和礼俗反映出来，它是观察古代社会人们社会生活的一种方法。

（八）历史记忆

历史记忆有三个层次，为个人记忆、集体记忆和传统。历史的往事，被后

① 蔡少卿主编：《再现过去：社会史的理论视野》，浙江人民出版社 1988 年版，第 57、76 页；庞卓恒主编：《西方新史学述评》，高等教育出版社 1992 年版，第 70 页。

② 《马克思恩格斯文集》第二卷，人民出版社 2009 年版，第 31 页。

③ 《毛泽东选集》第一卷，人民出版社 1991 年版，第 1487 页。

人认同，以至形成纪念形式、仪式、节日，于是它不仅是消逝的过去，还成为活的历史。后人对前人的历史，会随着时代的变化，用新的眼光、新的思维、新的兴趣、新的需要去重新认识，会丰富原有的记忆，或赋予新意，以至产生新的记忆。所以集体记忆有两个特征：集体记忆总是同当今现实联系在一起；记忆总是具体的、主观的、带有感情色彩的，总同特定集体联系在一起。对不同时代的历史记忆、区域性民族记忆的研究，是史学研究与人类学研究的结合。[①] 孙江主编的《事件·记忆·叙述》（浙江人民出版社 2004 年）一书，强调“记忆”的研究视角，书中收有黄东兰、麻国庆、孙江的三篇论文，可以视作记忆史倡导者之作。

（九）主位观

对待历史，史家不能只是按照自身的观念、评价事物的标准去评说古人，而要去理解古人的社会环境、古人的意识，去分析古人为什么会是那样的行为，应当充分理解他们，而不是批评、曲解他们的行为。

（十）文本主义

文本主义认为史学家与过往历史不处在一个时空中，只有历史文献成为史家认识历史的中介物，而对历史文献，要区分清楚哪些是文献制造者的观念产物，哪些是反映历史真实的，因此不要完全相信文献记载的真实性。

（十一）中层理论

杨念群主编《中层理论——东西方思想会通下的中国史研究》一书提倡此说。他针对目前中国史研究中存在的各种问题，希望借用中层理论予以纠正，其要意是：建构与本土语境相契合的框架；在经济史架构笼罩之外，寻求更微观的单位诠释基层社会文化，力求摆脱宏大叙事而不得当的研究积习，同时强调注意理论层次。如黄宗智的“经济过密化”理论，施坚雅的“区域经济”理论，李中清等的《人类的四分之一：马尔萨斯的神话与中国的现实（1700—2000）》向马尔萨斯人口论的挑战，彭慕兰在《大分流》中所提出的近代东西方分别发展论等，是中层理论的代表。[②] 中层理论的提出，是学者担心史学理论的贫乏，“历史学迄今为止也未能发展出自身独特的理论资源，与其他学科

① 沈坚：《法国史学的新发展》，《史学理论研究》2000 年第 3 期。

② 杨念群主编：《中层理论——东西方思想会通下的中国史研究》，江西教育出版社 2001 年版；杨念群：《美国中国学研究的范式转变与中国史研究的现实处境》，《清史研究》2000 年第 4 期。

进行平等交流和对话”[①]，力求创造历史学自身的理论。

（十二）新政治史论

最早的社会史研究是挑战政治史的，因为政治史占据垄断地位，阻碍其他内容的史学研究，而并非全盘否定对它研讨的必要。近期学者提出新政治史概念，将政治的民众化、生活化纳入新史学研究，比如对政治信息的大众传播、选举与民众生活等新内容的讨论成为新史学的研究课题。年鉴学派初创之时忽视政治史是势所当然，而政治，无论在什么时代都给人们的生活以无法排除的影响，不研究政治史，就不可能研治整体史，所以今日新史学重新提出政治史的研讨，不过这不是回归传统政治史，而是新概念的政治史。

（十三）口述史

人类学、民族学、民俗学所使用的方法之一。我国史家鼻祖司马迁就重视这种方法，亲身实践。顾炎武亦然，《天下郡国利病书》《肇域志》的写作即与此有关。但此法的采用，应避免具有倾向性的提问，诱导被访问者的回忆迎合访问者，史学家需要学习人类学家的访问方法，以便使口述史达到较好的效果。

（十四）灵魂的追求：社会史与文化史的结合

彭卫认为：“中国古代社会生活史研究不仅应当使历史‘有血有肉’，而且也应该使历史具有‘灵魂’，即反映出一个民族深层的历史存在状态。”[②] 意思是研究社会史，不仅要写出社会结构和社会生活的表面现象，还要说明人类社会为什么会出现这种现象，还要揭示人群的精神旨趣何在。要成功地开展这种研究，至少要处理好社会史与文化史的关系。这两种专史的交叉产物是社会文化史。李长莉将文化史区分为三个层次，即物质文化史、社会文化史、精神文化史，认为社会文化史的研究对象，即社会组织、制度、教育、法律、风俗习惯、文化传播方式、娱乐消闲方式等，与社会史是重合的，不过社会史主要是揭示历史上人类社会的客观面貌，而社会文化史则侧重研究人们的社会生活方式与思想观念之间的相互关系，“关注的是隐蔽在人们社会行为后面的精神因素……揭示社会的精神面貌”[③]。社会史与社会文化史有重叠的研究内容，使双方有了共性，至于揭示社会客观面貌与社会精神面貌的差异，在实践上往往难

---

① 朱浒：《社会史研究的一次突破——评〈空间·记忆·社会转型〉》，《中华读书报》2001年10月10日。

② 彭卫：《近五十年中国古代社会生活史研究述评》，日本《中国史学》第6卷，第79页。

③ 赵清主编：《社会问题的历史考察》，成都出版社1992年版，第387页。

于作这样的划分，社会史在说明社会生活是什么样的同时，也在探究它为什么会是那样的，也即在寻找社会风貌与精神面貌，不过从社会文化史的视角则更重于精神的研讨。

（十五）历史人类学及其调查研究方法

陈春声、刘志伟、郑振满等人的华南家族史和文化史、民俗之历史人类学的研究，被学者认为是历史人类学的“工作坊”。上海钱杭、江西梁洪生、北京定宜庄等也进行历史人类学的宗族史研究。历史人类学是历史学与人类学结合的产物，它的特点是利用人类学的田野调查方法研讨历史上人们的各种习俗，即日常生活、家庭亲属结构、信仰生活和行为规范，并从中了解人们的观念、心态、欲望。田野调查令史学家在重视事实、情节之外，感受民间的感情世界，为历史内容增添色彩。历史学家进行田野调查首先是查阅相关资料，而人类学家则是直接观察访问对象的日常生活，同样是田野调查，有着不尽相同的做法，也丰富了历史人类学的研究方法。

（十六）表象史研究法

表象史研究法是法国史学家提出的一种研究法，所说的表象指“形象”“象征物”“感知或感觉”“代表性”等，表象体系指人们的智慧程度、个人性格、关注中心和目标等。表象史研究人们对现实世界感知的历史，认为人对外界的感知取决于表象体系，每个人的表象体系对可观事物评判不一，是不会一致的。表象史被视为心态史研究的延伸，甚至它的研究内容比心态史宽泛得多。①

（十七）视觉影像史研究法

海登·怀特1988年作《书写史学与影视史学》（周梁楷译，刊于1993年《当代》杂志）提出书写史学与影视史学不同在于传播媒介。影视史学主要包括视觉影像，如静态的照片、图像、立体雕塑、建筑、远古岩画。蒋竹山在东华大学开设“电影与社会通识”课，选择一些影片，分析其故事中反映的历史内容，探究物质文化与日常生活，如饮食、感官与历史记忆间的关系，艺术与大众史学的关系。比如，电影《荒野猎人》反映了北美历史上的皮毛贸易、白人与原住民的关联。因而他说电影像一扇窗，可以引导阅者思辨历史问题，培养分析、理解事物的技巧。他将研究心得撰写出专著《看电影·学历史》，由上海人民出版社于2021年出版。陈鑫等编《南开校父严修画传》（中华书局

① 沈坚：《法国史学的新发展》，《史学理论研究》2000年第3期。

2019年），严修（1860—1929）是晚清学部侍郎、近代教育家，是中国士人在“三千年未有之大变局”中守正开新的表率。该书汇集有关严修的图片三百余幅，分六章论述其教育文化事业及思想观念。

（十八）情感史与心理学

王晴佳撰文《拓展历史学的新领域：情感史的兴盛及其三大特点》[《北京大学学报》（哲学社会科学版）2019年第4期]、《为什么情感史研究是当代史学的一个新方向?》（《史学月刊》2018年第4期）。他认为情感史从情感、感性的角度，重新分析和描述历史上的一些重大事件，情感塑造历史，本身也是历史，故应研究它。他关注感性层面的因素如何影响人们行为和历史进程。他介绍了国际情感史的研究状况：如雷迪的《感情研究指南》《创造浪漫爱情：欧洲、南亚和日本的欲望和性爱，900—1200》，劳伦斯·斯通的《英国的家庭、性爱和婚姻，1500—1800》，凯萝·斯特恩斯、彼得·斯特恩斯的《愤怒：美国情感控制的奋斗史》，劳拉·库楠恩等主编的《巫师史中的情感》，乌特·佛雷佛特的《男人的荣誉：决斗的社会文化史》，鲍勃·柏迪思的《近代史上的疼痛和情感》，丝塔芙昵·奥尔森主编的《近代史上的童年、青年和情感：国家的、殖民的和全球的视角》。此外，他还关注情感史关注古人的情感与今人的有无不同？中国人与欧洲人情感有无不同？如何治疗世界上所有人的抑郁症？他认为人的情感有历史性、时代性之别，有天生的和后天的区别，有自然的、文化的区别。孙一萍的《情感表达：情感史的主要研究面向》（《史学月刊》2018年第4期）同样对情感史内涵作出探讨：描述喜悦、痛苦、悲伤、愤怒、嫉妒等，是人内心深处感受到情感体验，人们以语言、表情、手势、眼神表达情感，但同样是喜怒哀乐，每个人的表达方式不同。情感史研究的目的就是解读情感背后的历史意义，史家如何才能了解过去人们内心深处的情感，情感史从何说起？人们表达的情感未必是真情实感（“做作”）。情感表达的众多方式是理解情感的唯一入口。日记、通信、演讲表达情感，是真实情感的流露。情感因素的引入，使得史家重新思考一些所谓的“定论”。

（十九）跨学科综合研究法

社会史是历史学同其他学科联系的桥梁，预示着社会史能够借用多种科学的研究法，成为跨学科综合研究。

跨学科研究的要义是通过多学科的角度来看待社会历史，是历史学与经济学、民族学、社会学、语言学、人类学、心理学以及地理学、生理学、医学、农学、林学等各种自然科学的结合。

多学科研究的连接点与多学科综合研究的必要。事物构成是多成分的、多样性的，可是当它被作为研究客体时却被分割开来，某一部分成为某一学科领域的研究对象，另一部分则系另一学科的研究对象，有的部分会是几个学科共同研究的成分。比如人类社会早期的“图腾”，人类学、社会学、宗教学、历史学都要有所说明；又如我们说的社会史的“社会”，民俗学讲的是社日、庙会、迎神赛会，历史学讲的是与政治、经济、文化生活同等的社会生活，而社会学的概念范畴最大。不同学科所研究的共同范围，是多学科的连接点，即重叠部分、交叉点，也是不同学科所研究的不同事物的生长点。重叠的地方，就是两个研究部门的共同点。“历史”的若干成分被许许多多学科分割出去，加以研究，可是这些学科都应有历史感，于是有文学史、艺术史、哲学史、科技史、农学史、数学史、医学史等历史学以外的专门史。这些学科的专门史以及历史学中的专门史，只能说明复杂的历史中的某种现象，特别是学科分得越细，所能说明的问题越少。要了解历史的全貌，就必须进行多学科的综合研究，这种研究就是寻找多学科研究的连接点。

当代学术跨学科研究的必然性与特点。现代学科分得细，在一定程度上限制对研究客体的全面、深入的认识，为了本身的发展，需要同相关学科联合研究；有些多学科的研究课题被提出来了，是一个学科不可能研究得好的，因而要有多学科的综合研究；从历史学来说，本身就是综合性的学问，最需要多学科的联合研究。现在的问题是如何更好地进行跨学科研究，因为它很难，各个学科有其研究的特定对象、理论和方法，这就要求研究者具有跨学科研究的知识结构，而这是个人难于做到的。

顾颉刚的孟姜女研究可看作跨学科研究的一个范例。他利用史学知识，认为“孟姜”之名，合于周代姓名习惯。解说孟姜女夫妇与长城联系在一起的原因有二，一是唐代的时势，二是乐府诗中《饮马长城窟行》和《杞梁妻歌》的合流，这是运用了文学史知识。关于孟姜女之哭的渊源，则以音乐史理论来解释：“音乐界的‘托古改制’，与政治界原无二致，为的是要引人注意，受人的尊敬。所以杞梁之妻的哭和她的哭的变俗，很有出于韩娥一辈人所为的可能。”① 讲到孟姜女故事中心的转变，是借用经学中关于“礼”的要义分析。

① 顾颉刚：《孟姜女故事的转变》，钱小柏编：《顾颉刚民俗学论集》，上海文艺出版社 1998 年版，第 97 页。

这个事例说明，顾颉刚是以丰富的经学史和文学知识研究民间文学，又用民俗反映历史。

跨学科研究是整体史研究不可或缺的一部分，甚至是它的先导。

（二十）史学的传统方法

史料考证与归纳演绎法（归纳分析法）是史学的基本研究法，这里仅对史料考证略作说明，表明不应忽视基本方法的态度。史学研究必须具备各种形式的搜集资料（文献、实物、文物、口碑、历史人类学的田野调查）的技能；具有史料考证的观念（历史本身为研究客体，史家为主体，史料为主客体的中介，通过中介认识客体，对中介必须考证其可信度）和掌握去伪存真的考证手段。

此外，比较研究法、个案研究法等方法，不再一一叙述。

第六节　社会史研究的巨大成就与面临难题

年鉴运动近百年西方和中国的社会史、新社会史、新史学的研究历程，研治对象范畴，研讨方法与理论，既体现了它们的活力和耀眼成绩，也让我们意识到它们在前进路上的障碍。

一、巨大的成就

社会史、新社会史、新史学研究的杰出成就，可以归纳为以下几个方面。

第一，大大拓宽了史学研究领域，并在继续扩展。比起传统史学的研究范畴主要是政治史，现在的“社会的历史”的研讨领域，将（狭义概念的）社会、政治、经济、文化各个方面都包容进来，领域之广阔，是先前的史学家所不能想象的。研究领域不仅包括大概念的政治、经济、文化、社会范畴的历史，而且在不断地深入其内部，提出新的领域。如同性婚姻、育儿、单亲家庭、消费、广告、生态环境、身体本身的历史（生命史）等，以往没有被提到一个大问题上研究过，现在却为新社会史家所注意，诸如此类的问题还很多，还会有新的课题被发现而予以学术研讨。研究范畴扩大，才可能使历史真正多彩多姿地复现在人们面前。

第二，与研究范畴的扩大相一致，从传统史学的研究社会上层史，走向包括社会各阶层，特别是社会下层、女性历史的研究。历史本来是社会所有的不分性别、民族、种族的人群共同创造的，可是传统史学仅仅以社会上层为历史的主体，对社会下层连历史配角的地位亦吝啬地不愿给予。社会史研究初期有限度地排斥政治史，提倡“从下向上看”的方法，开展日常生活史的研讨，将社会下层作为历史研究的重要对象，描绘他们的种种生活、向往、苦难、欢乐和社会运动，这不仅仅是研究范围的变革，更是史观的巨大进步。作为被治理者的下层民众，原来无权关心自己的历史，因而对历史亦较为冷漠，社会史、新史学对他们的关怀，无疑提高了他们的兴趣。20 世纪 70 年代美国出现的寻根热，与研究日常生活史的提倡同时出现，大约不是偶然的现象，而是社会下层史研究的一种反映。

第三，史学因与其他学科的结合而向前发展。社会史研究的多学科、跨学科状况，使历史学同地理学、经济学、人类学、社会学、语言学、心理学、哲学、法学、数学、农学、医学、生物学、植物学、气象学等社会科学与自然科学、工程科学联系起来，从历史学来讲是借用其他学科的理论、方法和有关历史研究的成果，深化史学研究，所以产生许多新课题，产出新的跨学科研究成果，如生态环境史、医疗社会史、社会结构史、区域社会史等均是综合多学科成果的产物。反过来说，没有跨学科的研究，就不会有生态环境史的出现。因为“环境史的长期方法学目标必须是，针对每一个探讨的问题，就其需要有系统地结合自然科学与社会科学的方法。处理这个观念和分析上的异质性是环境史学术兴趣主要部分的来源，也是它最难之处”①。难就难在研究者要有多学科的知识和兴趣，对此，我们只要了解一下《积渐所至：中国环境史论文集》一书中各篇文章作者的研究领域就能明白。作者中有麦克尼尔（John R. McNeill），比较环境史学家；墨菲（Rhoads Murphey），历史地理学家和都市史家；贺子诺（Wolfgang Holzher），植物学家；孟泽思（Nicholas K. Menzies），林业学家和森林史家；思鉴（Janice Stargerdt），考古学家；苏宁浒，水利学家；张宜霞，实验微生物学家；陆云，农业经济学家；董安琪，经济学家；刘翠溶，经济史家和历史人口学家；魏丕信（Pierre-Étieme Will），政治史和经济史家；蓝克利（Christian Lamouroux），水利史家和分析地理学家；斯波义信，经

① 刘翠溶、伊懋可主编：《积渐所至：中国环境史论文集》，“中研院”经济研究所 1995 年，第 10 页。

济史家；马立博（Robert B. Marks），社会经济史家；李伯重，经济史家；伊懋可（Mark Elvin），历史地图学家和水利学家；程恺礼（Kerrie MacPherson），公共卫生史家；费克光（Carney T. Fisher），思想史家和疾病史家；安东篱（Antonia Finnane），妇女及性别史家；桑保罗（Paolo Santangelo），哲学史家；邓海伦（Helen Dunstan），疾病史和经济史家；等等。这个作者群里，包括了（狭义）历史学家以外的历史地理学家、农业学家、林业学家、生物学家、考古学家、经济史家、哲学史家、水利学家、历史人口学家，包括自然科学家或具有专门自然科学知识的社会科学学者，这才能胜任生态环境史的研究，作出像样的成果。

历史学因社会史研究走出孤芳自赏的状态，向其他学科求援，通过跨学科的研究，迈出了坚实的一步，非常可喜。历史学需要其他学科的知识和合作，与此同时，其他学科的历史化倾向亦已表现出来，许多学科在进行学科史的回顾，需要同历史学产生联系。跨学科研究，正是在这种条件下得以初步开展，并通过社会史的研究而得以实现。

第四，研究理论与研究方法的不断创新。前面说过，长时段理论、整体史论、“从下向上看”方法、心态史学、表象史学、情感史学等理论和方法接连出现，标志着社会史学在探索、在寻求科学说明历史的理论和方法，而不满足于已有的理论观念、模式、架构、方法。事实上一种理论、方法只能说明某个或某几个方面的历史现象，或者仅仅说明某种现象的某个侧面，超出那个范围，它就无能为力了，历史学还没有永恒的万能的理论与方法。这就要不停地进行探索，年鉴运动第一代使用心态史研究法，第二代的主将布罗代尔却将它搁置起来，第三代又把它拾起来，发扬光大，这就是学者们在理论与方法上的探索的显例。社会史、新史学研究上的理论与方法不断出现，证明方法适用的范围有限，因此需要再创造；更证明社会史、新史学研究有活力，允许新发明的出现，并加以利用。

第五，新资料的不断被发掘。有什么样的研究内容，就需要有哪方面的史料，社会史、新史学开辟的许许多多的研究方向、部门，既然是过去史家所忽略的，现在做起来，必缺乏材料，迫使史学家去寻求新的资料来源，于是到现实生活中去调查，产生口述史学。又另辟蹊径，比如采用所谓的“视觉材料”，将电影、电视节目、戏剧表演、图像、绘画、雕塑品、照片、唱片、建筑、生产工具等艺术品和实物，即文学性、艺术性、实用性的作品、物品经过某种史学专业的处理而用作史料。关于新史料，笔者将在第二章进行专门的研讨，此处从略。

第六，走出欧洲中心论和本土化研究的倡导。近代以来欧洲中心论盛行，而在当代遭到摈弃，原因是多方面的。世界政治格局的变化，即民族解放运动和殖民主义解体起了主要作用。社会史研究的发展，使欧洲中心论在史学领域内亦为人所遗弃。学者通过对殖民地史的研究发现世界文化是多元的，并不是欧洲一元；过去历史学研究殖民地史，重在宗主国与殖民地的关系，社会史、新史学的研究，在这关系史之外，对殖民地内部的历史研究加强了，也就是说殖民地有本身的历史，有它内在的发展因素，欧洲中心论不再被人们信奉了。与此同时，本土化的观念被提出来，发展中国家、欠发达国家的学术界努力发现本土文化的特征。破除欧洲中心论和本土化研究，是世界性的史学观念、文化观念的革新和前进。

第七，中国社会史复兴促使史学摆脱某种危机。中国史学与社会史的关系，大体上说是大陆历史学从古代传统史学经历近代实证史学、阶级论史学，可能会由社会史转向整体史；在台湾地区则是近代史学与新史学相继发展。回顾20世纪的史学史，在中国出现两个《新史学》，一个是1902年史学大师梁启超著的《新史学》一书，要求突破传统历史编纂学，倡导史学革命，希望旧史学由叙述帝王、大人物的历史，转而注意人群进化的现象，为民众树立理想。另一个是台湾史学家出版的《新史学》杂志，提倡新史学的研究，不断开辟史学研究领域，是新社会史的园地。这两个《新史学》的出现，不是偶然的，它标志着中国史学家富有创新的意识，在不同的时代，根据不同的史学研究状况提出新目标并为之努力，以便将史学研究推向前方。大陆史学界的情况要比台湾地区复杂一些，20世纪50年代以后马克思主义史学奠定主导地位，运用历史唯物主义理论观察历史，在中国古代史、近当代史、专门史、考古学等领域，都有成就，但是“以论代史”“以论带史”观点的一度流行及其潜在的巨大影响，或者说以历史验证政治理论的观念成为史学研究的出发点，严重削弱了史学研究的学术性和创造性，形成某种史学危机。正是在这种情形下，20世纪80年代学术界出现研究文化史与社会史的热情，以纠正史学研究僵化的弊病，社会史学的复兴，使史学研究产生新的活力，走出困境。

第八，史学“求真”目标实现的可能性增大。如前所述，历史学是一门科学还是一门艺术，问题会争论下去；历史是不可能重演的，也是不可能复制的，因此历史可否被认识的问题纠缠着人们。笔者的意思，先不必肯定什么或否定什么，努力去研究吧，去认知吧。社会史、新社会史给了人们提高认识的方法和能力。它对世界各国历史学的作用，借用彼得·伯克讲法国史坛的“史学革命”的评价，是它促使了世界性的史学革命，或者如满云龙所说，社会史“推动了史学的革命性发展”①。是的，社会史和新社会史研究促使历史学的面貌大大改观，历史学开始由平面的形象逐渐树立起立体的形象，有骨骼和血肉凝为一体的赋有灵魂的丰满形象；它亲近社会下层民众，由社会上层的历史走向全社会成员的历史，更以身体史的研究关怀人类生命，这些无疑使它受到社会的欢迎，从而增强了活力。当然，它的整体史的研究方向有待于继续实践，但努力目标是没错的。

第九，产生一批标志性成果和信息图籍。三十多年来社会史著述丰富，作为标志性的成果，笔者以为有两部，即周积明、宋德金主编的《中国社会史论》（湖北教育出版社 2000 年），张笑川主编的《中国社会史导论》（上海教育出版社 2020 年）。

先说周积明、宋德金主编的《中国社会史论》。主编者为了系统展示二十年中国社会史学界的观点、研究方法和理论思考，推进中国社会史研究的深化，设计框架，拟出纲目，邀请研究有素的专家分头撰写，书成后遂形成如下特点。

其一，大架构的创新体例。全书分四编，包括：（1）“社会史的理论与方法”，不同观点的学者撰文阐述对社会史学科的研究任务与方法的理解；（2）“中国社会史的基本问题”，含社会结构、人口与社会、宗族、家庭、生活方式、处世之道、乡村社会、各种人群；（3）“中国社会史的阶段性问题研究”，即断代社会史研究；（4）“中国区域社会史的个案研究”，以区域社会史的个案研究，考察与说明不同地域、民族的社会生活的差异。从学科的理论方法到全面的内容及具体的个案研究，涵盖面广，反映了社会史研究的较为完整的面貌。

其二，社会史研究成果的某种总结。各个专题皆由专家学者写作，如同主

① 中国留美历史学会编：《当代欧美史学评析——中国留美历史学者论文集》，人民出版社 1990 年版，第 98 页。

编在《总序》中所说："《中国社会史论》不仅集中了近20年中国社会史研究的前沿性思考，而且集结了中国社会史学界的精粹力量，充分展现了中国社会史学界的气度、氛围以及学术实力。"[①] 正因此，书中各篇多所创见，如陈春声对神庙系统与社区演变关系，郑振满对于福建莆田家族企业，夏明方关于灾害、环境与乡村社会，罗志田关于废科举与近代读书人的边缘化的研究。

其三，学术价值之外，还多少具有实用意义，如可以作为高等学校研究生的教材，但因其百余万字的分量，不适合作为大学本科生的教材。

张笑川主编的《中国社会史导论》，涉及城市、地域、生活等方面。全书10卷，分上下两编，上编总论社会史的概念、特征与旨趣，社会史发展历程与趋势，社会史与人类学、地理环境的关系，中国社会演变诸阶段；下编分论宋代以降的赋役制度与基层社会，宋代儿童观念与童蒙教育，明清江南市镇的空间形塑与城乡关系的转变，明清时期的医疗与社会，民俗变迁与近代社会转型。该书对中国社会演变历程划分为四个阶段——夏商周时期封建贵族社会，秦汉至隋唐五代的帝国士族社会，宋元明清的帝国四民社会，近代工业社会，分别进行叙述。如同该书编者所说"达到中国社会结构叙述的系统性"。常建华在《序》中认为该书"指出结构史和生活史可以看作社会史的两极，应整合这两者的研究，以保持社会史的统一性，不致出现分裂和碎片化"。

这期间出现两部信息性图书，需要在这里提及。一部是冯尔康、白新良、张国刚、常建华、李喜所等编著的《中国社会史研究概述》（天津教育出版社1988年，同年台湾谷风出版社出版），定稿于1986年，叙述20世纪80多年间社会史研究的基本情况，介绍了学者对中国各个历史时期的社会史研究概况、主要著作简介、社会史书目和论文索引，并在绪论中特别说明对社会史学科的认识及社会史研究的原始资料。

另一部有价值的信息性著述是蔡少卿主编的《再现过去：社会史的理论视野》（浙江人民出版社1988年）。在社会史研究重新开展之初，封闭了30年的学术界对外界了解特别少，此书将西方年鉴运动的重要文献翻译介绍给国人，适合学者的需要，一时间引用频率较高。这部书和《中国社会史研究概述》，皆被一些高校用作权宜教材。

---

① 周积明、宋德金主编：《中国社会史论·总序》，湖北教育出版社2000年版，第2页。

可喜的是常建华所作的《新时期中国社会史学》（天津人民出版社 2018 年），总括百年来中国社会史研究史。他将社会史研究学术演进历程划分为 20 世纪前 50 年、20 世纪 50 至 70 年代的 30 年、20 世纪 80 年代以来三个阶段，同时观察国外中国社会史研究，遂以时间为序探讨不同时期学者对社会史的认识以及代表性研究成果，重点介绍婚姻家庭与家族宗族、社会分类与结构、城市与乡村、民间信仰与宗教生活、礼俗与社会习尚、人口与社会保障等方面，呈现了新时期中国社会史研究的繁荣景象，印证近四十年中国学术界的发展变化。

二、面临的难题

社会史、新社会史的内容与方法的不断扩展、变化，使它的研究出现一些不易解决的难题，因此不时有学者发出社会史面临困境的警告。究竟存在哪些问题呢？这里想借助勒高夫、霍布斯鲍姆、彼得·伯克、勃里格斯等人的研究，综述于次。

第一，社会史定义不明，或者说无法界定。“社会”一词的涵义不清，就令人不清楚社会史究竟要研究什么，它的研究范畴、研究对象是什么？因为界定不清，使人无所适从，因此社会史是历史学里的专门史还是历史学的另一个名称？学者认识不一。就此问题，勒高夫在 1978 年探讨新史学的前途时，想到有三种可能，一是史学继续向其他人文科学投资，尽量吸收它们的成分而使自身变成一个泛历史，实即整体史；二是历史学与人类学、社会学融为一个混合体，即“历史性人类学”；三是停止向其他学科开放，把研究领域固定下来，而寻找认识上的突破，这就是我们所理解的社会史专门史吧。[①] 几十年过去了，这个问题依然如旧，只是相信整体史的人多了起来，但是整体史也正有问题等待解决。

第二，整体史难以整合。新社会史、新史学、新文化史提出整体史的学科方向，但是并没有公认的标志性的著作问世，即使霍布斯鲍姆赞扬布洛克所著《封建社会》一书，也没有把它当作整体史的典范。有主张而未能实践，这涉及整体史的主体理论和研究者的多学科知识结构两方面原因。

新史学固然提出长时段理论、运用结构论，这些理论有助于局部历史问题的处理，但还不能驾驭全部历史；又从马克思主义学习社会形态和社会演变模

---

① ［法］勒高夫：《新历史》，梁其姿译，台北《食货》复刊第 13 卷第 1、2 期，第 98 页。

式，也未形成更新的理论。所以霍布斯鲍姆寻找整体史的经典之作，并未有满意的答案，因而不得不遗憾地说："想要把广涵之社会史转变成一通俗性之综合体的企图在我看来则没那么成功——抑或是说，它虽然具有许多大优点（有些也可算是一种刺激的力量），但是却仍然是计划性试探性的工作。社会之历史仍有待我们去构筑。"① 试想，社会史所研究的大多是小课题，课题之间缺少综合理论把它们联系起来作出整体的说明，不能不让人感到社会史研究课题飞舞，杂乱无章，从而对它发出责难，认为新史学将历史学自身的身份、独立地位丢失了，它被溶化在各个相邻的学科里，被分散在支离破碎的各个分支层面、领域、问题里。② 1988 年美国史学年会上，撰著《新史学与旧史学》的 G. 希米尔法布公开指责年鉴史家、新马克思主义史家、大众日常生活史家、工人阶级史家、结构主义史家，批评心态史学和量化史学过分约化历史的复杂现象，犯了简单化、机械化、决定论的错误，认为新社会史家宣称研究全部历史，实际上忽略了历史本身的复杂多样，尤其忽视了政府、法律及政治组织之类社会控制的主要形式。③ 批评不完全符合实际，但新史学缺乏综合性的能力，实为反对者提供了口实。

整体史要求研究者具有多种学科的素养，这是现在的情形下难于达到的，缺乏相应的知识，怎么可能做好综合性研究？各个学科的工作者联合起来，携手共同研讨，是一种好方法。但是各学科因为分工，散布于不同的行业，目前大多只能从本学科的专业角度进行新史学的有关课题研讨，这很有必要，做得很好，然而对于史学研究来说，这仅仅是局部成果。关键还是在于综合，而要做到这一点，必须是各学科学者有计划地进行整体研究，而这在现在尚不能做到。统筹各学科间的合作，应有社会权威部门来进行，到目前为止似乎权威部门尚无此认识，所以跨学科、多学科综合研究尚处于理想阶段、呼吁阶段。

第三，作品中见物不见人，缺乏人物活动，有待于日常生活史研究的丰富成果来弥补。新社会史、新史学的一些领域的研究作品存在着忽视历史人物和

① ［英］霍布斯鲍姆：《从社会史到社会的历史》，吉伯特、格劳巴德编：《当代史学研究》，李丰斌译，台湾明文书局 1982 年版，第 55 页。

② 陈启能：《八十年代的西方史学》，见《八十年代的西方史学》，中国社会科学出版社 1990 年版，第 76 页。

③ 周樑楷：《旧史学向新史学的反扑》，台湾《新史学》第 1 卷第 2 期，第 101 页。

历史事件的倾向，计量史学，或者讲求模式的研究方法，运用公式、图表的表达与叙述方法，令人阅读时如同嚼蜡，索然无味，连史学工作者圈内同行都说看不懂，都要硬着头皮来读，这样的著作怎么能有大众读者，又怎么能有生命力呢？而恢复政治史、政治事件史的研究是否会与旧史学合流等问题，表明社会史似乎要使历史学失去“讲故事”的优良传统。如果失去这种传家本领，历史学将不成其为历史学，岂不是自我毁灭！史学的更新，不完全是史观和方法的革新，与此同时，表达方式方法同样重要，应当引起新社会史、新史学工作者的重视。有的学者业已提出这类问题，令人欣慰。如陈平原在《“元气淋漓”与“绝大文字”——梁启超及“史学革命”的另一面》文中强调表述方式的不可忽视，“叙事史学，文学手法是必不可少的”，“‘述学文体’值得认真经营，并非只是无关紧要的‘雕虫小技’”。[①] 新史学与传统史学没有截然区分，前者提出更新的问题，而叙事史不会被抛弃。

第四，研究资料相对不足，在某些研究领域尤其如此。社会史、新社会史要进行整体史研究，领域广阔，许多社会现象、社会领域向来为史家所忽视，史料尤为匮乏。社会史家尽管着力开辟材料来源，如进行田野调查，增加口述史料，或者开发视觉材料，但不论哪种资料，都有其自身的局限性，令社会史某些领域研究时有捉襟见肘之感，难于成功地达到整体史研究的目的。勃里格斯的《英国社会史》是照着整体史的观念写作的，然而他自己并不满意，原因就在于史料不足，他说：“根本不可能有一部标准的权威性英国社会史，不管采取数人合著的方式还是个人专著。历史要想站得住脚，靠的是论据，而社会史对我以及大部分社会史学家来说，研究的主要不是事件而是发展过程，社会史往往很难用图表来列示，更不用说解释了。”[②] 在他看来，写不出标志性成果，主要是史料欠缺的缘故。

提出新社会史、新史学困难的学者，除少数反对新史学的传统史家，都试图寻觅克服障碍的途径，促使新史学顺利前进，这是为新史学补台，而不是拆台，是积极的态度。在这些问题中，如何整合出像样的整体史，也即如何能发现整体史的综合理论，是社会史前进路上的关键所在。至于社会史的

---

① 陈平原：《“元气淋漓”与“绝大文字”——梁启超及“史学革命”的另一面》，杨念群等主编：《新史学——多学科对话的图景》，中国人民大学出版社 2003 年版，上册第 106 页。

② [英] 阿萨·勃里格斯：《英国社会史》，陈叔平等译，中国人民大学出版社 1991 年版，第 3 页。

界定问题也就是其是什么性质的学问的问题，这一问题未解决，是其不成熟的表现，但是如果将整体史作好了，界定问题也就迎刃而解了。事实上历史学者还是要在进行分体史、部门史、局部历史现象研究的同时，在整体史的理论上多下功夫，具体研究与理论研究同步开展，要在具体研究的基础上，提升理论层次，即将具体研究升华为理论，做到具体研究不忘记理论追求，而理论的创立是建立在具体研究基础上，从研究的历史事实中引出固有的结论，并将其升华为历史理论。

第七节 社会史（新社会史）的界定——专史·拓宽·综合研究

一、界定的方法与态度

以上六节主要是从社会史、新社会史的研治实践，考察了它的研讨对象、范畴、理论、方法，以及所取得的令人兴奋的成绩和面临的诸多难题，至此，可以在这个基础上谈谈笔者对社会史、新社会史的总体认识和界定，以及如何继续深入开展研究的粗浅意见。在未具体论述之前，有必要先说明笔者所持的研究态度：

一是尊重事实，从社会史研究及其发展的实际情况出发，作出思考与判断。

二是尊重不同的学术观点，即在社会史是专门史还是整体史的两种对立意见中，尽管笔者只支持一种见解，但尊重另一种观点，尽量从中吸收有益成分，完善笔者的想法。

三是各种观点都是探索性的，笔者本此态度，略抒己见，参与讨论，并非自信意见是多么正确，而且“定义”总是不能完美的、无可争议的，因此会本着追求真理的精神，在社会史研究的前进、变化中，补充、完善或者修正目前的看法。

四是理想的纯学理界定与务实的可操作性的结合，特别看重后一方面，因为这是重视实践的效果，在某种意义上说重视实践性多于未必可操作的纯学理性。

二、社会史（新社会史）的界定

在本章第二节中，笔者对社会史下了一个定义，但未能做出更为详尽的说明。笔者在这一节会对社会史进行较为详尽的界定。社会史的界定：研究历史上社会结构与日常生活及其所反映的社会意识的运动体系，它以社会群体、社会组织、社会等级、阶级、社区、人口的社会构成，以及上述成分所形成的社会结构及其变动，构成社会结构的人们的日常生活行为、变化及其反映的文化意识（观念），产生变化的自然环境与社会环境的因素为研究范畴，揭示其在历史上的发展变化及在历史进程中的作用和地位；它是历史学的一门专门史，并将研究置于整体史范围之内，处理好两者关系，以便促进历史学全面系统地说明历史进程和可能认知的发展规律；它与社会学、文化人类学、经济学、政治学、自然科学、工程科学、社会科学、人文学科的许多学科有交叉的研究内容，具有多学科研究的性质与方法，是历史学同其他学科联系的桥梁。

这个界定包含了社会史的研究对象、范围、任务、功能、与历史学及其他相关学科的关系，其中最重要的是对社会史研究对象的确定，如果没有自身的特定的研究内容，那就不是一种专门学问，也就失去存在的意义了。

中国社会史研究的社会结构、日常生活与社会意识及其存在的自然生态环境、社会环境（包含政治、经济、文化状态），应包括原始社会的氏族和人群的日常生活、原始宗教与意识，私有制社会下的等级、阶级、阶层、民族、宗族、家庭、宗教、民间信仰及各种社团的组织和人群活动，人口的社会构成与就业，衣食住行的物质形式与风尚，婚姻、生育、疾病与医疗、死亡、丧葬，劳作、社交、娱乐、节日的形式与崇尚，流传于民间的各种观念与意识，各个时期的生态环境及其与人们生活的关系，社会传统与社会环境对人们生活的影响。在这每一个方面又都包含着丰富的社会内容，列举如下。

等级：等级的形成，等级的构成，等级之间及等级内部的关系，等级的演变与等级成员的社会流动，等级与政治、经济、法律、风俗的关系，等级与社会生活，等级观念及其影响。

宗族：宗族结构，宗族伦理，祖先崇拜与祠堂建设、祠祭与墓祭，宗族经济，宗族教育，宗族武装，宗族与政权，宗族与社会，宗族与社区，宗族功能，家法与法律，宗族的变迁，宗族的历史与谱牒，拟制血亲，宗族观念及其影响。

家庭：家庭结构与类型，家庭构成，家庭经济，家庭教育，家庭功能，家庭人伦关系、人际关系，家庭与婚姻，家庭与社会，家政与家风，住宅与家庭陈设，财产继承，家庭观念及其影响。

婚姻：婚配原则与媒介，恋爱婚姻与包办婚姻，婚姻形态，婚姻礼仪，婚姻与家庭、家族，婚姻、女性与妇女在家庭的地位，妻妾制度，夫妻生活，生育，离异与卖妻，再婚与守节，贞女，婚姻观念，旌表贞节。

宗教：合法宗教及其类别，非法宗教及其类别，宗教内部组织与信众构成，教规、仪式与观念，宗教与政治，宗教与社会，宗教与文化。

民间三教九流文化：实态，信仰，科学与迷信。

人口：人口的社会构成，人口数量的增减变化，人口的社会需求、就业，性别比例，人口的自然调节与社会控制，社会人口观念，生育观念，育儿，溺婴，从弃老到敬老，老龄社会与弱势群体，古人寿命。

医疗与社会：疾病与传染病，各种医疗人员及其手段，与疾病相联系的人对自身的认识，人对身体的理解（被他人支配的身体：家族家庭的人、妻子是丈夫的人、奴仆附庸是主人的人、臣民是君主的人等）与忠孝伦理，脑、体劳作与人类体能的变化，智能进化与体能退化，瘟疫流行中的社会，社会保障与慈善机构，物质生活条件与健康状况、医疗状况。

丧葬：临终关怀与死亡，厚葬与薄葬，土葬与火葬、天葬、水葬，葬礼葬仪，盗墓，灵魂观念，投胎转世观念。

社区：社区的形成，社区群体，社区生活，社区文化，社区社会风貌，社区民俗。

节日生活：节日的种类，节日的形式与用品、食品，节日与信仰，节日与娱乐，节日与庙会，节日与社交。

娱乐生活：娱乐的种类与方式，娱乐中的人群关系，休闲方式，非正当的娱乐（赌博、嫖娼、吸毒等），娱乐中的习俗与观念，幸灾乐祸与拿人取乐。

民族：民族种类与构成，民族间的“等级”关系，各民族的生活方式、差异、排斥与交融，民族通婚，统治民族与被统治民族，汉族气节与华夷之辨。

生态环境：地理地质环境变化，农业资源与生产，手工业资源与生产，生活资料与人们的生活方式，物质资料与社会风尚，“人定胜天”观念与敬畏天地观念的悖论，生态环境变化与人们的生产、生活，“天人感应”说、天变与政治，大气污染与治理，过度开发与生态环境恶化及古人可持续发展理想。

社会环境：社会风俗、习惯、意识、传统对人们生活、思维的制约与影响，人文社会生态、政治环境。

民众运动：国家的赋役与无艺之征，富民的盘剥与对依附者的某种人身控制，民众运动的种种形式，民众运动的首领和基本群众，民众运动的理想（皇权主义、平均与平等观念），民众斗争的正负面社会作用，与民众运动共存并败坏民众运动声誉的鼠窃狗偷、私盐贩、黑社会及其社会影响。

社会问题：与历史事件不同，是社会固有制度、秩序出现危机，预示社会的变动。它是否存在是社会是否稳定的测量器，这是一种动态地观察历史的视角与方法。

等等，难于尽列。

三、社会史界定的特点

这个界定的最大特点，是将社会史视为历史学的一个专门史而不认为它就是整体史，这一点关系重大。这里先说明界定中社会史研究的内容，把社会史与整体史的关系放在后面交代。

界定的一个特点是以个人的日常生活人际关系、群体关系为全部内容的中心环节。界定里研究对象中的社会结构及其变动，读者从前面的叙述中可能已有深刻印象：不论对社会史、新社会史、新史学的界定持有怎样的态度，它都是研究对象的重要成分。笔者在这里遵循学术界已有的共识将它作为研究客体之一，不过要再次强调，社会结构是关于社会构成、社会基础的理论，它是广义的社会组织的组成方式，是具有各种社会身份的人及其群体的联结方式，这种方式是各种社会组织的有序排列，呈现相对稳定状态即形成社会结构的模式；社会结构要素间的冲突，使其内部产生变化的动力，并最终造成社会结构的变迁。界定中的另一个研究对象是日常社会生活，在社会生活之上加上“日常”的定语，是因为社会生活概念有广狭之分，它可以用以表示人类全部活动的社会，内涵广泛，将社会结构包括进去也未尝不可，所以用“日常”的形容词来限制它，使其成为狭义概念，即人群在生产、政治活动之外的物质与文化生活，以突出社会结构与日常社会生活两大部分。界定里的社会意识是反映人们的观念、意识、潜意识、信仰，即主导人们社会行为的意识形态的种种内涵，在社会史的研究里包含这样的内容，是为了透过社会现象，深入了解那些现象的深刻涵义。界定中的这三大组成部分（社会结构、日常生活和社会意识）是什么关系呢？笔者以为靠群体关系来联结，换句话说，群体关系渗透在三大部分所包含的所有的研究内容之中。一个个个人组成的群体关系，或者说人群关系，表达的是这一部分人与那一部分人的社会联系。任何一个生活在社会里的人，都不是自然的人，而是社会的人。人们因生态环境、经济利益、血缘关系、婚姻关系、地缘关系、业缘关系、政治观念、生活习俗、意识形态、信仰关系等分成不同的民族、阶级、等级、宗族、家庭、与生活相联系的社团、政治派别、宗教派别等，即一个个有形的或无形的社会群体。在群体内部和群体之间发生错综复杂的联系，这种联系的性质可以归结为冲突与协调的关系，影响社会结构、日常生活和社会意识的变动。研究社会史，抓住群体关系，可以起纲举目张的作用。

界定的另一个特点是主张对社会史进行动态的研讨。前面在讲到社会结构时一再说明对社会变迁的关注，这是深知研究社会变动才能达到研究的目的。构成历史的元素是时间、地点、人物、事实和（自然的、社会的）环境。这五种元素在不停地发生变化：时间永不停息地运动，是不同时代的标志；地域的不同，表明自然的、人文的场景变换；人物是历史的过客，总在更新，群体关系亦然；事实，或者说情节、事件，是千变万化的，即使有某些事件有类似的情形，也不会是特定事件的复制品；自然生态环境的变异，在古代虽然不那么显著，要很长时间才会显现出来，而变化是始终存在的，所谓滴水穿石是也；社会环境状态有相对的稳定性，但人们常常感叹世风的“日下”或“更新”，就是因为它发生了变化。历史诸要素的客观实际如此变幻无常，所以考察历史必须持有变化发展的观念，进行动态的研究，即使作静态的观察，寻找社会模式，也是为了认识历史的变迁性，而不是满足于模式的获取。正是考虑及此，所以界定讲研究社会结构、日常社会生活和社会意识的“运动体系”，表示对研究对象作动态的考察，了解社会结构、日常生活和社会意识的发展变异，唯其如此，才有可能寻求历史运动的某些规律。

界定还反映社会史是跨学科研究的特点。社会事物都有着各自内部的联系，互相制约和影响，但是社会各行各业的分工往往掩盖了这种关系，学科研究的分工，尤其是愈来愈细致的分工和专业化，令人钻进固定的甚至狭小的领域，影响了视野的扩大，因而不利于科学发明。现在各种学科的研究者逐渐认识到专业分工不适应事业发展的一面，希望改变这种状况，开展跨学科的合作研究。要开展得好，需要具有互相尊重、取长补短的态度；寻觅不同学科之间的联结点，以此作为交叉研究的出发点；从各自研究出发，进行有计划、有组织的联合研究。目前的情形是历史学有扩展领域的倾向，自然科学、工程科学、社会科学及其他人文学科有历史化的要求，这种两相结合的愿望开始推动合作。在历史学方面，因社会史研究的探索性、开放性、拓展性的特点，最能够从其他学科汲取营养——某些研究内容和研究方法，最具有学科间合作的可能性，因而笔者在界定里指明社会史研究的交叉研究属性及其作为历史学的分支同其他学科联系的桥梁作用。

四、社会史（新社会史）与整体史、新史学、历史学的关系

社会史（新社会史）与整体史、新史学、历史学究竟是什么关系，笔者是从三个方面来考虑的。

第一，社会史（新社会史）隶属于整体史范畴之内，两者在研究内容上既有联系又有区别。社会史、新社会史的研究包含物质与精神、政治与文化的内容，与整体史所要研究的全面的政治史、军事史、外交史、经济史、文化史（思想史、科技史、宗教史、文学艺术史、民间文化、通俗文化、民间意识等）等内涵纠缠在一起。如日常社会生活中的娱乐就涉及物质文化史和文学艺术史，以社会史考察的戏剧欣赏来说，戏剧表演要用服装、道具、灯光，要有演出场所——剧场，这些属于物质文化史与艺术文化史的共同研究范畴；戏剧的剧本及其作者、表演艺术、戏剧理论，属于艺术史的范围；戏剧与观众的关系，观众怎样欣赏剧情与表演艺术，对其生活有何影响，剧作家、演员、观众的社会身份，则是社会史研究的任务。因此社会史、物质文化史、文学艺术史研究戏剧的角度不同，而戏剧史则是一致的，仅此一例可见社会史与其他专门史有着交叉的研究内容。再如民间秘密宗教，是社会史所研究的群体问题；宗教本身有教旨和信仰、宗教仪式、内部构成与信徒、宗教经济、与教外民众的联系等宗教学和宗教史研究的问题；秘密宗教可能会有反政府的行为，是非法组织，往往为政府所取缔、镇压，这是政治史所讨论的内容。所以秘密宗教史是宗教史、政治史、社会史共同关心的课题，只是关注的重心不同而已。讨论同一事物，有不同的关注内容，不同的角度取向。用某一角度去观察，就可以抽象为一种研究方法；角度可以是多样的，变化的，从某种角度审视问题，把它当作方法来用，它就成为方法了。界定中社会史研究内容的庞杂，远远超出社会结构、日常生活和社会意识，要充分意识到整体史的社会政治、经济、文化与社会史研究的范畴交织在一起，无法斩断它们之间的内在联系；而社会史研究要置于整体史之内，就要从主观上争取与其他专门史的融会贯通；内在的

与主观的两方面的要求，就必然导致观察有着共同联系点的事物的方法的产生，也即观察视角被公认为研究方法。

第二，从概念上区分社会史（新社会史）、整体史、新史学、历史学的同异。现今所说的新社会史，笔者的理解，是从方法与对象来说的，而研究法又是主要着眼点；所谓方法就是整体史的观念、视角，研究对象则在不断地扩展，向过往不曾理解的领域拓进。

现在所讲的新史学当然不是梁启超时代针对传统史学，而是对近代史学而言的，并已不满足于社会史的研究内容与方法，希望运用整体史的观念，进一步发掘历史研究的内涵及其相应的方法。

新社会史、新史学标榜的“新”，都要对历史作出全面的理解和阐述，即均以追求整体史为目标，而前者不离社会史窠臼，不愿舍弃“社会史”一词，表示在其基础上前进，所以使用“新社会史”概念，反映念旧情怀；后者立意求新，运用“新史学”来直截了当地表达创新意图，而不受“社会史”旧词之约束。笔者揣测“新史学”意在表示与“社会史”无关，直接继承近代史学，而又向其挑战，它可以自由发挥，向任何新领域进军，与其他任何专门史合作，更便于多学科的交叉研究，而不像新社会史可能受“社会史”的框架所限制。

新社会史、新史学的现状是有兴趣于新发现的领域的研究，事实上却尚无能力做到整体史的研讨，因此不能成为历史学的整体，也即做不到取代原来的历史学的程度，而既有的史学仍在固守自身热衷的领域，并做出相应的成绩，因此新社会史、新史学尚不能成为历史学的代称。

笔者前述社会史的界定，其内涵和研究法比原先的大为发展，实际上是完全吸收了新社会史的成分，因此在笔者的概念里“社会史”与“新社会史”是同一的，没有任何差异。之所以沿用社会史名称，因为它已为众人所了解和习惯，但是带来的缺点是没有反映社会史的研究已经进入新社会史的阶段，为此笔者常常将这两个词汇共同使用。社会史、新社会史，对于新史学而言，大约没有后者那样开放，犹守着虽然是不严格的但是有范畴的阵地——研究领域。

既然社会史（新社会史）、新史学都向整体史发展，社会史、新社会史还有什么必要独立存在？笔者以为原因有二，一是强调研究的主攻方向为社会结构、日常生活和社会意识，二是出于操作层面的考虑，后面会专门谈这个问题。

第三，从研究历程看社会史（新社会史）、整体史、新史学、历史学的区别与联系。社会史研究内容经历如下的变化程序：

社会结构（政治史的某种延伸及同社会学、经济学的结合）、日常生活（现象）—心态、意识、信仰（文化意识）—生态环境、身体医疗（关怀生命、社会问题）—跨学科的整体史。

在上述四个发展阶段中，自第三阶段起，社会史（新社会史）与新史学的目标基本上是一致的。

总而言之，立足于专门史，面向整体史，这就是笔者对社会史（新社会史）界定的基本观点和思路。

五、选择社会史专门史说的原因

选择专门史说，既有理论上的考虑，更有实际操作上的原因，兹缕述于次。

第一，非专门史不能深入研究。人类历史本身是那么广泛复杂，史学研究范畴千变万化，是很难作整体研究的，所以才有那些专门史出现。专门史的研讨就是为使研究能深入进行，以便考察得深透一些、准确一些。社会史的研究对象原来并不为史家所看重，如今才提出几十年，研究状况远没有达到可以结束学科使命的程度，因此作为专门史的社会史还应当继续进行自身的研究。李学勤就有这种担忧："如果把社会生活史的界说定的太宽泛，可能导致具体研究中的混乱。"① 主张整体史的作者其实也赞成先作专题探讨，因为历史研究总得有入手处，或立足点，就像说书艺人一张嘴不能同时讲两个故事，总须先讲一件。我们所谓历史整体与分体的研究就是要从立足点串联其他各重要部分，构成一个有机的网络。这是面对学科的实际情况作出的符合实际的处理意见。

专门史的研究内容已然庞杂，真正研讨好已属不易，求全就更难了。如果将专门史的社会史研究对象检查一下，不难发现就中也有宽、狭二意之别。中国社会科学院历史研究所组织编写的十卷本《中国古代社会生活史》，以狭义的社会生活为范围，算是研究面较窄的，其他如乔志强主编的书、笔者这里所作的界定，均超出狭义社会生活史的范围。不论是狭义的还是广义的社会史专门史，研究内容着实不少，作好了难度就很大，所以对学科的要求不妨适可而

---

① 浦斯：《中国古代社会生活史讨论会简记》，《中国史研究动态》1987年第12期，第1页。

止，何况社会史研究的内容还会拓宽。

然而拓宽研究内容是相当不容易的。刚刚开展的新内容的研讨，要想取得像样的成绩，尚需时日。比如学者郑志敏总结隋唐五代医学史的研究状况，建议对敦煌医学史料进行社会文化史的研究，他认为如何将敦煌医书融入唐人生活中，探讨其社会文化史上的意义，让这项隋唐五代史得天独厚的医史宝库，发挥其最大功能，应是此后隋唐五代医学史研究的一大重点。有的课题似乎并不新，但若一研究就会把课题范围拓宽了，如宗族史、家庭史已有不少成果，然而拟制血亲的问题未被充分注意；家庭史主要探讨了家庭类型、功能、与社会的关系，但是如果按所谓“人口学的家庭史”“法学的家庭史”“经济学的家庭史”“社会学的家庭史”“心里和行为科学的家庭史”五种家庭史来考虑，所要增加的研究事项就太多了。① 再如奴隶、半奴隶、贱民、准贱民研究中，对其中许多人知之甚少，如果不深入研讨，怎能知道家生奴婢与外买奴婢的不同？各个时代的“官户”，其社会身份有天壤之别，即便研究后也不是太清楚。

第二，与整体史说殊途同归。选择专门史，丰富历史的血肉内容，同时将它放在整体史考察，目的是达到对历史作出丰满的整体的说明，这与整体史的目标是一致的。常建华在《中国社会史研究十年》一文中也谈到这一点：“专史说不过是强调在社会形态骨架外研究其‘血肉’，而通史（案：指整体史）说则要把专史的‘血肉’填在通史的骨架中，殊途而同归，均强调的是‘血肉’，只是摆放的位置有所区别。”②

第三，整体史的研究极难达到目的。中外社会史研究的事实就是如此，毋庸多说。但是我们不妨从科学史的角度，再次认识一下这个问题。现代学科分工越来越细，近几十年来物理、化学、生物出现了多少分支学科和交叉学科，老话说“文史不分家”，现在文、史不但分家了，而且各自内部又分出许多专门部门。现代自然科学和社会科学发展的趋势，一方面是延续分支学科的发展，另一方面是产生交叉学科，分化与综合同时并进，但分化势头强，综合趋势尚不显著；只有自然科学与社会科学、人文学科的交叉学科产生多了，研究达到一定的水平，整体史的研究才能达到预期的效果，而现时这种条件尚未成熟。我们并不是主张消极等待，将专门史置放于整体史中研究，就是争取、创

---

① 杨豫：《西方家庭史研究的发展现状和未来趋势》，台湾《新史学》第1卷第3期，1990年9月。

② 常建华：《中国社会史研究十年》，《历史研究》1997年第1期，第176页。

造条件的一种方式。

六、辨析两个问题

（一）西方与我国学界对整体史、日常生活史认知来源的差异

西方学者不满于政治史的独霸史坛，提出社会史的研究，并发展为以整体史为目标的新史学、新社会史，这中间受到马克思主义的影响，但从根本上看，它是从西方社会固有思想体系逻辑中产生出来的。在我国，几乎在20世纪80年代复兴社会史研究的同时，整体史观和专门史的全局观就出现了，它多少受到西方新社会史的影响，但更重要的来源是马克思主义唯物论，因为我国史学家研讨任何史事，都要放到社会大背景下，考虑政治、经济、文化的相互关系和影响，很少孤立地观察问题，及至探讨社会史，很自然地将它放置于全部历史范围之内进行考察。以个人来讲，笔者将社会史定位为专门史，但自始就注意它同全部历史的关系，如在《清人社会生活》前言中说："清代社会史的研究任务，是要说明社会生活自身的发展演变及其规律，说明社会生活与政治、经济、文化社会的关系及其在总体社会中的地位与作用，即要搞清清代社会生活与历史发展的关系。"① 学术界讨论南北朝时期社会史时多同当时的民族关系、士族制度联系起来，研讨唐代社会史往往同唐朝的对外开放政治联系在一起。彭卫有鉴于此，在《近五十年中国古代社会生活史研究述评》中指出："虽然中国古代社会生活史研究的广泛开展只是近十年的事情，但由于长期以来，中国古代史的研究者们一直注重从宏观上去把握'历史脉络'、'历史进程'，从而为晚起的社会生活史的研究提供了能从总体上进行思考的有益的学术背景，这也使得社会生活史研究具有了某些特点：不同历史时代的社会生活状况研究，大都注意到相应时代的社会特点。"②

中西整体史的思想来源不同，这个差异应当充分注意到，不能强求一致。包括社会史在内的中国史学研究受到西方的影响，这是事实，是学术交流的正常现象，是促进学术研究发展的好事。但是也要看到中国业已形成的传统，即中国史学本来就是强调对历史作总体研究的，故而我国的社会史研究可以按照自身的路子走下去，专门史与整体史并行不悖。

---

① 冯尔康、常建华：《清人社会生活》，天津人民出版社1990年版，第2页。

② 彭卫：《近五十年中国古代社会生活史研究述评》，日本《中国史学》第6卷，1996年12月，第74页。

（二）用探索精神看待社会史界定

社会史研究表现出学者强烈的探索精神，是学科的财富，因此我们应保持和发扬，要以允许探索的态度对待各种社会史研究的观点。

社会史的界定、研究对象与范畴、理论、与其他学科关系诸问题，无论在外国还是中国，都是众说纷纭，莫衷一是，不仅现时难于有定论，即使再过较长的时间，恐怕亦不会有成说供人们方便地采用。既然如此，我们就不必要求公认的界定。而且不管研究对象也好，研究方法也好，纵有界定，也是模糊一点好，不过起个供人参考的作用而已。其实，社会史与经济史、政治史、文化史、社会学、心理学、文化人类学、历史人类学等学科以及专门史的关系，哪里就界定清楚了？既然如此，学术研究最好的态度是尊重他人的研究，一切莫过于"悉听尊便"，"各行其是"，各人按照自身的理解去尽心尽力地研究，做出成绩，就会促进社会史研究的发展，这就是贡献。当然，在互相尊重的前提下，开展不同学术观点的讨论还是必要的。这是毫无疑义的事情，这里就不多说了。

科学的研究必须提倡自由思考、独立思考，重视探索的精神；不进行探索、创新，就没有研究成就可言，那就必然导致踏步不前和衰亡。科学的探索除了要求独立思考的精神，还要有相应的学术修养。社会史学界和研究者若要胜任工作，在我国当前的情况下，我想至少要具备下述四个基本条件：

第一是良好的学风。以严肃的治学态度，严谨的治学作风，独立思考，开展创造性的研究，提出个人的真知卓识。世风浮躁，但学风不能与其同步，要切忌浮躁，避免粗制滥造的毛病，切忌搞"运动"的作风，大轰大嗡，众人都作一种课题，发表大同小异的议论，做于己于人于学术皆无益的事情。研究课题的选择从长远学术发展、从社会需要出发、不是单纯追求重大项目。至于剽窃，为学术界所不齿，更应加倍警惕，在此笔者引用刘诚聪在《香港地区中国妇女史研究述评》中的话："我们不得不承认目前仍有相当数量的著作是滥竽充数，为迎合潮流而巧立名目的，其中抄袭、剽窃、名不副实之处，不一而足。"① 以为鉴戒。看来反对学术腐败，建立严格的学术规范，乃是不可忽视的事情。

---

① 刘咏聪：《香港地区中国妇女史研究述评》，周嘉荣、刘咏聪主编：《当代香港史学研究》，香港三联书店 1994 年版，第 142 页。

第二是改善知识结构，适应社会史的交叉学科研究的要求。现在进行社会史研究的学者，从前多半研治的是其他史学领域，这就需要进行社会史方面的学养补充；社会史研究至少要具备文化人类学、社会学、心理学、民俗学等学科的知识，至于其他自然科学、社会科学、应用科学的素养，根据研究课题的需要，也是必不可少的，这些知识也都要补课才能得到。如若不进行这两方面的知识补充，将会大大限制研究水平的提高。要补课，则社会史学者需向有关方面的专家学习，所以要主动与各方面专家加强联系，如果能同他们合作研究，那是最为理想的事情了。

第三是重视史料的发掘与整理。

第四是创办专门的社会史刊物，作为社会史的园地，这必将促进社会史研究的发展。法国年鉴学派的出现就是首先创办期刊，其他国家也有专业杂志。我国社会史论文的披露，《历史研究》《史学理论研究》等众多杂志给予相当的热情，更加可喜的是南开大学中国社会史研究中心编辑《中国社会历史评论》，到 2022 年 11 月已经印行 29 卷，成为社会史研究论文刊发园地。

最后，笔者重复归纳关于社会史界定的话题：当前我国的社会史研究，似应立足于专门史，向往于整体史，继续扩大视野，开发研究课题，在深化与综合两方面下功夫，以期提高研究水准和理论层次，既为加强新史学的建设，又促使社会史读物受到读者的欢迎。

第八节　简述社会史研究的社会功能

社会史研究的社会功能问题，至此需要有所交代了。谈论社会史功能，离不开史学功能，故而联系在一起说明。

史学功能、社会史功能，体现社会及史家的价值观。不同时代，人们有相异的价值观，产生新的历史记忆，重新理解历史，因而赋予不同时代的史学、社会史以有差异的功用。总的倾向是从较单纯的政治功能向多种功能，尤其是社会文化功能方向转变，其要点分述于次。

一、“资鉴”作用削弱

古代史学是帝王之学，为君主治理而总结经验，《资治通鉴》的写作最能反映这一特点。此所谓“资鉴”功能，并对民众（主要是读书人、士人）起教化作用，成为庙堂之学，拥有尊贵的地位，成为科举考试内容，如殿试策论以时事历史为题，所以史书是士子、官员所必读。对比之下，今日地位颇高的小说在当时是根本无法与史书相提并论的，以至四大古典小说的部分作者及其生平无法说得清楚，而其书时或成为禁书；史学名著的“前四史”的作者则是幸运的，生平行事多为人知，可知史学以其政治功能受到社会主流文化的崇奉，也可见它的政治功利性特别强烈。到了近代，开启新史学的梁启超为变法服务，研究历史上的改革家，研究黄宗羲的“非君论”，令史学依然具有浓厚的政治倾向。社会史研究的开展，部分排斥政治史研究，自然就削弱了史学的政治功能，但是对社会生活史、社会意识史的研究，可以使人了解民情风俗，有助于政府相关决策的参考。现在要大力开发西部，对那里的生态环境和人文历史的研究就有现实意义，如有人认为西北生态环境的恶劣乃因历史上利用过度，未能保护。在外交方面，历史学当然仍会提供相关资料及学术观点，供政府在对外事务中参考。不过这些方面，比起古代的全面借鉴，已是相形式微了，历史学的强烈的政治功能已不复存在，历史学在政治领域的辉煌历史可以说一去不复返了。然而此不足惜，关键是历史学在社会文化功能方面起到更多作用。

历史不是政治选择的产物。政治政策的确定，历史经验应当是一种源泉，史学所关注的国情、民情乃是历史经验的呈现。

二、关怀民众民族意识

古代史书多具有浓厚的正统观念，让人热爱统治者的政权，而统治者就代表国家，或者说就是国家，因此养成民众的爱国情怀。近现代的反对帝国主义侵略运动中，史学和历史知识成为倡扬民族主义和爱国主义，教育民众，为中国“存续国民意识”的主要途径和手段。在外国侵略暴行下，许多民族记忆形成了，如“五四”纪念日、“国耻”纪念日、“五卅”纪念日等，增强了爱国反帝、反侵略的民族意识，令侵略者的“欲灭其国先灭其历史”的文化侵略政策破灭。历史学界出现以钱穆为代表的“民族情感史学”，体现热爱国家、尊重民族传统文化的精神。钱穆的观念绝不是他个人的，而是史学家的共识。史家希望站在中国的国家民族立场上撰写史书，以启示读者爱国爱民族的情感。史学与爱国始终紧密地联结在一起，民族气节的保存和发扬，史学起着巨大的不可忽视的作用。

三、启示做人行事的智慧

无论是传统史学、近代史学、社会史、新史学，都用历史故事、历史哲理启发人们，影响人们的人生观、方法论，具有人生指导价值，起着塑造人的作用，让人在道德、情操、爱国、气节、志气、民族性诸方面向完美方面发展。史学家深知，历史学仅给人一般性的知识很不够，需要提炼知识，形成较为完善的体系，能够说明一些历史道理，令人增加智慧，能够自觉地接受做人的道理。20 世纪 90 年代以来史学界出现研究陈寅恪的热潮，他的深奥精妙的著作一再被翻刻，可见读者需求之众，造成这种现象的原因，主要在于崇敬他对独立思考、学术自由的追求和实践，崇敬他的既传统而又现代的气节观。陈寅恪的研究，其实也是形成一种民族记忆，揭示做人、做学问的道理。读者通过阅览历史书籍增长知识的同时，如果有意识地增强对世界、对社会、对周围环境的认识，可以提高本领，增强生存能力，增进社会交往能力，在完善自我中生存得更好一些。

四、丰富闲暇生活

史学著作讲述贴近民众生活的、喜闻乐见的故事，令人在闲暇生活中增加情趣，丰富生活内容。在我国富有历史传统和今日诸多民众生活日益丰富的情形下，尤其不可忽视这一点。1000 多年前五代时期的艺人说书——“说三分”，告诉后人两个信息：表演艺术家传播某些历史知识，人们乐于接受历史故事。这一传统延续至今，从历史影视剧、“戏说”历史的红火便可知。这种现象对史学家而言既是刺激：感叹于历史真相被文艺家的虚构而弄得极其混乱，激愤于己遭受民众的冷落和艺术家的走红；又是启示：走出高贵的殿堂，明确自身的定位，是专业的学术，也是大众文化，应该写作大众喜爱的读物。社会史正是这样的学问：贴近民众，为民众提供历史读物。当代史学的功能，重要的一点在于娱乐人。

五、史学社会读物的表达方式

要使史学研究成果实现上述目标，为大众所分享，图书的内容至关重要，然而表达形式同样不可忽视，至少要留意于下述四个方面。

第一，平铺直叙的写法。史学著作要有大量的证据，会有大段大段的原始材料的引文，会有史料的考证和复杂事件、历史之谜的反复论证。毫无疑问，关于中国史的著作中引文多系古文，如此一来，古文和语体文相杂，使得文气不畅，也令读者一会儿古文、一会儿语体文地来回转换，难以适应，增加阅读难度，减少浏览兴趣。作者要舍弃那些史料引文，将它变为语体文，直接表达出来，令文气流畅，大众读者顺利浏览。当然，引文的做法给同行及少数圈外人士观赏是必须的，只是对大众极不相宜。

第二，要富有文采。这是极难做到的，但也是不可忽视的努力目标。

第三，深入浅出。大众文化的历史读物，不是只讲一些历史故事，而应将研究的客体研究透彻了，俗话说是“吃透了吐出来”，能综合大量历史现象，分析清楚，尽可能地说明历史现象的连贯性和事情的本质。通俗读物虽说是通俗易懂，但是寓意不可少，必须深入浅出，绝不是儿戏之作。

第四，图文并茂。历史遗迹、遗物的图像、画像、照片等，与文字说明相配合，可以收到文省事明、一目了然的效果。古代限于客观条件，图文并茂难以做到，现代学者开始留心了，“老照片”成为可贵资料。由于著作配图的时间还不长，相应的学术规范尚不完善，常见的问题是欠缺对插图本身的说明，图、文的内容并不完全配合。大众化的读物不能不讲究图文内容的配合与相应的学术规范。

只有作出重大的努力，史学工作者才可能写作出有益于读者开发心智的读物，令史学更好地发挥社会文化功能。

六、史学功能转化中社会史研究的价值

史学功能正在由政治功能向社会文化功能转化，传统史学的政治功能（“资鉴”功能）逐渐式微，而史学找回社会文化功能，这在社会史研究中方面表现得尤为明显，因为它的研究走近古人社会生活，研究成果给予读者历史知识，更贴近当今民众的生活，更适应民众的历史知识需求。它着力于文化知识的传播，能够用历史知识给人以智慧的启迪，给予休闲的读物，令人身心愉悦；以人物、故事的典型形象使读者主动思索做人的道理，讲求人生修养、志向与情操。同时它生动活泼的内容以及表达方式，也容易为大众接受。似乎可以这样说，社会史研究的功用，主要在于史学社会文化功能的发挥，也将因此使自身成为史学的主流。

讲到史学功能，还需要注意的是，史学在发挥政治功能时，容易带有宣传性，歪曲史实，为一时之用，到后来或许会起相反的作用，史家应当引起警惕，避免因功利要求而错误解读历史。社会史的研究，由于政治因素的减少，这种误解自然少见，然而所研究的社会现象庞杂，应该将高尚情趣的东西传送给读者，避免猎奇，用乌七八糟的历史现象误导读者。

第二章　中国社会史研究的史料

首先需要明确的是，这里说的“社会史”，是指作为历史学分支学科的专门史，也可以理解为“新社会史”，在很大程度上也可以理解为“新史学”，所讲述的社会史史料问题，也是新社会史、新史学的史料学建设问题。

史料是史学研究的素材，没有史料，便没有史学，这是史家共识，毋庸赘言，所以史料学成为历史学的辅助学科，有许多研究成果。中国通史有多部史料学专著，如陈高华等主编的《中国古代史史料学》（北京出版社 1983 年）、谢国桢的《史料学概论》（福建人民出版社 1985 年）；断代史的，如笔者的《清史史料学》（台湾商务印书馆 1993 年）、庄吉发的《清代史料论述》（台湾文史哲出版社 1979—1980 年）、陈恭禄的《中国近代史资料概述》（中华书局 1982 年）、沈云龙的《近代史料考释》（台湾传记文学出版社 1986 年）、张玉法的《中国现代史史料指引》（台湾新文丰出版公司 2000 年）；专史亦有，例如笔者的《清代人物传记史料研究》（商务印书馆 2000 年）；此外还有与史料学相关的图书，如陈学霖的《明代人物与史料》（香港中文大学出版社 2001 年）。但是社会史尚无史料学专著，连专题论文亦难见到，这当然不是说学者对社会史史料毫无研究，钱穆在《如何研究社会史》讲演中就说到社会史的史料并不缺乏，“正史”中的有关社会史的材料甚为丰富，还有保存在礼制书籍、族谱和氏姓书、方志之中的。[①] 社会史研究已开展多年，学者在努力于社会史史料的搜求与运用，成就颇为可观，这种学术研治的实践，就为进行社会史史料学的研究创造了基本的条件。我们还应看到图书文献的整理出版，特别是地方史志文献、经济史文献、敦煌文书、徽学文书、清水江文书、闽东家族文书、历史档案的标点校勘及大量印行。有关载籍的研究介绍，有家谱、文集、方志的种种目录学的提要工具书，如《中国地方志联合目录》（中华书局 1985 年）、《中国家谱综合目录》（中华书局 1997 年）、王鹤鸣主编《中国家谱总目》（上海古籍出版社 2008 年）、柯愈春编的《清人诗文集总目提要》（北京古籍出版社 2001 年）等。专题内容的资料辑录有：《中国地方志民俗资料汇编》（书目文献出版社 1989—1995 年）、《近代秘密社会史料》（岳麓书社 1986

① 钱穆：《中国历史研究法》第三讲，生活·读书·新知三联书店 2001 年版，第 48—51 页。

年）等，为数可观。这些情形，令我们知道社会史史料学的探讨，并非是无源之水，无本之木，而是有成果可资借鉴。

笔者在《中国社会史研究概述》（天津教育出版社 1988 年）的导言中辟有社会史史料一节，另撰《略述中国古代社会史的史料》（《中国社会历史评论》第 3 卷，中华书局 2001 年）、《社会史研究与“二十五史”》（《历史教学》2001 年第 1 期）。《略述中国古代社会史的史料》一文发表虽在 2001 年，而撰写于发表十年前，甚为惭愧，因未对社会史之史料着力进行史料学理论的探讨，未能像样地说明那些文献对社会史研究的特殊价值以及利用的方法和注意事项。

什么是社会史史料，或者说什么是新社会史、新史学史料，我国有关社会史的史料究竟处于何种状况，如何发掘这种材料，它们的史料价值何在，收藏、保存、整理及出版情况又如何，怎样进行这类史料的利用？笔者于 2002 年秋天进行了一些思索，写作《关于建设中国社会史史料学的思考》（台湾《汉学研究通讯》第 21 卷第 4 期，2002 年 11 月），现在依据同仁研究中使用资料的状况及个人的社会史研究经验，加以扩充，就观察社会史史料的视野与方法、如何认识传统史料的社会史研究价值、传统史料的类型与社会史史料的关系诸问题，提出初步见解。

第一节 关于社会史史料学的理论思考

一、新概念、新方向、新领域是开启社会史史料宝藏的钥匙

我们研治政治史、经济史，容易知道到哪里去寻觅材料，因为我们有政治史、经济史的明确概念，知道哪一类的书籍里可能有相关内容的资料。由此可知明确研究对象的概念，对于寻找它的资料是何等重要。20 世纪一二十年代民俗学兴起之初，顾颉刚立意研究孟姜女的故事，他于 1962 年回忆，自从有了这个方向，“事情真奇怪，我一动了这个念头，许多材料便历（利）落地奔赴到我的眼前来”，而且资料搜集得到同好的支持，“许多同志投寄来的唱本、宝卷、小说、传说、戏剧、歌谣、诗文……已接叠而至”。[1] 有了新概念、新方

[1] 顾颉刚：《自序》，钱小柏编：《顾颉刚民俗学论集》，上海文艺出版社 1998 年版，第 4—5 页。

向，就好觅求有关资料，原来不以为意的，就会进入眼帘，成为新的资料；这个新的研究观念若成为众人的共识，共同去挖掘，资料就会大量涌现。

那么社会史史料到哪儿去找？道理是一样的，应有社会史的概念，明确这是研究何种事情的学问，就可以考虑哪一方面的历史文献可能会有这方面的资料。当然，由于社会史相对于传统史学是较新的学问，本身又在发展，如今新社会史诞生了，新史学也同它纠缠在一起，研究者对这种变化着的情形不一定熟悉，寻找它的史料可能也不顺手，不过明确社会史本来的概念，以及不断产生的研究的新概念、新方向、新领域，就有了探索其史料的方向。可以说，社会史研究的开展，以及关于它的新概念、新方向、新领域的提出，无不给社会史史料打开新的领域，指出新的探索资料的途径。比如研究社会下层的概念被提出来，方志、族谱、家训、笔记、一般士人撰著的文集，便会成为查找民众日常生活史的资料对象，从中可能发现民众的社会组织、群体生活、社交关系、家庭家族生活、节日生活、宗教信仰、鬼神信仰、术数活动、秘密结社、风俗习惯、生产方式、经济状况、官民关系等方面的素材。又如妇女史、性别史研究方向的出现，各种类型的列女传记，如《仇画列女传》；女性的专书，如《奁史》；正史、方志、族谱、文集中的《列女传》《烈女传》《贞女传》《孝女传》《节妇传》；笔记中关于女性的载笔，均会被开辟为社会史的史料。医疗社会史研究的开展，医药类的专书，如《本草纲目》《伤寒论》等，从社会医疗史的角度加以解读，与医家当作专业理论、医学史来读，选摘材料的角度就不一样，特别是辑录民间验方的各种《伤寒论》《千金方》的民间注本，记录医疗实践的经验，更为医疗社会史的宝贵材料。在西方，心态史研究的提出使得遗嘱、账簿、日记、函件、教堂婚姻登记、法庭诉讼记录，都成为它的研究素材。记忆史的产生，在西方一度形成“寻根”热，人们热衷于找家谱、修家谱，到档案馆、教堂查找个人的、家族的记载。笔者有个切身体会，就是利用中国第一历史档案馆所保藏的刑科题本档案的方向性改变。早先同行利用这种档案中的土地债务类资料，多用来说明租佃关系和剥削形态，强调阶级斗争，笔者同样这样运用过。20 世纪 80 年代前期笔者明确了社会史的研究方向，就不再是那样单一地搜集与解读那些素材了，而是从人际关系、日常生活角度去搜集，并且多次指导学生去查找，制订搜集提纲，要求寻觅主佃、东伙、主仆、良贱、宗族家庭、男女、民族、宗教徒与非教徒、土著与移民各种类型的人群社会地位、生活状况，以及他们之间的关系方面的资料，试图以此资料探讨档案所反映的那个时代的社会经济史、社会生活史。[①] 种种事实告诉我们：随着新概念、新方向、新领域的提出，那些蕴藏在正史、政书、方志、文集、笔记、游记、家谱、档案等文种图籍的社会史史料便可能被挖掘出来。有了新概念，上述正史、政书、方志、文集等类型的图书，不再被视为帝王和精英的文件，不仅仅有政治史、经济史、思想史研究的资料，也蕴含社会史研究的史料。杨念群就美国中国学研究中的"概念化"倾向谈道："每一个核心中层概念的提出都开拓了新的史料来源"，"'中国中心论'范式的提出所引发的地方史研究的浪潮，却根本改变了史料选择的范围和特征，即开始从中国人自身的感觉和立场出发选择史料的种类。"[②] 由美国中国学研究的实践，我们可获知新概念的提出对新史料选择的方向性价值。

史学研究本来就是看重实物史料、口碑史料的，不过社会史概念的出现，更扩大了这类史料的范围，比如水利史方面的碑刻，过往人们是从水利与农业关系的角度来对待它的，有了社会史研究的概念，就同民间社会问题联系起来了，所以黄竹三等编撰的《洪洞介休水利碑刻辑录》（中华书局 2003 年），被列为"山西地区水资源与民间社会调查资料第三辑"。文艺作品、视觉材料经过史料学的处理，亦可以运用为社会史研究的素材。对此我们还有机会涉及。

王家范认为社会史研究的提出对于史料而言，简直是一种革命，反映下层社会、基层社会的经济、社会、组织、民风、信仰等内容的资料，不论来自何种文献，皆可搜集起来。[③] 这话说得非常精彩，充分注意到社会史研究赋予历史文献、实物和口碑资料新的生命，使它们本来具有的社会史史料价值被人们所认识，加以索取和利用。这从另一个侧面反映我国各种文体的历史文献，蕴藏着大量的社会史史料。研究社会史，似乎不必顾虑史料的缺乏，而在于下功夫利用新概念去寻觅。

二、将被排除在视野之外的图籍、文书纳入社会史史料库

（一）文艺作品被有条件地用作史料

1. 国学大师论文艺作品反映社会人情风俗

我国古代轻视文艺作品中的戏剧小说，不允许它们进入大雅之堂，诚如顾

---

① 冯尔康：《论"一史馆"土地债务类档案的史料价值》，《南开学报》1999 年第 4 期。

② 杨念群：《美国中国学研究的范式转变与中国史研究的现实处境》，《清史研究》2000 年第 4 期。

③ 王家范：《中国历史通论》，华东师范大学出版社 2000 年版，第 419 页。

颉刚在1934年所言的古代戏曲命运，“历代鸿博之士视此道为末技，鄙不屑道，学者不谭，谭者不学”，又说“晚近风气稍开，国人颇知一切社会活动皆足表征文化，模声绘色原非仅以娱人，有如琵琶羯鼓可以验六代之胡风，杂剧套词可以索宋元之土俗，尤不应以其托体稍卑，弃置而不道也”。[①] 其实有的内容是他转述王国维的话。王氏于1913年撰成《宋元戏曲史》，《序》中云：“元人之曲，为时既近，托体稍卑，故两朝史志与‘四库·集部’均不著于录，后世儒硕，皆鄙弃不复道，而为此学者，大率不学之徒。”又在第十六章《余论》说到杂剧故事：“所装扮者，备极世间骗局俗态，并闺阃拙妇与呆男，及市井商匠刁赖词状杂耍把戏”，更说明戏曲能“道人情，状物态”。[②] 王国维、顾颉刚虽然没有明确说明戏曲具有反映社会生活的价值，但是我们已经能够意会到了。孟森说明清之际的《樵史通俗演义》，是“明遗写实之作，而托体于通俗以自晦者也”[③]。认为小说作者因客观政治环境不便于一本正经地宣布是为记叙历史而严肃写作，假称作游戏文字的小说以遮人眼目。这一类的小说家之作自然饱含历史的成分了。谢国桢的《增订晚明史籍考》（上海古籍出版社1981年），讲述明清之际的各种体裁的史书，同样给文学作品以一定的地位，在全书24卷中特设文艺作品的一个附卷，曰《宫词诗话小说传奇》。古代图书中经、史、小说戏曲的等级性的观念令小说戏曲处于卑贱地位，只有克服这种观念，才能充分认识它们的学术史料价值和社会史研究的资料意义。

2. 文艺作品何以能被史学研究借鉴

文史的分家，令文学艺术作品有一个时期被严格地排除在史料之外，因为它们所反映的不是真人真事，不足以反映历史的真实。只有极少数史家，敢于利用文学作品的材料研究历史，如陈寅恪，采取以诗证史的方法，写出《柳如是别传》《论再生缘》《元白诗笺证稿》等名著，这表明文艺作品的内在因素具有史料价值。社会史研究的开展，很自然地令人注意到文艺作品的这种价值，这是因为：第一，诗赋常常有序言，将它同诗赋本身结合观看，得以明了有关的史事；第二，诗集的编辑，通常是依写作年代进行的，时间与内容的结合考察，可以帮助我们弄清一些事情；第三，成功的文艺作品，寄托作者的情

---

① 钱小柏编：《顾颉刚民俗学论集》，上海文艺出版社1998年版，第398页。

② 王国维：《宋元戏曲史》，商务印书馆1927年版，《序》第1页、正文第180页。

③ 孟森：《重印樵史通俗演义序》，江左樵子编辑、钱江拗生批点：《樵史通俗演义》，史愚校点，人民文学出版社1989年版，第310页。

感、愿望，帮助我们了解历史人物的内心活动，有助于人物行为、社会生活及传记的写作；第四，通常被人们蔑视的官方的一些赋诗活动及其记录，能够反映缺乏资料的历史事实的某种侧面，故而也可以当作史料来运用；第五，成功的小说、戏剧都不是作者率意而为的，是作者本人，也是那个时代观念的产物，所以小说、戏剧能够反映时代的实际生活和人们的心态、观念（王国维所谓的“道人情，状物态”），有助于史家认识那个时代的人们的社会生活，以至它的细节用作史料，有着具体、细致的特点；第六，文艺作品对事物的形象反映，可能会促进史家在研究中发挥形象思维的作用，有助于理解历史。

3. 文艺作品对社会史研究的价值所在

具体地说，文艺作品可能提供的社会史资料，笔者想有如下几方面。

第一，反映社会全貌，而且出神入化。诚如徐志摩在1931所说的，小说《醒世姻缘传》是“一个时代（那时代至少有几百年）的社会写生……（作者将）中下社会的各色人等的骨髓都挑了出来供我们赏鉴……从悍妇写到懦夫，从官府写到胥吏，从窑姐写到塾师，从权阉写到青皮，从善女写到妖姬，不但神情语气是各合各的身份（忠实的写生），他有本领使我们辨别得出各人的脚步与咳嗽，各人身上的气味”①。

第二，史诗记录社会灾异情况下人们的生活和信仰中的无奈求助。如描写灾荒和瘟疫的流行，社首、地保、绅衿组织民众求神求雨禳灾消祸，为此而敛钱，往往不见效果，灾民更加痛苦。张应昌编辑的《清诗铎》（中华书局1960年）里收有很多首这一类的诗词。

第三，历史演义记录某些历史真相。历史演义有两种，一种是后人依据某些历史著作，经过加工虚构，编写而成，这自然没有新材料可供后人采择；另一种是当时人写的演义，而留下作者的社会见闻，给后世史家以新资料或可作考证的材料，如前述《樵史通俗演义》第二十七回督师袁崇焕被凌迟，“京城的人恨他失悮军机，致北兵进口，各处残破，生生的割一块，抢一块，把袁崇焕的肉顷刻啖尽”。袁崇焕是后人崇敬的英雄人物，《樵史通俗演义》如此写他，是否对他有意诬蔑？孟森洞察其情，指出袁崇焕之冤其时不为人知，而以为他误国，故恨而食其肉，这是可以理解的，小说这么写也是反映当时的“清议”（舆论）。应当说，在崇祯帝中了后金的反间计之时，众人因对袁崇焕误解

① 《醒世姻缘传》，徐志摩《序》，黄肃秋校注，上海古籍出版社1981年版，附录一。

而痛恨他，《樵史通俗演义》写的正是彼时的实况，至于后人对袁崇焕的尊崇则是在其冤狱大白之后的事情，因此这部小说对袁崇焕受刑时的描写倒给人留下真实的记录。①

第四，小说反映人们具体而生动的生活方式和社会关系，衣食住行，婚嫁丧葬，节日生活，人生喜庆生活。这是小说功用的必然之意，清朝人罗浮居士云："其事为家人父子日用饮食往来酬酢之细故，是以谓之小；其辞为一方一隅男女琐碎之闲谈，是以谓之说。"② 不妨以脍炙人口的《红楼梦》为例来看，它描写各种人的穿着服饰，标志人的社会身份，王夫人责骂奴婢晴雯，谁许你穿红着绿，打扮得妖精似的，可知衣着是等级身份的标志；《红楼梦》中秦可卿给王熙凤托梦的情节，建议家族建立族学和义田，即使抄家，义田也不没收，而族学可以培养子弟，总有东山再起、家道复兴的机会，这是那时家族活动及家族功能的写真；《红楼梦》写探春出面组织海棠诗社，小姐、少奶奶吟诗作乐，如同社会上文人雅士结社吟诗的社交活动，丰富生活情趣；《红楼梦》写刘姥姥的二进大观园，被人们善意地愚弄，她也知道自家充当的角色，但乐于承担，她几乎成为"清客相公"的形象；《红楼梦》写众人凑份子给凤姐做生日，是大户人家学小户人家过生日的样子，变着法子找乐；《红楼梦》写医家用药——药方，研究者视其作者真懂医学；《红楼梦》写薛宝钗论作画和它的工具，研究者谓其作者深明画理；《红楼梦》写山子野建造大观园，研究者云其反映乾隆时代的建筑艺术。如此等等，《红楼梦》成了百科全书，成为反映清代前期社会生活的艺术性资料，可供史家选取。文艺作品寄寓人们的某种理想和政治感情，如员外郎、曲阜孔尚任的《桃花扇》传奇，写明清之际的江南四大公子之一的侯方域与妓女李香君的爱情故事，借以抨击南明福王弘光政权的腐败；此剧于康熙三十八年（1699）在京城演出，引起轰动，孔尚任也因此丢官，这本身就是生动的社会历史故事，而《桃花扇》的上演，不正是人们欣赏艺术的文艺生活吗？

第五，文艺作品表现人们的感情生活。也是四大公子之一的江苏如皋人冒辟疆写作《影梅庵忆语》，反映他与董小宛的爱情故事。

应制诗赋反映社会上层生活的某种侧面，如朝廷举行柏梁体赋诗会，皇

---

① 江左樵子编辑、钱江拗生批点：《樵史通俗演义》第二十七回，附录孟森《重印樵史通俗演义序》，人民文学出版社 1989 年版，第 202、310 页。

② 庾岭劳人说，禺山老人编，王俊年校点：《蜃楼志小说序》，《蜃楼志》，齐鲁书社 1988 年版。

帝作首句，王公大臣赓和，每人一句，不过几个字，却能反映其人的人品及对此种游戏的态度。每年开春的皇帝亲耕籍田礼，过去我们以为这是皇帝走形式，做给百姓看的，没有意思。有的皇帝确实如此，有的则不然，亲耕以前要和大臣一起演习，郑重其事，连同祭天大礼，祭前皇帝要在斋所斋戒，离开大内，不得亲近女色。这些祭祀大典和亲耕礼，有时有颂赋的创作，过往我们视之为具文，其实从中亦可窥视皇帝的另一种生活、皇帝的情趣及身体健康状况。

4. 运用文艺作品于社会史研究需要留意的事项

用文艺作品为史料，有三点需要留意。一是不宜直接使用，特别是不能作为孤证。文艺具有虚构性，当然不是记录真人真事，使用时应同其他资料作综合考虑，在充分把握时代背景基础上，选择其能够反映历史的成分，剔除其虚构不实的部分。二是史家需要以超脱职业局限的观点看待文艺作品中的故事，否则就会完全忽视它的史料意义，顾颉刚说对待传说故事，“不以故事的眼光看故事，而以事实的眼光看故事”[①]。说得好，“以事实的眼光看故事”，就会看到故事中那些反映历史真实的内容，就有价值了，若以故事心态看故事，自然看不出它所反映的真实性那一面。三是史家阅读文艺作品，需要留心于陶情怡性，扩展心智，学习掌握形象思维和文字表达能力，从多角度认识、分析文艺作品的资料，进行社会史的研究。王国维特别推崇元曲的文字，谓其“文章之妙，亦一言以蔽之，曰有意境而已矣！何以谓之有意境？曰写情则沁人心脾，写景则在人耳目，述事则如其口出是也。古诗词之佳者无不如是，元曲亦然”[②]。对他的说法可以理解为方法论，治史者从文艺家那里学习那些有“意境”之作，“写情则沁人心脾，写景则在人耳目，述事则如其口出”，真乃争取再现历史也。

（二）对笔记体著作的史料运用

笔记体的著作，是作者随笔记录所见所闻及阅读图书、鉴赏文物的心得体会，或者随笔撰写带有虚构性的人物故事，在古代图书分类学中属于“史部·杂史”“子部·杂家”“子部·小说家”。它的内容庞杂，学者将它们区分为学术类的笔记、怪异（志怪）类的笔记、小说类的笔记，当然学术类的最有史料

---

① 钱小柏编：《顾颉刚民俗学论集》，上海文艺出版社 1998 年版，第 103 页。

② 王国维：《宋元戏曲史》，商务印书馆 1927 年版，《序》第 1 页。

价值，向来为史家所珍视，社会史的研究更使它大放异彩。对于笔记体文献，不管是哪一类的，都有社会史史料的价值，这是因为它提供的资料所反映的社会生活面之广泛、之深入细致、之生动形象，为他种文献所难企及。笔记体著述，只要作者感兴趣的，什么事情都会记录（政治上的禁忌除外），所以涉及社会生活的方方面面、各色人等的生活及其观念，举凡绅衿职官的逸闻趣事，结社吟诗，九老聚会，朝政决策的某种细节，民众运动的发生与观念，男女关系及女子的异行，优伶的演出与人际关系，宗教信仰，僧尼道士道姑生活，法事道场，民间秘密结社，秘密宗教，少数民族的社会风情，民族关系，半贱民、贱民社会状况，贱民与平民的关系，家庭家族生活与人际关系，三教九流，三姑六婆，人生喜庆，变性之人，同性恋，风俗时尚，饮食、衣着好尚，物价与消费，天象灾异，风雨雷雹，赈灾救济，瘟疫流行，个人、团体善行，等等。

说到细致，笔记体著作所描述的细微末节，是生活本身的，而非生活程式化的，基本上没有各种官修图书的套语或语焉不详。如明末清初张岱著《陶庵梦忆》，记叙艺人柳敬亭讲述“景阳冈武松打虎”故事，说武松到店内沽酒，无人接待，恼怒得大吼一声，震动得空缸空甏嗡嗡作响，听书人则是“屏息静坐，倾耳听之”，将演员的绝技及与听众交流的情形淋漓尽致地表现出来。① 具体而又有心理活动的描写，自然将事情、人物写得生动形象，读起来就有滋有味，充满乐趣。

志怪的内容，有个时期反对迷信，人们视之为荒诞不经之谈。现今人们知道这类内容迷信有之，但更多的是反映人类对人体自身、对自然界、对社会的某些现象缺乏认识。人体有没有特异功能，做梦是怎么回事，星座与人生有无关系，风水有没有道理，自然界的非常规现象与人间的异事有无因果关系，这些问题都需要继续探讨，求得科学解答。当生态环境遭到破坏之后，人们懂得了“人定胜天”的观念需要重新思考和诠释。自然科学解开酸雨之谜以后，历史文献中下红雨的记载，不能再简单地斥之为妄说，那时虽无工业发展造成的酸雨，难道不会有类似的事情发生吗？古文献记录天上掉下水牛，此前谓为妄言，当有了龙卷风的知识，人们才明白那是龙卷风造成的。古人不懂，以为是

---

① 张岱：《陶庵梦忆》，上海古籍出版社 1982 年版；柳敬亭事，另见张潮辑《虞初新志》所收的吴伟业撰《柳敬亭传》。

天意某种表示，有迷信成分，但所记载的现象是真实的，不能完全视之为迷信。如果我们斥之为迷信，那倒证明自家陷入了“反迷信”的迷信之中。所以对志怪小说的“怪”，不应简单地斥之为迷信，而需要分析其是怎样的事情，古人对它的说明或不理解，正表明那时人们的观念、心态，正是社会史应当研究的内容。好多自然界的现象，人类社会的现象，有待于人们去认知，不要无知下断语，有这种态度，可能会较好地认识和利用各种笔记小说的资料，令它能够说明社会生活史的某个侧面。

（三）利用原先不登大雅之堂而流传于民间的文书材料

有些图书、文书在民间社会流传，文人雅士看不上，官方机构不收集，以致进入近代社会，公共图书馆仍不收藏。这些图书包括民间秘密宗教的经卷、术士的堪舆书、麻衣相士的算命书、江湖郎中的医术验方、居家生活的常用书（如《万宝全书》），等等。术数之士的书籍、秘密宗教的经卷，同孔子所不语的“怪力乱神”有关，当然不能登大雅之堂。《万宝全书》是人们生活中很有实用价值的图书，也被学术界忽视。此外有许多类型的散篇文书，如地契、房契、税契、分家书、户由单、合婚书、卖身契、各种合约（契约）、过房文书，平民之间经济往来及人身关系的文书，官民之间的凭信而由民间保存的文书，皆系单篇零散之物，事主注意珍藏，因事关家事，自应秘不示人，不会在市面流传，而其所反映之事，皆很琐碎，亦不足以引发好事者的注意。但是时过境迁，即使那些文书已经失去法律上的效用，在古代无人收集汇编，也无从进入书林。20 世纪，有公共图书馆认识到它的学术价值，予以收集，徽州文书就是这样被发现的，如今乃产生“徽学”。在此以前，敦煌文书被发现，出现“敦煌学”这样世界性的学问。敦煌学及其文书、徽学及其文书的引人瞩目，是人类学、民族学、历史学、文学、宗教学、档案学、文献学各尽所能的综合成果，而社会史在利用这两种文书的过程中，可以说得到它们的实惠，它们也成为社会史重要的材料库。

尤为可喜的是，有学者对这类文书进行学术研究，加以评介，以便利学者利用。李世瑜进行民间宗教经卷的搜集与研究，写出专著《宝卷综录》（中华书局 1961 年），介绍 774 种宝卷。最早将民间日用类书用于社会生活史、社会文化史领域研究的王尔敏，在《明清时代庶民文化生活》（台湾“中研院”近代史研究所 1996 年）一书中已广泛利用这类资料，尤其是涉及四礼规范、书信写作、契约帖式等专科性民间日用类书，并首先引用《万宝全书》的资料。

王尔敏在另一部著作——《明清社会文化生态》（台湾商务印书馆 1997 年）中，也是利用民间日用类书资料讨论民众的生活情节。吴蕙芳搜集到 60 多部不同版本的明清时期民间日用类书，比勘合校，详细注释，说明其史料内涵、价值，撰成《万宝全书：明清时期的民间生活实录》（台湾政治大学历史学系 2001 年）一书，王尔敏为之作序，赞扬她将《万宝全书》这类“俗鄙史料，排进高深研究殿堂”①，实非虚言。她又研究《万宝元龙杂字》，指出此书为士庶日常生活中使用的字书，与《万宝全书》接轨，为人们掌握生活知识所用。②

这些民间实用文书，最能反映历史上人们社会生活的实际，是社会史研究的上等史料。仅举吴蕙芳介绍的《万宝全书》和《万宝元龙杂字》来看，前书分类有天文、时令、地理，反映生态环境；法律、状式、品级、诉讼，反映官场和法律活动；命理、秤命、相法、剋择、营造、堪舆、卜筮、关王筈、梦解，可见玄理术数内容之多；养生、医学、种子、祛病，为养生保健与医疗卫生的内容；字法、画谱、对联、酒令、博弈、笑谈、笑话、仙术、戏法，反映怡情养性和娱乐生活。《万宝元龙杂字》记录蹴鞠、象棋、围棋、双陆、牙牌、朱窝等游戏项目的名称和由来，而《万宝全书》则对这些游戏的规则等作出说明。这两部书，还收录了以北京、南京、盛京、苏州、徽州等城市为中心的地图和交通图，南北各地路程的往来口诀、歌诀和歌赋，便于人们掌握。③ 民间收藏的文书，从方方面面反映人们社会生活的实际状况，是社会史研究可以直接运用的史料。

王振忠同样进行了民间实用文书的研究，他在 2002 年“国家·地方·民众的互动与社会变迁”学术研讨会上，提交《徽州日常日用类书与民间日常生活研究》论文，指出日用类书为研究民间日常生活的重要史料，并将所搜集到的日用类书区分为综合日用、商业日用、村落日用诸类，具体分析了后一种日用类书在村落生活中运用的情况。

受王尔敏、吴蕙芳、王振忠研究的启发，笔者以为《居家必用事类全集》（10 卷）可能也是生活日用之类的书籍，而且传播到国外，并有朝鲜刻本，今

---

① 吴蕙芳：《万宝全书：明清时期的民间生活实录》，王尔敏《序》，台湾政治大学历史学系 2001 年。

② 吴蕙芳：《清代民间生活知识的掌握——从〈万宝元龙杂字〉到〈万宝全书〉》，台湾《政治大学历史学报》第 20 期，2003 年 5 月。

③ 参阅吴蕙芳：《清代民间生活知识的掌握——从〈万宝元龙杂字〉到〈万宝全书〉》，台湾《政治大学历史学报》第 20 期，2003 年 5 月。

中国国家图书馆有收藏。

施善书，不少出于道家、佛家或它们的信仰者之手。在这类书里，容或有社会风俗与社会心态的内容，可为社会史研究采摘，如印光法师于 20 世纪 30 年代在“上海护国息灾法会”上说法，讲到江浙间流传害怕产妇的心理，以为产妇分娩出血，会冲掉以前所念的功德，是以人们在儿媳、女儿分娩前，出门避灾。（所谓“江浙俗传，谓念佛之人，血房不可入，以产妇血腥一冲，以前所念之功德都消灭矣，故视作畏途。虽亲女、亲媳，皆不敢近，犹有预先避居别处，过月余方敢回家者。”）他说“此风遍行甚广，亦可怪也”[①]。巴金小说《秋》写觉新的妻子将分娩，赵姨太怕有“血光之灾”，非要把孕妇移送出去分娩，应当也是这种观念的作祟。可见此种观念与相应的避讳方法，不仅流传地域广，而且时间久远。

那些未能进入学者视野的文书，被发现了，被利用了，是史料学研究的发展。杨念群著文，将那些史料称为“处于边缘状态的史料”[②]。这类文书不妨名之为“处于边缘状态的史料文书”，或说“民间实用文书”。

（四）近当代的散篇文书、小册子成为社会史史料

上面说的是前近代的、古代的处于边缘状态的史料文书，那么近代以来的同类或类似性质的文书，也有类似的命运，终于被学者发现和利用。据说美国学者贺肖研究近代上海妓女史，从导游手册、街头小报、侦讯记录诸种文书中，获得传统资料所忽视的史料。导游手册，应当是旅游景点，旅馆，饭店，娱乐场所（文明的电影院、剧院、博物馆，狭斜的色情场所），交通图，铁路、公路、海轮运行时刻表等方面的零散资料。街头小报，包括各种商业广告、传单、传播社会新闻的存世短暂的小报及杂志。这类文书确实有一些，如 1911 年问世的石少川撰《天津指南》，1927 年出版的甘眠羊的《新天津指南》。这类咨询性的文书，具有极大的时效性，市民及旅游者看过或使用过之后就会随手丢弃，很难有人长期保存这种失去效用的烂纸碎片，学者也不把那些东西当作正经书刊报纸，向不措意，故而难得有人认识、承认它们的学术史料价值。如今社会史的研究者有了“从下向上看”和“向下看”的视角，寻觅资料时将目光扫向这种文书，令它们一变而成为有价值的历史文献。已有研究者致意于报

---

① 印光：《上海护国息灾法会法语》，台湾南投鹿谷净律寺 2001 年印，第 74 页。

② 杨念群：《美国中国学研究的范式转变与中国史研究的现实处境》，《清史研究》2000 年第 4 期。

纸广告的社会史史料价值，如胡俊修利用上海《申报》的广告资料撰文《从〈申报〉广告看近世上海社会生活的变迁》。作者将《申报》的广告内容进行分类，看出申沪社会中上层人士接受西方的生活观念后产生的变化，如男士西装革履、女士足蹬高跟鞋和头戴斜顶篷帽的西方着装生活，以及饮食、居住、交通、嗜尚、服西药、看电影等方面的变化，因而认为“广告犹如一个万花筒，展示着近代上海社会生活的广泛变迁”①。应当说这是使用广告资料进行社会史研究的成功事例。

（五）视觉材料引入社会史资料库

现代社会里，人们的生活与视觉材料关系密切，观看视频或电视，几乎成了每天必有的活动，到博物馆、各种展览馆去欣赏科技、天文、文物、绘画、摄影、雕塑、某种商品（如汽车）等专题内容的展出，到影剧院观赏电影、戏剧、歌曲的放映或演出，也是生活中不可缺少的内容。反映、记录现代人生活的这些物质的、精神的产品，就进入了社会史学家的眼帘，把它们捕捉为研究素材，这样就产生所谓“视觉材料”的史料，就是将电影、电视节目、动画片、戏剧表演、小人书、图像、绘画、相片、唱片、雕塑品、建筑物、生产工具、VCD 与 DVD 等艺术品和实物，即文学性、艺术性、实用性的作品、物品，经过某种史料学的处理用作社会史研究的素材。

上述视觉材料产生于近现代，是研究近现代社会史学者之福。古代没有影视片、照片，但是仍有一些视觉材料的遗物，可供研究者利用。古代佛教造像就很多，大同云冈、洛阳龙门、甘肃麦积山石窟最为有名，此外浙江杭州、福建泉州、重庆大足、河南巩义、山东济南等地均有一些，而泉州犹有拜火教的神佛造像。与造像并存的是“造像记”（多达 1600 种以上），这二者配合，既有造像，又有文字记录，是丰富的佛教僧俗信众的社会史资料。儒佛道三家庙堂多有教主的塑像，各种官方的、民间的神佛庙宇都有被信仰的神灵和令人恐惧的鬼怪的造型。古代绘画遗存亦很多，而且有多种类型。壁画，以敦煌莫高窟的最为著名，有些帝王贵胄陵墓中亦有，如唐代永泰公主墓的壁画、辽金时代贵族墓的壁画等，寺院亦多壁画，如天津蓟州独乐寺的壁画被泥封，而后被发现，有的住宅也有壁画。古代的造像、塑像、图画都是社会史研究的资料。

近来老照片的史料价值被学术界、出版界所认识。台湾洪惠冠总编的《竹

① 胡俊修：《从〈申报〉广告看近世上海社会生活的变迁》，《历史档案》2003 年第 4 期。

堑思想起——老照片说故事》（新竹县文化中心 1995 年）第一、二辑，用老照片说明新竹移民史，讲到村舍、人物、居民、街道、卫生、聘金、妇人会、医疗、工厂、学校、旅行、七仙女故事、地方名士踏春，甚至还有“老婆请警察管老公”的照片与解说。《台北市老街道》《台北市老车站》等书，也是利用老照片制作的。沈淑敏等从理论上探讨图像资料的运用问题，作文《图像资料在台湾地形变迁研究上的运用与限制》（台湾汉学研究中心举办的“地方文献学术研讨会”论文，2002 年 10 月）。老照片给读者形象的、艺术的、直观的读物，它成了宝贵的史料，所谓“一张珍贵的照片讲述一个民族甚至一个国家的历史”。

由于使用老照片研治历史仅仅是开始，还没有什么经验，运用得并不理想，是势所必然的。视觉材料的运用尚属开始阶段，合适的方法是逐渐形成的，不必急于求成，认识到视觉材料的史料价值才是重要的。

不只是利用老照片，将雕塑、绘画、新老照片汇合在一起研究历史课题已有学者在进行，有的“图说”历史就是此种读物。施玉森使用这种方法，连续撰著关于鸦片战争、第二次鸦片战争、甲午战争和义和团运动四部著作，笔者寓目的《义和团运动和八国联军侵华战争》一书，汇集关于义和团和八国联军的四五百幅照片，有人物、建筑、雕塑、自然景观、遗迹、遗址照片，配合以文字的说明。为之作序的陈振江谓此书“所选图片形象感人，论述史实深入浅出，雅俗共赏”①。

关于视觉材料，第六节仍有说明，请读者留意。

史料，传统的来源是历史文献，近代发展出考古发掘的实物材料、口述史学的访问材料、田野调查的各种材料。社会史研究的出现，以新的概念与新的研究方向、领域，进一步扩大史料来源，将史学的边缘史料和新的视觉材料收入史料库，也在一定程度上利用文学艺术作品、笔记小说，这都使社会史的史料来源得到大大的扩充，极大地丰富了社会史的研究素材。我们不妨将这些文艺的、视觉的材料，暂且名曰“非传统史料”。

三、从社会史的视角对史料进行新的挖掘与诠释

笔者拟从学者的具体研究及个人研究中的感受来说明对这个问题的思考。

---

① 施玉森：《义和团运动和八国联军侵华战争》，东京雏忠会馆 2000 年版。

笔者从一些学者的研究中，感到他们在解读传统史料上有新的研究成果，这里仅以与生态环境观念相联系的研究为例。研究宗族史的赵华富在20世纪90年代中期去安徽黟县南屏村叶氏家族居地调查家族活动，对往日封山育林的族规及习俗大加赞扬，撰文云："叶氏家族在老虎山有数十亩山场，古木参天，粗大合抱。山场立有界碑和禁牌，支丁只准拾枯枝，扫落叶烧火，严禁乱砍滥伐，违者，罚以锡箔将砍伐树木烧化。由于对乱砍滥伐者严惩不贷，所以，山场保护良好，一片郁郁葱葱。武水横流，绕南屏村东去。西干桥和万松桥立'养生溪'三字石碑，水中游鱼只准垂钓，不准网打，如违，罚以锡箔将鱼烧化，所以游鱼安乐，柔游水中，沿溪可见，大者一二十斤重。"① 看他如此富有感情地颂扬叶氏家族保护生态环境，无疑是自身先有了这种环保意识。目前出版的一些研究专著，以一定的篇幅描写生态环境与社会环境的关系，搜集和使用了相关史料，反映其作者的学术目光的敏锐性。

笔者在四十几年前研究皖南棚民的经营方式史时，发现外省进入皖南山区的棚民与土著有冲突，官方支持土著，他们的理由有三点：一是棚民开山种地，破坏了居民的祖坟风水；二是山林植被遭到破坏，水土流失，减少农田生产；三是河流因之堵塞，影响通航。那时笔者知道这是事实，有些道理，但写作《试论清中叶皖南富裕棚民的经营方式》（《南开大学学报》1978年第2期）一文，并没有写进这个内容，因为当时阶级论的影响很大，觉得棚民多数是穷苦劳动者，若写他们的破坏性，岂不是"诬蔑劳动人民"，害怕这顶帽子，故而回避了这种历史事实。及至有了生态环境史的概念，将棚民无序开山的事实同生态环境的破坏联系起来，对事情的认识进入另一个境界。与此相类似的是，过去笔者阅读族谱，看到一些家族的族规中，对族人到祖坟山上砍伐树竹、折取树枝，给予严厉的处罚，甚至连拣枯树枝、割茅草也严格限定日期；那时将家族视作族权的组织，对这些规定以为是族长的小题大做，用以钳制族人，当有了保护生态环境意识之后，就将那些族规条例同保护生态环境联系思考，读出一些道理。20世纪90年代中期笔者去江西进行家族史的田野调查，发现村民自觉保护水土，封山育林，认识到民众的自觉性同历史传统的关系，说明当初的有关族规是有其理由的，只是那时的族尊只知保护祖坟风水，不会讲保护生态环境的道理。不过，这也不能苛求于他们。生态环境史的概念，令

① 赵华富：《黟县南屏叶氏调查报告》，《'95安徽大学学术活动月论文选粹》，第113页。

笔者重新理解早期阅读过的史书，认识有所提高。

妇女史、两性关系史、性别史的概念和研究方向的提出，使笔者在女性史的研究方面也有所改观。“正史”中的《列女传》，被前辈痛斥为奴役妇女的罪恶记录，笔者不去认真阅读，读了也是从妇女受压迫的角度去采择一些材料。当有了两性关系史的概念，笔者研究娼妓史时予以运用，从男女两方面来观察娼妓出现及某些妓女受到某种尊重的原因，写出《古代著名沦落女子为何受褒扬》；阅读《清史稿》的《列女传》，写作《清代节烈女子的精神世界》，希望深入女子的精神世界，去认识她们的守节行为，对《列女传》作出另一种解读。身体史的概念的获得，也令我在重新理解史料方面受益。20 世纪 80 年代前期，笔者研究雍正皇帝的历史，对他处理方士贾士芳一事颇为疑惑不解，因为他刚刚说贾士芳是异人，能治御体之病，不几天又宣布其为左道妖人而予斩首。史料中记载雍正帝描述贾士芳治病：“口颂经咒，并用以手按摩之术”，“其调治朕躬也，安与不安，伊竟欲手操其柄，若不能出其范围者”。笔者在《雍正传》书中叙述了这些史料，对贾士芳究竟如何治疗雍正帝疾病，未能作出任何判断；及至有了社会医疗史的概念，笔者从引导术、安眠术、按摩术、人体特异功能的学术探讨中获取知识，猜测贾士芳试图用这些方法给雍正帝治病，并要求患者配合，可是皇帝哪能被人诱导，心理上承受不了，加之贾士芳可能功力有限，不能在短期内将雍正帝治好，而遭到杀身之祸，遂将这种看法写在一篇文章中。[①] 笔者自知并没有解决这一问题，但总算有了一种说法，比以前茫然不解要心安一点。

笔者观察当前学术研究动向及个人的体会，深知有了社会史的新概念、新方向、新领域，固有的历史资料，因为使用者采取新视角，不仅会发现新的史料领域，同时会对原先的史料产生新的领悟，进入新的意境，会凸显史料内涵的其他方面，做到较全面的理解，能够用以解读历史现象，这同样是挖掘新史料。

四、社会史的实物史料和口述史料

各种类型的文献资料对于社会史的研究固然极其重要，但是实物史料和口述史料同样应当引起重视。

---

① 冯尔康：《序》，姚周辉：《神秘的幻术——降神附体风俗探究》，广西人民出版社 1993 年版。

历史上遗存的实物具有史料价值。这实物有传世的，出土的，还有埋藏在地下待发掘的，可分作两大类。一类是遗物，包含的种类繁多，诸如各类建筑（宫殿、王府、坛庙、佛寺、道观、祠堂、会馆、民居以及城市、村落、长城），生产工具，生活用品，文化用品，武器，艺术品，碑刻，等等。另一类是遗迹，系古代实物及其空间的残存，考古发掘的遗址，如西安半坡遗址，长城残存片段，柳条边遗址，圆明园遗址，明神宗万历定陵地宫，清高宗乾隆裕陵地宫，各宗教的摩崖石刻、石窟、造像室，少数民族地区的岩画，等等。历史遗存的实物之所以具有历史资料价值，第一是因为它作为直观的材料，本身能够直接反映历史实在的某个情形，或者说某种情形的片段。比如说我们观看明代残存的长城，就会明了它所依托的山势（地形），它的高度、宽度，垒砌用砖的尺寸、大小，它还会给我们提供进一步研究的资料，如可以对城砖作出化验，弄清它的制作原料，何以几百年没有风化？甚至还给我们留下想象空间，这么多、这么大的城砖是怎样运输到山上去的，是传说的驱赶羊运送的吗？第二是因为它有助于我们正确理解文献资料的真实意义，有些文字材料我们难于读懂，结合实物就好理解一些了。例如对于复杂衣服的式样的记载，什么滚多少道边，扎多少道褶，并不容易了解这衣服是什么样子，对照实物，就可能明白了。第三是因为它保存了大量文字资料，因为摩崖石刻、造像、碑刻，以至文房四宝，许多有着刻写文字，甚至是长篇巨制，如在河北省邯郸市涉县中皇山发现北齐年间摩崖石刻佛经，多达13万余字，系佛教早期典籍中珍贵的实物资料与文字资料，被称为“天下第一壁经群”。

那么实物究竟能够在社会史研究资料方面起些什么作用呢？

一是反映日常生活细节。像民间住宅，徽州明代民居、山西平遥明清乔家大院、天津清代石家大院，反映明清时期一些地区的平民、商人、官绅的居住状况和环境；像日用器皿，各种发掘的墓葬陪葬物中的器皿，或者冥器，甚至于保存下来的当年的实物，如20世纪70年代在新疆吐鲁番唐代墓葬发现的饺子、花式点心、土麻鞋，2003年在西安西汉早期墓葬出土的凤首铜钟内储存的十几斤米酒，呈透明状态，至发掘出来时香气扑鼻，这对了解死者及其同时代人们日常使用器具、食品的状况，提供了某些信息。

二是反映官民的信仰文化和某种意识。天坛、社稷坛、先农坛体现官方的最高崇奉的神灵和仪式场所；文庙体现官府和读书人的孔子崇拜观念和场所；皇家的太庙（图2-1）和民间的祠堂、家庙，是祖先崇拜的仪物；寺庙、道观和各种祠宇，是宗教信徒的活动场所和观念寄托的所在。在教派方面，佛教、道教是区分得非常严格的，可是它们的遗存物，有的却给人异样的感觉，如山东崂山是道教圣地，可是20世纪80年代末笔者去观光，发现有将佛家菩萨和道家仙人供奉在同一所庙宇内的，不过是塑像分室而居而已，这种现象可能反映民间的宗教信仰不那么纯粹。以此联系清代的文献记载，谓在河南许多地方，人们将儒佛道三祖师放在一个祠宇里，以至官方认为亵渎了大成至圣先师，要求加以改正。看到崂山的庙宇情况，对照文献史料，对历史上人们宗教信仰的状态可能会把握得更实际一些。至于皇帝本人的信仰问题，有一段时间人们将它概念化了，以为皇帝不会有宗教信仰，他们提倡佛道，只是为了愚弄、麻痹人民群众，是这样吗？乾隆帝地宫的装饰状况给了我们实物史料，有益于理解：地宫从石门到大理石壁面、券顶，都是佛教题材的雕刻装饰和经文，宝宫内乾隆帝遗体上覆盖着婆罗尼经被。乾隆帝生前在承德建设须弥佛寿宫（小布达拉宫），说他是为了笼络藏传佛教，这种政治因素是不能排除的，但更表明他本身是信佛的，否则怎么能在绝对秘不示人的地宫放上那些佛教的东西，所以宗教实物揭示了乾隆帝的真实宗教信仰。

图 2-1 太庙

三是反映人们的娱乐生活。北京故宫和颐和园都有戏台，一些寺庙、会馆、祠堂、豪宅也有戏楼，如天津广东会馆至今保存完好的戏楼，孙中山北上在那里发表过演说，今日成为天津市戏剧博物馆，笔者就在那里欣赏过京剧表演，当年则是广东商人、移民聚会观赏演出的地方。祠堂戏楼是家族和村落居民观赏戏曲表演的处所，山西蒲州寺庙的戏台四面向着观众，而不是通常的戏台三面对着看客，这样更能使演员接近观众，能令公众更投入，欣赏得更愉快。

四是体现民俗观念。新疆发现的岩崖雕刻生殖器，反映上古时期的生殖崇拜。

有的实物上有文字与图画，如各种碑刻文字，文房四宝上的题词，陶瓷器皿上的图画、题字，绘画和题款，文字和绘画都是史学研究素材，尤其是社会史研究的材料，就以碑刻来说，已经汇编出多种图书，如《江苏省明清以来碑刻资料选集》《明清苏州工商业碑刻集》《上海碑刻资料选集》《明清以来北京工商会馆碑刻选编》《北京图书馆藏中国历代石刻拓本汇编》等，多是研究社会史、经济史的上佳资料。

司马迁到实地考察，访问土人、老民，他们为《史记》的写作提供了许多资料，开了今日所说的口述史学的先河。当然，作为一门学问，口述史是当今发展起来的。台湾“中研院”近代史研究所着力于开展这项业务，自 1982 年至 2003 年初，出版“口述历史丛书系列” 81 种，其中大部分是人物传记，也有关于社会生活史的内容，如 1996 年出版的张存武等人的《菲律宾华侨华人访问纪录》、2001 年出版的陈仪深等人的《九二一震灾口述访问纪录》。大陆学者也做了很多历史调查，特别是关于民众运动的。陈振江等在调查、搜集文书基础上，于 1985 年编辑出版《义和团文献辑注与研究》。口述史学所成就的口碑史料，为社会史研究所不可或缺。

五、怎样利用非传统史书的史料

对非传统史料，不能拿过来就用，必须进行史料学的研究和处理，以便提高对它的利用质量；同样，对传统史料作社会史史料的理解，也要进行史料学的研究。笔者目前所能认识到的，在下述几方面。

第一，把握大背景下的利用。所谓把握大背景，有两重涵义：对所研究的具体史事的历史背景要非常或比较熟悉，对来自史书的有关材料要充分掌握，在这种条件下，才可能胸有成竹地恰当地安排文艺的、史学边缘材料。为此需要先行阅读、钻研史书的材料，与此同时或稍后搜集这些“另类”资料。对这种材料本身进行研究，明了其产生的时代背景、作者创作的意图、作品的艺术价值和社会意义，对这些材料所反映的社会内容，要与史书史料进行比照研究，解读它的史学研究的价值，然后用作史料，可能会较为恰当。

应当防止误读，使用不当，不仅不能支持作者的论点，反而会产生负面作用。非传统的史料零散在各种文献、文书之中，具有零散性；所反映的社会历史的内容，又多是琐碎的、片断的，具有琐碎性。这两种特性，决定研究工作不能单纯从搜集、阅读这类资料开始，通常的情形还是以先掌握传统史书的史料为好。

第二，有限度地审慎地利用。使用“非传统史书”的“另类”史料不宜过多，一般不宜作为主要史料，史学论著的主体史料最好出自历史编纂学的产物，利用“另类”史料与之配合，令两种史料结合起来，以丰富的资料支持著作的论点论据。这里说一般不宜作为主要史料，不是说所有的历史著作都不可以把“另类”史料当作主要史料来用，要视著作的内容来定，比如研究民众的居家生活，民居实物照片、建筑遗址照片自然就会成为重要的史料来源，即使如此，仍应与文献记载结合起来研究。“另类”史料尤其不能作孤证使用，因为正规史料都不允许作为孤证，这类史料的利用更应审慎了。有限度地、审慎地使用，还包含不宜直接引用的意思，就是要对所引用的材料作出相应的说明。比如 20 世纪八九十年代流行的电视连续剧《编辑部的故事》《我爱我家》《咱老百姓》中的故事情节、人物，自然不能当作真人真事，直接用作说明当时中国普通人的生活。

第三，用于形象说明，或者研究过程中的形象思维。阅读“另类”史料，很能丰富研究者的形象思维能力，令研究者产生一些联想，从而有利于研究的深入。文学作品、影视、照片、雕塑，是以造型感染读者、受众，将它们用于社会史的著作中，当有助于对所描述的对象作出形象的说明时，如果更能从美学的角度予以审视、解说，可能会发现它的深层的史料含量。设若在著作中配上适量的各种类型的图片，当能提高图书的品质，收到图文并茂的效果。不过在利用图片时，一定要做到图片与文字的紧密配合，天衣无缝，若因图片难找而勉强使用，反而会产生负面效果。

用新社会史的新概念去搜集、解释材料，必须力求准确。在“准确”方面多下些功夫是绝对必要的，因为材料依然要考订，解释依然要反复斟酌，尤其不可以新概念为满足，以为已经跟上时代潮流，论著材料本身就很新鲜，就有成绩可言。要求要比这个标准提高才好，这是严谨学风所必需的。

成功地利用“另类”史料，要求学者具备较高的学养。陈寅恪的以诗证史，是史学大家的手法，一般的研究者难于文史兼通，因之难于胜任。然而史学研究者需要知难而进，去改进、完善自己的知识结构，提高研究能力，尤其是青年学者，更应无所畏惧，以敏感及锐气去尝试、从事这类史料的运用。

六、重视传统史书中的社会史史料

从非传统文献中发掘社会史史料，固然是我们努力的方向，但传统历史文献中的社会史史料更加不能忽视，也要认识它的社会史史料的特点与价值，以利有效地使用。对此笔者将在后面各六节中具体说明各种文体载籍的社会史史料特色及价值，这里我们不妨先明确以下几点。

第一，社会史史料非常丰富，社会生活方方面面的资料，虽然不是应有尽有，但是多少都能提供像样的素材。以为某个研究课题完全没有材料，那是不会的。

第二，社会史史料蕴藏在各种体裁的历史文献里，每种文献有其特点，要按照其特色去寻觅资料；熟悉每种文献的特定体例，会方便我们认识不同史料。换句话说，各种文献的特设类目里保存特定内容的资料。如族谱体例，往往有“恩纶录”，记录宗族成员所获得的皇家、官府文书——敕书、诰命、御制碑文等；“像赞”，收集先人遗物——画像与赞词、墨宝等；“宗规家训”，辑录家族的各种规章及对族人的要求，有族约、宗禁、家范、祖训、谱例等；“世系”，记载家族成员的血缘世系关系，以表图的形式说明；“世系录”，记载族人履历；“派语”，载入家族排行字语；“传记”，反映族人的一善一行，形式有传记、墓志铭、祭文、行述、寿序、年谱；“祠堂”，记载家庙的建筑及其房地契；“坟茔”，记录祖坟状况，祖坟及祠堂，往往配有图画；“祠产”，宗族共有资产的记录；“先世考辨”，是对宗族渊源、得姓始末的考证；“著述”，系先人著作的登录；等等。方志中的“祥异”“灾异”“杂志”（多安排在书的末尾），描叙自然生态环境和人文生态环境变异的某些现象，对于今人来讲，有的可以理解，有的则尚属茫然不解，然而这类材料却是社会史研究的有价值的史料。总之，研究者需要什么样的材料，应到相关文种的相应类别中去寻找。

第三，社会史的材料分散在各类文书中，而且不像政治史那样相对集中，资料极其零散、琐碎，这就给搜集资料带来困难，认识这一点很重要，从而有思想准备，去进行艰苦的搜集。当然，由此想到社会史史料的汇编是亟待进行的事情。现有的汇编太少，不能满足研究的需要。汇编可以有多种类型，如社会史史料丛书、类书、专题史料汇编等。

第二节 “二十五史”中的社会史史料及其利用

“二十五史”作为“正史”，容易让人误解，以为它缺乏社会史的史料，恰恰相反，它拥有丰富的社会史史料。

“二十五史”主要记载政治制度、政治事件和人物传记，因此研究社会史，很难立即想到它会包含丰富的社会史材料可供采摘利用，或者也因为它的巨大部头把人吓坏了，只是为了研究社会史也不敢去翻阅它。这些都是难免产生的误解。其实，“二十五史”有大量的社会史资料，而且不难阅读和搜集，只需稍加说明，便可揭示出“二十五史”与社会史史料的内在关系。笔者想从前辈史家对“二十五史”社会史史料的运用，从“前四史”的资料对社会史研究的意义两个方面来说明这一问题。

一、20世纪上半叶史学家对“二十五史”社会史史料的运用

20世纪上半叶有三位史学名家主要利用“二十五史”的材料解释社会史上的问题，他们是吕思勉、邓之诚和杨树达。

（一）吕思勉的运用

吕思勉于20世纪20年代著作《中国婚姻制度小史》《中国宗族制度小史》，这是他的《政治经济掌故讲义》一书中的两章，这部书一共17章，此外的章目有农工商业、钱币、财产、饮食、衣服、宫室、户籍等，这些都是我们今日社会史研究所说的内容。吕思勉用“政治经济”的概念来概括它们，稍后觉得不甚妥切，将书名改为《中国社会史》，我们作为后学认为改的比原来的好，感到合理与亲切，上面所列的章目，无疑属于社会史研究的范畴。吕思勉另作有四部断代史，即分别于1941年、1947年、1948年、1959年出版的《先秦史》《秦汉史》《两晋南北朝史》《隋唐五代史》（并有20世纪80年代上海古籍出版社版本），这四部书均给予社会史以大量的篇幅，如《先秦史》共有16章，前10章及第14章属于政治史的内容，第11章为“社会组织”，含“昏制”“族制”“人口”“等级”四节；第13章“衣食住行”，也分四节，说明先秦时代人们的衣、食、住、行等方面的生活和生活方式。如果说他对先秦时期

的社会生活史的叙述限于史料的不丰富而显得薄弱，那么在《两晋南北朝史》一书中这一问题得到很大的改善，其第17章“晋、南北朝社会组织”，内设“昏制”“族制”“户口增减”“人民移徙”“各地方风气”五节；第18章“晋、南北朝社会等级”，含有“门阀之制”“豪右、游侠”“奴、客、部、曲、门生”等节；第19章“晋、南北朝人民生计”，分为“物价、工资、资产”“豪贵奢侈”“地权不均情形”“侈靡之禁”“借贷、振施”五节；第21章“晋、南北朝人民生活”，下设“饮食”“仓储、漕运、籴粜”“衣服”“宫室”“葬埋”“交通”六节；第24章“晋、南北朝宗教”，含有“旧有诸迷信”“佛教流通”“道教建立”三节。《隋唐五代史》保持前述书的章节内容。从章节目录上看，吕思勉对中国历史上的社会等级、社会群体、衣食住行、人口问题、娱乐信仰和风俗习惯等方面的史事进行研究和说明，这些正是今日我们理解的社会史的研究对象和内容，相对不足的是他对社会组织有所忽视，对文化体育娱乐、等级结构还认识得不够全面。但我们不能如此强求社会史研究的拓荒者，重要的是他已经进行了大量的研究，提出许多新见解。不仅如此，他的另一个贡献是对社会史史料的搜集和利用，他的著作征引大量的史料，同时进行考订，以核实史料的可靠性，据此，读者可以获知相关历史的参考书目。

对于古代历史文献，吕思勉看重“二十四史”，据了解他的学者介绍，他以阅读“二十四史”为日课，孜孜不倦，五十年如一日，先后将“二十四史”反复看了三遍，因此得益于“二十四史”提供的素材，撰写四部断代史和《中国社会史》（1985年由吕思勉史学论著编辑组易名为《中国制度史》，上海教育出版社梓行）。他运用“二十五史”的资料的情况，我们可以从下述事例中得知一二。在《隋唐五代史》社会等级章“门阀”一节的论述中，所引用的史料主要是：“两唐书”“两五代史”及此四书的下列传、纪、志：高士廉传、艺文志、李义府传、柳冲传、萧至忠传、岑文本传、韦述传、李昭德传、侯思止传、温适传、元稹传、李敬玄传、李怀远传、李日知传、独孤郁传、李吉甫传、杜佑传、杜兼传、于休烈传、公主传、王徽传、张九龄传、袁朗传、冯元常传、裴寂传、窦威传、卢程传、李专美传、崔居俭传、郭崇韬传、殷寅传、诸帝纪、曹确传、张玄素传、韦挺传、李撰传、职官志、食货志等，所引列传34个，本纪和志若干，此外还征引了《魏书·卢玄传》《隋书·经籍志》，以及《资治通鉴》等载籍。“门阀”一节，全文不过七八千字，而利用的资料竟是如此之多。特别值得注意的是，所使用的史料几乎都来自“二十五史”。在

《中国社会史》的《钱币》一章中，吕思勉作出两个附录，其一是《二十五史札记：论金银之用》，其二为《二十五史札记：续论金银之用》。可见他在“二十五史”上面所下的功夫之深。正是这些事实，令我们认为吕思勉的研究社会史，其资料来源以“二十五史”为主，至少可以说“二十五史”是他治史的重要依据。

（二）邓之诚的运用

邓之诚以著作《中华二千年史》而享有盛名。该书计五卷，前四卷于1934年由商务印书馆枣梨，第五卷为中华书局于1956年至1958年印行。在此以前，以通史讲义刊刻流行于北京大学、燕京大学等校。他在民国初期还撰有《南北朝风俗志》，是我国早期重视社会风俗史的学者。邓之诚治史有三点值得注意：一是史源上注重正史，兼顾野史，但因野史讹误多，“故取材野史，务须审慎”（《中华二千年史·叙录》）。二是行文上，大量排比史料，而不将精力放在论述方面，正如其在《叙录》所言：“斯编职在排比，与撰述殊科，直录旧文，体则然耳。”① 三是内容方面，在政治史之外，注重社会史，研究范围包括了衣食住行、婚嫁丧葬、时令节日、文体娱乐，与吕思勉所见略同，唯没有像吕思勉那样关心社会等级结构与制度。

（三）杨树达的运用

杨树达著作的涉猎面甚广，在金石、文字学方面尤多贡献，这里仅仅述及《汉代婚丧礼俗考》一书，商务印书馆剞劂于1933年，叙述汉代婚嫁丧葬的礼法制度和习俗。他在《自序》中说，研治《汉书》，“颇留意于当世之风俗”，并写有笔记，他在清华大学讲授《汉书》，学生也对汉代风俗有兴趣，因而作成此书。可见他是因研究《汉书》而后有此作品。

该书采取章节体写法，计二章，第一章“婚姻”，下面7节，分别是“议婚”“婚仪”“婚年”“重亲”“绝婚”“改嫁改娶”“妾媵”，第二章“丧葬”，下分17节，为“沐浴饭含”“衣衾”“棺椁”“发丧受吊”“送葬”“从葬之物”“葬期”“坟墓”“归葬”“合葬”“祔葬”“改葬”“赙赠”“护丧”“丧期”“居丧之礼”“上冢”。杨氏的具体写法与上述邓之诚的《中华二千年史》类似，是将所摘录的史料按所反映的事物，分成许多细类，每写一细目，先作极其简略的说明，然后实以同类的若干条资料。因此在一定意义上说，该书是

① 邓之诚：《大学丛书中华二千年史·叙录》，商务印书馆1934年版。

专题资料汇编，而其史料来源则是“两汉书”。

杨氏特别批评一些史家认为史料不足的观点，在《自序》中说：“时闻今之治史者颇以国史史料不足为言，夫云史料不足者，必先尽取现存之史料一一搜讨而类聚之，至于无可复搜无可复聚，而后知其果不足也。”如果没有进行这一番搜检，骤言史料缺乏，怎么可以呢？他以自己的著作为例，说“古人一言半语，皆吾史料之所存”①。以此告诫学人慎言史料不足。杨氏的评论，值得后世史学工作者的警惕。

通观吕、邓、杨三氏的社会生活史的研究，令我们认识到：他们早在20世纪上半叶，尤其是二三十年代就研讨社会史，是史学家在这一领域的开拓者；他们都重视史料的搜集与运用，胪陈于著述里，就中尤钟情于“二十五史”的材料。所以他们给后学的启迪，既在于开辟社会史领域的研究，还在于社会史史料的引路：循其征引书目，可去阅览，并可扩大史料线索。

二、以“前四史”为例看“二十五史”的社会史史料

“二十五史”所蕴涵的社会史素材，究竟如何，我们不妨举出“前四史”中的若干事例，先有个印象，道理就会不说自明了。

《史记》“八书”之一的《礼书》，记叙礼制，反映礼法所规范的人们饮食、衣服、器皿制度，以便“贵贱有等，长少有差，贫富轻重皆有称”②。《乐书》记汉朝祠祀太一神的情形：“汉家常以正月上辛祠太一甘泉，以昏时夜祠，到明而终”③。后世民间秘密宗教的活动方式即是“宵聚昼散”，也许是学自汉朝的国家祀典。《封禅书》主要叙述帝王祭祀天地的盛典，但也透露不少民间的祭祀生活，如汉高祖刘邦在民间时，“祷丰枌榆社”，表明秦朝民间有里社，民众可以去祈祷。后来汉高祖称帝，允许“民里社各自财以祠”④。里社本为官办的组织，让百姓用自身的财力去作里社的祭祀，后世里社发展为民间自办的群体，汉高祖的这一规定对里社性质的演化起了促进作用。《平准书》在记载王朝经济制度、政策的同时，也反映人们服装穿着等生活方面的内容，如“高祖乃令贾人不得衣丝乘车，重租税以困辱之”。惠帝及吕后时，“市井之子孙亦

① 杨树达：《汉代婚丧礼俗考·自序》，上海古籍出版社2000年版。
② 司马迁：《史记》卷二三《礼书》，中华书局1959年版，第1161页。
③ 司马迁：《史记》卷二四《乐书》，中华书局1959年版，第1178页。
④ 司马迁：《史记》卷二八《封禅书》，中华书局1959年版，第1378、1380页。

不得仕宦为吏”。成帝时公孙弘为相，“布被，食不重味，为天下先。然无益于俗，稍骛于功利矣”①。可见“八书”既交代了各种典制，也说明了社会上层及商贾的衣食住行、文化娱乐、信仰生活状况，有很多典型事例。《史记·西南夷列传》谓当地人“编发，随畜迁徙，毋常处，毋君长”②。可知西南氐、羌人的生产、生活方式。

《汉书·五行志》记录汉成帝“好为微行出游，选从期门郎有材力者，及私奴客，多至十余，少五六人，皆白衣袒帻，带持刀剑。或乘小车，御者在茵上，或皆骑，出入市里郊野，远至旁县”。谷永因此进谏：“今陛下弃万乘之至贵，乐家人之贱事；厌高美之尊称，好匹夫之卑字；崇聚票轻无谊之人，以为私客；置私田于民间，畜私奴车马于北宫；数去南面之尊，离深宫之固，挺身独与小人晨夜相随，乌集醉饱吏民之家，乱服共坐，溷肴亡别，闵勉遁乐，昼夜在路。典门户奉宿卫之臣执干戈守空宫，公卿百寮不知陛下所在，积数年矣。”把成帝私行出游，与家奴百姓共同生活的事实说得很是具体。又云：“建昭五年（前34），兖州刺史浩尝禁民私所自立社。”臣瓒注曰：“旧制二十五家为一社，而民或十家五家共为田社，是私社”。③ 综合“史汉”的有关记录，参以他书，可能理清民间的四邻结社的历史。《佞幸传》中的董贤，谓其“为人美丽自喜”，为哀帝所宠，“常与上卧起”，以致有“断袖之癖”的故事，“贤亦性柔和便辟，善为媚以自固”。④ 此为古代同性恋的典型事例。

《后汉书》卷一《光武帝纪》讲西、东汉易代之际，刘秀投奔更始政权，为司隶校尉，“置僚属，作文移，从事司察，一如旧章。时三辅吏士东迎更始，见诸将过，皆冠帻，而服妇人衣，诸于绣镼，莫不笑之，或有畏而走者。及见司隶僚属，皆欢喜不自胜。老吏或垂涕曰：‘不图今日复见汉官威仪！’由是识者皆属心焉”⑤。这段文字是说更始政权的将领穿着不像官员：不戴官员的冠，而用庶人的帻（图2-2）；不穿官服，竟用妇女式样的上衣（诸于）、背心（绣镼）、短衣（襜褕），还是平民百姓那样着装打扮，没有一点官员的样子和威严，有见识的人凭此就知道他们成不了气候，得不了天下。本来是欢迎他们进

① 司马迁：《史记》卷三〇《平准书》，中华书局1959年版，第1418、1424页。

② 司马迁：《史记》卷一一六《西南夷列传》，中华书局1959年版，第2991页。

③ 班固：《汉书》卷二七《五行志》，中华书局1962年版，第1368、1413页。

④ 班固：《汉书》卷九三《佞幸传》，中华书局1962年版，第3733页。

⑤ 范晔：《后汉书》卷一《光武帝纪》，中华书局1965年版，第9—10页。

长安的，于是悄悄离开他们，而归心于遵从汉朝官仪的刘秀。由此可知官员着装关系着一个政权的兴亡，可不是寻常的事情。《后汉书》的列传里，记载了许多人的婚变，卷六八《黄允传》云："司徒袁隗欲为从女求姻，见允而叹曰：'得婿如是足矣'。允闻而黜遣其妻夏侯氏。妇谓姑曰：'今当见弃，方与黄氏长辞，乞一会亲属以展离诀之情。'于是大集宾客三百余人，妇中坐，攘袂数允隐匿秽恶十五事，言毕，登车而去。允以此废于时。"① 暴露小人黄允无故弃妻遭到社会唾弃及夏侯氏的聪明干练，不畏离异。卷八四《列女传》载姜诗妻庞氏非常孝敬婆母，"母好饮江水，水去舍六七里，妻常泝流而汲，后值风，不时得还，母渴，诗责而遣之。妻乃寄止邻舍，昼夜纺绩，市珍馐，使邻母以意自遗其姑，如是者久之，姑怪问邻母，邻母具对。姑感惭呼还，恩养愈谨"②。些许小故，姜诗竟然休妻，然而庞氏的孝行，终于感动了不太懂事的婆母，婚姻乃恢复如初。蔡邕之女文姬，先嫁卫仲道，夫死归宁，被南匈奴左贤王掳去，生二子，曹操将她赎回，再嫁董祀。她富有文采，感伤离乱，赋诗二章，为《后汉书》过录于其传记中。③ 蔡文姬三次结婚，当时人并不轻视她，可见女性再婚完全不像后世有那么多的阻力。如果我们将《列女传》太原王霸妻传与《逸人传》中的王霸传合观，可知一对隐逸夫妇是如何相互勖勉甘于平淡生活的。

图 2-2 戴帻劳动者

① 范晔：《后汉书》卷六八《黄允传》，中华书局 1965 年版，第 2230 页。
② 范晔：《后汉书》卷八四《列女传》，中华书局 1965 年版，第 2783 页。
③ 范晔：《后汉书》卷八四《列女传》，中华书局 1965 年版，第 2800 页。

《三国志·许褚传》云传主：“长八尺余，腰大十围，容貌雄毅，勇力绝人”，在汉末，“聚少年及宗族数千家，共坚壁以御寇。”[①] 说明许褚状貌形象及其时宗族坞壁的状况。《三国志·吴书·妃嫔传》，孙坚吴夫人，“早失父母，与弟景居。孙坚闻其才貌，欲娶之。吴氏亲戚嫌坚轻狡，将拒焉，坚甚以惭恨。夫人谓亲戚曰：‘何爱一女以取祸乎？如有不遇，命也。’于是遂许为婚”[②]。记叙一个有识见的女子自己决定婚姻大事。

上述诸种事例，表明“二十五史”中的社会史资料，对我们认识下列问题颇有意义：（1）民间四邻结社的“社”的演变过程；（2）商人工匠的衣着等级地位；（3）女性生活和婚姻；（4）不守帝王之道的皇帝所追求的某种民间生活方式；（5）舆服制度及其实行，与政权、政策的关系；（6）同性恋；（7）宗族生活；（8）少数民族生活方式。“二十五史”的社会史材料，当然不是这么一点点，这里不过是举隅的意思，也可以说是我们信手拈来的资料，在各史的纪、传、志里都有可供采择的社会史史料。

三、“二十五史”社会史史料的利用方法

“二十五史”含有的社会史史料是大量的、常见的、相对好寻觅的，社会史的研究者，特别是初学者，请勿忽视对“二十五史”的阅读与利用，当然还需要讲求搜集利用的方法。

重视“志”的阅读。依据我们使用的经验，“二十五史”的社会史材料，在礼乐、舆服、仪卫、五行、官氏、部族、营卫、祭祀、食货、刑法等“志”中比较集中；在一些类型的传记中亦复如此，如列女、孝义、隐逸、方伎、后妃、宗室、外戚、良吏、循吏、文苑、艺术、忠义、宦官、佞幸等传；在本纪中当然也能找到一些。如果我们在利用中注意到这一特点，似乎可以较自觉也较容易地找到所需要的材料。

对“二十五史”中任何一部书的利用，最好全面阅读，这不仅是为了全面搜集资料，也为了便于掌握所研究课题的历史背景，但是如果没有充足的时间，不妨选读有关的志和传。

社会史的初学者，对吕思勉、邓之诚等前辈史家的有关著作，可以给予一

① 陈寿：《三国志》卷一八《魏书十八·许褚传》，中华书局1959年版，第542页。
② 陈寿：《三国志》卷五〇《吴书五·妃嫔传》，中华书局1959年版，第1195页。

些关注，他们对于“二十五史”和其他史籍的史料的爬梳，对我们查阅史书有启发作用。

第三节 政书典制类图籍中的社会史史料

记载古代典章制度的政书，有的是当时中央政府及其职能部门、地方政府的法规、政令，并编辑成书；有的是后人汇编前人的这类文书，形成专册，或者用以为素材编写成有关的图书。法规是政府强制执行的，从而规定、影响人们的全面生活，特别是政治生活、经济生活和社会生活，因此在这类图书中饱含社会史研究的材料。下面我们就礼制、法制、通论典制、荒政等类载籍的社会史史料价值分类作出说明。

一、礼制图书资料

前已说到古人生活在等级制度中，礼制是这种制度的伦理、观念、生活行为准则的具体规范，礼制图籍则是对它的记录。礼制图籍的这种性质，已将其反映人们等级生活以及相关的社会生活的史料价值表露出来。

（一）主要的礼制书籍

礼制书籍有很多，如《仪礼》《周礼》《礼记》（“三礼”）、汉人应劭《汉官仪》、唐人萧嵩等《大唐开元礼》、宋人郑居中等《政和五礼新仪》、朱熹《绍熙州县释奠仪图》、金代官修《大金集礼》、元人李好文《太常集礼》、明人宋濂等《洪武集礼》、清乾隆官修《大清通礼》和《皇朝礼器图式》、光绪官修《大清会典》《大清会典事例》和《大清会典图》等。

《仪礼》（又名《礼经》《士礼》），战国时期儒家根据周代礼制文献汇编而成，计十七篇，记录周人各种礼仪，如士冠礼、士婚礼、士相见礼、乡饮酒礼、乡射礼、燕礼、聘礼、觐礼、丧服、士丧礼等，后人为之作疏解，有东汉郑玄注、唐人贾公彦疏的《仪礼注疏》，清人胡培翚的《仪礼正义》。士冠礼云，有职务的士人，年龄达到二十岁，就要给他举行冠礼，其地点、仪式、着装、礼仪均有规则。士婚礼，规范后世通常所说的“六礼”及合卺、庙见礼。“纳采”，男方请媒人向女方提亲，并赠送礼品；“问名”，女方同意相商，告知女子生辰八字；“纳吉”，男方将议婚的青年男女八字请人占卜，得吉兆，通知女方；“纳征”，男家以聘礼送给女家；“请期”，男家将择定的婚期并备礼商诸女方；“亲迎”，未婚夫亲自去迎娶未婚妻。丧服，规范五服亲属及对国君的丧礼，子对父，妻对夫，臣对君，后者均为至尊者，故前者行斩衰之服，父为长子服三年丧，因为他承祀宗庙，庶子没有这种职能，所以不享受这种待遇。如果妻子被出，她的儿子仍为她服期亲之服，如果这个儿子成为父亲的继承人，就不对出母服丧了，因为他虽然应该尊重亲生母亲，但她既然离开家庭，而儿子成为一家之主，就不应当因私情而为出母服丧。人之成年，婚嫁丧葬，皆人生大事，通过上面所述，可知《仪礼》所表达的政府和儒家思想的有关规则对于人们社会生活的不可忽视的影响。

《周礼》，据现代人的研究，基本上认定它为战国时代儒家根据当时各国官制和儒家思想编写的，有东汉郑玄注，唐代贾公彦疏，清代孙诒让撰《周礼正义》。《周礼》记录各种官职职掌及其地位，是职官制度史的重要史料依据，对于研治社会史，则是社会结构、阶级、等级的绝好素材，可以令人理解各种人的身份地位及相互关系。天官冢宰卷记述宫人、九嫔、世妇、女御，表现君主的后妃宫人的等级身份和职司；内宰、内小臣、阍人、寺人、内竖，是太监衙门和各级太监的记录。冬官考工记卷所述的轮人、舆人、车舟人、筑人、冶人、桃人、凫人、玉人、雕人、矢人、陶人、梓人、庐人、匠人、车人、弓人等，由其名称，我们便知道他们的职业和地位。

《礼记》（又名《小戴礼》《小戴记》《小戴礼记》），战国至汉初儒家各种礼仪文论的选编，共四十九篇，保存儒家理想和礼法的观点，有《礼记注疏》《礼记集说》《礼记集解》等注释书籍。对《礼记》，笔者从来没有通读过，然而它的《曲礼》上篇所说的“礼闻来学，不闻往教”则熟知并笃信之，所以从不劝人报考我的硕士生、博士生。同篇云：“道德仁义，非礼不成；教训正俗，非礼不备；分争辨讼，非礼不决；君臣上下，父子兄弟，非礼不定；宦学事师，非礼不亲；班朝治军，莅官行法，非礼威严不行；祷祠祭祀，供给鬼神，非礼不诚不庄。是以君子恭敬撙节，退让以明礼。”强调以礼处理人际关系，遵守道德规范，是从思想观念上约束人的社会行为，明白《周礼》《仪礼》规范行为准则的原因和意义。其实《礼记》也有规范的内容，如朝见，“天子当依而立，诸侯北面而见天子，曰‘觐’；天子当宁而立，诸公东面，诸侯西面，曰‘朝’”。说明天子在绣有斧纹的屏风前，显示威严，是为觐见，而朝见则是天子乘车出大门迎接公侯，当门受诸侯朝拜。在称谓上，“天子之妃曰‘后’，诸侯曰‘夫人’，大夫曰‘孺人’，士曰‘妇人’，庶人曰‘妻’。公侯有夫人，有世妇，有妻，有妾。夫人自称于天子，曰‘老妇’，自称于诸侯，曰‘寡小君’，自称于其君，曰‘小童’，自世妇以下，自称曰‘婢子’”。于此我们知道女性的等级称呼与自我谦称。

“三礼”所规范的礼仪，反映战国或其以前的社会制度。后世之人，言必称“三代”，效法三代，虽然会依据当时的实际情况有所更改或大改，但也多所保留，所以“三礼”记录的上古礼法，后世延续的很多，至少在称谓上如此。“三礼”的资料，对社会结构史、等级制度史、生活礼制史的研究，是不可缺少的。“三礼”的印本甚多，目前许多学者所用的为阮元校刻的《十三经注疏》（附校勘记）本，中华书局据以于1980年影印，笔者以上所述及引文，均据此版本。

《大唐开元礼》一百五十卷。唐朝初年，随事立法定制，至唐玄宗开元年间萧嵩等以唐代的礼仪法规制成此书，区分为吉、宾、军、嘉、凶五礼。后来杜佑撰《通典》及新旧唐书的礼志多取材于此。此书记叙简明，如卷一二九《嘉礼・乡饮酒》对参加人选的规定是：“刺史为主人，先召乡之致仕有德者谋之。贤者为宾，其次为介，又其次为众宾。”此书收入《四库全书》。

《政和五礼新仪》二百二十卷。宋徽宗政和年间郑居中等撰，汇编宋代开国以来，尤其是徽宗朝所定礼仪，嘉礼中之婚礼置于冠礼之前，表明冠礼的重要性降低。

图2-3 朱熹自画像石碑拓片

朱熹撰《绍熙州县释奠仪图》。朱熹（图2-3）任地方官时，参考《周礼》《仪礼》《大唐开元礼》，于南宋绍兴、淳熙、绍熙年间数度编订而成，专门规范州县学的释奠礼仪，绘制礼仪器用、衣服等图，颇便于阅览理解。《宋史》诸志取材于此，然讹误不少，故仍以利用此书为好。有《四库全书》本。

《大金集礼》四十卷，金章宗时成书，分类编辑，叙述上尊号、册封、谥法、祠祀、朝会、燕享等诸种仪式，条理明晰。今有《四库全书》本。

《大明集礼》五十三卷，洪武间成书，嘉靖间增补。以吉、凶、军、宾、嘉、冠服、车辂、仪仗、卤簿、字学、乐为纲，子目有吉礼的祀天、祀地、宗庙、社稷、朝日、夕月、先农、太岁风云雷雨师、岳镇海渎天下山川城隍、旗纛、马祖先牧社马步、祭厉、祀典神、三皇孔子；嘉礼的朝会、册封、冠礼、婚、乡饮酒；宾礼的朝贡、遣使；军礼的亲征、遣将、大射；凶礼的吊、丧仪等。收入《四库全书》。

《大清通礼》五十卷，乾隆元年（1736）敕撰，首先记录宗庙社稷大典和钦颁文书的仪式，次后一一述及五礼条例。只讲制度本身，不涉及它的沿革和有关掌故，也不绘制礼器图式，以免同相关图籍重复。道光间对此书有所扩充，成《续纂大清通礼》。此二书有光绪九年（1883）江苏书局刻本。

《大清会典》《大清会典事例》《大清会典图》《皇朝（清朝）礼仪图式》。清朝的会典，体例多样，包括会典、则例（亦称事例）、图说，会典、事例多次续修，最后一次是光绪间撰辑，成书《大清会典》《大清会典事例》《大清会典图》三种。三书各有分工，"会典"记载政府各部门的职掌，百官奉行的政令，职官、礼仪等制度；"事例"是按照会典纲目，依年系事，说明某一机构、制度在不同时期的状况，比较集中地反映政治制度的嬗变，更富有实践性；"图"，绘制礼制器物、乐器、冠服、舆卫、武备、天文、舆地图，还有祭祀仪式图等。《皇朝礼仪图式》，乾隆间敕撰，分祭器、仪器、冠服、乐器、卤簿、武备六类，对各种器物一面绘图，一面有文字说明，对器物的尺寸、质地、饰物，以及各物的数量、品第等级，均一一交代清楚。对礼器的绘图说明，在清朝以前鲜有人留心的，故此书更可关注。光绪《大清会典事例》和《大清会典图》有中华书局 1991 年影印本，《大清会典》有辽宁社会科学院 1991 年影印本。《皇朝礼仪图式》收入《四库全书》。①

《阿哥婚娶定例》二卷，清朝内府抄本，今藏中国国家图书馆。

上述官制、礼仪图籍，不仅记载这些制度本身，更能反映这些制度实行过程中人们的生活状况，如上朝、执行公务的官服，居家的常服，各种祭祀活动，皇帝和官员出行的仪卫，交通及其工具的车轿舟马，人们的各种职业及其相应的生活规范，无不反映人们社会生活的某些方面，是社会史的宝贵资料。今日摄制、演出历史剧、历史影视片，理解剧情、人物感情，制作衣饰器用道具，均需在礼制类书籍中找寻资料，否则难于接近历史真容，更不能成为经典之作。

（二）私人撰述的有关典制专书

上述诸书皆为官方纂修，即使朱熹的《绍熙州县释奠仪图》始于个人编

① 以上说明参阅《四库全书总目》卷八二《史部·政书类二》相关书目提要，中华书局 1965 年影印本上册，第 701—706 页。

写，后来也得到中央政府的认可。个人写作有个特点，即依据当时礼制实行的具体情况，抒发个人的见解，企图改变世间的风俗，以达到他的理想境地。

鲍应鳌撰《明臣谥汇考》二卷，鲍应鳌于万历间任礼部祠祭司郎中，利用官方档案，汇载明代文武诸臣的赠谥，并说明谥文的含义。此书有纠谬的特点，一是暴露文集、野史谓某人有谥号的讹误，二是发现万历间有的人二谥并存，乃因万历帝荒于政事，未予审定。今有《四库全书》本。

吴荣光著《吾学录初编》，吴荣光历官监察御史、地方官，道光十一年（1831）在湖南巡抚任上作成此书。他见到穷乡僻壤的民间冠婚丧祭之礼，仍按照明朝旧礼施行，而不遵守清朝已经颁布一二百年的法规，为在民间实行礼制，特地依据民情，著作此书，以为民间遵行的规范。分十四门，为典制、政术、风教、学校、贡举、戎政、仕进、制度、祀礼、宾礼、婚礼、祭礼、丧礼、律例，内容是摘录清会典、事例、图说、通礼的条文，按语解说，特别是就当时的礼俗进行评论，希望民间遵照实行，自视为“移风易俗之书”。有同治九年（1870）江苏书局重刻本。

二、法制图书资料

与礼制相配合的法律、法令，是官方对人们社会生活、行为准则的强制性规定，反映人们等级身份与家庭、家族、邻里各方面生活状况。

作为社会史史料运用的法制图籍有两大类，一类是法律、法令本身的文献，如《唐大诏令集》《宋大诏令集》《大明律》等；另一类是解释法律的著作（包括案例汇编），主要的有唐代的《唐律疏议》、宋代的《通制条格》《名公书判清明集》、元代的《大元圣政国朝典章》（《元典章》）、明代的《大诰三编》、清代的《大清律例统纂集成》《驳案汇编》等。这里介绍后一类图书及其社会史资料价值。

《唐律疏议》三十卷，唐初太尉长孙无忌等奉敕撰。所谓疏议，是解释文字极其简练的法律条文，而又成为刑政的圭臬。唐代以后，也为历朝（尤其是明朝）刑政所参照。《唐律疏议》分十二类，为名例、卫禁、职制、户婚、厩库、擅兴、贼盗、斗讼、诈伪、杂律、捕亡、断狱，解释各种律条，下面从特别关乎人们社会生活的一些条文，看《唐律疏议》所反映的社会生活史资料。

关于某些人的社会身份与属性的条文。《名例・工乐杂户》条：“工、乐者，工属少府，乐属太常，并不贯州县；杂户者散属诸司上下，前已释讫；太常音声人，谓在太常作乐者，元与工乐不殊，俱是配隶之色，不属州县，唯属太常，义宁（按：隋末恭帝年号）以来，得于州县附贯，依旧太常上下，别名太常音声人。”工、乐、杂户、太常音声人，或无贯（不在州县登记户口），均隶属政府的特定衙门，供给役使，系贱民、准贱民。此条涉及天文生，云：“习天文业者，谓在太史局天文观生及天文生，以其执掌天文，依令，诸州有阉人，并送官配内侍省及东宫内坊，名为给使，诸王以下为散使，多本是良人，以其官闱驱使，并习业已成，天文生等犯流罪，并不远配，各加杖二百。”可见天文生的实际身份介于良人、贱民之间，不得自行择业，并因业务需要，政府将其“发配”的罪刑改判为“加杖”。此种职业低下，却是有专业性的，他人不得从事，所以《名例·犯罪未发自首》条规定，“私习天文者，并不在自首之例”，因为“天文玄远，不得私习”。奴婢的身份等同于物品，《名例·老小残疾》条，“奴婢贱隶，唯于被盗之家称人，自外诸条杀伤，不同良人之限”。奴婢是贱民，只有主人家遇盗，他作为受害者才被当作人来看待，以处罚盗贼，这种情形之外，奴婢以贱隶对待。

关于民人远行及边关贸易条文。《卫禁·私度关》条，行人往来，皆应有公文，如若私自过关口、渡口，判处一年徒刑；若不由关口、渡口，偷渡，判刑一年半。可知唐代民人不能自由出行，必须得到官府批准才能出远门。《卫禁·赍禁私物度关》条，民人如果携带违禁物品的武器过关，披甲一领、弩三张，流放二千里；按照关市令，若将锦、绫、罗、丝、布、珍珠、金、银、铁运至西边、北边关口及缘边诸州贸易，凡私家不应有的物品，虽未度关，亦行没收，若已过关，被人告发，其物三分之二给告发人，三分之一入官。

关于婚姻条文。《户婚》律条甚多，如已许婚而反悔者，杖六十，仍从婚配，若男方毁约，从之，聘财不退还；有妻更娶，徒一年，后娶者离异；以妻为妾，以妾为妻，徒二年，因“妻者齐也，秦晋为匹，妾通卖买，等数相悬，婢乃贱流，本非俦类”，不得紊乱；同宗共姓不得通婚，违犯者各徒二年，缌麻以上亲以奸罪科断；寡妇丧服之后，祖父母父母可以令其改嫁，他人不得强迫，强者判刑，寡妇仍归夫家；监管官员娶所部人女为妾，杖一百（图 2-4）；夫卖妻及娶他人妻，各服徒刑二年；卑幼在外自行娶妻，而尊长在家乡为之定亲，已婚者，承认之，未成者，从尊长之议，违者杖一百；妻未犯“七出”之条而出之，徒一年半，虽然符合七出条文，但不是淫邪、恶疾，又合于“三不去”（在夫家经历过公婆丧事、夫家先贱后贵、有所取无所归）原则，就不得离异，七出中的“无子”，系指五十岁而未生育，四十九岁以下，不合七出之条；良贱不能通婚，若家主为奴仆娶良人女为妻，徒一年半，奴仆自娶亦然，并离异，若妄以奴婢为良人而与良人婚姻，徒二年；杂户亦不得与良人为婚，违者杖一百。

图 2-4 刑法中的杖刑（引自［英］怀特：《清帝国图记：古代中国的风景、建筑与社会生活》，刘佳、马静译，天津教育出版社 2011 年版，第 74 页）

关于匿名告状。《投匿名书告人罪》条，犯者流二千里，得书者应即焚毁，若送交官司，徒一年，官司受理者加二等，即使所告为事实被告者亦不坐，匿告反叛者除外。这表明法律强烈反对匿名告状。

城市治安律文。《杂律·城内街巷走车马》条，在街道人多的地方，驱赶车马无故快跑，笞五十，若伤人，按斗殴杀伤人减一等治罪。《向城官私宅射》条，向城市、官员、居民住宅、街道射箭，杖六十，投掷瓦石，笞四十，若伤人，减斗殴杀伤一等判案。《侵巷街阡陌》条，违者杖七十。《犯夜》条，违犯宵禁令者笞二十。《在市人众中惊动》条，即故意引起骚动，杖八十，因此杀伤人者，减故意杀伤人罪减一等论刑。《博戏赌财物》条，赌博，参与者均杖一百，若输赢数量大，依强盗论罪。

关于孕妇服刑。《妇人怀孕犯死罪》条，当执行时，可在产后一百天行刑，若未分娩而处刑，官员徒二年，若产后未及百日，徒一年。《拷决孕妇》条，未产而拷决，杖一百，造成重伤，加重处罚；产后未满百日而拷决，减一等。

笔者用了不少篇幅叙述《唐律疏议》的条文[①]，读者可以获知各种人的社会身份，贱民、准贱民、奴婢的确定，良贱、主奴的差别，婚姻的成立与离异，住宅、街道、城镇的治安规则，道路交通条例，人身空间移动的法律限制，孕妇的法律保障，等等。如此，我们会对唐代的社会构成、居住、旅行、娱乐生活状况，有个大概的印象。其实，唐律为历代所尊重，其精神、律文多为历代沿用，如明太祖朱元璋制定《大明律》，就以唐律为蓝本，根据明代的社会情形作了一些变更，比如仍有《私越冒度关津》禁律，民人离家一百里以外就要从政府领取“路引”，否则私度关津杖八十，不由关津偷渡杖九十，偷越边境关塞杖一百、徒三年，因而出外境者绞。就私度关津讲，明律比唐律惩罚要轻一些，而防范加严，增加出边关、出境的禁律。[②] 从《唐律疏议》《大明律》上述律文的说明，可知它们是社会生活史的有价值的素材。《四库全书总目》指出，人们普遍认为《唐律疏议》“一准乎礼，以为出入得古今之平”[③]。1922年徐世昌为薛允升撰《唐明律合编》作序亦云：“三礼丧服之学，盛于唐初，故唐律有本于礼，而得古今之平。”[④] 就是说《唐律疏议》以“礼法”为准则，所以法律体现礼的观念和礼的仪式。法与礼实为一体，这两类文献需要综合参考。

关于《唐律疏议》的介绍，不过是举一反三之意，以此明了法律文书的社会史史料价值。下面再说明宋人的《名公书判清明集》，是诉讼判决书和官府公文的分类汇编，早期存有《永乐大典》本，今有中国社会科学院历史研究所宋辽金元史研究室点校本。此书十四卷，分官吏、赋役、文事、户婚、人伦、人品、惩恶诸门，下面分目，如户婚门设目有：立继、归宗、检校、孤幼、孤寡、女受分、遗腹、义子、户绝、分析、遗嘱、别宅子、违法交易、取赎、坟墓、坟木、赁屋、库本钱、争财、婚嫁、离婚、接脚夫、雇赁等，每目之下，实以判案的事例。从户婚门的目录可知，其内容涉及家庭成员的构成与特殊成员（义子），家庭财产的所有权、继承（包括立继）与女子继承权，财产买卖与纠纷，婚姻的状况和特殊形态（接脚夫婚）。提供家庭婚姻史、日常生活史

① 《唐律疏议》，笔者所用为商务印书馆《丛书集成初编》本，计六册，因在叙述中交代了类目，虽有引文，也就不再注明册页，以免繁琐。

② 薛允升：《唐明律合编》卷八《私越冒度关津》，商务印书馆《万有文库》本，第117页。

③ 纪昀：《四库全书总目》卷八二《史部·政书》，中华书局1965年影印本，第712页。

④ 徐世昌：《唐明律合编序》，薛允升：《唐明律合编》，商务印书馆《万有文库》本。

资料良多，兹举一例看在室女的家产继承权。解汝霖夫妇全家为金军掳去，后来养女七姑、孙女秀娘回归，由解汝霖之侄解懃代养。解汝霖家产较多，解懃实际占有，不给堂妹、侄女婚配。有人对这份家业置喙上告，官府遂根据在室女的财产继承权法规，将解汝霖家产辟为三份，一份给解懃为解汝霖立继的嗣子，另二份分别给七姑、秀娘。七姑已经 25 岁，解懃不替她张罗亲事是不对的；秀娘在逃回原籍时，得到襄阳将官王璋收养，并约为次子之妇，应许完婚。[①] 这就令人知晓在战争年代人们的苦难生活状况，家产为人谋占、霸占，婚姻不能及时完成，以及遇到好心人救助。以上便构成一幅家族、家庭生活图。

《大元圣政国朝典章》（《元典章》），记有不少案例，有一则是：大名路民人孙平死后，儿子孙成与婢生子孙伴哥分家打官司，官府判决，孙成应得家产的八分，孙伴哥则为二分。[②] 表明元代婢生子与嫡生子的社会地位的巨大差异。而到了清朝，婢妾生子与嫡子具有同等的平分家产的权利，是其社会法律地位的提高。至于《大诰三编》，系明太祖所定，是依据社会情况制定的法令，并有许多案例，非常生动，不在这里举例说明了。

三、通论典制图书资料

通述历代典章制度的书籍，叙说制度的制订沿革、实行中的更定，并评论其得失，是研究制度史、社会文化史、社会生活史的重要典籍。这类的典籍具有两个特点，就是“通”和“全”，通是通述古今，不限于某一个王朝或时段；全是全面叙述社会政治、经济、文化制度和社会政策，史料极其丰富。

典制的主要著作是“十通”，即唐人杜佑的《通典》、宋人郑樵的《通志》、宋元之际马端临的《文献通考》为“前三通”，清朝乾隆年间续纂的《续通典》《续通志》《续文献通考》为“续三通”，仍是乾隆间编纂的《清朝通典》《清朝通志》《清朝文献通考》为“清三通”，加上民国年间刘锦藻编著的《清续文献通考》，合起来成为“十通”。“十通”有上海商务印书馆 1935 年的印本，浙江古籍出版社 1988 年将“十通”合刻，并附索引一册，中华书局于 20 世纪 80 年代也印制了一部分。下面先简单介绍这十部书，次后说明它

---

① 佚名：《名公书判清明集》卷八，范希堂《处分孤遗田产》，中华书局 1987 年版，第 287 页。

② 《大元圣政国朝典章》卷一九《户部五·田宅·家财》，中国广播电视出版社 1998 年影印版，第 741 页。

们的史料价值，尤其是对社会史研究的意义。

（一）“十通”

首创通论典制体体裁的是杜佑著的《通典》二百卷，分类叙事，计分九典，为食货、选举、职官、礼、乐、兵、刑、州郡、边防典，典下设子目，多达1584条。叙事起于传说中的三代，止于唐朝中叶。该书采取略古详今的方法，注重唐代典制的记录。在九典之中，特详于礼典，内容占到全书的一半，食货、职官、边防等典之写作甚为精到。

郑樵撰《通志》二百卷，采取纪传体写法，有本纪、列传，但有贡献的是在“二十略”方面，其礼、职官、选举、刑法、食货五略，节录于《通典》，而氏族、六书、七音、天文、地理、都邑、谥、器服、乐、艺文、校雠、图谱、金石、灾祥、昆虫草木十五略，多属于他的心得。

马端临著《文献通考》三百四十八卷，纪事续于《通典》，起于唐玄宗天宝末年至于南宋末年，最详于宋代制度。划分成二十四门，为田赋、钱币、户口、职役、征榷、市籴、土贡、国用、选举、学校、职官、郊社、宗庙、王礼、乐、兵、刑、舆地、四裔、经籍、帝系、封建、象纬、物异，依门类叙事。

乾隆后期修的“续三通”，既然是“前三通”的续编，叙事与之衔接，均至明朝崇祯末年为止，使得明代的典制史的史料大为丰富。“清三通”是写清朝典制，起于开国，终于书写的乾隆朝，于是清朝鼎盛时期及以前的典制有了较为系统的记录。由于乾隆以后没有再修，通论典制的书籍未能再往后延，刘锦藻有鉴于此，为免除遗憾，续纂成《清朝续文献通考》，叙事到宣统三年（1911），令文献通考之作的叙事年代达到完善地步，而清通典、清通志则未能通至乾隆以后。

（二）“十通”的社会史史料

“十通”中的礼、乐、职官、刑法、选举、食货、户口、宗庙、郊社、谥法、器服、氏族、都邑、边防、蠲免、灾祥、昆虫草木诸类目的内容，集中反映人们的社会生活。下举几部书的事例，以见一斑。

《通志》卷二五的“氏族略”，涵盖了宗族史和氏姓学两方面及其关系的内容，述及先秦宗族的产生，中古士族制度，先前姓、氏之别及后世的合一，原因就在于任用官员的士族制度有相应的管理机构和制作谱牒图书的图谱局，还联系到婚姻制度。下引的一段长文，就是为中古史、宗族史研究者经常引用的文字："自隋唐而上，官有簿状，家有谱系，官之选举必由于簿状，家之婚姻必由于谱系。历代并有图谱局，置郎令史以掌之，仍用博通古今之儒知撰谱事，凡百官族姓之有家状者则上之，官为考定详实，藏于祕阁，副在左户；若私书有滥则纠之以官籍，官籍不及则稽之以私书。此近古之制以绳天下，使贵有常尊，贱有等威者也。所以人尚谱系之学，家藏谱系之书。自五季以来，取士不问家世，婚姻不问阀阅，故其书散佚，而其学不传。三代之前姓、氏分而为二，男子称氏，妇人称姓，氏所以别贵贱，贵者有氏，贱者有名无氏，今南方诸蛮此道犹存。古之诸侯诅辞，多曰'坠命亡氏，踣其国家'，以明亡氏则与夺爵失国同，可知其为贱也。故姓可呼为氏，氏不可呼为姓。姓所以别婚姻，故有同姓、异姓、庶姓之别。氏同姓不同者，婚姻可通，姓同氏不同者，婚姻不可通。三代之后，姓氏合而为一，皆所以别婚姻，而以地望明贵贱。"①郑樵在卷六六《艺文略四》，特别介绍谱系著作，分别著录帝系谱、皇族系谱、通国家族谱、姓谱、郡国谱和家谱，为研究家族史和谱牒学的参考文献。《通志》对礼制、礼仪有四卷的着墨，卷四三《礼略二》有"高禖"一目。高禖是天子求子的祭祀仪式，源于"天命玄鸟，降而生商"之说，定于仲春祀高禖，皇帝皇后亲自行礼，祈求生子，特别是在皇帝壮年无子之时，更是虔诚祭祷。笔者在研治皇家生育史时，接触到这个问题，参考了《通志》的载笔。②郑樵还有一种高明的见识，就是将"灾祥"纳入政书之中。他在灾祥问题的认识上，批评"务以欺人"的"妄学"和"务以欺天"的"妖学"，他撰《灾祥略》是清除"妄学"和"妖学"，"专以记实迹"，于是记述天、日、月、星、地、水、旱、火、风等自然界的变化与造成的各种灾情，给人们带来的痛苦。③郑樵并撰写《昆虫草木略》，他说有的学者崇尚虚无玄理，而自己注重民生的实学，故而讲求昆虫草木的学问，分类介绍各种动植物的名称、形状，间或说其功用，如讲到石榴，"其甜者，又名'天浆'，入药，多用酸榴"④。《灾祥略》《昆虫草木略》的资料，为今日生态环境史的研究所不可或缺。

《文献通考·国用》有"赈恤""蠲贷"二门，记录官方的社会政策，如

---

① 郑樵：《通志》卷二五《氏族略》，中华书局 1987 年影印本，第 439 页。

② 冯尔康：《皇家的生育及生育观念散论》，张国刚主编：《中国社会历史评论》第 4 卷，商务印书馆 2002 年版。

③ 郑樵：《通志》卷七四《灾祥略》，中华书局 1987 年影印本，第 862 页。

④ 郑樵：《通志》卷七五《昆虫草木略》，中华书局 1987 年影印本，第 879 页。

宋孝宗乾道三年（1167），官员报告，以前富家放贷一斗米，秋收后还钱五百，可买米四斗，利率太高，贫民岂不更加痛苦，因而建议限制高利盘剥，不得超过五分利。乾道十年（1174）江东官员尤袤讲述东南民众的困苦，中产人家没有几个月的储备粮，前年南康小荒，饥民 12.2 万多人，兴国饥民 7.2 万余人，公私合力赈救放米 142 万石。[①] 于此可见民间百姓生活的困苦，以及官方和私人救助活动。

《清朝通志》，以郑樵《通志》二十略为圭臬，设氏族十卷，灾祥三卷，昆虫草木二卷，其氏族卷讲述清代所特有的八旗氏族，至今为研究旗人历史和八旗制度的参考文献。

四、荒政专书资料

荒政，系社会救济事业的一种，荒政图书主要反映各种灾害降临时政府和社会的对策及民众的社会生活状况，间有论及灾前的预防事项，或灾后的生产自救之策。

荒政图书颇有一些，下面介绍数部，以见救荒方针政策和灾民的生活（图 2-5）。

图 2-5　《饥民图说 · 人食草木》图

① 马端临：《文献通考》卷二六《国用 · 赈恤》，中华书局 1986 年影印本，第 256 页。

宋人董煟的《救荒活民书》，条陈救荒的政策，论述宋代朝臣、贤人救荒的议论和实践，实行中的利弊，讲到遭遇大灾荒瘟疫如何移民、通财、薄征、缓刑、减租、贷种、恤农等措施。特别说明贷种不应当指望灾民偿还，所以要说贷给，是防止灾民滥于请贷；恤农之时，应该依照民人的职业，先抚恤农民，工商游民在其次，以此诱导民众重本业、轻末业。此书有《四库全书》本。

清人《钦定康济录》。乾隆朝浙江监生陆曾禹著《救饥谱》，官员将此书上呈，予以增删，为乾隆帝认可，遂名《钦定康济录》。书中除了罗列历代救援事迹，主要是讲"先事之政""临事之政"和"事后之政"，将救荒区分出灾前、灾中、灾后三种情形，采取相应的政策和救助办法，而非只知道临事救援，是赈灾观念的发展，认识的提高，大大有利于提升救灾质量，减少灾民的痛苦。这种救灾三策，并非乾隆君臣发明，就笔者读到的明末清初人的议论，已经屡见不鲜，不过斯时加以总结，仍有其实用价值。

《捕蝗考》，陈芳生撰。蝗虫过境，蔽空遮日，庄稼尽毁，农人惧之，故敬畏蝗神。陈氏此书，述说备蝗事宜、前代捕蝗法，要旨在先事预为消弭，临事竭力剪除，责成地方官实心经理。此书有《四库全书》本。

《荒政丛书》十卷，康熙间地方官俞森编著，编辑前人的救荒方法和意见，录宋人董煟，明人林希元、屠隆、周孔教、钟化明、刘世教，明清之际魏禧七家之言，自作常平仓、义仓、社仓三考，并附《郧阳赈济事宜》《捕蝗集要》。此书收入《四库全书》。

《荒政举要》，戴曼卿著于咸丰年间。人们已经知道应有灾后的救助办法，但实际上仍忽视，戴氏于此特加留意，较全面考虑救灾办法。戴世文为此书作序，特别指出它"兼及农政、瘟疫、义仓、保甲、开财源、去弊俗"。此书有咸丰三年（1853）、光绪二十年（1894）刻本。

通过以上的论述，可以总结出典制类图书社会史史料的特点。

典制图籍是作为社会制度的法律、法令及其实行的记录，由于是反映实行的情况，故能提供大量的人们社会生活的实际资料。

典制类图书中的社会生活史资料，相对系统和集中，这是与下面即将说明的笔记、文集中的社会史史料比较而言的。

通论典制图籍内容涵盖面广泛，社会史史料丰富。

第四节 文集、笔记、类书、汇编中的社会史史料

本书标题开列了好几种文体的载籍，文集、笔记、类书、汇编，大体上是“文章”类型，并非一般概念中的史书，然而它们对社会史研究的价值之高实出意外，这在第一节已有交代，不赘述，在此将它们合为一节，分别说明史料意义。

一、文集中的社会史史料

文集流传久远，数量巨大，今存唐人及唐代以前人的文集多系后人所编，宋人文集留存不少，元人文集约有五百种，明人的有两三千种，而清人最多，至少四五万种，仅在柯愈春编《清人诗文集总目提要》（北京古籍出版社 2001 年）所著录的就有四万余种。

文集的内容无所不包，社会史的史料肯定会有，而且丰富。先秦、秦汉诸子的文集社会史的资料就很多，如西汉淮南王刘安及其门客撰《淮南子》就有发式、女神、重狗肉、禁屠牛的内容。早期的文论汇编，有清人严可均辑的《全上古三代秦汉三国六朝文》（中华书局 1958 年影印本）。清人编选的《古文观止》，编选者是从文辞着眼的，以之为作文的楷模，笔者则从它所反映的社会生活状况来看，发现它颇具社会史的内容。三国西晋之际的李密撰《陈情表》，辞谢征召，词情哀婉，非常动人，这且不说，它还使我们看到一个家庭的状况：男子撇下六个月的婴儿和老母、妻子死去，家里别无兄弟，三年后妻子接受娘家兄弟的安排改嫁了，使得四岁的孤儿与祖母相依为命。这孩子体弱多病，九岁还走不好路。待到长大，老祖母疾病缠身，常常不能起床。李密上表时 44 岁，祖母 96 岁，为了尽孝，故而不能接受征召。在《古文观止》中有不少人物传记的内容，如在传记、诗文集序、送行序，乃至求职书中，这种文字更有为乡村社会人物书写的，对于社会史研究来讲，就更加值得珍视。下面举几个例子。“生不用封万户侯，但愿一识韩荆州”的脍炙人口的词句，出自李白的《与韩荆州书》，作者为求职，作了自我介绍：“白，陇西布衣，流落楚汉，十五好剑术，遍干诸侯；三十成文章，历抵卿相；虽长不满七尺，而心雄万夫，皆王公大人许与气义。”将自家的出生、身材、学识、交游交代清楚，今人研究李白身世和生活，就时常借用这段文字。韩愈的《圬者王承福传》，

记述泥瓦匠王承福的生平和为人，他原来是首都长安的农民，安史之乱时从军十三年，立有功勋，舍弃不要，田地在战争中丧失了，遂靠佣工为生，租赁房屋居住，有余钱就周济路上遇到的残疾人和饥饿者。他为什么不存钱呢？他给富人干活，后来再去、三去，发现房屋已成废墟，或者主人受刑，房产充公，因而觉得积财无益。王承福是个颇有见识的普通人。韩愈《送杨少尹序》，谓国子司业杨巨源，以年满七十，辞官返乡，故为之写送行序，并说他善于作诗，训迪生徒有方，可知其为人的能耐。韩愈因不在京城，想象送行到城门外的有几个人，几辆车，几匹马，道边有多少观众，在议论他的贤否。以此我们获知杨巨源为人生平梗概和为告老还乡的官员送行的一般情形。韩愈又发议论，云“中世士大夫，以官为家，罢则无所于归”。从这里我们知道，在唐朝以前的一个时期里，做官的人脱离家乡，而后无原籍可归。这就透露出做官是移民的一种渠道的信息。韩愈的《祭十二郎文》述及自家及侄儿身世甚为详细，不作细说了。韩愈的《柳子厚墓志铭》，对柳宗元有褒，也有所贬。柳宗元的《捕蛇者说》，讲永州民遭受的赋役之苦。他的《种树郭橐驼传》，云传主是长安残疾人，善于培植树木，原因是能顺树木的本性加以栽培。《梓人传》写一个木匠，初同他接触，以为他是无能而又贪财的人，后来发现他指挥众人起造巨宅的能力。欧阳修撰《释祕演诗集序》，谓与石曼卿交游，知其人“廓然有大志，时人不能用其材”，他也“不屈以求合，无所放其意，则往往从布衣野老”游，与和尚祕演为密友。欧阳修从而得知祕演的善于作诗，为人“状貌雄杰，其胸中浩然，既习于佛无所用，独其诗可行于世”。表示欧阳修不礼于佛教，而尊重其中可敬重的人。欧阳修对于朋友石曼卿，作有《祭石曼卿文》，表明友情之深笃。在这里要岔开一下，欧阳修的另一朋友石介在《三豪诗送杜默师雄并序》序云：“石曼卿之诗，欧阳永叔之文辞，杜师雄之歌篇，豪于一代矣。”诗云：“曼卿豪于诗，社坛高数层。永叔豪于辞，举世绝俦朋。”[①] 对石曼卿、欧阳修评价均高。还是回到《古文观止》的选文方面，欧阳修《泷冈阡表》，讲述家世，特别是作者父亲的历史和为人。苏洵的《张益州画像记》，记叙官员张方平的事功。苏轼的《方山子传》，讲述传闻中的方山子，及至见面，始知为少年朋友，从而令我们知道游侠陈慥的经历。由《古文

① 石介：《徂徕石先生文集》卷二《三豪诗送杜默师雄并序》，陈植锷点校，中华书局 1984 年版，第 13 页。

观止》一部书的这些文章，我们获得这么多的社会生活史资料，可见文集的这种价值。

散篇的游记，载于文集中，因为出游者往往记录所见到的他乡异俗，所以其中包含的地方社会生活史的资料必然多。宋代浙江人张礼撰《游城南记》（史念海等校注，三秦出版社2003年），记叙在长安的见闻。元代宁波人纳新，过长江，访问中原和北方，“闻诸古老旧家，流风遗俗，一皆考订，夜还旅邸，笔之于书”，成《河朔访古》一书。[①] 脍炙人口的《徐霞客游记》（褚绍唐等整理，上海古籍出版社1980年），作者徐弘祖生于明末，江南江阴人，游历名山大川，足迹遍及江苏、安徽、浙江、江西、湖南、广西、贵州、云南等省，所到之处，写有日记，以写自然风光和地质地貌为主，此外，对动植物生态品种，矿产、手工业、居民点、物价、民情风俗、民族关系，均有关注和记录，是社会生活史的引人入胜的读物。游记类著作在王锡祺辑的《小方壶斋舆地丛钞》中汇集甚多，它有正、补、再补三编，专收清朝人关于中国和外国关系的历史地理、游记、风土记、边疆史地的著作，兼收外国人的有关作品。

二、笔记的社会史史料价值

笔记，与社会史研究有不解之缘。何谓笔记体著作，本章第一节业已说明，这里不再述及。笔记书籍很多，仅《笔记小说大观》一部丛书，就收有笔记220余种。

笔记类名著，早期的有张华《博物志》、刘义庆《世说新语》等，此后有唐代刘餗《隋唐嘉话》、杜宝《大业杂记》，五代王定保《唐摭言》，宋代庄绰《鸡肋编》，金代刘祁《归潜志》，元代陶宗仪《辍耕录》，明清时代特别多，如沈德符《万历野获编》、钱泳《履园丛话》等，不胜枚举。

笔记史料生动、具体、细致，常常为其他载籍所不能及。《博物志》记载地理博物琐闻，《世说新语》叙述魏晋间的社会、人物遗事。《隋唐嘉话》多隋末唐初佚事，如卷中记“高宗朝，以太原王、范阳卢、荥阳郑、清河博陵二崔、陇西赵郡二李等七姓，恃其族望，耻与他姓为婚，乃禁其自姻娶。于是不敢复行婚礼，密装饰其女以送夫家”。可见唐初这几个望族高门第联姻，虽遭到政府的禁止，仍在坚持，士族势力继南北朝之后还那么强大。卷下写狄仁杰

① 纪昀：《四库全书总目》卷七一《史部·地理类》，中华书局1965年影印本，第629页。

为江南安抚使，因见周赧王、项羽等神庙多至七百余所，认为它们“有害于人，悉除之”①。祠祀那么多，当然有害于民了。宋代以来的笔记我们读来更有趣味，不妨举些事例，以明其史料功用。庄绰作《鸡肋编》于南宋初年，记事三百余条，中云书法家米芾，其母本是产婆，因供役宫中，有劳绩，故米芾得以充殿侍。产婆地位很低，被选定宫中服役，才有了子孙出仕的好机遇。记江南婚嫁习俗：“民家女子，不用大盖，放人纵观。处子则坐于榻上，再适者坐于榻前。其观者若称欢美好，虽男子怜抚之，亦喜之而不以为非也。”表明婚仪有地方特色，女子初婚、再婚的仪式也有所不同，以及闹房的习惯。至于丧事，则云：“丧家率用乐，衢州开化县为昭慈太后举哀亦然。今适邻郡，人皆以为当然，不复禁之。如士族力稍厚者，棺率朱漆。”关于摩尼教及方腊举事：“事魔食菜，法禁甚严。有犯者，家人虽不知情，亦流于远方，以财产半给告人，余皆没官。而近时事者益众，云自福建，流至温州，遂及二浙。睦州方腊之乱，其徒处处相煽而起。闻其法：断荤酒，不事神佛祖先，不会宾客……又始投其党，有甚贫者，众率财以助，积微以至于小康矣。凡出入经过，虽不识，党人皆馆谷焉。人物用之无间，谓为一家，故有无碍被之说。以是诱惑其众。”凡治摩尼教史、方腊史者，这是耳熟能详的资料。此书记叙广州人习俗食槟榔与波斯妇女妆饰：“广州波斯妇，绕耳皆穿穴戴环，有二十余枚者。家家以篾为门，人食槟榔，唾地如血。北人嘲之曰：‘人人皆吐血，家家尽篾门。’又妇女凶悍，喜斗讼，虽遭刑责，而不畏耻。”又云广东僧侣经商与结婚之俗：“广南风俗，市井坐估，多僧人为之，率皆致富。又例有室家，故其妇女多嫁于僧，欲落发则行定，既剃度乃成礼。”宋代社会不稳定，盗贼、抗争者频发，形成俗谚：“仕途捷径无过贼，上将奇谋只是招。”“欲得官，杀人放火受招安；欲得富，赶着行在卖酒醋。”说到各个地方的生育礼俗：“西北人生子，其侪辈即科其父，首使作会宴客而后已，谓之捋帽会。江浙人家生女多者，俟毕嫁，亦大会亲宾，谓之‘倒箱会’。广南富家生女，即蓄酒藏之田中，至嫁方取饮，名曰‘女酒’。”② 此书说到的摩尼教和方腊，在方勺的《青溪寇轨》和《泊宅编》（中华书局合刻本 1983 年）卷五中写得较为详细一些。

① 刘餗：《隋唐嘉话》，程毅中点校，中华书局 1979 年版，第 33、40 页。

② 庄绰：《鸡肋编》，萧鲁阳点校，中华书局 1983 年版，第 8、11—12、53、65、67、118 页。

北宋僧人文莹著《湘山野录》记叙见闻杂事，对至今陈姓人士乐于称道的江州义门陈氏予以留心，写道："伪吴故国五世同居者七家，先主昇为之旌门闾，免征役。尤著者江州陈氏，乃唐元和中给事陈京之后，长幼七百口，不畜仆妾，上下雍穆。凡巾栉椸架及男女授受，通问婚嫁，悉有规制。食必群坐广器，未成人者别一席。犬百余只，一巨船共食，一犬不至，则群犬不食。别墅建家塾，聚书延四方学者，伏腊皆资焉，江南名士皆肄业于其家。"宋初有几位公主出家为尼，此书记云："申国长公主为尼，掖庭嫔御随出家三十余人，诏两禁送于寺，赐斋馔。"[①] 宋人笔记就介绍这几部，下面再说一部明人的笔记。

沈德符著《万历野获编》（中华书局 1959 年），由书名得知是万历年间记述当时的事情，上及朝政得失，下至民间逸闻趣事，特别是关于宫闱、词林、科场、妇女、风俗、技艺、词曲、外国部分既多史实，兼或发表评议。卷二三述妇女缠足，讨论产生之始，并记瞿九思建言抵御蒙古人的办法，令其汉化，使男子贪恋女性而衰弱。卷二四记紫禁城内的集市，城隍庙的庙市，京城的"小唱"与男色，浙东的丐户，所述皆明朝特色，而与我们现在所知道的清代情形有所不同。卷二五讲明代的古玩时尚，文房四宝，以及春宫画。卷二六记叙《金瓶梅》传抄本的流传状况。卷三〇关于"红毛夷""大西洋""利西泰""香山岙"的传闻，表明某些朝野人士对西洋人东来的关注。

三、类书中的社会史史料

类书所提供的历史资料，并非是第一手的，若依重视史源学观念来说，它的史料价值不大，笔者还要介绍它，乃因其在三个方面的使用价值：一是它汇聚多种图书资料，免却读者一一搜检原书之烦劳；二是它将同类事物的材料排列在一起，又按事物及记载它的古籍成书前后编排，令读者阅览时既可集中思考专一问题，又有时代概念，以明了所研究事物的发生、发展和变化，有利于形成或提高认识；三是有些古籍已失传，而类书保存其中一些珍贵史料，这样的资料价值就等于是第一手的了。当然类书所汇集的资料，均为第二手、第三手的，利用时必须尽可能地核对原书。

类书，是采撷各种图书文献的资料，依照反映事物的性质分类编纂成书。它可以区分为两大类型，一类是分类编辑各种事物的资料汇为一书，因而从内

---

① 文莹：《湘山野录》，中华书局 1984 年版，第 16、58 页。

容上说具有百科性质；另一类是仅仅汇集记叙一种事情的资料，成为单科性的，或专题性的图书。在古代，以前一种性质的类书为多，并且颇有名著，后一类的较少，知名度也小，而今人所辑之“类书”恰恰相反。

最早的类书是三国时代辑成的《皇览》，唐代产生了《艺文类聚》，宋代类书大增，出现《太平御览》《太平广记》《册府元龟》，明代编辑出我国古代规模最大的类书《永乐大典》，可惜今日已几乎全部亡佚。清代又是一个盛行编纂类书的时代，官府与个人都热心于这一事业，官修《古今图书集成》，为我国今存最大类书。有的学者估计，我国古代类书约有600种，今存约200种。笔者检索武作成编辑的《清史稿艺文志及补编》（中华书局1982年），其中著录类书146部，13800余卷，所以今存类书主要是清朝人编辑的。不过类书是选辑前人著述的文字，所以尽管是清人编选的，却包含大量清代以前文献的内容，稍可弥补前代类书亡失的缺憾。

下面对重要类书的社会史史料稍作说明。

《太平御览》一千卷。宋太宗太平兴国年间辑成，故名。今有中华书局1985年印版。取材广泛，经部、史部书外，子部、集部之书，也在采编之列，约计两千种，诚可谓资料来源丰富。《周易系辞》云“凡天地之数五十有五”，《太平御览》据之分为五十五部，表示其包罗万象。各个“部”内区分为若干细目，据聂崇歧讲，“总计不下五千”①。在五十五部中，社会史资料含量较多的有：居处、逸民、宗族、仪礼、乐、治道、刑法、释、道、仪式、服章、服用、方术、急病、工艺、器物、杂物、舟、车、珍宝、布帛、资产、百谷、饮食、水、咎征等部。其中“道部”，反映道士群的观念、事业和生活方式，有21卷（第659—679卷），内分53目，为道、真人、天仙、地仙、尸解、剑解、道士、斋戒、养生、服饵、仙经、理所、冠、帻、帔、褐、缡、袍、裘、衣、珮、绶、佩、笏、裙、铃、杖、节、履、舄、帷帐、席、简章、几案、舆辇、阙、殿、堂、台、阁、楼、观、宫、室、房、舍、窗、户、门、庭、坛、府、传授等。观其子目之详细，可谓将道士的宗教仪礼和日常生活的方方面面都涉及了。《太平御览》所选编的每一条材料，都注明其来源，便于读者按图索骥，查阅原书（如果还存世的话），故为阅览者所喜用，这也是它的优点。

《太平广记》五百卷。亦为太平天国年间奉旨编辑而成，其资料来源约有

① 聂崇歧：《重印太平御览前言》，《太平御览》，中华书局1985年版。

五百种图书，但采自正史、文集的不多，而多录于笔记，尤其是志怪小说，如《齐谐记》《搜神记》《玄怪录》之类，或者是传奇小说，如《虬髯客传》之属。是以其记事多非史实，然而往往能曲折反映历史。

《古今图书集成》一万卷。清朝康熙、雍正年间修成，当时有内府刻本，20世纪末中华书局与巴蜀书社联合出版影印本。它同《太平御览》一样，是百科全书式的图籍，或者说它是中国古代最完善的一部百科全书。在编排上，按资料内容性质进行分类，计分历象、方舆、明伦、博物、理学和经济六编，下分32典6109部，部下设目。六编之中，明伦、经济二编尤能供给社会史研究较多的素材。

《清稗类钞》，民国间徐珂辑。徐珂任职商务印书馆，谢国桢说他“喜搜辑有清一代朝野遗闻，以及士大夫阶层所不屑注意的基层社会的事迹”①。他在阅览笔记、报纸时，随手记录，然后分门别类，结集成书。全书三百万言，一事一条，共有13500条，92类。类目里有第宅、园林、祠庙、狱讼、爵秩、吏治、隐逸、幕僚、诙谐、种族、宗教、婚姻、门阀、名字、称谓、风俗、方言、农商、工艺、孝友、义侠、正直、贞烈、谦谨、廉俭、狷介、豪奢、才辩、明智、雅量、异禀、容止、情感、疾病、丧祭、师友、会党、方伎、迷信、方外、赌博、音乐、戏剧、优伶、娼妓、奴婢、盗贼、棍骗、乞丐、物品、舟车、服饰、饮食等类。所录资料诚然是“基层社会的事迹”，如《迷信类·陕人背爷过年》条云：“陕人至除夕，必出门，至十字路高呼曰：‘爷爷，我背你回去过年。’于是以两手向后，作负物势而归，至中堂所供木主（图2-6）前徐徐放下。再往，背其奶奶，如前状。往返数四，新鬼故鬼依次背回。爷爷，祖父也；奶奶，祖母也。”② 把陕西人除夕祭祖的情形如同影画一样呈现在读者面前，这是陕西人年节活动的一个组成部分。

以上诸书，都是百科式的，下面述及一部专题的类书，即200多年前王初桐编辑的《奁史》。这是关于女性史的原始资料分类汇编类书。王初桐从3000多种文献摘录资料，分门、类编排，计36门，若干类。门、目为：

夫妇门：夫妇、夫、妻、丧妻、寡妇、附录；

婚姻门：婚姻、嫁娶、媒、择、缘、婚礼、附录；

---

① 谢国桢：《清稗类钞前言》，徐珂：《清稗类钞》第一册，中华书局1984年版，第1页。

② 徐珂：《清稗类钞》第一〇册，中华书局1986年版，第4658页。

图 2-6 祠堂木主图（湖南岳阳县渭洞张谷营村张氏先人木主，笔者摄）

系统门：后、太后、女主、妃、内职、宫人、公主、驸马、太子妃、王妃、外命妇；

眷属门：母、保傅、乳母、祖母、诸母、外祖母、女、侄女、孙女、侄孙女、女婿、姊、妹、姑、姑妇、娣姒、姑嫂、叔嫂、弟妇、亲戚；

妾婢门；娼妓门；肢体门；容貌门；性情门；蚕织门；针织门；井臼门；文墨门；干略门；技艺门；音乐门；姓名门；事为门；诞育门；术业门；衣裳门；冠带门；袜履门；钗钏门；梳妆门；脂粉门；宫室门；床第门；饮食门；器用门；绮罗门；珠宝门；兰麝门；花木门；禽虫门；仙佛门。子目不俱列。

观看《奁史》的门、目，不难了解它包含命妇、平民、娼妓、妻妾、女尼、道冠各个阶层女子的社会地位及着装、器用，女子容貌、艺能及家政等方面资料，实乃研究女性生活史者必读文献。从事女性史研究的刘诚聪著文《〈奁史〉初探——兼论类书中女性史料之辑录》一文，建议阅览此书。[①]

近年编辑的接近类书文献汇编，如杜学元主编《近代女性教育文献丛刊》30 册，选编清末、民国时期图书与刊物 110 余种，内容包涵女性教育专著、女性教育专刊、女性教育机构、女性教育教材和女性教育教辅五部分，为近代女性教育研究提供大量素材。国家图书馆出版社 2021 年印行。

四、会要体史籍中的社会史资料

会要体史书，可以视为政书，然而它分类细致，每个子目里内容很少，而

① 刘诚聪：《德·才·色·权——论中国古代女性》之九《〈奁史〉初探——兼论类书中女性史料之辑录》，台湾麦田出版社 1998 年版。

许多会要又是摘抄于各种史书，与类书有点相近，故而放在这里叙述。

会要体的史籍，叙事以断代为限，故名“某朝会要”。它分门立目，叙述一代的典制沿革和掌故，它的纲目可以分得很细，便于记录客体历史和读者查阅。会要体史书产生的较晚，以唐人苏冕开创、北宋初年王溥定例而成的《唐会要》问世为标志，当时人修的有王溥的《五代会要》，此后有龙文彬的《明会要》。宋代有编纂会要的制度，但数修未成，而后由清朝人徐松汇辑成《宋会要辑稿》。此外诸朝代的会要，则是后人依据各种史籍摘编而成的，有清孙楷辑《秦会要》，宋徐天麟辑《西汉会要》和《东汉会要》，清钱仪吉辑《三国会要》，清朱铭盘辑《南朝宋会要》《南朝齐会要》《南朝梁会要》《南朝陈会要》等。就中，以《唐会要》《明会要》《宋会要辑稿》史料价值为高。清朝人重视会要体，而“清会要”阙如，20世纪80年代商鸿逵有志于编纂，邀集同好编辑，寻谢世，王钟翰续其事，寻亦辞世，未能蒇事。

会要主体部分是：礼、乐、舆服、仪制、刑法、选举、职官、兵制、食货、方域等类目，相当于纪传体中的“志”，另有帝系、后妃、蕃夷等类目，由此可知，它应当饱含社会史的史料。以下绍述三部会要，以见其对社会史研究的意义。

《东汉会要》四十卷，包括帝系二卷，礼五卷，乐一卷，舆服二卷，封建二卷，职官七卷，民政三卷，食货一卷，刑法二卷，方域二卷等。其民政卷包括户口、杂录、乡三老、乡亭长、民伍、孝悌力田、劝农桑、假民田园、赐民爵、赐酺、复除、崇孝行、戒奢侈、荒政、奴婢、禁厚葬、瘗遗骸，涉及基层和民间组织、农桑政策、户口制度、以孝治天下政策、蠲免与荒政。其禁厚葬条将光武帝、明帝、和帝、安帝等不同时期禁止厚葬的诏书和官员张酺、赵咨、范冉、张鱼训诫子孙薄葬的遗命，王符《潜夫论》主张薄葬的内容汇集在一起，便于人们了解东汉时期的丧葬观念、习俗、厚葬与薄葬的概念纷争。有上海古籍出版社1978年印本。

《唐会要》一百卷，分一百五十四目，备书唐代各种典制及其执行情形。其第六卷《公主》目，先简单交代公主封号、命名之由来及命意，接着备载唐高祖至昭宗十八帝之女，书其封号，降某、次降某、三降某，或早薨，或入道教。据此，读者稍作统计，即可知唐代公主的婚姻、夭亡和出家的情形。此外，还记录有特殊事迹公主的历史，或其与父皇、翁姑、驸马的关系。另有《和蕃公主》一目，叙述出降少数民族酋长的公主事迹。学者欲了解唐代公主的历史，《唐会要》提供了最基本的史实。公主史，不仅是研究政治史的内容，因为公主是社会结构中的一种成员，所以公主史也为社会史研究的固有内容。看来《唐会要》的这些资料是建构公主史所不可缺的。

《宋会要辑稿》，分量巨大，中华书局出版，16开本8大册，近8000页。因系未完稿，有的内容重复。笔者在“文化大革命”前查阅过一小部分，主要是民众运动方面的，至今印象犹深，感到宋代大股、小股的民间反叛、起义与受招安实在太多，这一方面是客观存在的事实，另一方面也是有赖于文献的详细记载（倒不一定内容真实，而是说记录了此类事情）。

五、近人编辑的社会史史料汇编

类书的编辑，到20世纪有不小的发展，体现在三个方面。一为编辑者按照对事物的认识拟定一个较有系统性的详细纲目，然后实以从古籍中摘录的一条条史料。古人编纂类书，如前所述都有纲目，但今人比他们观点更鲜明，更加条理化，更注意事物的内部联系。今人类书的另一个特点是，专题越分越细，这是史学研究走向深入的反映，也是适应这一形势发展的需要。第三点是，将分类与编年结合，融为一体，即在架构中，第一级是按事务性质区分，第二级则依时序，填以文献资料。基于这三个特点，今日的类书，是古代类书的发展和衍化，可以视之为“文摘汇编”。

文摘汇编图书中，有的涉及内容较广，如翦伯赞、郑天挺主编的《中国通史参考资料·古代部分》，按断代史分册，每册有政治、经济、文化、民族、对外关系等部分，辑录一个断代史的各方面史料。但是这一类的书不是社会史的文献摘编。再说社会史资料散碎，更需要对它加以搜集、整理、汇编和出版，这项工作，可以说甚为迫切。20世纪30年代问世的瞿宣颖纂辑的《中国社会史料丛钞》，到80年代有了重版本，颇受欢迎，可见学术界急需资料汇编的读物。在此，笔者选择数种有关社会史的专题文献摘编予以评介，以明了其史料意义。

瞿宣颖纂辑《中国社会史料丛钞》（甲集），1937年商务印书馆枣梨，是近人重视社会史史料的开风气之先的作品。瞿宣颖阅览史书，见到有关制度风俗方面的内容，就摘录下来，积十余年的功夫，汇编成书。编辑方法是按照史料性质区分成二十个门类，门类之下为专题子目，其下又有细目，细目内实以各条资料，兼有编者的简单说明。二十门类为：衣饰、饮食、建筑、居室、器物、经济、民族、信仰、传说、婚姻制度、丧祭、社会制度、娱乐、社交、交通、仪物、艺文、职业、语文、杂风俗制度。读者不难明了这是对社会史研究内容的一种分类，类下之目起同样的作用。如第十三类《娱乐》内分：汉代之令节、汉代之游戏、汉代博戏、魏晋间倡优、魏晋间游戏、祓禊、南朝时令风俗、南朝之伎乐、南朝之胡伎、戏马、拍张跳刀、南朝杂戏剧、樗蒲、投壶、藏钩、六朝娼妓、六朝之社会娱乐、唐代之倡伎、唐代之杂戏、唐代之赌博、唐代令节、裸女戏、酒令、宋之官妓、宋之说书、宋上元放灯、唐宋伎妾、苏州戏馆亲历、河市、升官图、妆域、教坊之罢革、扬州鼓吹、评话、苏扬杂戏、杂要。这种类目的编排，初步汇集了中国社会史资料，其功甚伟。说它是“初步”，因所辑资料远不丰富，门类亦欠齐全，这是有待后来者补正的。其实瞿宣颖本人也不以此为满足，书名中标出“甲集”，就是还要续编，并在《中国社会史料丛钞题语》中写道：“更假岁月，当仿‘容斋’续成五笔，补其阙失。”① 惟其愿未偿。不过这是众人的事业，正有望于今日之同好来完成。

张海鹏、王廷元主编《明清徽商资料选编》。俗谚“无徽不成镇”，“钻天洞庭（苏州洞庭商人），遍地徽（徽州商人）”，徽商无处不至。他们不仅在商品经济中发生重大作用，还影响着个人与群体（如家族、绅衿、慈善团体）生活、消费观念、消费结构和文化娱乐生活。关于徽商史的历史文献摘编，有张海鹏、王廷元主编的《明清徽商资料选编》。编者从230余种史籍、方志、笔记、文集、小说、契约、文书、碑刻、档案，特别是近百种家谱中，提取资料1513条，近40万言，依其内容，分成章节，拟出标题，节下又区分为若干组，并在每一条资料前编上顺序号。有的一条资料反映多方面的社会生活内容，不便反复出现，遂编排在一个章节内，另在相关节目后面注出有关条目的顺序号，便于读者参阅，而不致遗漏。

洪焕椿辑《明清苏州农村经济资料》（江苏古籍出版社1988年）。明清时期的江南社会经济、士绅、文化史，是中外学者关注的一个热点，为研究者提供资料方便的有江苏省博物馆编《江苏省明清以来碑刻资料选集》（生活·读书·新知三联书店1959年）、《明清苏州工商业碑刻集》（江苏人民出版社1981年）。洪氏汇集官修史书、政书、方志及文集笔记、档案、碑刻谱牒、契约、

① 瞿宣颖：《中国社会史料丛钞题语》，《中国社会史料丛钞》（甲集），上海商务印书馆1937年版、上海书店1985年版。

簿册等相关资料，依内容分出章和目。编辑加工的原则是：照录原文；与主题无关的内容予以删节，并用删节号表示出来；对零星资料加以综合整理，但仍用原文，注明资料出处；对数字材料，如人口、田亩、税粮等统计数字，为便于检阅，改变为表格式，并将许多识见寓于其中。全书八章，前七章涉及自然环境、人口土地资源、占有形态、粮食生产、经济作物、多种经营副业生产、农村市镇、物资交流等项内容，第八章为《租佃关系和农民生活》，内含“地租剥削与租佃关系”“抗租和争粮”“农村习俗和农民生活”。集中反映苏州社会史的资料集还有王国平、唐力行主编的《明清以来苏州社会史碑刻集》（苏州大学出版社 1998 年），它不是类书式的资料摘编，而是汇辑碑刻资料，按照“社会的人”“物质的人”“精神的人”“人的社会”的认识，区分为：第一，“社会角色与社会群体”（妇女、儿童、农民、商贾、塾师、郎中、粮长、富户、士宦、乡绅、将官、其他、血缘群体、地缘群体）；第二，“社会生活与社会合作”（宗族生活与互济、行业生活与互济、公共生活与公益事业、其他）；第三，社会信仰与社会心态（道教、佛教、回教、基督教、民间神祇、先贤祠祀、祖先崇拜、行业神灵、劝世劝善、其他）；第四，“社会问题与社会管理”（社会问题、赋役管理、商业管理、宗族管理、寺观管理、环境市镇管理、其他），可见编辑者的社会史史识。

第五节 方志、族谱中的社会史史料

早在 1934 年，陶希圣为开展经济社会史研究，提议“下功夫从地方志里搜求经济的、社会的材料”。鞠清远则写出《地方志的读法》专文，提出关注于方志中的杂录、驿路交通、物产、寺院、庙会、集市等方面的内容。[①] 地方志，还有族谱，是家庭家族史和地方史的资料宝库，它的价值，越来越为学者所认知。

一、地方史志资料

地方史志，有多种类型，一是方志，综合记录地方史事，另一种是侧重描

① 陶希圣、鞠清远文俱见《食货》半月刊第 1 卷第 2 期，1934 年 12 月。

述地方风俗的，还有是叙述地方人物名贤的，其中主要是方志。

方志，记载一方自然环境（自然现象、河流山脉、地下矿藏、气候等）、生产交换和行政建置沿革、人文历史，体例包含志、传、表、图，与纪传体正史相近，而且是纪传体化，逐渐体例完善的。它的“志”，相当于纪传体的志，记载专门事物；“传”也是人物传记，既有本地人，也有来这里做官的、流寓的；“图”，主要是衙署图、地方行政区划图、山川湖泊图；“表”是地方大事年表。它的卷目，比较完善的包括地图、表、疆域、分野、建置沿革、形势、风俗、城池、学校、户口、田赋、税课、职官、山川、古迹、关隘、津梁、陵墓、祠庙、寺观、名宦、人物、流寓、烈女、仙释、土产、杂记。这种体例和卷目表明方志为研究一个地方的全史资料，同样为社会史研究提供极为可观的素材，就此，笔者在《清史史料学》中写道：“方志是社会史研究的必读之物。方志中的户口、氏族、祠宇等专门反映社会史内容的卷目不说外，其风俗一门、杂记一门保存的社会史资料尤多，风俗门专记各地的时令节气及届时人们的活动，平时人们的衣食住行、婚嫁丧葬、社交往来、宗教信仰、文化娱乐等风俗习惯，它是方志中的珍品。”①

方志关注自然环境，对于生态环境史、社会经济史研究的价值自不待言。它能提供的资料在于：生产力中最活泼的因素人的资料，即人口、劳动力的状况及其变化；农民生产状况、品种及经验；赋役制度、地租、借贷及其同生产的关系；手工工人和手工业生产、商人和商业贸易；经济发展的一般状况；与人类活动密切相关的自然地理、经济地理，即自然资源、自然灾害、气候、水文的状况、变化，水利的兴修等。至于专门的湖泊志，如关于太湖的《具区志》，提供地区生态环境和水利情况，更为集中。方志对于社会生活史的研究意义是多方面的。一是风俗习惯所表现的社会生活特征，“风俗”卷目，讲述当地时令节日的习俗、农事活动和地方上特别的风俗，反映出民间好尚和生活方式。二是对社会阶层结构的反映，方志里有名宦传，记载外地人在本地做官而有政绩的人；有“流寓”“寓贤”传，也是有名的外地人的历史；有“方外”或“仙释”传，记录出家人；有“义行”“孝义”传，叙述乐善好施者和孝子顺孙；有“列女”或“烈女”传，为各种有异行女性的传记；有科举志、

① 冯尔康：《清史史料学》，台湾商务印书馆1993年版，第189页；故宫出版社2013年版，第217页。

征辟志或表，系有功名的读书人的资料；至于当地的达官贤人，方志更是引以为荣，例应大书特书的。如此等等，社会各阶层的历史，就不难勾勒了。张仲礼研究 19 世纪的中国绅士，大量使用方志中的科举、征辟志表的资料，如表 25《各类上层绅士的构成》，运用的是湖南、贵州、四川、江西、广东、湖北等省府、州、县志的材料。表 30《正途贡生与异途贡生的比率》，使用的是《衡州府志》《永州府志》《道州志》《容县志》的方志材料。① 这一事例表明方志资料对于社会阶层研究的重要性。方志中的风俗资料可贵，已有学者关注，摘录汇编成书，如丁世良等主编《中国地方志民俗资料汇编》，书目文献出版社于 20 世纪 80 年代陆续出版。

地方史书，专记某一事物或某一类事物，如南朝宗懔《荆楚岁时记》，北宋孟元老《东京梦华录》、南宋周密《武林旧事》、明代沈榜《宛署杂记》、清代潘荣陛《帝京岁时纪胜》，记录人们的衣食住行及节日、娱乐、社群生活，社会的风尚以及民谚俚语。对此可略举数例，以明了其究竟。南朝宗懔在《荆楚岁时记》中，以亲身的体验，记录荆楚地区岁时节令、节日的农事活动和人们相应的生活：元旦，人们鸡鸣起床，在院子燃烧竹筒，噼里啪啦作响，以为能驱除恶鬼，由此可知燃放爆竹是后来的事情。当天人们衣着整洁，卑幼向尊长拜年，进奉椒柏酒，祝福长寿，喝桃树枝叶烧的汤水，也以为能够驱鬼。同日，人们拿着顶端绑有钱串的竹竿，围着粪堆转几圈，然后用竹竿打粪土，表示能够令人如愿。立春这天，人们戴上用五色绸剪成的燕子形饰物，并且贴上“宜春”二字，祝福春天吉祥。正月十五日煮豆粥，涂上油膏，祭祀门户。同日晚上，迎接厕神紫姑，以卜即将从事的蚕桑收成好坏。农历二月中旬的春分日，农民将戒火草种到屋上，听到类似乌鸦的鸟在鸡鸣以前啼叫，知道耕耘的日子到了。立春后的第五个戊日是祭祀土地神的社日，众人宰牲祭神，然后欢乐聚餐。寒食节这天，人们做打球、打秋千的游戏，还有“施钩”活动，这是属于跳绳运动的一种，以锻炼身体。农历四月天，获谷（布谷）鸟啼叫，农人知道准备插秧了。农历五月中旬的夏至日，人们吃粽子。同日，烧菊花为灰，以防止麦子生虫。在三伏天家家吃面馄，以为可以辟除邪恶。农历八月十四日，大人将朱水点在小孩的额头上，叫做“天灸”，相信可以克服疾病。腊八

① 张仲礼：《中国绅士——关于其在十九世纪中国社会中作用的研究》，李荣昌译，上海社会科学院出版社 1991 年版，第 172、180 页。

日农人击打腰鼓，戴上假面具，装扮成金刚力士以驱除疫鬼。同日，用小猪和酒祭灶神。[①] 节日生活是传承的，上面并没有将《荆楚岁时记》中所记南朝人的节日活动一一讲到，但是从中我们可以知道，今天的节日生活是对古人的承继，然而有不少改变，特别是古人节日生活同农事活动、生理卫生关系密切，而后人则日渐疏离。

《东京梦华录》作者孟元老，北宋后期生活在东京汴梁，将亲历亲见的都城生活记叙出来，南宋前期人赵师侠为该书写跋语，说孟元老“市井游观，岁时物货，民风俗尚，则见闻习熟，皆得其真”。全书十卷，卷三记开封相国寺庙会盛况，每月五次，届时二门、三门是出卖杂物区，院内设有帐篷，内中有一个个摊位；大三门买卖飞禽猫犬，珍禽异兽；近佛殿处，出售名牌产品，如孟家道院王道人蜜煎、赵文秀笔及潘谷墨；占据两廊的，是诸寺师姑卖绣作、领抹、花朵、珠翠头面等物；殿后资圣门前，皆书籍玩好图画，以及诸路罢任官员土物香药之类，后廊是术士们的卖艺地区。同卷述觅雇佣工的方法，干当人、酒食、作匠，各有行老主持其事，若想找女佣，则有牙人引领到宅内。同卷讲到都市防火系统，每坊巷 300 步左右，设立军队组织的巡铺屋一间，铺兵五人，备有救火器具，遇到失火，报告驻军，领兵扑灭。卷四记请客吃酒，由承揽人办理厨司备饭菜，送请柬、安排座次、劝酒，是“白席人”来操持。人家生辰忌日，如若设斋僧尼道士，则有道士僧人在街道等候，唤之则来，僧道将他们的应雇，称作“罗斋”。卷五述娶妇，对婚姻从议亲到成亲的全部过程作出细致的说明，议亲下草帖子、细帖子，有小定、大定，如果相亲的话，男家看中，就以钗子插冠中，谓为“插钗子”；女家回礼，曰“铺房”；新娘至婆家，人们拦着要花红，叫“栏门”；下车，阴阳人撒谷豆钱果，小孩争着拾取，是为“撒谷豆”；入门，在一个室内所设的帐中坐下，是“坐虚帐”，到新房坐于床上，谓为“坐富贵”；新郎请新娘出房，以彩缎联系二人，为“牵巾”；拜家庙后，二新人至洞房，有妇女撒金钱彩果，名曰“撒帐”；用绸缎钗子、梳子连接二人一部分头发，曰“合髻”；然后喝“交杯酒”；次日，“新妇拜堂”。卷六至卷十，一一述及时序节日。[②] 南宋末年在杭州生活过的周密撰《武林旧事》，仿照《东京梦华录》，反映南宋杭州社会生活，清人修《四库全书总

① 宗懔撰、杜公瞻注：《荆楚岁时记》，中华书局 2018 年版。

② 孟元老：《东京梦华录》，中国商业出版社 1982 年版。

目》，说周密以遗老故臣，述南宋君臣“湖山歌舞，靡丽纷华，著其盛，正著其所以衰，遗老故臣，恻恻兴亡之隐，实曲寄于言外，不仅作风俗记、都邑簿也”①。说明此书写都城生活风俗，而作者寓北宋灭亡隐痛于书中。这种著述心迹且不去管它，我们看它反映社会生活的某些侧面情形。卷六述京城之人不自作饮食，采买食用，虽贫民亦然，且多系赊购，到晚上还钱，这是小买卖人，一天赚一天的食用钱，“虽无分文之储，亦可糊口，此亦风俗之美也”。说到生活救济事业，谓生老病死均有救济机构：“病者则有施药局，童幼不能自育者则有慈幼局，贫而无依者则有养济院，死而无殓者则有漏泽园。”对于游手之徒的伎俩亦有着墨，如述“美人局”，以娼妓引诱青少年；“柜坊赌局”，以博戏骗钱；“水功德局”，以为人求官、涉讼骗财；买卖货物，以假易真，以至于以纸为衣，铜铅为金银，土木为香药，变换如神，谓之“白日贼”，还有拦街虎之类歹徒。②

二、族谱史料

族谱，在宋代以前，官方和私家极其重视，因为它对出仕、婚姻都有实用价值，宋代以降，其实用价值大减，而文化价值大增，成为家族凝聚力的动力和家族历史的载体，但是它在学术界的信誉不高，故而《明史·艺文志》不著录，《四库全书》不收录，《四库全书总目》自然更不介绍了。对于它的学术研究价值的认定，近当代梁启超是第一人，他将家族谱誉为“重要史料之一”，“我国乡乡家家皆有谱，实可谓史界瑰宝”③。族谱数量可观，以万计数，可见梁启超所言不虚。当然，现存的古代族谱，是元代以后编纂的，尤多的是清代的产物，反映元代以前历史的资料要少得多。

族谱至少有四种类型，为帝王诸侯的“世谱”，记载全国宗族的“通国氏族谱”，记录一个地区的宗族的“郡族谱”，反映一个个家族历史的“家族谱”。族谱有其体例，包含序例、世系、传记、相当于“志”的宗规族约家训、图等，序例讲编写原则，如什么人上谱，什么人不能进谱，上谱怎么写法；世系记录族人的血缘关系，为族谱的主体，没有世系，这种书也就不成为家族谱书；传记，族人的各种传记体裁的文字；图像，是祠堂图、祖坟图、祖先画像

① 纪昀：《四库全书总目》卷七〇《史部·地理类》，中华书局1965年影印本，第626页。

② 周密：《武林旧事》卷六，大象出版社2019年版，83页。

③ 梁启超：《中国近三百年学术史》，中国书籍出版社2020年版，第340页。

或晚近的照片。类似于“志”而无此名目的是族规家训，记录祖宗的训诫、家族行为规范、惩治条例；祠产及有关文书（如契约、契据）；艺文，关于族人和家族的文学作品。

族谱在历史上有着多种功能，今天我们利用它，自然是利用它的学术价值方面的功能。它对社会史研究来讲，其意义在于可提供诸多史料，列举如下。

（一）宗族史、家庭史、个人史的资料

“家之乘，犹国之史也。”古人常常说这样的话。族谱最直接反映的是该宗族及其成员的历史，记录宗族祠堂组织、职能和规则，宗族的各种祠堂祭礼和祖坟祭祀，宗族的财产和经营管理，家族的义学和文化教育，族人间的宗法礼仪和观念，族规祖训规范下的族人职业选择，婚姻、丧葬礼仪，文化娱乐生活以及宗族与政府的关系，配合以世系表图、传记方面的材料，我们可以明了一个家族的简单历史。通过世系表图及人物传记，对某些家庭的历史也会有个大概的了解。

（二）人口史资料

人口问题涉及的范围相当广泛，包括人口统计、人口增长率、人口寿命、年龄结构、就业与职业、教育与文化、移民等。

按世系登记族人，是谱牒基本内容，据此可以统计该族各个时期人口数字，包括人口总数和男女分类数。有的族谱世系表图和传记中写明族人的生卒年、寿数，从而可以计算人们的平均寿命，若再配合其他相关资料，还可能计算出人口增长率和增长速度。如据宋人欧阳修的《欧阳氏谱图》所列，欧阳修的先祖生八子，八子繁衍为十六人，再传则为三十人，三世下来，丁男为原来的 30 倍。有人口统计的族谱更给研究者以直接可用的资料，如 1930 年编写的新昌吕氏宗谱有人口统计表，按 12 个分祠一一统计，该族计有人丁 7840 名。历代政府都作有人口统计，载于有关的政书和史书中，各地方志中也有户口统计数字，但是人们对那些数字常持怀疑态度。没有基本的可靠数字，对人口发展、变化的规律及其相关问题，就难于分析清楚了。谱牒所提供的人口数字只是个别家族的，而不是每一个家族都有族谱，所以不可能依据家谱资料得到一个地区的、全国的人口统计，不过对若干家谱所记录的宗族人口作出个案分析，对弥补全国性人口统计的不足，纠正其误失，会是有益的。

族谱对移民史的研究有特殊的意义。宗谱总会记载家族渊源，原来居住何处，迁移何地，到现在的居址之后族人又分流于何方。就笔者所知，迁移的原因是多方面的，或避战祸，或因逃荒，或为出仕，或为经商，或由婚姻，或为其他谋生原因。如果剖析若干个家族移徙史，可能会找到历史上人口流动的某种规律。利用族谱资料研治移民史，已有学者进行了，特别是大陆民众移居台湾的历史多有留意者。庄为玑、王连茂编辑的《闽台关系族谱资料选编》（福建人民出版社 1984 年）的上编，即为《移民资料》，汇集了福建居民迁移台湾的族谱文献。

（三）各种人物尤其是社会下层民众的传记资料

族谱不乏社会上层人物的资料，它的族人小传，记载功名，有的族谱还有科第表、征辟表，传记更会交代传主的读书状况，这就提供了上层社会的族人历史资料。如史学家罗香林依据《蒲寿庚家谱》、海南甘蕉《蒲氏族谱》和崖县《三亚港通村蒲氏简谱》的资料，证明蒲寿庚的先人是从西域来中国的伊斯兰教徒，宋元之际阿拉伯人入籍广东的甚多。①

关于社会下层的历史文献，比起社会上层来说少得多了，然而族谱不然，它对每一个男性成员都作出记录，所以一般的农民都可以在他的家族谱拥有小传，有的还有比较详细的传记。所以族谱保存了大量的社会下层人物的资料，可供研究者采择。

（四）女性史资料

妇女作为男子的配偶，她的历史一定会出现在族谱里，至于贞女、烈女、孝妇、节妇还会有专门的传记，因此女性资料占据族谱的一定分量。这种情形是正史、方志中的列女传的稀少数量所无法比拟的，可以说族谱是各种文体中保存女性史资料最为丰富的史籍。妻子出现在族谱中，在名分上，既是属于丈夫的，又是与丈夫“匹配”的，为家庭主妇；因为有“三从”的道德规范，她们的行为受到种种礼法的限制，比如清朝初年县令杨玠制订的《家法》，作出对女子生活的各种限制：

关于回娘家：“妇将归宁，先告翁姑请命，得请则往，否则止。”

关于家庭外部事务：“妇人不许预外事。”

关于亲戚往来：“妇人非其至亲之家不得往”，“妇人不许往疏亲家饮燕。”

关于“男女授受不亲”：“异姓卑幼，妇人不许辄见；小姑之夫不见；侄婿非大事不见；堂侄婿大事亦不见。”

---

① 罗香林：《蒲寿庚研究》，香港中国学社 1959 年版。

关于寺庙进香：“妇人不得入庙焚香，不许游山玩景，不许与男子语。”

关于主仆间的别内外：“家人不许入中门，有所语则扬声传语，有事呼入，则妇人避之，有所诏，则隔帘而命之。”

关于翁媳关系：“妇人遇翁则避，年节生日，拜则卷帘，翁立门内，妇拜门外；叔翁则垂帘。”

由这些规条可以想象妇女家庭生活的某些方面的情景。

（五）地方史资料

我国宗族史的一个特点是族望与地望的紧密结合，宗族同地区（郡县）联系在一起。古人讲到某一宗族，一定会说明它是哪一个地方的，讲到某一个人，也要指明他的乡贯。记载宗族史的谱牒，也必然反映宗族与地域的关系。唐代以前州郡谱流行，表明了这种事实。在那时，单个宗族的谱牒，亦同地方相联系，所以谱名在姓氏之上冠以地名，诸如《京兆韦氏谱》《弘农杨氏谱》。家族是地方民众的组成群体，地方史是这些家族形成的，如果一个个家族有其历史记录，配合以地方上的其他文献，予以综合，地方史就好写了。所以族谱是地方史不可少的资料。清代史学、方志学理论家章学诚讲到编写方志十项条件，第二条是要将史实弄清，在广泛搜集资料时，对族谱应予重视。[①] 20 世纪八九十年代各地编写地方志，开始没有注意到族谱的史料意义，后来有的方志编写者意识到了，有些后悔，有的在修成方志之后，回过头来建议指导对族谱的编修，可谓“亡羊补牢，犹未为晚”也。

（六）社会经济史资料

族谱记叙一些人的就业情形，农工商业的经营状况，这都是研究社会经济史的不可缺少的素材。兹举一例，看家谱中的经济史资料。中国近代有名的集买办、官商、商人于一身的广东香山人徐润，于光绪十年（1884）纂修成《北岭徐氏宗谱》，内有他的叔父徐瑞珩（字德琼，号荣村）的传记及经商的资料，又有《诰授奉政大夫赏戴花翎候选郎中徐君德琼行状》和画像。徐瑞珩从广东到上海经营丝、茶业，咸丰元年（1851）英国伦敦举办首届世界博览会，他以“荣记湖丝”参展，获得金奖，得到英国女王颁发的奖牌、奖状。他商业意识强烈，将奖牌、奖状图案利用于商标上，以扩大经营。奖状和商标图形，都被

① 章学诚著，叶瑛校注：《文史通义校注》卷八《外篇三·修志十议》，中华书局 1985 年版。

刊登在宗谱中。[①] 中国商人参加首届世博会并获奖的历史，记载于家谱中，可知家谱中经济史资料的宝贵价值。家谱中的经济史资料和人口资料，为刘翠溶利用，著作出《明清时期家族人口与社会经济变迁》（台湾“中研院”经济研究所 1992 年），享有盛誉。

族谱对民族史、宗教史、灾荒史诸种专史的研究，也会提供一些资料，至于少数民族的族谱，自然更是民族史研究的宝贵材料了。

总之，族谱可以为社会史研究提供大量的史料，而且这类材料具有生动性、具体性的特点。

三、家训史料

家训是规范人生之作，有的有单行本，有的被编入文集，而收入族谱的更是数量浩大。训诫规范，是一种社会理想、人生观念的体现，也是生活的写照，研治日常生活史于此取材，是不可忽视的一个方面。有名的家训很多，如隋初颜之推的《颜氏家训》，宋代司马光的《家范》、袁采的《袁氏世范》，明代姚舜牧的《药言》，清代朱柏庐的《治家格言》、张英的《恒产琐言》和《聪训斋语》、陈宏谋辑《五种遗规》等。下面介绍《颜氏家训》，以明了家训类图书的社会史资料意义。此书不是一般地空论如何做人，而是根据当时社会情形、人情事例，全面论述做人准则，那些事例成为社会生活的写照，诚如为《颜氏家训》作“集解”的王利器所说：“颜氏对于佛教之流行，玄风之复扇，鲜卑语之传播，俗文字之盛兴，都作了较为翔实的纪录。”全书 20 个题目，《后娶》为其一，可知南北朝时期续弦现象的普遍，透露出离异者众多、后妻带来家庭不和谐等问题。颜之推云“后夫多宠前夫之孤，后妻必虐前妻之子”，这是因为后妻带来的儿子不敢与亲生之子争家产，后父怜而厚待他；而后娘因前妻子长大，在己子之上，因防范而虐待他。书中多处讲到南北方人礼仪习俗的不同，卷二《风操》：南方人在冬至、元旦不到有丧事的人家贺节，如果没有修书慰问，则在节后整装前往问候，而北方人则于节日期间去行吊礼。对于结拜的事情，北方人比较率直，道路相见之人，辄为订交，以至不同班辈结为兄弟，自兹之后，让儿子敬事其人如父辈，本人则对对方之父母像亲人一样礼

---

① 张伟：《尘封的珍书异刊·〈北岭徐氏宗谱〉中的世博会文献》，百花文艺出版社 2004 年版，第 59 页。

敬。颜之推对江南士大夫的讲求奢华生活而无从政理财能力颇多微词，从而反映士人的生活情形。《勉学》云："多见士大夫耻涉农商，差务工伎，射则不能穿札，笔则才记姓名，饱食醉酒，忽忽无事，以此销日，以此终年。"梁朝贵游子弟，"无不熏衣剃面，傅粉施朱，驾长檐车，跟高齿屐"，看着似神仙，而考明经的时候，就请人代答，当公卿宴会赋诗，又请人代作。《涉务》云："江南朝士，因晋中兴，南渡江，卒为羁旅，至今八九世，未有力田，悉资俸禄而食耳。假令有者，皆信僮仆为之……安识世间余务乎？故治官则不了，营家则不办，皆优闲之过也。"《风操》说到北魏民间的社日生活，王修因为母亲在社日亡故，到周年忌日，非常悲伤，邻里闻听，停止这一次的社日活动。①

第六节 档案与出土文物中的社会史史料

一、档案中的社会史史料

档案文书主要是官文书，原来具有实用价值，成为历史文献之后，系一手史料中的一手史料，具有极高的史料价值。其中也有很多社会生活史资料。

我国史家具有利用档案文书撰写史书的传统，司马迁作《史记》，大量使用金匮石室之藏档，如抄录官文书写成《秦本纪》。班固任兰台令史，凭借阅读档案文献的方便条件，进行了《汉书》的写作。他们的经验，为后世治史者所沿用。

历史上各个王朝对自身档案的保存自然看得很重，对前朝的也较为重视，故而萧何进咸阳，别人去抢夺金帛财物，而他却去接收秦朝律令图书的档案而宝藏之。但总体来说，历史档案保存得并不好，如果我们将敦煌考古发现的某些唐代文书视为档案，则是今存最早档案了，当然，数量不可能多。今存档案基本上是明清时代的，其实更确切地说是清代的，因为明代档案保存下来的为数不多，中国第一历史档案馆（简称"一史馆"）收藏档案1000余万件，其中明代档案不过3000余件，在总量中甚少。清代档案实在丰富，仅"一史馆"藏就那么多，此外中国国家博物馆、辽宁省档案馆、台北故宫博物院、台湾"中研院"历史语言研究所收藏的清代档案也很多，至于在四川巴县（今属重

① 颜之推撰，王利器集解：《颜氏家训集解》，中华书局1993年版，第7、36、143、324页。

庆)、河北获鹿等地发现的清代官文书，各省档案馆收藏的历史档案也有一定的数量。一般说来，我国保存了大量明清档案，特别是清代档案数量很多，因此说利用档案史料，主要是说利用清代档案。

清代档案的社会史史料，从“一史馆”的藏档来看，反映民间经济生活的是“内阁全宗·户科题本”，“军机处全宗”的一些奏折，“户部全宗”的清册、黄册，长芦盐运司档案等，记录户口、田赋、丁役、漕粮、商税、盐政与盐科、仓储、货币、农田水利、手工艺、矿业、商业等方面情况，除了反映清朝财政状况，同时反映社会经济情况。“军机处录附奏折·农民运动类”的档案，是报告农民运动的奏折，反映农民生活状况和抗争，如民间的秘密组织、抗粮闹堂活动及武装暴动、大规模的起事、政府的镇压措施和行动、民众运动的结局等。档案文书记录事情较为具体、生动，如记秘密宗教活动，说明它的创立、组织源流和组织机构，宗教仪式，经卷、咒语、口号和歌词，传徒的方式和信徒的义务。人们常常感兴趣的宫廷和皇室生活，在“内务府全宗”“宗人府全宗”“工科题本”中可以找到宫内兴建、皇族繁衍、皇子皇孙的生活、皇庄地租、上用缎匹的织造、御用工艺品的制造等方面的资料。

这里要特别提到在第一节已经说到的“内阁全宗·刑科题本”的档案，它内含“土地债务类”“婚姻奸情类”等类，后一类反映家庭婚姻中的非常规情况，前一类档案数量巨大，乾隆朝有58000多件，嘉庆朝32000余件，笔者检索过一部分，获知它记录土地债务纠纷所造成的命案，对于认识那时人们的生活状况提供了丰富、具体的素材。具体地说，可以帮助研究者了解：

1. 农村、小城镇居民社会生活的基本面貌

这一部分包括人生生活的方方面面，而重点在经济生活，其次是家庭家族生活，社区生活，移徙、浮住、外出贸迁、外出佣工生活等。经济生活内容广泛，含有农田、山林、水塘、工场、商店、戏班的拥有与租赁，伙耕、佃耕、伙佃，合伙经营，地租及其形态、押佃、撤佃、转佃、田面权，佣工、雇员的类型、工值及东伙按股分成，典当、借贷关系及利率，赊购及结账，人们的饮食、居住、衣着、日用状况，种种经济关系下引起的纠纷、和解乃至命案。家庭生活，除了经济状况外，主要是家庭成员的人际关系（夫妻、父子、婆媳、姑嫂、前妻子女、前夫子女等关系），婚姻状况（有无、续弦、再嫁、通奸、同性恋），生育状况，宗族、姻亲关系，法律中的宗亲法对家庭家族内部人际关系的重要性，社区生活中的邻里关系，社庙祭祀，宗教生活与庙会，等等。

使用这些资料，能够揭示农村、小城镇居民具体生活情景和社会环境，深入认识社会生活状况及农工商业的发展水平。

2. 社会结构、社会身份，特别是下层社会构成的状况

关于命案的档案文书，载明各种涉案人员的社会身份，从而令研究者得知人们的职业及其法定社会地位，以及在案件中忽视是非曲直，而使用宗亲法、雇工人法、主仆关系法以断案定罪。例如，直隶阜城县民妇葛赵氏的儿子死亡，有儿媳葛李氏，亲支无应继之人，遂以无服之葛逊为葛李氏嗣子，并应许将来分给亲侄葛玉喜几亩地。嘉庆十一年（1806）葛赵氏亡故，葛玉喜向葛李氏索要牛车等物，并殴打葛逊，将其赶出家门，葛李氏气愤自杀，政府对葛玉喜依宗亲法判罪："合依卑幼因事逼迫期亲尊长致死者绞监后律拟绞监后，秋后处决。"① 江苏昭文县缪才沅借弟缪年 300 文钱，还过 200 文，嘉庆十年（1805）十月上集卖粮食回家路上，遇见缪年，缪年讨要 100 文钱，发生争吵，致使缪才沅受伤身亡，遂依"弟殴胞兄死者斩律"，立即执行。② 嘉庆十年（1805）在广西西隆州发生涉及生员的案件，缘由是生员谭士辉借土地庙三两多银子，"因家内穷苦"不能归还，引出纠纷，在场的第三者死亡，官府依法判处有关人犯，因肇端在谭士辉借银不还，"照不应重律杖八十折责三十板，照例纳赎，毋庸褫革衣顶"③。这几个事例，让我们知道家族群体对人们社会生活的影响和政府的支持政策，也看到人们社会身份的作用。

3. 细致层面的生活面貌

许多命案的发生，是些微不足道的原因导致的，过去读"三言"知道"一文钱小事造奇冤"的故事，而笔者在档案中看到一二十文钱产生的命案，几十文、几百文的命案屡见不鲜，那时的人命是那样的不值钱，可见贫民生活之艰辛。如嘉庆十年（1805）直隶蔚州赵云锦家开吊出殡，雇吹手王元子等，工钱 250 文，王元子自备乐器，并找曹义胜等三人合作，工钱作五股计算均分，即四个人各有股，乐器算一股，则每股应为 50 文，曹义胜先支走 70 文，遂因多支 20 文，王元子与曹义胜争打，致使后者身亡。④ 又如山西洪洞王耿氏，丈夫外出佣工一年多，她饥饿难忍，就将一个来家中卖面饼的少年杀死，将他的衣服

① 中国第一历史档案馆藏档，《内阁全宗·刑科题本·土地债务类·嘉庆朝》，第 4870 包。
② 中国第一历史档案馆藏档，《内阁全宗·刑科题本·土地债务类·嘉庆朝》，第 4875 包。
③ 中国第一历史档案馆藏档，《内阁全宗·刑科题本·土地债务类·嘉庆朝》，第 4871 包。
④ 中国第一历史档案馆藏档，《内阁全宗·刑科题本·土地债务类·嘉庆朝》，第 4876 包。

卖了购买食物。[1] 高利盘剥，激起借贷人的仇恨和凶杀，亦为常见现象。贫民到外县外省佣工，小商人到外地贸迁，所在多有，过往笔者没有怎么注意这种现象，读土地债务类档案，产生鲜明的印象，对比今日之情况，而知这是个值得研讨的问题。

二、文物考古发掘资料

考古学、博物馆学是专门的学问，笔者所知极其有限，这里所介绍的有关社会史史料，是非常简单的，而且是挂一漏万的，不过是提出几部书名或文物名称，间或有一二句解说；但是表达了笔者对这类史料的重视，给予其应有的地位。

（一）敦煌文书

敦煌藏经洞的发现，以至于形成敦煌学，这个简单事实，足以表明它的极大的文化意义和学术价值。这里只是从社会史史料的角度略作说明。

敦煌出土一批稀见史书和文书，如族谱方面的唐代《姓望氏族谱》《新集天下姓望氏族谱》，为了解士族及其衰落史提供了资料。

官府档案的各种簿籍，有户籍、手实、差科簿、授田簿、会计簿等。户籍反映家庭生活和经济状况，包括户口、租课、田亩三项。户口一项，登记成员的姓名、年龄与户主关系，户主的身份，如兵、驿子、散、大府吏等。差科簿是为征发徭役而编造，登录小男及以上男子姓名、年龄、类别（小男、中男、白丁、老男、勋官等），担负的职务和徭役的名称。

契约文书，有借贷，如《甲子年汜怀通兄弟贷生绢契》，是生息取利的契约；有典身，如《乙未年赵僧子典儿契》；有租地，如《天复四年贾圆子租地契》，载有田亩、地租品物的数量；有卖儿契，如《丙子年阿吴卖儿契》，系寡妇阿吴因贫穷出卖七岁幼子，价三十五石粮食。

社群文书，反映民间“社”（社会）有多种，如巷社、女人社、亲情社、兄弟社、修佛堂社、行像社、燃灯社、造窟社、马社、官品社等，有的是民间互助互济组织，有的是从事佛事活动的，有的是应承官府差役的。

俗曲，如《十恩德》，分成十个阶段叙述父母养育之恩，以劝人行孝。

变文，是僧人进行俗讲的底本，有讲佛经故事和俗世故事两种内容。《目

---

[1] 中国第一历史档案馆藏档，《内阁全宗·刑科题本·土地债务类·嘉庆朝》，第 4866 包。

莲救母变文》，讲述佛门弟子目莲从地狱救出母亲的故事，反映佛教教义的某种中国化倾向，体现僧侣虽然出家却同俗家保持比较密切的关系。罗宗涛著《敦煌变文社会风俗事物考》（台湾文史哲出版社1974年），有助于我们对变文的认识。

童蒙读物，如《字书》，是识字书；《千字文》《开蒙要训》，讲解社会生活常识；《姓望书》《郡望姓氏书》《姓氏录》，不同于后世的《百家姓》，反映唐代敦煌地区各姓氏的地位，《姓氏录》云："张、王、李、赵、阴、萨、唐、郎、令狐、杜、韦、安、康、石、平、罗、白、米……"；《百行章》《太公家教》，讲论社会伦理。

书仪，即书信程式和范本，有三种类型，给朋友的，表吉凶的，公文的表、状、笺、启等，是人们的生活百科指南。

医疗，《食疗本草》，成于唐初，北宋中叶后亡佚，赖有敦煌文书保存的残卷。载有26味药方，开列其药效、主治、毒性、禁忌、配伍及制作、服用方法。

算术，《立成算经》，中有九九表，其数字表达方法，令人想到苏州码。

藏医，《藏医杂疗方》《藏医灸法残卷》，反映藏医学及其特点，与中医学有密切关系。①

学者已经汇编出多种敦煌文书资料集，中国社会科学院历史研究所编辑的《敦煌资料》第一辑，对研究中古河西地区的社会结构及人们之间、官民之间的经济关系提供颇有价值的资料。

不仅敦煌文书宝贵，吐鲁番文书同样具有极其珍贵的学术价值，由唐长孺主编的《吐鲁番出土文书》已于1992年出版，已有学者利用这些文书研究唐代"手实"制度、唐代"点籍样"制度、唐代"籍坊"制度。②

（二）简帛

至迟在商代后期就有了简册文书，春秋时期有了帛书。纸发明以后，帛书日少，乃至南北朝时期废除竹木简。后人则在考古发掘中获得简帛，作为宝贵的史料。20世纪共计出土简牍和帛书55000多件，其中以甘肃、宁夏、内蒙古、新疆等地汉晋遗址，甘肃武威汉墓、山东临沂银雀山汉墓、湖南长沙汉

---

① 胡戟、傅玫：《敦煌史话》，中华书局1995年版。

② 朱雷：《敦煌吐鲁番文书论丛》，甘肃人民出版社2000年版。

墓、湖北云梦秦墓、江陵汉墓出土的简帛尤为珍贵。以长沙的马王堆汉墓出土物而言，帛书《黄帝书》对汉代黄老思想进行具体阐述；出土医书多达 14 种，出土了世界上最早的天文著作《五星占》，记录彗星现象；出土的两种本子的帛书《老子》，其结构前为“德经”，后为“道经”，与今存的本子的排列顺序正好相反。学术界对简帛的研究已形成简帛学，出现一些资料汇编和研究性专著，并有《简帛研究》集刊的出版。兹将简帛资料汇编之作，罗列数种于次：

罗振玉、王国维：《流沙坠简》，宸翰楼永慕园丛书本，1934 年。

“睡虎地秦墓竹简”整理小组：《睡虎地秦墓竹简》（线装本），文物出版社 1977 年。

劳榦：《居延汉简·图版之部》，台湾“中研院”历史语言研究所 1957 年。

劳榦：《居延汉简·考释之部》，台湾“中研院”历史语言研究所 1960 年。

中国社会科学院考古研究所：《居延汉简》（甲乙编），中华书局 1980 年。

“银雀山汉墓竹简”整理小组：《银雀山汉墓竹简》（一），文物出版社 1975 年。

这些著作所汇集的简书内容，有法律文书，让我们知道战国秦汉时代人们生活的某种状况和身份地位。

（三）画像、画像石、画像砖与墓葬壁画

关百益：《南阳汉画像集》，中华书局 1930 年。

容庚：《汉武梁祠画像录》，北平燕京大学考古学社 1936 年。

容庚：《汉武梁祠画像考释》，北平燕京大学考古学社 1936 年。

陕西省博物馆、陕西省文物管理委员会：《陕北东汉画像石刻选集》，文物出版社 1959 年。

江苏省文物管理委员会：《江苏徐州汉画像石》，科学出版社 1959 年。

刘志远等：《四川汉代画像砖与汉代社会》，文物出版社 1983 年。

陕北东汉画像石刻图像，有二牛抬杠犁田画面，表明那时有套两只牛犁田的农业生产技术，20 世纪 80 年代，中国古代史的学者进行丝绸之路访古，在河西走廊，仍然看到二牛抬杠犁田的现象①，由这种生产技能的运用，可以想象东汉农夫的农作生活。

石窟、墓葬中的壁画反映人间生活的方方面面，如敦煌榆林 25 窟壁画农

① 傅玫：《河西的犁》，丝绸之路考察队编：《丝路访古》，甘肃人民出版社 1983 年版。

耕图、莫高窟445窟壁画剃度图，陕西乾县唐懿德太子墓壁画马毬图、榆林窟壁画西夏踏碓图，河北张家口宣化辽墓壁画男童碾茶图，河南禹州白沙镇宋墓壁画富人宴乐图等，可以在相关的书籍和考古发掘报告中找到。

（四）陶瓷器、漆器画像

湖南省博物馆编：《湖南汉代漆器图录》，湖南人民出版社1965年。

朱裕平：《中国瓷器鉴定与欣赏》，上海古籍出版社1993年。

（五）图画

五代顾闳中的《韩熙载夜宴图》（图2-7），描绘了南唐社会上层的夜生活及韩熙载的为人，反映其时人们男女关系的观念；韩熙载本人则因男女关系中的“开放”意识，而招致仕途的不顺。

图2-7　韩熙载夜宴图

宋人张择端的《清明上河图》，系脍炙人口之作，描绘北宋东京汴梁清明时节居民前往汴河沿岸活动的场面，街道上行人熙熙攘攘，肩挑负贩，骑马的、骑驴的、赶骆驼的、套双牛带篷车的、抬轿的，络绎不绝；两侧摊位林立，室内品茶清谈，街边有男人怀抱儿童，在门前与人交谈，而院内有卧地休闲之马；河上舟只往来，船夫奋力划船，船头有人伸手与桥上伸手之人对话，似是兜售、购买物品。此画场景，或谓描绘汴京清明坊汴河虹桥两岸人们生活活动情景。无论是哪种情况，均系宋代京城民间生活的写真。

《三才图会》，明人王圻及其儿子王思义撰写。

《历代帝鉴图说》，系明朝大学士张居正为年幼的万历皇帝编写，其中有皇帝可以效法的善政善事81件事例，可作鉴戒的36个事例，在简要文字说明之后，配以图画。原有万历三年（1575）刻本，今有中州古籍出版社1996年版本。

《历代名媛图说》。

《历代帝王像》。

《阴骘文图解》。

《女孝经图》。古代劝孝书、劝善书、开蒙书，是面对社会下层民众和少年的读物，考虑到读者的阅读能力，有时配以图画，故此书有“孝妇乳姑”图。

描绘清康熙帝、乾隆帝等的《御制恭和避暑山庄图咏》。康熙帝吟诗 36 首，述说承德避暑山庄建筑群和他的生活，沈瑜绘图；乾隆帝赓和 36 首，叙述他和康熙帝的祖孙关系。

描绘清乾隆帝等的《圆明园诗图》。

《康熙南巡图》，王翚、杨晋绘画。

《乾隆南巡图》，清代官修。

《皇清职贡图》，清代官修。

《耕织图》，清代官修，不同皇帝时期绘纂。

《盛世滋生图》(《姑苏繁华图》)，乾隆间徐扬绘，反映苏州经济文化的繁荣，画面的字招，可辨认的多达 260 余家商号，科举教育、曲艺丝竹、婚礼习俗、园林景胜诸种文化，亦多有表现。①

《清代学者像传》，叶衍兰作第一集，为清代 169 人作画 171 帧，配有小传，所画者为顾炎武至魏源的清代中叶以前人物，刊于 1928 年；叶恭绰续成二集，为清初钱谦益至清末梁鼎芬等 200 人画像，1953 年出版，1989 年上海古籍出版社将两集合刻，易名《清代学者像传合集》。

《鸿雪因缘图记》，清人麟庆文，汪春泉等绘图，官至督抚的麟庆写其仕宦经历，汪春泉等为之配图 240 幅，不仅表现个人生活情景，也反映麟庆所到之地民风、旅游景点，今有 1984 年北京古籍出版社印本。

《北京民间风俗百图》(原题《北京民间生活彩图》)，中国国家图书馆藏清代民间艺人画稿，书目文献出版社 1983 年版。画工精细，表达出人物神态，配有文字说明。画面反映清代北京民间社会的某些侧面，如小吃、杂技、街头小贩等等生活画面，给人留下深刻的印象。

《点石斋画报》，上海《申报》的副刊，多系关于时事、社会风尚之作品，如“烈妇殉夫”图、“节孝可风”图、“真女伴字”图，笔者在《清代节烈女

---

① 范金民：《〈姑苏繁华图〉：清代苏州城市文化繁荣的写照》，《江海学刊》2003 年第 5 期。

子的精神世界》（署名顾真，台湾《历史月刊》1999 年 4 月号）文中均用作插图。“馈贫粮”“吞灾显报”“道士捐官”“财可通神”“官场话柄”等图，笔者也利用为拙作《清人生活漫步》一书的插图，由它的题目，可知反映社会生活面的多样性。

北京《旧京醒世画报——晚清市井百态》，张风纲编，李菊侪、胡竹溪绘，中国文联出版社 2003 年。

《闽南深沪湾风情百米图》，笔者于 2003 年 11 月在福建晋江市参加学术研讨会，与友人访问了市属渔港深沪镇，在文化馆观看到百米画廊，内容就是深沪风情画，描绘深沪人的生产、市易、娱乐、婚嫁丧葬的习俗，是现代民情，但保留了不少传统风俗，如祭祖、丧葬，表现出传统家族文化在当地的流传。事实上笔者在街道见到居民陈氏宗祠，并有陈立夫的题字匾额。风情画系泉州画家吴树林于 2001 年绘制，作为泉州市第三届旅游节礼品。

（六）照片集

关于将老照片用于史学研究，在第一节已经提到，在此稍作说明。杨熙越等主编的《百年老照片》的《卷前语》云：“一张张老照片，直面历史的丑恶与美善，倾注古人和今人对往昔的情感，回首百年沧桑，再现昨日的耻辱和辉煌。一个人，一个家庭，一个民族，在照片铺成的时间通道中，走向我们。一页页碎片，组成了一部沉重的史书；一个个瞬间，构筑了波澜起伏的历史。让历史还给历史，让历史馈赠今天。”① 用老照片还原历史，馈赠今人。以老照片为史料的意识相当明确。所谓“一张珍贵的照片讲述一个民族甚至一个国家的历史”之说，是夸张的、有条件的，不过老照片给读者形象的、艺术的、直观的读物，确实是宝贵的史料。

文学家张爱玲利用收藏的家庭及个人照片，于 1993 年写成《对照记——看老照相簿》（台湾皇冠文化出版公司 1994 年），反映其祖父张佩纶以来的家族史及其个人的经历，还涉及乃祖堂侄、清朝总督张人骏的家史，统观也是一个大家族史的片段。她是文学家，写作此书未必有人文学者的将老照片当作史料来解读的兴趣，却是人文学者运用视觉材料进行历史研究的预兆。

第一节说到台湾学术界对老照片的运用，在大陆，老照片同样成为图书出版界的抢手货。学者们把 20 世纪的老照片分出年代，编写不同时期的历史读

① 杨熙越等主编：《百年老照片·卷前语》（第二册），经济日报出版社 1997 年版。

物，出版社竞相出版，广受欢迎。由山东画报出版社印行的《老照片》，至2022年已发行到第142辑，而且有“精装限量珍藏版”。有关近当代苏州史的老照片，有徐刚毅主编的《老苏州·百年历程》（1895—2000）上下卷，江苏古籍出版社2001年，上卷反映的时代为1895—1949年，全书以图片为主，配有少量文字说明，照片当在千帧左右。徐刚毅另编有《老苏州·百年旧影》，江苏人民出版社1999年。关于北京的老照片，有王殿明编辑《帝京旧影》，紫禁城出版社1994年。《故宫珍藏人物照片荟萃》，紫禁城出版社1995年。

（七）民居

张中一等：《徽州明代住宅》，建筑工程出版社1957年。

（八）现代人将临摹、描绘、拍摄古代器物、石刻、壁画图形汇编成册

沈从文：《中国古代服饰研究》，香港商务印书馆1981年。

周锡保：《中国古代服饰史》，中国戏剧出版社1984年。该书从各种器皿、壁画、图画的人物形象临摹或素描出服饰图，并据以研究、写作服饰史，经过临摹、素描之后，画面清晰，令我们对古人的服饰有了直观的印象。

《中华古文明大图集》，从历史遗存物摄制图片，汇编成书。

第七节 外国文献中的中国社会史史料

外国人关于中国历史的载笔，对于中国历史，尤其是社会史的研究，有三重意义。一是很多外国文献全面涉及中国历史，自然也将社会历史的内容包括在内了。如耿昇所说来华的耶稣会士，“搜集了一大批有关中国风土人情、历史地理、内政外交、社会经济、军事战争、科学技术、名人轶事、宫中秘闻、皇帝起居、重臣辅政等各方面的资料，而这一切又大都不见诸中国载籍”①。关于风土人情的载笔，是笔者最感兴趣的了。二是记录有中国特点的事物。在中国古代、近代历史上，外国人来到中国，以与中国人迥异的文化形态观察中国社会和中国文化，常常能够敏锐地发现中国人的社会生活、文化与他们的不同之处，捕捉到某种特点，既新鲜，又奇怪，于是书于笔端，无意中保存了古代

① 荣振华著、耿昇译：《在华耶稣会士列传及书目补编·译者的话》，中华书局1995年版，第3页。

和近代中国人的生活方式和意识的资料。三是对社会边缘事物的关注。国人对自身生活的某些方面或细节，习以为常，不予记录，或对社会边缘人物缺乏了解，不去着墨，于是留下诸多历史记载的空白，致令研究者无所利用。外国人的笔录，倒能弥补这种缺憾，因为“外国人与中国文人的触角不一，兴趣也相异，视野自然不同：例如他们会较注意社会边缘的各种现象，所以在外国人的游记中，我们可看到有趣的资料”①。当然，文化背景的不同，加之有可能有意识地曲解，从而影响外国人记录的真实性，这在运用中也是个需要注意的问题。

涉及中国社会历史的外国人著作是多方面的，笔者拟以西亚人，西欧、美国人，俄国人，东亚人的记录为题，分别说明，同时因了解极其有限，只能就某些重要著作做点滴的介绍，而不能作出综合的探讨。

一、西亚人的文献

《苏烈曼游记》是今知最早的西亚人中国游记，时在唐代后期。苏烈曼，阿拉伯商人，来中国、印度经商，唐宣宗大中五年（851）用阿拉伯文撰成在东方的见闻录，1845 年法国人莱奴德将他及阿曼人阿布赛德哈散的著作合译出版，并附游记阿拉伯原文，题名《耶稣纪元第九世纪阿拉伯人及波斯人之印度中国纪闻》。《苏烈曼游记》记录唐代中国一些生活现象，如官员等级鲜明、常平仓灾年放粮施药、死者停尸不葬、饮酒饮茶习惯、崇拜佛教习俗。②

《沙哈鲁遣使中国记》。波斯王米尔咱·沙哈鲁于明永乐十七年（1419）派遣使团到中国访问，团员火者盖耶速丁在旅行中书写日记，同时宫廷史家哈菲兹阿不鲁将它润色，收入《历史精华》一书。1934 年拉合尔的辛格学院波斯语教授麦特列将它译成英文，同时刊出波斯原文。何高济据此译成中文，中华书局将之收入《中外关系史名著译丛》，与《海屯行纪》《鄂多立客东游记》合为一册，于 1981 年刊行。该书另有张星烺依据英文翻译的本子，载于《中西交通史料汇编》。此书对明代中国城市建设、宫廷典仪、警报制度、佛教、音乐、舞蹈、杂技、饮食、使节待遇等方面均有涉猎，如写在肃州（治今甘肃酒

① 梁其姿：《施善与教化——明清的慈善组织》，台湾联经出版公司 1997 年版，第 8 页。
② 参见张星烺编注：《中西交通史料汇编》第 2 册，中华书局 1977 年版。

泉）受到官方宴请，边吃边欣赏杂技演出：演员奉命表演多种无法形容的杂技，其中一个是，他们用板制成世上各种野兽的面具，并把面具戴在他们的脸上，从耳边看不到其中缝隙，有如这跟他们扮演的野兽连成一体，然后按中国音乐的拍子起舞，使人眼花缭乱。

二、西欧、美国人的文献

西欧人关于中国的文献甚多，但起于元代，以《马可波罗游记》为著名，而耶稣会士东来以后著作大增，出现《耶稣会士书简集》《中华帝国全志》《中国杂纂》三部巨著。

《鲁布鲁克东行记》。著者威廉，法国鲁布鲁克村人，天主教方济各会会士，南宋理宗宝祐元年、元宪宗三年（1253）五月至1255年八月有东方之行，在和林（今蒙古国哈拉和林）受到元宪宗（蒙哥汗）接见，事后写成此书。中译本由何高济翻译，主要根据1900年伦敦出版的柔克义的《鲁布鲁克的威廉行纪》英译和注释本译成汉文，中华书局将之与《柏朗嘉宾蒙古行纪》合刻于1985年。书中保存一些蒙古人和维吾尔人的生活习俗资料。

《马可波罗游记》（或称《马可波罗行纪》）。意大利人马可波罗于元世祖忽必烈时代来到中国，可能在元朝政府任过职，到过中国许多地方。此书有很多版本，中译本有张星烺译本，商务印书馆1937年发行；冯承钧译本，中华书局1954年印行；陈开俊等译本，福建科学技术出版社1981年出版。冯承钧译本全书四卷，第一卷叙述蒙元西征及政治，第二卷记叙忽必烈的事业及中国各地历史现状、居民生产与生活，多方面保留了南宋、元代交替时期中华各族人的社会生活史资料。如记叙契丹人祭拜神灵仪式："其人是偶像教徒……各人置牌位一方于房壁高处，牌上写一名，代表最高天帝，每日焚香礼拜，合手向天，扣齿三次，求天保佑安宁。"又记云南永昌人男子"坐月"习俗："妇女产子，洗后裹以襁褓，产妇立起工作，产妇之夫则抱子入床四十日。卧床期间，受诸亲友贺。其行为如此者，据云：'（妇）素任大劳，夫当代其受苦也'。"还写永昌地区没有文字，以刻符记事："土人缔约，取一木枝，或方或圆，中分为二，各刻划二三符于上，每方各执一片，负债人偿还债务后，即将债权人手中所执之半片收回。"又记淮安及其邻近地区火葬习俗："居民是偶像教徒，焚死者之尸骸。"该书叙述镇江基督教堂"居民是偶像教徒……且有聂斯脱里派基督教徒之礼拜堂两所"，建于元世祖至元十五年（1278），系信仰聂斯脱里派的地方官马薛里奇思所建立。该书对宋元之际临安城记录尤多，讲到家庭人口和成分结构："每户至少有十人，中有若干户多至二十人、四十人不等。其人非尽主人，然亦有仆役不少，以供主人指示之用。"记载浴池的情形是："城中有浴所三千，水由清泉供给，人们常乐浴其中，有时足容百余人同浴而有余。"叙述生育记录及其功用："此地之人有下述之风习，若有胎儿之产生，即志其出生之日时生肖，由是每人知其生辰，如有一人欲旅行时，则往询星者，告以生辰，卜其是否利于出行，星者偶若答以不宜，则罢其行，待至适宜之日。"记述在门户上书写人口、财产的事："尚有一事须言及者，此城市民及其他一切居民皆书其名，其妻名，其子女名，其奴婢名以及居住家内诸人之名于门上，牲畜之数亦开列焉。此家若有一人死则除其名，若有一儿生则增其名。由是城中人数，大汗皆得知之。蛮子、契丹两地皆如此也。"记丧葬情形："富贵人死，一切亲属男女，皆衣粗服，随遗体赴焚尸之所。行时作乐，高声祷告偶像，及至，掷不少纸绘仆婢、马驼、金银、布帛于火焚之。彼等自信以为用此方法，死者在彼世可获人畜、金银、绸绢。焚尸既毕复作乐，诸人皆唱言，死者灵魂将受偶像接待，重生彼世。"①

《鄂多立客东游记》。鄂多立克，意大利人，方济各会会士，约在 1322 年（元英宗至治二年）至 1328 年在中国旅行，1331 年初亡故。此书系其在病中口授，由他人笔录而成。有几种版本，何高济根据玉尔英译本译成汉文，中华书局 1981 年枣梨。书中涉及元代中国政治和民风，如讲到广州人吃蛇肉情形："很多蛇被提来当作美味食用。这些蛇（很有香味，并且）作为如此时髦的盘肴，以致如请人赴宴而桌上无蛇，那客人会认为一无所得。总之，此城有大量尽可能多的种种食物。"又记泉州佛寺与香火："我在那里访问的一所寺院有三千和尚和一万二千多偶像。……（偶像前）所有供食的盘碟都冒热气，以致蒸汽上升到偶像脸上，而他们认为这是偶像的食品。"记福州，"已婚妇女都在头上戴一个大角筒，表示已婚"。

元代中后期至明代中叶前的一段时间，少有西欧人关于中国的记载。然而利玛窦来中国之际，1583 年（万历十一年），西班牙人门多萨的拉丁文《大中华帝国史》出版了。门多萨没有到过中国，但综合西文文献，使该书成为西方

① 《马可波罗游记》，冯承钧译，中华书局 1954 年版，中册第 416、473、474、564、570、572—574、584 页。

描述中国历史和社会的颇有价值的著作。全书分两部分，第一部分为“中华大帝国史”，第二部分是地区行纪。书中关于中国社会生活的资料占有相当部分，如第一部分第一卷第八章、第九章谈到城市布局、建筑风格，第十章写百姓体质、品貌和服饰，第二卷第四章讲到中国人的术数活动和观念，第七章至第九章集中讲人们的宗教信仰、婚丧习俗，第三卷第十四章关于科举制度及获得功名者的礼遇，第十八章、第十九章写到宴会、寒暄礼节，第二十章专门说到妇女生活，第二十三章述及中国皇帝接见外国王公使臣的礼仪。①

意大利人利玛窦于万历十年（1582）踏入中国大门，至万历三十八年（1610）死于北京，在中国28年，足迹遍布中国重要地区。他晚年用意大利文撰著《利玛窦中国札记》，原意是向欧洲人介绍有关中国情况和在华传教事迹。本书的整理者及拉丁文翻译者、法国人金尼阁于1615年出版该书时在封面题字，内云“书中初次精确地、忠实地描述了中国的朝廷、风俗、法律、制度”②。明确指出该书特点之一是记录了明代后期中国社会风情和人们的生活习俗。利玛窦本人在书的开头就说，“中国和欧洲在风俗习惯上差别之大如在地理位置一样”，他“亲身从事研究过他们（指中国人）的习惯和法律”。他在第一卷第一章至第十章全写的是中国人社会生活状况，第七章《关于中国的某些习俗》，讲到人们相见时的作揖、跪拜礼仪、拜访的程式、名片、手折的形式和内容，馈赠金钱，相见的礼服，待客中的就座、上茶、送客，宴会的仪式，请客中的请柬及反复递送的礼节，客厅的陈设，敬酒礼节，餐具质料，座次的安排，主人的入席，饮酒姿态，开始就餐的举著，席间交谈和欣赏音乐戏剧，菜肴与上菜，行酒令，换杯，讲了从送请帖到宴会结束的全部过程，在中国人的记载中，没有如此详尽细致的。这一章还说到君臣礼仪，过元旦、拜龙亭和朝贺，皇家服饰，器具的颜色，新纪年，过年加恩的封赠，进贡，谒陵，尊贵长吏礼仪，官员离任仪式，父子关系与礼节，丧礼与停丧不葬的习俗，祭祀仪礼，婚姻仪式，过生日，行冠礼，拜年，灯节习俗，等等。对君臣、官民、父子、友朋各种人际关系的礼仪都有说明，而且交代得特别详细。如讲请客要送三次请帖：“当一个人被邀请去参加一次隆重的宴会，那么在预定日期的前一天或前几天，他就会收到一本我们已经讲过的那种小折子（指手折），

① 门多萨：《大中华帝国史》，何高济译，中华书局1998年版。

② 利玛窦：《利玛窦中国札记》，何高济等译，“中译者序言”，中华书局1983年版。

那里面署有主人的姓名，还有一种简短的套语，很客气而又文雅地说明他已将银餐具擦拭干净，并在一个预定的日子和钟点准备下菲薄的便餐，通常宴请在晚间进行……同样的请帖送给每个被邀请的人。在预定举行宴会的那天早上，又给每人送一份请帖，格式简短一些，请他务必准时到来。就在规定的宴会开始不久前，又送出第三份请帖，照他们的说法，是为了在半路上迎接客人。”三次请柬的内容不同，各有用意，总之，不嫌麻烦，要恭恭敬敬地将客人迎请到府中。接下去的入席节目又是一番繁琐举动，且看利玛窦的描写：“主人为客人安排好在桌子前就座之后，就给他摆一把椅子，用袖子掸一掸土，走回到房间中间再次鞠躬行礼……并把第二位安置在最重要的客人的右边，第三位在他左边。所有的椅子都放好之后，主客就从仆人的托盘里接一个酒杯。这是给主人的；主客叫仆人斟满了酒，然后和所有的客人一起行通常的鞠躬礼，并把放着酒杯的托盘摆在主人的桌上。这张桌子放在房间的下首，因此主人背向房门和南方，面对着主客席位。这位荣誉的客人也替主人摆好椅子和筷子，和主人为客人安排时的方式一样……大家都摆好椅子和筷子之后，这位主客就站在主人旁边，很文雅地重复缩着手的动作，并推辞在首位入席的荣誉，同时在入席时还很文雅地表示感谢。”① 这样就把主人、主客和所有客人的顺序座次，坐席方向，主客又是如何谦让，一项项写出来。读者闭上眼睛，甚至可以想象出主人与客人的一一神态。这么细致入微的描写，笔者在中文文献中尚未见到过。很可能明朝人以为他们都习惯于那些动作，不需要记载，因此倒没有留下相关的记录，我们只好利用利玛窦的材料来补充了。《札记》第八章《关于服装和其他习惯以及奇风异俗》、第十章《中国人的各种宗教派别》，具体讲到中国人的宗教信仰生活和服饰习惯，与前述资料一样生动，这里不事征引，以免太占篇幅。

明代后期以来，天主教东来传教士写了许多书信回欧洲，法国杜赫德编辑成《耶稣会传教士关于国外传教的有教诲性的和有趣的书简集》（《耶稣会士书简集》），就收集 17 世纪末到 18 世纪末在世界各地传教的耶稣会士的书信，而以法国人的为主，于 1702—1776 年出版了 36 卷，1780—1783 年在巴黎又印出 26 卷的新版，其中第 16 卷至第 24 卷是有关中国和印度的书信，日本学者石田干之助等计划将这部分译成中文，取名《耶稣会士中国书简集》，平凡社于

① 利玛窦：《利玛窦中国札记》，何高济等译，中华书局 1983 年版，第 69—71 页。

1970年出版了第一卷。日本小林太市郎认为该书“关于中国的报告，直接而生动地描写了当时，即清朝初期的宫廷、政治、社会、文物、民俗、工艺以及一切其他情况，这种大量的叙述和见闻，是在中国（本国）的书信所不能见到的”①。正因为有这样的学术资料价值，中外学者都主张把这些书简重新出版。中译本名曰《耶稣会士中国书简集——中国回忆录》，六册，由郑德第、朱静、耿昇等翻译，并制作“法文原版索引”，大象出版社2005年印行。此外传教士的通信在《巴函选译》《洋教士看中国朝廷》《清代西人见闻录》等书中亦有所收录。

《巴函选译》，“巴函”指巴多明信件，巴多明是法国传教士，于1698年来华，给西方人写了许多信件，反映在华传教、中国教徒和朝政情形，上海《圣心报》选择一部分，于1911年4月至1916年10月刊登。陈垣利用它及其他资料，写出《雍乾间奉天主教之宗室》论文，揭示贝勒苏努父子案件同信奉天主教的某种关系，故云《巴函选译》“述苏努诸子事甚详，可补汉文史料之阙”②。朱静编译的《洋教士看中国朝廷》，选录康熙三十八年（1699）至乾隆四十年（1775）间的36通函件，内容上除了清朝与传教士的关系、朝政之外，多有民间社会生活方面的。如利国安神父于1714年7月26日在福建写的信，细致地说到中国菜的做法和用法，以及福州有关寺庙因方丈淫乱而引起的事件。耶稣会士殷弘绪于1720年10月19日在北京写作的书简，描述耳闻目睹的弃婴惨状，以及建造育婴堂的设想。③

杜文凯编《清代西人见闻录》，编入传教士卫匡国（意大利）、南怀仁（比利时）、张诚（法国）、宋君荣（法国）等撰写的文字。南怀仁的《鞑靼旅行记》记叙在康熙二十一年（1682）随从皇帝东北旅行，说“在辽东，村镇全已荒废。断垣残壁，瓦砾狼藉，连续不断。废墟上所建的房屋，毫无次序，有的是泥土夯筑，有的是石块堆砌，大多是草苫的，瓦顶的、木板圈房椽的极罕见到”。张诚的《对大鞑靼的历史考察概述》，讲到蒙古人风俗，“死人焚化后骨灰埋在高地里，墓上放一堆石头，再插上许多小旗子”。牧师福斯特撰《在华五十年》，记叙美国传教士克劳福德在中国传教的活动和见闻，该书第十一

① ［日］矢则利彦：《日文本〈耶稣会士中国书简集〉解说》，艾廉莹译，《中国史研究动态》1980年第6期。

② 陈垣：《陈垣史学论著选》，上海人民出版社1981年版，第313页。

③ 朱静编译：《洋教士看中国朝廷》，上海人民出版社1995年版，第14、93页。

章叙述他到太平天国辖区苏州、南京及途中见闻。有张广学译文。①

利用传教士的书信，形成一部重要书籍，就是德国哥特弗里德·威廉·莱布尼茨（Gottfried Wilhelm Leibniz，1646—1716）著《中国近事——为了照亮我们这个时代的历史》，于1697年以拉丁文本问世，1699年印制增订版，北京外国语大学海外汉学研究中心据此版组织译出中文本，于2005年由大象出版社印行。莱布尼茨是17—18世纪欧洲最伟大的科学家和哲学家之一，主张东西方民族之间的文化互补与交流，以促进人类共同福祉与进步。本书取材于耶稣会士通讯，第一篇是《苏霖神父关于1692年“容教诏令”的报告》，苏霖（Jose Suarez，1656—1736），葡萄牙人，在北京生活四十八年，直至亡故。书写“报告”时他是北京耶稣会院长，如法国的荣振华《在华耶稣会士列传及书目补编》所云：“1692—1697年间，为北京学院的本堂神父……使苏努亲王一家受皈依，1707—1711年任中国副省会长”。他报道康熙帝“容教令”产生过程。第七篇是白晋（Joachim Bouvet，1656—1730）的《中国现任皇帝传》（《康熙帝传》）。本书对于康熙帝的善于学习、生理缺陷和喜好渔猎的记录，部分地道出他的日常生活状态：喜阅西方科学图籍，懂得医学，也有兴趣了解西医的解剖学，还能够欣赏中西音乐，特别喜好渔猎。康熙帝的北狩，自家说是讲求武备，史家则给出政治意义的解释——联络蒙古王公，其实他爱好打猎也是重要因素。随从康熙帝北狩东巡的传教士的书简都会写到皇帝打猎活动，白晋说康熙帝“每年之中有两三个月要在鞑靼山区过整日打猎的生活，而且他还常常拜谒宗室宗庙，并在其附近地区狩猎15或20天”，为打猎，“在距北京约一（法）里远的地方，用高高的石墙围起方圆16里的园囿，专门饲养许多猛兽和各种可供猎取的动物。皇上尤其喜欢猎虎，为此在皇宫小小的内廷里饲养幼虎，待它们长大以后放入园囿，供狩猎之用。”如此说来，康熙帝捕猎成瘾了。康熙帝冬天到白洋淀区域活动，则与捕鱼有关。白晋亦提供相关信息：“皇上也喜欢捕鱼。他练习撒网，学习各种渔网的用法。他能够以高超的技艺撒网打鱼。他也常常到北京近郊的河边去钓鱼。北京城里的花园中有水塘，两个离宫里也有许多湖泊和河流，因此皇上有时也到这些地方去钓鱼。”“皇上有时还把自己钓的鱼赐给我们，这被视为一种破例的恩典。”康熙帝原来也是捕鱼能手，垂钓、撒网在大小河流、湖泊水塘都来得。康熙帝的打猎捕鱼，在白晋眼中是

---

① 杜文凯编：《清代西人见闻录》，中国人民大学出版社1985年版。

高尚的活动："为了便于摆脱各色各样的有害的娱乐，康熙皇帝从旅行、狩猎、捕鱼、赛马、练武、读书、研究科学等能够锤炼身心的活动中寻求高尚的乐趣。"① 古代中国历来看重史书编纂，治人者尤其害怕史书的恶评，"史讳"就成为史官必备的学问，于是讳言特多，官方史书就将康熙帝的渔猎活动隐蔽掉，赖有传教士的文书得以著录，当然还有朝鲜的《李朝实录》的记载。笔者以《书简集》为主要来源之一，撰著《尝新集——康雍乾三帝与天主教在中国》一书，于2017年由天津古籍出版社梓行。

杜赫德还利用传教士函件编辑成《中华帝国全志》，当今法国学者蓝莉（Isabelle Landry-Deron）予以解读，著《请中国作证：杜赫德的〈中华帝国全志〉》，许明龙译，商务印书馆2015年出版。杜赫德关注中国民间文化和中国人兴趣，说中文图籍的小故事"通常都富有教育意义，不但往往包含着一些有益于教化风俗习惯的格言和箴言，而且几乎始终不离践行美德这个主题。"②

樊国梁是法国教会在北京的主教，用法文写作《北京考略》一书，"专述北京轶事，而于中国历代之兴亡，民情之变迁等事，亦莫不旁涉一二"。他因中国尚无西方教会史，遂从《北京考略》中摘出有关内容，译成汉文，定名《燕京开教略》，由救世堂于1905年印刷问世。书中讲到南明永历帝朱由榔母亲、妻子、儿子信教事，康熙帝反对教皇克雷芒十一世在华传教的方针，雍正帝的驱逐传教士，意大利传教士郎世宁的绘画与乾隆帝的赏识。

有几部书笔者未能阅览，但知它的信息，认为有必要一叙。这些是：

C. R. 博克舍编注《十六世纪中国南部行纪》，内含葡萄牙人克路士的《中国志》，讲到广州饮食店及食客和人情。有何高济中译本，中华书局1990年印行。葡萄牙人曾德昭（谢务禄，1585—1658）于万历四十一年（1613）到南京传教，随后撰葡文《大中国志》，很快被译成德文、英文，何高济中译本于1998年由上海古籍出版社出版。美国苏尔等编《中国礼仪之争西文文献一百篇（1645—1941）》，沈保义等译，上海古籍出版社2001年枣梨。

传教士在中国的宣传品，也有史料价值，如美国传教士在19世纪70年代散发的《辨孝论》，反对中国人的祖先崇拜，反映西方教会与中国文化传统的争持

---

① 莱布尼茨：《中国近事——为了照亮我们这个时代的历史》，大象出版社2005年版，第87页。

② ［法］蓝莉：《请中国作证：杜赫德的〈中华帝国全志〉》，许明龙译，商务印书馆2015年版，第341页。

不决。

传教士的著述确实可以弥补中国史料的不足，但是使用时必须注意鉴别，切勿相信那些记载都是真实的。因为尽管有的传教士对中国文化精通或所知甚多，但他们毕竟是有其本国文化背景的外国人，他们对中国文化还会产生某些误解，无意中产生不实记载，另外他们写信有其目的，如向收件人求助，为此可能夸大，甚或歪曲中国某些事情。所以笔者认为传教士书信对中国文化、中国人性格、中国政体特征有着“一针见血的褒贬与误解、误读杂陈”的特点，既要多方利用，又在运用时持有审慎态度。

外交官的文书。英国在乾隆、嘉庆年间两次派遣使节到清朝，大使及其属员多有行程记录，反映诸多中国情形，涉及民间生活状态。乔治·马戛尔尼（George Macartney，1737—1806）以庆祝乾隆帝八十圣寿为名于1793年出使中国，著有《乾隆英使朝觐记》，刘半农译，天津人民出版社于2006年以《1793乾隆英使觐见记》推出。此外有多种版本。他的随员主计官约翰·巴罗（John Barrow，1764—1848）著述《中国行记》，1804年在伦敦出版，用以“补充有关对中华帝国和中国人的看法”。何高济、何毓宁翻译的《马戛尔尼使团使华观感》，包含马戛尔尼《马戛尔尼勋爵私人日志》、巴罗《巴罗中国行记》，由商务印书馆于2013年出版。马戛尔尼一行从天津到北京，又从北京到广州，都是乘船前进，在所乘豪华客船中尾部的“小舱，形如狗洞，则舟子之卧所。船上舟子甚多，试问此小小一舱，安足供其寝处，责以中国舟子，咸不必有余地以供其放置行李之用，其所备行李，均驮于身上。日则以为衣，夜则以为卧具也”①。水手除了身上的衣服，没有行李，狗洞似的小仓也就勉强容身了。“纤夫（图2-8）多劳苦不堪，吾辈以残余之肉屑或他种残食与之，彼等必称谢，欢然若获珍馐；又吾等所弃用过之茶叶，彼等辄取而重煮之以为饮料。其生活程度乃出吾欧洲乞丐之下也。”使团狮子号轮船在大沽口外，清朝官员供应的食物送到，有的猪、鸡死了，英国人“不屑地把它们扔之入海，但中国人忙着把它们捡起来，洗干净，用盐腌上”。中国百姓打捞死猪死鸡，当时舍不得吃，腌起来等到年节才食用。英国人眼中下层民众的生活及不正常死亡情形：“普通织工、木匠或其他手艺人挣的钱刚够维生。……看来百姓始终缺乏足够的工

① ［英］马戛尔尼：《1793乾隆英使觐见记》，刘半农译，天津人民出版社2006年版，第23页。

作，人口太多，超过劳动所能供养，所以许多能够和愿意工作的人不得不依靠私人的慈善舍施，或者寻求公家济贫院支持。即使有这些救助，每年还是有大量的人死于饥寒。夏天很热，一般人几乎赤裸；冬天又很冷，因缺少衣服和庇护所死亡率极高。……因贫困，许多人遭到遗弃（他们确实穷到家徒四壁），不足怪的是他们除自己求生外，丧失了天性，以致他们忘记亲情，如找得到买主就毫不迟疑出卖他们的孩子，如找不到，就毫不怜悯地抛弃。”农民的居室破旧肮脏，巴罗写道：我们对“农舍大多破烂、肮脏相当吃惊。破旧的房屋，有的用半烧制的砖，有的用泥土修造，屋顶用稻草或芦苇搭盖，有的茅屋四周有泥墙，或者用粗制的芦苇、高粱秆围起来，其中一般住着两三代人，还喂养牛、猪、鸡和其他家禽。中国人有句俗话说‘北京城外穷内富’。确实，这个省的农村处处都显得贫穷。受雇为大使和随员划船的人，情况也不比农民好多少。……他们的主食包括一点米饭，一些蔬菜，通常是白菜和炒过的葱，一天只吃两顿，一顿约在早晨十点钟，另一顿在下午四五点钟”。从民间见面话可知吃饱饭是日常希望，“南方几省的老百姓，打招呼的话是：ya fan，吃过饭了吗？中国老百姓希望享受的最大乐趣就是吃饱饭”。平民和官员都不讲卫生，“天性不讲卫生”，是“邋遢人”，衣裳不洗，不换内衣，污秽导致身上长出寄生物，于是捉虱子，“朝廷大臣毫不迟疑地当众叫他的仆役捉脖子上的讨厌虫子，捉到后他们极从容地用牙齿咬它”。中国人爱赌博，“每逢闲汉有机会凑在一起，少不了试试赌博运气，中国人对此是有准备的。他外出时难得不在口袋里带一副牌，或一双骰子”。再不然就猜枚。“在许多城镇赌博之风十分盛行，以致几乎每个角落都有人玩牌或者掷骰子”。社会上层流行吸鸦片烟：“上层社会在家里好抽鸦片烟。尽管政府采取措施禁止输入，这种毒品仍大量走私到国内，但对老百姓来说，抽烟花费太大。海关官员免不了受贿……孟加拉的当地船只大多把鸦片运往中国，但伦敦开往中国船上的土耳其烟更受欢迎，以将近两倍于前者的价钱出售。”① 英国人对中国民众的皇帝崇拜情节开始不理解，后来明白了，并有所赞扬，事情是他们的狮子号船于乾隆五十八年（1793）6月下旬在中国沿海航行，于舟山附近抛锚，有许多当地居民登船参观，在狮子号船舱见到悬挂“一中国皇帝御容，彼辈立即俯伏于地以至恭敬之状，向地皮亲

① ［英］乔治·马戛尔尼、［英］约翰·巴罗：《马戛尔尼使团使华观感》，何高济、何毓宁译，商务印书馆2013年版，第152、33—34、409—410、222、157、204—205、201—202页。

吻数四”，其实这是行跪拜礼。英国人说：“余来中国，几无日不见华官笞责小民，一若此为华官日课中必有之职务。……凡中国人受笞，必号哭求赦，声音绝惨，韃靼人则但有默受不发一声。”① 官威下百姓做顺民。英国人记录了中国民间生活的某些情景及思想状态。

图 2-8　纤夫（引自《清帝国图记》，第 65 页）

1816 年英国阿美士德使团来到中国。阿美士德（William Pitt Amherst）副手埃利斯（Henry Ellis）在行程中写有日记，1817 年出版，中译本由刘天路、刘甜甜翻译，商务印书馆 2013 年出版。书中有中国人文风俗内容，如关于中国人的宗教信仰，写道：“中国人似乎对宗教非常随意，他们在这方面的态度有点像古代的异教徒，对神灵的崇拜构成了他们的社会制度和日常习惯的一部分，但出来没有深刻地影响过他们的情感。”

访问者记录的中国人社会史资料。德国人费迪南德·冯·李希霍芬（Ferdinand von Richthofen，1833—1905）著《中国旅行日记》，他是地质地理学家，1868—1872 年在中国七次考察，故有此作。经 E. 蒂森选编，由李岩等译成中文，商务印书馆 2016 年出版。本日记对于中国民间风俗、生活情形多有记叙，如描述浙江舟山地区渔民及佛教信仰：“我们见到了很多中国的帆船，

① ［英］马戛尔尼：《1793 乾隆英使觐见记》，刘半农译，天津人民出版社 2006 年版，第 6—7、38 页。

它们都是福建境内一所小岛上的渔民的，在这个季节来到这里捕鱼和晒盐，他们最害怕的就是遇到海盗。”众所周知，舟山是中国四大佛教圣地之一，日记中说普陀岛：“从很久以前就是佛家圣地……我们在正殿遇到了几个和尚，庙里主要的收入是给人卜算……来这里卜算的多是渔民。”宁波人闲暇生活：“宁波人生活在一个和谐的社会中……当地人互相拜访，或者出游，用方言闲谈消磨时间。”①

英国人怀特撰文，托马斯·阿鲁姆绘图，于1843年出版《清帝国图记——古代中国的风景、建筑与社会生活》，刘佳等译，由天津教育出版社于2011年推出。书题业已表明该书反映清代中国人的社会生活。北京“大街上还有另外一群辛苦谋生的人们……这些人包括变戏法的、耍杂技的、叫卖的小贩、算命的、江湖郎中、骗子、戏子和乐手”。他们生活的环境很糟，“大街上没有下水道或任何排水系统，除了疾病，污秽之物给行人造成的困扰也有损国体”。“在中国，剃头匠只为男性服务。中国人听到街上有剃头匠的声音，经常把他们请到家里理发，剃头匠不能接近紧闭的内宅。妇女只能和她们的母亲、女儿、姐妹相互打理头发。”外国人大约有个共识，就是中国皇帝权威特重，百姓甘于做顺民：“这个伟大的帝国由一人统治，无数人民习惯且机械地服从统治者”该国人民十分软弱，他们仅仅是专制制度的机器，不存在个人尊严……人们不觉得自己的存在是神圣的；对他们而言，遵守皇帝的诏令才是首要义务。”②

王鹤鸣主编《西方人笔下的中国风情画》，上海画报社1997年出版。所选图画皆西方人所绘，从上海图书馆藏西方人编辑出版的44种图书中选出430多幅图画，汇成此书。这些绘画，表达出西方人在华的感受及对中国文化的认知，并能反映清朝人的生活和清代社会历史的某种状况，如康熙帝画像、道光帝阅兵图、清朝的酷刑、农民的耕作、耙田图、养育子女、剃胎发图、民间学馆、小贩图、祭祖扫墓图。

三、俄国人的文献

沙俄政府与清朝政府的接触要早于其他西方国家政府，中俄之间先后订立

---

① ［德］费迪南德·冯·李希霍芬著、E. 蒂森选编：《李希霍芬中国旅行日记》，李岩等译，商务印书馆2016年版，第38—39、41—42页。

② ［英］怀特、托马斯·阿鲁姆：《清帝国图记——古代中国的风景、建筑与社会生活》，刘佳等译，天津教育出版社2011年版，序第1页，正文第4—5、15、60页。

《尼布楚条约》《恰克图条约》。早在雍正年间俄国东正教就在北京设置了常设机构，商人不断地进入北京贸易，所以俄国官员、商人、教士都有关于中国的文书。官方有一大批，如俄罗斯对外政策档案馆亚洲图书馆全宗，包含了大量关于中国的史料。又如俄国报纸，1703—1727年出版的《公报》、1728—1740年出版的《圣彼得堡公报》，载有康雍乾时代中国的消息、事件，欧洲与中国、俄国与中国的关系，如记叙中俄贸易以及清朝对西方传教士的态度。①

俄国的档案文书被学界引用，或者作为附录刊载出来。法国人葛斯顿·加恩著《早期中俄关系史（1689—1730）》，将不少原始文件作为附录载在书中，有俄国人来华游记，涉及中国人的生活。如1720年伊兹玛依洛夫由蒙古进入北京的日记，写到京北宣化以南城墙因地震毁坏；沙河县村庄甚多，四下皆耕地。1727年俄罗斯商队由恰克图到北京的行程日记，写蒙古人的饮食和蒙古包："蒙古人全是畜牧者和游牧者，吃乳品，除牲畜被宰或饿死外，他们是不吃肉的。冬季吃干肉片和奶饼，夏季豪饮烈酒。他们并饮奶子茶。他们穿羊皮衣，并用羊毛作包幕的夹包套，冬季十分温暖，夏季十分凉爽，太阳晒不透毡子。他们也有驼毛衣料。"关于中国人以虚假信仰东正教而骗取信任的现象，描写得颇为生动："有些人伪装信仰东正教，只为接受某些礼物和一个（银质的）十字架，但在赠品到手后，他们仍是中国人……在中国，首先在北京，只有几十个中国人受过俄国传教士的洗礼。大部分是挑水夫，他们是奉命给特使寓中挑水的。"②

东正教士卡法罗夫（1817—1878）多次到中国，有时居住长达十年，倡议、组织并编辑《俄国驻北京传教士团成员著作集》，计有四卷，兹将涉及中国人信仰、医疗和某些技能的文章篇名录于后：1852年第一卷有杂哈罗夫的《中国居民历史评论》，戈什克维奇的《中国人制造墨的方法》；1855年第二卷有戈什克维奇的《论中国算盘》，固里的《中国佛教徒的起誓及其敬献仪式》，塔塔里诺夫的《中医》；1857年第三卷有塔塔里诺夫的《中国手术止痛方法的使用及水疗法》，戈什克维奇的《中国人的家庭礼仪》《养蚕》，茨维特科夫的

---

① 参阅［苏联］斯拉斯特尼特娃：《俄国第一份报纸中有关中国情况的记载》，《世界史研究动态》1991年第11期。

② ［法］葛斯顿·加恩：《早期中俄关系史（1689—1730）》，江载华译，商务印书馆1961年版，第179—182、211页。

《论道教》；1866 年第四卷有卡法罗夫的《中国的穆斯林》等。[①]

俄国人关于清代中国人社会生活的记录，在下列著作中会有一些：廊索维慈的《中国人及其文化》，1898 年彼得堡出版；马克的《黑龙江旅行记》，1859 年彼得堡出版；阿尔谢尼耶夫的《乌苏里地区的中国人》，1914 年巴哈罗夫斯克（伯力）出版。

四、东亚人的文献

朝鲜与中国相邻，自古以来两国交往频繁，互有对方的文字记载，更有朝鲜人用汉文书写的历史记录。在中国方面，有宋人徐兢撰《宣和奉使高丽图经》，明人关于朝鲜的著作很多，如倪谦的《朝鲜纪事》《奉使朝鲜唱和集》等。同样，朝鲜方面到中国的使臣、留学人员写作甚为丰富，主要是明清时期，官方撰著《李朝实录》《事大文书式》等，私人的著作也多，这些书籍很有一些中国人的社会生活史的材料。

李朝建于 1392 年，止于 1910 年，与中国的明清两朝基本相当，用汉文所写的《李朝实录》，对两国关系往来、所了解的中国事情多予记载。明史专家吴晗从中抄录有关“中朝两国的政治经济联系、朝贺往来、文化交流等方面的主要记载”，并从《高丽史》中摘录一些资料，汇辑成《朝鲜李朝实录中的中国史料》一书[②]，便利读者阅览。朝鲜使臣的回国报告，时或有关于中国民情的内容，从中可以获得社会史研究的素材。

郑昌顺奉国王之命，将承文院收藏的外交文书于 1787 年分类汇编成《同文汇考》，其中交易、犯越、别还、漂民等类，涉及两国民间贸易、越境及交还诸事。台湾珪庭出版社印行《中韩关系史料辑要》丛书将此书收入。

《燕行录选集》，成均馆大学大东文化研究所选编，辑录朝鲜使臣到清朝的见闻。

朝鲜人崔溥用汉文撰《漂海录》。他任职弘文馆副校理，明成化二十一年（1485）正月因在济州岛遭风漂流到中国浙江台州，被地方官送到杭州，经由京杭大运河到达北京，停留月余，出山海关，经过辽东，于同年六月返回朝鲜，很快写出《漂海录》三卷，上报国王。崔溥在书中叙述在中国的经历和所

---

① 张国刚等：《明清传教士与欧洲汉学》，中国社会科学出版社 2001 年版，第 422—427 页。

② 《李朝实录》有 1953 年日本学习院东洋文化研究所印本；吴晗辑：《朝鲜李朝实录中的中国史料》，中华书局 1980 年版。

认知的中国交通、地理、物产、文物、名胜古迹、民风、饮食习惯等事。关于明朝人的服饰风俗是这样描写的："其服饰，则江南人皆宽大黑襦裤，做以绫罗绢绡匹缎者多，或戴羊毛帽、黑匹缎帽、马尾帽，或以巾帕裹头，或无角黑巾，官人纱帽。丧者白布巾，或粗布巾。或着鞾，或着皮鞋、鞹鞋、芒鞋，又有以巾子缠脚以代袜者。妇女所服皆左衽。首饰则宁波府以南圆长而大，其端其约华饰，以北圆而锐，如牛角然。或戴观音冠，饰以金玉，照耀人目，虽白发老妪，皆垂耳环。江北服饰大概与江南一般，但江北好着短窄白衣，贫匮悬鹑，十居三四。妇女首饰亦圆而尖，如鸡喙然。自沧州以北，女服之衽或左或右，至通州以后，皆右衽，山海关以东，其人皆粗鄙，衣冠褴褛……人心风俗，则江南和顺，或兄弟、或堂兄弟、再从堂兄弟有同居一室，自吴江县以北间有父子异居者，人皆非之。无男女老幼，皆踞绳床交椅，以事其事。江北人心强悍，至山东以北，一家不相保，斗殴之声，炮闹不绝，或多有劫盗杀人。山海关以东，其人性行尤暴悍，大有胡狄之风。且江南人以读书为业，虽里闬童稚，推及津夫、水夫，皆识文字。臣至其地，写以问之，则凡山川古迹土地沿革，皆晓解详告之。江北则不学者多，故臣欲问之，则皆曰'我不识字'，就是无识人也……江南妇女皆不出门庭，或登朱楼卷珠帘以观望耳，无行路服役于外。江北则若治田、棹舟登事，皆自服劳……江南人死，巨家大族或立庙旌门者有之，常人略用棺不埋。江北如扬州等地起坟茔，或于江边，或田畔里闬中。"他看到大江南北、北方、辽东民间生活的一些差异，可谓善于观察。

《大明遗民史》，韩国冯荣燮编于 1989 年，明义会出版。"大明遗民"指明清之际流落朝鲜的华人及其后裔，这部书是反映清朝时期华人在朝鲜的历史，以及他们与中朝关系的关系史。该书系资料汇编性质，多收录前人著述，分两卷。上卷为中朝的帝系，抗倭援朝，清朝灭亡朝鲜、南明史，朝鲜对亡明的纪念活动。下卷汇辑有关遗民的各种著述的原文，《皇朝遗民传》即全文收录。所收《康世爵自述》，南九万撰康世爵传、崔昌大撰康世爵墓志铭，李东都撰康世爵传后叙，前三篇，为中国社科院历史所何龄修于吉林市康润在家藏的《通州康氏世谱》中发现，并把它披露在《清史资料》第一辑（中华书局 1980 年）中，中韩两国研究者不约而同发现同一史料，可见《大明遗民史》的编著在汇集材料上下了功夫，为研究遗民史史料做出贡献。

《临朐冯氏族谱》，明清之际山东临朐人冯三仕随同在清朝为质子的朝鲜凤林大君到朝鲜，后裔留居不回，但保持中华传统文明，不止一次撰修家谱。道光十五年（1835）冯宪祖怕忘本而修谱。1864 年、1936 年、1960 年、1973 年该家族先后多次续修，并与故国原籍临朐联系，希望获得家族历史资料。其谱体例与中国内地族谱略同，有谱序、世系源流图、先墓位置图、行列字表、源编（冯三仕先人世系），流编（冯三仕后裔世系）。

早在唐代，日本来华之留学生、留学僧，不少人汉学水平很高，与中国学士、诗人为友，想来会笔述中国历史和社会情景，唯因笔者寡识而不知，这里主要是说明清之际及清朝时期的几部日人著作及其所记叙的中国社会。《鞑靼漂流记》。日本商人国田兵右卫门等人于清顺治元年、明崇祯十七年（1644）夏天在海上遭遇风暴袭击，漂流到中国东北，被送到北京，转年冬天离开京城，取道朝鲜返国，于 1646 年 8 月写出此行经过，即为此书。著者就亲身见闻记载中国人，特别是满族人的生活和风俗习惯、饮食方式、衣着装饰、过节、庙会、主仆关系等。[①]《东鞑纪行》，作者间宫林藏于嘉庆十三年（1808）两次到库页岛，一次到黑龙江下游，写出见闻。叙述中国清代东北少数民族鄂伦春、费雅喀、山丹、赫哲人生产、生活和贸易。[②]《华夷变态》（东洋文库 1958 年），鸿文学士林恕、凤冈父子编辑于康熙十三年（1674），所据资料是德川幕府向赴日的中国和南洋各国商人、船员收集的关于中国的情报。日本人以明朝为华夏，清朝为夷虏，该书记叙明清易代及其后 80 年间事，故名。全书五卷，收录中国的敕谕、咨文、檄文、时务论策等。《丰利船日记备查》，陈吉人撰，记录中国商船丰利号在咸丰初年从浙江起航，到日本长崎贸易及返航的历史，留下了研究中日民间贸易和商船经营管理的资料。该书只有线装抄本，藏于日本东京都立中央图书馆。日本松浦章对之作了研究，著文《中国商船的航海日志》，附录《日记备查》的节文，冯佐哲译成中文，刊登于杜文凯编的《清代西人见闻录》（中国人民大学出版社 1985 年）。中川忠英《清俗纪闻》，方克等译，中华书局 2006 年出版。这些书的资料，均可供社会史研究者采集。

五、附说二则

（一）越南华人文献

笔者没有读过越南人的历史著作，然而得知清朝时期在越南的华人的图书

① ［日］国田兵右卫门等：《鞑靼漂流记》，刘星昌译，收入辽宁大学历史系于 1979 年出版的《清初史料丛刊》。

② ［日］间宫林藏：《东鞑纪行》，黑龙江日报（朝鲜文报）编辑部、黑龙江省哲学社会科学研究院译，商务印书馆 1974 年版。

两种，略事介说。其一为郑怀德（1765—1825）撰《嘉定通志》，采用中国方志体写作，卷四风俗志，讲到越南人的节日生活、语音、文字、祭祀有不少方面和中国相同，特别说到中国人（“唐人”）在嘉定城（嘉定省，今胡志明市）的衣服器用，仍然是中国式的，越南阮氏政府并不干涉；在河仙镇，“华裔杂处，专事商贾”。郑怀德的原籍是福建长乐，他的祖父郑会在明清鼎革之际，不愿降清，而流落真腊河仙镇（后属越南）。其二是武世营著《郑氏家谱》，广东海康人郑玖，1671 年到真腊河仙镇，先为国王管理商贾诸事，后独立管辖一地，各族民人纷纷投奔于他，其中有不少唐人。后来数世相传，家臣武世营为之作家谱。①

（二）就社会史史料而言，对古文献内容性质的分类问题

社会史的史料问题写到这里就告一段落了，又写此赘言，实因笔者在介绍史料时，是依照史料文献的体裁分别说明的，而没有按社会生活的门类进行交代，这对急于寻觅专题研究的学者没有提供方便，不无憾焉。这儿仅就女性史的研究提出获取资料的线索，算是举一反三吧。女性史资料的寻找线索如下：

正史、政书、文集（含家训）、方志、族谱、笔记各类图书皆有女性史料。

专门书籍，有出自妇女之手的，如班昭《女诫》、唐人侯莫陈邈妻郑氏《女孝经》、明成祖皇后徐氏《内训》等；出自男性手笔的有顺治帝《御定内则衍义》、毛奇龄《胜朝彤史拾遗记》、陈弘谋辑《教女遗规》等；还有汇编关于女性、两性关系史事的丛书，如《香艳丛书》等；类书，如《奁史》等。不具述。

---

① 郑怀德：《嘉定通志》，武世营：《郑氏家谱》，合刻于《岭南摭怪等史料三种》，戴可来等校点，中州古籍出版社 1991 年版。

第三章　中国古代、近代（前期）社会结构及演变

本书第一章谈到社会结构的理论，这里稍作重复。社会结构是构成人类社会生活的基本元素（社会要素），或者说是广义的社会组织的组成方式，形成社会结构的模式；社会结构要素间的冲突，是其内部产生变化的动力，并最终造成社会结构的变迁。人类社会的分工、生产力水平和生产关系给社会结构的形式、状态、性质、演变带来决定性的影响，社会结构只是人类社会总体中的一种结构，与生产方式结构、生活方式结构等并存不悖。

周代至近代前期（1912 年）长达 3000 年，要明了其间的社会结构演变，需要区分出不同的历史时期，进行分节说明。分期，要考虑以下四种因素：

（1）社会要素的增减变化，特别是主要要素——等级成分的变化。各个时期社会要素有简单与复杂的差别，同时每一种要素自身也会有变异，这种结构成分的变化，自然要引起结构整体的某种改变。这中间等级要素的新生与消失，内部成分的变化，对社会结构的状态、性质、内部冲突又起特殊作用。

（2）社会结构要素相互关系的变化，即结构要素之间的冲突及造成结构状态的变动。结构要素的变异只能引起社会结构的微弱变化，而要素之间关系的易位就会在很大程度上改变社会结构的状态。

（3）导致社会结构发生演变的社会其他因素的变化，比如生产力的发展与职业分工的复杂化，政治体制及一些上层建筑领域的变更，考察这种社会结构变动的原因有助于确认结构状态的改变。

（4）社会结构变化引起与之相关联的社会成分的变化。

前面两个因素是主要的，后两点是从不同的角度观察社会结构的变化状态，以便作辅助性的说明，但不是分期的主要依据。

依据上述标准，周代到近代的社会结构史可分为四个阶段：（1）周代；（2）秦汉魏晋南北朝隋唐五代时期；（3）宋辽金元明清（前期）时期；（4）清朝后期的中国近代社会早期时代。

在此还要说明的是，本章所讲的社会结构，主要是等级结构方面的。等级是关于人们社会身份的制度，决定人们的社会行为和观念，它鲜明地体现在法律规定和礼制之中，牢固地树立于人们的观念里，最常见于人们的礼俗活动中，而在刑法执行中表现出它的极端不合理性。

本章所要叙述的内容庞杂，时间跨度长，许多事情是笔者不熟悉的，特别是先秦与近代的社会结构史，不过是勉强成篇，敬祈读者批评。

第一节 贵族分权制时期周代社会结构

一、西周春秋前期社会等级结构

说到西周社会结构，有句“天有十日，人有十等”脍炙人口的古语，它出自《春秋左传》，不妨把它和另一段相关记载先抄录于此。

鲁桓公二年（前 710）晋国大夫师服说：

> 吾闻国家之立也，本大而末小，是以能固。故天子建国，诸侯立家，卿置侧室，大夫有二宗，士有隶子弟，庶人、工、商，各有分亲，皆有等衰。是以民服事其上，而下无觊觎。①

鲁昭公七年（前 535）楚国芋尹无宇对楚灵王讲：

> 天子经略，诸侯正封，古之制也。封略之内，何非君土？食土之毛，谁非君臣？……天有十日，人有十等。下所以事上，上所以共神也。故王臣公，公臣大夫、大夫臣士，士臣皂，皂臣舆，舆臣隶，隶臣僚，僚臣仆，仆臣台。马有圉，牛有牧，以待百事②。

两位春秋时代大夫的话，虽没能完全概括西周社会等级结构的状态，但可以说作了基本的描述，并表达了对等级结构与分封制、宗法制关系的看法。为我们了解西周社会结构作出提示。

（一）周天子

“天子建国”的周天子，处于社会第一等级，他分封诸侯，拥有王畿的土

---

① 《春秋左传》，《十三经注疏》，中华书局 1980 年影印本，下册第 1744 页；杨伯峻：《春秋左传注》，中华书局 1981 年版，第 1 册第 94 页。本书所引“十三经”内容皆出自《十三经注疏》中华书局 1980 年影印本，不再一一注明。正文中业已说明所引图书篇章的，即不作注。

② 《春秋左传》，下册第 2047—2048 页；《春秋左传注》，第 4 册第 1283 页。

地、人民和武装，是名义上全国土地、臣民的主人，但是他没有直接治理全国人民和征收赋税的权力，没有严格意义上的专制主义中央集权制度保证他在全国实行政治、军事、经济的统治权。他拥有祭祀王室宗庙的权力，是姬姓大宗主，以宗子的地位巩固他对同姓诸侯的统治权。

（二）诸侯和各级贵族

西周实行分封制产生了各级贵族。

武王伐纣，大会各个政治集团于孟津，最终取得成功，诸集团表现出强大的力量。所以西周立国，既要承认这种现实，又要加以控制，以便发展和巩固姬氏中央政权，乃采取分封制的办法，册封姬姓和异姓诸侯。在实行分封制的同时，又配合以大小宗法制的原则，或者说宗法精神，使得分封制顺利贯彻。

周朝的分封，在王畿有周、召、郑、虢、毕、芮等国，在东方以及其他地方有周公后人的鲁、唐叔虞的晋、召公奭的燕、姜尚的齐、微子启的宋、己姓的莒、任姓的薛、曹姓的郳等。这些封国，周、召、鲁、晋、燕等，是周王室血缘近亲，是姬氏族成员国。它们的属民，本氏族成员之外，有殷人以及殷商统治下的各地土著居民，如鲁国受封殷民六族，又征服领地周围的商奄之民，晋国受封怀姓九宗，卫国领有殷民七族。诸侯国中有一部分是异姓功臣，如齐国；有原来殷朝贵族，如宋国；还有曾受殷朝控制的其他宗族，如据说为黄帝后裔的己姓的莒国，舜之后的陈国，禹之后姒姓的杞国。这些诸侯都接受周王封授的爵位。周王室的血亲姬氏诸侯在整个诸侯中占主要成分，据后人的研究当时有 71 个诸侯国，它占据 55 个。① 在同姓诸侯与异姓诸侯地位顺序方面，先同姓次异姓，故鲁隐公说“周之宗盟，异姓为后”②。姬氏诸侯拱卫王畿，并散布各地，与异姓功臣诸侯共同监视、控制其他异姓诸侯。异姓功臣诸侯，与周王共建周朝，是周王的依靠力量。原殷王子姓宗族诸侯，是周王的笼络对象，以便消弭反对力量，稳定社会秩序。古老的显赫宗族（己姓、姒姓等），世代相传，在殷商受统治，周王则对他们加以重用，以扶持老氏族的办法对付子姓，分化瓦解原来殷朝的统治势力。后来周王陆续册封归化的戎狄百蛮诸族为诸侯，如秦、楚诸国。这样分封制下诸侯宗族的构成可列为下述图式（图 3-1）：

---

① 《春秋左传注》，第 4 册第 1494 页。

② 《春秋左传注》，第 1 册第 72 页。

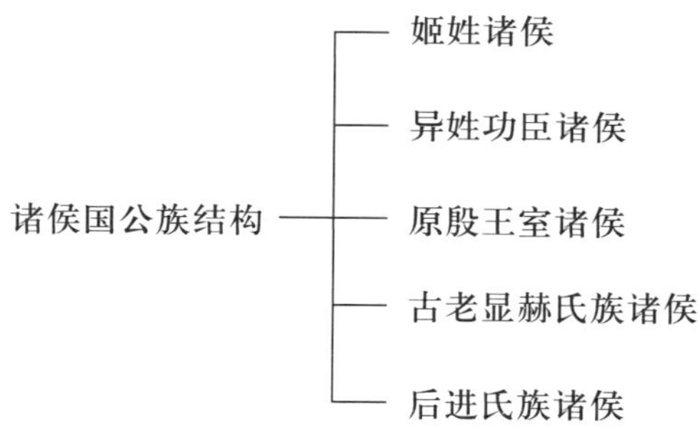

图 3-1　诸侯国公族结构

从这种诸侯氏族结构可知，周王朝用分封诸侯的办法，以姬姓为核心，联合各家族上层，建立全国性的稳定统治，这就是师服说的“天子建国”，芋尹无宇说的“天子经略，诸侯正封”。

诸侯受封，接受周王赐予的土地，据孟子讲“大国地方百里”，“小国地方五十里”①。各诸侯得到的封地多少不一，当然不会是像孟子讲的那样整齐的领地数字，同时诸侯到封地后多能逐渐开拓境土，扩大领地范围。诸侯具有统属境内人民和治理政事的权力，即握有绝对的军、政、财权，但他对周天子要纳贡，派军队卫戍王室或随王出征，尽臣属的义务。诸侯的封国是世袭的。

按照西周的大小宗法制，周天子是大宗，其所封的同姓诸侯，有王的兄弟和族人，他的兄弟是小宗。作为周王室的小宗的诸侯受封，其诸侯地位一般传给嫡长子，余子不得继承。诸侯国内需要有管理人，于是封余子为卿、大夫，授给他们土地，称为“采邑”，卿、大夫在经管土地的同时，逐渐具有管理采邑人民的权力，成为采邑的真正主人。卿、大夫爵职只能由其嫡长子嗣承，对余子遂分授土地，称为食田、禄田，形成士的爵职。这种状况，简单说来，是诸侯嫡子继承诸侯爵位，他的余子为卿大夫；卿大夫传位嫡子，余子为士。

诸侯拥有土地、人民，并管理政事，这就是孟子所说的诸侯“三宝”②，而卿、大夫、士虽有土地和人民，但是协助诸侯管理政事。这种逐级分封，就是师服说的“诸侯立家，卿置侧室，大夫有二宗”。

从诸侯到卿、大夫、士，是分封制和宗法制下的各级管理者，他们将领地的人民作为自己的附属者、农奴、奴隶，占有他们的劳动果实，是特权贵族。

周王朝和各诸侯国都有一批行政管理人员，由卿、大夫、士担任，如士可

① 《孟子》，下册第 2741 页。
② 《孟子》，下册第 2778 页。

以出任武官、王宫及基层执事官、卿大夫的邑宰家臣，卿、大夫在诸侯国任要职，诸侯也有兼为王室官员的。所以在西周，诸侯、卿、大夫、士既是封爵贵族，又兼有官僚性质，在卿、大夫、士身上表现得尤为鲜明，可以称为“百官贵族”。

至此，我们可知，在政治经济诸种权力集合体的结构上，诸侯处高位，是一个等级，卿、大夫是又一个等级，士处在特权等级的最低层，也就是说在贵族阶层里有诸侯、卿大夫、士三个等级。

（三）皂、舆、隶

以上说的是统治阶层。芋尹无宇讲的皂、舆、隶、僚、仆、台的层层统属，究竟是什么社会地位的人？据清人俞正燮的解释：皂是无爵位的卫士，但有员额的限制；舆也是无爵位的卫士，但无定额，不易进入皂的地位；隶是罪人；僚，也是罪人，且充当苦役，以此不同于隶；仆，是被杀戮的罪人家属，成为奴隶；台，是罪人被罚为奴隶的，其逃亡后又被抓获的，成为陪台。① 这里的皂、隶，和后世属于贱民的皂隶在身份上不相同，但他们都是在官。按照俞氏的解释，这六种人里，皂、舆是在武官统领下的卫士，无爵位，是有自由身份的兵，与后世的吏是一个社会层次。僚是被罚任劳役的罪人，隶既为罪人，说他管着僚，可能是僚的领班，罪人被罚管理或从事劳役，当然是不自由的人，隶、僚与皂、舆显然不是处于同一社会集团的人。仆、台同为罪奴，社会身份最低。所谓“马有圉，牛有牧”，圉是男奴隶，牧马、牧牛的也是奴隶，不在十等之列，是比仆、台还要低的奴隶。这样皂舆、隶僚、仆台牧奴分别形成三个社会身份集团。前者应为平民，后者为奴隶，而中间的隶僚是国家的依附民，有罪而服役，是不自由的，役满之后恢复自由，是介于平民、奴隶之间的人，可视为准贱民。

如此说来，西周社会的“十等人”，实际可分为天子、诸侯贵族、百官贵族、平民、准贱民、贱民六个等级。芋尹无宇讲的十等人特别是皂、舆以下的情况，可能是就王宫中服务的人员情形说的。

（四）国人、野人

西周社会绝不止上述各种人，我们在历史文献中经常看到“国人”“野人”“氓”“庶人”“人鬲”“臣妾”“农夫”“商人”“百工”的记载。他们属于什

① 俞正燮：《癸巳类稿·仆臣台议》；《春秋左传注》，第 4 册第 1569 页。

么身份，与上述诸种人是何关系呢？

国人，是贵族家族的小宗成员，就是“士有隶子弟”中的子弟，他们不能再被封为士（最下等贵族），成为一般的平民，居住于城市与郊区，自食其力，可以被征为武士，大约也就是皂、舆。公元前660年狄人进攻卫国，卫懿公令国人入伍出征，国人因懿公平日好养鹤，不恤民力，拒不应征，结果卫国被打败，[①] 说明国人是自由人，有一定社会力量，关乎国家兴亡。

庶人、野人，居住于乡村，分别隶属周王及诸侯、卿、大夫各级贵族，是农业生产劳动者，大约在春秋时期他们可能得到100亩耕田，50亩休耕地。[②]他们的地位有两种情况，一是自由人，是贵族的支庶成员，即“士有隶子弟”中的不能继承“士”的地位的子弟，不能当武士和做官，到土地里谋生。《诗经·小雅·大田》所描写的农户大约就是这种人。所谓“大田多稼，既种既戒，既备乃事。以我覃耜，俶载南亩。播厥百谷，既庭且硕，曾孙是若。……有渰萋萋，兴雨祈祈，雨我公田，遂及我私”[③]。二是与贵族领主没有家族关系的农人，要向贵族领主纳贡，没有迁徙的权力，人身受领主的一定控制。《诗经·豳风·七月》所写的农夫：“春日迟迟，采蘩祁祁，女心伤悲，殆及公子同归”。“七月鸣鵙，八月载绩，载玄、载黄，我朱孔阳，为公子裳。”“嗟我农夫，我稼既同，上入执宫功。”[④] 这种农夫，有自己经济，但向领主交纳各种农业生产物和狩猎品，还要服劳役，女儿要受领主儿子的蹂躏，更像是农奴。

（五）工商百工

工商是在社会中具有重要性的集团。公元前564年，楚共王答应秦国的请求，将派兵助攻晋国，但是子囊认为晋国稳定不能攻打，他说“其卿让于善，其大夫不失守，其士兢于教，其庶人力于农穑，商工皂隶不知迁业”[⑤]，把工商的态度当作一个国家稳定与否的一种不可忽视的因素。周代手工业者世传其业，如《周礼》所说：“巧者述之，守之世，谓之工。”[⑥] 可能还有家族的特点，如赐给鲁国的殷民六族，给康叔的殷民七族中的索氏，长勺氏、尾勺氏、

---

① 《春秋左传注》，第1册第265页。

② 参见杨向奎：《宗周社会与礼乐文明》，人民出版社1992年版，第187页。

③ 《诗经》，上册第476—477页。

④ 《诗经》，上册第389—391页。

⑤ 《春秋左传注》，第3册第966页。

⑥ 《周礼》，上册第906页。

陶氏、施氏、繁氏、绮氏、樊氏、终葵氏，大约分别是制作绳索工、酒器工、陶工、旌旗工、马缨工、锉刀工（或釜工）、篱笆工、锥工。[①] 工有二种，一是独立手工业者，具有平民身份，另一种是“百工”，隶属于王室、公室和各级贵族，受主人控制。

公元前520年周王室内乱，单子开始盟百工于平宫，但“百工叛”，单子失败。[②] 贵族要百工支持，与之结盟，可知百工又具有某种平民身份。所以百工的社会地位介于平民、奴隶之间，是半工奴，与农奴地位相当。师服、子囊都把工商两种人联在一起论述，《左传》不乏这方面记载，如“工贾不变”，“工商未尝不为患”[③]。这种放在一起看待的方法，表明商和工处于相同的平民地位，弦高救郑的事例足以说明商人的身份。公元前627年秦将孟明潜越周王之境，将要偷袭郑国，郑国商人弦高本来是往洛阳做买卖，得知其事，一面派奚施回郑国报信，一面伪装是郑国的使臣，向孟明献牛皮、牛以劳师，使孟明以为郑国有了准备，不战而退。郑穆公因弦高保存国家的功劳要给予重赏，弦高不接受，率领属人迁往东方去。弦高敢于冒充使臣，而对方确信不疑，他能够自由离开郑国，这一切说明他是平民，即自由民。他是较大的商人，他的身份起码可以反映与他相同的商贾也是平民。

《周礼》云：“以禽作六挚，以等诸臣。孤执皮帛，卿执羔，大夫执雁，士执雉，庶人执鹜，工商执鸡。”[④] 看来基本上商是平民的地位，但比平民中的庶人要低一点。

《师毁毁铭文》：伯龢父任命师毁为其家臣，“𩡧司我西𦨶东𦨶仆驭、百工、牧、臣妾、东裁（按即董裁）内外毋敢否善”[⑤]。教训仆驭、百工、牧、臣妾，听从师毁的指挥，不得违背。师毁肯定是自由人，而仆驭等则是奴隶、准奴隶，也就是赶车的奴仆、工奴、牧奴、婢妾。奴隶有着多途径的来源，战俘是重要的一种，如《诗经·小雅·出车》“……执讯获丑，薄言还归。赫赫南仲，猃狁于夷”[⑥]！奴隶数量相当多，公元前482年，越国攻打吴国，吴国王孙弥庸要

---

① 《春秋左传注》，第4册第1536页。
② 《春秋左传注》，第4册第1438页。
③ 《春秋左传注》，第4册第1480、1567页。
④ 《周礼》，上册第762页。
⑤ 《中国通史参考资料》古代部分第1册，中华书局1962年版，第56页。
⑥ 《诗经》，上册第416页。

报家仇，率领“属徒五千”，与越军对垒，先胜而后败。[①] 这里的“徒”有不同的身份，一部分应是依附民，一部分当是奴隶。

（六）西周社会等级结构图式

上面提到各种身份的人群，对于他们中的有些人的社会地位，特别是庶人以下群体的身份，限于资料或诸家见解的差异，笔者并没有弄清楚，只是在这里采取一种说法，以便讨论。前面多次提到自由民，如庶民、农夫、手工业者、商贾，他们被当作平民，是社会的主要成员，可是他们对国家又有一定的依附性，所以在西周春秋的自由民是古代式的自由民，而不是近代概念的有着从业、迁徙、受教育等自由的人。有些人的社会地位，相互比较而言，有差别但差别不大，基本上一致，如皂与舆，隶与僚，仆与台，国人与庶民，就是这种关系，它表明等级社会要素的组成情况是复杂的，但若把基本相同的人群归归类，就显得简单了。总括西周春秋社会等级结构，可分为六个等级十个层次，兹以图的形式表述于下（图 3-2）：

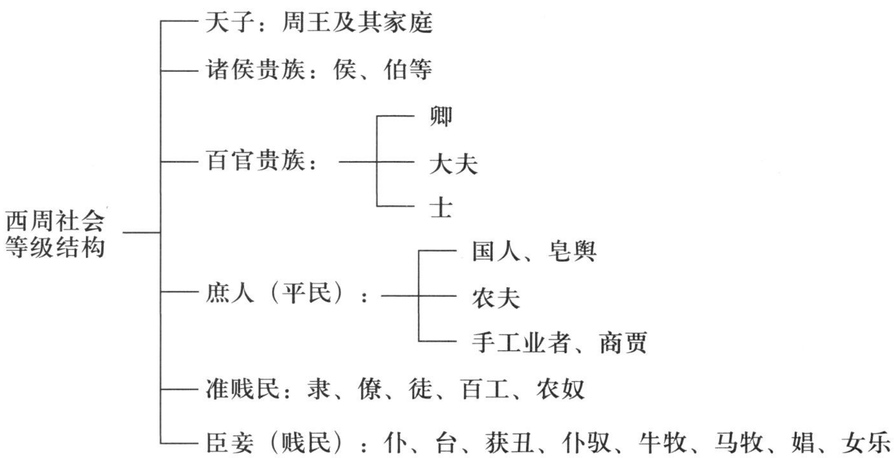

图 3-2 西周社会等级结构

二、简单而贫乏的社会群体

周代社会组织、社会群体，在政权之外，大约就是家庭、家族了。

（一）宗族

前面在讲到诸侯宗族构成时，已涉及宗族群体的历史，即宗族（图 3-3）

① 《春秋左传注》，上册第 1676 页。

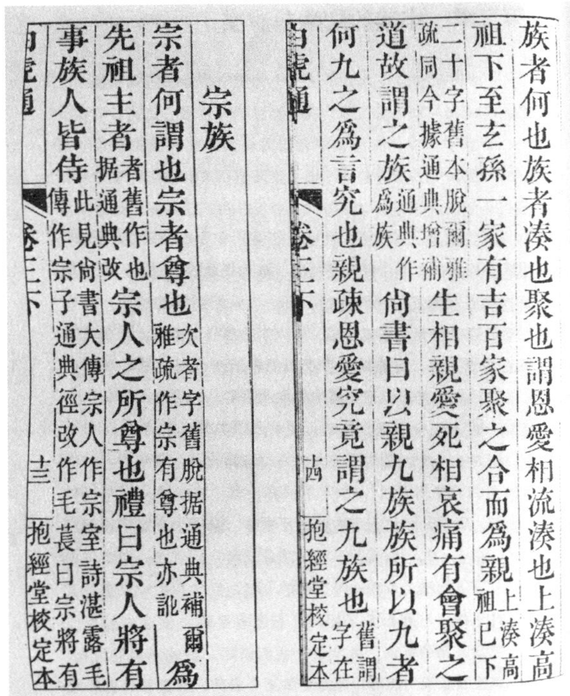

宗族

宗者何謂也宗者尊也次者字舊脫据通典補爾雅疏作宗有尊也亦訛爲先祖主者者舊作也据通典改宗人之所尊也禮曰宗人將有事族人皆侍此見尚書大傳宗人作宗室詩湛露毛傳作宗子通典徑改作毛萇曰宗將有

白虎通　卷三下　十三　抱經堂校定本

族者何也族者湊也聚也謂恩愛相流湊也上湊高祖下至玄孫一家有吉百家聚之合而爲親上湊高祖已下二十字舊本脫爾雅疏同今據通典增補生相親愛死相哀痛有會聚之道故謂之族通典作爲族尚書曰以親九族族所以九者何九之爲言究也親疏恩愛究竟謂之九族也舊謂字在

白虎通　卷三下　十四　抱經堂校定本

图 3-3　《白虎通义》释“宗族”

与政治的关系，说的是诸侯贵族宗族，他在宗族的社会构成中只是一种成分，周王室的姬氏宗族也是一种。周王、诸侯贵族有宗族，其他社会成员有无宗族呢？卿、大夫、士各级贵族，大体上是他的封君的宗支，属于国君宗族，而我们知道大小宗法的原则，使小宗有二重性，即小宗的继承宗位的嫡长子在小宗内成为大宗，其他诸子成为小宗，这种二重性决定小宗也各有其宗族。国人基本上是小宗成员，也有宗族。平民是否有宗族，在学术界存在争论。笔者同意这种认识：平民中有宗族，但极不发达，往往依附于贵族宗族。平民宗族的产生，可以设想的一种情形是：贵族宗族衰落，一部分成员被杀掉，另一部分成员降为庶人、皂隶，他们仍然保留宗族组织，只是不再有贵族的社会地位，该宗族成为庶人、皂隶宗族。比如说，公元前 596 年，晋国灭其大夫先縠宗族，其余孽降为皂隶，散处三个地方，后来竟能与赵荀子作斗争。① 可见先氏宗族处在皂隶地位时尚保留着。平民是否有宗族，还可以通过考察他们的祭祖活动来推断。《国语・晋语上》：“国君有牛享，大夫有羊馈，士有豚犬之奠，庶人

① 《春秋左传注》，第 2 册第 572 页；《侯马盟书》。

有鱼炙之荐。”[①] 贵族之祭，是宗族之祭，庶民是否只是一家一户地进行，有无共同祭祀呢？这是值得考察的事情，若有，则应当有组织祭祀的规则（或习惯）及管理人，因此也就会有宗族。[②] 平民中会有不发达的宗族制，规模小，组织不严密。综上所述，从政治地位看，周代宗族构成为：王族—贵族宗族—平民宗族，也就是平民以上的人群中有着宗族组织。

宗族构成，大小宗之别以外，在其内部还有宗支的区别，周王封给鲁公的殷民六族，要求他的首领“帅其宗氏，辑其分族，将其丑类”[③]。使我们获知：殷人宗族，下有分族，分族成员拥有奴隶。这里附带说一下，从殷民宗族构成可知，奴隶没有自己的宗族，他们归附于主人，是主人宗族的没有成员资格的实际成员，因为他们是主人宗族力量的一种潜在成分。

宗族之所以成为一种社会群体，在于其有管理机构和管理人员，能把同一血缘的各个家庭的成员组织管理起来。周朝王族已经有了专门管理王族事务的官员，《汉书·百官公卿表》“宗正”条下，汉人应劭注：“周成王之时彤伯入为宗正”，意思是说西周有专管王族事务的宗正官，唐人颜师古不同意，注云：“彤伯为宗伯，不谓之宗正。”[④] 西周不见宗正之官称，实有“宗伯”，《尚书·周书·周官》记载：“宗伯掌邦礼，治神人，和上下。”[⑤]宗伯主管祭祀事务，王族的事情也包括在内，估计他会有属吏专司王族事务。这大约就是马端临在《文献通考》所记叙的“小宗伯”：“周官小宗伯掌三族之别，以辨其亲疏。”[⑥] 小宗伯专管周王族内部户口、婚姻、丧葬、祭祀、继承等事务。诸侯国有专官负责公室宗族事务。楚国设有三闾大夫，职司楚王族昭、屈、景三姓，“序其谱属，率其贤良，以厉国士”，屈原出任过这个职务。[⑦] 既然诸侯国都有管理宗族的官员，周王朝更应当设有这种官员。

宗族有多种活动，重要的一项是纂辑谱牒，记载宗族历史，登记族人资

---

① 左丘明撰，徐元诰集解：《国语集解》楚语上，第十七，中华书局 2002 年版，第 488 页。

② 参见李向平：《西周春秋时期庶人宗法组织研究》，《历史研究》1989 年第 2 期；彭邦本：《从曲沃代翼后的宗法组织看晋国社会的宗法分封性质》，《中国史研究》1989 年第 4 期。

③ 《春秋左传注》，第 4 册第 1536 页。

④ 班固：《汉书》卷一九《百官公卿表》，中华书局 1962 年版，第 731 页。

⑤ 《尚书》，上册第 235 页。

⑥ 马端临：《文献通考》卷五九《职官》，中华书局 1986 年影印本，第 501 页。

⑦ 司马迁：《史记》卷八四《屈原贾生列传》注引《离骚序》，中华书局 1959 年版，第 2486 页。

料，明晰族人之间的相互血缘关系，以便祭祀、继承。周朝设有小史之官，职司其事："小史掌邦国之志，奠系世，辨昭穆。"① 前述屈原为三闾大夫，以编写族谱为一项任务，证明这项活动正常进行。正是由于周人修纂了谱牒，司马迁写《史记》时才得以多方利用它所保存的历史资料，诚如他所说："维三代尚矣，年纪不可考，盖取之谱牒旧闻，本于兹，于是略推，作《三代世表》。"②

宗族进行文化教育，周天子设王学（辟雍等学），诸侯设黉宫，吸收贵族子弟入学。令学生"春夏学干戈，秋冬学羽籥"③，即学习武艺和文化知识，提高才能，以备将来管理国家军民政事。

宗族起着支持政权的作用。从理论上看，关于宗族的宗法制巩固分封制所确定的社会等级制度，又以宗法伦理制约受封的各级贵族，避免贵族间的矛盾冲突。事实上这是西周时代，姬姓诸侯维护周王政权，稳定分封而形成的局面。春秋时代，在诸侯纷争中，宗族为本国的生存而尽力，也有一定的效果。如公元前 681 年齐国灭掉遂国，并在那里设军驻防，12 年后（前 669）遂国的因氏、颌氏、工娄氏、须遂氏等四大家族，设谋杀掉齐国戍军以报仇。④

（二）家庭

西周家庭的结构，笔者不清楚，春秋时期大约盛行今人所理解的"直系家庭""联合家庭"制度，即父子兄弟妯娌共同生活在一起。《诗经·魏风·陟岵》咏叙应征服役的农家小儿子回忆临行前父母及兄长分别对他的嘱咐，以及他在外对父母兄长的怀念。⑤ 表明这个家庭有两个成年的儿子，关系融洽，儿子是否都娶亲了，不得而知，不过很难想象会没有一个儿媳。《诗经·唐风·鸨羽》咏一满怀悲怆情绪的应征农夫心声："王事靡盬。不能艺黍稷，父母何食。"⑥ 应征的儿子担心双亲的衣食，表明儿子本来耕作供养父母。这两首诗，所反映的家庭类型当是今日所说的"直系家庭"，或联合家庭，而且是农夫家庭，看来春秋时代劳动者家庭比较简单，可能贵族家庭要复杂一些。

战国时期，家庭结构向简单化方向发展，张仪讲："夫亲昆弟，同父母尚

① 《周礼》，上册第 818 页。
② 司马迁：《史记》卷一三〇《太史公自序》，中华书局 1959 年版，第 3303 页。
③ 马端临：《文献通考》卷四〇《学校》，中华书局 1986 年影印本，第 380 页。
④ 《春秋左传注》，第 1 册第 193、205 页。
⑤ 《诗经》，上册第 358 页。
⑥ 《诗经》，上册第 365 页。

有争钱财。”[①] 兄弟争财，这是分家时的现象，说明兄弟分家，“联合家庭”解体，大家庭分化为小家庭。李悝在魏国改革，估算民户的收支，计其人口，云“一夫挟五口”[②]，是以五口人为一家。五口之家多系今日所说的“核心家庭”，或者勉强是算直系家庭。商鞅变法，强令人民分家：“民有二男以上不分异者，倍其赋。”[③] 看来当时“联合家庭”“直系家庭”还不少，所以才要求父子、兄弟析居。但是这一法令必使不少较大型的家庭变小了。所以战国是中国家庭小型化的时期。

家庭实行父家长制，观《礼记》的“家无二主”“家无二尊”的记载[④]，就可知男性家长统管妻和子女，是一家之中独尊的主宰。夫妻的关系，是妇从属于夫，“三从”的观念已很明确：“妇人从人者也，幼从父兄，嫁从夫，夫死从子。夫也者，夫也；夫也者，以知帅人者也。”[⑤] 不过周代的妇女在家内具有重要地位，与后世内涵深刻化的“三从”有不少的区别。《周易》讲的“家人，女正位乎内，男正位乎外”[⑥]。是说女子发挥其正常作用，是治家、兴家的根本。那时儿子把父亲和母亲都视作“严君”[⑦]，不似后世只以父亲为严君，而母亲仅有慈祥一面性质，可知作为人妻人母的妇人地位高于后代。

上层社会流行一夫多妻制，诸侯一娶九媵，连同夫人的姊妹侄女也娶过来。孟子说的齐人有一妻一妾[⑧]，这个齐人似是“国人”或没落贵族之余孽，无所事事，竟然有妾。妻妾地位悬殊，妻是夫的配偶，与夫敌体，家庭的内主人。妾，对女主人如同臣对君，是夫人的从属。故而丧服，“妾之事女君，与妇之事舅姑等”[⑨]。妾又分等级，媵的地位比一般妾为高。夫妻离异是常有的事，多半是夫妻中占主动地位的夫休弃妻子，如《诗经·谷风》反映丈夫弃妇再娶，原来的妻子对丈夫的寡情表示不满，故云：“行道迟迟，中心有违。不远伊迩，薄送我畿。谁谓荼苦，其甘如荠。宴尔新昏，如兄如弟。泾以渭浊，

---

① 刘向：《战国策》卷二二《魏策一》，中华书局 2012 年版，第 681 页。
② 班固：《汉书》卷二四上《食货志》，中华书局 1962 年版，第 1125 页。
③ 司马迁：《史记》卷六八《商君列传》，中华书局 1959 年版，第 2230 页。
④ 《礼记》，下册第 1619、1695 页。
⑤ 《礼记》，下册第 1456 页。
⑥ 《礼记》，上册第 50 页。
⑦ 《周易》，上册第 50 页。“家人有君严焉，父母之谓也。”
⑧ 《孟子》，下册第 2732 页。
⑨ 《仪礼》，上册第 1109 页。

湜湜其沚。”①

因为生母地位的不同，儿子在家庭的地位大相径庭。妻出与妾出区分为嫡子、庶子，两者具有尊卑关系。先出世与后出世又有长幼之别，最尊贵的是嫡长子，拥有继承爵位的权力，庶子的地位低，在庶子之中，除分长幼，也要看其生母在妾中的等第以决定他在家中的地位。最能体现家庭人际关系的是父子关系，“父父子子兄兄弟弟夫夫妇妇，而家道正”②。父子关系如同君臣关系，父亲对儿子有绝对的权威，所以是“严君”。男子行了冠礼，才算成人，才能成亲，而冠礼之行，出于父命③。在贵族家庭中，父子关系政治化、等级化，实质上是主从关系。“这是宗法性质的父家长权力的升华。”④

周代家庭有多种功能。贵族家庭的政治功能最突出，各级贵族家庭的稳定与否，关系到天下（周王）、国家（诸侯）统治的安危。孟子说：“天下之本在国，国之本在家。”⑤ 讲的就是这个道理。贵族之家通过联姻，巩固与发展势力。如秦、晋世代为婚，所谓“秦、晋，匹也”⑥。晋公子重耳逃亡秦国，秦穆公以五女妻之，并助其返国得君位，终成霸业。秦宁公、秦穆公分别娶于鲁、晋。学习了关东文明，对秦国改变落后面貌，争霸中原，起了不小作用。

（三）民间乡里祭祀组织的萌芽

“社，祭土而主阴气也”。“社，所以神地之道也”。⑦《礼记》所讲的社是祭祀土神的地方。各种人都有这种祭祀，天子有“王社”，诸侯有“侯社”，自大夫至庶人有“置社”⑧。公元前504年，季氏家臣的阳虎与鲁定公及三桓盟于“周社”，和国人盟于“亳社”⑨。鲁定公与三桓是鲁之公室，属姬氏家族，他们有专门祭土神的周社。国人是平民，就鲁国讲，鲁公被封有殷人六族，带到东方，又征服当地土著，亳社当是殷人后裔或土著居民祭土神的地方，所以阳虎和他们在这里祭神结盟。社还是最基层的地方行政组织，每社25户，要进行

① 《诗经》，上册第304页。
② 《周易》，上册第50页。
③ 《孟子》，下册第2710页。“丈夫之冠也，父命也。”
④ 朱凤瀚：《商周家族形态研究》，天津古籍出版社1990年版，第327页。
⑤ 《孟子》，下册第2718页。
⑥ 《春秋左传注》，第1册第410页。
⑦ 《礼记》，下册第1449页。
⑧ 《礼记》，下册第1589页。
⑨ 《春秋左传注》，第4册第1559页。

户口登记，所以在齐国就将这种情形视为“书社”①。战国时代庶人必须参加祭社活动，魏国李悝计算农家的收支，在开销方面，有“社闾尝新春秋之祠，用钱三百”② 一项，这是说闾里之社祭祀，一年春、秋两次，闾里居民都要参加，交纳祭祀费用，所以才是必要的开支。这条材料说明，在民间里社与祭社合一，祭社、里社原来分别为官办，它们合一之后，民众的自愿因素增多，向着民众组织方向发展。周代盛行的祭社、里社都不是民间自发的组织，参加活动与否，带有强制性，但是民间自发组织的社团却是由这里产生。

此外，春秋时代私人办学兴起，战国时更有发展。孔子、墨子、鬼谷子等都有众多弟子。这种私人学校的教师与学生，有一些共同的利益，有的保持较稳定的联系，因而形成学派，初步具有民间团体的性质。

三、春秋中后期、战国时期社会等级结构的变动

（一）社会结构的一般性矛盾

周代社会结构主要由等级和宗族家庭构成，分封制和宗法制的实行，使它较为稳定。大小宗法制巩固分封制所确定的社会等级制度又以宗法伦理制约受封的各级贵族，尽量避免贵族间的矛盾。分封制的实行，给诸侯以“三宝”，天子才能收族，巩固宗主地位，保证大宗法的贯彻。分封制、宗法制互相配合和制约，稳定西周政治体制和社会结构。

周代社会结构在协调性之外，还有其内部矛盾性的存在、积累和发展。等级与其政治、经济权力相联系、相一致，等级越高，特权越多，而且政治权力带来经济权力，高等级具有强烈的排他性，禁止低等级的混入，等级制支配政治斗争和经济生活、文化生活，因此等级间必然产生矛盾斗争。社会要素间的冲突多种多样，大体上是贵族与平民、贵族与贱民准贱民、诸侯与天子、家长与家属的诸种矛盾。这些利害冲突，按性质归类，可以区分为三种：政治上的等级矛盾；血缘上的宗族家庭等级化的矛盾；性别上的男女等级化的差异。这些矛盾都具有等级矛盾的性质，因为不同宗族间的政治差别，宗族、家庭内部人际关系的尊卑长幼之别，以及男女尊卑之别，都具有等级性。等级体系是多方面的，至少有上列三种，而归根结底存在于贵族内部不同层级之间，贵族与

---

① 《春秋左传注》，第 4 册第 1465 页。

② 班固：《汉书》卷二四上《食货志》，中华书局 1962 年版，第 1125 页。

平民、贱民的等级之间。说贵族与平民的矛盾，除了不同权利、义务的等级之间的内容外，还包含贵族内部大宗与小宗的斗争，也包括同姓诸侯与异姓诸侯、诸侯与天子的矛盾。等级压迫，高等级的排他性，使低等级反对高等级。其斗争内容是每一个低的等级都有反抗性，具有反抗高它一个等级的愿望，贵族、平民都会反叛，而不只是最低等级的造反；下层等级联合反对上层等级；各级贵族等级是当权者，下层等级的反抗，往往指向当政贵族和宗子。总之，等级斗争是以下犯上，地位低的反对地位高的。

（二）诸侯对周天子、卿大夫对诸侯的以下犯上——等级秩序的破坏

以上是一般理论的分析，周代的实际情形是，自春秋开始，诸侯、卿大夫崛起，分别对天子、对诸侯展开攻势，诸侯、卿大夫相互间的竞争加剧，并带动下层等级的反抗运动，促使等级、宗族内部矛盾的发展，分封制和大小宗法制遭到削弱、破坏。诸侯、卿大夫各有独立的经济，有封地、军队，这种私有力量发展起来后，会寻求进一步发展，因而要求冲破层层隶属的等级宗法关系的束缚，破坏分封制和宗法制度。春秋以来周王地位低落，根本无力阻挡这种破坏力量。诸侯对卿大夫也没法维持传统的宗法关系。公元前556年宋公族华臣杀害其兄之子皋比的家臣，宋平公开始认为他不仅破坏宗族秩序，还扰乱宋国政治，要驱逐他，后听人言："大臣不顺，国之耻也，不如盖之。"遂不处理华臣。① 这是无可奈何地掩盖矛盾，听信臣下小宗破坏国内、族内秩序。

在春秋中后期，等级秩序出现了无法维护的局面，公元前539年齐国晏婴回答晋国叔向询问齐国的形势说："此季世也，吾弗知齐，其为陈氏矣。"叔向触及晋国形势，深有同感地说："虽吾公室，今亦季世也。"又接着解释说："民闻公命，如逃寇雠。栾、郤、胥、原、狐、续、庆、伯降在皂隶，政在家门，民无所依。"② 这两位政治家认为，齐、晋两大国都处于末世，原因就是卿大夫夺国君的权，而卿大夫内部又有分化，甚至庶民也敢于叛上，这就是等级秩序破坏的形势。晏婴、叔向对话不久，公元前502年，晋军强迫卫灵公缔结城下之盟，灵公想拒绝，"患诸大夫"不从，得到王孙贾支持，又取得国人工商的同意，卫灵公才敢对晋作战。③ 诸侯、卿大夫、士，在上者怕在下者不服从自己，特权等级的权威大大削弱了。春秋中后期，社会上出现以下犯上的形

① 《春秋左传注》，第3册第1031—1032页。
② 《春秋左传注》，第4册第1234—1236页。
③ 《春秋左传注》，第4册第1566页。

势，诸侯造反、兼并，破坏分封格局，卿大夫夺权，国人暴动，百工抗命，农人不满，这种等级结构不稳定的形势，表明它在变化之中。

明智的诸侯、卿大夫，为了适应这种形势，实行改革政策。晋文公施行“明贤良”“赏功劳”“轻关易道，通商宽农”的方针政策。① 其后，赵简子为对范氏、中行氏作战，于公元前 493 年宣布：“克敌者，上大夫受县，下大夫受郡，士田十万，庶人工商遂，人臣隶圉免。”② 这里特别值得注意的是“遂”和“免”的内涵，根据杜预注：“得遂进仕。”就是说，这项政策，允许庶人工商脱离平民地位，可以因功进入官僚贵族特权等级，人臣、隶圉可以因功免除奴隶身份，至少可以升入平民等级。从政策上允许等级成员流动，是对稳固的社会等级关系的松动。

家臣制度的发展，也为社会下层进入特权等级提供条件。西周就出现了家臣制，诸侯可以任用没有血缘关系的人为家臣，主要负责管理家庭事务。春秋以来诸侯卿大夫势力的膨胀，家庭公室事务的繁多，变革职官制度，增加官职和官员名额，需要扩大官员的来源，大量吸收异宗族的有用人才，势在必行，这就给了下层等级的成员进入上层等级的机会。公元前 6 世纪鲍国被鲁国施孝叔用为家臣，后来又被齐人迎去立为鲍氏宗子。③

（三）等级状况的变化

春秋中后期社会等级发生很大变化，其一表现在周天子降到小诸侯的地位。作为天下盟主的周天子已名存实亡，在洛邑的王畿已不及西周王畿的一半，军队的编制也不到西周时的一半，与诸侯的主从关系实际上已不存在，反而受霸侯的欺凌。公元前 632 年晋文公召周襄王于河阳，前 606 年楚庄王竟向周室问鼎，前 580 年周王与晋国大夫郤至争田，郤至要到晋国打官司，天子的权威丧失殆尽。

其二是诸侯的变化，诸侯国相互吞并，像齐、晋、楚各灭掉二三十个小国，于是诸侯数量大为减少，逐渐剩下几个大国，改变了内部结构。诸侯遇到卿大夫势力的挑战，发生危机，这就是晏婴、叔向所说的齐、晋的末世之兆，最终出现三家分晋、田氏代齐的重大历史事件，以及鲁之三桓秉政的局面，即部分诸侯被其下属消灭。

---

① 《国语集解》晋语四第十，中华书局 2002 年版，第 349—350 页。

② 《春秋左传》，下册第 2156 页；《春秋左传注》，第 4 册第 1613 页。

③ 《春秋左传注》，第 2 册第 898 页。

其三是卿大夫的变异。卿大夫在各国改革及率领地方武装参加兼并战争中发展了政治、军事势力，有的取诸侯而代之，也有一些在竞争中被消灭或降低到庶民以下地位，表明这个等级处于沉浮不定的动荡之中。

其四是士的变化。这比卿大夫的变化还要剧烈。士处于贵族的最低层，接近于民，变化的可能性因而也大。到春秋中后期，士已经改变以武士为主要职业的状况，向着从事文职官的方向发展，到战国时期职业更是多途化，有武士、文士、吏士、技艺之士、商贾之士、方术之士等的区别。社会流动面大，有上升，有下降，而上升的作用表现明显，在社会上的作用越来越大，本来等级秩序大夫在士之前，合称为“大夫士”，可是到战国之后，由于士的地位急剧上升，人们对他的认识随之改变，于是出现“士大夫”的说法，士升到大夫的前面了。在变动中有一部分士下降，也使士成了“民”之一，不过是处于首位罢了。

其五是庶民工商的变化。墨子呼吁重用下层社会成员：“圣王之为政，列德而尚贤，虽在农与工肆之人，有能则举之，高予之爵，重予之禄，任之以事。”① 即允许社会下层成员浮动，以增加政权活力。庶民工商提高社会地位，出仕是一个途径。如“苦耕稼”的“鄙人”宁越，懂得以学业改变自己地位，苦学成才，被周威公聘为师傅②，显示社会允许平民向上流动。

在贵族分权制时代，大夫士和平民贱民要想改变身份，逃亡不失为一个办法。公元前562年，晋、鲁、齐等12个诸侯国在郑国盟誓，其中有一条是“毋留慝”③，即同盟国不得容纳他国的逃亡人口，这就反映当时逃亡现象有一定的普遍性，所以才引起诸侯的注意，共谋对策。事实上，流亡者必不在少数，《诗经·魏风·硕鼠》描写的农人，疾恨主人的残暴压榨，动不动表示“逝将去女，适彼乐土”，“适彼乐国”，“适彼乐郊”④，说明有很大的离去可能性。逃亡式的游动，就为流动者改变社会地位创造了条件。

春秋战国时期社会各等级的变动，尚未形成稳定的社会结构格局，特别是没有专制主义中央集权制下的皇家——社会结构中的第一等级，所以是处在前

---

① 孙诒让：《墨子间诂》卷二《尚贤》，《诸子集成》本，中华书局1954年版，第4册第26页。

② 吕不韦：《吕氏春秋》卷二四《博志》，《诸子集成》本，中华书局1954年版，第6册第314页。

③ 《春秋左传注》，第3册第989页。

④ 《诗经》，上册第359页。

一种社会结构向后一种社会结构转化的过渡阶段。

四、周代社会结构的特点

周代社会的等级结构和宗族结构比较复杂，层次也明显，家庭还在发展中，民间组织的“社”只是刚刚萌芽，政权及与之结合的宗族之外，其他社会组织基本上没有出现，社会上层的群体活动不发达，社会下层的就更无从谈起。缺乏社会组织，即缺少中介作用的组织来调节社会矛盾。总的看来，社会结构不复杂，比较简单。这可以说是周代社会结构的第一个特点。

第二个特点是宗统与君统的统一，社会结构以宗族为基础，其中又以周王朝的姬姓宗族为核心。周王是国家元首，又以宗子身份是宗族首领，在王畿和姬姓诸侯国范围里，他集君权与族权于一身，他的统治，也使得君统与宗统合二为一，使得宗族统治权几乎与政权重叠。不仅如此，从诸侯到士的各级贵族是政治上的统治者，国家、采邑的主管者，即具有政治方面的统治权；在宗族范围里，对天子的大宗讲，诸侯是小宗，但诸侯、卿、大夫、士在族内具有二重性，在其统治范围内又是大宗，他们还凭大宗的地位实行世袭传递制，以维持政治和宗族的统治。在异姓诸侯那里，诸侯是大宗，卿大夫是小宗，与周天子的姬姓一样有二重性。由此可知，在周代，从中央到地方，无论是姬姓诸侯还是异姓诸侯，政治统治与宗族统治汇合在一起。君统与宗统合一，社会等级结构与宗族结构是相对应的、吻合的，即拥有特权的宗族，也是特权等级，与平民等级相对应的是平民宗族。

君统、宗统的合一，是以宗族制为基础，诸侯来自各个宗族，只有代表宗族，它才有地位，也才有力量。分封同宗族成员为卿、大夫、士，才使诸侯的统治达到基层。可见宗族是各级领主统治的基础和依靠力量。分封中贯穿宗法的原则，分封而形成的等级制中，也渗透了宗族的精神，从而使宗族成为社会结构中的主要因素、基本元素。当然，君统与宗统的统一本来就是相对的，就周天子而言，对于异姓诸侯国，姬姓的宗权就不能实现。同样，诸侯国也有异姓卿大夫，诸侯在异姓那里就不能实行它的宗法。君统、宗统的统一是有限度的，不能把它看得绝对化，而且君统不仅是说周天子的政治统治权，还包括诸侯的统治权。不过话说回来，君统、宗统的统一，宗族，特别是姬姓宗族乃是社会结构的基础和核心。这还是西周春秋时代的特点，因为中国历史上的其他时期，宗族的政治力量从没有如此之大，如此与君权（周天子权力、诸侯权力）合一。

第三个特点是周王处于第一等级的地位，不过王权比之后世的君主集权要软弱得多。过往的研究者在论述社会等级时，经常是从贵族叙述起，而不涉及皇帝，把皇帝排除在等级之外，其实这是不恰当的疏忽。因为考察社会结构是要把社会所有的人群都包括在内，皇帝及其家庭自然也不能例外。其实古人倒是注意了的，孟子讲爵禄，就说到“天子一位，公一位，侯一位，伯一位，子男同一位。凡五等也。君一位，卿一位，大夫一位，上士一位，中士一位，下士一位，凡六等”①。把天子列为第一等，而没有把他排除在外。黄宗羲接着孟子的话题，进一步说：“唯独至于天子截然无等级也。……后世君骄臣諂，天子之位始不列于卿大夫士之间。”② 天子在等级结构之内，不过以其政治地位，属于第一等级。

周王集君权与族权于一身，似乎权力更集中，然而实际不是这样。因为分封制的贵族分权，即地方分权的政治体制下，周天子只能直接管理王畿的土地和人民，对诸侯国的统治象征性的意义更大，权力实施范围受到很大限制，不能像中央集权制下的皇帝那样有权威。斯时专制主义中央集权尚未建立起来，王与诸侯的等级差距小，而诸侯与卿、大夫的等级差距大，诸侯的地位突出。王的地位无法与秦以后皇帝相比，这也是周代社会结构的一种特点。

第四个特点是与封建领主制相结合。分封制是在不发达的农业社会出现和存在的，那时农业生产落后，统治者能够榨取的生产物有限，必须对生产劳动进行较强烈的人身控制，才可能实现剥夺其劳动成果；又有大量的原来农村公社的成员存在，他们还保留某些传统的平等权利；社会财富有限，还不可能养活大量的管理人员和剥削者，也就还没有一种社会力量建立对全国的一竿子插到底的有效统治；周朝的统治者原来是落后民族，偏居西隅，氏族力量相对强大。所以西周初年社会只能流行领主经济，政府只能实行分封制和大小宗法制，有一个共主周天子，而实质是诸侯分权。不过，在经济、政治制度中都渗透着宗法的精神，领主制、分封制、宗法制因而有机地结合起来，于是形成西周的社会结构。因为社会经济不发达，人们之间信息闭塞，加之等级制的严格

① 《孟子》，下册第 2741 页。

② 黄宗羲：《明夷待访录 · 置相》，《四部备要》本，中华书局 1912 年版，第 6 页。

限制，社会组织无从产生，社会结构才单调简单。

第二节　君主专制主义中央集权前期秦唐间的社会结构

秦朝统一六国之后，中国专制主义中央集权正式形成，成为社会主要政治制度，同时也不断有所变化。地主制取代封建领主制，成为社会主要经济制度。社会经济断断续续地发展，职业分工趋于增多。这种变化发展，至唐代中后期以后，特别进入宋代有较大的变化，达到了局部质变的程度。与此相应的是，社会结构的演变，在秦代到唐代期间也有自身的特点。

一、社会等级结构

秦始皇废除分封制，实行郡县制，中央政府的法令行施到各个地方和基层，皇帝成了真正的最高统治者，首次使中国成为专制主义中央集权政体的国家，所以秦始皇的丞相王绾等人称颂这是“自上古以来未尝有”的盛事。[①] 这一巨大的变革也有人非议，博士淳于越希望恢复分封制。后世的君主，如汉高祖在实行郡县制同时，局部实行分封制，但是随即发生吴楚七国之乱。西晋初年犯了与汉高祖同样的错误，得到了相应的惩罚——八王之乱。以后虽有分封宗室的事情，但与周朝的分封制已大相径庭。郡县制被历朝统治者奉行不替，日益完善，诚如秦朝泰山刻石所云：“大义休明，垂于后世，顺承勿革。”[②] 在君主专制时代，中央集权制及与之匹配的郡县制，是无法革易的。与这种政治制度相联系，秦唐间的等级结构大异于周代。

（一）皇帝

皇家成员包括皇帝、皇太后、太妃、后妃、太子、未分府的皇子、未出降的皇女，此外，偶尔有太上皇。

皇帝有至高无上的权力，可以任命中央和地方大员，处分国家大事乃至某些庶务，向全国人民征收贡赋。皇帝拥有巨量的土地，凡耕田以外的山林川泽都是皇家私产，由少府、内庄宅使管理。皇帝是最大的地主，也是军队的统

---

① 司马迁：《史记》卷六《秦始皇本纪》，中华书局 1959 年版，第 236 页。
② 司马迁：《史记》卷六《秦始皇本纪》，中华书局 1959 年版，第 243 页。

帅。他的政治权力、经济利益由职官制度来保证实现。在中央实行丞相制，具体执行皇帝的政令，丞相对皇帝负责，皇帝凭其意志，对丞相进行任免。地方上的主官郡守、县令，代表皇帝进行治理，可以随时被调离、撤职，与周代的世袭诸侯完全不能比拟。这是官僚制度，官员具有被雇用性，与分封制下的世袭贵族是领地主人有质的差别。[①] 官员只能秉命于皇帝，而不能像前代的诸侯能同周天子抗衡。官员不同于诸侯贵族，纯粹是皇权的工具。

礼仪制度和统治思想为大一统皇权服务。自汉武帝罢黜百家、独尊儒术，儒家确立了官方哲学的历史地位，经历汉儒经今古文之争，到唐朝颁定《五经》，制作《五经正义》，儒家地位不可动摇。叔孙通治礼作乐，使刘邦乃“知为皇帝之贵”[②]，礼乐舆服制度逐步完善，突出皇帝的权威。

从秦汉到隋唐，皇权逐渐加强，相权则日益削弱。原来皇家的内朝官逐渐变为外朝官，取代丞相地位，由秦汉丞相制，发展到唐代的三省制，有宰相之名的尚书仆射、中书令、门下侍郎，不过是从二品、正三品的官员，其地位无法同汉初的相国比拟。汉晋六朝，宗室贵族时或成为政治上的风云人物，隋唐时代他们已经从制度上失去充当这类角色的可能。

中央集权制皇帝第一等级的地位确立之后，便日益加强，变得无可动摇。

（二）宗室贵族

皇帝五服内的男性亲属是宗室成员，出了五服的，事实上也留在宗族内。《旧唐书》所谓“九庙之子孙，继统为宗，余曰族”[③]。宗室的成员以当朝皇帝的儿子和亲兄弟最为尊贵。宗族成员犯罪，严重的削籍、改姓，不再具有宗室成员资格。

宗室被分为王、侯，成为贵族，刘邦吸取秦朝不封宗室导致短祚而亡的教训，封皇子、宗亲为诸侯王。七国之后改革王国官制，加之推恩令实行，于是宗室贵族“惟得衣食税租，不与政事”，“不为士民所尊，势与富室亡异”。[④] 隋、唐封宗室，亲王给予数百户以至几千户的食邑，但基本上是“设爵无土，署官不职”[⑤]，“实与匹夫不异”[⑥]。汉唐间，宗室有崇高爵位，经济收入丰厚，

① 参见周谷城：《中国社会史论》，齐鲁书社 1988 年版，上册第 69 页。
② 班固：《汉书》卷四三《叔孙通传》，中华书局 1962 年版，第 2128 页。
③ 刘昫等：《旧唐书》卷四四《职官志三》，中华书局 1975 年版，第 1880 页。
④ 班固：《汉书》卷一四《诸侯王表》，中华书局 1962 年版，第 395、396 页。
⑤ 欧阳修、宋祁：《新唐书》卷七八《宗室》，中华书局 1975 年版，第 3537 页。
⑥ 欧阳修、宋祁：《新唐书》卷八二《十一宗诸子》，中华书局 1975 年版，第 3640 页。

政治权力经过三阶段的变化，即汉初势盛，两晋南北朝仍有执秉政权现象，隋唐基本上退出政治舞台，是个削弱的过程。但即使没有爵位和官职的宗人，仍有特权，至少没有徭役负担。

秦唐间除南朝个别时期外，各朝皆设立专门管理宗室的衙门——宗正寺，是二、三品级的高级衙门，"掌天子族亲属籍，以别昭穆"[①]，即主管宗人的户口登记、血缘关系、袭封、婚姻、教育等事务，修纂玉牒。西晋、北魏在宗正寺以外，设立大宗师、宗师，相当于宗室族长，协助皇帝对宗人进行教化。

（三）贵族官僚

秦唐间官制，相当复杂，有爵位（皇子、皇女、皇亲、功臣的封爵）、勋（荣誉称号，带有品级性）、职事官（负责行政、财务、司法、监察、教育、军事官员）、散官（有职称之官，不理实事）、品（官员的品级制度）、秩（俸禄、食邑）。各方面的详细规定历朝也有不同，但相同的原则是文武分途，不似周代诸侯集文武于一身。除了乱世之外，重视文官，以文官治国。但各朝开国之初，武将立功疆场，封以世爵，文官亦多获封。承平之时，汉武帝封宰相公孙弘为列侯，自此几乎成为西汉定制，"宰相毕侯"[②]。后世地方长吏，亦有赐爵位的。在文武分途前提下，贵族或任文官，文官或兼有世爵，均有特权。且易一身兼二利，是以在等级结构上贵族、官僚处于相同地位，故列为一个等级。

异姓诸侯王，汉初受封，辖治属国军队，但到文帝时已经完全被消灭。东汉到唐，有异姓受封为王、郡王的，他们食户，基本上无领土可治，只拥有高等贵族封爵，与诸侯王迥异。实质上是异姓诸侯王从历史上消失，没有与皇帝抗衡的力量。两汉常封外戚为恩泽侯。皇女封为公主，食汤沐邑。宦官间有封王、公的，随人君所好，没有定制。秦唐间贵族由诸侯王、王子侯、公主、列侯、关内侯、乡侯、亭侯、亲王、郡王、国公、县男等封爵成员构成。

秦唐间实行文官制，文官管理从中央到地方的行政事务。如唐代实行九品官制，九品各分正、从二品，每正、从又分上、下两阶，这样官员有正从九品三十六阶的高下区别。此外尚有未入流的吏员，如尚书省有令史、书令史、亭长、掌固，县有录事、司户、司法、仓督、典狱，问事、白直、市令、博士、

---

① 欧阳修、宋祁：《新唐书》卷四八《百官志》，中华书局1975年版，第1250页。

② 班固：《汉书》卷一八《外戚恩泽侯表》，中华书局1962年版，第677页。

助教，皆无品级。

官员严密的品级制，可以将他们区别为若干等第。西汉官员印绶质地颜色不同，如丞相的金印紫绶，二千石以上的银印青绶，六百石以上的铜印黑绶，二百石以上的铜印黄绶。[①] 可以分为三等，二千石以上是高级官员，六百石以上是中级官员，六百石以下是低级官员。官僚，系指有职位、品阶的官员，特别是中上级以上官员；汉代秩在百石以下的斗食、佐史辈，唐代未入流的令史辈，皆为吏员，不在官僚之列，不能进入官僚集团。

秦唐间有爵秩的文武官员，构成贵族官僚集团。

贵族官僚享受俸禄，两汉食租税，贵族以户计，多者逾万，官僚以石、钱计，汉代二千石官，一年实得粮1800石，丞相月俸6万钱。由于得到民户和土地的赏赐，贵族官僚占有大量土地，加上他们多有“地癖”[②]，兼并田业，成为大地主。

贵族官僚本身有免除赋役的特权，家属也跟着享有一些权力，如唐代实行两税法以前，“流内九品以上官……为不课户”[③]。在徭役方面，官僚亲属有从应役向免役的发展过程。汉惠帝即位下令，六百石以上官员的父母妻子及同居的兄弟及其儿子，军赋以外，其他的赋役一概免除。[④] 汉代民人有戍边的徭役，“虽丞相子亦在戍边之调”[⑤]，到南北朝时期就没有这种差役了。贵族官僚有任子权，西汉二千石以上官僚任满三年，即可以子弟一人为郎官。[⑥] 贵族官僚子弟有进学读书权，如唐代三品以上官、国公子孙，二品以上官曾孙可入国子学，五品以上子孙可入太学。贵族官僚在法律方面有“八议”的优待。所有贵族官僚还可以纳赎、降职来减免罪刑。总之，贵族官僚本身免赋役之外，家属也有不完全的免役权，还有任子权、蓄奴权、赎罪权，所以是特权等级。

贵族可以世袭，但袭等逐渐降低，有罪除爵，无子亦除爵，所以难于长期延续，这就与分封制下的诸侯、卿、大夫有性质上的差异，官僚本身职官不很稳定，可以撤职、免职、降职，老、病须休致。任子制虽使其子弟可以入仕，使官僚家庭世代为官，但不是世卿世禄，与周代的各级诸侯、卿、大夫、士

---

① 班固：《汉书》卷一九上《百官公卿表上》，中华书局1962年版，第724页。
② 刘昫等：《旧唐书》卷一八七下《李憕传》，中华书局1975年版，第4889页。
③ 杜佑：《通典》卷七《食货·丁中》，王文锦等点校，中华书局1988年版，第154页。
④ 班固：《汉书》卷二《惠帝纪》，中华书局1962年版，第85页。
⑤ 班固：《汉书》卷七《昭帝纪》注引如淳曰，中华书局1962年版，第230页。
⑥ 班固：《汉书》卷十一《哀帝纪》注引应劭曰，中华书局1962年版，第337页。

不同。

秦唐间官僚与贵族共同执掌政权，是两者混合，而以官僚为主体，即官僚在政权中发挥主要的作用，同先秦贵族掌权相比，这可以说是中国管理制度的第二个时期，而宋至清则纯为官僚理事，为第三个时期。

（四）士族

士族是一种宗族群体，但也是一个等级，这里从等级特征对它作出说明。

六国遗留的豪强，到两汉与官僚结合，发展成为世家豪强，所谓“世吏二千石”家族，也可以说是世族。魏晋实行九品中正制，使世族进一步与官僚结合，正式成为士族。两晋南北朝又从世代为官的家族和北方少数民族中产生一批新士族。北魏实行定族姓的政策，巩固了士族的地位。由于寒族势力的上升，并经过隋末战争的打击，到隋唐士族势力衰落，地主制经济的发展与唐末农民战争的结果，使士族等级退出历史舞台。

士族内部构成复杂，有地域、民族等区别，故有“侨姓”“吴姓”“郡姓”“虏姓”的不同，根据其政治地位，又区分为膏粱、华腴、甲姓、乙姓、丙姓、丁姓六种，其中膏粱、华腴、甲姓、乙姓为高门士族，丙姓为中级士族，丁姓为低级士族。

士族成员有出仕权。高等士族的标志就是他的起家官，即一出仕就可以任秘书郎、驸马都尉等六品官，多是清要官职，荣誉高，升迁快。与政府的荫户制、给客制相适应，士族有荫户权，“荫附者皆无官役，豪强征敛，倍于公赋”①。

士族拥有大量的依附人口，中央化以前又扎根于地方，他们互相通婚，所以社会势力颇大，能控制地方政权。士族文化高，控制舆论。

士族势力之大，使皇帝对他们颇为顾忌，像寒人要求进入士族，请求与王谢高门士族通婚，皇帝推脱不管，实是无力干预士族内部事务。寒族受士族的严酷压制，孕育着反抗力量。到了南朝，皇帝与寒族结合，起用寒人，削弱士族对官位的垄断。最终，科举制取代士族垄断官位的九品中正制。

（五）弟子员

汉唐间各朝设立学校，学生多有免役权，自成一个等级。

---

① 魏收：《魏书》卷一一〇《食货志》，中华书局1974年版，第2855页。

汉武帝设立太学于京师，“置弟子员”。东汉发展太学、功臣子孙学、四姓小侯学，桓帝时读书人到洛阳游学的多达三万余人。[①] 唐朝在中央设六种学校，即国子学、太学、四门学、律学、书学、算学，一度还有崇玄学。历朝在地方上设州郡学，学校具有一定的规模。

各类学校主要收贵族官僚子弟入学，也收平民子弟，或者被平民子弟混入。如西汉由太常卿“择民年十八已上，仪状端正者，补博士弟子”[②]，就是择取平民子弟为弟子员。梁武帝“欲招来后进，五馆生皆引寒门儁才，不限人数”[③]。唐代书学、算学招生，庶人子弟中“俊士”可以入学。[④]

学生可以入仕做官，以此改变身份地位，这是后话。他们在学期间，已经逐步取得免除徭役的权力。汉武帝对太学所收的弟子员“复其身”[⑤]，免掉他们本身的徭役，以便专心学业。汉景帝时蜀郡太守文翁，在成都修学舍，招收平民子弟入学，“为除更繇”，学习成绩上等的征为郡县吏，次等的举为孝弟力田。[⑥] 唐代国子学、太学、四门学生、俊士，“皆免课役”[⑦]。

在汉魏以来举孝廉秀才，皆要考试，使平民有晋身之阶，所谓“举人贡士，或起甽亩，不系阀阅”[⑧]。两晋六朝士族垄断仕途，但南北朝后期科举制萌芽，孝、秀及明经射策，放宽门第限制，“虽复牛监羊肆，寒品后门，并随才试吏”[⑨]。至隋唐科举制确立，平民得以仕进。从举孝秀到科举制，使得平民可以改变身份，免除徭役。

读书，做弟子员，可以获得免役的身份和候补官吏的地位。服徭役是平民应尽的义务，甚至于官僚家属都要承担，而学生可免，因此使他们异于常人，成为特权等级。不过由于没有其他特权，故为特权等级的最下层。读书成为平民上升为特权等级的台阶。

（六）平民

这个等级非常复杂，有豪强、酋豪、未入流的胥吏，有低等民爵、勋位的

① 马端临：《文献通考》卷四〇《学校》，中华书局 2011 年版。
② 司马迁：《史记》卷一二一《儒林列传》，中华书局 1959 年版，第 3119 页。
③ 魏征等：《隋书》卷二六《百官志》，中华书局 1973 年版，第 724 页。
④ 欧阳修、宋祁等《新唐书》卷四四《选举志》，中华书局 1975 年版，第 1159—1163 页。
⑤ 马端临：《文献通考》卷四〇《学校》，中华书局 2011 年版，第 1343 页。
⑥ 班固：《汉书》卷八九《循吏传》，中华书局 1962 年版，第 3626 页。
⑦ 欧阳修、宋祁等：《新唐书》卷五一《食货志》，中华书局 1975 年版，第 1343 页。
⑧ 范晔：《后汉书》卷三《肃宗纪》，中华书局 1965 年版，第 133 页。
⑨ 姚思廉：《梁书》卷二《武帝纪》，中华书局 1973 年版，第 49 页。

平民；从职业分有地主、农民、手工业者、商人、少数民族首领、吏员。因此可以分出几个层次。

1. 佐吏

两汉至南北朝的文献，常有“吏民”一词，往往用于官方公告，民是平民，吏是佐吏，这两种人联称成词，表明他们社会地位相当。汉代基层乡里管理人员斗食、游徼，唐代的未入流人员令史、白直。萧梁郡县吏有书僮、武吏、迎新、送故等员，隋代县吏之功曹、士曹、市令等员，皆未入流。吏员人数众多，隋代每个上州佐吏323人，上郡佐吏146人，上县佐吏99人①；唐代中叶内外职掌35万人，杜佑说这些人是“诸色胥史”②。这些胥吏是基层行政的管理者，可以非法鱼肉人民，但没有法定的特权。他们家属要承担徭役，在六朝，他们多出身于“役门”“次门”，本家无法免除差徭，他们在政治上受士族歧视，很难进入清流，故对社会上层不满意，同士族有很严重的矛盾。胥吏本来可以被荐举，可以升官，进入官僚集团。但到唐中叶受到歧视，宪宗元和中下令，曾任州府小吏的人，不能中进士，不能成为清流人员。③ 佐吏没有特权，处在平民的上层地位。

2. 民间有爵级的人

秦朝为鼓励军士立功，实行军功爵级的二十等制，西汉继续推行这一制度，东汉把它用为政治点缀品，使它名存实亡。④ 二十等爵，不仅在军队中施行，也在百姓中贯彻。其第八级公乘以上是官爵，七级公大夫以下是民爵，不是官员的爵级，有此爵位的平民是一种荣誉，不同于士卒凡人，而且到了第四级不更，就可以免除更徭。北周、隋、唐实行勋官制度，唐朝分上柱国、柱国、武骑尉等十二等。勋官是酬劳战士的。勋官若要出任文武职官，上柱国可任正六品上阶的官职，柱国任正六品下阶职，以下勋位递降一阶。⑤ 我们在敦煌文书户籍中看到许多人家有勋爵，甚至是柱国、上柱国高爵，但他们田产很少，并无官职，实乃一介平民。但是第八级骑都尉以上的勋官可以荫成丁子，为品子，交税而不应徭役，上柱国、柱国子免课税，勋官六品以下白丁，清平

① 魏征等：《隋书》卷二八《百官志》，中华书局1973年版，第783页。
② 杜佑：《通典》卷四〇《职官·品秩》，王文锦等点校，中华书局1988年版，第1106页。
③ 《册府元龟》，冯桂芬：《校邠庐抗议》卷上《易吏胥议》，上海书店出版社2002年版。
④ 参见朱绍侯：《从三组汉简看军功爵制的演变》，《史学集刊》1992年第2期。
⑤ 刘昫等：《旧唐书》卷四二《职官志》，中华书局1975年版，第1806页。

强干者可以充任里正①，多少有一点特权。可以把二十等爵中的民爵拥有者，有低等勋官位而无职事者视为同样的民人，只是多少有点政治身份，是平民的上层。

3. 豪强

秦唐间的豪强成分复杂，有社会势力，拥有众多依附人口，有的进入特权集团，但常与贵族、官僚、政府争利，往往受到政府打击，并逐渐退出历史舞台。秦汉豪强中有先秦没落贵族，失去合法的政治权力，但仍有强大经济力量，在地方上有社会势力，敢于同官方对抗。所谓“六国之亡，豪族处处而有，秦氏失驭，竞起为乱”②。秦汉之时还有六国遗风，社会上多有游侠，如朱家、田仲、王公、剧孟、郭解之流，有经济实力，或者并无多少钱财，但能结纳游民甚至官僚，犯法干扰官方秩序。汉以后游侠消失。汉晋南北朝有许多坞壁主、宗主，他们多有宗族、宾客、徒附，三国的许褚、李典、田畴便是典型代表。豪族的社会势力与贫民及政府双方发生冲突，政府为保障税民与他们争夺人口，经常对他们采取打击的政策，手段之一就是迁豪，如秦始皇迁十二万豪强于咸阳，西汉徙郡国豪杰及赀百万以上者于茂陵、云阳、杜陵。豪强中还有一种人，是开化比较晚的边境少数民族首领，将在宗族结构内说明。还有大地主兼大商人的，虽在重本抑末政策的压抑之下，但颇有社会势力。东汉末仲长统讲的“膏田满野”，“船车贾贩，周于四方”的大地主商人，势力之大与公侯等同，“宾客待见而不敢去，车骑交错而不敢进”，“睇盼则人从其目之所视，喜怒则人随其心之所虑”。③ 豪强是平民，没有法定的特权，凭借宗族的力量、经济实力，或战争的混乱局面，谋取社会地位和势力，从而形成地方社会势力，因而与政府矛盾加剧，不时遭到打击，并且随着宗族势力的削弱，社会的长期稳定，这个集团的人数减少，社会能量大大下降，所以隋唐时代的豪强不如秦汉南北朝兴盛，宋以后便不成气候了。

4. 庶民、农民

这里包括非身份性地主、自耕农以及具有平民身份的农业雇工。贵族、官僚、豪强多是地主，他们或有特权，或有社会势力，而一般出租土地的地主并无特权，他们与自耕农除经济状况不同外，大体上社会地位相当，故可一并考

① 杜佑：《通典》卷三《食货·乡党》，王文锦等点校，中华书局 1988 年版，第 64 页。
② 杜佑：《通典》卷三《食货·乡党》，王文锦等点校，中华书局 1988 年版，第 62 页。
③ 范晔：《后汉书》卷四九《仲长统传》，中华书局 1965 年版，第 1648 页。

察。秦唐间社会上存在着大量的自耕农。随着地主制经济的发展，在其初期，自耕农经济也得以同时发展。汉文帝时晁错讲到民间疾苦时说：“今农夫五口之家，其服役者不下二人，其能耕者不过百亩。”[①] 云云；有百亩的耕地并负担徭役的农家就是自耕农，可见当时这种农民之多。北朝至唐朝前期政府实行均田制，并非政府给农民土地，而是承认自耕农和庶民地主对土地的占有，去征收租庸调，这时自耕农也占农村居民的大多数。唐懿宗时右拾遗薛调讲“所在群盗，半是逃户”[②]。躲避输纳的逃户不就是自耕农吗？所以秦唐之间，自耕农是庞大的群体。君主专制社会生产关系主要由地主和佃农构成，这一说法容易引起误解，以为农村居民主要是佃农，其实直到唐代，农村仍是自耕农位居人口的首位。非身份性地主、自耕农是国家编户齐民，对政府有赋役负担，汉代有田税、人口税（算赋、口赋）和徭役（更卒、正卒、徭戍），均田制下则有租（田税）、庸（徭役）、调（户税）。农民向政府交纳土地税、人口税和服徭役是一贯的、不可推卸的负担。人口税和役，是因人而承担，不管占有土地多少，均需承担，不像土地税是财产税，是民人附属于政府的表现，属力役性质[③]，鲜明显示出政府控制民人的实质。在汉代农民的徭役负担远远高过田赋，一个家庭中，田赋约占总支出的3.3%，人口税约占2%，徭役约占29%。租庸调制度下，仍然是力役沉重。学者蒙文通把君主专制时代赋役制度的变化分为四个阶段，两汉、东晋到唐分别为前两个阶段，都是力役之征为主。[④] 力役重，说明农民对政府的人身依附性强，自主能力弱。农民负担重，到不堪忍受时，就要躲避户口登记，逃亡他乡，甚至自残肢体，以逃避兵役、差役，也有的逃到贵族官僚豪强门下，以求荫庇，这些现象严重的时候，政府民户甚少，成为社会问题。唐人杜佑指出，唐代武德建国到天宝末年的138年中，其中绝大部分是和平环境，户数却与隋代统一全国18年（大业二年）时的890万相当，本应当大大多出，而为何不多呢？是“法令不行，所在隐漏之甚也”[⑤]。历朝政府深知户口对它的重要，即国家治理的好坏和兴衰的标志，诚如杜佑所说：

---

① 班固：《汉书》卷二四上《食货志》，中华书局1962年版，第1132页。

② 司马光：《资治通鉴》卷二五〇《唐纪六六》，中华书局1956年版，第8087页。

③ 参阅蒙文通：《中国历代农产量的扩大和赋役制度及学术思想的演变》，《四川大学学报（社会科学版）》1957年第2期。

④ 参阅蒙文通：《中国历代农产量的扩大和赋役制度及学术思想的演变》，《四川大学学报（社会科学版）》1957年第2期。

⑤ 杜佑：《通典》卷七《食货·户口》，王文锦等点校，中华书局1988年版，第41页。

“古之为理也，在于周知人数，乃均其事役，则庶功以兴，国富家足……悖乱不起。”① 因此政府采取很多办法控制人口。一是严格进行户口登记，把脱漏户口当作犯罪来加以禁止，并用法律来保障。二是清查户口，搜索民户，隋朝进行“大索貌阅”，唐高祖于武德四年（621）下令括天下户口，一个世纪后唐玄宗于开元九年（721）命宇文融括户，结果搜出 80 余万户，每年多得钱数百万。② 括户与逃亡，是承担赋役农民与政府较量的一种方式，括户不时发生，表明农民逃亡与政府整饬的严重性。三是政府以户口多寡作为考核地方官政绩的一个标准，以督促地方官对农民加强管理，像西汉的黄霸、召信臣都因所治地方户口增殖而升官。受政府人身控制和赋役剥夺是两者关系的一个方面，政府为牢固控制农民，还施加一些恩惠，给予一些权利，如赐民爵、赐田、蠲除、赈济、举孝廉、允许农民读书出仕以调节两者间的关系，也就是说农民有出仕权和受保护权。在没有科举制之前农家子弟可以读书，充任佐吏，少数人有机会升入官僚集团。科举制实行，农民子弟出仕的机会比以前增多。历朝政府时或实行卖官鬻爵的政策，农民有资格纳资买官，而商人虽有钱也不准许。百姓与官僚一样可以纳钱赎罪，汉惠帝规定，民人花六万钱买爵，免死罪。③ 唐律规定无官职的平民犯有流放以下罪的，可以纳钱赎罪。政府为保证农民的平民地位，禁止富贵者掠买为奴，北魏和平四年（463）下令，购买饥寒百姓为奴婢的人家，应允许其赎身，否则以略掠人口论罪。④ 总之，非身份性地主、自耕农是政府编户齐民，主要同政府发生关系，有应纳赋役的义务，也有读书出仕的权力，是社会主要成分，他们受贪官污吏的迫害，受无艺之征的痛苦，也受豪民的欺凌。他们的身份是良民，有法律保障。

5. 秦汉佃农

秦汉时期的佃农是政府编户齐民，是法律上的良人。魏晋南北朝隋唐时代佃农成了身份性地主的依附农，不再是平民。秦唐间的佃农地位是下降状态。秦唐间佃农是普遍的大量的存在，汉人董仲舒说，“富者田连仟伯，贫者亡立锥之地”，“或耕豪民之田，见税什五”。⑤ 这种租佃制历代相沿。汉代的佃农

---

① 杜佑：《通典》卷七《食货·户口》，王文锦等点校，中华书局 1988 年版，第 42 页。
② 刘昫等：《旧唐书》卷一〇五《宇文融传》，中华书局 1975 年版，第 3218 页。
③ 班固：《汉书》卷二《惠帝纪》，中华书局 1962 年版，第 88 页。
④ 魏收：《魏书》卷五《高宗纪》，中华书局 1974 年版，第 121 页。
⑤ 班固：《汉书》卷二四上《食货志》，中华书局 1962 年版，第 1137 页。

在地主地租的剥削之外，还要向政府交纳人口税和服徭役，所以仍是政府的编户齐民，地主对他们的控制力弱。如后来成为“四世三公”家族发迹人的杨震，一边教书，一边“假地种植”，后被辟举，官至太尉。① 他当佃客，可是完全没有影响他的平民身份。②

6. 秦汉耕佣

农业中的被雇佣者，基本上具有平民身份，为编户齐民，雇主不能奴役其身。陈胜与其共耕的同辈，是农业佣工。他想争取富贵，同伴虽认为那是难于想象的事，但总表明他们是自由人身，有富贵的可能。两汉很多读书人为田主耕田和舂米，取得报酬，如匡衡、兒宽、第五访、梁鸿、公沙穆等人，他们后来出仕，或成为隐逸人士，对主家来去自由，说明主人不能控制他们。读书人不以佣耕为耻，以之为接济生活熬出头去的手段，表明佣耕不影响他们的平民身份。③ 魏晋南北朝依附人口大增，耕佣绝少。

7. 商人

商人是四民之一，身份与农民一样是平民，但由于政府实行重本抑末政策，社会地位略低于农民，是平民中的下层。历代政府给予商人专门的户籍，秦汉称作“市籍”。商人营利比农夫快捷，而多巨富，吸引人从事这一职业。可是古代农业生产量低，商贾多，农民相对减少，粮食生产受到影响，民食就不会充足，必然产生社会问题，这是统治者所惧怕的。政论家贾谊、晁错主张压抑商人的理由也就在这里，傅玄要求通计天下人数，士农工商四业人口各占一定比例，也是这个道理。④ 统治者有鉴于此，采取相应的重农抑商政策，办法很多：一是不许商人从事其他职业，不得占有土地；二是与此相联系，商人不得读书做官吏；三是多征商人的人口税，如汉代商人算赋是农民的两倍，和奴婢一样；四是有时把商人当犯人对待，西汉七科谪户中贾人、“故有市籍”、“父母有市籍”、“大父母有市籍”⑤ 占其四；五是在舆服方面限制商人，不得着鲜华、乘车马，如汉高祖下令“贾人毋得衣锦绣绮縠絺纻罽，操兵，乘骑

---

① 范晔：《后汉书》卷五四《杨震传》注引《续汉书》，中华书局1965年版，1760页。

② 参阅束世澂：《论汉宋间佃农身份》，《中华文史论丛》第3辑。

③ 参阅庄辉明：《汉代雇佣劳动者身份特点的再探讨》，《中国社会经济史研究》1990年第1期。

④ 房玄龄等：《晋书》卷四七《傅玄传》，中华书局1974年版，第1317页。

⑤ 班固：《汉书》卷六《武帝纪》注引张晏曰，中华书局1962年版，第205页。

马”①，晋朝规定贾人头巾要写上姓名，一只脚穿黑色鞋，另一只穿白色鞋②，让人看了像怪物，从而知道他的商人身份。商业活动，商人财力以及社会势力的发展是压抑不住的。总的讲，在法律地位上秦唐间的商人低于农民，低于先秦时代的商人，但是属于平民。

8. 手工业者

手工业者和商人一样受重本抑末政策的压制，属市籍，但基本上是平民身份。东汉书生夏馥因遭党锢之祸，隐姓埋名“为冶家佣”，劳苦得改变了面貌，弟弟来寻访他，要他回去。③ 这反映手工业雇工是来去自由的人，他的主人显然也是平民。唐朝应政府番役的工匠是平民手工业者。他们向政府应役，政府要先征工匠中富户、丁多户，后征弱户、丁少户，应役时要给工钱，若官员在工匠应役之外，强留服役或私自役使，都要受处罚。由他们的应役，表明他们是平民身份。但政府歧视手工业者的一些做法与对商人一样，如汉代不许他们做皇家羽林、期门卫士；北魏不许他们读书出仕，不许他们自立学校，否则全家诛灭。

平民构成复杂，职业多种多样，虽同是平民，但由于职业和其他社会因素的关系，社会地位多少有些差别，可分为三个层次，即高层次的有民爵的民、勋官下层的民及佐吏、豪强，中层次的农民、秦汉的佃农和耕佣，下层的商人、手工业者。

（七）半贱民

半贱民的社会地位低于平民，比奴隶又略高，内中一部分接近于前者，另一部分接近于后者。他们的来路不一，有平民下降的，再下滑就是奴婢了，如“十夫客”，是自卖身，有钱后可以赎身，因此把这种现象视作典身未为不可。有的是贱民被释放，但还没有到良人的地步，停留在半贱民阶段，再前进一步就是平民了。这种或上或下的状态，使半贱民成为平民与贱民之间的过渡形态，不过与奴隶身份更接近。他们的主人有的是政府，有的是私人，即使属于私人，也需政府承认主人对他们的控制权，也就是说他们的地位是政府法定的，至少是社会公认的、已成为习惯的事实。他们依附于国家和私家主人，属国家的有其籍属，不得变动，属私人的国家不给立户籍，听其主人管理，实行

① 班固：《汉书》卷一下《高帝纪》，中华书局1962年版，第65页。

② 李昉等：《太平御览》卷八九七《章服部·履》，中华书局1985年版，第1110页。

③ 范晔：《后汉书》卷六七《夏馥传》，中华书局1965年版，第2202页。

"客皆注家籍"的办法，即主人把他们当作附庸，进行登记，以便制约。他们依附于主人，听主人役使，为主人从事生产，保卫主家安全，不得离开主家，但主人无权像对待奴隶那样处置他们。他们的职业、劳动也是多样化的，因此身份、名目非常复杂。

1. 魏晋南北朝军户

西汉时代是义务兵制，军士是平民。魏晋南北朝时身份降低，有许多称呼，如士家、军户、兵户、镇户、营户、驺卒等。军户有兵籍，世代为兵，不得改变职业。他们聚居，而户籍不属于州郡，身份低下，只有皇帝特旨或者死后经恩诏才能免除军籍。宋孝武帝将"军户免为平民"①，可知军户身份低于平人。"魏、晋相承，死罪其重者，妻子皆以补兵"。北齐把流犯"投于边裔，以为兵卒"。② 可知做兵户是一种惩罚，其身份当然不自由。政府在军户的出仕与着装上作了许多歧视性规定，以示压制。晋朝不许士兵用珍珠珰珥、犀玳瑁，穿鞋只能是绿、青、白色的，甚至不许戴假髻。③ 隋唐实行府兵制，唐中叶以后又实行募兵制，这两种制度都是平民当兵，士兵摆脱魏晋南北朝时期的低身份。由此可见，军士地位有很大变化，先秦时代当武士是下等贵族的职业，平民身份的才能充任，两汉及隋唐士兵是平民身份，唯有魏晋南北朝时代士兵身份最低。

2. 宾客

宾客有不同类型，有宾客、屯田客、佃客、衣食客、十夫客、食干等，受主家役使，《后汉书·马援传》云其"宾客猥多"，"屯田上林苑中"。④ 这种宾客就是主人的附庸和劳动力，地位低下。三国时代实行给客制度，曹魏给贵族官僚"租牛客户"⑤，孙吴给偏将军陈武家属"复客二百户"⑥，这种客户、复客，对政府没有赋役负担，听主人役使。魏役重，贫苦农民愿意离开政府，归入势家，所以《晋书》说曹魏实行给租牛客户后，"小人惮役，多乐为之，贵势之门动有百数"⑦。西晋实行荫客制，官僚根据品级可以荫1—50户佃客。东

---

① 沈约：《宋书》卷六《孝武帝纪》，中华书局1974年版，第121页。
② 魏征等：《隋书》卷二五《刑法志》，中华书局1973年版，第709、705页。
③ 李昉等：《太平御览》卷六九七、七一五、八〇二、八〇七。
④ 范晔：《后汉书》卷二四《马援传》，中华书局1965年版，第831页。
⑤ 房玄龄等：《晋书》卷九三《王恂传》，中华书局1974年版，第2412页。
⑥ 陈寿：《三国志》卷五五《陈武传》，中华书局1982年版，第1289页。
⑦ 房玄龄等：《晋书》卷九三《王恂传》，中华书局1974年版，第2412页。

晋贵族多占有“佃客、典计、衣食客之类，皆无课役”①。属于宾客类的还有南北朝的食干。魏晋以来随着士族制的发展，官僚地主将佃农变为附庸。唐代士族制衰落之后，佃农地位稍有回升，但仍受地主一定控制。武将焦令谌竟将上告官府反对他逼租的佃农痛打20大板②，官府并不能治他的罪，可知他对佃农人身有一定支配权，可是佃农仅仅因为逼租的事能向官府告状，说明地主控制佃农的权力有限。魏晋南北朝从事农业生产的宾客、屯田客、十夫客、佃客、衣食客，都是依附农，是半农奴。佃农的身份地位变化较大，随着周代贵族分封制和领主制的没落，田主不能控制佃农，秦汉时期佃农中的大部分成为平民，世族、士族制的发展，即佃农对立面的强大和身份地位的提高，迫使佃农降为半农奴。唐代非身份性地主势力随着士族制没落而相对上升，他们的对立面佃农因而社会地位也有所回升，但没有达到平民地位。

3. 杂户

北朝定律“盗贼及谋反大逆降叛恶逆罪当流者，皆甄一房配为杂户”③，北周武帝宣布“凡诸杂户，悉放为民”④。但是实际没有做到，隋唐仍有杂户。《唐律疏议》说“杂户者，前代犯罪没官，散配诸司驱使，亦附州县户贯，赋役不同白丁”⑤，又说“杂户及太常音声人，各附县贯，受田进丁老免，与百姓同”⑥。据此可知，杂户是罪犯家属被官府罚为奴役户，受官府驱使，像是官奴，但是计入州县的户籍，可以按均田令的规定受田，到了成丁有役，过了壮丁年龄免役，这种情况就与终身服役的奴隶不同。但是他们在官府服役，又不同农民的完纳租庸调，所以不是平民。前引资料中有太常音声人，是唐朝以前罚入太常寺为乐人，承袭下来，不得与平民通婚，户籍归太常寺管理。唐高祖宣布把他们释放为民⑦，实际上仍在太常寺服务，只是籍属改归州县，称为太常音声人⑧，比唐朝建国以来罚为乐户的地位为高，同杂户相仿佛。北魏俘虏

① 马端临：《文献通考》卷二《田赋》，中华书局2011年版，第37页。

② 欧阳修、宋祁等：《新唐书》卷一五三《段秀实传》，中华书局1975年版，第4849页。

③ 魏征等：《隋书》卷二五《刑法志》，中华书局1973年版，第708页。

④ 令狐德棻：《周书》卷六《武帝纪下》，中华书局1971年版，第103页。

⑤ 长孙无忌：《唐律疏议》卷一二《养杂户为子孙》，商务印书馆《丛书集成初编》本，第279页。

⑥ 长孙无忌：《唐律疏议》卷一七，商务印书馆《丛书集成初编》本，第398页。

⑦ 董诰：《全唐文》卷一高祖《太常乐人蠲除一同民例诏》。

⑧ 长孙无忌：《唐律疏议》卷三《工乐杂户》，商务印书馆《丛书集成初编》本，第65页。

西凉民人，定名"隶户"[①]，即隶属官府的杂户，还有驿户，北齐定律"盗及杀人而亡者，即悬名注籍，甄其一房配驿户"[②]。

此外，还有医户、卜户、平齐户、僧祇户、平凉户等，地位都低于平民，但又不是奴隶。

半贱民，可以分为两个层次，军士、宾客、佃客属高层，地位离平民近；杂户、太常音声人属低层，离奴隶近。

半贱民与私人主家发生直接的关系，双方冲突多，属官方的与官方有矛盾，而半贱民的被私家奴役，为政府所承认，所以与官方也有冲突的一面，归根结底都与官府有矛盾。

（八）奴隶

奴隶与半贱民一样有官私之分，种类不一，名目繁多，诸如隶臣妾、徒、铁官徒、工户、乐户、官户、奚奴、牧奴、昆仑奴、徒附、部曲、奴婢、佛图户、家僮、家人、苍头、庐儿、人奴产子等。官奴隶与前述半贱民不同的地方很多，重要的一条是看他们的户籍由谁管理，归地方州县政府的，多为半贱民，属中央少府、太常寺等衙门的多为贱民。

奴隶来源较多，官奴婢来自战争的俘虏、抢掠的人口，如西魏消灭梁元帝政权，虏其百官士民归关中，没为奴婢的有十余万[③]。犯罪罚为奴隶，如汉代罪人妻子，私铸钱者及其妻子，坐父兄罪者，皆没为奴婢。私人奴隶来源于赏赐、买卖、赠予。奴隶数量相当大，嫪毐有家僮数千人。汉武帝时官奴婢十万余人。东汉末徐干说，"富民及工商之家"，"使役奴婢，多者以百数，少者以十数"。[④] 刘宋时官僚谢昆"僮仆千人"[⑤]，唐初贵族李孝恭一次得赏赐女乐二部，奴婢七百人，他光是歌姬舞女就有百余人。[⑥]

隶臣妾。秦汉时犯罪入官，男为隶臣，女为隶妾，服宫役。[⑦]

铁官徒。汉代官营铜铁业劳动者，其中一部分是奴隶。汉成帝时颍川、山阳铁官徒先后暴动，这是受压榨严重的反映。

---

① 魏征等：《隋书》卷二五《刑法志》，中华书局 1973 年版，第 709 页。
② 魏征等：《隋书》卷二五《刑法志》，中华书局 1973 年版，第 706 页。
③ 令狐德棻等：《周书》卷二《文帝纪下》，中华书局 1971 年版，第 36 页。
④ 徐干：《中论·制艺篇》，龙谿精舍丛书《群书治要》本。
⑤ 沈约：《宋书》卷五八《谢弘微传》，中华书局 1974 年版，第 1591 页。
⑥ 刘昫等：《旧唐书》卷六〇《李孝恭传》，中华书局 1975 年版，第 2349 页。
⑦ 班固：《汉书》卷八《宣帝纪》注引孟康曰，中华书局 1962 年版，第 236 页。

工户。隶属于少府管理，多为皇家服务。①

官户。隶属司农②，配隶没官者。官户被释放者，可为番户。

乐户。隶属太常寺，也是配隶之人，从事妓乐。历代政府将重罪犯人斩首，妻子配为乐户，北魏特别规定：强盗杀人的斩，其妻子罚为乐户，不杀人的，赃不满五匹的为首者斩，从者死，妻子亦配乐户。唐代春宜、教坊就是乐户服役的地方。

奚奴。属少府，听奚官管理，职司牧马。

牧奴。牧养牲畜，隋代多在西北边境。

昆仑奴。官私皆有，唐时大食国转卖而来，系东非黑人，南海各地昆仑族人，也可能是矮种黑人，卷发黑身，擅长游水，用作家内服役。③

徒附。私家奴隶，盛行于汉代，东汉北海徐房、平原李子云“养徒各千人”④。他们多数是生产劳动者。

部曲。私家奴隶，盛行于东晋南北朝，持续到隋唐。南朝将帅“各领部曲，动以千数”⑤。《唐律疏议》对部曲的解释是：“奴婢、部曲，身系主人。”唐律规定：“诸部曲奴婢谋杀主者，皆斩。”⑥ 可知部曲和奴婢处于同样的法律地位，是隶属于主人的贱民。

佛图户，寺院奴隶。

家僮、家人、苍头、庐儿，皆是私家奴婢，是不同时期人们对奴婢的习惯称谓。名称里带“家”字，标明是私人的，而不是政府的。汉朝人把奴隶叫做“苍头”，以与良人区别。叫苍头大约是因为他们只能用青帻；因为他们在家侍候主人，所以又叫作“庐儿”⑦。

奴隶人身属于主人，主人可以将他们当作财物买卖、赠予、赏赐以及释放。所谓“置奴婢之市，与牛马同兰（栏）”⑧。主人有处罚奴隶的权力，但不能擅自处死，否则有罪，东汉光武帝于建武十一年（35）下诏：“天地之性

① 长孙无忌：《唐律疏议》卷三《工乐杂户》，商务印书馆《丛书集成初编》本，第 65 页。
② 长孙无忌：《唐律疏议》卷六《官户部曲》，商务印书馆《丛书集成初编》本，第 114 页。
③ 参阅李季平：《唐代昆仑奴考》，《唐史研究会论文集》，陕西人民出版社 1983 年版。
④ 范晔：《后汉书》卷八三《逸民传》，中华书局 1965 年版，第 2760 页。
⑤ 姚思廉：《陈书》卷三〇《鲁广达传》，中华书局 1972 年版，第 415 页。
⑥ 长孙无忌：《唐律疏议》卷一七，商务印书馆《丛书集成初编》本，第 401、406 页。
⑦ 班固：《汉书》卷七二《鲍宣传》注引孟康曰，中华书局 1962 年版，第 3090 页。
⑧ 班固：《汉书》卷九九《王莽传》，中华书局 1962 年版，第 4110 页。

人为贵。其杀奴婢，不得减罪。”① 把奴婢看作人，所以不得滥施体罚和致死。法律如此，实际上奴婢受主人虐待，乃至被害，做人殉。奴隶有时拥有告主权，但政府又认为这容易引起下叛上，贱干贵，又不许奴婢告主。② 部曲、奴婢谋杀主人，并未实现，也处斩刑。

奴隶被用来从事农业和手工业生产，做买卖，当警卫，家内服役及妓艺。南朝士族的田产，“皆信僮仆为之”，即用奴仆农耕。刁逵有田万顷，奴婢数千人，这么多奴婢肯定会有一部分被派到农田上生产。西汉李安世“家僮七百人，各有技巧，积累纤微，故能殖其货”③。显然他使用奴隶从事手工业生产和做生意。部曲原来多用在武装上，保卫主人，并发展主人势力。达官贵人家有乐班，用奴隶充当演员。做买卖和管家的奴隶，有的借主人的势力欺压平民百姓。刁逵“奴客纵横，固吝山泽，为京口之蠹”④。奴隶的豪横，反映主人的势力，而不是他们本身的。

奴隶有家室，有私财，可以赎身。政府限制官僚贵族占有奴隶数目，平民不许蓄奴，虽然实际做不到，但法令如此。政府有时释放奴隶，刘邦、王莽均下过释奴令，而以刘秀释奴令最著名。

奴隶是主人财产，是压榨役使的对象，但主人对他们不能任意杀害，有财产，可赎身，所以与奴隶制下的奴隶不同。同时，两汉官私奴婢皆多；南北朝官奴婢减少，私人部曲多，而其身份比奴婢要略高；唐代奴隶数量少。汉唐间奴隶受控制的程度朝着减轻的方向发展。学者孟昭庚认为，到唐代，奴隶“从身份上说，由奴隶过渡到佣仆”⑤。说法未必准确，但实是令人深思的提法。也许说向佣仆过渡较为合适。

（九）秦唐间社会等级结构图式

秦唐间社会由七个等级构成，即第一等级皇帝，第二等级宗室贵族，第三等级贵族官僚（包含士族），第四等级弟子员，第五等级平民，第六等级半贱民，第七等级奴隶（贱民），其结构如图 3-4 所示：

---

① 范晔：《后汉书》卷一下《光武帝纪》，中华书局 1965 年版，第 57 页。

② 王溥：《唐会要》卷五一。

③ 荀悦：《前汉纪》卷一八《宣帝纪》，中华书局 2002 年版，第 323 页。

④ 房玄龄等：《晋书》卷六九《刁逵传》，中华书局 1974 年版，第 1846 页。

⑤ 孟昭庚：《唐代的奴仆问题》，《唐史研究会论文集》，陕西人民出版社 1983 年版，第 97 页。

- 秦唐间社会等级结构
  - 皇帝
  - 宗室贵族
    - 尊属
    - 疏属
    - 赐姓
  - 贵族官僚
    - 贵族、大官僚
    - 中层官僚
    - 下级官僚
  - 弟子员
  - 平民
    - 佐吏、有爵之平民、下层勋官、豪强
    - 庶民地主、农民、秦汉佃农及耕佣
    - 商人、手工业者
  - 半贱民：军户、宾客、僧祇户、杂户
  - 奴隶

图 3-4　秦唐间社会等级结构

二、等级变化及其原因和影响

秦唐间等级变化不算剧烈，但也有不少变动，其变异有三种内容：

一是新等级的产生和消失，这就是士族的出现，它在魏晋南北朝间兴盛了300多年，隋唐间又延续了200多年，历时约600年，而最终从历史上消失。弟子员由秦唐间政府的教育制度而产生，随着科举制的确立而定型，唐以后发展为较大的社会层次。

二是几种类型的人在等级结构中地位的升降，即政治权力的多寡的变动。皇权通过逐步削弱相权和宗室贵族的特权得到加强；相权的分散，使官僚权力不能集中对抗皇权，完全成为皇权统治全国的工具；宗室贵族、异姓贵族由诸侯王、列侯制度，演变为纯粹的食封贵族，政治上权力减少，与皇权的等级差距加大。商人、手工业者虽然始终处于平民等级地位，但比起先秦时代，他们在平民等级内部下降为该等级的下层。他们在读书出仕、被强迫迁徙、生活方式衣饰乘舆方面受到的特殊限制，在赋役上的负担加重，使他们降到平民中的农民之下。佃农和农业佣工的地位由秦汉的平民，急骤下降到魏晋南北朝的依附民，至唐代地位略有回升，但还没有达到秦汉时期的地位，这是农业社会一种主要劳动者地位的下降。

三是半贱民、奴隶的相对数量有减少的趋向。汉代的奴婢千群、徒附万计的情况，到南北朝时期演变为部曲成千上万，唐代虽有郭子仪式家人三千的情况，却是极个别的，总的情况是奴隶在减少，原来处于奴隶地位的一些人，经过释放进入半贱民阶层，或恢复为平民。

秦唐间等级结构的变化，中心内容是围绕着皇权加强进行的，即特权等级的宗室贵族、异姓贵族、宰执大官僚出让政治权力，使权力更加集中在皇帝身上。而皇权以出让部分劳动者的权力，取得贵族、官僚的谅解，即他们在认同皇权加强的同时，发展经济势力，役使各种依附民、奴隶，集官僚地主于一身，甚而唐代官僚多兼营商业，成为官僚、地主、商人三位一体的大富豪。他们在经济上的追求，减少了对最高权力的兴趣，助长皇权的加强。皇帝在经济方面的让步，使依附人口大量出现，直接统治的人口减少，对其统治基础不利，势必要凭借高度集中的权力收回部分经济利益，释放奴婢，增加平民农业人口。唐朝政府试图这样做，取得一些成果，不过事情尚在开头，远不理想。

造成秦唐间等级结构变动的原因是多方面的，是几种社会因素结合在一起，综合性地起作用。这就是：

第一，地主制的发展。从先秦的领主制经济，发展到秦唐间的地主制经济，这中间秦汉南北朝经济受领主制经济影响，有其残余成分的存在，即依附农和奴隶在农业生产中占重要地位，独立佃农经济不发达，平民佃农少，依附性强的佃农多，他们没有户籍，不向政府服徭役而为田主纳租服役，“倍于公赋”①，他们是半农奴身份。唐代中后期以后，地主制发展，租佃关系变化，实物租成分加重，劳役租的内容大量减少，这种变化，严重影响到等级地位的状态。当具有领主制劳役地租成分时，世族、士族制发展，贵族、官僚特权地主势力上升，相应地劳动者身份下降，这就是秦汉时期佃农、农业佣工从平民下沉为半贱民的原因。迨后非身份性地主经济发展，这类地主对劳动者控制能力弱，因而减轻对佃农的身份性压抑，以提高他们的生产积极性，提高实物租的绝对量，对地主经济上有好处，地主乐意放松对佃农的人身控制，故而佃农社会地位开始上升，向平民方向发展。皇权为使皇族、官僚出让一些政治权力，允

① 魏收：《魏书》卷一一〇《食货志》，中华书局1974年版，第2855页。

许带有一定领主性质的地主经济发展。权力集中之后，又要压抑贵族、官僚，增加自身控制的人口，乐于地主制的发展，以便将佃农逐步恢复为国家编民。

第二，政府基本政策的作用。等级是由法令而最终确定的，所以政府的政策、法令及其变化自然影响到等级结构的状况。秦唐间历朝政府的重本抑末政策，使庶民地主、自耕农稳定在平民的地位上，而使商人、手工业者地位下降。政府定族姓的法令，确认了士族的等级权力，正式承认士族的存在，使它在等级结构上占有一席地位。政府的释奴令，虽然不是解放所有奴隶，消灭这个等级，但总使这一等级中的某一种或几种人有可能离开本等级，升到新等级中去，成为平民或半贱民。同样，政府的法令又处罚一些人成为奴隶，这就使得奴隶等级中有各种人出出进进，处于变化状态。政策的作用，还体现在皇权和职官制度的发展方面。士族制的兴衰在政治上取决于皇权和职官制度变化，九品中正制的实行与取消，促成士族制的兴衰，又是它们存亡的标志，科举制的出现，不仅影响士族、弟子员，随后还会引起官僚等级的某些变化。政府对民众赋役政策的恰当与否，严重影响其与平民、半贱民关系，当轻徭薄赋时，依附民就会走出私门，进入公门，否则就出公门入私门，依附农的等级转换就在这种情况下实现了。

第三，统治者在内部斗争中，调整等级关系，争取下层等级的支持。不同政治集团的利害冲突，使他们以调整等级关系为手段，增强自己的力量，打击对方，这样就引出等级关系的变化。其内容往往是特权者互相让步，各在一方面取得补偿，或者是利用社会下层的力量打击异己的力量，稳定本集团的统治。王莽代汉，下令“更名天下田曰王田，奴婢曰私属，皆不得卖买。其男口不满八，而田过一井者，分余田与九族乡党”①。这是试图以解放奴隶和依附民，依靠庶民地主和自耕农，拓宽新朝政权的社会基础，增强力量，对付西汉的复辟势力。刘秀的释奴令何以特别针对陇、蜀地区呢？就是为打击这里的隗嚣、公孙述旧势力，以争取在战争中被掠卖为奴婢的良人的支持，稳定对陇、蜀的统治。北周武帝在消灭北齐之际宣布“河南诸州之民，伪齐被掠为奴婢者，不问官私，并宜放免”②，以清除北齐弊政，释放奴婢，稳定在关东的统治。李渊在太原起兵攻下霍邑之后，给参加战斗的部曲及徒隶授官，命令说：“岂有矢石之

① 班固：《汉书》卷二四《食货志》，中华书局1962年版，第1144页。
② 令狐德棻：《周书》卷六《武帝纪下》，中华书局1971年版，第101页。

间，不辨贵贱，庸勋之次，便有等差！”[①] 这时他不讲等级制度，授贱民以官职，争取包括低等级的人在内的各层人士参加他的队伍，以便夺取政权。

第四，下层等级或单独或联合的造反，迫使统治者实行调整等级关系的政策。隋朝末年的民众运动鲜明地表现了这一点。隋炀帝暴政，对贵族猜忌，对平民施加无休止的徭役，对富豪也是暴敛，由于“课天下富室”马匹，令“富强坐是冻馁者十家而九”[②]，也就是说皇帝与各个等级发生了利害冲突，同时激化了社会基本矛盾——阶级矛盾，造成各等级的反抗斗争和民众的联合运动。造反的有贵族大官僚杨玄感、李渊、王世充、宇文化及，旧贵族李密、萧铣，下层官吏翟让、董景珍，非身份性地主徐世勣，平民王薄、窦建德，贱民陇右牧奴、原州“奴贱”等。官僚、民众暴动中实行联合。民众运动中“得隋官及士族子弟，皆杀之”[③]，表现了下层等级对官僚、士族高等级的仇恨。唐朝统一之后，采取打击旧士族政策，释放奴婢。其时等级秩序虽然恢复了，但下层造反的影响犹存，所以贞观中存在着“弟子陵师，奴婢忽主，下多轻上”的现象[④]，迫使唐太宗实行轻徭薄赋政策，稳定平民等级。隋末民众运动的结果标志士族走到衰亡的阶段，下层等级有上升的趋势。在此以前，魏末六镇暴动也打击了士族制度和士族力量，使之走向衰落。[⑤] 而唐末的民众运动则将士族送进坟墓。

秦唐间等级斗争与变化对社会发展产生不少的影响，主要内容为：

秦唐间等级斗争与阶级斗争结合，打击黑暗统治势力，频繁改朝换代，迫使新统治者改革朝政，调节等级关系和阶级关系，实行垦荒政策，平均赋役，轻徭薄赋，维护小农土地所有制和庶族地主土地所有制，最终消灭领主制残余，由贵族官僚地主制向庶民地主制发展，向契约租佃制进化，促进社会的进步。

下层等级斗争与阶级斗争结合，使经济领域和上层等级协调产生的士族最终消失，使平民以下等级中的某些人员身份或升或降，但对劳动者而言，显示地位上升的趋势。

三、宗族和家庭

秦唐间宗族与先秦不同。一是民间宗族在皇族以外发展了，宗族组织较前

---

① 董诰：《全唐文》卷一《徒隶等准从本色授官敕》。
② 魏征等：《隋书》卷四《炀帝纪》，中华书局 1973 年版，第 94 页。
③ 司马光：《资治通鉴》卷一八三《隋纪七》，中华书局 1956 年版，第 5715 页。
④ 司马光：《资治通鉴》卷一九六《唐纪一二》，中华书局 1956 年版，第 6176 页。
⑤ 参阅朱大渭：《中国农民战争史·魏晋南北朝卷》第 6 章，人民出版社 1985 年版。

普遍，但仍以官僚家族为多，是宗族制度民间化的第一个阶段，而到宋代以后，向平民中发展，比秦唐间又是另一番景象。二是君统与宗统分离，君权与族权关系演进到第二个阶段，有许多关系需要协调解决。三是修谱活动大发展，成为官修谱牒的黄金时代。

（一）宗族

秦唐间宗族约有五种类型，为皇室宗族、士族宗族、豪强宗族、平民小族、义门宗族，共同构成宗族群体。

1. 皇室宗族

这一类型在第一目社会等级结构中已作说明，这里不再赘述。

2. 士族宗族

除前面交代以外，再作必要的补充。

士族由秦汉世家大族发展而来。两汉时耿弇、窦融、马援、鲁恭、邓晨、羊续、贾逵等都是“吏二千石”“世吏二千石”之家。汝南袁氏四世五人三公，弘农杨氏四世太尉，发展为士族，袁、杨二宗成为历经魏晋南北朝而不衰的士族高门。士族宗族的产生，自始就与官宦相联系，相一致。

士族经历长时期而世代不衰的宗族很多，弘农杨氏、汝南袁氏以外，清河崔氏、博陵崔氏、范阳卢氏、荥阳郑氏、琅玡王氏、太原王氏、陈郡谢氏、陇西李氏是第一流士族宗族，京兆韦氏、京兆社氏、勃海高氏、河东裴氏、河东柳氏、河东薛氏、彭城刘氏、河间邢氏、阳翟褚氏、颍川庾氏、吴郡张氏、吴郡顾氏、吴郡陆氏、汝南周氏、吴兴沈氏、兰陵萧氏、沛国桓氏、太山羊氏，以及鲜卑族的于氏、陆氏、长孙氏、穆氏，并为高门士族。

士族重视文化教育，加强宗族的建设，以维持宗族传统地位。士族本来也是靠文化起家，深知文化传家的作用。一等望族的琅玡王僧虔说：“或有身经三公，蔑尔无闻；布衣寒素，卿相屈体。或父子贵贱殊，兄弟声名异。何也？体尽读数百卷书耳。”① 家族能否长盛不衰，个人能否发达，就在于读书掌握文化。士族成为文化的拥有者，以琅玡王氏、陈郡谢氏而论，培养出谢灵运、谢道蕴、王羲之（图 3–5）、王献之等杰出的诗人、书法家，以及王导、谢安（图 3–6）、谢玄等政治家、军事家。

---

① 萧子显：《南齐书》卷三三《王僧虔传》，中华书局 1972 年版，第 599 页。

图 3-5　王羲之出行图

图 3-6　谢安登东山图

士族宗族成为社会矛盾的焦点。它与皇帝、皇室贵族争夺对中央政府的控制权；又压抑平民宗族成员的出仕权和晋升权，使双方形成尖锐的斗争；与其依附民和贱民发生严重的等级、阶级冲突。

士族宗族作为社会群体，有三大特点：是凝聚力最强的群体，它的自我建设、组织性、持久性、群体意识，比其他类型的宗族、其他群体（如宗教、学校）都强；是社会的核心组织，又具有广泛性；处于社会等级结构的中坚地位。

士族宗族衰亡，从南北朝后期到隋唐有较长的过程。支持它的一个重要社会因素，是士族利用婚姻维持门面。高门士族互相通婚，又因其尊贵，寒人愿与其联姻以提高社会地位，没落士族就用“卖婚”作为联络新贵的一种手段。要卖婚又要拿架子，往往给新贵碰钉子，到唐文宗要嫁公主给士族，尚怕人家不乐意，愤恨不平地说：“民间修婚姻，不计官品而上阀阅。我家二百年天子，顾不及崔、卢耶？”[①] 一般说社会势力保持久远，士族凭此而延续二三百年。

3. 豪强宗族

豪强宗族在政治上是平民群体，本身有徭役负担，并无特权，以此不同于特权宗族，但它们有经济力量，战乱时组织武装，也有社会地位和地方势力，其中一些宗族能够上升为士族宗族。毛汉光认为汉代士族的产生，有“地方豪族之士族化”的渠道[②]。豪强宗族内部也因社会地位的某些差异，区分出不同类型。

（1）有差役负担的豪强宗族。南朝新野人武念，出身郡将，其家族在户籍上是“三五门”[③]。南阳人宗越，出身郡吏，其家族原为“次门”后改为“役门”，又因其立有军功，恢复为“次门”[④]。役门、次门、三五门都要应差役。宗越、武念的宗族都是豪强大族，但属于有差役负担的，所以他们只能充当佐吏。

（2）土豪宗族。族大人众，汇聚宗人力量，在地方上欺压小族，劫掠行旅，甚而与地方官府抗衡，但族人不出仕，有一定社会势力而无政治势力。北朝河北郡韩氏、马氏两族，各有二千余家，其首领被政府屠杀二十余人，势力削弱。[⑤]

（3）少数民族的土豪宗族。冯翊李润镇羌族钳耳氏族，自西晋起，历代充任渠长，雷、党、不蒙诸姓宗族，也都是羌人的强族[⑥]，居住朔州附化郡的匈奴人破六韩宗族，世袭酋长，是强宗豪族[⑦]。南朝的“南州守宰，多乡里酋豪，不遵朝宪”[⑧]。

4. 平民小族

北魏时期东莞发生郑、赵二姓宗族复仇事件，颇能反映小族的情况。赵族杀了郑族的人，郑族将凶手拘执，预备到被害人墓前杀仇人雪耻，赵族却将郑族一位老人抓获，以为交换条件，这一位老人的五个儿子皆为族人敬重，故而

---

① 欧阳修、宋祁：《新唐书》卷一七二《杜中立传》，中华书局 1975 年版，第 5206 页。
② 毛汉光：《中国中古社会史论》，台湾联经出版公司 1988 年版，第 77 页。
③ 沈约：《宋书》卷八三《武念传》，中华书局 1974 年版，第 2112 页。
④ 沈约：《宋书》卷八三《宗越传》，中华书局 1974 年版，第 2109 页。
⑤ 魏收：《魏书》卷四二《薛辩传》，中华书局 1974 年版，第 943 页。
⑥ 魏收：《魏书》卷九四《阉官・王遇传》，中华书局 1974 年版，第 2023 页。
⑦ 李百药：《北齐书》卷二七《破六韩常传》，中华书局 1972 年版，第 378 页。
⑧ 姚思廉：《陈书》卷二〇《华皎传》，中华书局 1972 年版，第 271 页。

郑族同意与赵族和解，双方收回被掠人口，化解了一起宗族复仇的灾难。[1] 这一事件表明郑、赵都是没有政治势力的小族，但各自团结族人，成为一个宗族群体，以进行自卫，保护本族利益。由此也可知平民小宗族建立族人组织，带有一定的普遍性。

以上几种宗族类型，各有不同的社会地位，皇族、士族宗族是特权宗族，与它们的特权等级地位是相当的；豪强宗族、平民小族可以合称为庶民宗族，没有政治特权，是平民宗族，在社会等级结构上属于平民等级。由此可知宗族结构的层次与社会等级的层次是相对应的、一致的，即特权等级的宗族也为特权宗族，平民宗族的等级也为平民等级，宗族类型的层次差异，同时也是社会的等级差别。

5. 义门宗族

所谓义门，是宗人同居共爨，不分家，是一个宗族，也可以说是一种大家庭。族内、族外人际关系和好，受到舆论的好评，有些得到政府的表彰，是宗族、家庭的楷模，也是宗族的一种特殊形式。这种义门，大多数属于平民宗族，极少数是特权宗族，大约平民更需要借助于这种形式维持生存。

清代史家赵翼根据史书记载对义门作过统计，他找出受到朝廷旌表的，《南史》有13家，《北史》12家，《唐书》38家，《五代史》2家[2]，计65家。事实上义门宗族要比赵氏统计的多，南北朝以前汉晋也有同居共财的家族，只是不一定受到政府的表扬。不过总的数量并不多，是汉唐间时有发生的现象。

义门最主要的内容是共有财产、共同生活，并尊重族长的管理。东汉济北卢人氾毓，先人移徙青州，到氾毓时已长达七世；敦睦九族，“儿无常父（母），衣无常主”[3]，这是同财共炊的家族，所以衣裳由家庭成员根据需要穿，不是哪一个人专有的，小孩由伯叔婶娘共同教养抚育，所以被形容为“无常父”“无常母”。

长期同居共财，不合人之常情，能够凑聚在一起，靠管理技能和伦理的教育，处理好族人之间的关系。郓州寿张人张公艺家族，自北朝同居共食起，至唐初已经历九代，唐高宗亲临其家，询问他们团结无间的原因，张家人写了一百多“忍”字作了回答，这就是说对族人间的恩怨互相忍让，才相安无事，这

① 魏收：《魏书》卷九一《术艺·王早传》，中华书局1974年版，第1957页。
② 赵翼：《陔余丛考》卷三九《累世同居》，中华书局1963年版，第1101页。
③ 房玄龄等：《晋书》卷九一《氾毓传》，中华书局1974年版，第2350页。

种百忍的功夫常人难于做到，难怪唐高宗看了也感动得落泪。[①]

政府的表彰也是使义门出现的一种缘由，政府把义门看作最好的顺民，有利于推行以孝治天下的政策，大加鼓励，给予免除赋役的优待。南朝西阳人董阳家族“三世同居，外无异门，内无异烟”，政府蠲免该族租布，同时给予“笃行董氏之闾”门榜。[②] 义门免税得表彰，可以提高其社会地位，因而乐于维持同居共食生活，而其生活未见得有乐趣。吕思勉在《两晋南北朝史》中指出，笃于宗族“大抵非行庸德，谨庸言之徒”[③]，不值得赞颂。后人这样理解有道理，当时人若是不赞同，义门就不可能维持了。

6. 宗族规模和族内结构

宗族由皇族、士族、豪族、小族、义门等类型构成，前三种宗族成员较多。《通典》引述北齐宋孝王《关东风俗传》里的话，说明大家族的恢宏：“至若瀛冀诸刘，清河张、宋，并州王氏，濮阳侯族，诸如此辈，一宗近将万室，烟火连接，比屋而居。”[④] 南北朝时河东汾阴薛氏，同姓有三千家。[⑤] 一个宗族有上万户、几千户的属民，是相当大的群体了。在其内部，又以血缘疏密关系分出房派。以闻喜裴氏来说，《新唐书·宰相世系表》以有无宰执区分为几支：西眷裴、洗马裴、南来吴裴、中眷裴、东眷裴。[⑥] 南来吴裴支内部又分裴颢房、裴巩房。[⑦] 宗族房支有聚居地，房支之间的社会地位也不相同，出仕机会大不一样，内部的分化，也产生族内纷争。琅玡王氏中的王导一支仕宦显赫，其侄王羲之一支衰微不振，后一支受到王导支裔的歧视。宗族内部地位的不同，就使旺支成为宗族的代表。因此历史上讲某某宗族的地位，主要是指旺支。毛汉光认为：“自北魏中叶以后，时人虽然泛称郡望，实际上所指渐以房支为单位，至唐而更为明显。”[⑧] 所以研究宗族史，要作房派的深入观察，才能看清宗族的全部历史及其历史地位。要之，宗族对外一致，内部也不乏不协调因素。

---

① 刘昫等：《旧唐书》卷一八八《张公艺传》，中华书局 1975 年版，第 4920 页。
② 李延寿：《南史》卷七三《董阳传》，中华书局 1975 年版，第 1799 页。
③ 吕思勉：《两晋南北朝史》，华中科技大学出版社 2017 年版，第 772 页。
④ 杜佑：《通典》卷三《食货·乡党》，王文锦等点校，中华书局 1988 年版，第 23 页。
⑤ 沈约：《宋书》卷八八《薛安都传》，中华书局 1974 年版，第 2215 页。
⑥ 欧阳修、宋祁：《新唐书》卷七一《宰相世系表》，中华书局 1975 年版，第 2244 页。
⑦ 萧子显：《南齐书》卷五三《良政·裴昭明传》，中华书局 1972 年版，第 920 页。
⑧ 毛汉光：《中国中古社会史论》，台湾联经出版公司 1988 年版，第 233 页。

（二）家庭

秦唐间作为社会最小组织的家庭比先秦时代有很大的发展，它作为社会基本生产单位的作用比前代更趋明显，它同宗族的关系非常密切，互相制约，但它的独立性显然比先秦时代大发展了。

1. 小家庭结构与大家庭制兼行

战国时代家庭规模向小型、简单方向变化的趋势，在秦汉时代得以延续，整个中古时代也是以小型家庭为主。

秦人父子分门立户是相当普遍的现象，如贾谊所说“秦人家富子壮则出分，家贫子壮则出赘”。财产分得很彻底，互相不得动用，所以贾谊又说：“借父耰鉏，虑有德色；母取箕帚，立而谇语。”① 南朝中军录事参军周朗谈到家庭状况说：“今士大夫以下，父母在而兄弟异计，十家而七矣；庶人父子殊产，亦八家而五矣。”② 无论是官僚，还是平民家庭，父子兄弟多乐于分开过，其比率达到百分之六七十，就是说那时有三分之二的家庭是只有一对夫妇或加上其未婚子女的小家庭。周朗同时人、吴郡太守顾觊之，有着“家门雍睦，为州乡所重”的家风，但他有五个儿子，也分了家，各有私产，老三多财又贪婪放债。觊之批评他不听，只好把他骗出家门焚烧其债券。③ 隋代许多地方是夫妻结构的小家庭，儿子离开父亲，在益州和陕南，“小人薄于情礼，父子率多异居”④。江南“父子或异居”，岭南“父子别业，父贫，乃有质身于子”⑤。唐玄宗、肃宗分别下过诏书，反对父子析居。表明分家是严重现象，一对夫妇加上其未婚的子女是家庭的主要形态。

不算义门，大家庭也有相当的数量。东汉汝南人缪肜兄弟四人，各娶妇，同财共食，弟媳要求分家，彼此吵闹，缪肜以自责，使诸弟及弟媳不再要求另过，维持了联合大家庭。⑥。

小家庭为主，大家庭为辅，这种形势的形成，社会原因甚多，政策原因很重要。商鞅之后，隋文帝实行大索貌阅的户籍政策，“大功已下，兼令析籍”⑦，

① 班固：《汉书》卷四八《贾谊传》，中华书局 1962 年版，第 2244 页。
② 沈约：《宋书》卷八二《周朗传》，中华书局 1974 年版，第 2097 页。
③ 沈约：《宋书》卷八一《顾觊之传》，中华书局 1974 年版，第 2081 页。
④ 魏征等：《隋书》卷二九《地理志》，中华书局 1973 年版，第 830 页。
⑤ 魏征等：《隋书》卷三一《地理志》，中华书局 1973 年版，第 886 页。
⑥ 范晔：《后汉书》卷八一《缪肜传》，中华书局 1965 年版，第 2686 页。
⑦ 魏征等：《隋书》卷二四《食货志》，中华书局 1973 年版，第 681 页。

规定兄弟以外的人不能组成家庭，虽比商鞅之法放宽了一些，但总是限制大家庭出现。唐朝政府怕出现老人无人赡养的问题，禁止子孙与父祖异财，但是遏制不住，因为还有其他无法解决的缘由。如自然灾害下大家庭无法维生，只好分家。[①] 又因为大家庭矛盾多，严重的甚至互相残杀，不如分家夫妻单独生活好。这种分家的动力，多来自妇女，如前述缪彤的弟妹们。小家庭人际关系简单，有利发挥家长以外成员的生活积极性，特别是作为弟妇、子妇的女子积极性，有利于激发家庭成员的责任心，从而有利于社会生产力的发展，所以社会小家庭化是必然的趋势，是不可遏制的历史潮流，不过进程上各个时期有所不同，秦汉时期而后就缓慢一些了。

2. 父家长制及父家长权的某种削弱

秦唐时期与先秦一样实行父家长制，父家长是家庭的主宰，但其杀子权、卖子权诸方面受到一些限制。家庭财产是父家长所掌管，如果子孙擅自处理家产，要被判刑。即使已分家了，财产分得很清楚，但在法律上父祖有权力侵占子孙财产，据《睡虎地秦墓竹简》反映，秦代父子异财之家，父盗子产不算盗。前述顾觊之焚烧第三子债券，其子无可奈何。妻子儿女对于父家长，也几乎可以视作一种财产，父家长在不得已的时候可以出卖他们，官方有时也认可。汉光武帝释奴令中“民有嫁妻卖子欲归父母者，恣听之”[②]。卖妻（图3-7）鬻子现象的严重，反映父家长事实上拥有把妻、子当作财产出卖的权力。唐初“关内旱饥，民多卖子以接衣食”[③]，唐政府用内库金帛为之赎身，归还父母，并不治父家长之罪。但是在法规上这是不允许的，北魏规定父家长出卖亲属的治罪法：“卖子一岁刑，五服内亲属在尊长者死，卖周亲及妾与子妇者流。”[④] 规定如此，很难实行，因为从宗亲法考虑，家长有其特权。比如北魏民人费羊皮为葬母而卖女，女儿又被人转卖，结果只治转卖人的罪，而以费羊皮实行孝道免罪。[⑤] 父家长的卖子，政府的干涉，是君权与亲权的矛盾，而君权又要支持父权，所以禁止卖子很难认真贯彻。

父家长对子女的体罚权乃至处死权，在秦唐时期也有一些变化。责骂体罚

---

① 魏收：《魏书》卷五七《崔挺传》，中华书局1974年版，第1264页。崔氏“三世同居，门有礼让，于后频值饥年，家始分析”。
② 范晔：《后汉书》卷一上《光武帝纪》，中华书局1965年版，第30页。
③ 司马光：《资治通鉴》卷一九二《唐纪八》，中华书局1956年版，第6049页。
④ 杜佑：《通典》卷一六七《刑法·杂议下》，王文锦等点校，中华书局1988年版，第4316页。
⑤ 魏收：《魏书》卷一一一《刑罚志》，中华书局1974年版，第2880页。

图 3-7　《点石斋画报·当妻谈新》

是父家长的传统权力，照旧施行。东汉末崔烈买官司徒，问儿子崔钧外界反映如何，儿子照实回说人们嫌你铜臭味太重，崔烈举杖打他，他逃跑，崔烈乃大骂他不孝。[①] 因作《颜氏家训》而留名后世的颜之推极力主张对子孙进行体罚，认为废家法，会像国法不行一样，将助长子孙犯罪，家长不好治理。[②] 把事情看得这么严重，体罚就会成为父家长治家所经常使用的一种手段。父家长有杀子权，汉代郭巨埋儿，以便母亲不分食物给孙子，尽其孝子之心。西晋邓攸为带侄儿逃命，绑子于树，以致死亡。表明汉晋父家长仍有杀子权。但杀人权是国家的司法权，若听任民间杀子，是对司法的干扰，所以刘宋政府制定了禁止杀子的法令。[③] 总之，秦唐间家庭结构简单化的同时，伴随着父家长权的削弱[④]，但是父子主从关系没有变化。

3. 夫妻关系与嫡庶制度

秦唐间妻从夫，表现在妇主内事，管家务，侍候好丈夫、儿子和公婆。北

① 范晔：《后汉书》卷五二《崔烈传》，中华书局 1965 年版，第 1731 页。

② 颜之推撰、王利器集解：《颜氏家训集解》卷一《治家》，中华书局 1993 年版，第 41 页。“笞怒废于家，则竖子之过立见；刑罚不中，则民无所措手足。治家之宽猛，亦犹国焉。”

③ 沈约：《宋书》卷八二《周朗传》，中华书局 1974 年版，第 2094 页。

④ 参阅高达观：《中国家族社会之演变》，正中书局 1944 年版。

魏崔浩的母亲“修妇功”，“蕴习酒食”，“朝夕养舅姑”，并口授《食经》。[①]官僚家庭的妇女随夫上任，并可得到朝廷的封号。在其本人是一种荣誉，因系丈夫官职而封，反映出是丈夫附庸的性质。夫死寡妇再婚，在社会上不受歧视，刘备娶刘瑁寡妻，晋惠帝羊皇后改嫁刘曜，以为是幸福。[②] 唐朝公主二嫁三嫁为常事，甚至多达27人。后梁宰相敬翔妻刘氏，先嫁尚让，改归时溥，又归朱温，最后为敬翔妻，还能“书币聘使，交结藩镇”[③]。帝室、大官僚如此，民间更以改嫁为当然。大体其时妇女改嫁不受限制，惟隋文帝规定品官之寡妻、五品官以上之寡妾不得改嫁[④]，似乎并未认真执行。尽管寡妇可以再嫁，但社会上尊重守节妇女，如羊烈家族，“女不再嫁”，于北魏太和年间建一尼姑寺，凡寡居无子者出家为尼，被人称颂。[⑤] 两汉时期休妻现象频繁出现，所以才有文学作品《孔雀东南飞》的产生。弃妻的原因看来很琐屑，像鲍永妻在后母面前骂狗，姜诗的妻子因为大风挑水不及时，就遭到遗弃，皆是因为丈夫实行孝道，弃妇如敝屣，致使类似诗作中人物“刘兰芝”“焦仲卿”陷于离异的悲剧不断出现。不过这个现象也反映当时离异方便，不像后世受到政府和社会舆论的诸多限制。

养子制在唐、五代流行开来，是在庶子之外又有了养子，使家庭人际关系增添复杂性。收养义子的大抵有三种人。一是不可能有血嗣的宦官，收养假子，东汉、唐朝宦官擅权时代，他们更大养义子。二是少数民族有此习惯，故北魏有养子从坐法制的重订。[⑥] 三是军人，如唐末五代帝王和割据一方者养子成风，朱温养朱友文、李七，李克用养李嗣源、李嗣昭，李嗣源又养李从珂，郭威养柴荣，徐温养李昇等。养子不得别籍异财，附属于养父，增强养父的社会力量，被当做发展势力的工具。他们本身受到歧视，社会地位低。但在五代李昇、李嗣源、李从珂分别取得吴、后唐的帝位，杀戮养父的血胤，造成内乱，为养父们始料所不及。

官僚贵族中多行一夫多妻制，家内妻妾、嫡庶争斗不断。主要是嫡妻、嫡子欺侮妾及庶子，严重到嫡子不承认庶子是兄弟，更不许继承遗产。魏收有庶

① 魏收：《魏书》卷三五《崔浩传》，中华书局1974年版，第827页。
② 房玄龄等：《晋书》卷三一《惠羊后传》，中华书局1974年版，第967页。
③ 薛居正等：《旧五代史》卷一八《敬翔传》，中华书局1976年版，第250页。
④ 魏征等：《隋书》卷二《高祖纪》，中华书局1973年版，第41页。
⑤ 李百药：《北齐书》卷四三《羊烈传》，中华书局1972年版，第576页。
⑥ 魏收：《魏书》卷五三《李冲传》，中华书局1974年版，第1186页。

弟魏仲同，不让他登在户籍中，即不认可他为家庭成员。[①] 庶子无权力，是因为其生母在家中地位低，还因为舅家无身份，对父家不能有帮助，而嫡妻娘家有地位，能兴夫家，故而得到丈夫重视。魏晋南北朝隋唐时期嫡庶矛盾特别突出，最根本的原因是社会上层重视士族联姻，因增强家门地位，只有正妻能有助于此，即妻族对夫族地位有重要作用，故重娶妻之门第，重嫡出，而使妾、庶子处于低下地位。

在传统的看法里中古社会是“妇妒”的时代，像郭槐之妒致使丈夫贾充绝嗣，北魏相州刺史李安世妻崔氏以“妒悍见出”[②]。隋文帝独孤皇后之妒，致使太子杨勇之废，炀帝之立。“妇妒”成为社会问题，刘宋的公主“莫不严妒”，明帝严加干预，以湖熟令袁慆妻妒悍赐死，并令虞通之撰写《妒妇记》叙其死，以警告妇女，又让当尚公主的江敩作让婚表，说出“是以尚主之门，往往绝嗣；驸马之身，通离衅咎”的话[③]，拒绝婚姻，令皇帝的女儿感到下嫁之难。看来这种干预没有起多少作用，因为造成“妇妒”的原因是难于克服的。这从两个方面分析，一是妇女受压抑的扭曲反映。丈夫多妻制，引起妻子不满，虐待婢妾，乃至杀人，即使因此被休弃也在所不惜。二是中古妇女地位还不像后世那样低，有悲愤还可以宣泄。

4. 诸子继承制的确定与女子继承

家庭财产实行诸子平分制，至迟在秦汉时期确立。它是典型宗法制、分封制破坏后的产物。先秦宗子继承制，使得诸子不仅在政治地位继承上不平等，即在财产上宗子多，余子少，也是不平等。商鞅的析户令可能在法令上明确诸子平均继承家产。汉初陆贾的分家法证明了诸子平分财产制的实行，陆贾把一千金财产平均分给五个儿子，每人二百金，未给长子多分，他同时留下自用财产，并轮流到诸子家生活，如果死在谁家自留财产就给谁。[④] 从他的分家法可知：诸子平均分配家产；老人自留养老金和丧葬费；家长在世主持分家。他的方法为后人所接受。开元名相姚崇学习陆贾，生前给子侄分配财产，为的是“绝其后争”，各保产业，免致贫寒。[⑤] 这些分家都由家长主持，也有父祖死后

① 李百药：《北齐书》卷三七《魏收传》，中华书局 1972 年版，第 484 页。

② 魏收：《魏书》卷五三《李安世传》，中华书局 1974 年版，第 1177 页。

③ 沈约：《宋书》卷四一《后妃传》，中华书局 1974 年版，第 1292 页。

④ 班固：《汉书》卷四三《陆贾传》，中华书局 1962 年版，第 2114 页。

⑤ 刘昫等：《旧唐书》卷九六《姚崇传》，中华书局 1975 年版，第 3027 页。

由兄长或其他长辈分派的，如薛包“弟子求分财异居，包不能止，乃中分其财”[①]，这是伯父与侄儿分家，也是实行平分制，因为侄儿代表其一房。在政治权力方面，继承先尽嫡长，与财产的分配不同，庶子继承有障碍，遭到嫡子排斥。出嫁女没有财产继承权，因为她已不是家庭成员。但若无子嗣，则女儿有权继承。南朝谢混遗产资财巨万，田宅十余处，僮仆数百人，无子有二女，另有过继子谢弘微帮助理家，人们认为“室内资财，宜归二女，田宅僮仆，应属弘微”，但弘微纤毫不取，于是遗产由谢混两个出嫁女继承。[②] 唐代《丧葬令》规定，无子嗣者死，丧葬之后所剩之财给女儿。

5. 家内纷争

父家长制必然造成家内种种关系的某种不协调，如父子、夫妻、妻妾、嫡庶、亲子义子、尊卑、长幼等关系的紧张。《后汉书》的作者范晔平时虐待亲人，厚养妓妾，“母住止单陋，唯有一厨盛樵薪，弟子冬无被，叔父单布衣”，但其“乐器服玩，并皆珍丽，妓妾亦盛饰”。他造反受刑前与家人诀别，其母责备他不念母亲，打他耳光；其妻骂他不顾子孙，连累受刑；其子就地取土块、果皮掷他，不认其为父。[③] 可知亲人都恨他，绝不哀悯他的受诛。这是家庭关系紧张的典型，仇恨的原因多半是对家长治理的不满和兄弟争夺财产。其表现形式不仅是家内的争吵，有的采用告官的方法，企求外部的解决，如士族杨椿不答应其六弟杨舒遗孀元氏分居的要求，元氏乃诬告杨椿之子杨昱窝藏叛逆，“谋图不逞”，致使杨昱被捕。[④] 更严重的是互相残杀，汉宣帝时有一年统计，“子弟杀父兄，妻杀夫者，凡二百二十二人”[⑤]。凶杀多半是对着父家长来的，是这种制度的必然产物。

6. 家庭与社会

家庭处于不同的等级之中，不同等级的家庭，社会地位、赋役、出仕与否，有天壤之别，妻妾、嫡庶之争基本上出现在特权等级家庭。家庭在等级结构中的地位，是考察秦唐间家庭历史所应当注意的事项。

家庭作为编户齐民的群体，和国家的关系密切。家庭要提高、保持社会地

---

① 华峤：《后汉书注·孝义列传序》，黄奭学辑《汉学堂丛书》本。
② 沈约：《宋书》卷五八《谢弘微传》，中华书局 1974 年版，第 1593 页。
③ 沈约：《宋书》卷六九《范晔传》，中华书局 1974 年版，第 1828—1829 页。
④ 魏收：《魏书》卷五八《杨昱传》，中华书局 1974 年版，第 1292 页。
⑤ 班固：《汉书》卷七四《魏相传》，中华书局 1962 年版，第 3136 页。

位，靠政府的政策；政府要维持政权，靠家庭的稳定和臣民的支持。汉宣帝和后将军赵充国议论攻打匈奴，丞相魏相根据前面提到过的家庭残杀 222 人的事实，认为这是社会不稳定的表现，是重大的社会问题，不加解决，不能对外用兵，汉宣帝明白了这个道理，打消了出兵的念头。家庭的和睦关系着国家的安危，家庭和宗族一起是政府的社会基础，家庭承担的赋役完纳的好坏是政府强弱的标志，政府因而对家庭以及与它相联系的宗族实行以孝治天下的政策。它的一个内容是采用举孝廉的方针，吸收孝义之人为官吏，增加治理力量，那些在家内族内讲孝道的人，到了政府必然讲求做臣子的原则，忠于皇帝，不作贪墨之事，这就是求忠臣于孝子之门的道理。另一项内容是旌表孝子顺孙，汉代不时宣布给孝悌力田者赐爵，有时一次竟达三级之多①。北周宣帝即位诏有一条是："孝子顺孙义夫节妇，表其门闾，才堪任用者，即宜申荐。"② 实行孝道的人家在两汉可以得到荣誉，而晋唐间则可免除徭役。③ 免役是士族的标志，民人实行孝义不仅可以获得免役的优待，也能作为提高社会地位的阶梯，故而乐于响应政府号召，实践孝义。再一种内容是宣传君臣的父子之道，以宗法思想统治人民。汉章帝诏书讲："盖君人者，视民如父母，有憯怛之忧，有忠和之教，匍匐之救。"④ 自比为民之父母，视百姓为子民，以此要求人民以孝亲的精神来忠于君主，对于臣民来说，行孝尽忠，则是保家保族的最好办法。

综上所述，秦唐间家庭的特点，是家庭结构的主流沿着小家庭的道路发展；家庭实行父家长制，但家长对子孙的处死权、出卖权有所削弱；诸子平均继承制确立，而对庶子则相当歧视。家庭在社会结构中与宗族、等级制及政权的关系最密切，它的变化受着世族、士族发展的影响，受政策的制约，它同时也是影响社会风气、政局和社会变化的一种社会群体。

四、社会组织

秦唐的社会组织有所增加，本土的以及外来的宗教相继产生和兴旺，民间慈善性质的社团开始出现，带有政治色彩的官僚朋党屡次出现，人们社会组织活动比先秦时代丰富多了。

---

① 范晔：《后汉书》卷三《肃宗纪》，中华书局 1965 年版，第 136 页。
② 令狐德棻：《周书》卷七《宣帝纪》，中华书局 1974 年版，第 116 页。
③ 唐长孺：《魏晋南北朝史论拾遗》，中华书局 1983 年版，第 69 页。
④ 范晔：《后汉书》卷三《肃宗纪》，中华书局 1965 年版，第 154 页。

（一）佛教

佛教的传入应不迟于西汉，东汉三国开始引起社会关注，南北朝、隋唐时代虽然也有“三武”灭佛事件发生，但是佛教发展的黄金时期，信徒众多，狂热异常，宗教生活也丰富多彩。

1. 寺院兴建，信佛者众多

寺院初建于东汉宫中和宗王贵胄之家，汉桓帝宫中立黄老祠、浮屠祠①，楚王刘英“尚浮屠之仁祠”，“晚节更喜黄老，学为浮屠斋戒祭祀”②。南北朝时寺庙遍及南北各地，北魏一朝所建寺宇3万余座，僧尼超过200万人。③ 是时“民多绝户，而为沙门”④。唐朝武宗会昌灭佛时，摧毁寺院44600座，26.5万名僧尼还俗为民，释放寺院奴婢15万人，没收寺庙田地数千万顷。⑤ 可见招提之多，僧衲之众。各阶层信奉佛教，使之成为具有广泛性的社会组织。

2. 寺院组织结构完善

政府设有管理僧寺的职官，南北朝有僧正、道人统、沙门都统、僧统。寺院内部也有一套组织机构。如唐代有三纲制，即寺宇设有上座、寺主、都维那⑥，其下有维那等职事僧侣，下统僧尼。北魏寺院有奴隶佛图户、僧祇户，唐代寺家有奴婢，数量众多。寺院由管理僧、僧众、奴婢组成，是一种等级结构，与世俗的等级结构相当。寺院结构的完善，表明这个社会组织完全成熟。

3. 寺院宗教活动丰富，民众参与广泛

僧人的宗教生活多种多样，造像、做佛事是重要项目。名闻遐迩的云冈石窟、龙门石窟、千佛洞壁画都是中古遗物，它是在僧人的募化下，信士不惜重金雕造巨型佛像，表达礼佛的心愿，企求菩萨的保佑。寺庙举行法会，往往轰动民间。三国时笮融在徐州建造大庙，宣讲佛法，吸收僧俗听讲。当浴佛节来临，多设酒饭，在几十里内布席，吸引上万名观众的到来。⑦ 唐宪宗迎佛骨于大内供养，引起供养风潮：长安“王公士庶，奔走舍施，唯恐在后。百姓有废

---

① 范晔：《后汉书》卷三〇下《襄楷传》，中华书局1965年版，第1082页。
② 范晔：《后汉书》卷四二《楚王英传》，中华书局1965年版，第1428页。
③ 魏收：《魏书》卷一一四《释老志》，中华书局1974年版，第3048页。
④ 魏收：《魏书》卷五三《李玚传》，中华书局1974年版，第1177页。
⑤ 欧阳修、宋祁：《新唐书》卷五二《食货志》，中华书局1975年版，第1361页。
⑥ 刘昫等：《旧唐书》卷四三《职官志》，中华书局1975年版，第1831页。
⑦ 陈寿：《三国志》卷四九《吴书四・刘繇传》，中华书局1959年版，第1185页。

业破产、烧顶灼臂而求供养者"[①]。寺院为理佛，绘制佛像，需求甚众，于是印刷术首先使用在印制佛像上。唐代出现称作"转变"的说唱艺术，说唱佛家故事，供僧俗欣赏。佛教的群众性活动，使僧尼与信士及广大民众结合起来，成为僧俗的一项生活内容，同时也使寺院与社区密切联系起来。

4. 寺院与政权关系密切

佛教传入中国，自始就取得统治者的支持。汉明帝派蔡愔到印度求佛法开了先例，南北朝的君主信仰尤笃，梁武帝三次舍身同泰寺为最著名，隋文帝晚年佛、道并崇，开皇二十年（600）下令："沙门坏佛像，道士坏天尊者，以恶逆论"[②]。以律令的形式保护佛教、道教。唐朝帝王在崇道、崇佛中摇摆，然崇佛者颇多。寺院僧众不纳赋税，又广有田产，招纳税民，与政府争夺人口和财富。加之意识形态的不同，从而不时引起一些帝王和崇奉儒学的官僚士人的不满，掀起反对运动，其中帝王以北魏太武帝、北周武帝、唐武宗和后周世宗为代表，而范缜、傅奕、韩愈是士人的代表。佛教是一种强大的社会力量，容易被人利用作为政治斗争的工具，有的沙门首领借以结交皇帝、政要，混迹统治集团，薛怀义可为代表；有的人以加入佛教为名，用它组织反抗队伍，如安定人侯子光（李子扬）建立龙兴政权，反对后赵[③]。由上述诸种情形，可知作为社会组织的佛教，也是一种政治力量，与政权有协调和矛盾的两面性质，有时被利用为政治斗争工具。

（二）道教

原始道教产生于东汉三国，而盛行于南北朝和隋唐，发展有类似佛教之处。

1. 道教组织的出现与发展

前述汉桓帝在宫中设黄老祠，他又把襄楷所献的《太平青领书》（《太平经》）留于宫中，该书后来成为道教的主要经典，这是道教发轫期上层统治者所为。同时期民间出现道教原始组织，就是张道陵（张陵）在蜀地建立五斗米道，其子张衡夫妇传业，其孙张鲁在汉中设立"鬼道"（五斗米教），初入道的信徒为"鬼卒"，道行增长的为"祭酒"，首领为"治头大祭酒"，建立义舍制

① 刘昫等：《旧唐书》卷一六〇《韩愈传》，中华书局1975年版，第4198页。

② 魏征等：《隋书》卷二《高祖纪》，中华书局1973年版，第46页。

③ 房玄龄等：《晋书》卷一〇六《石季龙载记》，中华书局1974年版，第2767页。

度，供道徒及过往民众伙食。[①] 巴郡有张修组织的“米道”（五斗米道）。张陵被后世道家奉为创始人，为道教正宗。与张鲁同时活动的张角组织的太平道，“奉事黄老道”[②]，是原始道教的另一支派。东晋末至南北朝时期道教得到大发展，北魏太武帝灭佛的同时，崇信嵩山道士寇谦之，“崇奉天师，显扬新法，宣布天下，道业大行”，每月设厨会，数千人参加。[③] 唐代皇帝自称是老子后裔，笃信道教，高祖、高宗开其端，玄宗尤盛，并设崇玄学以教士，使得唐代成为道教的一个兴盛时代。特别值得注意的是南北朝时期的道教信仰者和支持者，有许多是士人。创造南天师道的庐山道士陆修静，出身于吴姓大士族。有知识的道家注意天文历法，研究炼丹术，研究医药学。因此道教具有中古知识界团体的某种性质。

2. 道教与政府的关系

道教与佛教一样是合法宗教，与统治者关系密切，从北魏太武帝之提倡，隋文帝的保护令即可知。但道教与统治者有较多的不协调的一面，在其初期就有太平道、五斗米道的席卷全国的武装反抗运动。世奉五斗米道的孙泰、孙恩叔侄聚集徒众，“三吴士庶多从之”。东晋政府杀孙泰，而孙恩起兵占据会稽，众至数十万人，最后败亡。[④] 自此之后，道教徒及利用道教作为工具反抗统治者的运动大为减少，也不成气候，不像佛教那样起事不断，这大约同道教的群众性不及佛教广泛有关。

3. 道、佛关系

道佛二教渊源不同，教义不同，双方都要与统治者协调关系，因此二教发生冲突。佛教是外来宗教，道教利用本土优势，攻诘佛教为夷狄邪教，儒家韩愈说得更厉害：“佛者，本夷狄之人，与中国言语不通，衣服殊制，口不言先王之法言，身不服先王之法服，不知君臣之义，父子之情。”[⑤] 韩愈谴责佛教教义的不讲忠孝，为士大夫所不能容忍，在客观上符合道家反佛的愿望。佛教为争生存，逐渐懂得中国化的道理，至迟在唐代承认忠孝之道，特别是孝道。于是在佛教讲唱文学中产生《大目乾连冥间救母变文》《二十四孝押座文》《孝

---

① 常璩撰、任乃强校注：《华阳国志校补图注》卷二《汉中志》，上海古籍出版社 1987 年版，第 72 页。

② 范晔：《后汉书》卷七一《皇甫嵩传》，中华书局 1965 年版，第 2299 页。

③ 魏收：《魏书》卷一一四《释老志》，中华书局 1974 年版，第 3052 页。

④ 房玄龄等：《晋书》卷一〇〇《孙恩传》，中华书局 1974 年版，第 2632 页。

⑤ 韩愈撰：《五百家注韩昌黎集》卷三九《论佛骨表》，中华书局 2019 年版，第 1466 页。

子传》等宣扬孝道的文学，也出现了一些道纵、道丕之类的孝僧。以此取得士大夫的认可和民众心甘情愿地信教。佛教哲学经过鸠摩罗什、玄奘等译经家的翻译，在华流传开来，加上它的中国化的进展，使它击退了道教的进攻。作为社会组织的佛教、道教的社会功能可以说是两方面的，一是人们通过宗教丰富生活内容，得到信仰的寄托和文化娱乐；二是统治者和从政者借以进行政治活动，为政治集团利益服务，从而使中古佛、道二教具有浓郁的政治色彩。

（三）其他宗教

秦唐间民间社会还有一些宗教组织，不过其规模、影响都无法与佛、道二教相比，可是也不能忽视。在中古的文献中常见有“妖贼”一词，如《后汉书·顺帝纪》阳嘉元年三月条记载有“扬州六郡妖贼章河等寇四十九县”①。章河等造反是以原始宗教形式鼓动起来的，只是没有言明“妖”是哪种宗教或信仰，以至今日我们也不得而知。民间有许多神灵信仰和历史人物的崇拜。《三国志·武帝纪》说曹操任济南相时，“禁断淫祀”，乃因当地把西汉清除吕氏集团有功的城阳王刘章当作神，为他建立祠宇多达600余个。② 这类土生宗教团体，信仰神灵多，笔者所知甚鲜，不能详述。南北朝、隋唐时期几个外来宗教需要一叙。

火祆教，即祆教，又称拜火教，为波斯人宗教，南北朝时传入中国。萧梁时安成人刘敬宫“挟祆道，遂聚党攻郡”③，能利用祆教组织群众造反，可见信仰者不在少数。唐代两京及梁州均有祆教神庙。信奉者西域人和中原人皆有。洛阳祆庙由西域商人主持，祈福时杀猪宰羊，鼓笛伴奏，酣歌醉舞，表演魔术，并向观看者施钱。④ 会昌灭佛时也予祆教以沉重打击，但它流传下来。

景教。基督教一支，贞观九年（635）传入中国，十二年（638）唐太宗批准在长安义宁坊建立教堂，有信徒21人。⑤ 随后景教向洛阳及各地发展，建设

① 范晔：《后汉书》卷六《顺帝纪》，中华书局1965年版，第260页。

② 陈寿：《三国志》卷一《武帝纪》，中华书局1959年版，第4页。

③ 姚思廉：《梁书》卷三四《张绾传》，中华书局1973年版，第504页。

④ 李昉等：《太平广记》卷二八五《河南妖主》，引《朝野佥载》，中华书局1961年版，第2269页。

⑤ 王溥：《唐会要》卷四九《大秦寺》；韩琦、吴旻校注：《熙朝崇正集熙朝定案（外三种）》，《熙朝崇正集》卷一；《景教流行中国碑颂（并序）》、李之藻《读景教碑书后》、徐光启《景教堂碑记》，中华书局2006年版。

寺宇，唐肃宗在灵武即位，允准在西北五地立寺。教职人员景净于建中二年（781）在长安建立“景教流行中国碑”，叙述景教在中国的历史。唐代其信徒不少，在会昌灭佛时也遭到打击。

摩尼教。亦是波斯人所创，武则天延载元年（694）传入中国，在长安建寺。回纥人协助唐朝平定安史之乱，唐廷派摩尼教僧睿思等四人到回纥传教，回纥人得到允许在太原、洛阳等地建寺。灭佛的武宗强力打击摩尼教。该教主张二宗三际，即光明与黑暗斗争，使人寄希望于未来，故为贫苦人民所崇信，因而在民间流传。五代时陈州毋乙、董乙进行反对后梁的战争，大约就是利用杂糅摩尼教和佛教的教义鼓动起来的。《旧五代史·梁末帝纪》记载：“陈州里俗之人，喜习左道，依浮图氏之教，自立一宗，号曰‘上乘’。不食荤茹，诱化庸民，揉杂淫秽，宵聚昼散。”① 其宗教活动方式更像摩尼教。它的影响在后世更大。

伊斯兰教。唐时传入中国，其徒活动在东西二京及沿海城市扬州、泉州、广州，有一些中国信徒。它后来在回、维吾尔等少数民族中得到发展。

唐代实行开放政策，有利于外来宗教的传入，逐渐被中国人接受，改变了人民生活的一些面貌，丰富了中华文化。

（四）民间互助团体

秦唐间民间自办互助团体正式出现，与官办性质的区分明显。

1. 四邻结社

秦汉之间的社，仍如战国时代，里社、祭社合一。陈平为里社之宰，祭祀后分肉很平均，得到里人的称赞。② 这个社以乡里为单位，以祭社神为重要使命。西汉中叶以后，民间自行组织的社出现了，当时叫做“私社”，据记载它是民间在三月、九月举行社的聚会，或者是十家、五家建立一个田社，而不是政府规定的二十五家为一社的社。因其为民间自发组织，与官府方针不合，汉元帝建昭五年（前 34）兖州刺史浩赏“禁民私所自立社”③。禁止不可能起多大作用，私社以后得到发展。唐朝出现邑会，高宗下诏禁止：“春秋二社，本

---

① 薛居正等：《旧五代史》卷一〇《梁末帝纪》，中华书局 1976 年版，第 144 页。

② 班固：《汉书》卷四〇《陈平传》，中华书局 1962 年版，第 2038 页。

③ 班固：《汉书》卷二七中之下《五行志》及注及张晏曰、臣瓒曰，中华书局 1962 年版，第 1413 页。

以祈农，如闻此外别为邑会。此后除二社外，不得聚集，有司严加禁止。”① 事情到皇帝禁止的程度，必定邑会已很有发展。四邻结社的主要活动内容是祭社神，春秋两次集会祭祀。南北朝时荆楚地区的社日，社民临时建棚屋于树下，先用牺牲祭神，然后分享胙肉。② 祭祀时还有娱乐，奏乐唱歌，民众自得其乐，是社的一项功能。民众是达观的，在贫苦中也能找到生活的乐趣。

2. 互助社

汉代出现称作“僤”的社团，由里民共同出钱买田，里中父老管理，收入供作办公用度。③ 这是为应承职役而立的社团，具有互助功能。

3. 悲田养病坊

个人出于行善好义，给贫苦人一些帮助，赈济灾年，疫中施药，丧葬给棺，是社会常见的现象，所以政府有表彰义行的措施。如刘宋山阴人严世期救活里人张迈等人稚子，为宗亲严弘、乡人潘伯等15人安葬，政府因而表其门“义行严氏之闾”，又免其徭役，蠲税十年。④ 严世期之类的活动是个人行动，并没有组织，不是经常性的社会慈善事业。然而随着佛教的发展，渐渐产生了慈善团体。

前面讲到北魏有僧祇户，该户每年向僧曹交纳粮谷60斛，称为僧祇粟，到了荒年，寺院“赈给饥民”，这个民，不限僧尼，包括俗民。⑤ 因有专项收入，多少有一些保障。唐代有悲田养病坊，在两京和一些地方设置，大约是供养贫病俗民的，武宗灭佛时，僧尼大量减少，就把没收的寺田给两京悲田养病坊各十顷，给诸州各七顷，收入给老民。⑥ 这使出家人的慈善机构向平民的方面转化，到北宋演化成福田院，成为专门救济老病穷民的组织。从僧祇粟到悲田养病坊，是慈善团体建立过程中的一个阶段。

（五）朋党

官僚制度使官员容易结党，人们或以政见，或以地域，或以学派，或以科举，结成团体。由于专制制度不允许结党，所以只能出现无形的团体。东汉的党锢之祸，唐代的南衙北司之争、牛李党争，均具有朋党性质。

① 刘昫等：《旧唐书》卷五《高宗纪》，中华书局1975年版，第98页。
② 宗懔撰、杜公瞻注：《荆楚岁时记译注》，中华书局2018年版，第28页。
③ 参阅黄士斌：《河南偃师县发现汉代买田约束石券》，《文物》1982年第12期。
④ 沈约：《宋书》卷九一《孝义传》，中华书局1974年版，第2247页。
⑤ 魏收：《魏书》卷一一四《释老志》，中华书局1974年版，第3037、3042页。
⑥ 欧阳修、宋祁：《新唐书》卷五二《食货志》，中华书局1975年版，第1361页。

党锢之祸。东汉出现外戚、宦官轮流专政的局面，皇帝多次利用宦官力量击败外戚干政力量。但是宦官不会理政，造成混乱统治局面。世家大族出身的官僚和读书人，以特权等级的眼光，看待平民出身的刑余之人宦官专擅很不服气，并为了澄清政治，步调一致地同宦官集团作斗争，有时还和外戚联合。汉桓帝时官僚李膺、陈蕃，读书人范滂等与外戚窦武结合，形成一股政治势力，打击宦官势力，宦官张让等反扑，告他们结党诽谤朝廷，逮捕二百余人，于永康元年（167）放归乡里，但禁锢终身。这是第一次党锢之祸。次年灵帝继位，窦武重新启用李膺等人，密谋诛杀太监，太监先发制人，杀死李膺、范滂等一百多人，禁锢、迁徙数百人，这是第二次党锢之祸。从此东汉政权进一步被宦官集团控制，官僚集团的政治运动以失败告终。李膺、陈蕃等人并没有建立政治团体，但他们政治目标相同，联合行动，可以视为中国历史上第一次大规模带有政治色彩的群体活动。

南衙北司之争。唐代宦官衙门朝北，政府衙门朝南，南衙北司之争是官僚集团与宦官集团的斗争。唐朝中叶起，宦官掌握禁军，参与机密政事，废立杀害皇帝，他们所率领的神策军，多由长安工商富家子弟组成，这些人从而得到做官的权力，破坏了等级制度对他们出仕的限制，与官僚特权集团发生矛盾。皇帝本来想利用家奴遏制武人和朝臣，及至宦官坐大，也想清除他们的势力，这样官僚与皇帝就有了联合共制太监的可能。官僚、太监各把自身看成政治集团，互不相容，所谓“士大夫深疾宦官，事有小相涉，则众共弃之”①；宦官“益与朝士相恶”，“南北司如水火矣”②。在争斗中吃亏的是官僚和皇帝，如甘露之变，宰相李训及六七百官吏被宦官杀害。终唐之世，官僚集团都没有翻过身来。

牛李党争。学术界对这场斗争的性质认识不一，或认为这是士庶之争，旧士族与科举集团之争，也有人认为李德裕没有结党，但牛僧孺结党是史学界共识，这个事实就能说明 808 年至 859 年官僚内部的斗争多少具有政治团体斗争的性质。唐代实行科举制后，科举入仕的官僚因出身的关系，相互以利害一致而联结，无形中形成了小团体，非科举出身的人因仕进门路减少，敌视科举官员，也容易结党；旧士族往往看不起科举出身者，也会与他们犯难。考官与中

---

① 司马光：《资治通鉴》卷二五〇《唐纪六六》，中华书局 1956 年版，第 8093 页。
② 司马光：《资治通鉴》卷二四九《唐纪六五》，中华书局 1956 年版，第 8055 页。

举者形成座主门生关系，同时中试者成了同年，关系密切，如李德裕所说："国家设科取士，而附党背公，自为门生。"① 牛僧孺与李宗闵"同年登进士第"，又"同年登制科"②，他们结党排斥非科举出身的李德裕，就可以理解了。牛李党争，含有科举出身与非科举出身的不同官僚集团斗争的性质，也表明这种政争的内容之一是对科举的态度。

以上几种政治斗争，或者说事件，双方皆未组织有形政治团体，那个时代也不可能出现政党。但从政者乃至太学生为共同利害，在认识上取得一致，于是共同结伙，有了统一行动，这就是朋党。这种事是历史上经常出现的，上述几个事件，可以说是显例。

第三节　君主专制主义中央集权后期宋元明清（鸦片战争前）的社会结构

宋元明清时期地主制发展，商品经济更加活跃，中央集权进一步强化，影响着社会结构的变化。

一、等级结构

我们看《水浒传》中人物的称谓很有意思，似乎与等级身份有关系，且先看名号：

以"哥"称呼：郓哥（乔姓），唐二哥（牛儿），张二哥（张顺），李大哥（李逵）。

以"郎"相称：武大郎，武二郎，宋三郎（江），孔二郎（亮），阮二郎（小二），阮七郎（小七），姚二郎（文卿，开银铺），赵四郎（仲铭，开纸马铺），西门大郎（西门庆）。

以"官"称呼：柴大官人（进），郑大官人（屠），李大官人（应），西门大官人（西门庆，"发迹有钱，人都称他做'西门大官人'"）。

关于哥、郎、官之称谓，明朝人文献里经常出现。田艺蘅的《留青日札》

---

① 欧阳修、宋祁：《新唐书》卷四四《选举志》，中华书局1975年版，第1169页。
② 刘昫等：《旧唐书》卷一七六《李宗闵传》，中华书局1975年版，第4551页。

云，“元时称人以郎、官、秀为等第”①。董谷在《碧里杂存》写道：“国初每县分人为五等，曰哥、畸、郎、官、秀，哥最下，秀最上。洪武初家给户由一纸，以此为等，而每等之中又各有等。”② 看来在元朝和明初把人分为五等，哥户是最下等穷民，畸户应是鳏寡孤独残缺不全的畸零户，郎是一般平民，官户、秀户为富裕户，有一定社会地位。以此考察《水浒传》人物的名号就同这户等相一致了，所谓大哥、二哥、三郎、四郎，虽然也含有行几的意思，但更重要的是其人户等身份的表现，就以李逵说，他行二，而人称大哥，乃因其处于“哥”的地位。西门庆未发迹以前也是“郎”，有钱势之后，才进入“官人”行列。有财势的李应、柴进称为大官人，实反映其户等。唐、宋皆有户等，为纳税、应职役的依据，不过元、明似乎身份化了，所以清初人汤廷尉《公余日录》讲明人称的“秀”为“故家右族颖出之人，郎则微裔末流群小之辈。人自分定，不相逾越”③。

五等户也没有完全反映元明民人身份的复杂情况。明朝户口制度将民人分为军、民、匠、灶四籍，实际更为细致，以浙江新昌县为例，万历六年（1578）户籍登记将民人分为军户、民户、官户、生员户、水马驿站户、各色人匠户、捕户、僧户、医户、阴阳户、乐户十一种④，同时期该县所在的绍兴府，除上述户别之外，还有灶户、力士校尉户、弓兵铺户、皂隶户、道户、尉户、厨户、外府县寄庄户、杂役户、纸槽户、儒户、窑冶户十二种⑤。绍兴一府多达二十三种人，其中从特权等级到贱民均有。

先对宋清间人们的身份情况有这类形象化概念，此后便可以进入等级的分析了。

（一）皇帝

中央集权在秦唐时代基础上进一步强化，皇权还在加强，内容之一是继续削弱相权和分散地方长官权力，使皇帝成为国家元首和政府首脑。它经历两个阶段，即宋代的分散相权和明清的取消丞相。宋朝承唐制设三省，但不予实权，而别设禁中中书，与枢密院分理政务、军务，另设三司掌管财政，于是

---

① 田艺蘅：《留青日札》卷三五《沈万三秀》，浙江古籍出版社浙江文丛本，第58页。
② 董谷：《碧里杂存》卷上《沈万三秀》，《丛书集成初编》本。
③ 王应奎：《柳南随笔》卷五，中华书局1983年版，第91页。
④ 万历《新昌县志》卷四《风俗志》。
⑤ 乾隆《绍兴府志》卷一三《田赋志·五·户口》，引万历府志。

政、军、财三权分立，宰相无统理之权。更为甚者，三省长官虽有宰臣之名，但不能任事，主事的是临事差遣官员，不可能利用职权与皇帝分庭抗礼。三省制名存实亡，宰相权名存而实削。明初干脆废除丞相制，提升六部，使六部尚书直接对皇帝负责。后来内阁制形成，大学士有“票拟”权，也即处理政事的建议权，不成其为宰相。天下庶务皆皇帝总理，使他身兼国家元首和政府首脑二任。大学士由顾问而成为政府的名义主管。清朝皇帝增设军机处，参议皇帝对政事的处决，传发皇帝的一部分命令，又剥夺了大学士的部分参议权和行政权，于是大学士、军机大臣都成了皇帝的秘书。自宋朝用文臣知州事，地方官由文官担任，历经明、清而不改，而文官对中央来说易于控制。宋朝各路分设转运使、提刑使，分管财政、司法，互不统属。明代行省设三司——布政司、按察司、都指挥司，分管政、刑、军三务，为并列衙门，皆对中央负责。地方主官的并立，使他们互相牵制，无法集中权力对抗中央。地方官任命，由吏部负责，皇帝认可，乃至清代知县上任，都要面见皇帝，由皇帝决定取舍。官员完全秉命于皇帝，成为皇权实施的工具。

到了明清时代，特别是清朝前期，一切权力归皇帝，皇权达到登峰造极的地步，无法再加大了，事物发展到这一地步，等着它的，只有衰弱、灭亡的命运。

（二）贵族

贵族由宗室贵族、异姓贵族和衍圣公孔府贵族三部分组成。贵族势力没有沿着隋唐时代的削弱方向发展下去，而是在一定范围内有所回升。

1. 宗室贵族

宋代宗室享有爵禄之赐，但不理民政。宗室贵族的政治作用体现在辽、金、元、清少数民族王朝和明朝初年及末季。辽、金、元、清四朝兴起于离部落制不远的时代，建政时保留宗族制的成分比较多，重视宗室的作用。辽朝宗室由太祖后裔的横帐房，太祖两个伯父后裔的孟父房、仲父房，太祖诸弟后裔的季父房四部分组成。他们接受封爵、食邑，领有头下军州，管理部民、奴婢，具有领主身份，但多设在黄河流域部分地区及契丹故地，不影响全辽君主专制性质。元代宗王出镇，宗室贵族兼有领主和食禄的性质。清代宗室贵族受封爵，有庄田，没有领地，无领主贵族性质，多少有参政权，是清初议政王大臣会议的主要成员，后来充任军机大臣，政治作用较大。明太祖分封诸子为王，有军队，管理藩地部分民事，具有领主贵族性质，但很快出现削藩和靖难事件；此后宗王之藩而不临民，不能出仕，完全成为寄生贵族；由于他们散在各地，在明清之际的抗清斗争中被各派力量利用，出现明藩政府。辽清间宗室贵族时或具有领主性质，政治作用大，是历史的倒退。

2. 异姓贵族

异姓贵族包括外戚和各代开国功臣受封的家族。元朝的四杰木华黎、博尔术、博尔忽、赤老温家族，明代的六国公廿八侯，清代的吴耿尚三藩。辽代的后族述律氏由于和皇室世代通婚，势力经久不衰。辽代异姓贵族的头下军州，有领主性质。明清异姓贵族政治上不起多大作用。他们有免赋、司法、荫子等特权，是沿袭前期旧制。

3. 孔府贵族

孔子本人在汉代被尊为素王，封为褒成宣尼公，宋代尊为至圣文宣王，明代更尊为大成至圣先师。他的后人在西汉时被封为褒成侯，食邑两千户，至宋代被封衍圣公，延续至清朝。衍圣公于明代得祭田两千顷，拥有钦拨庙户、佃户、工匠、仆役、礼生、乐舞生，均得到政府免差徭的优待，府庙属官及孔姓族人也得优免差役。孔府在北京有赐第，遇国家大典，得进京朝贺。孔府有一套管理机构，有点像朝廷机构，比宗王府还要完备。孔府衍圣公是历史上，特别是宋代以来唯一的奕世绵延的贵族，是其他任何贵族所不能企及的，它拥有多种特权，但是无权参与政治。

（三）官僚

平民进入官僚集团增多，官僚特权明显，为宋清间官僚等级的特点。

1. 官僚来源的拓宽

少数民族政权下，契丹、女真、蒙古、满洲人大量进入政界，究其晋身之阶，平民因功跻身政坛的不少。唐代科举制确立后，科举出身的人成为官僚的主要来源，明代尤为显著。皇帝规定，科举出身者为正途，他则异途，异途不得任主官，于是高官多来自科举。在科举中，金、元、清注意吸收女真、蒙古、色目、满洲人入仕。这个时期买官入仕也是经常现象（即朝廷实行捐纳制度）。辽朝富民要做官，交纳牛驼十头、马百匹即可。[①] 金朝多次下诏，“许富民入粟补官”。官员能招徕纳粟者还可以升迁。[②] 元代任官制度较滥，“入粟者

---

① 脱脱等：《辽史》卷一一六《国语解》，中华书局 1974 年版，第 1596 页。
② 脱脱等：《金史》卷五〇《食货志》，中华书局 1975 年版，第 1124 页。

以赀进，至工匠皆入班资，而舆隶亦跻流品”①。清代捐纳事例频兴，有钱者可以捐至郎中、道员。士族制破坏后，结束士族垄断官位的局面，有钱的人得以进入官场。官僚出身的成分降低了。

2. 官户及其特权

上节讲过唐代有官户，系贱民，金代也有官户，也指奴婢。然而前引《新昌县志》之官户则为官宦之户，官户的这种含意在宋朝就出现了。宋人所讲的官户，是品官之家，为九品以上官的家庭称谓，九品以下官不在其内②，所以官户就是官僚等级的代称。

官僚优免权比中古明确，宋代依官品大小免田赋差科：一品免百顷，每小一品递减十顷，至九品为二十顷，此外的田业，“并同编户差科”③。在诉讼上也受到优待，司法衙门不得自行决定对官员拘留提审，须先报告皇帝，革职后才能拿问，拟出处断意见，皇帝复审后方可判决④，以此表明他们的特权身份。其他恩荫特权基本同于中古。

官僚有俸禄，宋代非常优厚，是养官政策的表现，而明清时代又异常菲薄。因此赵翼在《廿二史札记》中写出《宋制禄之厚》与《明官俸最薄》二条对比。⑤ 明清官僚税外加征耗羡，清朝政府将耗羡银归公，向官员发放养廉银，但官僚仍然大肆贪赃枉法，吏治腐败，民众遭殃。

中古士族制盛行时，官僚与士族几乎为一体，皇帝依靠官僚就等于依靠士族，基础雄厚；宋以后地主制流行，官僚来自广大平民，皇帝不可能给平民以特殊优惠政策，只能依靠官僚，但是统治者对此有个认识过程。宋神宗要变法，遭到一些官僚的反对，他说：“更张法制，于士大夫诚多不悦，然于百姓何所不便?”宰相文彦博回答说：“为与士大夫治天下，非与百姓治天下也。”⑥这一认识非常明确，与皇帝共治天下的是官僚士大夫，而不是平民百姓。皇帝终于懂得他应当专心一意依靠和利用官僚，于是扩大机构，大养官僚，给予优厚特权和经济待遇。对于他们的贪赃枉法，则睁一目闭一眼，以维持官僚队伍

① 宋濂等：《元史》卷八一《选举志》，中华书局 1976 年版，第 2016 页。

② 参阅王曾瑜：《宋朝阶级结构概述》，《社会科学战线》1979 年第 4 期；佚名：《名公书判清明集》上册，中华书局 1987 年版，第 44 页。

③ 脱脱等：《宋史》卷一七三《食货志》，中华书局 1977 年版，第 4169 页。

④ 《大清律例增修统纂集成》卷四《名例律》。

⑤ 赵翼著、王树民校证：《廿二史札记校证》，中华书局 1984 年版，第 533 页、750 页。

⑥ 李焘：《续资治通鉴长编》卷二二一，熙宁四年三月戊子条，中华书局 2004 年版，第 5370 页。

的稳定。

（四）绅士

绅士（也称“绅衿”）是在中古弟子员基础上发展起来的等级，而且其势头兴盛，成为影响社会的重要力量。

1. 绅士及其大量出现

清代河南巡抚田文镜说：“绅为一邑之望，士为四民之首。在绅士与州县，既不若农工商贾势分悬殊，不敢往来；而州县与绅士，亦不若院道、司府体统尊严，不轻晋接。”① 他的话有三重涵义，一是绅、士有区别，但又基本上是一种社会地位；二是绅士有特殊地位，与地方官几乎是敌体，不像院道、司府的统属主从关系；三是绅士是地方社会力量。

绅，又称缙绅，系致仕官僚及临时在籍侍亲、守制官员，革职回乡的官员不在其列。士，又称衿士，是科举中有功名的人，即未出仕的进士和举人、贡生、秀才、监生。

科举制的实行，造就了一批衿士。有元一代科举制未能正常进行，可是元世祖时有儒户3890户，北方儒户占总户数0.17%，南方比率较北方高得多，为0.56%。② 明清时绅衿多，明朝正德年间，仅廪膳生员即有35800余人。③ 清代每届大比之年，参加乡试者集中省会，众达数千，这些都是有了诸生功名的人。康熙间浙江会稽政府向民间征丁银3317两，免征绅衿优免银1472两④，可知绅衿人数众多，成为庞大的社会阶层。

2. 绅衿特权

衿士有免除本身徭役甚至家庭免役的权力，宋朝规定：“凡州县学生曾经公、私试者复其身，内舍免户役，上舍仍免借借如官户法。”⑤ 元、明、清都有优免政策。

缙绅的优免，明朝规定以礼致仕的优免是在职官员的7/10，一般闲住的优免为在职官员的5/10。⑥

绅衿在司法上也有特权。衿士涉讼，地方官要题请学政，先革退其功名，

---

① 田文镜：《钦颁州县事宜·圣谕条列事宜·待绅士》。

② 陈得芝：《从“九儒十丐”看元代儒士地位》，《光明日报》1986年6月18日。

③ 陈洪谟：《继世纪闻》卷五，中华书局1985年版，第107页。

④ 康熙《会稽县志》卷一一《田赋志》。

⑤ 脱脱等：《宋史》卷一五七《选举志》，中华书局1977年版，第3663页。

⑥ 万历《明会典》卷二〇。

然后才可以提审。一般性诉讼，绅衿可以命家人出庭经理。

3. 绅衿是地方社会势力，绅权是一种地方权威

绅衿在地方上欺凌平民，强夺田房人畜，接受投充，扩充财力；包揽词讼，颠倒黑白，鱼肉民人。这类事以明代最为严重，明人吕坤说缙绅“增家邦陵夺劳费之忧，开士民奢靡浮薄之俗。然则乡有缙绅，乡之殃也，风教之蠹也”①。缙绅为恶，引起民愤。明代后期松江平民反对为恶乡里的尚书董其昌，先发传单，呼喊“若要柴米强，先杀董其昌”，继而烧其房屋。② 可见平民与缙绅对立的严重。

绅衿是地方公共事业的主持人。宋代以后，尤其是明清时期，地方上普遍出现团体和公益事业，如社仓、善堂，它们多由绅衿出面组织，往往是缙绅为董事，诸生为经理人。

绅衿有地方势力。地方官深知要同他们搞好关系，借重他们治理地方，并谋取良好官声，于是害怕他们、讨好他们。所以清朝人说：“地方有司则平日奉缙绅如父母，事缙绅若天帝，方依之以保官爵求荐剡者也，安敢料虎须哉！故宁得罪于百姓，不敢得罪于缙绅。”③ 官、绅结合，有纵容绅衿把持地方不好的一面，但君主专制时代没有民治，绅衿预政，也多少有一点邑人参与本地政事的味道，倒有一点新的社会因素。

（五）平民

和中古一样，平民成分复杂，变化较多，地位有上升趋向。

1. 庶民地主

在土地买卖盛行的情况下，贵族官僚兼并耕地之外，庶民地主占有土地。每个王朝统治时间稍长后，就会出现一批庶民大地主，拥有大量田土。南宋殿中侍御史谢方叔讲：“豪强兼并之患，至今日而极。”④ 元成宗对台臣说：“朕闻江南富户侵占民田，以致贫者流离转徙。”⑤ 明代中后期有人说：“贪绅豪民，富商大贾，求田问舍而无底止。”⑥ 各人所说富民占有土地之巨，或许有些夸

---

① 吕坤：《呻吟语》卷一《修身》，北方文艺出版社2016年版，第178页。

② 《民抄董宦事实》，《中国内乱外祸历史丛书》本。

③ 《昆山贡生沈悫呈控徐乾学一门贪残昆邑状附条陈》，《清代档案史料丛编》第5辑，中华书局1980年版，第40页。

④ 脱脱等：《宋史》卷一七三《食货志》，中华书局1977年版，第4179页。

⑤ 王圻：《续文献通考》卷一《田赋》，万有文库本。

⑥ 刘同升：《限田均民议》，《古今图书集成·经济编·食货典》卷六一。

张，但庶民中不乏大地主则是事实。

庶民地主有职役的负担。宋、明实行职役制度，让富人充任衙前、里正、粮长、里甲。宋朝充当职役的人家本来就有钱财，一经职役在身，又有一定的权势，成为“形势户”，他们虽没有法定的特权，但实际上能够免除徭役，以至自耕农为逃避赋役投靠形势户。但职役户本身的负担也不轻松，如衙前要到中央输送本州县税钱，路费自行负责，到京城主管官吏故意不收，以便勒索，这样很容易出现倾家荡产的情形，因此并州知州韩琦说：“州县生民之苦，无重于里正衙前。”① 明代里长制，选择丁、田多的人家当里长，排定民户服徭役的时间和次序。粮长在地方官委派的官员带领下把税粮送到京师，也有赔累的问题。职役制是政府处理与税民关系的办法，它希图依靠富户为统治基础，保证赋役的征收，这就是明太祖说的实行粮长制的原因：“教田多的大户管著粮少的小户。”② 然而政府又不给他们法定特权，势必造成两种情况，一是担任职役的人为非作歹，中饱钱粮，反使政府赋役收不上来和民怨沸腾，与政府的治理愿望背道而驰；另一方面使奉法的职役者由富变穷，无法供役。承担职役的富户因无法定特权，仍属于平民，但由于职役在身，成为形势户，是平民的上层。

庶民地主读书出仕机会比中古时代增多。

2. 自耕农

宋代农村主户中的第四、五等户，就是自耕农、半自耕农。他们人口众多，宋人张方平说：“逐县五等户版簿，中等以上户五分之一，第四等、五等户常及十之九。”③ 辽代契丹区的中户、汉区的农户，相当部分是自耕农。元代哈剌出，也多是自耕农。明初实行招抚流亡、奖励垦荒政策，特别是移民垦荒政策，产生大量自耕农。每一个朝代的中后期土地兼并的结果，是田归富室、自耕农大量减少。从宋代到清代自耕农在农户中的比重就是减少了，但在总人户中至少占三四成④，仍然是不小的数字。自耕农作为平民，有读书出仕的权利，在科举制盛行之后，这种机会增多，确有一些人进入有功名的特权阶层。（庶民地主、自耕农子弟读书中式而向上社会流动的状况，请阅览第一章介绍

① 脱脱等：《宋史》卷一七七《食货志》，中华书局 1977 年版，第 4297 页。
② 朱元璋：《大诰续编·水灾不及赈济》，明洪武十九年内府刻本，第 149 页。
③ 李焘：《续资治通鉴长编》卷一三一，庆历元年二月辛丑条，中华书局 2004 年版，第 3107 页。
④ 冯尔康：《清代自耕农与地主对土地的占有》，见《郑天挺纪念论文集》，中华书局 1990 年版。

的何炳棣《明清社会史论》）自耕农是赋役的重要负担者，诗歌里许多有关赋役之苦的描写都反映了他们的疾苦。

3. 平民佃农

宋清间的佃农社会地位变化比较大，除了少数佃仆，佃农成了平民，有读书出仕的权利。

关于地主对佃农的人身控制权。宋仁宗天圣五年（1027）以前地主不允许佃农弃佃移徙，或改为其他地主的佃户，宋仁宗于这一年下令取消地主这种束缚佃农人身的权力，诏书说："旧条私下分田客，非时不得起移，如主人发遣，给与凭由，方许别住。多被主人抑勒，不放起移。自今后客户起移，更不取主人凭由。"① 元世祖至元十九年（1282）继续两宋的政策，禁止地主控制佃农人身的权利，理由是佃农是良民，应当有平民的地位。② 宋元两代强力禁止地主对佃客的人身控制，将佃农视作政府编民，虽然他们不需交纳田税，但对国家有力役负担，这是把佃农从地主控制下解脱出来。到明清时代不再见有关法令，显然这一问题已基本不存在了。明朝对于地主、佃农间的关系，明确规定为："佃见田主，不论齿序，并以少事长之礼。"③ 在这种宗法关系里，主佃是少长关系，地主虽仍处于尊长地位，但绝不是主从关系，表明佃农与地主基本上处于对等的地位。

司法中的主佃关系。宋神宗时规定主佃相犯，若"佃客犯主，加凡人一等"④。可见宋代主佃双方在司法上不平等，元代亦然。这种不平等的状况，明清时代改变了，清代刑法主佃相犯按平人论，地主打死佃农要偿命，非法殴打也要受处分：若官绅地主私自责打佃农，革去功名，像凡人之间私刑拷打一样杖八十；若将佃户妻女占为婢妾，革去衣顶职衔，处以绞监候的刑罚。⑤ 可知明清时代，佃农与地主在法律上地位趋于平等也同少长关系相一致。

契约关系。佃农租种地主土地，需要订立契约，把双方租约内容、关系明确下来。大约在宋元时期，所立契约，反映地主奴役佃农的内容较多，是地主

---

① 徐松：《宋会要辑稿·食货·农田杂录》，中华书局 1957 年版，第 4813 页；并见《食货》卷六三，第 6075 页。

② 《大元圣政国朝典章》卷五七《刑部十九·禁典雇》，中国广播电视出版社 1998 年影印版，第 2051—2052 页。

③ 胡广等：《明实录·太祖朝》卷七三，洪武五年五月。

④ 李焘：《续资治通鉴长编》卷四四五，中华书局 2004 年版，第 10716 页。

⑤ 光绪《大清会典事例》卷一〇〇《吏部·擅责佃户》，卷八〇九《刑部·刑律斗殴》。

强迫佃农立契，对佃农不利。而明清时期的租佃契约多半规定纳租方式和数量，人身依附的内容大为减少，甚或无有，反映这个时期基本平等的主佃关系。契约关系是佃农平民化的过程和标志。①

佃仆仍然处于半农奴地位。宋元时期有一部分佃农是佃仆，明清时代也有一些，不过清代已经很少。这类佃仆主要有：宋代川陕的佃客“旁户”，宋元时代的“随田佃客”，明清时代的投充人。佃仆不得读书出仕，是半贱民，与平民的佃农不同，表明不是所有的佃农都成为平民，其中仍有一部分是依附民。

总之，随着地主土地所有制与生产关系的局部变化，佃农逐步平民化。大部分佃农由宋元时代转化，到明清时代成为平民。历史好像是在开玩笑，从秦汉时代的自由农，变为中古的依附农，到明清时期终于又成为平民佃农。这种否定之否定是一种历史的进步，因为古代历史经历了带有领主性质的贵族士族地主制进入庶民地主制的变化，佃农所享有的社会权利实际增多了。

4. 平民佣工与雇工人

佣工有从事农业劳动的，也有进行手工业、商业活动的，多食宿于主家，经济地位不如佃农，更被社会所歧视。明朝人的观念“尤贱工作”②，即贱视佣工。芜湖人把这种人称作“二汉子”，意思是“贱男子”③。观念如此，但宋清间的佣工有平民佣工和雇工人两种，趋势是经历平民化过程而逐渐成为良民。

自由佣工。在宋代，工商业雇工要有牙人从中联络，“凡顾倩人力及干当人，俱各有行老人引领”④。这种雇佣状况，表明雇工的应雇与否有自主权，主家不能逼勒他们终身服役。明代雇主为了使佣工好好干活，根据他们是平民的特点，总结出“三好”“三早”的对待办法。三好是：“吃口好”，给佣工好吃喝；“相与好”，以好态度待人；“银色好”，即工钱的银子要成色好。三早是：“起身早”，好督促佣工早下地干活；“煮饭早”，以便及时吃饭，免使其因饥饿

① 参阅杨国宜：《南宋大地主土地所有制的发展》、《史学月刊》1959 年第 9 期；邓拓：《论中国历史的几个问题·中国长期封建社会农业生产关系的变化》，生活·读书·新知三联书店 1979 年版，第 130 页；傅衣凌：《明清农村社会经济》，生活·读书·新知三联书店 1961 年版，第 71 页。

② 嘉庆《泾县志》卷二《风俗》引成化志。

③ 嘉庆《芜湖县志》卷一《地里志·方言》。

④ 吴自牧：《梦粱录》卷一九《雇觅人力》，中国商业出版社 1983 年版，第 169 页。

不好好干活；“洗脚早”，早早烧好洗脚水，使佣工洗脚休息，第二天好早起。[①] 佣工是自主之人，不能像对奴隶那样对待他，要结其欢心，让他卖力气干活，雇主家就有利了。“三早”是雇主用来对待自由雇工的，这种雇工具有平民身份，可以读书做官。

在佣工中有一种在法律身份上的“雇工人”，属于半贱民，与平民佣工大不相同。这种人在宋元时代就有，而明确为法律身份是明代的事。明朝政府认为平民不应当有奴婢，但是平民中的富人在事实上买有奴婢，同政府的法令相违背，明朝政府考虑到立法的原则与无法清除平民置买奴婢的实际情况，于万历十六年（1588）订立折中的条例：“官民之家凡倩工作之人，立有文券、议有年限者，以雇工人论；止是短雇日月，受值不多，依凡论。”[②] 把佣工分为雇工人和凡人雇工两种。后一种就是前述平民佣工。确定雇工人的依据是其较长时期受雇和对雇主的主仆相称，他的雇主多系有功名或出仕之家。

雇工人的法律地位高于奴婢，低于良人。明律规定，“奴婢殴家长者斩”，“若殴家长之期亲及外祖父母者绞”，而“雇工人殴家长及家长之期亲若外祖父母者杖一百徒三年”，犯同样的罪，雇工人比婢判刑轻得多。反过来，家长（雇主）对雇工人犯罪处断是：“若家长及家长之期亲若外祖父母殴雇工人，非折伤勿论，至折伤以上，减凡人三等。”[③] 两相对比，家长与雇工人在法律上不平等，优待家长，虐待雇工人，且从“减凡人三等”律文看，雇工人身份不及凡人。

5. 商人和手工业者

宋清间的商业发展是前所未有的，从事绸缎棉布、盐、茶、粮、典当、海外贸易行当的商人中多有富有者。明朝中期以后，在一些手工业商业重镇，产生包买主和初期资产者。在明代山西商人很出名，“豪商大贾甲天下，非数十万不称富”[④]。有“无徽不成镇”盛名的徽商，经营盐业、典当业，多巨富。

政府仍然实行传统的抑末政策，明朝的贱商尤为突出。明太祖规定商人只可穿绢、布质料的衣服，不能像农夫那样可以使用绸、纱高级质料，假若农民

---

① 张履祥：《补农书》，陈恒力校释《补农书校释》，农业出版社1983年版，第152页。

② 《明律集解附例》卷二〇《刑律斗殴·奴婢殴家长》，1908年本；《明史》卷九三《刑法志》，第2291页。又《明史》载：“无论官民之家，立券用值、工作有限者，以雇工人论；受值微少、工作计日月者，以凡人论”。

③ 薛允升：《唐明律合编》卷二二《奴婢殴家长》，商务印书馆《万有文库》本，第509页。

④ 沈思孝：《晋录》。

家中有一人经商，全家人都不能享受农民的服装待遇，而降低到商人行列。明武宗下令“商贩、仆役、倡优、下贱不许服用貂裘”①，简直把商人着装等级列到贱民当中。

工商业的发展使它的从业者要求提高社会地位，希望工商业与农业一样成为本业，思想界对这种要求作出反映。徽商的家乡更鼓吹经商，据说清代安徽黟县西递村有对联云：“读书好，营商好，效好更好；创业难，守成难，知难不难。”② 甚而认为第一等资质的人经商，第二等的才去读书。随着商品经济的发展，金钱的社会作用大增，商人和手工业者实际社会地位提高，他们的子弟读书出仕，在徽商中形成“贾而好儒”的传统③，有的工商业者买功名、官衔，以至进入官场。

手工业者原来向政府应役，或交纳代役银，清朝雍乾时期把代役银纳入田亩征收，从而取消了作为力役制的匠籍制度，手工业者成为真正的平民。

宋清间的平民还有很多类型，如本节开始讲到的明代绍兴府户籍中的军户、僧户、道户、阴阳户、医户、灶户等，皆具有凡人地位，不过因为不属于农本，往往为社会所歧视。古典小说《金瓶梅》中的医家蒋竹山受李瓶儿的羞辱，就反映了医户在平民中的下层地位。

（六）半贱民

前面为方便讲述佃农和佣工，把佃仆、雇工人都说到了，他们是半贱民，这里不再复述。

二税户。辽初贵族头下州县的民户，系俘掠而来，为奴婢，辽圣宗改行赋役制，他们兼向政府和贵族纳税，成为二税户，即由奴隶转变为半奴婢。寺院也有二税户。当辽亡之后，寺院把他们重新奴役为贱民，金大定年间下诏免二税户为民。④ 由二税户可知，奴婢改良，经历二税户阶段，地位反反复复。

宋清间有一些人不是奴婢，比半贱民身份也高一些，但又不同于凡人，像明太祖规定，南宋官僚蒲寿庚、黄万石的子孙不得出仕，以惩罪蒲、黄投降元朝。⑤ 金代的“监户”，原来身份是良人，被没入官，隶属于宫籍⑥，向

① 张廷玉等：《明史》卷六七《舆服志》，中华书局 1974 年版，第 1650 页。
② 《光明日报》1988 年 7 月 26 日。
③ 张海鹏等：《明清徽商资料选编》，黄山书社 1985 年版，第 438 页。
④ 脱脱等：《金史》卷四六《食货志》，中华书局 1975 年版，第 1033 页。
⑤ 顾炎武撰，黄汝成集释：《日知录集释》卷一三《禁锢奸臣子孙》，中华书局 2020 年版。
⑥ 脱脱等：《金史》卷四六《食货志》，中华书局 1975 年版，第 1032 页。

宫廷应役，从被没入来看，其人身很不自由，但可以与平民通婚，又有良人的味道。金朝的“正户”，是猛安谋克中的奴婢释放为良的①，在其释放后的初期并未真正取得平民地位。元代的“怯怜口”，系“招集析居从良还俗僧道”编籍而成，属怯怜口民匠都总管府管理，应宫中差役。② 从良户成为怯怜口的一种来源，可见放良人户地位还是低。元朝蒙古贵族有投下私属，内有投下工匠、投下打捕鹰房户、投下斡脱户、怯薛校尉、投下种田户、矿冶户、纳绵户、采珠户、葡萄户等，他们承受领主贵族较严重的人身束缚，强制服役，世代相传。明清时期皆有投充人，成为依附民，或为家人。依附民中从贱民出来的，地位尤低，在平民与贱民之间出出进进的人，身份不定，过渡性较强。

（七）贱民

宋清间社会上有为数不少的奴婢存在，辽、金、元朝尤多。辽朝皇室管理奴隶的组织瓦里就有 74 个。③ 据梁方仲的统计，金代女真人中在都宗室将军司户平均户有 169.36 口，其中奴婢占 163.58 口，占总口数的 96.59%，猛安、谋克户平均有 10 口，其中奴婢为 2.19 口，占总口数的 21.9%。④ 由此可知金代贵族、官僚占有奴婢之多。

奴婢种类繁杂，计有：

宫户。辽代宫户，即著帐户。系籍没而来，在宫廷服杂役，亦有赏赐臣下的。

部曲。“隶属于领主或地主、牧主”⑤。

驱、驱口、驱户。金、元的奴隶。金代官僚贵胄在战争中把良人掳掠为驱，做奴隶。⑥ 元代诸蒙古、回回、契丹、女真、汉人军前所俘人口，留家者为奴婢⑦，即为驱口。他们是典型的奴隶。

官户。金朝奴隶，“没入官的奴婢，隶太府监为官户”⑧。

---

① 脱脱等：《金史》卷四六《食货志》，中华书局 1975 年版，第 1032 页。
② 宋濂等：《元史》卷八九《百官志》，中华书局 1976 年版，第 2258 页。
③ 脱脱等：《辽史》卷三一《营卫志》，中华书局 1974 年版，第 362 页。
④ 梁方仲：《中国历代户口・田地・田赋统计》，上海人民出版社 1980 年版，第 167 页。
⑤ 张正明：《契丹史略》，中华书局 1979 年版，第 101 页。
⑥ 脱脱等：《金史》卷四六《食货志》，中华书局 1975 年版，第 1033 页。
⑦ 宋濂等：《元史》卷一〇三《刑法志》，中华书局 1976 年版，第 2640 页。
⑧ 脱脱等：《金史》卷四六《食货志》，中华书局 1976 年版，第 1032 页。

典当奴隶，即典当家人。因典当而不能赎身，卖断为奴隶。经典卖而为奴隶的，历代皆有。

义男义女。由于明朝不许平民占有奴隶，富裕平民遂将他们改称为“义男义女”。

皂隶。前述绍兴府力士校尉户、号兵铺户、皂隶户，是政府的差役户，为看门的门子，牢房的禁卒，验尸的仵作，缉盗的捕快。皂隶（图 3-8）属贱民，不得读书出仕。

图 3-8　明代皂隶形象

乐户。官娼，中古即有，来源于罪人家属。在中央属教坊司，州郡亦有。

山陕乐户。明成祖为惩治拥护建文帝的官僚，把他们的妻女发配教坊司之外，又散居山西、陕西等处，习歌舞，从事下贱营生。

疍户。生活在两广沿海，居住船上，多作娼妓，不许上岸居住，不得与良民通婚。

九姓渔户。生活在江西、浙江江河上，与疍户从事相同的职业，处境也同疍户类似。

丐户，即惰民。这个丐户，不是靠乞讨为生的“丐籍”乞丐。惰民生活在浙东，被摈斥在四民之外，与娼优隶卒身份相同。①

① 阮葵生：《茶余客话》卷二《乐户惰民丐户之世袭》；萧奭：《永宪录》卷二上，中华书局 1959 年版，第 102 页。

世仆、伴当、仆户。安徽宁国府有世仆，徽州府有伴当。这类人很多地方都有，广州府则把他们称为“仆户”。他们世代服役于主姓家族，看坟山，抬轿，做吹鼓手，不得与良人通婚。[①]

宋清间贱民所处的社会地位，同于前代，不得读书参加科举，出仕做官，不得捐纳为职员，保甲长也不得充任。他们不能与良民联姻。居住与着装都有限制，职业则是轿夫、吹鼓手、厨役、剃头匠、裁缝、乐人、娼妓、家内服役等卑贱行当，法律上对主家，以主奴法律对待。可是他们中的很多人并没有固定的主家，而是服务于良人以上的整个社会，所以在法律上有良贱之分，以压抑贱民。除了传统的禁止良贱通婚之外，贱民与非主家的平民发生冲突，要依凡人罪加等判刑，若殴打良人，罪加凡人一等，成伤的绞监候，致死者斩监候；反之，良人对他人的奴婢犯罪，减凡人罪一等。[②]

除了这些同于前代的共性，此间贱民有特别之处，值得注意。

其一，经济上有分化。贱民大多数贫穷，这是传统的共性；在贵族官僚家当总管的也很富有，这同样是历来皆有的事。但是贱民以其自身经营而成为富人的不少，表明其内部经济上有分化，产生了有钱人，他们成为地主、商人，但是没有平民地位。

其二，贱民进行了争取解放的斗争，政府也有局部范围的开豁为良的法令。贱民不甘心被奴役，或明或暗地进行斗争。明末农民军活动在黄河流域和长江中上游，没有到长江下游去，但是长江下游的奴仆掀起了反抗运动，如江西吉安、安福、永新以“铲主仆贵贱贫富而平之”为目标的暴动[③]，徽州宋乞领导的索契斗争[④]，成为明清之际震撼东南社会的大事。到了雍正年间乃有释免丐户、伴当、世仆、乐户、疍户的命令，使其中的一部分人可以脱离贱民的地位。

（八）宋清间社会等级结构图式

归纳前述各等级及等级内部的阶层，可作图 3-9 明之：

① 雍正帝：《上谕内阁》，五年四月廿七日谕，清雍正九年内府刻，乾隆六年增刻本，第 1780 页。

② 《大清律例按语》卷五八《刑律斗殴·良贱相殴》。

③ 同治《永新县志》卷一五《武备志·武事》。

④ 计六奇：《明季南略》卷九；嘉庆《黟县志》卷一五。

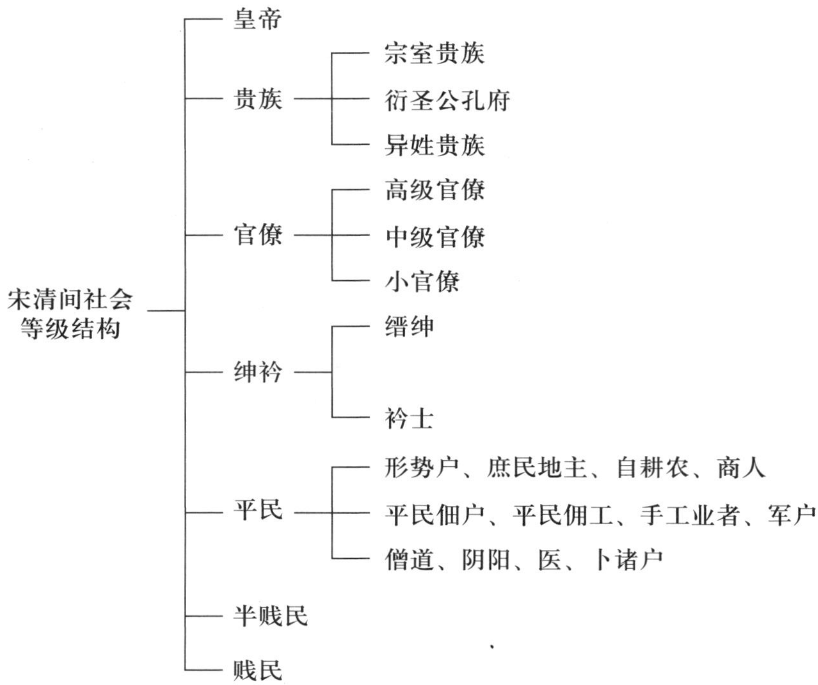

图 3-9　宋清间社会等级结构

二、宗族和家庭

（一）民众化的宗族

宗族发展到宋代之后，在皇族、贵族、士族及官僚的群体之外，平民建立宗族组织普遍化，宗族因而进入了平民化的新时期，主要表现是祠堂的普遍出现和一部分平民掌管宗祠，宗族的集体经济增多，私家修谱逐渐兴盛，取代了往昔的官纂谱牒状况。

1. 平民取得祭祀五代祖先权

中古以前的制度，为祭祀祖先，贵族、官僚可以依爵位品级设立家庙，最多可以祭祀高、曾、祖、祢四代，士人、庶人不能设家庙，在寝堂内供奉祖先牌位，只能祭一代。无论官民都不能祭祀始祖。这是按照周朝大宗法的内容设计的制度，到了宋朝早已过时，政府虽然还有这种规定，但人们已难于遵守。而且它和宗法的五服制度不相合，法律关于人们宗族关系的条文是以五服为范围，族人之间遇有丧葬，也依五服关系服丧，可是庶人祭祀只到父亲一代，高、曾、祖不在祭祀范围之内，就不能尽孝思之道了。这是宗法制度内部的矛盾。人们就想在思想上和实践上加以突破。程颐说："凡人服既至高祖，祭亦应至高祖，不祭甚非，某家却祭高祖。”就是说祭祖先应当与五服制度相一致，无论官民，皆可以祭高祖以下四代，而且他家就是这样实践的。朱熹赞同程颐的主张，认为它符合于祭祀的本意。① 元明时期不少人实行朱熹的祠堂规范。明朝初年允许百姓祭祀祖父母、父母两代②，但是实际上平民也祭高、曾祖。不仅如此，官民还提出祭祀始祖的问题。明世宗时礼部尚书夏言建议在官民间完全实行程颐的祭高祖以下祖先的主张，实现朱程祭祖的规范，皇帝接受了夏言的建议。③ 自此之后，民人可以合法地祭祀四代祖先，所以清朝规定：“庶人家祭，设龛正寝北，奉高、曾、祖、祢位。”④ 祭始祖也在民间成为习惯。宗族的祭祀先世四代以及始迁祖、始祖，不仅是报本追源对先人的怀念，而且关系着祠堂的建立和联宗、修谱等宗族活动。

2. 祠堂的建立和管理

一族之人祭祖，特别是祭始祖，要有供奉祖宗牌位的地方，这个地方要能够容纳众多参加祭奠的人，因而要有像样的建筑。贵族、品官有法定的建筑样式，叫家庙。庶民没有，随着祭祀代数的增多，特建祠堂，供奉祖先牌位。明清时代建设祠堂很普遍，福建莆田县人习惯在建住宅以前先建筑祠堂，县城里的建筑占地，有 1/5 是属于祠堂的。⑤ 安徽休宁一县，记录在道光间编辑的县志上的祠堂多达 297 所。⑥

祠堂是族人聚合祭祖的地方，怎样管理祭祀，如何祭祀，需要有个组织，所以凡建立祠堂的宗族，必然有它的管理组织。要有族长，大族分出的房分还有房长，主管宗族事务，如广东博罗林氏，“族内设立族长，以主族事；五房立房长，管理房中事务，帮理族事”⑦。大族的管理人不只是族长、房长，而是通常有一套机构。如江苏宜兴筱里任氏宗族设有宗子、宗长、宗正、宗相、宗直、宗史、宗课、宗干，分别负责宗族祭祀、教育、财务、修谱诸种事务，还有宗守、守祠人等杂勤人员。⑧ 这样严密的管理简直使宗族成了小王国。

祠堂管理人产生的原则多样，如论大小宗，行辈年龄，德行人品，财力和

---

① 王应奎：《柳南续笔》卷三《庶人祭高祖》，中华书局 1983 年版，第 174 页。
② 张廷玉等：《明史》卷五二《礼志》，中华书局 1974 年版，第 1341 页。
③ 张廷玉等：《明史》卷五二《礼志》，中华书局 1974 年版，第 1342 页。
④ 赵尔巽等：《清史稿》卷八七《礼志》，中华书局 1977 年版，第 2613 页。
⑤ 乾隆《莆田县志》卷二《与地志 · 风俗》引前志。
⑥ 道光《休宁县志》卷二〇《氏族志》。
⑦ 宣统《博罗林氏族谱》卷六《规则》。
⑧ 民国《宜兴筱里任氏家谱》卷二《宗法》，任源祥《大宗祠述》。

社会地位。大体上讲，族长、房长及其他祠堂职事人员是由上述几项条件综合考虑确定的。在有官宦功名之家，族长必是有社会地位的人充任。宋元以后宗族民众化，许多平民宗族有了祠堂，它的管理人不必尽是绅衿，也颇有平民出任的。从总的情形讲，祠堂基本上掌握在绅衿和有钱又有能力的平民手里。

3. 祠堂的祭祀和教化

祭祀是宗族的一项重大活动，族人参与既是权利，又是义务，不按时出席要受处分，参加完活动要会餐，富有宗族还发给胙肉或银钱。倘若宗族不让族人参与祭祖，那就是表示将他开除出宗，他就会失去宗族的保护。

在全部祭祀活动中贯穿着一种宗法等级精神，被祭之祖先除了辈分之外，还要依其人在世时的地位或其子孙的地位，决定他的牌位在祠堂中的位置。祭后的食馂余和分胙肉，座席的位置和胙肉的多少，取决于年龄，同时官衿受到优待。

祠堂利用祭祀集会的机会，对族人进行伦理教育，宣讲宗规、家训以及皇帝的圣谕，既有三纲五常的说教，又有做人及处理人际关系的经验说明，对培养正直的人颇有意义。

4. 宗族的公共经济

祠堂要正常开展活动，没有固定的经费是难于做到的，宋代以降，一些热衷宗族活动的族人自愿向宗祠捐献田房产业，于是宗族有了公共经济。它大体有三种类型：祀田，宗族祭祀的经费来源；书田，宗族办义塾的资源；义庄、祠田，赈济贫穷族人。义庄的早期实践家是以“先天下之忧而忧、后天下之乐而乐”为己任的范仲淹（图 3-10），他创建苏州范氏义庄，并经他的后人努力，维持到 20 世纪初。宋代一些家族学习范仲淹的义行，建立各自宗族的义庄，历经元、明，到清代有进一步发展，在江、浙、皖较流行。

图 3-10 范仲淹画像

5. 私修族谱盛行

欧阳修、苏洵分别纂修家族谱，其体例成为后世的典范；私人修家谱，明清时代，特别是清代颇为流行，为后世留下数量众多的家乘。

6. 宗族与政府的关系

宋朝以降的历代政府继承唐代以前的孝治方针，并根据新情况，实施具体政策，如对宗族祠产和义庄实行严格的保护政策，族人不得盗卖，否则严惩，买者罚银入官，土地归原主。法律规定官司犯罪籍没，但祠产不在没收范围之内，以维持宗族的祭祀。宋清间政府继续表彰累世同居的家族和其他类型的模范宗族，挂匾额、免赋役之外，对其成员给予职衔顶戴，或直接用作官员。在司法上，政府坚持亲权法。

总体说来，宋清间的宗族逐渐向民众化方向发展，但基本上掌握在绅衿手中，平民也掌握了一些宗祠，其内部结构中，仍然存在着鲜明的宗法等级性；它具有传统的功能，是古代家族政治的体现，但同时它的民众求生存和发展的社会组织的功能较前明显，互助团体的性质显现出来；民间报本追源观念增强，成为宗族凝聚的一种力量。

（二）发展中的个体家庭

宋清间的家庭，与地主制经济相适应，随着低等级人家上升到平民地位，许多人家摆脱过去世族、士族上层人士的控制，成为独立的个体家庭。在家庭结构和社会功能方面，沿着中古的方向发展着，不过在父家制内容、家庭与宗族等方面有着新的特点。

1. 小型家庭的发展

祖父母在而子孙分家异财的，如前所述唐代不允许，后世仍然如此，但判刑减轻了。同是祖父母在而子孙别籍异财，明朝判刑杖一百，较唐律的三年徒刑，减轻了五等；若在居丧期间分家，明律杖八十，比起唐律的徒一年，减轻三等。这种判罪的减轻，是将事情的严重性看得轻了，而唐、明两朝政府讲究孝道的精神、孝治的方针并无变化，明律的轻处罚，只能表明祖父母、父母在世而子孙别籍异财现象的普遍，政府也只能准情处理，适应形势而作出处分。唐、明律这种条文的变化，标志着父子分居是时代趋势，个体小家庭还在增多，是家庭的主要类型。

小家庭的出现，是大家庭发展到一定时期的必然结果。清前期东莞王作汉之父遗命兄弟同爨，但到王作汉晚年对弟弟说人口多，管不好，还是分开过，于是拨出一分家产作祀田，交给其弟次子管理，其余的均分。[①] 他们的分家不仅是兄弟辈的事，连小一辈也分了，分得很彻底，都成了小家庭。大家庭变为小家庭是规律，小家庭是家庭的主要形式。

---

① 东莞《鳌台王氏族谱》卷五《毅堂公传》。

子家庭从父家庭分析出来的这种类型，在未分以前，往往是大家庭。大家庭也不少，只是不占主流地位。

2. 不同社会地位的家庭及其特点

在社会上的各个家庭，不仅有内部结构的不同，还有社会地位的差别，可以区分成贵族、官僚、绅士、平民、半贱民及贱民各等级家庭。这些家庭在与政府、宗族、社会团体等关系方面各有独特之处，特权等级家庭能过问政治，是政府的支持力量，在动乱时会分化出一部分反对力量，而平民家庭在动荡年代将有一部分人从过去与政治分离状态中走上政治舞台。特权等级家庭表面上看规模大，实际上并非如此。前述金代在都宗室将军司每户平均169.36口，奴婢163.58口，作为正口的主人只有5.78口，猛安、谋克每户10口，奴婢2.19口，正口7.81口。[①] 宗室将军每户平均数正口才占全家总人口的3.41%，正口少，就是主人少，每户五六口人，就是两三代人，一个贵族家庭有169口，绝大多数是奴婢，奴婢又有自己的家庭，所以贵族家庭是大家庭含多个小家庭，就其主家讲，结构并不复杂。相反，有的平民家庭反而比贵族家庭结构要复杂。明人管志道说江浙地区，“唯贫者有二三代同居者，而富室诸子既长，父母已先为之各构一宅也”[②]。说明富贵之家比平民家庭规模要小。富贵家有财产，分开过了都能生活，而贫寒之家靠劳动力维生，合在一起生活比分开过容易一些，因此倒能二三代同居，这是经济条件决定的。贵族家庭的奴多主少，是社会上层家庭所特有的问题。

3. 家内人际关系父家长权力的回升

这里说回升，是相对秦唐间有所削弱而言的。

庶子地位逐渐与嫡子抗衡，反映妻权的降低和父家长权的提高。南北朝士族不把庶子当主人成员看待，后世改变这一状况，从继承权看，元代庶生子有法定继承权，可以与同宗过继子“均分家财”，但是比嫡生子地位仍低；清代除了官荫袭封，妾、婢所生儿子与妻生子取得了同等继承财产的地位，清律规定：“嫡庶子男，除有官荫袭先尽嫡长子孙，其分析家财田产，不问妻、妾、婢生，止以子数均分。奸生之子，依子与半分。”[③] 庶子平分权，乃至非婚生子

① 梁方仲：《中国历代户口·田地·田赋统计》，上海人民出版社1980年版，第167页。

② 管志道：《从先维俗议》卷五，转引自李文治：《论明清时代的宗族制》，载《中国社会科学院经济研究所集刊》第4集，1983年。

③ 徐本、刘统勋：《大清律例》卷八《户律》，清乾隆三十三年刻本，第538页。

的一半继承权，是嫡庶名分观念的削弱，它重视的是父家长的血统，而把妻妾名分放在后面。因此它表示妻的地位下降，更加突出父家长在家中的主宰地位，丈夫主宰群妻的地位。

杀子权的复辟。中古杀子有罪，宋代亦然，元明清时代又有条件地恢复杀子权。瞿同祖在《中国法律与中国社会》里写到这个问题："父母并非绝对不得杀子孙，除了故杀并无违犯之子孙外，子孙有殴骂不孝的行为，被父母杀死，是可以免罪的。即使非理杀死也得无罪。"① 他举出法律条文和案例，辨明了事实真相。在父子关系中，元明清父权更突出了。

丈夫对妻子的控制权能够维持到死后，寡妇再婚困难了。从一而终的观念，在程颐"饿死事小，失节事大"的条教提出和流行后，寡妇再嫁障碍增多，在宋代好一些，元明清越来越严重。我们从"二十五史"的《列女传》可以看到，政府的旌表节妇愈往后愈多。在事实上，由于生活的问题寡妇改嫁的并不少，在特权等级家庭里少见，而在平民家庭中则是常有的现象。

4. 家庭与宗族的关系

许多家庭是宗族的成员，受其制约。家庭在与地方社会的关系中，在与政府关系的某些方面，要由宗族祠堂来代表它，如与他族人发生纠纷，往往宗族出面调处，弄得不好，两族械斗，形成社会问题。宗族代替家庭教育子弟，如祠堂的宣讲，义塾的文化教育；有些父家长对家庭成员的惩治由祠堂代行；族人的婚姻有的宗族也要干涉，不许与贱民通婚，不许族女再嫁，为的是保持宗族的体面，所谓"族人欢笑女儿死，请旌籍以传姓氏"②。寡妇的继承遗产，由丈夫宗亲安排，如有养子只能得遗产的1/3，另2/3归同门均分。③

5. 家庭与政权关系

家庭的父家长制和政府的君主制相一致，政府承认父家长权力。宋清时期人们对于体现家、国关系的忠与孝的关系，更加强调孝对忠的从属性。南北朝以后，先家后国的观念，在官方哲学中改变为先国后家，逐渐取得民间认同。明太祖在讲到孝道内容时，除了要求子孙对父祖"冬温、夏清、晨省、昏定"的纯孝内容外，还有"事君以忠""莅官以敬""不犯国法"等条教。④ 讲孝要

---

① 瞿同祖：《中国法律与中国社会》，商务印书馆2017年版，第8页。

② 俞正燮：《癸巳类稿》卷一三《贞女说》，清道光十三年求日益斋刻本，第1036页。

③ 吕坤：《实政录》卷三《民务·恶风当戒者十》，明万历二十六年赵文炳刻本，第387页。

④ 朱元璋：《大诰续编·明孝》明洪武十九年内府刻本，第17页。

以忠君为前提。表现在行动上，是完纳赋役，民家只有交了钱粮，才能安心过日子，所谓“田有租，身有佣，民分应尔。所有编折银两，依限报纳，米粒照征送完，庶免拖欠之罪”①。赋税是古代政府的经济基础，完粮是民户对政府的巨大支持。

三、社会组织增多

宋代以降，民间组织形式较唐以前大增，活动较前频繁，社会的“中介”作用也有所显露。社会救济、慈善组织相继出现，并向地方基层普及，与商业、商人有关的组织产生，文士的诗文社较活跃，带有或多或少的政治色彩的团体散布民间。绅衿、商人是民间社团的重要角色，他们沟通政府与民间双方。绝大部分社团具有合法性，而带有政治色彩的群体为非法。

（一）“社”的民间化与普遍化

宋辽起民间祀土神的社与官方的社稷完全分开，成为土地庙。敬土神的社，所在多有，“俗重社祭，里团结为会”②。社的成员以邻里为范围，凡在村庄、集镇范围的民户无一例外都要参加，无所谓自愿与否。社有主事人社首，凡有文武生员的地方多半由他们出任，还有土豪地主商人出头的，有里甲长兼任的，也有按户轮流充任的，也就是说平民百姓都可以充当。它基本上是服务性质，并没有多少权力，有人望和有能力就可以出来操办社事，当然当地若有官绅，社首办事要征得他们的同意。四邻结社，原来只祭土神，希望土神保佑地方风调雨顺，五谷丰登，人民安居足食，但是后来祭的神灵不断增多。祭土神春秋两次，春祈雨泽，秋庆丰登。如果天旱不雨，社里人们向龙王求雨，抬着龙王塑像游行。为了防止瘟疫、灾害的流行，四邻结社将在较大范围内举行“出会”，其滥觞大约是宋人在东岳神诞日举行“钱燔社”“重囚枷锁社”③。到明清时期，“出会”民众把城隍神抬到州县的厉坛进行祭奠，参与者众多，游行的人装扮成官、民、衙役等形象，敲锣打鼓，各种民间文艺家边走边舞边表演。出会固定在清明节、中元节和十月初一日进行，定期以外举行的视需要而定。

在社区结社活动中，为纪念英雄人物形成专门的庙宇和集会。这个英雄人

---

① 安徽《潜阳琅琊王氏三修宗谱》卷一《家箴》。

② 乾隆俞修：《婺源县志》卷四《风俗》。

③ 吴自牧：《梦粱录》卷一九《社会》，大象出版社 2019 年版，第 408 页。

物，具有社会性，有的人后来影响大，被纪念的范围超出原来社区；有的人是宋以前的英雄，但到宋清时代特别为人所尊重；也有的人是宋代以来出世的，但也被民间崇拜为神。关羽，在明清时期受到特别推崇，庙宇甚至出现在穷乡僻土，几乎无处不在。天妃庙，天妃系宋代莆田人林愿幼女，其兄经商海上，遇险，传说她瞑目出神救之，20 岁亡故，此后海上遇险者向她祷告，祈求保佑，明朝封她为天妃，清朝升格为天后，沿海居民为其建庙宇，闽粤尤盛。刘猛将军庙，传说是纪念宋将刘锜之弟刘锐，谓其能摧毁蝗虫，为农民所崇拜。常熟有王老相公祠，传云王酒醉落水死，好为祟，人们惧而祠之。① 还有一种社区的集会，有政治性，这就是浙江人过太阳生日。明崇祯帝死于三月十九日，浙人于这一天纪念他，但碍于清朝的管制，于是把这种纪念称为太阳生日。② 这类结社聚会并不多见，但是值得注意。

迎神赛会、出会。民间崇拜土神、城隍神、龙王，以及各种精灵鬼怪，神鬼化了的历史人物，乃至《西游记》流传以后的孙悟空，它们寄托了民众的心愿，希冀好年景，消灾去难。办会的游行很热闹，文艺演出伴随而行，为乡民平静而枯燥的生活增添一点情趣，获得难得的娱乐，实现一种精神满足。赛会、出会进行时，空村空巷，万人聚观，真正是“闾里之欢”③。社会之时，社首按户敛钱，穷民不免，是一项额外负担。

（二）救济、互助和慈善团体纷纷出现

这些团体大体是宋代开创，清代较流行，且有所变革。

1. 义仓和社仓

早在汉代政府便设立常平仓，以备调节粮价，以后有的朝代实行，它纯系官办，与民间团体无关。唐朝始设义仓，仍系官办，但由民间按田亩出谷储备，用作荒年向民间出贷和赈济。后世多踵而行之。北宋设惠民仓、广惠仓、义仓，遍布于州县，也是民间按税粮比例另纳粮食，成为义仓米，遇到水旱灾赈给饥民。到了明代义仓兼具民办的性质，有的人家不是按田出仓粮，而是捐献田地给义仓，收租存仓备赈。清代不乏个人或一个家族设立义仓的，如乾隆间遵化州桂大德捐谷五千石建置义仓④；道光间光禄寺署正韩华捐田 1100 亩在

① 钱泳：《履园丛话》，中华书局 1979 年版，第 418 页。

② 陈康祺：《郎潜纪闻二笔》卷五，中华书局 1984 年版，第 405 页。

③ 乾隆俞修：《婺源县志》卷四《风俗》。

④ 乾隆五十九年《遵化州志》卷一六《人物》。

家乡苏州设置丰备义仓，随后绅士陆仪等续捐田 5100 亩，成为相当规模的大仓①。由个人或若干人筹建的义仓，要向政府备案；其管理人多由绅士担任，其人选由地方官和本地绅士共同确定；其规则经董理商定，要有政府批准。这样的义仓实际是官督绅办，具有民办性质，成为民间团体，与唐宋时期不同。绅办义仓、社仓，不是无偿发放粮食，只是平粜和借贷，所以清朝人说它“但能惠次贫，不能惠极贫”②。不管怎么说，民办义仓、社仓的出现，是社会救济事业的发展，民间社团组织增加了一种形式。

2. 收容乞丐的福田院与居养院

福田院由上节讲到的悲田养病坊发展而来，北宋政府设立于汴京，不再是佛寺主办，但用了佛家的名称。它以官廪向老病无依靠的乞丐发放钱、粮，但是名额很少，宋英宗增加数额，每天也只有 300 人能够领到救济。宋神宗时令州县在冬季收养无靠乞丐，经费则是绝户的财产和住房，不够用，动用官舍和常平仓利息。③ 在开封府设居养院，收容鳏寡孤独，也是以绝户财产给养。这是官办而用民财，施惠对象是乞丐。宋代以后仍有专为乞丐设立的善堂，但更多的是把他们与其他贫苦无靠者一同收入养济院、普济堂。

3. 收养穷苦无告者的养济院、普济堂

元朝下令各地方设立养济院，收容极贫百姓，“诸鳏寡孤独，老弱残疾，穷而无告者，于养济院收养”④。穷而无告的人是无亲戚，或虽有宗亲也穷得无法提供帮助的人。明代的养济院救济分两种形式，一是把穷民收容在院供养，二是发给穷民米布，到亲戚家居住。⑤ 清朝与养济院同类性质的是普济堂，在京城和各州县举办，其经费来源是官田、房租和利息，但是有不少绅民捐田捐银赞助普济堂。由于绅民的捐助，管理上也有所改变，在官吏之外，绅士参与其事，乃至完全由民间经理，如松江普济堂管事人，由官府从华亭、娄县两县绅富中选任，二年一换，不许胥吏过问。政府并给董事免除徭役，无官职的给予八、九品顶戴的荣誉。⑥ 表明这种善堂与义仓一样有了官督绅办的性质，也即向民办方向发展。

---

① 民国《吴县志》卷三一《公署四》。
② 魏源：《皇朝经世文编》卷四二《图赈法》，岳麓书社 2004 年版，第 376 页。
③ 脱脱等：《宋史》卷一七八《食货志》，中华书局 1977 年版，第 4338 页。
④ 宋濂等：《元史》卷一〇三《刑法志》，中华书局 1976 年版，第 2640 页。
⑤ 龙文彬：《明会要》卷五一《民政二・恤鳏寡孤独》，中华书局 1956 年版。
⑥ 嘉庆《松江府志》卷一六《建置志》。

4. 收容病人的安济坊

宋代首创安济坊，收容贫病人员，给予治疗，招募僧侣主持其事，以其医愈人数给予奖励。所收治病人，包括囚犯。[①] 金代设置惠民局。元朝在各行省设立惠民药局，官发钞币为本金，得息钱买药，为贫民治病。明代发展元制，下命在各府州县建设惠民药局。清代这类施药机构增多，名目不一，多系民间出资办理。

5. 收养弃婴的慈幼局与育婴堂

宋代出现慈幼局，用常平仓息钱收养弃婴。提举常平仓司黄震改革办法，允许贫人送婴儿入局，或把弃婴交民抚养，官给粮米。[②] 清朝康熙年间下令各地设立育婴堂，此后较多出现，它多有田产，经费有固定来源。田产多由民间捐助和官方拨给，管理与普济堂几乎相同，即官府监督，绅士办理。

6. 义葬的漏泽园和锡类堂

有贫不能葬或无主死尸，停放在僧寺，北宋政府下令设立漏泽园，给官地，令僧侣安葬无主遗体。[③] 后世漏泽园发展，民间出现锡类堂，帮助穷人收葬和掩埋道路郊野的浮尸。

上述内容的善堂之外，还有不少慈善团体，如救济寡妇的恤嫠堂，帮助贫人完纳赋役的助义会，安抚流民的栖留所，帮助行人的义渡、茶亭等。

7. 宋清间慈善团体的特点

这类慈善团体逐渐成为官督民办、实即民办的组织。慈善团体唐以前是寺院经办，宋代官办，间或用僧刹协助，到清代普遍由民间操持，政府予以监督。民办慈善团体规模小，具有民众性。其组织结构为董事—工役—入堂贫民，董事会之上是官府的监督。董事多为绅士和富人，他们在地方上享有声誉，有经济力量，可以出面经管，同时这一事业又可巩固、提高他们在社区的地位。富人参与赈济事业有个过程，如上文所说，起初是单人进行；次后仍属个别接济，但特别关照同业人员，如南宋临安的富室，有许多是外地来的江商海贾，他们深知出入波涛汹涌的江海谋生不易，见同行中潦倒破败的，深感同情，于是对生者“以钱物周给，助其生理”，对死者“给散棺木，助其火葬，

---

① 脱脱等：《宋史》卷一七八《食货志》，中华书局 1977 年版，第 4339 页；卷一八二《黄畴传》，第 12643 页。

② 脱脱等：《宋史》卷四三八《黄震传》，中华书局 1977 年版，第 12993 页。

③ 脱脱等：《宋史》卷一七八《食货志》，中华书局 1977 年版，第 4338 页。

以终其事”①。地方官员和绅富也认识到社区的安宁有赖于救济事业的发展，如流民过境，若不能妥善处理，会加剧流民与本地居民的冲突，不利于社区安定，所以地方设栖留所，负责饥民在境内的食住，然后资助他们出境，免得他们到各户骚扰。

这类慈善团体也称善堂。善堂的设立宋代开其端，而清代有较大发展。

善堂具有区域性。各地发展不平衡，大体在行政中心和经济发达地区比较多一些，没有全国统一的机构。

善堂的设立具有不稳定性，也即间断性。各类善堂多是建设不久就遭到破坏，前朝建立的，后朝大多不能接续，要建也是重新设立。在统治者看来，赈济鳏寡孤独贫苦无告的子民是仁政，但又舍不得花钱，只是做一点表面文章，对京城的乞丐作点抚恤，以维持“太平盛世”的景象。对富人来讲，真对穷人有同情心的固有其人，但他们更关心的是社会治安，因此作点施舍。故而有兴趣的人建，无兴趣的人不来维持。传统社会的经济水平和人们的思想状况，决定了社会救济事业不可能长足发展。

（三）工商业和社区的行、会馆、公所

宋代两京的行、团组织很普遍，它们是商业、手工业者的职业团体。《都城纪胜》写道：“市肆谓之行者，因官府科索而得此名，不以其物小大，但合充用者皆置为行……内亦有不当行而借名之者，如酒行、食饭行是也。又有名为团者，如城南之花团。”② 行、团是应官科索而成立，不当官的买卖也有行、团，所以行、团是工商业内部分工的行当的同业团体，就是工商业者的专业组织。遇有道、佛的节日，工商行户举行社会，表示祝贺和赞助。

行会的组织，流传到明清称作会馆，不过会馆不纯是商人团体，它把官吏绅衿包括在内，是同乡兼商人组织，大体上可以说设在政治中心的会馆主要是同乡团体性质，设在商业城镇的则是商人群体。明清时期的流官制度、科举考试和商品经济的发展，造成官吏、士子、商人和手工业者四种人流寓外乡，多集中在首都和工商业发达的城镇。这些人在异地他乡，为谋求发展，就以同乡为契机，在新居地建立本乡的会馆。它以流寓人的多寡或建全省的，或建府县的。会馆以北京的最多，有 400 多所，苏州、南京、上海、武汉、广州各有几

① 吴自牧：《梦粱录》卷一八《恤贫济志》，大象出版社 2019 年版，第 401 页。

② 耐得翁：《都城纪胜》，大象出版社 2019 年版，第 7 页。

十所、十余所不等，广东佛山镇、苏州吴江县盛泽镇、山东临清、江西景德镇各有数所。

会馆的设立多由商人和官绅操持出资，不过商人出力更多。商人乐于出资建设会馆，但社会地位不高，因而希望同在流寓地的同乡官僚出面号召，由他们具体经办，官僚把这件事当作服务桑梓，也是增加在任所的力量，所以乐于促成。本地人看外地人的会馆，是“他省仕商”所建①，准确看出官、商合办的性质。

会馆既有它的建筑，也有它的组织和管理人。通常设有董事会，议决该馆重要事项，交由它所聘请的司事办理，并雇有勤杂工役，其组织结构是：董事会—司事—工役。主持会馆事务的是官绅和商人。

会馆有多种功能。徽州人于康熙年间在汉口创办徽州会馆，其宗旨是“联络乡情。提倡商业，维持本籍旅居一切公益”②，这一宗旨概括了会馆的社会作用。其一，团结旅居同乡，一致对待外乡人。其二，发展在客居地的商业利益。会馆兼有货栈旅舍性质，商人到会馆居住，存放货物，开展商业贸易，遇有纠纷，会馆帮同料理。其三，办理同乡社会福利，帮助落魄的同乡生活或返回原籍，设立义地，助理殡葬事务，给同乡提供生活上的方便。

会馆就其兼具商人群体性质而言，重视商业的同时，不能兼顾商业内部的各个行业，因此它同行会不同。商业的发展又是建立在其内部分工基础上的。各个工商业均要求发展，不满足于会馆的建立，它要求冲破区域限制，按行业，把土客籍的工商业者组织起来，到了清代中后期出现一批行业组织的公所，有的沿用传统名称，仍称会馆。公所对外协调与其他方面的关系，谋求本行业的共同利益，对内制定规约，在一定范围内禁止同行业竞争，处理内部纠葛。

从宋代的行、团到清代的公所，中间穿插会馆组织，从中可以看出工商业者群体的发展轨迹。宋代的行、团首先是应承官府科索的，是当官需要，而不是其内部发展的产物，当然，后一因素也有一定影响，故不应官的行业也有行的组织，但这是次要因素。会馆和公所的设立则不同了，与官府发生关系已不是它的第一需要，而是为发展其行业利益和地区利益，所以宋代的行和清代的

---

① 民国《吴县志》卷五二上《考·风俗》。

② 民国《夏口县志》卷五《建置志》。

公所在性质上有所不同。前者为官，反映工商业者对政府的隶属性较强；后者是为自身，隶属性已相当削弱了。所以两种组织，表现出社会的进步和商品经济的发展。

（四）宗教

宋清间的宗教，除原有的以外，又有新传入的；合法宗教之外，非法的秘密宗教活动频繁，为前所未见；宗教更深入民间，影响民众的生活。

1. 佛教

顾炎武在《日知录》里，以其犀利的目光对佛、道二教与士大夫的关系作了描绘，“南方士大夫，晚年多好学佛；北方士大夫，晚年多好学仙”①。顾氏不仅指出南、北士大夫对佛道态度的不同，还启发我们认识南、北方民间各自流行的秘密结社和秘密宗教，而后者与道教关系更密切。

宋、明、清的君主对佛教采取有所限制的政策，辽、金、元时代佛教势力颇大。辽代上层社会颇信佛，妇人曹氏施地三千顷、粟一万石、钱二千贯、人五十户建设中京静安寺，仅此一事，盖可证明。元代江浙地区寺院所占有的佃户约 50 万户②，可以想见寺院之多之富。明太祖限制佛寺数量和僧侣人数，严禁私自剃度，违者杖责、充军，甚而没官为奴。③ 清朝立意与藏传佛教搞好关系，对汉传佛教相对冷淡。佛教由于受到从贵族士大夫到平民百姓各阶层的信奉，把庙宇建立在各个城乡，供养众多的僧尼。俗语“虽二十五家之里，尚有五道庙、七圣祠”④。北京“庙宇不下千百”⑤。不过总的说来，宋代以后，佛教再没有中古时代的兴盛，至明清尤不如前，因此乾隆帝说“彼教已式微”⑥。

寺院往往分为上院、下院，下院管理庙产和用度。僧刹得到信士的捐田，各有不等寺田，名山宝刹聚田数百顷，租给佃户，收取地租。漳州五禅寺的田地在明代屡次被政府分割其地租，到清代它仍能收取租银 2565 两。⑦ 寺庙宣称慈悲为怀，但收租时对佃户却不宽容，当时人多有责难。

---

① 顾炎武撰，黄汝成集释：《日知录集释》卷一三《世大夫晚年之学》，中华书局 2020 年版，第 725 页。

② 方龄贵：《通制条格校注》卷三《户令·寺院佃户》，中华书局 2011 年版，第 124 页。

③ 张廷玉等：《明史》卷七四《职官志》，中华书局 1974 年版，第 1818 页。

④ 李光庭：《乡言解颐》，中华书局 1982 年版，第 24 页。

⑤ 潘荣陛：《帝京岁时纪胜》，北京出版社 1961 年版，第 13 页。

⑥ 徐珂：《清稗类钞》第一〇册，中华书局 1986 年版，第 4813 页。

⑦ 乾隆《尤溪县志》卷五《赋役》。

佛教对民众的生活方式影响很大，诸如购买、消费、节日、饮食、婚丧、社交，都体现出一定的佛教文化味道。因为崇拜佛菩萨，产生一些节日，二月十九日的观音生日，四月初八的释迦佛诞日等。凡有节日，人们就举行庆祝活动，不只是僧侣信士，几乎成了全民的节日。宋代苏州人新年到寺庙聚会，“岁首即会于佛寺，谓之岁忏，士女阗咽，殆无行路。亲友有经岁不相面者，多于此时相见，或庆或吊，纷然议姻亲，觇婿妇，亦多决于此时”①。寺庙成了人们最活跃的社交场所，不仅许愿还愿，还能会到众多亲友故知，议定子女婚姻大事。祀佛与祭祖一样不可缺少，甚至有人认为人们对祖宗的礼拜虔诚尚不及崇拜佛祖。至于庙会，不啻为民间一大节日。

古代佛教留下许多文化遗产，名山古寺成了后人的旅游胜地，给人们以无穷的精神享受，不难设想，如果没有丛林宝刹，旅游景点将减少多少，如果杭州只有西湖而没有灵隐寺，扬州仅有瘦西湖而没有大明寺，它们作为旅游城市的面貌也会因之失色不少。

2. 道教

道与佛对立，但宋清间统治者对它们的态度大体相同，金、元朝廷重视道教，其他朝代有些帝王崇道，如宋真宗、宋徽宗、明世宗等。民众对佛、道信仰参半，都信，又不那么笃信，多数人对这两者并不因一方排斥另一方。道教在这种大背景下，向民间发展，教派增多，特别是北方全真道兴起，取得支配地位，王重阳、邱处机有崇高地位。

道教深入民间，与佛教一样也把民众吸引到它的活动当中，影响他们的生活，道观的朝拜、集会虽不及佛寺红火，也轰动城乡。天官、地官、水官的三官大帝诞辰传说，形成上元、中元、下元三节，而上元节热闹非凡。道教的招神降妖、诵经拜忏的打醮活动流行，规模盛大，像清初佛山镇真武庙醮会，“举镇数十万人”竞相参与，一搞就是三四天。所放的爆竹，大的径三四尺，高八尺，药引长二丈多，爆炸时“声如丛雷，震惊远迩”②。民众在这些活动中得到娱乐，在畏惧神鬼的心理上也是一种安慰，不能说一点价值没有。

明清时期道教徒和信奉者开展抄写、刻印善书的活动，使《太上感应篇》《阴骘文》《功过格》等书流行，劝人为善。

① 乾隆《苏州府志》卷二《风俗》引范成大《吴郡志》，第5页。

② 屈大均：《广东新语》卷一六，中华书局1985年版，第444页。

讲到宋代以降道、佛对民众的影响，不能不注意儒、释、道三家的合流，在哲学思想上三家互相吸收、互相渗透不必说，即在形式上也表现出来。清代河南的寺宇供奉释迦、老子、孔子三像，往往释氏居中，老子、孔子置于两侧，官方以为有侮孔圣人，屡加禁止，而不能改变。① 思想上的合流，必然要在行动上表现出来。

3. 秘密宗教活动频繁

宋清间民间秘密宗教活动，可以以白莲教历史为代表，它独盛于明清时期，而其前身弥勒教、白莲会、摩尼教则有较长历史。摩尼教，即明教、大明教，历数代而不衰。同时在其内部产生白莲会。萧梁时傅大士倡言佛教净土宗弥勒佛下世，济度众生，创弥勒教，历隋唐，至北宋，信徒散布于黄河流域，贝州王则起兵，也宣称弥勒佛将要降世，至元代，弥勒教活动更频繁。白莲教就是“以弥勒教为主，白莲会、摩尼教为辅助混合体”②。

明清时代的秘密宗教大体是白莲教系统。这种宗教常常发动反政府的运动，屡屡被镇压，然后改头换面再次出现，所以名称很多，派系复杂。由教派林立，可知它吸引民众，把许许多多的信徒置于组织之内，而信徒则有了可以寄托理想的活动团体。

秘密宗教为隐蔽活动，组织较严密，有大小首领，称谓不一，或者称教主、师父。教主是教团的组建者，也是信徒的精神偶像，他领导大传头、小传头，小传头直接联系信徒，主持集会，收取入会钱，其结构形式是：教主—大传头—小传头—会众。

教主世代相传，出自同一个家族，除非被彻底破坏。元朝韩山童组织明教，死后教主传给其子韩林儿，山童之徒刘福通反元，尊奉韩林儿为小明王，就是显例。

教主与信徒是师徒关系，这种宗法关系也就是隶属关系，如闻香教系的信徒将王家（王森、王好贤后裔）传教人尊称作“爷”，意思是主上，见传教人行跪拜礼，称为“朝上”，传教人以主人身份安然受之。③

秘密宗教的成员，几乎都来自平民和一部分贱民，也有合法宗教的信徒加

① 刘锦藻：《清朝续文献通考》卷八九《选举》。

② 戴玄之：《中国秘密宗教与秘密会社》，台湾商务印书馆1990年版，第512页。

③ 《清代档案史料丛编》，中华书局1979年版，第3辑，第2、47页。

入。宋代摩尼教的参加者，多系“贫乏游手之徒”①，元代温州大明教吸引的是“民之无业者”②。大抵是些贫苦农民、小商人、工匠、城镇贫民、无业者，三教九流，无所不有。

信徒有其宗教生活和宗教仪式。信徒的活动方式，所谓“夜聚昼散”“男女混杂”。此类记载，在官方关于民间秘密宗教的文献中比比皆是，即他们夜间聚会，白天分散，不讲男女授受不亲之说，在一起不分彼此地活动。妇女积极参加秘密宗教活动，有成为首领受到尊重的，如唐赛儿、王聪儿等，是民间秘密宗教的一个特点。

民间秘密宗教实际上含有反政府的性质，他们一立教，基本上以二宗三际为教义，即希望光明战胜黑暗，弥勒佛降世带来光明的未来，结束现世的黑暗。他们认为现实暗无天日，要求改变现状，不可避免地要与现政权发生冲突，于是常常以武装暴动的形式表现出来，如王则、方腊、刘福通、徐寿辉、唐赛儿、徐鸿儒、林青、李文成、王聪儿等分别领导的起义。他们结局悲惨，或被杀戮，或被流放，财产被没收，家属跟着遭殃。但是他们打破了社会的沉寂，表现了受压迫民众的愿望，给社会增添了些许活力。

4. 犹太教和天主传的传播

（1）犹太教（一赐乐业教）

犹太人来中国应不晚于唐代，建立教堂，作为一种有团体活动的人群讲，则不晚于金世宗大定三年（1163），这是有碑刻铭文明确记载的。开封犹太人在弘治二年（1489）、正德七年（1512）和康熙二年（1663）先后在教堂立碑，讲述犹太教及其在中国活动的历史，成为我们今日研究宋元明清时代中国犹太教史的重要文献。③

1163 年，生活在开封的犹太人建造犹太会堂，即一赐乐业教堂，元、明、清三朝维修，象征着犹太人在中国有群体活动，并用教堂表示他们的信仰、生活方式、政治态度，也反映他们与汉族、回族文化的关系。

开封之外，宁波、宁夏、扬州、杭州、广州、北京、泉州、南京等处也有犹太居民，有的建有教堂。

教堂有神职人员掌教，有通晓经文并向教民宣传的满喇，领导教众，过宗

① 方勺：《青溪寇轨》，大象出版社 2019 年版，第 231 页。
② 宋濂：《芝园续集》卷四《故岐宁卫经历熊府君墓志铭》。
③ 张绥：《犹太教与中国开封犹太人》，上海三联书店 1990 年版，本子目的写作，主要参考张著。

教生活。他们特别重视经典的诵读和收藏。明末开封教堂藏有摩西五经以及方经、散经，经过战乱之后，仍能纂成全经一部，方经数部，散经数十册。有经才有教，犹太教徒以其《圣经》为精神力量维系其宗教团体。

犹太教徒每日礼拜三次，念诵经文，礼拜时潜心致志，表现出对神的虔诚。过安息日，七天一次，这一天不开火，为的是省下精力静静地思考。过赎罪节，秋末进行，闭户清修，不饮食。他们还守割礼、过逾越节、五旬节和住棚节。在丧葬仪式方面，犹太教徒殡殓简单，没有繁琐礼节，居丧期间禁忌荤酒。

犹太人在保持民族宗教文化传统的同时，逐渐接受一些汉文化，首先在观念上讲儒家的五伦，行动上是忠君，在明代犹太会堂立有大明皇帝万万岁牌位，在清代更设立供奉皇清万万岁牌位的龙亭一座。犹太人参加科举，有人中进士，出仕为官。

金清间犹太教的活动，给中国的宗教史增添了新内容，丰富了中国社会结构史和文化史，那时的统治者对犹太人基本上采取宽容政策，犹太人也愿为政府效力，双方保持良好关系。

（2）也里可温教的传播

上节讲到唐代在华基督教是景教，而在元代则是也里可温教。元世祖至元三十一年（1294）另有天主教方济各会教徒进入中国，到了明朝后期又有耶稣会教士来华，使基督教在中国的历史进入一个新的时期。

元代也里可温教徒有唐代景教徒的遗胤，还有随蒙古西征军返回时带来的中亚人及来中国贸易而留居的外国人。郝镇华指出："元代信奉基督教者，大抵皆为中国西北诸部人和西域来华诸国人。"① 他们不只是居住在西北方，大都、上都、扬州、镇江、杭州、福州、泉州、云南都有他们的痕迹，他们建立的教堂，在镇江有七所。教堂和信徒有个特殊标志，就是十字架：屋顶上有十字架，大殿内绘有十字架，胸前挂有十字架。元代约有基督徒三万人，他们中多有富商和官员。元朝政府支持也里可温教，特设崇福司，是从二品高级衙门，主管也里可温事务。② 明朝海外贸易大为减少，也里可温教衰落。也里可温教也面临着其他教派的竞争，据说也里可温教在福州只有一所教堂，因为摩尼教在这里的势力强大，也里可温教发展受限。可知某一个宗教的发展，是在

① ［英］阿·克·穆尔著：《1550年前的中国基督教史》，郝镇华译，中华书局1984年版，"中译者序言"。

② 宋濂等：《元史》卷八九《百官志》，中华书局1976年版，第2273页。

各种宗教斗争中进行的，互相制约。

（3）天主教

万历十年（1582），属于天主教的耶稣会士范礼安、罗明坚、利玛窦来到澳门，开始了耶稣会在华的传教活动和中国信徒新的宗教生活。尤其是利玛窦和艾儒略等人实行结合中华文明的办法传教，逐渐为一些中国人接受。传教士开始学和尚，穿僧装，后来“还俗”穿儒服，学习儒家的“四书五经”，以通中学的学者面貌出现，与士大夫交游。他们不完全依照基督教教规传教接受信徒，允许人礼拜祖先和师长，他们会见明朝官员，行跪拜礼。以此减少国人与他们的距离，从而可以接近国人。他们著作、翻译介绍西方科学知识和人文知识的书籍，如《坤舆万国全图》《几何原理》《职方外纪》《坤舆图说》等书，使他们被一些中国人认为是学者，而且是符合儒学思想的学人。

接受天主教，并举行洗礼入教的中国人，上自皇族，下至平民、奴婢，明代士大夫投入信教行列的不乏其例。在皇族中，永历帝的母后、皇后、太子都是教徒。清朝皇族苏努的后人皈依天主教。明末大学士徐光启、进士李之藻和苏松巡按御史杨廷筠信教，并被天主教徒称为“圣教三柱石”。士大夫本崇奉儒学，分化出信教的人，乃因利玛窦等所讲述的西方科学知识，为他们闻所未闻，对追求新知识的士人，颇具吸引力，故而愿意与他们交谈，这就是《明史》讲到利玛窦时所说的“公卿以下重其人，咸于晋接”①。一部分平民为传教士的神学所折服，或为其服务精神所感动，如第一个受洗礼的肇庆人是因病无人管而教士为其治病。因此《明史》总括说：“士大夫暨里巷小民，间为（利玛窦）所诱。”② 在明末，据说天主教有七万名信徒，其中有几名官吏和士人。③ 到清朝初年，有教徒15万，分布在十三行省中。

无论天主教传教士如何以儒学与官绅结交，传播西方科学和艺术，他们宣传的总是外来宗教，与中国的文化观念、民间社团、社会风俗、其他宗教必然会发生冲突。清代前期西洋传教士来华，其传教事业受罗马教廷传教方针和清朝政府政策的影响，有发展有停顿，大体上是顺康间颇有进展，历法之争时期有所曲折，康熙三十一年（1692）施行容教令，允许天主教在中国自由传教，

① 张廷玉等：《明史》卷三二六《意大里亚传》，中华书局1974年版，第8460页。

② 张廷玉等：《明史》卷三二六《意大里亚传》，中华书局1974年版，第8460页。

③ ［德］斯托莫：《通玄教师汤若望》，达素影、张晓虎译，人民大学出版社1989年版，第43页。

臣民自由信教，这是对天主教传教的宽容，以利吸收、使用西方科技艺术人才。后因礼仪之争中罗马教廷不允许耶稣会式的在中国传教的方式，致使康熙帝于五十九年（1720）下令驱逐不领信票的传教士，及至雍正二年（1724）厉行禁教政策，乾隆朝、嘉庆朝继续执行，传教士遂转入秘密活动状态，只是它的快速发展遭到遏制。

清代前期教堂在江南的建设情形大体是：教堂数量有所增加，在康熙前期，上海可以举行正式感恩祭的教堂，由56座增至94座。松江府城内先有耶稣会院，城外有圣母堂，不久教堂增至27座。昆山有两座教堂。常熟有耶稣会会院，城里有两所教堂，附近村庄有14个教堂、21个传教点。太仓有两座教堂。崇明、镇江、无锡、金匮均有教堂，南京（江宁府城）旱西门内织造府西边石碑亭巷有一座天主堂。江南天主教信徒的宗教生活的一般情形是，从入教开始，依据教规从事主日与瞻礼活动，过社团生活和教会的特殊活动。在教堂行为之外，另有家庭的礼拜。新教徒进入教门，必有洗礼仪式，选取教名。受洗的日子，多选择在天主教“圣人”的纪念日，神父向成年人施洗，洒圣水，抹圣油，在女性洗礼时，神父为避免双方之间的肢体接触，用金属笔涂抹圣油。圣水、圣油意在使信徒灵魂洁净，坚信教义，如同乾隆前期传教士张若瑟等人所说：“从教的人用油涂额，取清浮向上的意思；用盐涂口，要他会宣讲天主教；用水洒头，要取清净。祭天主要用酒、面，那油、酒都是西洋带来，盐、面是随处买的。”① 圣油和酒是从西洋带进来的，为表郑重，绝不苟且行事，滥收教徒。受洗同时，选取圣名（教名、法名），选择有多种因素，其一是崇敬某位“圣人”而取其名字，如徐光启孙女徐甘第大出生之日恰是“圣女”甘第大纪念日，就以她为名，表示敬意。信徒在传教士组织下，参加各有社会功能的多种类型的社团组织。常熟社团的“十二使徒善会”，有12名成员，主要工作是敦促教徒参加宗教活动。“耶稣苦会”，即耶稣基督受难会，常熟有3个，拥有150名成员，星期五聚集教堂举行鞭笞礼仪，揭开耶稣受难像的屏障，在像前祈祷，唱祷文。“圣伊纳爵会”，系文人社团，参加的有十数人，固定时间举行弥撒，讨论抽签选出的某一教义议题，交流所学的心得，他们还在教堂宣讲教义，编辑宗教作品。②

---

① 中国第一历史档案馆编：《清中前期西洋天主教在华活动档案史料》，中华书局2003年版，第229页。

② 冯尔康：《清代前期江南天主教徒宗教活动点滴谈》，《历史教学》（下半月刊）2013年第9期。

在容教令实行的近30年间，天主教在华传教事业大发展，同时促成清朝前期中西文化交流高潮，西方近代科学技术、医学、艺术部分地介绍到中国，中国文化、历史、人情风俗较过往大幅度传播到西方，产生早期汉学。

从唐代的景教，中经元代的也里可温教，到明清的天主教，说明基督教在中国的传播持续不绝，只是教派有些变化。它的发展与否，取决它与政府的关系及其信徒的社会层次，元朝政府给色目人以高地位，一部分色目人信仰的也里可温教就得以发展。明末一些官僚士大夫信仰天主教，它就在中国立住脚。一种外来文化能否与当地文化结合，被当地居民所吸收，视其社会价值而定，明末清初西洋传教士传播了西方科学文化，故而得到追求新知识的中国士大夫的欢迎。我们从这个角度去看明末士大夫对天主教的信仰，就容易理解了。读书人思想比较活跃，其中一部分人易于接受新文化，而且历来如此。也里可温教只在色目人中流行，而天主教深入到汉人中，与汉文化的碰撞更多，予社会生活以更多的影响。

（五）文人结社

文人结社，不外是研讨诗文经书和议论时事两种目的，因而构成不同类型。结社的状况，历代不同，宋、明比较流行，清朝政府严禁结社，因而清代基本没有政论性结社，形成龚自珍所说的“万马齐喑”政治局面，惟明代后期结社之风最盛行。

1. 文化人的诗社

诗社的组织，自宋至清，历久不衰，属于官僚缙绅业余爱好，是陶情治性之举，也有老年缙绅以此消遣聚会。南宋时四方流落杭州的文人、官僚组建西湖诗社，结伴创作诗词歌赋，名作迭出，为人诵读，传播四方。这种社会上层雅聚为人们称道，不是武士、商人、艺人那些社团所能比拟的。① 元代的杭州不乐仕进的文人，托情于诗酒，组成清吟社、白云社、孤山社、武林社、武林九友会，分曹作诗词，相互切磋。② 明代徽州有天都社、丰干社，诗人“拈毫角韵，歌啸徜徉”③。广州有南园诗社、越山诗社、浮丘诗社④，东莞也有南园

① 吴自牧：《梦粱录》卷一九《社会》，大象出版社2019年版，第407页。

② 万历《钱唐县志》，转引自瞿宣颖《中国社会史料丛钞》，上海书店1985年版，第500页。

③ 民国《歙县志》卷一六《杂记·拾遗》。

④ 同治《番禺县志》卷六《与地略·风俗》。

诗社，另有凤台诗社①。明世宗时工部尚书蒋瑶致仕返回故乡浙江归安，与尚书刘麟、顾应祥等结文酒社，优游岘山间，享高年，89 岁而终。② 在边疆的吉林，被流放者吴兆骞、张缙彦等于康熙初年组成诗社，因有七人与会，被视为七子社。女子也结社吟诗，御史钱肇修之母顾之琮与徐灿、林亚清等结成杭州蕉园诗社，还有女子参与的清溪诗社。③ 道光间，以浙江人为主体的闺友吟诵的秋红吟社，沈善宝（湘佩）、顾太清和徽州许延礽唱和④，龚自珍的妹妹龚自璋参与，吟出《和湘佩姊韵》："水月襟怀冰雪姿，二王书法六朝词。追陪已幸生同世，倾倒何嫌恨见迟。胸有良方堪疗俗，目能神相更矜奇。扇头亲乞瓯香笔，长奉仁风当读诗。"⑤

有的诗社还收社外人诗赋，予以评论，如康熙年间广州梁无技在家乡组织诗社，出题贴在街上，任人去作，规定把卷子交到指定地点，密封姓名，评出等次，优秀的奖励金帛，次一等的给予笔墨。⑥ 功成名就者，或者优游林下、得享清福者，才有兴致和可能结成诗社，饮酒赋诗，增添生活乐趣，并博得儒雅清名。

2. 读书人的文社

文社与诗社不同，它是参与科举的学子组织，结社是为研讨文章的作法，提高技艺，以便应试。文社有两种，一是地方教官、绅衿或者宗族倡建的，为参加者评阅文章，予优秀者以奖励；另一种是学子自行结合的，规定集会的日期，届时互相评品文章。广东阳江县绅士钟荣王等 23 人创立文社，筹银 2300 两，每年四次考课，每课阄题作四书文一篇，用银子的利息，作阅卷者润金和作文者润笔费。⑦ 乾嘉间兵部左侍郎、安徽歙县人江兰"尤笃于乡党，捐置绿猗文社、鹏扶文社田产"⑧。希望乡梓多出人才。还有学生结社作文，请名家评阅指点，如厦门学子"好结文社，月有课，课有期，期则团聚首角艺，至宵分乃罢，求前辈甲乙之"⑨。作这种文会，目的很明确，就是提高作八股文的能

① 屈大均：《广东新语》卷一六，中华书局 1985 年版，第 358 页。
② 张廷玉等：《明史》卷一九四《蒋瑶传》，中华书局 1974 年版，第 5154 页。
③ 参阅董清瑞：《清代的妇女文学团体》，天津《今晚报》1991 年 4 月 27 日。
④ 傅瑛主编：《明清安徽妇女文学著述辑考》，黄山书社 2010 年版，第 554 页。
⑤ 傅瑛主编：《明清安徽妇女文学著述辑考》，黄山书社 2010 年版，第 440 页。
⑥ 同治《番禺县志》卷六《与地略·风俗》。
⑦ 道光《阳江县志》卷八《编年志》。
⑧ 李承尧：《歙事闲谭》，黄山书社 2001 年版，第 615 页。
⑨ 道光《厦门志》卷一五《风俗记·俗尚》，第 9 页。

力，以便参加科举考试。随着科举制的盛行，应试的人越来越多，学子的文会遍布于城乡各地。

3. 具有政治色彩的士人结社

士人结社以明朝末年为兴盛，延续到清初，谢国祯著《明清之际党社运动考》（中华书局 1982 年）和《明末清初的学风》（人民出版社 1982 年）对此论述甚详。他把明清之际的士子结社分为三个时期，崇祯初年至顺治二年（1645）清军占领南京为第一阶段；自此至顺治十七年（1660）为第二期；以后至康熙初年为第三期。明清之际的士大夫带有政治色彩的结社，出现在从东北到广东沿海一线的中国东部，各社之间没有组织联络，只是私人联系，并以苏州、南京的组织为榜样。

（1）评论时政和反对阉党余孽的结社

天启间官僚与宦官及官僚内部的党争不已，到了崇祯朝，仍有反对阉党余孽的斗争。明末社团名声最大的是苏州的复社，它是由应社和复社合并而成。应社于天启四年（1624）成立于苏州，倡导人是太仓诸生张溥，他到北京也建立应社。复社成立在应社之后，由孙淳等创立于吴江，张溥为了联合同道，主动与复社联系合并，并用“复社”为社名。[①] 此后又联络各地文社，复社进一步扩大，把江北匡社、中州端社、松江几社、莱阳邑社、浙东超社、浙西庄社、黄州质社、江北南社、江西则社、武林读书社、山左朋大社汇聚在一起。但只是一种外形，“是在一个大社之内，有许多小组织，对外是用复社的名义，对内是各不相属的”[②]。复社连续举行大集会，崇祯三年（1630）在南京聚会，是利用秋闱士子集中之机而进行的。崇祯六年（1633）在苏州虎丘集会，会前发出传单，当时山东、山西、湖北、湖南、江西、福建、浙江的几千名学人赶来参加，旁观的更多，人们都说这是明朝三百年来所未见的盛况。岂止如此，整个君主专制时代也没有过这种规模的自发的文士大集会。

建立复社的目标，是所谓兴复古学，研究有用之学，出仕能致君泽民，为有用之才，有着政治抱负。复社开大会，联络四方之士，评论时政，形成一股舆论的势力，通过自身成员或有联系的官员抨击另外一些官员，肯定前朝政争中的东林党人，反对阉党余孽及与阉党有关系的官僚，弹劾大学士温体仁、薛

① 王应奎：《柳南随笔》卷三，中华书局 1983 年版，第 52 页。
② 谢国祯：《明清之际党社运动考》，中华书局 1982 年版，第 132 页。

国观。崇祯十一年（1638）复社在南京掀起反对阉党余孽阮大铖的浪潮，由吴应箕起草《留都防乱公揭》，众人签名，公讨阮大铖，以防阉党复辟，在舆论上进一步把阉党搞臭。

（2）进行抗清斗争的结社

几乎与复社同时存在的松江几社，创办人是夏允彝、徐孚远、陈子龙等人，倡导复兴绝学。他们为学重视经世致用，以此为目标编辑文选。今存《明经世文编》即由陈子龙、徐孚远编辑。崇祯帝死，几社领袖支持南明政权，进行抗清斗争，陈子龙任职鲁王监国政府，联络太湖地区的武装，计划举兵反清，事机败露被捕，投水死节。① 夏允彝隐藏民间，图谋发动反清运动，见嘉定抗清斗争失败，失望自杀，儿子完淳、兄长之旭因牵连于陈子龙案被害。② 南海人陈子壮在明末组织诃林诗社，恢复先贤的南园诗社，和他一起活动的有黎遂球、谢长文等12人。清军占领广州，子壮率兵反攻，兵败被俘遇害，其长子战死，母亲自缢。黎遂球亦在抗清中牺牲，其他社友除一人外都坚持反清立场，故而后人说该社成员“以忠烈称”③。

（3）以复明为纲领的结社

在武装反抗被清朝镇压后，仍有一部分读书人坚持反清立场，怀念故明，希望前朝复辟，但又不可能采取激烈行动，乃以研讨诗文为名，结社进行复明活动，正如清人杨凤苞所说：“明社既屋，士之憔悴失职高蹈而能文者，相率结为诗社，以抒写其旧国旧君之感，大江以南，无地无之。”④ 南明兵部主事北直隶人梁以樟与兄以楠移居江南宝应，一面与反清的阎尔梅、僧松隐等四方来客交游，并与乔出尘、陈钰等“结文字社”⑤。而社事办得有声色的是几社于顺治六年（1649）演变成的慎交社和同声社，活动中心在苏州，两社经过诗人吴伟业的斡旋，于顺治十年（1653）在苏州虎丘集会，并有江浙各地读书人参加，众逾千人。惊隐诗社，建立于顺治七年（1650），吴江人吴宗潜、叶桓奏发起，当地及侨寓于此的士人王锡阐、潘炎、潘柽章、顾炎武、陈济生等参与活动。广东僧侣函可目击弘光政权的灭亡，作史指斥清朝，被发配沈阳，与流

① 张廷玉等：《明史》卷二七七《陈子龙传》，中华书局1974年版，第7096页。
② 张廷玉等：《明史》卷二七七《夏允彝传》，中华书局1974年版，第7098页。
③ 张廷玉等：《明史》卷二七八《陈子壮传》，中华书局1974年版，第7130页。
④ 杨凤苞：《秋室集》卷一《书南山草堂遗集后》，转引自《明末清初的学风》，第182页。
⑤ 赵尔巽等：《清史稿》卷五〇〇《梁以樟传》，中华书局1977年版，第13818页。

放犯左懋第等33人结成冰天诗社。台湾有福台新咏社，参加人是投奔郑氏集团的各地文人，有宁波沈光文，宛陵（安徽宣城）韩文琦，关中赵行可，无锡华衮、郑廷桂，榕城（福州）林奕丹，山阳（淮安）宗城，螺阳王际慧等，他们的政治观，“不过欲完发以见先皇帝于地下”①。

（4）清朝政府的限制结社

清政府对遗民的反抗进行残暴镇压，在统治稍微稳定之后，就对他们的故国之思及不合作态度采取控制政策，禁止士人开展带有政治色彩的结社活动。顺治九年（1652）清朝开始发出士人结社的禁令，十七年（1660）御史杨雍建奏请“严禁结社订盟”，不许士人互称“同社同盟”，以根绝交结盟社。顺治帝采纳他的建议，下令若再有发现，严厉惩治，革除功名，各地学官若不严格执行，一体治罪。② 这迫使士子不得结社订盟，连有关称谓也不能沿用。原来结社的人互称“社弟”“盟弟”，并且推广到社会上为众人使用，这时人们为表明相互间关系，改称“同学”，据说发明这一流传后世的词汇的是带头反阉党余孽的明清之际三大思想家之一的黄宗羲。③ 稍后康熙帝举行博学宏词科笼络遗民，相当一部分隐逸应征与试。这时清朝统治时间较长了，反清复明的思想逐渐淡薄，带政治色彩的读书人结社也逐渐销声匿迹。

总体说来，文人的结社，以读书人为多，出仕者、隐逸次之。结社主要是为谋出路，学子为取得功名，做官者为联络感情，隐逸是在特定情况下，如清初才结社的。学子结盟为进学，不涉及政治，政府不加干预，所以合法存在。凡带有政治色彩的，政府认为有碍政权稳定的，一概不准存在。所以在君主专制时代不可能有政治性社团。而明末及延续至清初的社团的活跃，是在改朝换代的特殊情况下出现的，即明、清两朝当时都无力控制士人，在这权力强度削弱的空隙，带有政治性色彩的结社得以存在，从全部历史看，这是一瞬间的事情，具有偶然性。

上面从五个方面说明宋清间民间社团组织和活动，此外还有很多社团我们没有讲到，如宋代奉道的灵宝会，富家上供诵经；崇佛的庚申会，势家妇女供佛会；明代山阴的斗鸡社；北京群瞽的茶会；清代青浦县绅士的同文会，捐修孔庙。也有政治性的，没有有形团体，但实有帮派性，如北宋的新旧党争，明代世宗朝大礼仪中的两派，熹宗朝的阉党、楚党、浙党，清代康熙朝废太子事件中的党争等。

---

① 赵尔巽等：《清史稿》卷五〇〇《沈光文传》，中华书局1974年版，第13838页。

② 《清世祖实录》卷一三一，十七年正月辛巳条。

③ 王应奎：《柳南续笔》卷二，中华书局1983年版，第171页。

（六）社会组织状况与功能小结

总括宋清间的社会组织状况，值得注意的有以下几点。

第一，群体组织无论是形式和内容都比前阶段丰富得多。如社会慈善事业出现了多种正规组织，就其具体机构讲不能维持多久，但其形式则持续下来，把唐代不成形的、处于萌芽状态的做法固定化了，于是人生中的生、老、病、死，都开始有社会组织来照管了。虽然它不普遍，不能解决问题，但那些慈善团体的出现，就表明人们的认识有所提高，并向着解决问题的方向努力。又如民间的四邻结社有了较多的形式和活动内容，而民间秘密宗教的发展是前所未有的，把更多的受苦的民众卷进去，尽管屡次遭镇压，然而不屈不挠，旧的消失了，新的又冒出来，成为统治者无法消除的事物。又有新的宗教或已有宗教教派的产生和传入，外来的宗教总在寻求与中国传统文化结合的可能，以求站稳脚跟。工商业者在行业应官组织之外有了社会组织。这就使我们看到社会组织在先秦极少，到秦唐间有所增加，而在宋清间有较大幅度的增添，而且比较正规化，多已定型。

第二，社会组织有利于商品经济的发展。工商业应官组织的行会，作为工商业者与政府的中介组织，调节双方的关系，应付官方的科索，对工商业多少有一点保护作用。公所限制其内部竞争，有不利工商业在竞争中发展的一面，同时又有利于协调内部关系，从总的方面讲它还是有利于工商业发展的。至于会馆，有多种功能，仅从商业看，它为商人在异地他乡的经营，提供居住存货的方便，协调与当地人的关系，增加与本乡官绅的联系，这些都为商业的发展提供便利条件。

第三，社会组织丰富民众精神生活。古人受科学发展程度低下和物质生活不丰富的限制，不能掌握自身命运，相信和惧怕意识中的神鬼。但是四邻结社和宗教、会馆、公所、诗文社的活动中，包含了许多文化生活内容，古人欣赏了各种形式的文艺演出，或者自身参加进去，达到了自娱的目的。面对灾害、瘟疫的降临，疾病的缠身，有了这些活动，人们也得到一些精神安慰，或多或少地从恐惧中解脱出来，所以说社会组织的活动丰富了人们的精神生活和文化生活。

第四，君主专制主义政治决定民众社会组织活动的数量、质量都有待大大提高。专制政治不允许民众在政府机构之外再有什么社会组织，所以一般不允许民间建立社团，只有维护其统治的才准许存在。由于受到限制，民间团体数量还是很少，前面虽然说到不少组织，但这是在上千年的时间里才有那么一些，除了松散的四邻结社，除了宗族成员、佛道信徒，大多数人没有自己的组织。家族、宗教团体活动还多一点，其他则很少活动，一年不过一两次，这就是数量的不足，而在活动内容上，怪诞的成分不少，没有纯粹的政治团体，带有政治色彩的组织只是偶尔出现，民间社团活动的质量并不高。到了近代，这类数量、质量问题才有较明显的改善。

四、社会结构变化的原因和意义

宋辽金元明清时代，社会结构较唐代以前有不少的变化。结构要素比前大量增加，相互关系较前复杂，它们间的矛盾运动对社会的发展起着直接的推动作用，而其本身状态的变动则与社会的经济、政治密切相关。

（一）社会结构变化的内涵

宋清间社会结构比起秦唐间有同有异，归结到一点是结构要素增加，社会构成趋于复杂，表现在新的社会团体相继出现，以至不能说这个时期的社会结构构成简单了；等级构架虽无变化，但各等级的成员和前期很有不同，有的消失了，有的是新生的，或者虽是同一种人，仍在原来的等级内，但其在全部社会结构中的地位却发生了明显的变化，也即不完全是原来的它，在和其他成分的结构关系中，实际地位发生了变异。这些结构成分的变动，就其内容讲，可以归纳为三个方面。

其一，皇权加强的同时，政治权力下移。职官制度和贵族制度的变革，把皇权强化到了无以复加的程度，贵族和官僚上层的权力被进一步削弱和分散，就宋、明、清这种统一时间长的王朝而言，贵族在政治上失去的权力最多，作用变小，过去的宰辅高官，变成了皇帝的“参谋长”“秘书长”，地位陡降。而绅衿成为重要的等级成分，数量骤增，权力上升，控制或影响地方社会，与贵族、大官僚权力的减弱相比，他们成为政治权力下移的得益者。这样，社会结构的变动是政治权力从贵族、宰辅处作上下的移动，向上是皇权高度集中，向下是绅衿分权，所以皇权加强与权力下移是一个事情的两个方面，看似矛盾，实有内在的有机联系。政治权力向绅衿方面移动，实际上是政治权力向社会权力转移，受益的除绅衿之外，还有能够掌握宗族祠堂和各种慈善救济团体的富人（平民地主和大商人）。

其二，下层劳动者权力回升。君主专制社会的生产劳动者是自耕农、佃农、农业佣工、手工业者、手工工匠、贱民半贱民中的工农业生产者，其中自耕农和手工业者属于平民等级，佃农、农业和手工业的佣工，在中古是半贱民，到了宋清间回到平民的行列。虽然他们的伙伴佃仆、雇工人留在屈辱的半贱民地位，但作为佃耕、佣工主体成分的他们毕竟摆脱了半贱民的身份，恢复到秦汉时代的地位，而且不是简单的复原，有一部分佃农已经成为“一田二主”中的“一主”，有了永佃权及其转让权，他们的平民地位是不可动摇的了，不可能再下降了。佃农和佣工与自耕农一起是社会生产的基本劳动力，他们成为平民，意味着社会主要生产者是凡人，社会生产由凡人来进行，这种社会就与所谓的“封建社会”无关。

其三，社会团体是社会中下层向社会上层权力挑战的武器。宋清间出现那么多新型团体，只有合法宗教团体是不分阶层的，什么人都可以信仰，佛教居士中有的是贵族，乃至皇帝。此外的组织多是绅衿以下社会阶层的，文人结社专属于绅衿，公所为工商业者所有，会馆汇合绅衿商贾，祠堂、善堂为绅衿所掌握，秘密宗教纯属平民和游民组织，半贱民、贱民只有暴动时才有团体。贵族、官僚没有政权以外的单独组织，有组织的只是绅衿和平民，他们建立团体，是为发展自身的利益。

（二）社会结构变化的原因

宋清间社会结构发生变异，导源于社会经济运动和政治斗争、民族斗争，试分别说明之。

第一，地主土地所有制发展的结果。中古的身份性地主土地制为宋清间的非身份性地主土地所有制所取代，这时的土地制度是宋代人所谓的“田制不立”，不识时务者还要求限田。[①] 其实田制不立，就是不实行井田、占田、均田等制度，也不限田，任凭土地买卖，谁有钱谁就可以通过买卖占有土地，而不管他的身份，是贵族官僚，抑或平民百姓，甚至是贱民仆役。非身份性的地主占有了土地，就必然会在生产关系中改变过去身份性地主时代的状况，那时士族地主面对的佃农是依附农，这时地主是平民，就难于把佃农役使为依附农了。他没有强大的政治权力、政治力量控制得了佃农，难怪明朝立法，不许平民有奴隶，农民、商人不能有雇工人，只有特权者才能拥有雇工人和奴隶，于是在生产关系中人身控制权大大削弱，大量雇佣劳动者和佃农成为平民。事物

---

① 脱脱等：《宋史》卷一七三《食货志》，中华书局 1977 年版，第 4163 页。

就是对立统一体的矛盾双方，一方面地位高，另一方面就低；一方面下降了，另一方面就因之而提高，地主地位下降，佃农地位自然上升。土地所有制的变化，带来了农业生产关系的相应变化，反映到政治上就是等级结构的相对变动。

在实践上宋清间地租形态发生了变化，有利于佃农走向平民地位。这时地主在传统的分成制地租之外，采用定额租制，还有附加地租，要求佃农在正租之外交纳一些农副产品，并须到地主家无偿干几天活。这种额外剥削不在其数量多寡，而表示主佃双方有某种隶属关系，引起佃农不满，如明代福建佃农邓茂七起事就是反对附租“冬牲”引发的。佃农屡次斗争的结果是，地主被迫取消附租，或改收钱钞，这样附租所含有的主佃间的主从关系被金钱关系所代替。还有少数地主舍弃实物地租，改用货币地租，这更标志主佃间金钱关系的实质。地主在无法控制佃农人身时，或认识到这种控制对其实现地租收益不利时，愿意改善双方关系，采用有利于佃农发挥生产积极性的办法，以保障其地租的实现，这是以削弱人身控制换取经济利益的保证。明清时代地主土地所有制发生一些变化，地主出租土地时向佃农收取押金，这在经济上是多得到一些，但交了押金的佃农成为土地的某种意义上的主人，从而获得了永佃权，这种佃权可以继承、赠送、出让，地主就不能任意起佃。“一田二主”“一田三主”，使得地主土地所有权的完整性丧失，而成了“一主”的佃农在经济上都要与地主争衡，社会地位方面自然不甘心处于传统社会地位的角色。凡此种种，佃农平民化是地主土地所有制暨生产关系变化的必然结果。

第二，统治阶级、剥削阶级成熟地运用经济手段制驭被统治、被剥削者，从而放松政治手段，促成等级结构变动。上面说过地主在租佃形态上作文章，保障其获得地租，而君主专制国家维护地主经济利益，在使用政治权力的同时，也注意运用经济手段。政府在赋税征收方面，从役重赋轻，转变为赋重役轻，进而把徭役摊进赋税中征收，于是赋役合而为赋税一种。役是人的负担，为实现徭役，政府强制控制人口，故而特别重视户口登记，把国家掌握人口的多寡看作国家盛衰的标志，在这种制度下，严惩脱漏户口，不断地编审户口、大索貌阅、括户。但是役向赋转化特别是完成转化之后，政府保证赋税收入，只要掌握有田民户的田亩和赋税额就可以，没有确切掌握人口的必要了，因此宋代以后括户的现象减少了，对隐漏户口的惩罚比唐代以前减轻了。清朝实行摊丁入亩制度之后，很少再认真进行户口编审，更没有脱漏户口罪了。把徭役转进赋税之后，政府再没有为达经济目的而使用政治手段去控制人民，它用经济手段就可以更有保证地得到赋役。从政治手段转向经济手段，表明政府的统治更加成熟，更加高明。在这种情形下，民人的移徙权、从业权大大增多，很自然地佃农、佣工取得平民地位，政权更向纳税人地主、自耕农、商人开放，他们可以读书入仕，可以纳资买官职、买功名。总之，平民的地位随着经济力量的发展在提高，这就是社会结构变化的一个原因。

第三，民族政权造成贵族和下层民众的身份变动，影响社会结构状态。辽、金、元、清兴起之时，社会形态落后，把一些汉族地区过时的东西带进中原，造成社会等级地位的升降。前已说过，辽、金、元宗室贵族特权较多，是复旧趋向，相应地奴婢和半贱民增多，把一部分平民汉人降低为官户、二税户、怯怜口、驱口、部曲。使宋清时代社会等级发生矛盾现象，一方面是平民佃农、佣工地位上升，另一方面又出现不少新的奴婢和半贱民，后一方面虽然不是主流，但也在社会结构中反映出来，说明社会下层身份地位变化有反复，不是直线上升。

（三）社会结构变化的意义

社会结构的变化对历史发展的影响是难于把握的问题，笔者认识肤浅，仅知结构关系的变动和等级斗争促进了社会经济特别是商品经济的发展，把君主专制社会推向它的后期、晚期。

等级的变化，解放了生产力，促进了社会经济发展。士族、豪强是落后生产方式的代表，他们退出历史舞台，给劳动者有了较前为多的回旋余地，可以多发挥一些作用。宋清间自耕农受特权等级的压抑有所减少，有益于他们发展生产。特别是佃农、佣工取得平民地位，租佃、东伙关系的调整，使佃农能在农业生产中发挥较多的主动性，如定额租就比分成制对佃农有利，分成制下增产多少，要被地主拿走规定的比例部分，而定额租制下多生产就多得，与地主不相干，佃农自然乐于积极生产，增加劳动投入。附加地租的取消更具有人身解放的性质，提高了佃农的生产热情。商人和手工业者地位的变化，对他们发展手工业生产和扩大商品流通的积极性，是不言而喻的事情。奴仆和准奴仆中一部分人的开豁为良，更是解放生产力，促使他们热情劳动。劳动者生产热情的发挥，带来了生产提高和经济的发展。宋代商品生产和商品经济已相当活跃，在君主专制社会经济内部，于明代中期产生了资本主义生产关系的萌芽，并在鸦片战争前的清代得到了一定发展。它的出现标志看君主专制社会已走进衰落期，或者说晚期，已不可能继续长期维持下去了。在我国，商品经济的发展和资本主义萌芽的出现，与劳动者平民化（或就是平民）是同步进行的，不可能设想在广大劳动者是农奴、工奴、奴隶的情况下，商品能有广阔的市场，商业能繁荣。包买商的采购对象只能是平民劳动者——独立手工业者，而不能是半贱民和奴婢。当广大劳动者成为平民等级成员之时，也就是君主专制社会制度危险到来之时。特权等级的特权是基于对平民等级和贱民等级的压迫而产生的，当平民等级与特权等级距离缩小、贱民等级成分减少，特权等级就有相当程度的危机，就不容易长期维持下去了。

等级斗争与阶级斗争的结合，迫使统治者采取让步政策，调整社会矛盾。

前述邓茂七起义反对附加地租取得效果，是一个显例。李自成提出“均田免粮”“贵贱均田”[①] 的纲领口号，对均田的内涵，是平均土地，还是平均赋税，今天史家认识不一，即以均税论，是要求特权等级与平民等级一样完纳赋税，以减轻平民等级的负担，是从经济领域表现出对特权等级和不平等的谴责。以农民为主体的平民的等级斗争和阶级斗争的结合，打击了特权等级的力量，也使他们知道完全按照旧办法统治不下去，促使他们的政治家、思想家去思考和进行改革。国家因而放松对平民劳动者的控制，地主改变地租形态，法令改定主佃关系，承认佃农、佣工劳动者的平民地位，如元末农民战争之后，明朝统治者“惩元末豪强侮贫弱，立法多右贫抑富”[②]，确定主佃的“少长”关系，就不是偶然的了。政策的调整，以至于等级差距的缩小，是等级制度的危机，也就是说等级结构的内部矛盾运动，与社会上的阶级矛盾的结合，使等级结构不能依旧维持下去，它必将继续作出改变，以适应时代的变化。

总之，资本主义萌芽从社会经济内部产生新的力量，尽管极其幼弱，但已开始冲击君主专制社会经济结构，发展下去，势必延伸到政治领域和上层建筑各个方面，必将予等级结构以重大冲击、破坏。等级结构内部的下层等级的斗争，也会随着下层等级经济势力的发展，要求进一步改变社会地位、政治地位，反对抑末政策，反对等级特权及特权等级，希望等级结构和社会结构有所调整。君主专制社会的等级制度和社会结构发展到明清时代已进入晚期，处于

① 查继佐：《罪惟录》列传卷三一《叛逆列传·李自成》，齐鲁书社 2014 年版，第 2929 页。
② 张廷玉等：《明史》卷七七《食货志》，中华书局 1974 年版，第 1880 页。

不得不变动的状态。

第四节 近代前期（1840—1912）变动中的社会结构

鸦片战争至清朝灭亡（1840—1912）时期的社会结构，是君主专制社会结构向资本主义社会结构的过渡形态，不过它处于变革的初期，基本上还是封建君主专制社会性的，只是在许多方面有了近代的气息，虽然不浓烈，但毕竟不是纯粹的传统社会结构了。

一、变动中的等级结构

近代社会的等级构成，仍然和君主专制社会后期一样，由皇帝、贵族、官僚、绅士、平民、半贱民、奴婢诸等级组成，只是在各自内涵上发生了或大或小的变化，相互关系也有所改变，这里仅就变动部分作简单的说明。

（一）实际权力缩小的皇权

名义上讲，鸦片战争以后皇帝的权力并没有改变，但是在实际上皇帝权力削弱了，很多诏令无法贯彻，也无力禁止臣民去做其反对的事，其内涵和原因在于以下方面。

外国资本主义入侵势力屡次打败中国，迫使清朝签订不平等条约。领事裁判权的确立，使中国丧失部分司法主权，殖民主义干涉中国内政，甚至影响到光绪帝的存废。清朝皇帝在《南京条约》签订后犹作抗争，但从1860年《天津条约》《北京条约》之后，一步一步地屈服了，在洋人面前直不起腰，因之在臣民面前威严丧失不少，政治权力随之难于全面落实。

地方势力发展，皇权相应削弱。清朝为镇压太平军、捻军和陕甘回民武装，重用湘军、淮军和掌握它们的汉人，而中央财力不足，湘军、淮军军饷相当一部分要自筹，于是开始在战争省份征收厘捐，以补充军用，后来波及全国各省。厘金成了地方官的“小金库”，凡向户部报不了账的，就用厘金，因此“各省实收之数，竟数倍报部之数”①，地方有了经济力量。收厘金养活本省军队和驻防军，使湘军、淮军等地方部队与驻防地发生不可分割的关系，地方势

① 赵尔巽等：《清史稿》卷一二五《食货志》，中华书局1977年版，第3698页。

力因而拥有军队和财权，可以隐蔽地或公开地抗拒中央政令，以至于八国联军侵占北京，慈禧太后和光绪帝逃亡西安，而两江总督刘坤一、湖广总督张之洞等实行东南互保。

改革政体，预备立宪，是皇权的让步。光宣之际，清廷宣布预备立宪，1907 年设立资政院，评议政事，1911 年建设弼德院，参议政事。即使实行宪政，“大权统于朝廷，庶政公诸舆论”①。皇权本身没有变，但是资政院可以对政事发表评论，起舆论作用，而且资政院议员，除了来自贵族、官僚，还有读书人，更有纳税多的人，这税民不就是平民商人、地主吗？他们要以议员资格大模大样地发表意见，这在历史上是从来没有过的事。唐代有门下省，历代有六科给事中，可以对皇帝的命令行使驳议权，但那是官员私下进行，而议员处于官民之间，也有权对皇帝政治评头论足，确是前所未有的。其实君主立宪制，已经是在政体上改变皇帝独裁制度（君主专制制度），是皇权的让步。

如果说地方势力发展抵制了皇权的全面实现，这在其他朝代的中后期也是发生过的，如唐代的藩镇割据，不足为奇，那么资本主义侵略者干涉中国内政和君主立宪是前所未见，他们的出现真正使皇权削弱了。

（二）宗室权力的回光返照

近代宗室企图控制中央政权，排斥官僚，占了不少重要官位，如总理各国事务衙门为恭亲王奕䜣所掌控。光绪帝死后，摄政王载沣监国，力图用宗室掌握军权，兼掌禁卫军，用载洵为海军大臣，载涛任军谘大臣。1910 年内阁共有 13 名成员，皇族占 7 个，总理大臣是庄亲王奕劻。他们排斥汉族官僚，迫使最有势力的袁世凯“洹上养疴”。可是宗室又很无能，控制不了政局，及至辛亥军兴，又不得不请回袁世凯维持残局，皇族不甘心，组成宗社党作垂死挣扎，遭到革命党人打击，最终没能挽救清帝的逊位命运。晚清的宗室势力已无法与清朝兴起时相比。强弩之末，焉能穿缟？所以光宣之际宗室对朝政的掌握，犹如病危之人回光返照，不久将寿终正寝。

（三）官位贬值

官员的崇高地位，到近代大为改变。清朝镇压太平军、捻军费了九牛二虎之力，成功了，酬劳与事者，大量提升、加级、加纪录，没有那么多官位，候

① 赵尔巽等：《清史稿》卷一一三《选举志》，中华书局 1977 年版，第 3247 页。

补的骤增，高级别的人做小官，拥有四品衔的出任七品知县，是常见现象。人们眼中官衔的位置降低了。政府军费、赔款需要大量货币，经常使用捐纳手段卖官。这时买官不仅得个虚衔，有的可以直接上任，官至道员，这就是《清史稿》所说的“军兴饷绌，捐例繁多，无复限制，仕途芜杂日益甚”①。卖官名声不好听，有时皇帝也想限制，如同治元年（1862）不许商人捐纳为正印实官，可是许多人对虚衔不感兴趣，非实缺不捐，政府为要钱，只能又卖实缺。买官的人出身繁杂，商人不少，这是舆论看不起的人，他们往往也不会做官，于是像《二十年目睹之怪现状》《官场现形记》描写的一样，官场丑态丛生。前述皇帝在洋人面前直不起腰，官员更甚，真如同《官场现形记》里制台见洋人那样尴尬，他在部属和百姓中的权威，不说一落千丈，也大大下跌。真是“夷扰以来，民不畏官”，因为人民眼见清军吃败仗，官员求和，就不那么尊重他们了，而官员本身也有点自惭形秽，不太敢像过去那样显现威风。②

（四）绅衿社会地位进一步上升

进入绅衿等级的成员大增，下级武官、武举、非正途出身的候补官、捐纳人员、留学生、学堂毕业生都成了绅士。由于战争多，下级武官多得很，退役返乡，也可进入绅衿行列。光绪间留学生大增，1906 年留学生即有 8000 人左右。他们的社会地位，以清末江苏南汇县的士风来说：“不肖人士恃一衿作护符结，交书役，牢笼保甲，恐吓乡愚，鱼肉善类，在官称之曰‘衿董’，亲友艳之曰‘出场人’，乡民恶之曰‘吃白食’。”③ 他们管理地方公共事务，自称代表民意，所以官方尊重他们为衿董，亲友羡慕他们是能与官府接交的头面人物，乡民虽然厌恶他们，但也无可奈何。衿和绅一起控制社区，地方上离不开他们。他们地位的重要，从资政院议员的选举条件中可进一步证明。资政院议员，由钦选 100 名，由各省谘议局议员互选 100 名，钦选的有硕学通儒 10 名，占钦选总数 10%。硕学通儒的条件是：“一，不由考试、特旨赏授清秩者；二，著书有裨政治或学术者；三，有入通儒院之资格者；四充高等及专门学堂主要科目教习五年以上著有成绩者。”④ 由谘议局选的议员各省名额不一，“参酌各

① 赵尔巽等：《清史稿》卷一一二《选举志·捐纳》，中华书局 1977 年版，第 3237 页。
② 段光清：《镜湖自撰年谱》，中华书局 1960 年版，第 52、64 页。
③ 民国《南汇县续志》卷一八《风俗志·风俗》，第 2 页。
④ 赵尔巽等：《清史稿》卷一一三《选举志·新选举》，中华书局 1977 年版，第 3254 页。

省取进学额及漕粮多寡以定准则”①，即读书人的多少是决定该省议员数量的首要条件，至于当选议员资格，更是要有学历的、任教职的、当过官的。总之，绅衿充议员，并在资政院中占有不可忽视的地位。近代社会，绅衿由于从事地方公共事务，有的兼营工商业，又拥有经济实力，不仅在本地有势力，而且代表地方在省里或中央有一定地位，所以绅衿在社会结构中地位更重要了。

（五）平民中的商人、地主

他们的社会地位有了较大提高，特别是商人，将在本节第二目中说明。

（六）贱民

雍正年间对贱民中的世仆、伴当、乐户、堕民、疍户等开豁为良，但是贱民必须改变职业，而且四代以后才能读书做官，所以除豁令之后，囿于特权等级的习惯势力，以及这些贱民难于改变原来的职业，他们当中的大部分人并没有真正摆脱贱民地位。到了清末，随着西方平等、博爱观念的传入，社会开明人士和贱民为解放而奋斗。光绪末年宁波人卢洪昶说：“同是人也，而强名‘丐’、名‘堕’以辱之，不平何如焉？吾誓拯之出，以全人道。”② 在他们的努力下，堕民子弟学校开办，获得政府批准，它的毕业生可以与良民学校毕业生一样“给予出身”③，这标志着浙江两万多堕民取得平民地位。在广州，由于宣统元年的释放令，“各姓仆户纷纷脱籍”，“自是而后，仆户、蛋户均一视同仁，无拘畛域矣”④。清末是贱民的又一个解放时期。当然，说他们得到社会上一视同仁的对待也不完全符合实际，就以他们自身讲，也没能完全挣脱旧职业、旧观念的束缚，鲁迅说“绍兴的惰民，直到民国革命之初，他们还是不与良民通婚，去给大户服役”⑤。社会还没给他们提供从事其他职业的条件，他们只能以原来的职业和生活方式维生。

近代的等级制特点，是等级失序状态的产生。由于君主专制社会变成半殖民地社会，向资本主义社会过渡，君主专制的皇权下降，政权失控，地方权力上升，地方自治、民治的呼声和力量有所抬头，并反映到政治上，表现为绅权

---

① 赵尔巽等：《清史稿》卷一一三《选举志》，中华书局 1977 年版，第 3257 页。
② 民国《鄞县通志·文献志·丁编·堕民脱籍始末记》，第 672 页。
③ 《清德宗实录》卷五三六，光绪三十年十月丙寅条。
④ 宣统《南海县志》卷四《与地略·风俗》，第 21 页。
⑤ 《鲁迅全集》第 6 卷《病后杂谈之余》，人民文学出版社 1981 年，第 181 页。

的加强。

二、资本家与无产者的出现

近代社会与两千年来君主专制社会的地主制有一项重大不同，即产生了资本家与无产者。明清以来的资本主义萌芽所产生的初期资产者和无产者，到了近代，有少量的可能成为具有近代性质的资本家和无产者。资本家多由买办商人、地主、官僚、学人转变而来。

（一）买办和资本家

买办是西方资本主义经济侵略势力的产物。西方商人来华贸易，需要帮手，鸦片战争以前在广州通商，通过十三行进行贸易，利用公行制度下的通事、掮客。五口通商以后，西方商人向中国东南沿海、长江流域发展贸易，并向北方和内地推进，其中上海成为中外贸易之中枢。广东的掮客、通事随着西洋商人北上，甚至洋商未到，他们已先到达。19 世纪四五十年代在上海为中外贸易服务的通事有一半是广东人，甚至达到 2/3 的惊人比例。① 掮客逐渐成为外商的代理人，和通事一起，成为买办。起初买办代表外商洋行收购丝、棉、茶叶，推销洋布、洋杂货，贩卖鸦片烟。他们凭借洋东家的势力，抑勒民众，威胁官方，进行走私和非法贸易，是西方经济掠夺势力的走卒。后来外国资本在华开设银行、保险公司、轮船公司、工厂，买办也在这些企业中出现。买办进入洋行，要与行东订合同，规定雇佣期限、报酬、义务，他们要交纳保证金，生意做坏了要赔偿，因此同行东有矛盾的一面。他们的收入包括薪金、佣金、附股的利润及杂项，相当丰厚。

买办在洋行搭股，资本雄厚了，就抽出来自行办商号、企业，经营茶叶、钱庄，向民族资本转化；或者和洋务派经营的官办企业结合，参加开设官督商办的近代企业，主要经营造船、航运、纺纱、矿冶、电信、保险等行业。

（二）官僚和资本家

19 世纪七八十年代洋务运动中官场掀起办理新式企业的浪潮。官办近代企业，是为制造军火、维修武器装备，最早由两江总督曾国藩于 19 世纪 60 年代兴办，在上海建立江南制造局，而后出名的是上海轮船招商局、开平矿务局等企业。上海轮船招商局，由李鸿章倡导，始办于 1872 年，买办出身的香山人徐

---

① 汪敬虞：《唐廷枢研究》，中国社会科学出版社 1983 年版，第 23 页。

润投资白银48万两，香山人唐廷枢投资8万两，无锡人盛宣怀投资4万两，上海人朱其昂投资3万两。徐润又从亲友中招股，集资五六十万两。唐廷枢“凑集商股数十万”，并招徕侨商资本。[①] 1883年有资本200万两，在天津、牛庄、烟台、汉口、福州、香港、广州及横滨、神户、吕宋、新加坡设立分局。1878年李鸿章倡导筹建开平矿务局，1881年得到私人投资100万两，次年上海轮船招商局投资21万两。上海机器织布局，1878年筹划，1880年郑观应、龚寿图招商集股50万两，1894年盛宣怀招商股100万两，改名华盛纺织总局，在宁波、镇江等地设立十家分厂。此外有1877年开局的池州煤矿，由沈葆桢主持的基隆煤矿，左宗棠操办的兰州织呢局，张之洞倡设汉阳铁厂、大冶铁矿，李鸿章操持的平泉铜矿、电报局（始设于天津，继改设总局于上海）等。这些企业的投资者有买办、官僚和商人，由官方任命的投资者经办。这些企业，有个别的是商办，如池州煤矿，但大多数是官督商办。这些企业的开办，买办出身的资产者起了重大作用，如唐廷枢、徐润在上海轮船招商局集股中起了决定性的作用，唐廷枢随后出任总办。他先是上海怡和洋行总买办，主持过它的航务部，投资英商主办的公正、北清轮船公司，自家开设茶、盐、当、钱庄，在上海、武汉、天津、扬州、镇江等地设店，积累了办企业的经验。特别是他在洋行期间，学习了西方近代企业的管理方法，用到上海轮船招商局的经营中，立见成效。李鸿章称赞他“熟悉商情，明白笃实”，“贸易有年，声望素著，经理极熟”[②]。徐润先在上海宝顺洋行学徒，做买办，也学会了西方经营方法，继唐廷枢主持招商局，吞并美国旗昌公司，使“招商局轮船得与外洋诸公司争衡，中国国旗飘扬于英京”[③]。

（三）商人、地主、绅衿、绅商与资本家

原来从事传统商业的商人有的改而开办近代企业，也有地主、绅衿、华侨经营纺织、缫丝、面粉、煤矿、铁矿、修造船只等新式企业。中国第一家民营的机器缫丝厂——广东南海县继昌隆号，是1873年由华侨陈启源创办，在当地影响大，不久新增三四家机器缫丝厂。铁匠出身的林文于1875年在上海开设建

---

① 徐润：《徐愚斋自叙年谱》，中国史学会主编：《中国近代史资料丛刊·洋务运动》第8册，上海人民出版社1961年版，第106—107页；《光绪六年十月二十六日国子监祭酒王先谦奏》，《中国近代史资料丛刊·洋务运动》第6册，第38页。

② 招商局档案，李鸿章扎饬候选同知唐廷枢，同治十二年五月十日，转引自张后铨主编：《招商局史》（近代部分），人民交通出版社1988年版，第44页。

③ 民国《上海县志》卷一七《游寓·徐润传》，第5页。

昌铜铁机器厂，到1895年已具相当规模。1878年天津出现贻来牟机器磨坊，1882年徐州利国驿煤铁矿开办，1903年华侨张煜南出资50万两与谢荣光等开办潮汕铁路有限公司。经营规模巨大的是南通状元张謇，1907年创办和参加投资的企业25个，资本900余万元。研究者认为晚清民国初年出现的绅商，是传统绅士向近代工商业资本家转化的桥梁，虽然还不是真正义意的近代工商资本家，但确系资产阶级早期形态，是在近代工商社会转体过程中，向近代企业家过渡；商会的成立标志着绅商的形成。①

（四）资本家与政治权力

资本家开办的近代企业虽然力量弱，多少也阻遏外国资本主义经济侵略，保卫民族利益。买办出身的郑观应就自身经验给侍郎张荫桓写信说："初则学商战于外人，继则与外人商战，欲挽利权以塞漏卮。"② 中国资本家与外国资本家的竞争可以用"商战"来形容，说明他们学习西方的经营管理方式，与西方侵略作斗争，多多少少挽回经济上的一些利权，如上海轮船招商局在海内外设立那么多分局，轮船航行于黄海、东海、南海、太平洋、大西洋，清朝龙旗不是靠着军舰，而是商船飘扬到东瀛、南洋和英伦上空。资本家所办的企业在一定程度上推动了近代经济的发展。可以用郑观应的话说，它是"中国振兴商务之权舆"③。在资本家中，买办资本家一向是为人们痛责的，其实买办资本向民族资本转化，是历史的进步。④

资本家为了本身的发展，必然要求政治权利，以保证和发展他的经济利益。这种政治要求离不开社会传统因素和现实环境的影响，所以其内容也有传统的和现实的不同。他们要走向官场和取得绅衿地位，就要捐纳买官或让子弟走科举道路。他们经济力量较强，捐官一捐就是捐纳制度所能允许的最高级别——四品道员，次则五品同知，当然很少能够实授，多是取得虚衔，可以任官督商办企业的主持人，如唐廷枢、徐润、盛宣怀、郑观应、严信厚、祝大椿、朱其昂等都是亦官亦商、半官半商。商人捐官，远离国土的华侨也不乏热衷者。

---

① 马敏：《晚清"绅商"阶层的形成》，周积明、宋德金主编：《中国社会史论》，湖北教育出版社2000年版，第409页。

② 《郑观应简历——复考察商务大臣张弼士侍郎》，中国史学会主编：《中国近代史资料丛刊·洋务运动》第8册，上海人民出版社1961年版，第84页。

③ 夏东元编：《郑观应集》，上海人民出版社1982年版，上册第617页。

④ 汪敬虞：《唐廷枢研究》，中国社会科学出版社1983年版，第129页。

资本家一面希望子弟走读书做官道路，一面将他们送到外国留学。在未废科举制之前，他们对科举并不放弃。徐润和他的家族成员在上海经商，年轻一代跟随在沪，一到科举时他们就返回广东老家应试，徐润家族的三兄弟留学美国，属于容闳办理的第三次幼童出洋。容闳共办四次幼童出洋，派出 120 人，其中广东人 84 人，占总人数的 70%，此外江苏 21 人，浙江 8 人，安徽 4 人，福建 2 人，山东 1 人。粤籍学生多，江浙次多，乃因这里商人、读书人多，思想比较开化，敢于让子弟出洋。

资本家要求参议政事，改良运动所提出的君主立宪制主张，颇能表达他们的愿望。光绪三十三年（1907）农工商部制定《奖励公司章程》，规定了给予资产者该部议员、顾问的条件：集股 20 万至 100 万元以上者，授予该部各等级的议员；集资 200 万至 2000 万元以上者，授各等级顾问官；集股 1000 万元以上者，另授予其子孙三代世袭顾问官或议员。在前述资政院 100 名议员中，有“纳税多额人” 10 名，这种人是“年纳正税或地方公益捐，在所居省份占额较多者”。各省谘议局互选的议员，除了学历的条件，还有为有资产者考虑的因素，即“在本省地方有五千元以上之营业资本或不动产”，或寄居者，要求满十年以上，“有万元以上之营业资本或不动产者”①。不用说，营业资产和纳税额的规定主要是为资产者考虑的。资政院和各省谘议局的设立和农工商部奖励条例，使得少数工厂主、铁路股东、资本家化的士绅成为议员、顾问，但是人数太少，难于反映政务、商务要求。且君主立宪迟迟不能实行，江苏省谘议局议长张謇倡议召开十六省谘议局代表会议，决定成立国会请愿同志会，三次赴京请愿，还联合了各省商会政团、华侨团体代表以及部分资政院议员和督抚，但毫无成果。资产阶级革命派则组织团体，策划武装起义，走推翻清朝统治的道路。

（五）无产者

与资本家相伴而生的是产业工人，如矿工、海员、码头工人、纺织工人等。他们来自破产的农民和城镇贫民，本来就属于平民范畴的人，这时依然是平民。他们在被剥削压迫到难以维生的程度时，进行各种反抗斗争，以至举行罢工。如 1890 年江南制造局新任总办刘麒祥将八小时工时延长到九小时，工人

① 赵尔巽等：《清史稿》卷一一三《选举志・新选举》，中华书局 1977 年版，第 3250、3255、3257 页。

罢工，刘被迫同意增给伙食费，工人复工。

三、社会团体的激增

近代的社会组织相继出现，在清季更有蓬勃发展之势，诚为历史上前所未有的现象。不仅是数量的增加，更重要的是内容的变化，新生的社团带有一些近代因素，甚至有资本家政党的出现，就是传统的组织，往往也有一些新内容，也融入了或多或少的时代气息。

（一）进一步民众化的宗族

近代宗族族长还在维护他的传统宗法权力，宗族公共经济、族人的互助比鸦片战争前有所发展，但值得注意的是宗族下述活动。

1. 反对族人吸食鸦片

西方侵略者在华进行罪恶的鸦片贸易，一开始就遇到中国宗族势力的抵制。早在乾隆年间，东莞王氏宗祠家规就有“禁鸦片”的内容[①]，光绪初年编纂的常州《毗陵修善里胡氏宗谱》所载《家诫》，有一条是“勿吃洋烟，倾败家产”[②]。光绪二十二年（1896）湖南平江叶氏订定《宗约二十条》，其中有“不可贩卖洋烟，贪婪物件”[③]。鸦片是近代西方侵略中国的工具，宗族看到这个问题的严重性，自发地做抵制工作，符合时代的要求，也是热爱国家的表现。

2. 宗族会议

到了晚清，西方君主立宪、议会的观念传入，宗族内部的族长制在沿海开放地区受到了一定的冲击，族人不满意族尊独揽族中事务的状况，要求有议事权，于是倡导实行宗族会议制度。1905 年上海王氏、朱氏两个宗族仿照自治政治的方式，“集族人为族会，从事家族立宪”。1909 年上海曹氏宗族也立族会，以“联络情谊，清厘公产，保管祖坟，修辑族谱”为目标，召开族人会议处理族内公共事务。[④] 族会是祠堂的发展，使族人比在祠堂制时有较多发言权，是宗族组织管理制度的变化，体现了某种近代民主精神。

---

① 乾隆《鳌台王氏族谱》卷三《家规》。

② 民国《毗陵修善里胡氏宗谱》卷一《家诫》。

③ 民国《平江叶氏族谱》卷一。

④ 民国《上海曹氏族谱》卷四。

3. 侨民宗族对血缘观念的某些改变

古代宗族以血缘关系为绝对的组织原则，讲究同姓同宗，不允许异姓混入。到近代，这一观念在海外移民中有了变化。1860 年《北京条约》签订之后，几百万华人到了南洋、美洲、大洋洲、非洲各地，他们为了生存，组织同乡的团体——会馆之外，就是宗族的祠堂，如马来亚槟榔屿的林、杨、邱、李、谢、黄、王、胡、梁、陈等姓都设立家庙，印度尼西亚有汾阳世家、高阳公祠、杨氏联谊会，人们逢年过节祭祖，清明扫墓。[①] 这些宗亲组织是同姓建立的，认为同姓就是亲骨肉，就是同宗，共同建立宗亲团体。[②] 这一现象说明，在移民当中，特别是海外华人易于冲破同姓不宗的原则，改变宗族的某些内容，适应扩大社会联系的需要。

（二）会馆和善堂

会馆和善堂等传统的地域性组织也在扩大发展和增加新内容。

1. 会馆

会馆在工商城镇继续增加，如广东人在上海设立的会馆，有 1759 年建立的潮州会馆，1783 年的海隆饶会馆，1822 年的揭普来会馆，1839 年的潮惠会馆，都是潮州人的组织。近代以来广东人到上海的骤增，出现嘉应公所、广肇公所、南海邑馆、顺德邑馆，于是广东广州府、肇庆府、嘉应州等地人在沪也有了自身的组织。会馆活动内容是多方面的，互助为其一，如广肇公所附设有新山庄义地、三元宫义学。

会馆与祠堂一样为华侨所乐于创办，它是一省、一府或一县的同乡组织，在会馆称谓之外，或称作公所、公会、公司、同方会。在有华侨的地方往往就有这种团体，如越南西贡有福建会馆、广东广肇会馆，堤岸有潮州、嘉应、琼州三所会馆，河内有福建会馆；马来亚槟榔屿有平章会馆，新加坡有福建会馆，吉隆坡有闽人会馆；缅甸仰光有宁阳会馆；印度尼西亚巴达维亚有中华会馆，棉兰有福建公所，三宝垅有洪义顺会馆；等等，真是“南洋风俗，随地皆有会馆”[③]。华侨会馆是用群体的力量谋求经商、做工的利益，聘请状师，代打

---

① 温广益等：《印度尼西亚华侨史》，海洋出版社 1985 年版，第 438 页。

② ［印尼］林天知：《三宝垄历史：自三保时代至华人公馆的撤销（1416—1931）》，李学民等译，暨南大学华侨研究所 1984 年，第 151 页。

③ 力钧等：《槟榔屿志略》，福建师范大学历史系：《晚清海外笔记选》，海洋出版社 1983 年版，第 54 页。

官司，别设义塚、义学，赈济贫病同乡。

2. 专业行会和商会

有的专业行会，不只是东家的，佣工也包括在里面。光绪二十四年（1898）佛山镇重修的轩辕会馆，是成衣业的行会，但成员中含有“宾主东家”“西友”和“衣工”[①]，西友可能是管理人员，衣工是成衣匠。到了光绪末年、宣统间各地商人纷纷成立商会，为各业商人的联合会，主持人则是绅商。研究者认为商会属于新式近代社会组织，系由商人自愿组成，自行选举领导人处理日常事务，有自订的详细章程，依之行事，而与传统的宗法原则、宗法关系不同。[②]

3. 善堂

善堂团体在近代的活动较前代显著。育婴堂、仁济堂、清节堂、义园之类的慈善机构出现较多，这是因为公所、会馆、教堂和有钱的人都乐于开办。散布到内地城乡的传教士多注意于慈善事业。善堂出现了新形式，苏州洗心局，1871 年建立，民建公助，收容“旧家子弟不肖者”[③]，即浪荡公子、败家子，家庭宗族管不了，自身又无力自律，由洗心局对他们实行半强制性的管教。北京、苏州还出现贫民习艺所，强令有毛病的青年入所学手艺，以便出所后有谋生之道，这种方式的运用，是从西方学来的。

在近代慈善事业中，赈济成了一大项目。每当某地发生大灾，政府允许各地人士设立捐局，募集捐款，送往灾区，其中特别热心人士会得到政府奖励，甚至给予职衔。

（三）从秘密结社到会党

近代在长江流域及其以南地区，乃至海外，有各种秘密组织的活动，那些团体可分为天地会、哥老会、青洪帮三大系统。它们的成员众多，有不同于民间秘密宗教的方式和内容。在清末与统治者对立，是反对清朝的重要力量。

1. 秘密结社的出现

天地会、青洪帮都不是近代才产生的，它们的历史可追溯到 18 世纪或更

---

① 广东省社会科学院历史研究所、中山大学历史系、广东省佛山市博物馆编：《明清佛山碑刻文献经济资料》，广东人民出版社 1987 年版，第 253 页。

② 朱英：《商会的崛起及其社会功能》，周积明、宋德金主编：《中国社会史论》，湖北教育出版社 2000 年版，第 452 页。

③ 民国《吴县志》卷三〇《考・公署三》。

早。天地会成立于何时，学术界见解不一，但至迟出现于乾隆二十六年（1761），它又称添弟会、三合会、三点会、小刀会等，团体散布在闽、台、两广、江、浙、皖、赣、两湖、川、甘、豫各省，美洲华侨中的致公堂，南洋华侨的义兴公司都属于天地会系统。它的活动中心在东南沿海和华南。青洪帮源于秘密宗教系统的罗教，可能产生于康熙年间，它的成员活跃在运河和长江沿岸，以江浙为中心。哥老会渊源说法不一，是同治四年（1865）正式形成的，活动中心在长江中上游。它们虽然不是或不全是产生在近代，但在近代社会最活跃，更为凸显其团体的力量，为世人所瞩目。

2. 秘密结社的成员和组织

参加秘密结社的人员成分复杂，有农民、商人、小贩、工匠、矿工、船民、码头工人、水手、散兵游勇、乞丐、小偷、皂隶、术数职业者、私盐犯，还有地主、绅士和政治活动家。近代社会游民遍布城乡，数量惊人，他们多投身于秘密结社。下层劳动者和失业者是基本成员，有身份的人是极少数，若参与多有重要地位。

各个会党没有全国的统一机构，它以地域为单位把会员组织起来。哥老会以山堂作为活动单位。青帮依行业、成员原籍、所活动的城镇地段成立帮派。从整个秘密结社来看，山头林立，分散地域广，互不统属。

各个组织有其领导机构，如哥老会头领称作大龙头、副龙头，下设有坐堂、陪堂、刑堂、理堂和执堂等五堂，普通会员叫做大九、小九、大乡、小乡。构成层次多，可简单化地视为由首领—管事—会员三方面组成，首领与会众之间用一种结义关系联结起来。会员称义兄弟，在举行入会仪式时要歃血结拜，念祝词："结拜兄弟之后，如同手足，患难相助。"① 会众、首领之间大多数没有血缘关系，经过结拜，形成虚拟血缘家族关系，首领的治理方式也是借用家族宗法关系，所以秘密结社保留了传统宗法性，还不是具有近代内容的组织。

3. 从"反清复明"到"创立民国"

天地会员入会宣誓，第一条是"自入洪门之后，以洪为姓，以忠义为本"。第二条是"洪家兄弟遇有真主出"，"要奋力向前，齐心合力，毋得临阵退

---

① 萧一山：《近代秘密社会史料》，岳麓书社 1986 年版，第 232 页。

缩"[①]。表明他们信仰真主，提倡忠义。这个真主不是宗教、秘密宗教中的神佛，而是中国传统观念的"天"，真正的内容是需要一位汉人君主，反对清朝的统治。天地会的《请神祝文》写道："一片丹心，反氵月（清）复明，以顺天意之长流。"[②] 以反清复明为纲领。咸丰间上海小刀会起义建立"大明国"，光绪间洪全福准备在广州起义，拟称"大明顺天国南粤兴汉大将军"。秘密结社并非要恢复朱元璋家族的明朝，而是以明朝代表汉人政权，实际是要推翻满人皇帝的统治。到19、20世纪之交，特别是20世纪初，革命党人与秘密结社联系，并通过新建立的会党兴汉会、共进会等把分散的老组织分成大区统一起来，开展反满革命宣传，组织武装起义。[③] 特别是孙中山到美洲会党中活动，起草旧金山致公堂章程，把"驱逐鞑虏，恢复中华，创立民国，平均地权"纲领写进去。共进会以"建立民国，平均人权"为宗旨。秘密结社的主旨从模糊的反清朝转向民主革命，随着时代而前进，本身也具有较多的政党性质。

会党在近代演变中，也碰到与西方侵略者的关系问题。基督教会势力深入到中国乡村，一些洋教士与无赖教徒一起欺压民众，引起反抗。1898年余栋臣领导四川大足县哥老会起事，提出"顺清灭洋"的口号，把斗争矛头直接指向西方资本主义侵略者。反侵略是中国近代史上两个重要主题之一，会党的"灭洋"宏愿尽管是不现实的，但在认识上的价值很大，是指向社会主要矛盾。

总之，会党的活跃，反映了下层民众组织起来，争取自身权利的愿望。他们多次起事，反对清朝统治，反对西方资本主义侵略，富有反抗精神，但是思想上长期处于落后状态，宗法迷信思想较严重，不知道如何反对敌人，加之队伍中游民太多，破坏性强，建设性弱，所以难于达到目的。只有和民主革命结合，它才发挥一些积极作用。

4. 脱胎于秘密宗教与秘密结社的义和团

义和团从白莲教和秘密结社两方面吸收营养成分，加上它自身的习武性质，形成活跃一时的新团体。

山东民间有练习拳棒的风气，并有组织地进行传授，至迟在乾隆年间就出现义和拳、红拳等团体，到了近代，习武风习更甚，义和拳、八卦掌、神拳、

① 萧一山：《近代秘密社会史料》，岳麓书社1986年版，第218页。

② 萧一山：《近代秘密社会史料》，岳麓书社1986年版，第231页。

③ 魏建猷：《辛亥革命时期会党运动的新发展》，《上海师范大学学报（哲学社会科学版）》1981年第3期。

大刀会等社团，活跃于山东、河北、河南、安徽和江苏北部。练拳使用刀枪，所以拳团拥有武器。团民习武为的是健身自卫。拳团受到白莲教系统清水教、八卦教的影响，崇信神佛，相信符咒的作用。而在清末，秘密宗教继嘉庆间被镇压的一段沉寂之后，又活跃起来。这时拳团与秘密宗教结合，使义和团崇信玉帝、圣母之类神灵，带有一定的宗教色彩。部分基督教传教士与教民的作恶，以及中西文化的差异，激发了民众的愤慨，而山东基督教堂一千余所，势力尤大，这里教、民矛盾严重，山东义和团首先掀起反洋教运动。

义和团的参加者，开始是贫苦农民、手工业者、贩夫、店主、船夫、游勇、读书人和绅士，及至1900年义和团运动席卷北中国，达官贵人也有加入。

义和团烧教堂，与八国联军开战。清朝政府对它开始以乱民镇压，继而利用它与外国侵略者作战，后来又把战争的失败推到团民身上，加以屠戮。

义和团运动具有反对外国侵略者的性质，却是在愚昧观念指导下进行的，又受清朝政府利用，其后果令人叹惋。义和团运动之失败，是观念落后的必然结果，迷信符咒，自以为刀枪不入，扒铁路、割电线，误以为是它们带来的罪恶，这正是不懂科学、无知的表现。在愚昧思想状态下，以血肉之躯，怎能敌得钢铁枪弹，失败是不难理解的。秘密宗教和秘密结社的弱点就在于迷信、散漫，而秘密宗教尤盛。近代南方开发早，秘密结社受革命党人影响，政治斗争纲领大改观，对社会的作用加大。北方落后，秘密宗教、秘密结社在反对帝国主义上体现出时代特色，而对解决国内矛盾没有新认识，“扶清灭洋”口号的提出乃是很自然的事情，结果不过是被统治者所利用。

（四）基督教和拜上帝会

1. 近代基督教在中国的传播

基督教自康熙末年被禁止传播，至鸦片战争后，因西方殖民者的军事胜利而得以合法传教。1860年生效的《天津条约》规定西方传教士可以进入内地传教。从此以后，基督教各教派涌入中国城乡传教，中国人与基督教关系步入新时期。

同治初年，传教士到各地，士民群起反对，因为他们是在战争之后实行不平等条约的情况下出现的，士民就不像明朝末年那样新奇地对待他们的到来，而是本能地拒绝，不许他们进城。尤其是那些不法传教士打着恢复雍正朝被没收的教产旗号进行财产兼并，更引起士民的反对，士大夫以传教为耻，不与它沾边。同光之际以及光绪年间教会发展迅速。据统计，1891年在华罗马天主教神父530人，教民525000人，新教牧师男女1296人，教民37287人[①]，总计基督教中国信徒56万多人，这还是不完全统计的数字。

教会的发展，借助传教士的经济、文化手段，他们建造医院，为穷人治病；开设学堂，向学生提供住宿和伙食；兴办育婴堂、孤儿院，抚养孤儿、弃婴；成立天足会，劝诫女子不缠足，宣传博爱和女子的权利；办报纸，传播新闻和宣传教义。传教士在这些活动中，向受惠的穷人传教，被一部分人接受。所以贫苦劳动者信教的多，且是虔诚信仰。稍后教会学校培养的学生信徒，多少改变信徒成分。[②] 此外，也有地痞流氓信教，利用教会势力作恶地方，鱼肉善良，勾结或对抗官府。总体说来，从社会地位看，教徒以贫民为多，读书人和绅士甚少；从信仰看，大部分人是虔诚的，有一部分人是利用教会势力的假信徒，影响恶劣。教徒的这种分别早在鸦片战争前后已露端倪，当时有信教者被政府发现，强迫退教，否则发配新疆，他们宁愿受到处罚，也不退教。[③] 这是真信教，值得同情。另有一种人已开始借助教会势力作恶了，这就是张穆所说的："倚敌国为逋逃主，负隅自雄。"[④] 道光以后沿着这两种趋向发展，不过后一种人作用越来越大，与不法传教士一起生出很多事端。

传教士中也有真伪两种信徒。伪信徒是西方殖民者侵略中国的走卒和工具，他们有意识地接纳流氓恶霸入教，以之为打手，欺压非教民，在教会与官府矛盾中，利用这种人为缓冲力量。对于这两种传教士，前人评述云："皆熟悉吾国之方言习俗，深入内地，不惮艰险，设学校，建医院，就教育慈善事业，尽其发展之策，以和易合群为宗旨，以勤俭进取为目的……至藉教为护符干预地方行政者，则皆不肖之教士也。"[⑤] 可知传教士有为善与作恶两种成分。

作为外来文化，教会不让中国教徒参加四邻结社的活动，拒不交纳祈赛的会费，引起非教徒的不满。教会建教堂，非教徒往往认为破坏风水，群起反对。凡此种种，教会、教徒与非教徒形成对立，不断发生非教徒驱赶教士、焚毁教堂的事件。1870年的天津教案，1900年的义和团运动，乃荦荦大者，小冲突时有发生，如1898年余栋臣大足风潮以前的1895年四川嘉定、叙州、新津

---

① 徐珂：《清稗类钞》第四册，中华书局1984年版，第1958页。

② 参阅陈支平等：《基督教与福建民间社会》，厦门大学出版社1992年版，第152页。

③ 《清宣宗实录》卷二一七，第36册第221页；卷三〇七，第37册第782页。

④ 张穆：《㐆斋文集》卷二《弗夷贸易章程书后》。

⑤ 徐珂：《清稗类钞》第四册，中华书局1984年版，第1956页。

等地捣毁教堂七十余处。

教会与清朝政府关系方面，清朝地方官对传教士无可奈何，传教士对中国皇权起了揶揄作用。中国土生的宗教和各种神灵信仰历来受皇权支配，外来宗教佛教、伊斯兰教、犹太教也受皇权控制，秘密宗教和秘密结社是皇权不能控制的，但其内部却实行宗法原则，没能摆脱皇权的影响。基督教在唐朝、元朝进入中国，也受皇权的干预。唯独近代来华的基督教，清朝皇帝不仅管理不了，还因它的活动造成的种种事件，令皇帝遭受屈辱，如光绪帝逃难西安。

2. 拜上帝会

与基督教有一定关系的拜上帝会，导演了一幕轰轰烈烈的太平天国运动的历史剧。1843 年落第文童洪秀全认真读了第一个华人牧师梁发编写的《劝世良言》，从中知道一点基督教教义：上帝是真神；一切人都是上帝的子女，相互间平等；耶稣是上帝的独子，受差遣下凡为世人赎罪。他根据自身的理解和儒家大同观念，写出《原道救世歌》《原道觉世训》《太平天日》等书，认为皇上帝是人间主宰，人人应当朝夕敬拜；社会上有两股势力，一方面是皇上帝及其子女，是正、善的力量，另一方面是阎罗妖及妖徒鬼卒，是邪、恶的力量；天下男子是兄弟之辈，女子是姊妹之群，应当和睦相处，一律平等，反对国家之间、人们之间的压迫；他本人是上帝次子，耶稣之弟，奉命下凡为太平天子，斩邪留正，建立人间天堂。洪秀全以这些认识为拜上帝会的教义。在他倡导下，经过冯云山的组织宣传，拜上帝会于 1847 年在广西桂平成立了。这是一个“模仿和自制”① 的宗教，并非基督教分支。

拜上帝会的信徒多是贫苦之人，有农民、矿工、手工业者、小商人、下层读书人，受特权等级压抑的平民地主、富人。因广西少数民族众多，除汉族外，壮、苗、瑶等族也有不少人入会。

拜上帝会采用基督教的一些仪式，如洗礼、祈祷、讲道、礼拜，建有礼拜堂，礼拜时庄严肃穆。拜上帝会反对偶像崇拜，洪秀全砸了孔子牌位，不让人相信文昌帝君、灶王爷和其他神灵，和冯云山领着信众把象州甘王庙拆毁。

拜上帝会成立后，与地方首领控制的团练发生冲突，冯云山等被捕。拜上帝会为实现斩邪留正的目标，走上造反的道路，1851 年 1 月 11 日在桂平金田村正式起兵。

---

① 程歗：《晚清乡土意识》，中国人民大学出版社 1990 年版，第 273 页。

拜上帝会对太平天国的作用还表现在下述诸方面：以“太平天国”为年号，争取实现平等、太平的世界，以符合教义；洪秀全自称天王，不称帝，因为只有上帝（天父）才是帝，他只能称王；杨秀清也是上帝之子，可以代天父传言，这一制度决定杨秀清的特殊地位，以后竟以传言之妄处责洪氏，引发洪杨内讧；太平天国实行圣库制度也与拜上帝会教义相关，起始是让会众变卖家产，交入圣库，参加起义军，到南京后让战士把财产归公，实现基本上平均分配的供给制度。

从东汉原始道教开始，到拜上帝会为止，中国历史上的贫苦农民和其他小生产者，幻想过上温饱的日子，常常乞灵于宗教，希望神仙、佛祖，或带有一定物质观的天拯救自己，建立崇拜他们的宗教团体，组织力量，去与邪恶势力作斗争。神灵天帝成了受苦受难民众的精神寄托。他们一旦组织起来，便震撼统治者，几乎起到改朝换代的作用。他们自己实行义米义肉制度、圣库制度，但是只能在极小的范围、极短暂的时间内实行。他们的愿望总是落了空，归根结底是失败了。所以民众争取美好生活的组织——造反宗教，是“银样镴枪头”，不中用。一句话，小生产者的平均主义幻想，绝不可能成为现实，这就是历史的结论。

（五）维新派和保皇派的团体

戊戌变法的倡导者、维新派政治家康有为创办强学会、保国会，开近代中国政党的风气，为中国历史上士大夫结社的划时代创举。康有为把结社与政治改革紧密联系在一起，他在代张之洞撰写的《上海强学会序》中说：“挽世变，在人才；成人才，在学术；讲学术，在合群。”① 即以变革为目标，以人才为动力，以社团为手段，故要变革，先组织社团，以培养人才。而为成立团体，又需要先进行宣传，故而办报纸，因此改良派（也即渐进派）政治家，把办报纸、设学堂、建书局、组社团视为一体，以便推动政治改革，就中组建团体和出版报纸尤为重要。

1. 强学会

康有为、文廷式、陈炽等办北京强学会之时，先办《万国公报》做舆论准备，至1895年8月北京强学会正式成立，会名又称强学书局、强学局、译书局，列名会籍和参与会务的有康有为、梁启超、陈炽、文廷式、杨锐、袁世

① 康有为：《上海强学会序》，《申报》1895年12月4日。

凯、徐世昌等 22 人，总董为陈炽等，而主事者为张孝谦。学会把《万国公报》改为《中外纪闻》，由梁启超、汪大燮主笔政。会员每十天集会一次，都有演讲，鼓吹变法维新。但才活动两个月，被御史杨崇伊弹劾，罪名是私立会党，开乱议政治之风，于 1896 年 1 月被封闭，原机构被改为官书局。

为扩大影响，康有为在北京强学会筹备期间，南下筹建上海强学会，路经南京见两江总督张之洞，征得他的支持，和其幕僚梁鼎芬至沪进行组建，于 1895 年 11 月正式成立上海强学会，列名与会和参与会务的有康有为、梁鼎芬、张謇、汪康年、黄遵宪、岑春煊、陈宝琛等 23 人，出版《强学报》。在北京强学会被取缔之后，上海分会也遭到了相同的命运。

强学会的会员始初由康有为邀请。他考虑到各种政治势力，除了改良派的力量，还力求与帝党分子合作，后党及地方实力派也要染指其间，所以强学会内有各种政治派别的人物，观念不一，内部不能一致。强学会为筹集会费，有目标地向督抚募捐，张之洞、刘坤一、王文韶各赞助北京强学会银 5000 两，张之洞另给上海分会 1500 两，康有为对李鸿章赞助拒不接受。支持强学会的除了张、刘、王外，还有翁同龢、孙家鼐、李鸿藻、张荫桓、郑观应，以及外国人李佳白、李提摩太等人。

强学会订有章程，上海会章为康有为所拟。会章说明办会目的，为讲求中国自强而建立，联络读书人，探讨变法图强的道理以挽救世事。会章强调学习西方政治学说和科学技术，翻译印刷图书，开博物院，置办仪器，以挽救中国。

强学会办报纸，宣传其政治主张，先后办报多种，被解散后仍在用报纸鼓吹变法。上海强学会办的《强学报》只出了三号，所幸的是由黄遵宪积极筹集经费，梁启超、汪康年主办的《时务报》，于 1896 年 8 月 9 日创刊，至 1898 年 8 月 8 日停刊，坚持两年，出版 69 册。1897 年，康有为弟弟康广仁和何树龄在澳门创办《知新报》。这些报纸除刊登上谕和中外新闻，致力于发表宣传变法的评论文章，登载强学会文件；刊登介绍欧美各国制度、历史、地理的文章，如《地球万国说》《英国幅员考》；介绍西方科学技术和经济的文章，如《万国矿务考》《万国邮局章程价值考》《铁路情形考》等；披露号召变法的文论，如《变法通议》《论大地各国变法皆由民起》等。这些文章说明非变法不可的原因，若再因循守旧，就要像印度那样灭亡，而变法则会如同日本那样地富强。变法的内容，在政治上学习欧美，实行议院制度，设立议员，通上下之情；文化教育方面，废除科举，兴办学校，培养人才；经济方面，兴工艺，发展民族工商业。这些文章全面宣传了变法维新思想，提倡爱国主义、民族主义，富有浓厚的政治色彩。维新派的宣传，制造了变法舆论，反响强烈，尤其是《时务报》深得读者欢迎，行世数月，销售万余份，出现中国报纸前所未有的盛况。

1897 年康广仁和梁启超在上海开办大同译书馆，出版译著《俄土战记》《意大利侠士传》，刊印康有为的《孔子改制考》等书。对西文著作翻译出版的贡献，大同译书馆并不多，当时出名的是上海机器制造局的翻译馆，由华蘅寿、李善兰、徐寿等从事译作，出版《西国近事汇编》《格致汇编》《行军测绘》《海战指挥》《西药大成》等书，为探讨新学者所必读。

2. 保国会

强学会封禁之后，希望变法图强的士大夫为聚集同仁，有组织地进行宣传和推动工作，纷纷成立学会，如 1898 年 2 月谭嗣同、唐才常等在长沙成立南学会，社员千余人，各县设立分会，每七天集会一次，讨论新政。在北京杨锐等发起组织蜀学会，林旭等发起闽学会，杨深秀等发起关学会，康有为等组织粤学会。康有为和御史李盛铎等人发起建立保国会，于 1898 年 4 月 17 日召开第一次会议，到会者有士大夫一二百人，总会设于北京、上海两地，各省府县设分会。

《保国会章程》30 条，开宗明义阐发保卫国家的要旨，第一条写道："本会以国地日割、国权日削、国民日困，思维持振救之，故开斯会以冀保全，名为保国会。"政治目标鲜明。在甲午战争之后，各个帝国主义瓜分中国，维新派力图挽救国家的灭亡，而且知道要救亡，就得组织起来，进行宣传，使更多的人明白救国的道理，这就是康有为在第一次会上所说的："今日之会，欲救亡无他法，但激励其心力，增长其心力……果能使四万万人人人发愤，则无不学者，奚患不能救。"

保国会的成立，为顽固派所嫉恨，著文上疏，攻击他们厚聚党徒，妄冀非分，辩言乱政。罪名无非是两条，一为结党，二为惑民乱政。在这类攻击下，保国会不解自散。

保国会比强学会进了一步，政治上改革的目标更明确，章程较完备，初具政党规模。

3. 强学会、保国会的历史意义

京沪两地强学会、保国会活动时间都不长，但其基干成员坚持其组织的政治方向，活动了三四年。其骨干基本上是康有为的弟子和好友。强学、保国两会及其成员的活动推动维新运动的开展。学会及其报纸的宣传活动，大规模地制造社会舆论，深入人心，即如西北地区的陕西，也有人刊刻京、沪强学会的序言，予以传播，并集资筹设织布局。可见学会为变法做了舆论准备。同时起着组织发动作用，张謇说强学会的成立，“中国士大夫之昌言集会自此始”①，强学会虽很快被取缔，但保国会和其他社团兴起，出现不可遏制的形势。两会的成员，稍后在戊戌变法中起了重要作用。在“戊戌六君子”中有杨锐、林旭、刘光第、康广仁四人是两会中人物。②

强学会、保国会活动的历史意义，如果不考虑与戊戌变法的关系，换个角度，即从历史上的民众结社来看，它是旧时代无政治团体状态的结束，预示近代政党的到来。前面讲过东汉的党锢之祸、唐朝的牛李党争和南衙北司之争，明代的复社、几社活动。东汉、明代党派活动中被害的一方，抨击当时的黑暗政治，但并没有明确的政纲，即使成功了，也不过是出现较清明的政治，不似强学会、保国会要进行政体的改革。官僚士大夫政争中党派活动不明显，多无组织，纵似复社那样也极其松散，而民间的秘密宗教、秘密结社在组织上虽相对成形，甚至较严密，但从组织原则上颇具宗法性，迷信色彩浓厚，破坏性有余，建设性不足，它们还是君主专制时代的产物，不能与具有近代政党性质的强学会、保国会相比。强学会、保国会宣传的变法思想，影响了两代人，继承其维新思想的是立宪派，从中吸收精神养料得到启发的是革命派。强学会的成立比孙中山组织的兴中会晚一年，何以说它是近代政党的开端，因为强学会一问世，就给社会造成重大的影响，引人注目，此后又引发戊戌变法，这种社会作用是兴中会所不能比拟的。

4. 保皇会

戊戌变法失败，光绪帝被囚瀛台，康有为及维新派中的一些人谋图拯救光绪帝，在中国实现君主立宪。1899 年逃亡日本的康、梁设立保皇会，并在南洋、北美建立分会，在横滨出版《新民丛报》，在上海创办《外交报》《东方杂志》，还有新加坡《天南星报》、纽约《维新报》等，宣传君主立宪，逐渐

① 张孝若：《张謇年谱》，中国史学会主编：《中国近代史资料丛刊·戊戌变法》第 4 册，上海人民出版社 1957 年，第 200 页。

② 本子目写作，参阅汤志钧：《戊戌变法人物传稿》修订本，中华书局 1962 年版；苑书义等：《中国近代史新编》第八章，人民出版社 1986 年版。

与兴中会、同盟会发生冲突，在华侨、会党中排挤革命派。1900 年唐才常受康有为指使在上海成立自立会，不久加入与保皇会有联系的上海中国国会，组织自立军，总部设在武汉，联合哥老会，准备武装起义，被湖广总督张之洞镇压。在清朝宣布预备立宪后，康有为为表示合作，于 1907 年 2 月将保皇会改为国民宪政会，同年 7 月梁启超在东京组织政闻社，加以配合，但清朝仍以康梁组织为非法团体。

（六）近代群众组织

自从强学会公开设立之后，士大夫受影响纷纷建立团体，如梁启超认为：自此“学会之风遍天下，一年之间，设会百数，学者不复以此为大戒矣”①。说一年间学会的成立以百计数，未免夸张，但知识界胆大了些，敢于冲破清朝禁令建设一些团体则是事实。其时清朝也无力一一查禁，只好睁一眼闭一眼，对各种团体既不承认也不取缔。据研究者称，1896 年至 1898 年间，各地办的学会、学堂、报馆三百余所，主要分布在江苏、湖南、直隶、广东。② 以后还陆续出现。这些团体，有各地学会、戒缠足会、去毒会、戒奢会、自治公所、城乡议事会、商会等。这些团体有的议论时政，希望变法；有的本身不是政治群体，但为热心政治者所建立，把它作为改变风俗、促进政治改革的实验；有的纯属非政治性民间组合。兹介绍以下两种。

1. 戒缠足会

女子缠足是中国社会极不文明的一种标志，它大约起源于五代后唐，至明清时风行。这是男性病态审美观的产物。在其风行年代，缠足被视为妇德、妇容的表现，天足是下等女子的本色，贱民女子想裹足还不被社会允许，良家妇女不是三寸金莲就难以嫁给像样的人家。等级制度和缠足搅和在一起，使这种陋习显得格外恶劣。鸦片战争前就有有识之士反对裹足，俞正燮、钱泳、龚自珍、苏州李氏女都有这方面的言论，李女《弓鞋》诗云：“三寸弓鞋自古无，观音大士赤双趺。不知裹足从何起？起自人间贱丈夫！”③ 痛斥欣赏莲足的坏男人。到了近代，反对裹足的人日益增多，郑观应、林琴南都有这方面的言论。而令自家女子天足且以组织方式劝诫他人不缠足的则是康有为。他于 1895 年创

① 梁启超：《康有为传》，中国史学会主编：《中国近代史资料丛刊·戊戌变法》第 4 册，上海人民出版社 1957 年版，第 10 页。

② 郭沫若主编：《中国史稿》第 4 册，人民出版社 1962 年版，第 127 页。

③ 袁枚：《随园诗话》卷四，人民文学出版社 1960 年版，上册第 115 页。

办广东不缠足会，1897 年梁启超等在上海成立不缠足总会，次年黄遵宪、谭嗣同等在长沙建立不缠足会，各地相继出现天足会。参加的人很多，上海系统会员 30 多万。不缠足会的宗旨富有时代特色，同维新运动联系起来，希望吸纳有用人才，富强国家，如梁启超在《戒缠足会叙》所说：改变中国积弱状态在储人才，在母教，而裹足使人口一半的女性像有罪的刑徒，怎能不使人柔弱和不成才。与此相联系，提倡女学，上海不缠足会向会员赠送劝女学歌，鼓励女子上学。戒缠足会的另一个意义是冲击由缠足与否表现出的等级观念，天足会针对富贵之家不娶天足女子的状况，规定会中人不得娶小脚女子，若家人女子因天足嫁不出去，会员之家互相婚配，以抵制缠足陋习。女子天足之后，人们改变以脚的大小来判断妇女的良贱和妇德的恶俗。

2. 女子抗婚团体

传统女子结婚产生诸多不幸，而出嫁又是家长作主，不容女儿不听，但是到近代，偶有女子结伴抗婚，因而产生内涵特殊的团体。

闺女不嫁教。光绪间出现在奉天，从教者居住紫霞宫，其实她们不是僧道，也不是秘密结社，参加的都是年轻女子，矢志不嫁，有的人已订婚，态度坚决地退了亲。[①] 她们自谋生计，立教是为谋生，以实现不嫁的目的。

女子金兰会。男子结金兰之好是社会普遍现象，而女子结拜常有非同一般的原因。广东顺德少女往往结为干姊妹，立志不嫁，父母逼婚，逃到义姊妹家躲藏，不得已出嫁的，回娘家后赖着不走，若被强迫去夫家就投河、上吊。[②] 这是妇女以结拜金兰逃避婚姻，与闺女不嫁教同一性质。

传统婚姻制度给女子带来种种不幸，迫使少数妇女走独身的道路，而社会制度又不允许，单人行动就更加无力，在这种情形下出现抗婚团体。那个时代女性独身与现代不同，不可能实现，其社团不会得到充分发展，只能是昙花一现。

（七）革命派的团体

1894 年成立的兴中会，首倡推翻清朝的革命，与改良派宗旨不同，但当时持有革命观念的人极少，迨后戊戌维新流产，义和团运动失败，亡国危机日益严重，一些爱国志士转向革命理论的探讨。20 世纪头几年成立带有革命性质的

---

① 徐珂：《清稗类钞》第四册，中华书局 1984 年版，第 1985 页。

② 咸丰《顺德县志》卷三《舆地略·风俗》。

团体，如秦毓鎏等在日本建立青年会，倡言民族主义和破坏主义；蔡元培、章太炎等在上海组建中国教育会，联络有识之士；军国民教育会，分别出现在东京和上海，倡言革命。1904 年华兴会、光复会、科学补习所等团体成立，次年同盟会组建，标志革命派开始走向政治舞台，而后领导了辛亥革命。革命团体要处理与社会各方面关系：内部的团结与联合，与清朝作推翻与反镇压的斗争，与保皇派争夺成员，同会党的联络与结盟，开展对清朝新军的工作。

1. 兴中会

1894 年 11 月孙中山在檀香山（夏威夷）建立兴中会，次年与杨衢云领导的香港辅仁文社合并，将总机关设在香港，另在广州设立农学会，以学术研究为名掩盖政治团体性质。它的公开会章是为振兴中华，而会员入会的秘密誓词为“驱除鞑虏，恢复中国，创立合众政府”。这是以美国联邦政府为蓝图，企图推翻清朝，建立资产阶级共和国，表明它是一个革命团体。

2. 华兴会

湖南善化（今长沙）人黄兴原在日本参加拒俄义勇队和军国民教育会活动，回长沙与宋教仁等于 1904 年 2 月成立华兴会，以“驱除鞑虏，复兴中华”为宗旨。为革命活动方便对外称华兴公司。为发展力量，联络各界人士，设立东文讲习所，面向学界；组织黄汉会，作为与军界联系的桥梁；为了同以马福益为首领的哥老会合作，设立同仇会。华兴会计划于 1904 年 11 月举行反清起义，派人同湖北、四川、江西、江苏、浙江各方面联系，希望反清团体同时举义。然因事机不密起义失败，黄兴流亡日本。

3. 光复会

1904 年中国教育会、爱国学社领导人蔡元培联合陶成章、章太炎在上海成立光复会，徐锡麟、秋瑾、熊成基等为骨干成员，在东京设有分部。会员入会誓词“光复汉族，还我河山”，表示了推翻清朝的愿望。它基本上是浙江人的团体。与会党联系密切，1904 年陶成章即在会党中工作，谋图与华兴会长沙起义相呼应。

4. 科学补习所与日知会

湖北人吕大森、胡瑛等于 1904 年在武汉设立科学补习所，名似教育机构，实以“革命排满”为主旨，谋图响应长沙起义，未成功，补习所被破坏。圣公会教堂在武汉开办日知会阅报社，对外开放，原成员刘静庵利用该社办补习班，并于 1906 年成立日知会团体，以革命救国为目标开展活动。

5. 中国同盟会

1904 年华兴会、科学补习所、光复会等团体相继建立，并有联合武装起义的愿望，说明建设中华统一的革命组织形势业已到来。具有全局眼光的黄兴在长沙起义未遂之后，仍想联合各地力量，于 1904 年 12 月在日本成立革命同志会，成员包括湘、滇、苏、豫、直等省的陆军留学生。孙中山时在欧洲，得知各个革命团体组建的消息，认识到革命形势变化，有建设统一团体的必要和可能，于 1905 年 7 月到达日本，从事组织工作，开筹备会。有 17 个省的留学生和旅日华侨代表与会，兴中会、华兴会、光复会愿意联合，成立一个统一组织，8 月在东京正式成立中国同盟会，简称同盟会，设总理主持会务，在中国本土和海外各设支部、分会。总理为筹备会议定，由孙中山出任。总部各部成员由成立会上投票选举产生，黄兴为执行部庶务科总干事。会章规定会员均有选举权与被选举权，会中总理暨各部、各分部主持人均由选举产生。

兴中、华兴、光复诸会各自宗旨都要推翻清朝，写进同盟会纲领之中，即孙中山提倡多年的“驱除鞑虏，恢复中华，建立民国，平均地权”。反清是要解决民族压迫、民族歧视问题，这是孙氏民族主义的部分内容；建立民国是废除君主专制政体，建设民主共和政体，实行民选的总统制，这是孙氏的民权主义；平均地权是解决民众生活困窘问题，是孙氏民生主义。孙氏的三民主义是要在中国建立资本主义社会，是资产阶级革命思想，同盟会以此为纲领，表明它是资产阶级革命政党。

同盟会的成员，从总会始设东京可知，主要是学生、文化教育工作者和工商业者。清末新政废科举，设立新学堂，练新军，原来科举制的读书人不能走科举道路了，一部分改上新学堂，一部分投入新军，一部分出洋留学。知识界易于接受新思想，一些人投身革命，参加社团，如华兴会的成员多是留学生、新学堂毕业生和学生。学生和新军中的知识青年有天然的联系，相邀参加团体。学生的老师——教育工作者中有不少人是革命派，指导学生走上革命道路。华侨中具有爱国热忱的资产者参加同盟会，国内也有工商业者加入。散布在国内外的会党，经过革命派的刻意联络，有的人加入同盟会。总体说来，同盟会的成员以知识分子为主体，由于他们出身各个阶层和关心社会问题，因而能够联系社会各阶层。

同盟会建立后，革命团体的统一只是相对的，不久陶成章利用光复会进行活动，自组光复军。

同盟会以其民主革命的鲜明政纲、近代政党的组织原则、热心投身革命的成员，成为近代的革命政党，是历史上具有开创意义的组织，它的出现给予资产阶级革命新的面貌。

6. 革命团体的武装起义

兴中会、华兴会、光复会、同盟会既以推翻清朝为宗旨，无不致力于武装斗争，发动起义。如 1895 年 10 月兴中会准备广州起义，陆皓东等遇难，为革命组织起义的先声，接着是 1900 年兴中会郑士良发动的惠州暴动，1904 年黄兴等筹组的湘、鄂、浙同时起义，声势要比兴中会的大得多，1906 年萍浏醴起义，1907 年 5 月潮州黄岗起义，同年 7 月徐锡麟安庆起义和秋瑾绍兴起义，同年秋与次年春钦州两次暴动，1908 年 4 月汉口起义，同年 11 月安庆起义，1910 年广州新军起义，1911 年 4 月广州黄花岗起义，接着是 10 月武昌起义，最终推翻清朝。

近代社团到了光宣时期，数量大发展，形式多样化，活动内容较丰富，可以说是质量比前时期更为提高，影响社会生活的变化，乃至从改良君主专制政治到反对君主专制政体，其作用为前代所无法比拟。还可注意的是民众团体意识的巨大变化，历来人们对于社会团体有许多不同的看法，特别是涉及政治内容的，“君子不党”的思想为人所接受，像欧阳修的“唯君子有党”“小人无党”的观点，简直是大逆不道。而近代则不然，渐进的改良派有了政党性质的团体，革命派更建立了政党。当然这个变化还不彻底，故而光复会誓词在“光复汉族，还我河山”之后，紧接着是“以身许国，功成身退”，表示结党不是为谋取个人的私利，革命成功就退居林下。革命派一方面是确有这种理念并表白出来，另一方面也是怕人用结党营私进行攻击。可知破除传统观点，在建立社团上取得的成就太不容易。当然，这就教训后人组建政团，要像孙中山所说的“天下为公”，为公众谋幸福，而不是为自身谋利益。

四、近代前期社会结构的特征

第一，产生新的阶级成分，给社会等级结构和社会群体结构以重大影响，也影响和改变了社会的阶级结构、政治斗争和国家体制。

清代后期资本主义生产方式的发生和初步发展，产生了资本家，即从官僚、绅士、买办、工商业者中分化出一批人，进行近代工商交通企业的经营，成为新兴资本家。他们人数很少，力量幼弱，但毕竟不是旧时代的商人和手工业者，他们有自己的愿望和要求。

与资本家结伴出现的是无产者，成员除了来自中国资本家的企业，还有帝国主义在华兴办企业的工人。他们人数少，和农村联系多，产业工人更少，但毕竟是新的阶级成分，有其愿望和要求。

资本家和无产者是中国历史上此前从来没有过的社会成分，它们一出现就改变了社会阶级结构、社会结构的状态及社会的某种面貌。

第二，等级差距缩小。

前已说过，帝权实际下降，皇族权力看似强化，实系垂死挣扎，恰恰表明其无力，官位贬值带来的是官僚地位的相对下降，处于官民之间的绅士和平民实际地位提高，一部分贱民得到解放，等级差距在缩小。

等级差距减小，是这种制度危机的信号。等级制是古代社会所特有，是建立在人对他人的人身占有和人身隶属关系上的，因此才分出特权、平民、贱民不同的等级，在法律上和习惯上确定特权者对平民、贱民的等级特权。到了清代后期，近代的生产方式出现了，冲击着传统生产方式及其上层建筑——君主专制政治制度和等级制度，从而使得当时存在的人身隶属关系受其制约。本来这种关系在宋清间已出现削弱的形势，至此更难于维持，而到辛亥革命后被正式废除。

等级制的削弱和取消，是历史的进步，标志着古代社会的结束，近代、现代社会的到来。

第三，中国近代社会结构的变化，受着外国资本主义侵略势力的影响。

外国侵略者战败清朝，使中国从皇帝到官僚改变形象，权威下降，影响中国等级结构的演变。为外国资本家服务产生的买办，官僚的洋务运动，与资产阶级产生有关，而因为受外国资本主义侵略和资本输出的压迫，所以中国资本家、无产者都同外国势力发生冲突。西方的文化输入，对中国传统的慈善团体、政治团体的面貌改观起了不小的作用。

第四，近代社会是中国传统制度向资本主义制度过渡状态中的社会，或者说是制度转化型社会的初期。

这个社会既有传统的地主和佃农、自耕农、商人、手工业者等群体，还有残存的奴婢、半奴婢阶层，也即有着演变中的古代的阶级和等级；又产生出新兴的资本家和无产者。资本主义的生产方式刚刚产生，需要发展，新旧两种方式在斗争，古老的不肯让位，拼命地压抑新生者，新生的也以其幼弱的力量作出抗争。这种状况决定它是新旧交替时代，不是纯粹哪一种制度的，不过既有新因素产生，它在向着取代旧因素的道路上前进着，只是步子迈得很小，缺乏力量，所以要完成取代事业，尚需时日。

第五节 综论中国古代、近代（前期）社会结构中的几个问题

从西周至清朝的3000年间，中国社会结构经历了上古两周封建领主制、秦汉以降直至明清的中古与前近代宗法地主制和近代向资本主义过渡的演变，君主专制政体与宗法地主制存在时间长，发展充分，中国历史上的社会结构基本上就是宗法地主制社会结构。本节所要说的几个问题，主要是指宗法地主制社会结构的问题，即它的特点、历史作用和形成此结构状态的原因。

一、等级制度是社会生活的准则

（一）古代等级结构模式

中国古代的等级，不同时期有一些变化，有的等级消失了，如周代分封制下的诸侯，随着分封制的异化而灭亡；有的等级产生了，如科举制实行后读书人正式成为衿士等级。皇帝以外的每一个等级内部成分也有变化，特别是在平民、半贱民、贱民三个等级中，总有一些社会成分的出出进进，如佃农、佣工，有时是平民，有时是半贱民，甚而是贱民。尽管有这类变动，但总的格局不变，大致可以分为六个等级，即第一等级皇帝，第二等级贵族官僚，第三等级绅衿（弟子员、科举制下的有功名者），第四等级平民，第五等级半贱民（准贱民），第六等级贱民奴隶（奴婢）。自第二至第六等级内部又可分为若干层次，在前几节已分别说明，这里不再重复。总之，中国古代社会等级结构是：皇帝—贵族官僚—绅衿—平民—半贱民—贱民奴隶。六等级的结构式，不必视为古代社会等级结构的特点，而下述三点才可称为特点。

（二）等级结构既严密又有所松动

1. 等级差异鲜明且不得紊乱

等级结构严密，表现之一是等级差异鲜明，权利、义务截然不同，一个等级压着一个等级，特权等级压着平民以下的等级。各个等级的社会地位具有不可变动性，特权者恒有特权，贱民恒受压抑。特权等级总有出仕、免役、赎免

的权利，在与贱民的诉讼上有受优待的权利。贱民奴婢除了不能被他人任意杀害之外，别无权利。这种等级划分和各等级的社会地位是由法令确定的，是依照人们的品级、身份、门第、职业划定的[①]，也是依靠习惯形成的，因此很难改变。要变动，某一种人可以由一个等级变为另一个等级，如皇帝下令宣布某一种人为贱民，某一种贱民豁除为良民，这是人群在不同等级中地位的改变。但等级格局不变，各等级本身地位不动，如奴仆豁免为良了，但贱民奴隶等级中仍然有其他成分的人，等级并未消除，等级地位也未变化。所以说等级结构不变，它是严密的。

2. 等级成员数量呈枣核形状态

过往有一种说法，古代等级结构是宝塔形的，越到底层，人数越多。笔者以为这是不合实际的看法，其实它是枣核形的，两头小，中间大，即特权人数少，贱民奴隶也少，处在中间地位的平民人数众多，这正是中国君主专制社会等级结构的特点，不可不察。

3. 严格等级制度的官私监督

等级结构严谨的另一种表现是等级监督严格，是什么等级的成员就拥有什么社会地位，不得错乱，违犯者将被纠正，甚而会判罪。人们会受到政府的、等级成员内部的监督，不许伪冒。政府用户籍、法令进行管理，唐律禁止“相冒合户”，即不许低等级民户与特权等级人家合户，否则判徒刑二年。[②] 特权等级有既得利益，不许平民等级以下的人冒充混入，以纯洁其高贵的队伍。南朝长水校尉贾渊奉命修检谱牒，受贿将平民王泰宝书写于大士族琅琊王氏谱内，即通过作伪使平民侧身于士族，被琅琊王氏正根、尚书令王晏发现，报告萧梁高宗，高宗为维护士族利益，几乎将贾渊处死。[③] 这是特权等级的监督。同等级或低等级的人不愿意有人混进高等级，以超过自己的地位。参加科举要有有功名者作保，生监也往往纠核某个考生不合资格，这里有冒籍问题，也有非良人冒充应试，被人检举出来。有的并非贱民，只因职业被贱视，也受欺凌，如清代浙江建德水泥匠的儿子要应童子试，当地读书人联合起来反对。[④] 这有压良为贱的因素，更不许以贱冒良了。等级权利、义务不一样，这就决定平民以

---

① 参阅侯外庐等：《中国思想通史》第四卷，人民出版社 1980 年版，上册第 37 页。

② 长孙无忌：《唐律疏议》卷一二，商务印书馆《丛书集成初编》本，第 279 页。

③ 萧子显：《南齐书》卷五二《贾渊传》，中华书局 1972 年版，第 906 页。

④ 段光清：《镜湖自撰年谱》，中华书局 1960 年版，第 14 页。

上等级的人为自身利益，不许非其等级成员加入，特别是低等级的人冒入高等级，或衣食住行亮丽超群，平民以上等级的人就会心理不平衡而去揭发干预。这种民间的自发监督，有时比政府管制还厉害，这也使得严密的等级结构得以维持。

4. 等级成分的某种松动

任何事物都不可能一成不变，等级结构在严密之中也有松动的一面，如刚刚说过一些等级的产生与消亡，一些等级成分在不同等级调换位置，还有少数人员的社会流动，从一个等级流动到另一个等级，或在同等级内作上下层次位置的转换。

社会流动，主要是低等级的成员流动到高等级里去。在中国历史上，由贱民进到贵族，由平民上升为皇帝，并不是少见的事情，这是因为有着多种渠道允许社会流动。

（1）军功：在改朝换代时，统治者为鼓励各等级的人为他打天下，对包括奴隶在内的人都要奖励，以便动员更多的人为他奋战。

（2）选举、科举：这是在平民等级以上范围实行的，是制度化的举措，长期地坚持实行，是人们改变地位有效且常见的途径。

（3）婚姻：低身份者与高身份者联姻，随之改变社会地位，如与皇家联姻，成为外戚恩泽侯。

（4）造反：低身份者用战争的办法谋取改变地位，是常见现象。虽然成功的极少，但不妨碍其中有人得到官禄，甚而在宋代出现要做官，先做贼，以便受招安的现象；更有刘邦、朱温、朱元璋通过造反登上最高等级皇帝宝座的。

（5）佞幸、亲信：做官僚、贵族、皇帝的亲信、佞幸，得到提拔，改变门庭。

（6）释放：皇帝对贱民开豁为良，主人释放奴婢。这完全是居上位者的恩赐。

（7）捐纳：这是靠个人的经济力量，通过国家的捐官、捐监制度，取得官位、爵衔、学位，提高社会等级或层次。

（8）赎身：靠个人经济能力，奴隶向主人赎身，获得平民地位。

等级结构的严密与某些松动，是一个事物的两个方面，相对而生，不过从总的讲以严密为主，松动性有一点，正因为如此，等级结构模式基本不变。

（三）等级制贯彻在一切社会生活领域

等级制度不只是体现在政治方面，还渗透在人们生活方式的衣食住行婚丧节日娱乐医疗等方面，也表现在观念方面和对社会问题的处理上。

在社会群体、社会组织方面，家庭成员间，父家长与妻、子、媳构成家庭等级关系；宗族内部，族长、房长、子户形成宗族等级关系；在宗教内部，存在教主、执事与信徒的宗教等级制；在会党中，出现首领、执事、会众的拟血缘宗法等级关系；在行会内部，有董事、司事、会员以及业主与帮工的行会等级关系。近代资产阶级政党出现以前，社会群体、社会组织内部都有着各自的等级关系，将其成员分出不同的层次，一层管着一层，一层压着一层，实质上是等级制度在这些领域的体现。

生活领域的一些规范，依照等级、职业而制定，不同等级的人有不同的衣食住行制度，婚礼、丧礼的仪式，文化娱乐的方式和社会圈。

人人要穿衣，衣裳一日不可离，服色制度最能体现等级精神。历朝政府都制定有不同等级的男女着装制式，在皇帝官员方面有十二章服制度，皇帝、贵族、大小官员服装上有各种图案，以区别人的等级身份。衣料的明黄色自唐代以后为皇帝专用色，据说北宋名将枢密使狄青偶用浅黄色袄子，被人告发有谋逆不臣之心，遭到降职为陈州知州的处分。① 平民、贱民也无例外地有着装制度，政府对商人、手工业者、士卒、贱民不时颁布歧视性的法令，如隋朝规定庶人穿白色，商人屠户用黑色，士卒用黄色的衣服。② 宋朝定制庶民工商人等衣带只能用铁、角质料做钩，不得用玉石金银。③ 这些规则强制执行，违背者以“服色逾制”论罪。如元朝规定：“服色等第，上得兼下，下不得僭上。违者，职官解见任，期年后降一等叙，余人决五十七下。违禁之物，付告捉人充赏。”④ 历代政府的服饰制度，是在服装的式样、质料、颜色、饰物几方面做出规定，与人的身份等级搭配起来，从服色体现人的等级地位，所以采用什么衣饰不是人们爱好的产物，而是等级制度的体现。人们受等级思想影响，互相纠举服色违制的人，狄青被告即有此种因素。

---

① 王铚：《默记》卷上，中华书局1981年版，第16页。

② 刘昫等：《旧唐书》卷四五《舆服志》，中华书局1975年版，第1952页。

③ 脱脱等：《宋史》卷一五三《舆服志》，中华书局1977年版，第3573页。

④ 宋濂等：《元史》卷七八《舆服志》，中华书局1976年版，第1944页。

居民区和住宅同样有等级的规划。所谓闾左、闾右，就是不同身份者的居住区，尽管闾左、闾右各是什么人的住地，古文献记载和今人见解不一①，但在秦汉时期居民依等第建筑住宅区，则是事实。属于官府的和公众的贱民有一定居住区，不能和良人住宅掺混，所以浙江、江苏堕民的住宅是“低屋小房”②，其区域叫做“贫巷”③。住宅的形式也有等级的规范，萧何为刘邦建筑未央宫，异常壮丽，刘邦因政权初建对如此费工不以为然，萧何说“天子以四海为家，非令壮丽亡以重威”，刘邦于是高兴起来。④ 所以天子宫殿是为表现皇帝权威的，住宅与权力联系在一起。明太祖指责“民有不安分者，僭用居处、器皿、服色、首饰之类”⑤，居室列在其中。人们见到住宅的规模，就可以知道主人家的等级身份了。

交通中使用车舆，为了区分人的等级，历朝也有繁琐的规定。打开“正史”的《舆服志》，就可以知道天子的各种辂辇及后妃、皇太子、皇子、公卿百官车舆的规制，对平民百姓作了很多限制，如唐朝法令规定，庶人、商贾、僧侣不能骑马，胥吏、商人的老妻才准许坐苇軬车，或二人抬的兜笼⑥。北宋允许商贾骑马，但马鞍不能带彩绘，所许坐的是牛车，车身也不得有彩绘，车前不能排列仪仗物。⑦

饮食也有等级身份的不同及其相关制度。作为祭器、食器的鼎是等级制度的象征物，天子九鼎，诸侯七鼎，九鼎成为天子拥有政权的一种表标。周朝衰微，乃有楚王问鼎的事情发生，后世朝代更替之时，遂有“问鼎中原”的成语出现。上古物质生产有限，贵族官员吃肉，平民只能素食。春秋时齐国将攻鲁国，鲁国人说“肉食者谋之”，意思是说对付齐国是肉食者的事情，曹刿则说“肉食者鄙，未能远谋”⑧。肉食者成了贵族的代名词。贵族官僚有“食肉之禄”⑨。肉是贵族官僚的专门饮食，平民享受不到，只有年过七十，受到优待，

---

① 班固：《汉书》卷二四《食货志》，中华书局1962年版，第1126页。
② 乾隆《余姚县志》卷一二《风俗》引旧志。
③ 《琴川三风十愆记》。
④ 班固：《汉书》卷一下《高帝纪》，中华书局1962年版，第64页。
⑤ 朱元璋：《大诰续编·居处僭分》，明洪武十九年内府刻本，第121页。
⑥ 欧阳修、宋祁：《新唐书》卷二四《车服志》，中华书局1975年版，第532页。
⑦ 脱脱等：《宋史》卷一五三《舆服志》，中华书局1977年版，第3573、3576页。
⑧ 《春秋左传注》，庄公十年，第1册第182页。
⑨ 《春秋左传注》，昭公四年，第4册第1249页。

才能吃到肉，所以孟子说“七十者可以食肉矣”①。这当然是先秦物质生产不发达时代的事情，后世生产发展了，自然不再以能否食肉区分等级。饮食的等级差别从祭祀的规范中也表现出来，三牲使用有别，神仙、祖先都有等第区分，何况活人。人们形容上层社会的饮食是“钟鸣鼎食”“锦衣玉食”，鼎食、玉食，即使用玉器、高级瓷器和精制金属器，而平民及以下则应当用粗瓷瓦器。前述明太祖责备平民器皿过制，即是指此。可知食物之外，食具也有等级之别。食物违制，也要治罪，汉代有“通行饮食”罪。

节日的庆贺，也体现出等级来。如冬至之所以作为大节日，是因为这一天表示阳气生，君道长，百官朝贺，皇帝赏赐，官僚互贺，属员拜上司，是过小年。

婚姻仪礼中也多体现等级精神。朝廷给婚礼迎亲规定品官之家可以用官员执事，打多少灯，用多少吹鼓手，而士庶人等与此不同。《儒林外史》第六回写严贡生为次子迎亲，特地借了人家知县的执事，这虽然是作弊，但若没有婚礼仪仗的规定，严贡生便无须作伪了。

等级制度造成种种社会问题，可是一些社会问题的处理又是靠着等级制的原则，如民众造反，是社会问题的集中表现，实质上触及等级制的内容。即使如此，战斗的民众通常情形是只反贪官，不反皇帝；那些成功者，同样做皇帝，封拜百官。所以起义民众是皇权主义者，思想没有越出等级制度的范畴。

等级制度贯穿在社会结构、社会生活方式、社会运行的方方面面，无处不在，成为人们社会生活行为的准则。

（四）等级意识系统、强烈，流传久远

等级制度产生了等级的理论和意识，并以此来巩固和发展等级制度。这等级意识就是门第观、名分观、血统论。

门第观直接反映等级现实。社会上高门、上户、寒门、细户、小户的区分，产生的门第观，其要旨是尊重高门上户，鄙薄寒门小户。其内容，一方面认为各等级的权利、义务是天经地义的，即高门大户为官作宦，婚配于同类，锦衣玉食，重堂巍阁，使奴呼婢，被视为天理当然；寒素细户承应差徭，输纳国课，食牛马之食，也被视为固然。另一方面是宣传等级压迫是合理的，即上

① 《孟子》，下册第 2666 页。

等人是神仙下凡，上应星宿，下等人是草木之躯（故称“草民”），人的本质不同，为人上者治人，为人下者受治于人就是合理的了。

名分观也是一种等级观念。什么名分的人要按其名分行事，君臣之间及官民、主仆、父子、夫妻、师生、东伙之间，都有其名分，故为臣、为仆要忠，为子要孝，尊名定分，君君臣臣父父子子夫夫妇妇。规范不同等级的人各安于本分的名分观，也就是等级观念。

血统论来源于等级的世袭制度。君主世袭，并幻想万世一系，贵族世代相传，官僚以荫子权而有部分世袭权，士卒、百工往往世袭，奴婢、贱民、半贱民全部世代相承。于是贵者恒贵，贱者恒贱，似乎高贵者造出优等血液，生下新的高贵者，卑贱者的劣等血素产生低能儿，俗语“龙生龙，凤生凤，老鼠生儿会打洞”，是这种理论的通俗说明。血统论讲究人的出身，在说明人的等级身份不变时，肯定了等级制的合理性，也是一种宿命论。

门第观、名分观、血统论表明我国的等级观念十分系统、十分强烈。它被用作说明等级制度的合理性，要人安分守己，成为压抑下层等级的理论，成为评判人物、事件的标准。高等级者要压制低等级的人，往往用出身、门第羞辱对方。即如勇于纳谏的唐太宗，贵族出身，登基后成为最高等级，当魏征以谏诤批其逆鳞，他回后宫愤恨地说要杀死这个“田舍翁”。魏征当过道士，出身低层，虽然官至门下侍中，但李世民还是以其非士族出身看不起他。另一位谏诤之臣张玄素是小吏出身，在隋朝为景城县户曹，一次唐太宗于百官面前问他在隋朝做什么官，回答是县尉，又问在这以前是什么官，答称为流外县吏，又问属于什么曹，这样究根问底，“穷其门户”，以现其“寒微”①，作为对他的谏议的报复。唐太宗是开明君主，但有贵族积习，以门第压人，做了君主，还不忘臣子的平民出身，希图以此使臣下服服帖帖。贤君唐太宗如此，其他君主对臣僚，特权者对平民、奴婢以门第作为欺压手段，是可以想见的了。等级观念是等级制度的思想武器。

等级观念流传愈久，愈深入人心，愈牢固难破。到了封建社会晚期，虽然下层等级的人在行动上作出反抗，甚至说出过“均人也，奈何以奴呼我”的话，但是他们接着又说“今而后得反之也”②，即以仆为主，并没有取消等级制

① 司马光：《资治通鉴》卷一九五《唐纪一一》，中华书局 1956 年版，第 6162 页。
② 同治《永新县志》卷一五《武备志·武事》。

的认识，相反，倒是贵贱观念很强，只不过是谁来作主、谁来作仆的问题。直到近代，工商业发达的上海近邻宝山县，人们还是“主仆名分甚严”[①]。中国等级意识顽固，清除它是一个严峻的历史任务。

二、宗法精神贯穿于古代社会结构和古人生活

等级制度与精神贯穿于古代社会全部结构之中，变异型宗法制度与观念同样浸透在全部社会结构中，但两者很有不同，前者主要表现在社会结构的内容方面，而后者则是社会结构的主导精神。宗法精神的内涵是祖先崇拜，是父家长制所规定的孝道、人伦和亲情，是国家法律制度中的宗法原则和宗亲法。这种精神贯穿在社会结构的一切领域，它的实质是反映人的依附关系，是维系社会结构的纽带，是古代社会的稳定因素。

（一）宗法精神渗透在社会结构诸领域

家庭、宗族是祖先崇拜、父慈子孝宗法精神的直接作用场所，国家立法中的亲属法、分封制、士族制、任子制、嫡长制，民间等级关系中的亲属法的应用，民间组织的结拜原则，无不表现出宗法性精神。皇权是父家长权的扩延，皇帝成为国家的最高主宰，他和臣民形成君父与子民的具有宗法含义的关系，臣下对君父的最高道德准则是尽忠，子孙对父祖最高道德准则是尽孝，“求孝子于忠臣之门”，“以孝作忠”，“移孝作忠”，父家长制的宗法精神最终是为君主制服务。换句话说，君主制中渗透了宗法精神，利用了宗法精神。与此相关的分封制，使君统与宗统合一，也即君主制与宗法制合一，宗法精神更为突出。分封制异化之后，宗族制向民间逐步发展。不过政权始终允许宗族合法存在，让它成为君权的一根支柱。君权离不开宗法原则。

“中国古代法律的主要特征表现在家族主义和阶级概念上。”[②] 等级结构中存在主人与奴婢，生产关系中则包含佃农与地主、雇工与雇主，在法律纠纷中，政府以宗法的亲属关系为准则，比附父祖与子孙、尊长与卑幼的关系作刑法论断。

有一些社会团体内部，实行师徒关系、结义关系原则，也是宗法观念的表现。

---

① 光绪《宝山县志》卷一四《志余·风俗》。

② 瞿同祖：《中国法律与中国社会·导论》，中华书局1981年版，第1页。

宗法精神渗透到社会结构各领域，家族成为社会结构的中心，宗法原则向外扩散，运用到等级结构、群体结构中，成为维系社会结构的韧带。

（二）宗法精神反映人的从属关系实质

宗法精神的来源是迷信祖先，以为后人的一切都是先人给的，不要说身体是先人的遗传，富贵的取得是祖德的照拂，倾家败产是不肖子孙作孽不受祖宗保佑，后人的祸福皆在于祖宗的态度。民间、皇家都有这样认识。当北宋灭亡，宋高宗逃到临安，独子夭折，没有皇储，真是国运家运两不济，为什么会这样，有官员认为是宋太祖不保佑的结果。原因是宋太祖打天下，而皇位却由太宗一系传承，故而他在天之灵不再保佑皇家，要改变这一状况，需要取得宋太祖亡灵的谅解，应当在他的后裔中选立太子。高宗接受这个建议，在太祖裔孙中选立孝宗，并及时把皇位传给他，自身做太上皇，颐养天年去了。对待先人的丧葬，子孙要以“事死如事生”的精神进行安葬、祭祀，于是形成厚葬的风习，还特别重视坟山的选样，让祖先好保佑子孙发达。为了挑选坟地和准备丧葬物品，有时已故先人不能及时安葬，往往一拖几年以至几十年。这种厚葬和停丧不葬，是孝道的体现，而其精神是祈求祖宗的庇佑。

祖先崇拜是子孙从属于父祖现实的思想升华。社会的现实是子孙为父家长的家属，他的职业、婚姻由家长安排，家长对子孙有体罚权、送审权，乃至不完全的处死权。子孙依附于家长，从属于家长。奴婢没有成为主人家庭正式成员的资格，但对主人的从属性比主人子孙要严重得多。主佃关系、东伙关系中的佃户、隶农、佣工对田主、雇主也有一定的依附关系，即使佃户、佣工在法律上取得平民身份之后，实际上也还有一定的依附性。小官僚依附于大官僚，幕客依附于幕主，徒弟依附于师傅。在宗法关系中，人和人关系的实质就是一部分人对另一部分人的依附和从属，依附者、从属者没有独立的人格，甚至没有人身的自由，这就是宗法制度和宗法精神的实质。

（三）宗法精神对社会结构和社会发展的影响

宗法精神在伦理上引导人们注意人伦关系和忠孝道德，维护家庭、宗族、团体、等级的秩序；在法律上注重亲情，以伦理代替法理，使严酷的法律蒙上温情脉脉的面纱，以利其有效地执行，实现它所维护的人际关系、结构关系；在经济上讲究有宗法关系的人们之间的互助互救，令宗族、团体各自解救自身成员的痛苦，力求不发生社会变乱。从上述三方面可知，宗法精神为统治者所提倡，是稳定社会结构和社会秩序的因素。有研究者认为家庭的“孝道，亲属关系，祖先崇拜，敬老等等都是社会安定的最根本的基础”①。但它妨碍等级结构的解体和阶级的分化。

宗法精神是小团体的思想，是在家庭、宗族基础上形成的，使人们注意血缘集团和拟血缘集团内部的联系，追求小团体的利益，有强烈的排他性。尽管宗法精神渗透到各个社会结构领域，但它不是要各个社会元素联结一致，而是加强各小团体的凝聚力，为各自小团体谋利益，是合小群而排斥大群。当然，合小群，自然也有其积极意义。

三、社会结构的微弱变化与静态型农业社会的缓慢发展

中国自夏商时代即有发达的文明，历周秦以下而不衰，遂以文明古国著称于世。近代骤显落后，受帝国主义侵凌宰割，时至今日才逐渐复兴。近代国势与古代不同，但源于古代社会，是古代之因酿成近代之果。溯其缘由，乃是古代为静态型农业社会，即能创造古代文明，却不适应近代社会发展的需要。而为何成为静态型农业社会，则不能不追究到社会结构的简单与稳定的特点，再根究起来又在于职业结构的稳定与生产方式的缺乏变化，以及君主专制制度的制约，故又不只是社会结构的问题。

（一）古代社会结构从简单到复杂的缓慢进程

中国古代社会群体、社会组织只有两种是发展的，一是官僚机构，二是宗族，除此之外，对已出现的组织，君主专制政府有条件地予以承认，如佛教、道教、会馆等，对另一些则坚决反对，厉行取缔，如对民间秘密宗教、秘密结社、士人结社。政府的这种态度，造成古代社会组织简单，极不发达：长时期内，民间只有四邻结社，而且与官府不能分离；两汉以后外来宗教传入，加上土生的道教，民间在村社之外，才有了一对难兄难弟；两宋以降，社会救济组织正式诞生，给单调的社会组织一丝生气，但它们多与官府密不可分，还不是纯粹民间自办；到元明清时代，民间秘密宗教始而发展，继而民间秘密结社崛起，使社会组织较前丰富一点；迨至晚清，近代政党的出现，开始改变社会组织低层次的状态。以上社会组织发展线索的勾勒，说明它在不发达中也有由简单向复杂进化的趋势。总之古代社会结构处于微弱的变化之中。

（二）古代社会是静态型农业社会

李树青在《蜕变中的中国社会》一书中比较中国与外国社会的不同，他

---

① 蔡文辉：《社会学与中国研究》，台湾东大图书公司1981年版，第76页。

说："中国社会始终未能脱离静态的类型。静态社会的人民，便极容易囿于乡土的观念。"又说："中国农民对土地的黏着性，远较他国为大。我尝作过一个譬喻，美国农民把土地看作商品，中国农民则把农场看作婴儿。"[①] 诚然，中国古代社会是静态型社会，是以农业维持人们生存的社会，所以说它是静态型农业社会。

所谓静态型社会，是指社会结构和社会生产关系相对静止不变，或者说没有大的结构性变化。本节开始就指出，中国古代社会的等级结构可以用六个等级结构模式来概括，等级结构基本处于静止状态。社会组织又是简单的、不发达的。社会生产关系长时期内是农业租佃关系，伴随着的是大量独立自耕农的存在，工商业本身及其雇佣关系均不发展，所以社会结构、社会生产关系在两三千年间没有结构性的和社会性质的变化，只有到晚清的极短时间内社会生产关系开始从宗法地主制向资本主义制度转变，社会的结构也受到相应的冲击和演变。秦汉以降两千年间社会没有结构性的变化，这个社会当然是静态型的了。这是事实，而要观察社会的静态抑或动态，是看社会等级、社会组织、社区诸结构是否开放。等级制本身是禁止错位的，是不开放的。社会组织不多，参加者受身份、职业的限制，唯有四邻结社和宗教较为开放，但贱民亦难于加入。社区本来就有封闭性，不对外乡人开放。古代社区由官员和绅衿控制，豪民和平民中有钱人也起一些作用，其控制力多少有一点变化，即开始纯粹是政治权力的作用，及至社区内产生一点社会组织，掌握社会组织的绅衿富人逐渐发挥其对社区的影响力，乃至控制社区。这就是说社区多少有一点开放性，但程度很小。总起来说社会等级结构、社会组织、社区结构处于封闭状态，形成静态型社会。

古代社会是农业社会，生产上以农业为主，就中又以粮食生产为主，整个社会生产的根本目标就是解决人们吃饭问题，所以"民以食为天"的观念主宰着皇帝和小民。为满足民食的生存目的，君主国家执行重农抑末的根本国策，并以种种措施辅助其实现，这就是：在平民中给予农民较高的地位，四民中农列第二，居工商之上，即使佃农及农业佣工也常常能跻身平民行列；实行户籍制度，将农民附着于乡里，保护其土地和生产，对农民无奈而沦为贱民者，除法律上不许抑良为贱的保护措施，还时或颁布释奴令、开豁贱民令，实行者不

---

① 李树青：《蜕变中的中国社会》，商务印书馆1945年版，第46页。

是出于怜悯贫贱，而是为保障农业生产劳动力；户籍制度不许人民自由迁徙，禁止人口流动，防止劳动力流失；压抑工商，限制农业人口向工商业转移，保证农业劳动力；实行与户籍配合的乡贯制度，如科举给各地区分配入学中试名额，造成人们重视籍贯，反对外乡人进入本地考试，侵占本地名额，政府为此制定保结制度，对冒籍考试者及其保人进行惩治；提倡乡土观念，即以会馆说，是认同乡的组织，无可非议，但人们只注意建立同乡组织，就是乡土观念的表现，到20世纪初，同盟会的建立才打破政团的地方性，给乡土观念一个冲击。以农为本，人口与地域、与土地结合，这就是静态农业社会的表现和原因。

农业社会生产力难有较大的发展，比如汉代画像石所反映的二牛抬杠耕田方式，到20世纪下半叶有的地方还有保存，可见农耕技术发展之迟滞。生产力不发展，职业结构难于改变，给近代社会带来活力的是工商业的发展，它扩大了社会经济部门，改变了社会经济结构，为劳动者创造较多的就业机会。古代民以食为天，是以吃为主的消费结构，此外建造住宅、嫁女娶亲是两项大消费，其他消费就很少了。当时生产力不发展，很难有更多的消费。这种消费结构需要的主要是农业，其他经济部门得不到发展。所以农业社会经济结构远比产业社会经济结构简单，农业以外难得有就业机会。那时茶楼酒馆戏园被认为是末业中的末业，统治者中的正统派认定它助长糜烂之风，加以禁止，但是重视民生问题的一派，虽也认为它是奢侈行业，却不予干涉，因为他们懂得这是开辟人民就业之路的道理。仅以清代工商业发达的苏州一地而言，巡抚汤斌、陈宏谋等屡禁饮宴倡优，而雍正帝及一些文人就不以为然，雍正帝说："苏州等处酒船戏子匠工之类，亦能养赡多人，此辈有游手好闲者，亦有无产无业就此觅食者，倘禁之骤急，恐不能别寻生理，归农者无地可种，且亦不能任劳，若不能养生，必反为非，不可究竟矣。"① 文人钱泳说苏州"商贾云集，宴会无时，戏馆酒馆凡数十处，每日演剧养活小民不下数万人"②。统治者怕失业者造反，学者看到就业的好处，都不主张禁止。惜乎这类人太少。从另一面看，公共饮食业和娱乐业在古代并无多大发展，唐代以前基本上都是私家养演技人员的。行业少，人们就业机会少，不让贱民从事原来的职业，即使政府宣布开豁

① 允禄辑：《朱批谕旨·鄂尔泰奏折》，雍正二年六月初八日折朱批，清乾隆三年内府活字朱墨套印本，第10064页。

② 钱泳：《履园丛话》，中华书局1979年版，第26页。

令，他们没有新的就业机会，只好仍操旧业，继续做贱民。所以社会职业结构、经济结构不发生变化，社会结构就不可能有大的变动，就只能是稳定的，静态型的。

（三）促成古代社会稳定的是君主专制政治力量

使社会诸要素以特定方式结合为一个整体的力量，在近代社会是政治权力、社会组织、市场和舆论，在古代社会主要是靠政治力量。政权以外的社会组织本身就不发展，所能起的中介作用不会很大，自然经济下市场的调节力量也有限，而政治权力却极其强大，无处不起作用。

1. 政治权力规定和协调各方面关系

中国古代有着严密的从中央到地方的管理机构，它有行政、司法执行部门，有虽不完善但起一定作用的监察系统，还出现复议机构的雏形，而这一切政权建设，都为强化君主专制（皇权）服务。国家用各级各类官吏面向民众，面向各等级、阶级、社会群体和社会组织，以法令规定各等级的权利和义务，明确各等级之间内部关系，把各等级整合在等级结构之中。又以法令承认一些社会组织、社会群体的合法性，给予保护，甚而加以鼓励和提倡，如对孝义之家、宗族、慈善团体；或者反对一些社会团体、群体，如秘密结社和秘密宗教，宣布其为非法，予以取缔。使合法的社会群体、组织、等级结构有机地结合起来，各自占据其社会位置，形成社会结构整体。当社会结构内部冲突不能协调时，政府行使其权力，进行干预，调整社会要素之间的关系。首先是调整各等级的权利、义务的内容，沿着使贵族官僚等级特权减少，平民等级权利相对上升，贱民奴婢等级数量相对减少并向解放道路前进的路线进行，使上、下两方面等级距离缩小，以整合社会等级结构。其次是调整社会组织、社会群体结构，沿着逐渐承认社会组织的路线前进，让那些组织起到一定的中介作用，帮助协调社会等级结构的矛盾。最后是允许某种程度的社会流动，准许社会下层成员进入上流社会，使人有寄托、有幻想，服从按照统治者愿望进行的命运安排，减少社会冲突。

2. 政治权力的调整和多渠道吸收人才

政府作为社会的整合力量，也因而成为社会矛盾的焦点，各等级、各团体往往把攻击点集中在政府方面。倡言“官逼民反”的下层民众造反指向政府，社会上层的政变借口也是指责政府的政治黑暗和滥施权力，不管是谁，都要改造政府，这就是看到政治权力在社会整合中的作用。政治权力为摆脱社会矛盾焦点的困境，采取了两种办法。一是把官吏与皇帝区别开来，在官吏直接面向民众的同时，使皇帝高高在上，具有人神结合——天子的双重身份，把他神圣化，与民众隔开，以便在官民矛盾中起调节作用。造反民众只反贪官、拥护好皇帝的事实，表明皇帝的这种角色起到作用了。释放贱民这类好事都以皇帝的名义来进行。这样避免反对力量指向皇帝，而由皇帝调节官民矛盾，从而保证政治权力的存在及发挥作用。二是调整政权机构本身，改变不适应社会形势的部分，创建新机关，裁撤旧衙门，调整皇权与相权、中央集权与地方分权的职官制度，增加入仕的途径，以新鲜血液改善官僚队伍。在荫子制之外，争取以才能取人，起初重视选举制，当它被士族把持之后，改用科举制，允许较多平民出身的人进入统治集团，既增加治理能力，又能调动平民的积极性和创造性。科举制自隋唐发明后历代沿用不辍，成为官员的主要来源。政权机构的调整，官僚队伍的更新，使政权拥有较强的自我调节机制和能力，从而得以运用政权的力量处理社会矛盾，进行社会整合，促进社会稳定。

（四）社会结构稳定与变革两种因素的制约与社会的缓慢发展

在稳定的古代社会内部存在着冲击其稳定性的变革因素，促进社会的缓慢发展。其变革因素，仅从社会结构方面来说有下述四种：一是自耕农的大量存在和他们的平民身份，一定程度允许其发挥创造力；二是身份制有一定弹性，允许某种社会流动，刺激人们沿着统治者所认可的道路向上流动，进入上层社会的原下层等级成员的生活积极性自然提高；三是社会团体逐渐增加和社会结构的某些变动，多少起一点调节社会矛盾的作用；四是下层等级的反抗斗争，迫使政治力量调整等级关系。这四种因素综合发挥作用，促进社会制度产生一些变化和新文明因素，推动古代社会缓慢发展，其表现有以下四点。

1. 作为平民的自耕农大量存在

这促进君主专制社会主佃关系的调整。自耕农似乎成了佃农心中的一种楷模，令佃农向往它的社会地位和经营方式，并向这一方向努力；地主接受这一现实，适当改变租佃关系，以保证地租的实现。于是在佃农方面由领主制的农奴地位，变化到士族地主制的依附农地位，再变到地主制的平民佃户地位，佃农经营种植自主权也随着社会地位的变化有所扩大。在地主方面，虽然让出一些对佃农的人身控制权，但是以地租形态进行变革，即从劳役地租转变为实物租分成制，再转向实物租定额制，再尝试性地实行货币租制，用经济手段控制佃农。这种生产关系的调整，产生大量的平民佃农，这是社会的进步。平民的增多，为近代化的生产提供大量的自由雇佣劳动力，是近代工业生产发展的前提。

2. 创造了灿烂的古代农业文明

自耕农和佃农作为古代社会主要生产者，以其平民、类似平民的等级地位，发挥比农奴更高的生产热情，创造了古代发达的农业：君主专制政府为保障农业生产，兴修水利，治理黄河；人们开辟垦田，把平原沃土变为良田，将丘陵开成梯田；在进行粗放型农业生产的同时，发展了精耕细作；农作物品种不断增加，解决日益增长的人口食粮的基本需求。农业的不断发展，为社会精神文明的生产提供了必要的物质条件。

3. 商品经济逐步发展和资本主义萌芽出现

传统的重农抑末方针压抑工商业的发展，大大限制了商品经济发展的速度，但是商人、手工业者基本上是平民，在限制之中，也还给他们的经济以一定的发展余地。手工业者在应官之外有生产主动权，商人有经营权，法律虽贱商人，而大商人凭其富有，势侔王侯，结交权贵，又有买官、捐监制度，使其中少数人改变社会地位。古代政治地位压抑财富地位，但“钱能通神”“有钱能使鬼推磨”，这些出现于古代社会的俚语，表明财富的地位是压制不住的，终于在君主专制社会内部使商品经济逐步发展，并在这个基础上，于明清时代出现资本主义生产关系的萌芽，而到近代，有的商人、官商、绅士成为新兴资本家的成员。

4. 文化领域发展不全面

文化发展需要物质条件，还要求有适宜的社会环境、政治条件等因素。特权等级需要为其服务的理论，因而产生了三纲五常为中心内容的伦理学，也有了儒学的发达，并且成为中国古代文化的主要内容。而从事科学技术研究的人，不被看作读书人正宗——儒生，在科举中不给他们以应有的地位，把他们看作天文生、乐舞生、历事生，只能是平民。这种等级结构地位，极大地限制了科学技术的发展，所以农业生产的主要工具犁、锄，长期没有大变化，使农业难以进入机器生产时代。总之，文化受君主政策制约、社会等级制度的影响，在意识形态领域有一定发展，而在科技领域的发展非常缓慢。

四、经济结构、社会分工与社会结构的变化

社会结构的产生与变化，究其原因，需在社会经济中、政治制度中寻找。

我们认为是经济结构、经济制度、分工与职业诸因素联合起作用。古代社会的农业经济结构和农业生产方式，以及与此相适应的政府的重农抑末政策，使得家庭成为社会细胞，宗族成为社会核心组织，民间社团组织不发达，特别是缺乏全国性组织，而随着商品经济发展，出现了反映工商业者愿望的团体，如公所、行会以及会馆。经济制度对社会阶级结构有着规定性的作用，在实行领主制时产生领主、农奴不同的社会集团，并使它们分别处于特权等级与贱民等级，而当地主制代替领主制后，出现地主与佃农两个社会集团，但地主已不一定是等级结构中的特权者，佃农则是等级结构中的半贱民或平民，并逐渐成为平民中的重要成分。这种经济制度还影响着政府结构——是分封制下的君主专制，还是中央集权的绝对君主专制。有学者认为，有关职业组成要素的知识，“乃是了解社会结构的前提”，“一个社会的社会结构和一种职业的本来结构，是随着职业的扩展或紧缩、权势消长相关联的”①。在古代，职业决定人的社会身份、群体的社会地位，如乐人就是贱民，剃头匠也是贱民，士兵身份常常低于农夫。社会经济因素的变动，往往带来社会要素的变化，导致社会结构的演变，如近代工业社会经济结构和生产方式，资本家和无产者产生，等级制度消失，政权结构也发生变化。由此可见，研究社会结构，不能忽视导致其产生及变化的原因——社会经济因素和职业分工。

---

① 朱岑楼主编：《我国社会的变迁与发展》，台湾东大图书公司1981年版，第527、531页。

第四章　古代日常生活和社会风俗

本章不对社会生活史进行系统性的论述，只是有选择地涉猎一些内容，这是因为：第一，笔者的研究状况尚不能进行全面系统的阐述，说来赧颜，唯有请读者谅囿；第二，避免与第三章重复，比如宗族史、家庭史、社团史等，已较多地道及，服饰史也从等级制度的角度多有留意，虽然再进行某种概括也未为不可，然必有不少重复；第三，本书的篇幅已不允许再系统地写作了，故而只选取生活史的几个方面作出考察。即使在这几方面，也未作出全面绍述，而是概括与重点相结合，庶几可能还有些趣味。这几方面是饮食、生育、丧葬、节日生活与公共卫生、宗教生活、近当代海外移民，将分节叙述。

第一节　古人饮食生活习俗与规范

《孟子》云："食色，性也。"① 《礼记》曰："饮食男女，人之大欲存焉。"② 先秦时代人们正常地看待"食色"，而后世理学家"存天理，灭人欲"，忌谈"性""男女"，但是孔子说的"食不厌精，脍不厌细"的"饮食"之道传存下来。孔子的这个话，有个时期被人视为没落奴隶主阶级腐朽生活的反映，如今国人视之为饮食文化，而且是中国文化的重要内容，中国文化贡献于世界的瑰宝。笔者到法国，听同胞讲当地人的某些职业：黑人扫马路，华人开餐馆，印度人开水果店，犹太人开交易所。华人开餐馆，确实不假，世界各地，凡有华人的地方，多有中餐馆。笔者在海外的中餐馆，早年少见白人进入，近年去者日多，有与华人共往者，有清一色白人者。笔者观察后者的饮食习惯，既在中餐馆，吃食中国菜、使用筷子自不必说了，然而与华人仍有不同：必用饮料或酒类，不讲究吃海鲜，也不追求排场。所以同是食用中餐，还是有文化的差异，反映不同文化背景的人餐饮文化的差别。这一节将叙述中国古人的饮食状况、风尚与规范，以及饮食文化的特征。而所依据的素材，主要

---

① 《孟子·告子上》，下册第 2748 页。
② 《礼记·礼运》，下册第 1422 页。

来自《论语》和《孟子》。

一、食品与食物的不充足

《论语》和《孟子》讲到的食物，分类开列如下：

食粮：五谷（稻、黍、稷、麦、菽）、粟、豆；

蔬菜：瓜、蔬；

肉食：鸡、羊、马、狗、豚、彘、鱼、鳖、麋鹿；

佐料：姜、芥、酱、醯；

饮料：水、酒、荼、浆。

实际生活中的食物自然比这些要多得多，如《礼记》里有“五饮”，为水、浆、酒、醴、酏，甜酒的醴和薄粥的酏是实有食品，《论语》和《孟子》没有讲到，这两部书不是专讲食品的著作，当然不会一一罗列。

古人食品以五谷为主，肉类不多，对于一般民众来讲难有机会吃肉。孟子两次谈到七十岁吃肉的事。他说行仁政要不违农时，“鸡豚狗彘之畜，无失其时，七十者可以食肉矣”[①]；又说“五母鸡，二母彘，无失其时，老者足以无失肉矣……七十非肉不饱”[②]。基于老者非肉食不能饱的认识，所以要使七旬老翁能够吃上肉。这是仁政的理想，孟子才一再地呼吁，也可知这仅仅是愿望，连老人都没有肉吃，其他人更难见到肉食了。民间养猪，至少有3000年的传统，一直到20世纪的相当长时间内，农家养猪，腊月宰杀，以备过年，平时极少有机会享用猪肉和其他肉类。看来古人食品以谷类为主，肉食不占重要地位，至于“朱门酒肉臭”，那是极少数的权势者和大富人的奢华享受。

古人的食物似乎是不富足的。孟子说到两种现象，一是道路之上有饿死的人，二是行路之人必须自行携带粮食。《孟子·梁惠王》云：“涂有饿莩，而不知发”，“民有饥色，野有饿莩”。孟子说这样的话，是指责一些国君不懂得爱护民人，连人饿死了，都舍不得发放仓库里的粮食，而自身却耽于淫乐。孟子的话表明民众遇到灾荒，无处觅食，活活饿毙在路途的现象是常见的。古代政论家总是说“耕三余一”，或者说九年耕作，余下三年食粮，这是愿望，实际达不到，故而一遇荒年，民众转死沟壑。那时生产力低下，没有多少剩余生产

① 《孟子·梁惠王上》，下册第2666页。

② 《孟子·尽心上》，下册第2768页。

物，碰上大饥馑，国库也不会有多少粮食。何以见得，还是孟子说的：“居者有积仓，行者有裹囊。”[①] 是说民富，国库才能充实。民富是家有存粮，出行有粮食可带。出门要带上食粮，直接反映那时餐饮业和商品经济极不发达，间接说明粮食不富裕，路途上很难买得到。我们上了年纪的人有出门带粮票的亲身经历：进饭店、招待所食堂，不交粮票不能吃饭，这是粮食不足造成的。在饿殍满野的时候，一个伴生的现象是“易子而食”，甚至卖人肉，《水浒传》里写的孙二娘饭铺不就是“大树十字坡，客人谁敢那里过？肥的切做馒头馅，瘦的却把去填河”。食粮不足问题，在中国历史上是长期存在的。

二、食法与规范

（一）烹饪术和进食

《论语·乡党》中孔子讲到祭品的准备和礼仪时说：“食不厌精，脍不厌细。食饐而餲，鱼馁而肉败不食，色恶不食，臭恶不食，失饪不食，不时不食，割不正不食，不得其酱不食，肉虽多不使胜食气，唯酒无量，不及乱。沽酒市脯不食。”祭礼隆重，祭品整治应讲求烹饪之法和洁净卫生，人们的饮食当然也应如此。这一番话，可视为上古饮食文化的经典之论。所谓“食不厌精，脍不厌细”，是说鱼和肉有腥膻气味，在烹饪过程中应予以清除，于是要将肉细切成小块，放上葱姜佐料烧煮，以便去掉肉的腥膻气味和容易煮熟，并使佐料的香味、咸味浸入肉内，做出来的菜肴就可口好吃了。由此可知中国古人早就懂得并精于烹饪之术，而它不仅源于生活的需要，更是人们笃信的礼敬神灵的必须，所以认真追求，达到精益求精的地步。

孔子讲到食品时，有许多注意事项：

不食腐烂之物。饭菜鱼肉已经腐败，或颜色不正常，发出腐烂的臭味，这样的食品就不能食用。

不吃不熟的食物。所谓“失饪不食”，即不吃生肉和没有煮熟的肉。

按时进餐。早、晚两餐，或早、中、晚三餐，要定时间，按时用餐，养成良好进餐习惯。

不吃切割不得法的肉类。解割三牲，应照礼法进行，分清肉块的部位，好用于祭祀。在生活当中，若不依动物身体的规则切割，会破坏食品的美味。如

---

① 《孟子·梁惠王下》，下册第2676页。

里脊肉、排骨肉，若是胡乱解割，里脊肉和其他部位的肉混合在一起，就不能做出美味的里脊肉菜肴，所以强调“割不正不食”，正是懂得美食的道理。

吃肉要有佐料。烧煮肉类时要放佐料，吃的时候也要有酱之类佐料蘸着吃，味道才好。

不可吃食过量。面对很多好吃的肉食，不可任性多吃，过饱会伤身。

饮酒宜适量。饮酒到什么数量，是没有标准的，因人而定，但以不醉为原则。

不吃市场上的酒和菜肴。从市场上买的酒和菜，不知道是否洁净，不敢吃，要吃自家酿的酒和做的菜。

以上菜肴怎样制作，如何吃法，什么不吃或少吃，如何按时进食，既合于礼法，又有益于身体健康，全是在于讲求饮食之道。这是古人的饮食方法，更成为饮食习惯，传诸后世。

（二）儆诫饮食奢侈

上述食不过量的告诫，与将要说明的诫饬饮食奢侈不是一回事。现在所要说的是孔子、孟子劝谏权势者和富人不要滥饮暴食，糟蹋食物。

孔子主张饮食节俭，《论语·述而》：“子曰：饭疏食，饮水，曲肱而枕之，乐亦在其中矣！”又说：“君子食无求饱，居无求安。”① 他本身吃食简单，也不是不让人吃饱吃好，而是不要在饮食上多事追求，将心思用到正道上去。孟子也是这种态度，故云：“君子之于禽兽也，见其生，不忍见其死，闻其声，不忍食其肉，是以君子远庖厨也。”②

指斥饮食奢侈的人为失德。孔子将饮食无度的行为看作严重过失，是人品不纯的大节问题。他说：“出则事公卿，入则事父兄，丧事不敢不勉，不为酒困，何有于我哉！”③ 他做人纯正，注意四方面大事，把不困于酒列为大事，与国事、孝亲、丧葬相提并论，可见将“酒困”视为多么严重的事情。所谓“酒困”，是好饮成癖，烂饮而醉，胡言乱语，失去德性。他不是禁酒主义者，而是提倡饮酒适量，“不及乱”，反对困于酒，成为酒鬼。孟子反对酗酒，不仅视其为个人品德，而且认为对于当权者来讲，酗酒是荒淫无道的行为，败坏政事，民遭其殃，故云：“（国君）从兽无厌谓之荒，乐酒无厌谓之亡；先王无流

① 《论语·学而》，下册第 2458 页。

② 《孟子·梁惠王上》，下册第 2670 页。

③ 《论语·子罕》，下册第 2491 页。

连之乐，荒亡之行。”[1] 《史记》写殷纣王“好酒淫乐，嬖于妇人……以酒为池，县肉为林，使男女倮，相逐其间，为长夜之饮”[2]，终至百姓与诸侯怨恨、叛乱，纣王不得不自焚而亡。“酒池肉林”成为统治者荒淫暴政的代名词，搜刮民脂民膏——酒肉，尽情糟蹋，而后惨祸及身，是多么惨重的教训！不只是统治者糟蹋食物误国，酗酒在民间也是罪过，《孟子·离娄下》讲五不孝：“世俗所谓不孝者五……博弈好饮酒，不顾父母之养，二不孝也。”“好饮酒”，就是饮酒成癖，而饮酒消费大，以致没有能力养活父母，不齿于人了。

饮食要正常，不能奢侈无度，否则会带来不堪设想的后果，如无道昏君的失国，如不齿于人的逆子，为了纠正这种误失，人们不能过分讲求饮食。

古代农业生产物有限，不允许浪费，故有孔子、孟子的劝诫。《尚书》所云“暴殄天物”[3]，后世有识者也常用这种话，儆诫人们不要滥肆捕捉动物、毁坏草木，用今天的话说是避免破坏生态环境，遭到老天爷的惩罚。

孔孟是规劝儆诫，而西汉政府则制定“通行饮食”罪，禁止民间聚会餐饮，若民众三人以上无故合群饮酒，罚金四两，为的是防止民众聚会，也含有制止糟蹋食物的意思。尹赏任长安令，对那些不听家长教诲的“轻薄少年恶子”、没有市籍的商贩、持枪弄棒的人，逮捕数百人，以“通行饮食群盗”罪处死。[4] 东汉政府仍在执行这个法令，三公曹尚书陈忠上疏言事，云及“至于通行饮食，罪至大辟”。“通行饮食”罪至死刑，可知罪过的严重程度。对于“通行饮食”罪，唐朝人李贤在注释《后汉书》中陈忠的话时说：“通行饮食，犹今《律》云过致资给，与同罪也。”[5] 看来唐朝已不实行这样的刑律，李贤只是作出理解性交代，我们似乎可以把通行饮食罪视为民间聚会滥用饮食、毁坏物资而被判处的重罪，不过对于受刑人，往往是同其他的行为（如聚众闹事）并罪处治的。

三、家庭饮食与家内人际关系

饮食通常是在家庭内部进行的，对食物的选择，取决于家庭的经济状况，

---

① 《孟子·梁惠王下》，下册第 2675—2676 页。
② 司马迁：《史记》卷三《殷本纪》，中华书局 1959 年版，第 105 页。
③ 《尚书·武成》，上册第 184 页。
④ 班固：《汉书》卷九〇《酷吏传·尹赏传》，中华书局 1962 年版，第 3673 页。
⑤ 范晔：《后汉书》卷四六《陈忠传》暨李贤注，中华书局 1965 年版，第 1559—1560 页。

至于食物的分配，就是根据各人的生理需要和在家中的地位，不可忽视的是“孝道”成为食物分配的首要准则。

《论语·为政》：“有事，弟子服其劳；有酒食，先生馔。”对于今人来说，这话容易引起误解，以为是规范师生关系的，其实说的是家内劳作和饮食中父兄子弟关系。相对于“弟子”讲，“先生”是先出世的人，就是父亲、兄长，有酒肉，先请父兄食用，然后才轮到弟辈、子辈。这里很明确，在饮食上应该先孝敬长上，以实现孝悌之道。这是伦理问题，也是实践问题。孟子举出曾参家族的例子：“曾子养曾皙，必有酒肉，将彻，必请所与；问有余，必曰有。曾皙死，曾元养曾子，必有酒肉，将彻，不请所与；问有余，曰亡矣，将以复进也。此所谓养口体者也，若曾子则可谓养志也，事亲若曾子者，可也。”① 曾子和曾元将好吃的酒肉请父亲享用，用餐方式是父亲单独进膳，儿子侍候，吃好了，儿子将剩余食物撤走。他们都尽了孝。当然，这二人在体念父亲的心情方面有着很大的差距。曾子在供给酒肉的同时，询问父亲还需要什么，当父亲问及家庭伙食是否富裕时，必然给予肯定的回答，不使老人操心；而曾元就不知道问老人的其他需求，更是将家庭经济的难处说出来。孟子的观念，孝养的标准，既要供奉好食品，又要能在思想上体贴老人。曾子是历史上出名的大孝子，他家的进餐方法是古人的一种类型，即分餐制，先敬老人，然后是其他人进食。这种分餐办法，我们在“二十四孝”的“郭巨埋儿”故事里得到印证，原来汉朝人郭巨给母亲供食，老人家必与孙子分食，引出郭巨埋儿侍亲的念头。好食品先给父母吃，体现出孝道，以及家内人际关系。

家庭会有亲友的往来，就有招待吃饭的问题，古人颇为讲究待客之道。《论语·微子》讲到子贡夜宿于老农家中，其家“杀鸡为黍而食之”。后世陶渊明在《桃花源记》中所写的村民也是杀鸡接待来客，表现出主人的好客和盛情。东汉时山阳人范式（巨卿）与汝南张劭为莫逆之交，相约二年后范式到张劭家拜见其母，届时是否能到，张母有点怀疑，张劭以范式为信士，笃信能来，乃母遂“醖酒”以待，至期果然到达，成为信义之交的范例。② 后人据此写出小说《范巨卿鸡黍死生交》③。杀鸡备黍成为待客的代名词。杀鸡作食，是不容易的事情，养鸡需要饲料，是与主人争食，不可能多养；宰鸡是应节日、

① 《孟子·离娄上》，下册第2722页。

② 范晔：《后汉书》卷八一《范式传》，中华书局1965年版，第2676页。

③ 冯梦龙编：《古今小说》第一六卷，许政扬校注，人民文学出版社1958年版。

家庆之需和不时之需。杀鸡给客人吃，是特别优待。临时来客，在农村哪里能寻觅什么好吃的东西，惟有家养的鸡是最上等的食物，不惜珍贵，用来待客，可见主人的热诚和盛情。中国传统的待客之道，就是真诚无私，这一点从杀鸡备黍中充分表达出来。当然，有一句俗语叫“看人下菜碟”，它强调的是世俗的利益观影响人们的交往，不过这也受到其他的社会规范的制约，如年高的尊长辈招待晚辈的饮食规格，自然与晚辈接待长辈的规格要有所区别。

四、饮食礼制与人际关系

饮食方式，应当先有习惯，稍后或同时就有规范的出现，讲求饮食中的礼节，并以此规范人们的关系，以辅助社会等级制度的实现。在《论语》《孟子》中我们看到如下的饮食伦理的要求，关于家庭方面的，上面已经道及，其他方面的是：

尊卑有序。《论语・乡党》：“君赐食，必正席先尝之；君赐腥，必熟而荐之；君赐生，必畜之；侍食于君，君祭先饭。”对于国君赏赐的熟食，必须端正恭谨地坐好品尝，表示感谢君主的赐予；所赐生肉，必拿回家烹熟而先祭祀祖宗，然后食用；若给的是未宰杀的牲畜，应当畜养以待祭祀之用；如果侍奉君主吃饭，先替君主尝试食品是否洁净。这是臣下与君主共餐和接受赏赐食物的礼节，当然这是依据君臣等级差别而决定的。

尊重长者。孔子讲乡饮酒礼，“乡人饮酒，杖者出，斯出矣”[①]。持杖的老人受到尊敬，饮酒散席，老人先离开，他人才有序地退出。

治丧节制饮食。《论语・述而》：“子食于有丧者之侧，未尝饱也。”人家丧事哀戚，客人参与发丧，大吃大喝，无有戚容，哪里是来哀悼的样子，需要在节制饮食方面表现出悲伤之情。

克己待人。《论语・泰伯》：“禹，吾无间然矣。菲饮食，而致孝乎鬼神；恶衣服，而致美乎黻冕；卑宫室，而尽力乎沟洫。”大禹自奉甚薄，饮食简单，居室简陋，注重农田水利，唯独祭祀的食品很丰盛。这既是表现出对神灵的敬畏，讲究人神关系，也是在饮食方面要求宽以待人，严于律己，“杀鸡为黍”的好客之道即是这种观念的体现。

---

① 《论语・乡党》，下册第 2494 页。

慎于接受食物。《孟子·滕文公下》："非其道，则一箪食不可受于人……士无事而食，不可也。"孟子的意思，接受礼品应有原则，若没有理由，虽一篓食品也是不能够接受的；他的学生彭更特别指明士人尤其不可受人非分之物。"无功受禄"，士人所不为，就是这种观念下的产物。

欢迎王师之礼。若以仁义之师，攻打使民处于水深火热的暴政之国，百姓应当怎样对待呢？孟子认为正确的做法是，"箪食壶浆以迎王师，岂有它哉！避水火也"①。"箪食壶浆以迎王师"，就是用干粮酒水去迎接胜利者。后世的亡国之君、败军之将即以此表示投降，或者再扶着棺材，乞求胜利者的饶恕。

吃饭不是单纯的进食问题，上述种种饮食中，无论是在家庭，在王宫、官邸，在民间的公共场所，就餐者有就座、举箸、吃法、退席的礼仪，真是吃有吃相。用餐中的礼仪、授受食物的仪式和观念、尊重长者与尊者的原则，无不表明饮食有规范，有制度，即受赐制度、侍食制度、归降礼仪。这些礼仪又同五礼（吉礼、凶礼、嘉礼、宾礼、军礼）相联系和一致。

这些规范，体现了社会等级制度、宗法精神、敬老精神和无功不受禄的处世伦理，在饮食生活领域处理了君臣、长幼、宾主，乃至胜利者与失败者之间的关系。

五、为政核心事务——重农耕与足民食

饮食的前提，是要有粮食；提供食粮的是农业生产，是农民的劳作；保障农业生产的一种因素，是政府应给农民以相对宽松的条件，使他们愿意与可能去积极劳作，而不是征敛无度。为此，孔子、孟子讲到民食充足对国家稳定的重要性，讲到如何争取民食的获得，君主应当怎样理政。

足食的追求。子贡问孔子为政之道，孔子回答说在于"足食，足兵，民信之矣"这三个方面②，基础在于民食充足，没有粮食吃，哪里能养兵，又怎么能取得民众的信任？足食是关键。《孟子·滕文公上》："后稷教民稼穑，树艺五谷，五谷熟而民人育。"孟子的"五谷熟而民人育"，是说有了民食，老百姓就好教养了。他们都看到足食对国家、对民众的重要性。怎样才能达到足食，孔孟讲了三条。

---

① 《孟子·梁惠王下》，下册第 2680 页。
② 《论语·颜渊》，下册第 2503 页。

一是“不违农时”。《孟子·梁惠王上》：“不违农时，谷不可胜食也……百亩之田，勿夺其时，数口之家，可以无饥矣。”粮食生产季节性非常强，倘若不及时播种耕耘，就会造成全年无收成，所以孟子一再强调“不违农时”“勿夺其时”。这个道理很简单，应当是常识问题，孟子何以反复说明呢？因为那时徭役重，战争多，征发徭役，进行战争，就妨碍及时农作，因此孟子的“勿夺其时”，就是要求当政者不要搞那么多的征徭、战争，特别不能在农忙时征发徭役，以便农民耕作，国家粮食充足。于此可知“不违农时”政策多么重要。

二是农副业并举。《孟子·尽心上》：“五亩之宅，树墙下以桑，匹妇蚕之，则老者足以衣帛矣；五母鸡，二母彘，无失其时，老者足以无失肉矣；百亩之田，匹夫耕之，八口之家，足以无饥矣。”孟子讲到三种生产的同时进行，即粮食生产的百亩之耕，种桑养蚕的织布，饲养家禽家畜，才能有粮食和肉食吃，有衣服穿，生活就过得去了。

三是对自然资源索取有度。《孟子·梁惠王上》：“数罟不入洿池，鱼鳖不可胜食也；斧斤以时入山林，材木不可胜用也。谷与鱼鳖不可胜食，材木不可胜用，是使民养生丧死无憾也。”孟子有长远眼光，懂得维护自然资源，以便持续生产。用今天的话说，孟子强力主张保护生态环境，绝对不能破坏，如若竭泽而渔，毁坏山林，就不会再有水产品和木材，人们生活就不是“无憾”，而会遗憾太多。再看孟子讲“君子远庖厨”，不杀生，以免捕猎动物，无疑有着生态环境保护意识，令人崇敬！

如果实现孔孟的理想，政府以民为本，以粮为本，实行轻徭薄赋的政策，就会“足食”，老百姓就饮食无忧了。

六、古代饮食与中华饮食文化

前面所述的古代饮食，既然主要依据的是《论语》《孟子》资料，所反映的应是先秦时代人们的饮食生活。到后世物质生产丰富了许多，商品经济、交通事业都有发展，甚至是很大的前进，人们的饮食也随之有了许多改变，如旅行不必自带食品，更可以沿途采买食物了。因此下面讲述中华饮食文化特点，是通贯观察整个历史得出的，不过在先秦时代已基本形成了。

古人的饮食与礼仪制度、社会身份相结合，形成其独特的文化内涵。它的特征至少有下列三点：

（一）精妙的烹饪技术与美食

中华饮食讲究蒸、煮、烧、炸、烤与五味调和，所谓“一人巧作千人食，五味调和百味仙”，火候和调料的运用至关重要；讲求色香味形，引发人们食欲的同时，给人一种美的享受；菜肴品类繁多，难于胜数，一种原料，就可以做出许多道菜来。如豆腐，可以煎炒、水煮、红烧，或与其他食品配合做出各种名目的菜肴。因精妙的烹饪技术而能享受美食，这是中国人的福气。20 世纪上半叶的学者讨论中华文化的存废之时，反对全盘西化论的本位文化论者梁实秋认为中国文化优于西方文化的地方是菜好吃，长袍布鞋舒适，宫室园林雅丽；张奚若亦是如此，以中国坛庙宫殿式建筑而自豪，中国饭好吃，山水画讲究意境。① 他们强调饮食文化是中华文化的精华，实在是有道理的。

（二）讲求饮食礼仪

饮食文化的形成，礼制的要求是一个重要原因，表现在下面四方面。

其一，从祀礼的隆重、祭品的精制发展到对食品的讲求。祭祀是国之大事，祭礼极其隆重，理所当然地要求精制祭品，供奉给祭祀对象神灵，用以祈求神灵的赐福和免灾。可以这样说，中国人的精于烹饪，是从祀神到入于人口，虔诚祭祀是产生美味佳肴的不可忽视的动因。

其二，依据食用者的职业、身份、社会地位、性别形成饮食规范、制度，如乡饮酒礼、赐食、赐酺，以及国家制定“通行饮食”罪的法令来禁止糟蹋食物。

其三，体现孝道精神，父母在世则竭力供养，死后的祭祀维系不断。

其四，规范人们在饮食中的礼仪行为。在饮食过程中，应依个人的身份地位行事，敬重尊者与他人，对食品的选择、食用的量度均应体现出个人的高贵品德，而不可失德，真所谓“于饮食中见人品”。

（三）是社交的重要方面

设宴待客，赠送他人以食品，是常见的社交行为。皇帝给臣僚赐宴、赐胙、赐食品，给百姓赐酺（在规定日子内可以任意饮酒），都是莫大的恩德。官场、民间互相赠送食品，宴请客人，尤其是在节日、家庆日，就餐、送食品是不可缺少的，如女儿生育，娘家送红鸡蛋。世间所说的“女儿红”酒，即在女儿出生之时酿造、窖藏，以备出嫁时请客应用。再如端午节人们互赠粽子，

---

① 梁实秋、张奚若文章收入马芳若编《中国文化建设讨论集》，经纬书局 1935 年版。

中秋节送月饼等。运用食品的交往，维系、加强亲友之间的情谊，或与他人增加往来，进行感情交流，密切原来疏离的关系。饮食是社会交往的必不可少的手段。

如果说“性文化”是西方文化的一个重要特征，中国文化是不是可以用“食文化”来表述呢？或许可以如此吧！中国菜，是美食，也是贡献给世界食文化的精品。中国食文化作为中华文化的一种内涵，当之无愧地立足于世界食文化之林。

第二节 生育与生育观念——以皇家的生育为例

生育，是在婚姻前提下实现的，就其自身来讲，它有着怀孕、保胎、胎教、分娩的全过程，接着是抚育婴儿，由于古代人们普遍重视婴儿的性别，抚育中又有区别对待的问题。与生育相关联的是婚姻对象的选择，即为了生育而选取宜于生育男儿家族的女子；生育状况受到社会经济情况、政治状况和国家人口政策的制约，还受生育观念的影响。所以生育是关乎社会婚姻、家庭、人口的社会行为以及人类自身再生产的行为与意识，是重要的社会生活史内容。皇家的生育与民间有所不同，更关系着皇帝嗣子、朝政大事，有其特点。这一节以皇家的生育为例，介绍古人的生育行为和观念，主要说明皇家一后群妃制及其实质，皇后的选择与生育关系，祈祷生子的信仰与表达方式，分娩及保育制度，后妃养护皇子的功利思想和血腥斗争，皇家生育及生育观中不同于民间的特点。

一、皇帝一后群妃制度与延续子嗣的婚姻实质

皇帝有皇后和一大群妃嫔，《礼记·曲礼》记载：“天子有后，有夫人，有世妇，有嫔，有妻，有妾。”① 《礼记·昏义》又云：“古者天子后立六宫，三夫人、九嫔、二十七世妇、八十一御妻，以听天下之内治。”② 据此计算，皇帝后妃121人。夫人、嫔、世妇、女御，是内命妇爵位，也是职务，协助皇后管

① 《礼记》卷四《曲礼下》，上册第1261页。
② 《礼记》卷六一《昏义》，下册第1681页。

理宫中事务，这就是所谓“听天下之内治”，然而为什么要这么一大群人呢？这同皇帝要多生儿子有绝大关系，事实上，从皇后到女御，都是为给皇帝生育子女，尤其是儿郎。

“皇后”，是女君称为“后”的主要含义，同时“后”还有为国君生育后人的意思。孔颖达疏解《礼记》“天子有后”的“后”说：“谓之为后者後也，言其後于天子，亦以广後胤也。”“后之言後也。”① 《礼记·昏义》说婚姻，“合二姓之好，上以事宗庙，而下以继后世也”②。“继后世”就是生子，使家天下世代延续下去。汉灵帝时羽林左监许永对皇帝说到被冤死的宋皇后，“亲与陛下共承宗庙，母临万国”③。皇后“祗承宗庙”，“母仪天下”，如果没有后人，怎么能称职呢？要有后人是无疑的事情。皇后生育后人的意义，在金朝册立皇后的乐曲中也有表述，《坤宁之曲》云：“礼文斯备，爰正坤仪。维顺以慈，俪圣同德。则百斯男，垂统无极。”④ 祝愿皇后生育众多男儿，使皇家永远延续下去。西汉人以“椒房”作为皇后寝宫的代称⑤，用“椒”字，汉人应劭的理解是：“皇后称椒房，取其蕃实之义也。”⑥ 唐人李贤注《后汉书·第五伦传》中的“椒房”，谓“后妃以椒涂壁，取其繁衍多子，故曰椒房”⑦。原来取“椒”结子多作比喻，希望皇后多生子。无疑，皇后尊为国母，本意有二：统理六宫事务，生皇子延续皇室。

皇后为生子，群妃亦然，即所谓“子出多母”⑧，皇帝实行一后多妃制度，是为了获得多生儿子的母亲，如果说管理后宫需要后妃，毋宁说皇帝希望得到大量的子嗣。

后妃地位升降与子嗣的有无关系极大。有的皇后由于不能生养儿子而失宠，甚至遭到废黜，并由有子的宠妃取代她的地位。汉景帝于元年册立薄氏为皇后，但薄后“无子无宠”，六年后被废掉，次后景帝册立刘彻（汉武帝）为

---

① 《礼记》卷四《曲礼下》、卷五《曲礼下》，上册第1261页、第1267页。

② 《礼记》卷六一《昏义》，下册第1680页。

③ 范晔：《后汉书》卷一〇下《皇后纪》，中华书局1965年版，第448页。

④ 脱脱等：《金史》卷四〇《乐志下·殿庭乐歌》，中华书局1975年版，第915页。

⑤ 班固：《汉书》卷九七上《外戚传·孝昭上官皇后》注：“师古曰：‘椒房’，殿名，在未央宫，皇后所居”，中华书局1962年版，第3958页。

⑥ 范晔：《后汉书》卷一〇下《皇后纪·献帝伏皇后》，中华书局1965年版，第454页注三。

⑦ 范晔：《后汉书》卷四一《第五伦传》，中华书局1965年版，第1401页注七。

⑧ 张廷玉等：《明史》卷一七六《彭时传》，中华书局1974年版，第4685页。

太子，将他的生母王氏封为皇后。① 无子成为废黜的理由。没有儿子，再得皇帝的宠爱，也难登皇后宝座。宋哲宗的宠妃刘婕妤得意忘形，公然与孟皇后分庭抗礼，因而在一次朝见太后时受到冷落，哭诉于哲宗，内侍郝随对她说：“毋以此戚戚，愿为大家早生子，此坐正当为婕妤有也。”② 郝随看得透彻，一个宠妃，没有儿子当不了皇后，有了男儿，皇后名分就自然到来了，所以最要紧的是生儿子。可知有无子嗣关系着后妃的名分和荣辱，再荣宠的妃嫔没有儿子作后盾，地位也很难长久，这就是常说的“母以子贵”。

君主册封后妃的实践和古人对通过一后群妃制来制造多子的本质的认识，还体现在对君主性生活的规范方面。要避免出现专宠的现象，以便众多的妃嫔都有怀孕生子的机会，才有皇家多子的可能。据《周礼》的记载，九嫔安排君王御幸群妃的方法。在明代宫中尚仪局女官职掌“礼乐起居”，负责引领被御的妃嫔或宫女。明初的宁王朱权，写出《宫词》一百多首，其中有三首与召幸宫人有关：

“雕檐蟾魄度罘罳，蛛网呈祥坠喜丝。知是昭阳有恩泽，灯花昨夜结红芝。”

“一自承恩入建章，为怜妾颜侍君王。殿头自此书名字，日日联班进御床。”

“新选昭仪进御来，女官争簇上平台。宫中未识他名姓，都把名花作字猜。”③

第一首是说灯花给宫人喜兆，预示君王的召幸，第二、三首是讲新宫人受到爱怜。召幸哪位宫人要看皇帝的意愿，所谓“殿头自此书名字，日日联班近御床”，就是皇帝亲自指定当夕宫人。宫中有皇帝御女的规范，防止专宠某一两个宫人，以便实现“子出多母”，有众多的皇子出世。“广嗣”，是御幸有度的出发点。当然在实践上，帝王由个人的感情作支配，不会完全按照规矩去做。

归根结底，皇家的婚姻是为了多生子嗣，一后群妃的制度，是为了实现这种目的，也是皇家多子观念的体现。

二、皇后选择与“宜子”观念

后妃的主要任务既然是生育男儿，选后时就要考虑是否能生育男儿的问

---

① 班固：《汉书》卷九七上《外戚传》，中华书局 1962 年版，第 3945 页。

② 脱脱等：《宋史》卷二四三《后妃传》，中华书局 1977 年版，第 8633 页。

③ 朱权等：《宫词》，北京古籍出版社 1987 年版，第 4 页。

题，当然这不是单一条件，它同选取皇后的其他条件联系在一起。

选择和册立皇后的条件，或者说是标准，各个时代要求不完全相同，总观起来，似可归纳为以下几点：(1) 家世清白，早先要求出身贵族和社会上层家庭，后来社会层次下移，倒不需要高门大户，但一定要身家清白。(2) 贤德人品，主要是能宽容，不嫉妒，接受皇帝的众多妃嫔。(3) 相貌端正。(4) 有时某种政治因素起作用，系适应皇室、外戚的政治需要。此外，还有女家甚至女子个人生育的状况，这里稍作论述。

古人依据家族的生育历史或个人的体质相貌特征，来判断某个家族或个人是否适合生养男儿。西汉成帝没有子嗣，外戚王凤将妾的妹妹张氏，"托以为'宜子'，内之后宫"①。他讲出"宜子"的概念，是说这种女人善于生育男儿，可见这是选择配偶的一种条件。皇家正式提出宜子标准的是晋武帝。武帝要给太子选妃，有关人员建议从卫瓘和贾充两家挑选，武帝倾向于卫家，理由是："卫公女有五可，贾公女有五不可。卫家种贤而多子，美而长白；贾家种妒而少子，丑而短黑。"② 一个是种贤多子，另一个是种妒少子，多子作为婚姻选择的一项指标，形成明确的概念。宜子之说，此后不时地出现在皇家的婚姻史上。北齐文宣帝为其弟博陵王纳妃崔㥄的妹妹，在结婚的晚宴上，文宣帝祝酒词曰："新妇宜男，孝顺富贵。"这是祝福弟妇生男儿，但这不是一般的喜庆话，是针对崔氏家族的实际情形说的。崔家是多男子的家族，崔㥄有九兄弟，显然是宜子的了。③

皇家为多得子，特别是在乏嗣息的情形下，笃信宜子说和术士之言，作为选择皇后和妃嫔的一种重要的因素。有的家族生男儿多，同这类家族的女子结婚，生儿郎的概率可能会大一些，因此选择宜子皇后。皇家处于社会最高地位，选取后妃，占据着绝对的主动位置，才有可能提出选后的宜子原则。宜子的条件，在民间行不通。宜子的选择对象，主要适用于皇后，其他妃嫔的征用基本上不以此为目标，这也说明极为重视皇后的人选及其生育能力。

三、祈冀生子的信念与诸种表达方式

古代社会有着许多生子的吉利信仰和表达方式，皇宫中同样流传。

① 班固：《汉书》卷九八《元后传》，中华书局 1962 年版，第 4020 页。

② 房玄龄等：《晋书》卷三一《后妃传上·惠贾皇后》，中华书局 1974 年版，第 963 页。

③ 李百药：《北齐书》卷二三《崔㥄传》，中华书局 1972 年版，第 335 页；李延寿：《北史》卷二四《崔㥄传》，中华书局 1974 年版，第 874 页。

（一）后宫处处有生子吉祥物

宫中许多建筑、用品冠有多子的名称，希冀君王和后妃目睹这些名与物，产生生育的欲望和心情，以便受孕产子。如百子帐、百子门、广生门、千婴门，取其子孙众多之义，预兆宫人生产大群的皇子；螽斯门，螽斯是很小的昆虫，然多子，故以此比喻多得子息；百子池，宫女七夕寄托受宠有孕之所。

（二）无子祈祷高禖

有的帝后生子不能养活，或盛年无子，往往乞求于上天、祖宗和山川的灵佑，举行祭祀盛典，设醮求神，以降福生子。高禖是司理生育之神，祀高禖是祈子的祭祀。《礼记·月令》："以太牢祠于高禖，天子亲往，后妃帅九嫔御。"[①]天子还带着弓矢，预示祈求生育儿郎。金章宗的皇后和妃嫔生了几个儿子，可是几个月，或者二三岁上就夭折，承安五年（1200），章宗以没有子嗣，亲自去太庙山陵祈祷，派近臣到名山观庙去祈神。

（三）望嗣的博求淑女、节欲与制妒

皇帝乏嗣时，一方面求助于神灵祖先，另一方面则讲求人事，广召妃嫔，增加生子的机会。明宪宗专宠万贵妃，万氏先生有儿子，然而早逝，别的宫人生子，她又加以陷害，所以宪宗未有子嗣时，"中外以为忧"，朝臣相继上书，"请溥恩泽以广继嗣"[②]。给事中魏元不点名地要求宪宗从溺爱万贵妃，或者说从万贵妃控制中走出来："陛下富有春秋，而震位尚虚。岂可以宗社大计一付之爱专情一之人，而不求所以固国本安民心哉！"[③]

（四）孕妇插戴宜男花

以上讲的是求孕生子的各种信仰及其表达方式，受孕之后，出现生男生女的两种可能，这时皇帝和孕妇多冀盼生育儿郎。古人有一种信仰，以为孕妇插戴萱草花吉利，可以生出男儿，所以萱草成为孕妇必然佩戴的吉祥物。

萱草，又名宜男草，是多年生草本植物。古人对母亲的称谓很多，其中之一是以萱草为名，称曰"萱堂"。以萱草花为宜子瑞花观念的形成，当不晚于魏晋时期，曹植的《宜男花颂》云："草号宜男，既晔且贞。其贞伊何？惟乾之嘉。其晔伊何？绿叶丹花。光彩晃曜，配彼朝日。君子耽乐，好和琴瑟。固

---

① 《礼记》卷一五《月令》，上册第1361页。

② 张廷玉等：《明史》卷一一三《后妃传·万贵妃》，中华书局1974年版，第3524页。

③ 张廷玉等：《明史》卷一八〇《魏元传》，中华书局1974年版，第4773页。

作螽斯，惟立孔臧。福济太姒，永世克昌。”① 宜男草被认为是吉祥花卉，有利于生育儿郎，孕妇佩戴后会像螽斯多子，如同周文王夫人太姒那样拥有众多男儿。曹植的诗道出社会对萱草宜男的一般看法，社会上形成孕妇佩戴萱草花的习惯。为了能够得到萱草，人们在自家的庭院中种植，萧梁简文帝的《七励》云：“植‘宜男’于粉阁，树君子于椒房。”② 表明宫中种植萱草，宫人有佩戴的习惯，希冀由此获得祯祥，生个儿郎。

四、保胎分娩的措施与礼仪

皇家基于对生育的特别重视，当后妃及其属下的宫女怀孕之后，一般都能给予特殊的优待，给予精神上、物质上及医护方面的关照，同时做好选用婴儿的接生、保育人员的准备，以利孕妇的保胎和顺利分娩。

（一）彤史作宫人承御记录

宫内尚仪局司赞司的彤史二人，专管“后妃群妾御于君所，书其月日”③，记载宫人当夕的情形，包括月日时辰。别据记录，当宫人进御之时，给她一只银手镯，戴在左手腕上，既御之后，离开皇帝寝宫时将银镯改戴在右手腕上。原因是左手表示阳气，戴在左手就会受孕生男儿，而右手为阴气所在，女人既被皇帝御后，恢复自身的阴气，就将手镯改戴在右手了。④ 有了这样的记录，未来的皇子历史就有了原始记载。

（二）优遇孕妇和重视胎教

孕妇从心理上和物质上应当得到特殊的关怀，皇家对此有着相应的规定。清朝宫规，凡是怀孕的宫人，依照她内命妇的等级，增给食俸原额的一半；如果她的生母健在，允许其进宫照料女儿。⑤ 生育过的人有护理孕妇及教导保胎的经验，这有利于胎儿的发育，孕妇由于母亲在身边，对克服妊娠恐惧亦不无作用。

宫中重视教导孕妇注意胎教，对圣贤后妃太任进行宣传即为其内容之一。

---

① 曹植：《曹植集校注》卷三《宜男花颂》，人民文学出版社 1984 年版，第 395 页。

② 梁简文帝：《七励》，严可均：《全上古三代秦汉三国六朝文》卷一一，中华书局 1958 年版，第 3014 页。

③ 孙承泽：《春明梦余录》卷六《宫官》。

④ 《五经要览》，《古今图书集成・明伦编・宫闱典》，第 25 册第 29433 页；孔颖达：《御叙之法》，见唐顺之辑：《荆川稗篇》卷二〇，《四库全书》第 953 册第 425 页。

⑤ 《国朝宫史》卷七《典礼四・宫规》，第 139 页。

太任是古圣人周文王的母亲，《史记》说她“端一诚庄，维德之行”，怀孕之后，为了胎教，严格控制自己的情绪和为人，使胎儿受到良好的影响，她的具体做法是，“目不视恶色，耳不听淫声，口不出傲言”，因而“能以胎教子，而生文王”①。后世宣讲胎教，就以太任为典范。

此外，还有专门指定的太医对孕妇进行诊视。

（三）临产准备

孕妇将近分娩的日子，医生、接生婆、奶母、分娩用品、产房都要准备好。

孕妇临近足月时，加强对她的护理。在宋代，怀孕将近七个月，皇帝再次下令医官确定降诞的月份，派定产科大小方脉医官值宿，画出产图方位，明确饮食禁忌，供给应用的药材，并照惯例赐给分娩所需要的银钱、大银盆、沉香酒、催生海马皮、装画胎衣瓶、绢帛、生菜、生艾、生母姜、生芋子、滤药布、莲肉、栗子、果子等物，既有生育必备的物品，又有寄寓生子吉祥及反映好养活观念的食物。②

接生婆，宫中没有这种人，从民间选用，因为她们是世传的职业，登记在地方政府簿籍里，官员指定她们到皇宫应差。

奶母，选自民间。明朝皇家设有礼仪房，俗称奶子府，通常由京师官员选择 80 名有奶水的妇女作为备选人员，称作“点卯奶口”，从中选出 20 人入住奶子府，随时接受宫中的召用，称为“坐季奶口”。宫中分娩，从坐季奶口中选用数人。③

（四）降诞礼仪与洗三礼

周朝王室嫡长子诞生礼，首先是皇后报告国君世子降世，国君以太牢之礼告于太庙，令内宰准备各种用品和礼物，令卜士占卜，在三日内选定吉日，举行三朝礼。在这之前国君斋戒，至期朝服于寝外，举行射礼，表示男儿尚武，同时将世子交给由占卜选定的保姆，赐给她礼物。如果生的是世子以外的儿子，则礼仪减等。④ 唐代宗出世的第三天，他的祖父玄宗亲临他的洗三礼，由于他生得瘦弱，保姆抱了另外一个宫中的婴儿来蒙骗，企图博得玄宗的喜悦，

① 司马迁：《史记》卷四《周本纪》，中华书局 1959 年版，第 115 页。

② 周密：《武林旧事》卷八《宫中诞育仪例略》，中国商业出版社 1982 年版，第 156 页。

③ 《春明梦余录》卷六，第 5049 页；《酌中志》卷一六《内府衙门职掌》，第 98 页。

④ 《礼记》卷二八《内则》，下册第 1469 页。

哪知皇帝倒不高兴，保姆立即叩头请罪，玄宗不愿意破坏嫡孙洗三礼日子的喜庆气氛，只是说保姆不懂事，要她赶快将孙儿抱来，及至见到真的高兴异常，并召太子来共同饮酒，以为一日三天子同堂，乐何如哉![①] 可谓皇子洗三的一段佳话。

（五）剃胎发礼与命名

《礼记·内则》讲，皇子生三月之内，应选择吉日剃胎发，举行仪式，并为皇子命名。[②] 宋朝皇子的剃胎发，由皇帝下令，学士院撰写净胎发祝寿文，届期宣读。[③]

皇子的命名，“不以日月，不以国，不以隐疾”[④]。即不使用常用的字和含义不好的字，以图吉利，并不与他人同名。

生皇子是大喜事，皇帝往往因此赏赐有关宫人和朝臣。元朝后宫生育，如果生的是皇子，赏赐百官金银彩缎，蒙古语谓之“撒答海”[⑤]。因此而大赦的情形，则是非常特殊的了。

后宫从怀孕、保胎到分娩，以及婴儿洗三、剃胎发、命名，整个出世的过程，表明皇子以非凡的面貌降临人间，如何能使他健康地成长，是皇家的新问题。

五、皇子养护与血腥争斗

皇子的养护，与一般人家大不相同，娇贵难养，此其一；其二是养护情形复杂，有教育性质的，有监护性质的，有强夺占有的；其三，因为母以子贵，为争夺子嗣，皇后妃嫔之间的争权夺利十分厉害，以致危害皇子及其生母的性命。

一般的情形，皇子是养于孺子室，生母抚育之外，同时交给师傅、奶母照料，明人黄省曾《洪武宫词》写道：“金铺日月门将启，诸院争先画翠蛾。高髻纱笼向何处，六龙床上看皇哥。”[⑥] 写的是母亲早早起来，忙着梳洗，好到别院去看望养在那里的儿子。可知皇子养在别宫，没有跟随母亲。皇后和生母都

---

① 欧阳修、宋祁：《新唐书》卷七七《后妃传下》，中华书局 1975 年版，第 3499 页。
② 《礼记》卷二八《内则》，下册第 1469 页。
③ 《南渡典仪》，《古今图书集成·明伦编·宫闱典》，第 25 册第 29386 页。
④ 《礼记》卷二八《内则》，下册第 1470 页。
⑤ 宋濂等：《元史》卷七七《祭祀六》，中华书局 1976 年版，第 1925 页。
⑥ 黄省曾：《洪武宫词》，《古今图书集成·明伦编·宫闱典》，第 25 册第 29421 页。

要对皇子进行品行教导。人事的关怀之外，皇家还乞灵于各种神灵，为皇子求福，身体康宁，如明宪宗长子诞育，派遣太监到各山川祈祷保佑，不过山河不从人愿，皇子未到周岁即死去。① 另有因皇子不好养活，托人代养，所托之人，或为后妃，或为宗室，或为民间，如唐玄宗的杨良媛生肃宗，卜者说“不宜养”，乃将他交给王皇后抚育，皇后无子，抚之如所生。②

宫中的养育，常常不得其法，对皇子的成长不利，曹魏明帝皇子多夭亡，司徒王朗向他讲解保育幼儿的方法。他说少小的人儿，如果穿着太多，铺盖太厚，会使幼弱的肌肤经受不住，因此应当减少他们的着装，增强抵抗能力，就会寿比南山了。③ 看来，皇家养育皇子的物质条件异常完备，人力非常充沛，可是方法不一定得当，因而效果不够理想。倒不是民间选来的乳母不懂其法，或者不尽心，而是宫中的制度限制了她们养育能力的发挥。

宫中常有养母监护的抚养方法。养母以被养人为儿子，被养人以养母为母，有明确的母子名分，通常是皇帝指定的。宫中出现养他人之子为子的现象，当不晚于战国时期，秦国夏氏生的秦庄襄王，“为华阳夫人所子”，《汉书》师古注曰：“子，谓养以为子”④，明确说明秦孝文王的华阳夫人以夏氏生的秦庄襄王为儿子。汉宣帝的太子的生母早逝，太子差点被霍皇后暗害，宣帝为保护太子，在后宫中选择素来谨慎而没有儿子的王婕妤，立为皇后，命她“母养太子”，16 年以后太子即位，就是汉元帝。⑤ 养母子的法定关系，使他们具有荣辱与共的共同命运。唐宪宗宠爱的杜秋，抚养皇子漳王，后来漳王被诬陷夺爵，杜秋被放黜出宫，过贫穷的生活，诗人杜牧同情她，为她写出《杜秋娘诗》。⑥

后妃，特别是皇后，强夺或杀害他人之子，或者残害皇子的生母，这些是史书上屡见不鲜的事情。汉灵帝何皇后生少帝刘辩，性极妒忌，其时王美人怀孕，害怕皇后的迫害，服药堕胎，但是没有成功，生下献帝。王美人的担心竟

---

① 张廷玉等：《明史》卷一一三《后妃传一》，中华书局 1974 年版，第 3524 页。
② 欧阳修、宋祁：《新唐书》卷七六《后妃传》，中华书局 1975 年版，第 3492 页。
③ 陈寿：《三国志·魏书》卷一三《王朗传》，中华书局 1959 年版，第 414 页。
④ 班固：《汉书》卷八六《师丹传》，中华书局 1962 年版，第 3505、3506 页。
⑤ 班固：《汉书》卷九七上《外戚传·孝宣王皇后传》，中华书局 1962 年版，第 3969 页。
⑥ 杜牧：《杜秋娘诗》，有句“主张既难测，翻覆亦其宜”。见《全唐诗》卷五二〇，中华书局 1960 年版，第 5938 页。

然成为现实，惨遭毒死。董太后怕献帝也遇害，亲自养育，后来他被董卓立为皇帝。[1] 宋真宗时李宫人在刘皇后宫中为侍儿，生仁宗，被刘后据为己子，及至仁宗继位，尊刘后为皇太后，而生母默默地处于先朝的嫔御之中，不敢认儿子，也没有人敢向仁宗说明真相，大概就是这样忍辱偷生，李氏才没有遭到刘太后的迫害。[2] 仁宗身世的故事，成为后世流传的狸猫换太子、京剧《打龙袍》的源头，换得多少人的同情眼泪。

后妃间夺子杀母及母子同害的现象，争宠的感情因素有之，不过最主要的还是权力的因素。为争夺或巩固皇后宝座，执掌宫内大权，以及为了异日的皇太后、太皇太后尊号，或许尚可染指部分朝政，后妃拼死拼活，不惜使用各种残忍的手段。

六、多子女观、多子女与多夭折

皇家希望多生子女，特别是多产儿郎，在个别时期，的确实现了这种愿望，但是孺婴的死亡率很高。

（一）强烈的多子女观念

皇室广生育观念的内涵有二，一是多嗣以承祀宗庙，“国之大事，在祀与戎”，祭祖是最重大的事情。宗庙的保持，标志着政权的存在，所以上事宗庙，就是下继后世，两者是一回事，也就是有国有家。二是多子多福，因为人的年寿不能预知，只有多子才能保障有子可以延续香烟不断。

皇家多子女的观念，还表现在皇帝关心皇孙的降世和成长，这是关注第三代继承人。晋武帝在太子（惠帝）纳妃之前，怕他年幼不懂帷屋之事，特派谢才人去侍寝，怀上孕。太子妃贾妃进宫后，妒忌这位有身孕的人，谢氏存身不下，武帝让她重新回到西宫，生下愍怀太子，可见武帝对于第三代的出世和保护关心到了何等程度。[3] 金世宗大定八年（1168）七月，太子（显宗）妃徒单氏临产，世宗以名马、宝刀、御膳赐太子及妃，下谕曰：“妃今临蓐，愿平安得雄。有庆之后，宜以此刀置左右。”及生男儿章宗，第二天世宗就去看望，对太子说，这是“社稷之洪福”[4]。可知他得嫡孙是多么的喜悦。

---

① 范晔：《后汉书》卷一〇下《皇后纪》，中华书局 1965 年版，第 435 页。
② 脱脱等：《宋史》卷二四二《后妃传上》，中华书局 1977 年版，第 8613 页。
③ 房玄龄等：《晋书》卷三一《后妃传上》，中华书局 1974 年版，第 968 页。
④ 脱脱等：《金史》卷六四《后妃传下》，中华书局 1975 年版，第 1524、1525 页。

（二）皇家的多子女

皇家生育多的事实，笔者拟以唐、宋、清三朝为例进行阐述。

唐朝有20个皇帝，最后一个君主哀帝年少被害，未生育，可以不计算，以19个国君计，从“两唐书”《本纪》，《新唐书》卷七六、七七《后妃传》、卷七九—八二《皇子传》、卷八三《公主传》，《旧唐书》卷六四、七六、八六、九五、一〇七、一一六、一七五《皇子传》的资料获知，在19个皇帝中，最少的生有子女4人，最多的达59人，平均每人生有约23个子女，其中男儿约12人，女儿约11人。一个人生育20余人，是相当多的了。实现多生育的一个重要原因是多妻妾，唐高祖的22个儿子出自18个后妃，唐太宗的14个男儿由10个母亲所生，唐高宗的8个儿子有5个生母，肃宗14子有13位生母。所谓“子出多母”，在这里得到了充分的证实。

笔者依据《宋史》的《后妃传》和《宗室传》得知两宋15个皇帝，生子84人，生女87人，合计生育171人，平均生育约11人。就中徽宗一人有子女65人，大约占到宋代皇子女总数的38%，其他14位君王生育106人，平均每人生育7个多子女。子女中9岁以前夭亡的74人，夭亡率约占出生率的43%。

清朝在北京做皇帝的共有10人，末帝宣统，3岁登基，不久逊位，在位时与生育无关涉，应当不作计算。剩下九帝中，在育龄的穆宗、德宗都没有生养，实际有7个皇帝生有子女。共生育146人，平均每人生育21人，若以9个皇帝计算，平均生育16人。146名子女，出自80位母亲，平均每个后妃生育约2人。

总观唐、宋、清三朝皇家的生育，是男女均多。三朝帝王生育，分别平均为23人、11人、21人（或16人），都是多子女的，实现了皇家多生的愿望。应当说，这三朝的皇家生育反映了历代王朝多子女的一般状况。

（三）皇子皇女多夭亡及其原因

在清朝，皇家15岁以前死去的夭亡者，有男女74人，超过出生总数146人的一半，死亡率之高是相当惊人的。宋代皇子女在9岁以前的死亡率约为43%。婴儿、少年死亡率之高，并非仅为宋代、清代所特有，其他王朝的皇子幼殇的情形也多。

皇家子女高比例的早殇，究其原因，一是养育不得其法，二是宫廷内部的争斗，伤害了母亲，殃及其子女。西汉民谣“燕飞来，啄皇孙，皇孙死，燕啄矢"[1]，直接指责的是成帝赵皇后、赵婕妤姊妹迫害宫人和她们的子女，然而可以视作历史上后宫斗争使皇家子女遭殃的写照。这些儿童是无辜的受害者，想不到在古代最高贵的家庭竟然也存在难以"保护儿童的权利"这类现代问题。三是发育不健全，婴儿有先天性疾病或严重体弱，这同他们的父母亲少年时代生育的状况有极大的关系。帝王少年生子的现象，赵翼业已注意到了，他在《廿二史札记》中专门写出"魏齐诸帝皆早生子"一条，指明魏道武帝15岁（应为13岁）生明元帝，景穆太子13岁生文成帝，文成帝15岁生献文帝，献文帝13岁生孝文帝。[2] 看来帝王早育是一种普遍现象，自身发育都不健全的父亲，哪能生出强壮的子女。至于皇帝成年之后，即便自己身体健壮，但妃嫔众多，若性生活没有节制，所生育的子女也会有不健全的，死亡率仍会居高不下。这种先天不健全的生育造成的觞逝，很可能是皇家子女夭亡率高的主要原因。

七、小结：皇家生育及生育观的特点

第一，强烈的生育男儿观念及由此而来的生育功能为家庭第一功能的观念。皇家的婚姻，目的是生育子息，上以事宗庙，下以继后世，维持家族政权延续。为保证多有子息，实行一后群妃制度，刻意选择"宜子"女子为皇后，制定帝王御幸法规，虽有空幻性质，实能反映广嗣的愿望。这些都表明皇帝的婚姻实质是为延续嗣息，这是在皇室家庭的首要功能。

第二，生育信仰贯穿于帝后夫妻生活的方方面面。皇帝和后妃为着生育，在平常生活中，在夜生活中，处处展现生子的吉祥意识，无论是宫室的命名，起居用品的名称，舆服的装饰，民俗节日活动的内容，都在启示其主人的生子意识；与生育有关的各种祈祷祭祀活动中，对祖宗、天地、山川的神灵寄予莫大的希望：无子赐子，有子赐福，健康成长。

第三，多子女与多夭亡。皇家生育子女众多，殇逝的虽多，终是存活者众，使王朝能够持续下去。

第四，皇家生育状况与朝政清浊有着某种一致性。一般的情形是王朝太平

---

① 班固：《汉书》卷九七下《外戚传》，中华书局1962年版，第3999页；卷二七中之上《五行志》，第1395页。

② 赵翼著、王树民校证：《廿二史札记校证》卷一五《魏齐诸帝皆早生子》，中华书局1984年版，第316页。

无事，皇家生育较多，而多事之秋，子嗣往往不振。皇帝昏庸，后宫容易多事，正常秩序遭到某种破坏，残害后妃，其子女被当作争权夺利的工具的现象增多，乃至乏嗣。朝政清明之时，朝臣对事关国本的大事，如册立皇后、太子，无嗣时的广选妃嫔，皇帝与后妃的关系，以及后妃之间不协调的关系，能够作出谏诤，可能会起到某种积极作用；浑浊之世，朝臣对于皇帝的这些家事，就不敢置喙了。

第三节 古人丧葬习俗

上一节说的是生育，这一节考察死亡与人们的社会生活。人死了，活着的人如何对待他，成为社会上一项重大的事情，历代政府制定丧礼制度，社会形成丧葬习俗。一是重视葬礼形式，人们以“事死如事生”的孝道精神，特别看重丧事，讲求丧礼仪式，而哀悼之情未必深切。孔子大约看到这种情形，因而说：“丧礼，与其哀不足而礼有余也，不若礼不足而哀有余也。”① 二是重视丧礼体现在厚葬方面，而厚葬又成为停丧不葬的重要原因，厚葬与停丧不葬遂成丧事的主流风气。三是安葬方式以土葬为主，而伴之以火葬，在少数民族中还有水葬、天葬等多种方法。四是丧事与佛道有密切关联，中古以降离不开僧道的追悼仪式。五是丧事体现等级规范和观念，这是历朝制定丧礼的出发点。由于厚葬，在古代出现盗墓风习，今日考古发掘，墓葬出土的陪葬物，大多成为出土文物，这是古代丧葬者，尤其是厚葬论实行者始料不及的。

一、简述丧礼规制

关于发丧出殡安葬，有一整套的礼法规范：

殡葬之期。《礼记·王制》：“天子七日而殡，七月而葬；诸侯五日而殡，五月而葬；大夫、士、庶人三日而殡，三月而葬。三年之丧，自天子达……。”② 各种人殡殓、下葬和除孝的时日不同，体现贵贱等级的差别，是治丧的需要。天子之丧，诸侯要来祭吊，随葬物品多，需要准备的时间必然长一些。如司马光

① 《礼记》卷七《檀弓》，上册第 1285 页。

② 《礼记》卷一二《王制》，上册第 1334 页。

所说："诚由礼，物有厚薄，奔赴有远近，不如是，不能集也。"[1] 士、大夫与庶人的殡葬时日也有区别，上引《礼记·王制》是将其简单化了，未能反映出来。唐初太常博士吕才《叙葬书》在讲了天子、诸侯殡葬时间后，接着说："大夫经时而葬；士及庶人逾月而已。此则贵贱不同，礼亦异数。"[2] 各级人等因葬礼准备的需要，有不同时日的规则，从而也体现出人们的身份地位。

孝子居丧之礼。孝子一面操办丧事，一面遵行生活规范，尤其是在殡殓期间。孝子服斩衰之服，"居倚庐，寝苫枕块，哭昼夜无时，啜粥朝一溢米，夕一溢米"[3]，即居住于不避风雨之室，枕土块，卧在草席上，早晚喝一点稀粥，连盐味也没有，而哭丧则无时不在进行。南朝刘宋之时，庐江何子平母亲故世，恰值战争和灾馑年头，八年不得营葬，昼夜哀号，"冬不衣絮，暑（不）避清凉，日以数合米为粥，不进盐菜。所居屋败，不蔽雨日"，后得太守帮助，始得安葬乃母。[4] 他成为临丧尽孝的典范。

丧服五服制。对于亡故者，他的配偶及同他有血缘关系的人，要依照五服制度（图 4-1）服丧。父丧，儿子、儿媳和未嫁女、妻是斩衰服，守丧三年，为第一等。其次是齐衰服，系孙、孙女为祖父母，出嫁女为父母，祖为嫡孙，侄儿为伯父服丧一年、五个月、三个月不等。以下依次是大功服、小功服、缌麻服，服期分别是九、五、三个月。斩衰、齐衰、缌麻等，皆指孝服布料和制作方法。斩衰服，以最为粗织的麻布缝制，不缝下口；齐衰服，用稍粗麻布为衣料，缝下口；大功服用粗熟麻布制作；小功服则用稍粗熟麻布制作；缌麻服穿稍细熟麻布衣。三年丧期，实际上以 27 个月计算。孝子在守丧期间，若为官宦者，必须解职丁忧，家中不得嫁娶、生子，也不许作乐听戏。唐律规定，官员匿父母丧流二千里；未终丧作乐，徒三年；旁听或参与吉庆宴席杖一百；若匿期亲尊长丧，徒一年。[5] 若诈言父母丧为余亲之丧，徒二年半。[6] 居丧嫁娶，

---

① 司马光：《家范》，上海古籍出版社 1992 年版，第 30 页。

② 刘昫等：《旧唐书》卷七九《吕才传》，中华书局 1975 年版，第 2724 页。

③ 《仪礼》卷二八《丧服》，上册第 1097 页。

④ 沈约：《宋书》卷九一《孝义传·何子平传》，中华书局 1974 年版，第 2257 页。

⑤ 长孙无忌：《唐律疏议》卷一〇《匿父母夫丧》，商务印书馆《丛书集成初编》本，第 222 页。

⑥ 长孙无忌：《唐律疏议》卷二五《父母死言余丧》，商务印书馆《丛书集成初编》本，第 588 页。

徒三年，离异；居丧生子，徒一年；居丧给人主婚，杖一百。[①] 父母丧，如果系职务需要的高官，皇帝要求他留职办事，此为“夺情”，是少见现象。北宋集贤校理晏殊父丧回籍，“夺服起之”，母丧，“求终服，不许”。[②] 清代康熙朝顺天学政李光地母丧，本应解职回福建原籍奔丧守制，康熙帝命他在任守制，他未作解任的坚持，引发御史的弹劾，康熙帝遂将其解任，又不许他回籍。[③] 因为他是讲理学的人，康熙帝以此测试他是否真正践履理学之道，看来他没有过关。可见品官守孝之不易。

喪服總圖

斬衰 三年	齊衰 杖期五月 不杖期三月	大功 九月	小功 五月	緦麻 三月
用至粗麻布爲衣下邊與袖俱斬齊不縫背有召服用麻布方八寸綴于領下垂之前當心首絰腰絰俱用麻履用草管杖父用竹母用桐婦人不用喪畢于墓前焚之	俱用稍粗布爲衣縫袖及下邊首絰腰絰俱用布爲之杖用桐木不杖者不用	用粗熟布爲衣冠帶履俱用熟白布爲之	用稍熟布爲衣冠帶履俱用大功	用稍細熟布爲衣冠帶同功服履用細白布爲之 凡同五世族屬在緦麻無服之外皆爲袒免(音問)親遇喪葬則服素服尺布纏頭

图 4-1　丧服总图

棺椁封树。安放尸体和陪葬物，有棺和椁，棺椁置于土坑中，上面用土覆盖，高出地面，再在坟墓的周围种植树木。棺椁长短厚薄皆有尺寸规制，封土高出多少亦不可乱来。皇家陵园甬道两侧有翁仲石象生，贵族官僚坟前亦可配

① 长孙无忌：《唐律疏议》卷一二、一三，商务印书馆《丛书集成初编》本，第 278、293、295 页。

② 脱脱等：《宋史》卷三一一《晏殊传》，中华书局 1977 年版，第 10195 页。

③ 佚名：《清史列传》卷一〇《李光地传》，中华书局 1987 年版，第 708 页。

置石象生。

祭祀。早先一般平民士人只有寝堂和坟上的祭祀，元代以降有祠堂之祭。贵胄大臣亡故，皇帝可能辍朝，赐祭，给予祭文，甚而赐予谥号，如范仲淹的“文正”、王阳明的“文成”、曾国藩“文正”之类，有的还能得到政府或地方人士在坟墓建立的祠堂（墓祠），依期举行祭礼。

此外，还有戮尸之刑和保护良人尸体的律令。开棺戮尸，可能出自伍子胥，他以吴国胜利者的身份，在郢都挖开故君、仇人楚平王陵，“出其尸，鞭之三百”①。而后有政府的开棺戮尸的刑法，惩罚某些犯有大逆不道之罪的死者。

二、厚葬风俗

安葬亲人遗体，本是理所应当的行为，但在社会上形成攀比风气，就出现厚葬的问题，因此遭到一些有识之士的反对，主张薄葬，但是总扭不转厚葬之风。古代丧葬状况及厚葬的表现，主要是：

（一）吊唁

丧事发生，丧主向亲友报丧，设灵堂，供来宾悼念。东晋时书法家、中书令王献之死，其兄黄门侍郎徽之奔丧到来，并不哭泣，而直上灵床，取献之珍爱的琴弹奏，可能悲伤过度，竟然调不正琴音，并且昏晕过去。② 散骑常侍顾荣，字彦先，爱好奏琴，死后，家属将琴放在灵床上以作纪念，友人张翰来吊唁，放声痛哭，然后上灵床，抚琴数曲，并且叹息地说：“顾彦先复能赏此不?”③ 亡友已去，如何能欣赏，随后又痛哭起来。这种就死者生前的好尚而表达的怀念之情，是真实情怀的表露，体现出双方的深厚情谊，也是真诚的追思。有的丧家追求形式，图热闹，若亲友不来吊祭或不够热情，就不满意了。骠骑将军王述，原任会稽太守，在此守母丧，王羲之继其任，去王述家吊唁一次，王述以为王羲之还会再来致奠仪，但终于令他失望，“深以为恨”，及至他升任扬州刺史，周行郡界，然而不去王羲之家。④ 可见人们对于吊唁的看重。吊唁的过程，接受亲友对亡者的怀念之情，也收受一些奠祭物品和其他礼物，

---

① 司马迁：《史记》卷六六《伍子胥传》，中华书局 1959 年版，第 2176 页。按：有学者怀疑伍子胥戮尸楚平王事，这里不予讨论，而从旧说。

② 房玄龄等：《晋书》卷八〇《王羲之传》，中华书局 1974 年版，第 2104 页。

③ 房玄龄等：《晋书》卷六八《顾荣传》，中华书局 1974 年版，第 1815 页。

④ 房玄龄等：《晋书》卷八〇《王羲之传》，中华书局 1974 年版，第 2100 页。

同时进行小殓、大殓，做好送葬的准备。

（二）出殡与路祭

送葬，本家亲属按礼法一定会出现在行列中，故旧姻亲则因人而异，或出于情深，或迫于应酬，乃至怀有势利目的，但不论什么心理，丧家就以参与者人多为荣，以为有脸面、有社会能量，为此招徕客人。汉景帝时，洛阳赌徒剧孟，为母亲发丧，送葬的人众多，所乘车辆1000余辆。后来，他去拜访楚王相爰盎，爰盎欣然接待，别人不理解，批评爰盎乱交朋友，然而爰盎就凭着剧孟能做到上千人为其母送葬的场面，认为他是个能人，可能有用得着他的时候，故而相与。① 可见发丧于路祭，也是显示丧家社会能量的机会，为此需要大做。北魏赵郡房子（今河北高邑）人、光禄卿赵修从洛阳送他的父亲灵柩返回故乡安葬，其奢华之况，《魏书》作出如下描述："修之葬父也，百僚自王公以下无不吊祭，酒犊祭奠之具，填塞门街。于京师为制碑铭，石兽、石柱皆发民车牛，传致本县。财用之费，悉自公家。凶吉车乘将百辆，道路供给，亦皆出官。"排场如此之大，可是赵修却不守丧礼，"道路嬉戏，殆无戚容，或与宾客奸掠妇女裸观"②。这样的送葬完全失去丧礼的严肃性，而成为显示权势淫威的工具。

达官贵人重视出殡，还表现在路祭方面，其隆重程度，由唐朝人行事可知。唐代宗大历三年（768）八月，为皇帝和大臣敬重的检校左仆射辛云京卒，代宗辍朝三日，赐谥忠献，十一月下葬，命宦官吊祭，"宰相及诸道节度使祭者，凡七十余幄"③，"丧车移晷乃得去"④。路祭不仅是在京大僚送的，更有各地节度使派人设置的祭坛，因为路祭的太多，所以灵柩多时才得通过。祭坛设在灵车经过的地方，据《唐语林》记载，唐朝初年的情形是，大约底部一方丈、高数尺的祭盘，用帏帛围起来，内置人造花、果，表示祭奠之意。安史之乱以后，变得复杂华丽，祭盘帐幕高一丈，内设灵床，雕金饰画，帐盘之外，盛列牛羊祭品。有的还有节目演出。范阳节度使为辛云京送的祭盘最大，演出类似日后的木偶戏，以开国功臣尉迟敬德为形象，同突厥人交战，又作了以鸿门宴为故事内容的表演。孝子以祭盘精良，特给予主事人两匹马以酬其劳。唐

① 班固：《汉书》卷四九《爰盎传》，中华书局1962年版，第2275页。
② 魏收：《魏书》卷九三《赵修传》，中华书局1974年版，第1998页。
③ 刘昫等：《旧唐书》卷一一〇《辛云京传》，中华书局1975年版，第3315页。
④ 欧阳修、宋祁：《新唐书》卷一四七《辛云京传》，中华书局1975年版，第4754页。

代宗感到路祭靡费过甚，下诏不许在沿途设置祭盘。唐宪宗诏令“百姓丧葬祭奠不得以金银、锦绣为饰及陈设音乐，葬物稍涉僭越，并勒毁除”。宋朝认为不许使用锦绣等物，过于朴素，有伤尊亲孝道，遂解除这一禁令。[①] 看来历朝政府对厚葬有所关注，但并不认真禁止。

（三）陵墓与随葬品

坟墓的状况，这里以皇家陵寝为例，以见后人难以想象的奢靡。

关于秦始皇陵墓（图 4-2）的修治与墓穴内的情形，《史记》的描写是：“始皇初即位，穿治郦山，及并天下，天下徒送诣七十余万人，穿三泉，下铜而致椁，宫观百官奇器珍怪徙臧满之。令匠作机弩矢，有所穿近者辄射之。以水银为百川江河大海，机相灌输，上具天文，下具地理。以人鱼膏为烛，度不灭者久之。二世曰：‘先帝后宫非有子者，出焉不宜’，皆令从死，死者甚众……树草木以象山。”[②] 骊山墓修建三十余年，葬后封土五十余丈，周围五里多。陵内设置，读《史记》难于想象，有那么多的水银可以象征百川大海吗？骊山陵的考古研究证实了记录的真实性。从考古研究获知，陵内包括寝殿、内城、外城、铜车马室、饲官建筑、陪葬墓区、兵马俑坑。出土的随葬物很多，

图 4-2　秦始皇陵兵马俑

① 脱脱等：《宋史》卷一二五《礼志》，中华书局 1977 年版，第 2917 页。

② 司马迁：《史记》卷六《秦始皇本纪》，中华书局 1959 年版，第 265 页。

以兵马俑而言，步兵、车兵、骑兵陶俑近万件，马俑 500 余匹，木质战车 130 多辆，兵、马之俑与真人、真马的高度、大小相同，造型逼真，生动异常。铜车马室出土的四匹铜马，均有铜铸御手驾御，系文物中的珍品。

在陕西兴平境内的汉武帝的茂陵，高 46 米，底部 58000 平方米，陵内“多臧金钱财物，鸟兽鱼鳖牛马虎豹生禽，凡百九十物”①。汉代皇帝陵内明中高一丈二尺四寸，周二丈，中心安放梓宫，外围柏木黄心的椁，即所谓黄肠题凑制度。

汉代诸侯王的坟茔，也以黄肠题凑为棺椁。贵胄坟墓相当讲究，西汉大将军霍光死后，皇帝命中二千石的官为他经营丧葬，“赐金钱、缯絮，绣被百领，衣五十箧，璧珠玑玉衣，梓宫、便房、黄肠题凑各一具”，所谓便房，是墓穴内小房间，意思是亡灵小憩之所。又赐枞木椁 15 具，作殉葬婢妾之用。送葬用辒辌丧车，由军士护送，穿穴复土，建设墓祠，并置守陵户 300 家。随后霍光夫人又自行扩充祠室。② 汉代官员故世，由地方公费为其送葬，如原涉的父亲官南阳太守，死于任所，“赋敛送葬皆千万以上，妻子通共受之，以定产业”，所以有条件安葬。原涉为得尚义之名，谢却赙金，故而坟墓俭约，可是后来使用富人的钱财，大起冢舍，周阁重门，并树墓表“南阳仟”③。

皇帝、贵族、官僚如此，民间效法，棺椁讲求上好材木，陪葬物多多益善，所以贡禹说“众庶葬埋，皆虚地上以实地下”④。后世考古发掘墓葬，从帝王、公主、贵族到官僚，乃至平民富人，各个时代，各个地方均有大量实物出土，可见贡禹所说“虚地上以实地下”不是危言耸听，而是历代丧葬实况。现存的秦始皇陵、汉武帝茂陵、兴平霍去病陵、南京明太祖孝陵、昌平明十三陵、清朝盛京三陵、遵化清东陵、易县清西陵等，无不证明古人的厚葬风气。

（四）人殉及其废除

上古以婢妾、奴隶殉葬，无论是文献记载，还是考古发现的实物遗迹，都有例证。秦二世将秦始皇没有生育的妃嫔尽行殉葬，《汉书》记载，皇帝赐给霍光（图 4-3）的丧葬物品有 15 具枞木椁，表明在霍光身边至少有 15 个人殉

① 班固：《汉书》卷七二《贡禹传》，中华书局 1962 年版，第 3071 页。
② 班固：《汉书》卷六八《霍光传》，中华书局 1962 年版，第 2948 页。
③ 班固：《汉书》卷九二《原涉传》，中华书局 1962 年版，第 3716 页。
④ 班固：《汉书》卷七二《贡禹传》，中华书局 1962 年版，第 3071 页。

葬。凡有奴婢存在，往往有人殉现象，直至明朝初年仍有宫人殉葬制度，在清朝初年的吉林满族富人中，生前指定一妾殉葬，不得推脱。[①] 对于人殉的现象，统治者早就有禁止，秦献公元年（前 384）即“止从死”[②]，然未能贯彻，所以秦二世犹下令宫人殉葬。迨至明英宗废除皇家殉葬，成为德政。

人殉同时，皇家贵族还幽禁宫人婢妾，汉代皇帝驾崩，后宫无子者被幽禁在陵区，汉元帝时贡禹建议释放各陵园的宫人，皇帝并未接受。[③] 霍光夫人将良人婢妾放置墓祠守陵。[④] 被幽禁者，虽生犹死，度过极其悲惨的一生。

图 4-3　霍光画像

（五）“入土为安”与安葬故土

实行土葬，是人们具有“入土为安”观念的体现。人们以为葬入坟茔，魂魄就有了归宿，如同在阳世一样，在另一世界生活了。吕才说：“窀穸礼终，永作魂神之宅。”[⑤] 可知后人安葬先人，是使先人魂灵有安顿之所。司马光说出同样的意思：“葬者，人子之大事；死者以窀穸为安宅。”[⑥]

这个葬地，当然是指籍贯所在，可是官宦、军士、商人可能死亡在异地他乡，如何能够入土为安呢？是将遗体运回故里，还是就地埋葬？古人的观念是

---

① 吴桭臣：《宁古塔纪略》，《龙江三纪》之一，黑龙江人民出版社 1985 年版，第 249 页；《绝域纪略·风俗》，附刻《黑龙江述略》，黑龙江人民出版社 1985 年版。

② 司马迁：《史记》卷五《秦本纪》，中华书局 1959 年版，第 201 页。

③ 班固：《汉书》卷七二《贡禹传》，中华书局 1962 年版，第 3072 页。

④ 班固：《汉书》卷六八《霍光传》，中华书局 1962 年版，第 2950 页。

⑤ 刘昫等：《旧唐书》卷七九《吕才传》，中华书局 1975 年版，第 2723 页。

⑥ 司马光：《家范》，上海古籍出版社 1992 年版，第 30 页。

回故乡。琅琊人、光禄大夫贡禹81岁高龄，上书请求告老还乡，说京城离乡三千里，一旦死去，“骸骨弃捐，孤魂不归”，“愿乞骸骨，及身生归乡里，死亡所恨”。① 可见在人们的观念里，死在异乡，魂魄无所归，所以要死在故乡，万一异地亡故，尸体也要运回故土安葬。古人的这种观念根深蒂固，千方百计予以实现。两汉之际，京兆杜陵人廉某客死四川，其子廉范15岁，辞别母亲，前往搬迁乃父遗体，谢却地方官的资助，途中乘船触石沉没，为众人救出水，终于将亡父遗体迁回故里安葬。廉范后来任陇西太守邓融属官，其后邓融卒于洛阳，他自己驾车，将邓融遗体送回南阳老家下葬。② 异地迁移尸体，难处很多，廉范因此成为这类孝子典范。然而限于客观条件，很多人做不到，所以司马光准情度理，在不得已的情形下，就需要在客居地安葬，以实行入土为安。这就是他说的：“必也无力归其柩，即所亡之地而葬之。”③

（六）卖产、借贷安葬

厚葬的风气造成孝子卖产葬亲，再或借贷，乞求于人。西汉朱建家贫，母死无力发丧，意欲借贷。为吕后所幸的审食其原来就要交好于朱建，朱建因鄙视其为人，拒不承应，这时审食其送来葬金，别的官员因审食其之故，也致送赙金，朱建因而发丧，并且折节与审食其交友。④ 前述原涉葬亲，他还帮助朋友丧葬。其友人无力葬亲，原涉乃开列丧事所用的衣被棺木以及饭含等物，请众友各自购备，送至丧家，那家遂完成了丧礼。⑤ 北宋初检校刑部尚书、光禄卿张铸死，家无浮财，身无兼衣，家人卖了他的乘骑、园圃，得钱十万，安排了丧事。⑥ 无疑他家也因此破产了。

（七）丧葬与佛道

佛道介入丧葬甚深，举办丧事几乎离不开佛道仪式，因而费用很大。殡殓期间请佛家或道家念经，为死者超度亡灵；做七，包括从头七到七七的各种活动；替死者施舍寺庙，造像；除孝做佛事，为亡者追福；寺庙为死者击钟，甚至北宋政府对文武官员及郡夫人以上的命妇在开封天清、开宝二寺击钟的声数

---

① 班固：《汉书》卷七二《贡禹传》，中华书局1962年版，第3073页。
② 范晔：《后汉书》卷三一《廉范传》，中华书局1965年版，第1101页。
③ 司马光：《家范》，上海古籍出版社1992年版，第32页。
④ 班固：《汉书》卷四三《朱建传》，中华书局1962年版，第2116页。
⑤ 班固：《汉书》卷九二《原涉传》，中华书局1962年版，第3716页。
⑥ 脱脱等：《宋史》卷二六二《张铸传》，中华书局1977年版，第9069页。

作出规定。[①] 丧事运用佛道的一些形式成为风俗之后，即是反对佛道的人，有时也不得不违心地有所接受。姚崇认为佛教“为苍生之大弊”，当然反对为他做佛事，但是如果子孙“须顺俗情”，只可在七七期间设七僧斋，若必须随斋布施，只能给予随身衣物，不可再给其他财物。[②] 他真是不得已做出这样的违心遗命，可见丧事中佛教势力渗透得多么严重。

三、薄葬的主张与实践

厚葬，虚地上而实地下，毁坏财富，致人于贫窘，实系不良风气。它必然招致有识之士的不满和抗争，于是有薄葬的主张以及薄葬现象的出现。

杨王孙以“返真”说主张薄葬——裸葬，以保护社会财富反对厚葬。他是汉武帝时期人，家有千金之业，生活上厚自奉养，但对厚葬极其反感。病危之时，嘱咐儿子将他裸葬，即将尸体装在布囊里，入土时，从脚下抽出布囊，使裸露的身体与土壤接触。儿子不敢违抗父命，又不愿父亲裸葬，就请父亲友人祁侯劝说父亲改变主意。祁侯遂写信来，说裸葬等于戮尸，不好见先人于地下，这种办法不可行。杨王孙乃说明他的观点，指出世俗的厚葬有两个害处，一是厚葬无益于死者，而靡费财物，腐烂于地下；二是因为厚葬，引发盗墓现象，这样使尸骸暴露，与埋葬的主旨大异。他为矫正恶俗，因之裸葬。这是从侧面说明裸葬的原因，他更从正面解释，认为裸葬可以“反吾真”。所谓返真，就是人来自自然，死后返归自然，“且夫死者，终生之化，而物之归者也。归者得至，化者得变，是物各返其真也”。裸葬最易达到这个目标，合乎返真的道理，“反真冥冥，亡形亡声，乃合道情”。相反，厚葬令衣裳、棺椁将尸体与土壤隔开，不易腐化，反而使魂魄无所归。他的道理被祁侯接受，死后遗体终于以裸葬的方式处置。[③]

薄葬论的主张者和实践者，后世屡见不鲜。东汉大儒马融享年 88 岁，“遗令薄葬”[④]。以卧冰取鱼著名的西晋太保王祥，对于自身丧事的安排是：只穿平常的衣服，不制新装；朝廷所赐玉佩等物，不必随葬；墓穴容下棺椁即可，不必石砌和封土起坟；祭品只用干饭、肉一盘、酒一壶，不可多，家人大小不要

---

① 脱脱等：《宋史》卷一二五《礼志》，中华书局 1977 年版，第 2918 页。
② 刘昫等：《旧唐书》卷九六《姚崇传》，中华书局 1975 年版，第 3028 页。
③ 班固：《汉书》卷六七《杨王孙传》，中华书局 1962 年版，第 2908 页。
④ 范晔：《后汉书》卷六〇上《马融传》，中华书局 1965 年版，第 1972 页。

送丧。他的子孙遵守遗命，不敢大办丧事，于是“门无杂吊之宾”。[①] 南朝中书侍郎王微“遗令薄葬”，出殡不用长幡、鼓吹和挽歌，灵床两宿即行撤销。[②] 开元名相姚崇，相信“返真”说——“真魂去身，贵于速朽”，遗命薄葬。[③]

民间有不少薄葬者，尤其是某些秘密宗教信徒。摩尼教有独特葬法：死者入殓着衣冠，旁边有两个教徒，一人问人始来的时候有帽子吗，另一人回答没有，于是摘除尸体上的帽子，又逐一问生时有衣服和他物吗，回说没有，因而一一去掉，又问来时有什么呢，说有胞衣，于是用布囊包装安葬。[④]

杨王孙将盗墓现象的出现作为他主张薄葬的一个理由。盗墓，可以说是厚葬的伴生物。盗墓之风，历久相沿。北宋宰相晏殊生前“奉养清俭”[⑤]，死后薄葬于阳翟（今河南禹州）。这里另有张侍郎坟墓，盗墓人在张侍郎墓穴内获得许多宝物，而晏殊墓中只有木胎金裹带一件值钱，气得发疯，将墓主尸骨砸碎泄愤。[⑥] 可见盗墓成风，源于厚葬。盗墓有其技术，如发明“洛阳铲”，且为科学考古所借用。

四、停丧不葬与风水观念

厚葬不仅引发有识之士倡导薄葬，而且是停丧不葬的导因之一。停丧不葬是将亡者装进棺材置于家中，或寄存于寺庙及其他公共场所，或者浮葬于野外（浮葬、权厝），以备将来正式下葬。停丧不葬至迟在隋唐时代兴起，所以唐初吕才说“近代以来，加之阴阳葬法，或选年月便利，或量墓田远近”[⑦]，遂迁延不葬。到宋代此风甚盛，引起司马光的强烈反对。他说其中的情形是：“终丧除服，或十年，或二十年，或终身，或累世，犹不葬，至为水火所漂焚，他人所投弃，失亡尸柩不知所之。”[⑧] 真是事与愿违，欲孝反而不孝。停丧不葬，延续到明清时期，仍然是丧葬中的一种风气。

停丧不葬的原因，同上古相传的卜葬有关。隋唐时期人们安葬选取墓址，

---

① 房玄龄等：《晋书》卷三三《王祥传》，中华书局 1974 年版，第 990 页。
② 李延寿：《南史》卷二一《王微传》，中华书局 1975 年版，第 579 页。
③ 刘昫等：《旧唐书》卷九六《姚崇传》，中华书局 1975 年版，第 3027 页。
④ 庄绰：《鸡肋编》，中华书局 1983 年版，第 11 页。
⑤ 脱脱等：《宋史》卷三一一《晏殊传》，中华书局 1977 年版，第 10197 页。
⑥ 梁绍壬：《两般秋雨盦随笔》，上海古籍出版社 1982 年版，第 24 页。
⑦ 刘昫等：《旧唐书》卷七九《吕才传》，中华书局 1975 年版，第 2723 页。
⑧ 司马光：《家范》，上海古籍出版社 1992 年版，第 31 页。

照例请阴阳家，这些术者制造出死者墓穴决定生者富贵年寿的理论，所谓“富贵官品，皆由安葬所致；年命延促，亦曰坟垅所招”[①]。司马光指出：“世俗信术者妄言，以为葬不择地及岁月日时，则子孙不利，祸殃总至。”[②] 因为需要选择墓地和下葬时间，不得不停丧不葬。中古以前人们也要选取葬地和时间，那时是为亡故者，希望他们在另一个世界生活得好一些。中古以降的阴阳营葬学说，重心移到活人方面，以为人生的祸福，诸如官位、财禄、年寿、子孙是否众多，取决于墓地和安葬时间。为活人着想，更能打动人心，为人们所接受、所笃信，于是乎停丧不葬之风绵延不绝，不能刹止。

五、火葬的局部流行

前面讲的是土葬，只是安葬形式的一种，其实古人的葬法非常多，如天葬、风葬、树葬、水葬、悬棺葬等，即将说明的火葬也是其中一种。

实行火葬形式，由民族、年龄、政治状况诸多因素所决定，如许多少数民族采取火葬法；僧侣实行火葬，特别是高僧焚化，贮存舍利；瘟疫病者死亡，焚烧尸体，避免传染健康者；婴儿伤逝，或行火葬；受政治迫害，被处罚火化，挫骨扬灰；无主尸体，有的由慈善堂火化；等等。这些是被政府允许的，为正常现象，而实际是非法的多，所以政府屡加禁止。火葬的出现、状况与原因，以及社会上的不同见解、政府的态度，下面作简单的说明。

火葬，在第二章第七节介绍海外文献中，已经表明它为外国人观察到，并用文字记录出来。火葬，至晚在五代流行开来，宋太祖建国的第三年建隆三年（962），下令禁止火葬：“近代以来，率多火葬，甚愆典礼，自今宜禁之。”[③] 所谓“率多火葬”，表明火葬现象的某种普遍性，不是个别人的行为。在山西南部，人们对于“至亲之丧，悉皆焚弃”，更不要说对于关系不那么密切的死者。到了南宋初年，愈来愈多的人使用火葬法，因此官员范同说“方今火葬之惨，日益炽盛”[④]。在苏州，民人的火葬常常在寺庙的“化人亭”进行，以致僧人乞求政府拨钱帮助维修，引发县官反对火葬。[⑤] 火葬延续到元代，北京路

---

① 刘昫等：《旧唐书》卷七九《吕才传》，中华书局 1975 年版，第 2725 页。

② 司马光：《家范》，上海古籍出版社 1992 年版，第 31 页。

③ 《续通典》卷八三《礼典》，浙江人民出版社“十通”本，第 1638 页。

④ 脱脱等：《宋史》卷一二五《礼志》，中华书局 1977 年版，第 2919 页。

⑤ 顾炎武撰，黄汝成集释：《日知录集释》卷一五《火葬》，中华书局 2020 年版。

百姓将亡故的父母放在柴薪上焚烧，同知高朝要求制止，礼部讨论，认为四方风俗不一，民族习惯不同，不必强求一致，建议把从军应役、远方客旅及色目人除外，土著汉人一律土葬。[①] 元末浙江人郑文融制定的《郑氏规范》（图 4-4）中有一则家规，劝人“勿用火葬”，若无墓地的人可以安葬在该家族的义冢内，反映当地有人火葬。无独有偶，明太祖也在立国第三年洪武三年（1370）下令，禁止浙江等处民间火葬和水葬，违者重罚，也可见火葬现象的普遍。顾炎武在《日知录·火葬》中说：“火葬之俗盛行于江南，自宋时已有之”[②]。表明一直到明末清初，江南有火葬的现象。他又说浙江永康县有八项弊俗，其中之一是火葬。清代也有一些地方的人实行火葬。顺治五年（1648）公布丧葬则例，官民人等“有愿从旧制焚化者，听之”[③]。所以允许火葬，是遵从满洲旧俗，后来还是禁止火葬。少数民族之外，清代汉人仍有火葬的。清初的广东穷人“或以无地而葬以水火者”[④]。乾隆间，浙江绍兴知府李亨将该府历年

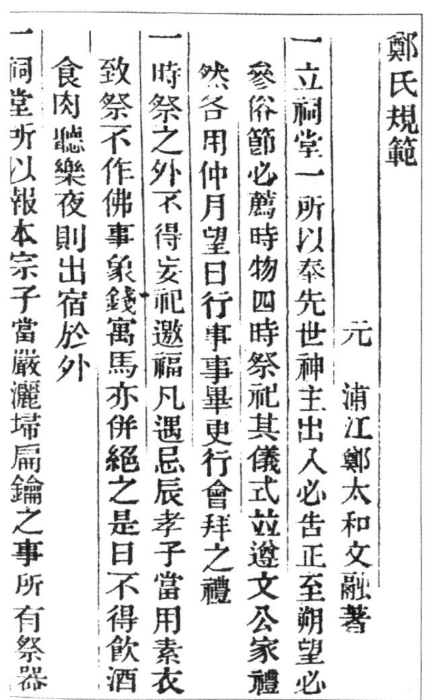
鄭氏規範
元　浦江鄭太和文融著
一立祠堂一所以奉先世神主出入必告正至朔望必
參俗節必薦時物四時祭祀其儀式竝遵文公家禮
然各用仲月望日行事事畢更行會拜之禮
一時祭之外不得妄祀邀福凡遇忌辰孝子當用素衣
致祭不作佛事象錢寓馬亦併絕之是日不得飲酒
食肉聽樂夜則出宿於外
一祠堂所以報本宗子當嚴灑埽扃鑰之事所有祭器

图 4-4　《郑氏规范》书影

① 《续通典》卷八三《礼典》，浙江人民出版社“十通”本，第 1638 页。
② 顾炎武撰，黄汝成集释：《日知录集释》卷一五《火葬》，中华书局 2020 年版，第 550 页。
③ 《清世祖实录》卷三八，五年四月辛未条。
④ 屈大均：《广东新语》卷一九《坟语》，中华书局 1985 年版，第 500 页。

禁止的事项，拣出十件“尤为风俗害者”，勒石严禁，其中有一条是“焚烧尸棺”[①]。显然绍兴府内民间有火葬的风习，才遭到官方屡次禁止。同时期浙江海盐举人吴文晖写作《悯俗》诗，述说当地火葬情形：孝子将棺椁抬到坟地，把棺材劈开，就用作燃料焚化尸体，所谓“椁毁棺开速厝火，赫然焰起如流虹”[②]。嘉道间，嘉兴府桐乡也有火葬的现象，当地人郑敬怀说出“忍心火葬到骨肉”的话[③]。同治间，杭州、嘉兴、湖州有人对已经土葬的亲人发冢开棺，烧化尸体，谓为“明葬”；如果尸身业已腐烂，焚烧棺材，叫作“暗葬”；有的尸体僵化了，就用斧头劈开烧化。火化时请僧道念经，并宴请亲友。[④] 自五代至清朝，汉人中火葬现象不绝，北方、南方都有，而江浙的火葬情况尤其引人注目。

部分民众施行火葬的原因，至少有两条，一个是贫穷，没有安葬钱财，甚或没有坟地；另一个是不让坟地占据耕地，以利农桑生产。第一条是我们从官员的论述中获知，南宋初年户部侍郎荣薿说：“贫下之家，送终之具，唯务从简，是以从来率以火化为便，相习成风，势难遽革。”[⑤] 或如屈大均所说，无地的贫者实行火葬。元朝末年朱元璋的父亲死亡，没有坟地可以下葬，亏得邻里刘氏给了一块土地才草草了却丧事，如若不然，就不得不采取包括火葬在内的其他葬法了。关于第二条，有的官员说出了坟地与耕地相争，人们采取保护耕地的作法而火葬，以减少坟地。南宋范同说：“河东地狭人众，虽至亲之丧，悉皆焚弃。”[⑥] 同治间翰林院侍讲学士钱宝廉说到杭、嘉、湖地区的火葬，是“乡民无知坚持农桑为重，营葬即有碍种桑之见”，故有“火葬之举”。[⑦] 隋唐的河东，明清的江浙，都是文化发达的知礼之区，民间那样火化亲尸，原来是不让坟地占据耕地桑田，为活人的生活，不得不压缩死人坟茔占有的土地资源。

从上面的叙述中可知，宋、明等朝政府禁止火葬，是因为它违犯孝道。政府有保护民人尸体的律条，凡是犯了焚烧、肢解尸体及弃尸水中罪的，各以斗

---

① 乾隆《绍兴府志》卷一八《风俗》。
② 张应昌辑：《清诗铎》卷二三《丧葬》，中华书局 1960 年版，第 845 页。
③ 张应昌辑：《清诗铎》卷二三《丧葬》，中华书局 1960 年版，第 851 页。
④ 《禁火葬录》，杭州同善斋善春坊光绪丙戌刻本。
⑤ 脱脱等：《宋史》卷一二五《礼志》，中华书局 1977 年版，第 2919 页。
⑥ 脱脱等：《宋史》卷一二五《礼志》，中华书局 1977 年版，第 2919 页。
⑦ 《禁火葬录》。

杀罪减一等治罪，若系缌麻以上尊长，则不减等论罪。如若因熏野兽而焚烧到人家坟墓，徒刑二年，烧及尸体，则徒三年；若子孙误烧的，处绞刑。[1] 火葬没有按毁坏尸体罪论处，就是考虑到穷人没有能力土葬的因素。政府为了帮助贫穷者土葬，设立漏泽园，有的地方人士和家族也设置义冢，但义地有限，并不能满足穷人的需要。同时子孙葬祖先于义冢或他人坟地，心理上也不能承受，还不如火葬。

自五代以来，火葬在汉人中也有千年以上的历史，时间不可谓不久，应该说是一种古老的传统了。不过它不是在全国普遍实行的，时间上又时断时续，受政府和社会上层人士反对，所以不是一种被社会普遍认可的方式，故而难于推广。

六、丧葬史小结

本节开篇说及古人丧葬的特点，这里再事道及。

厚葬是一种恶劣风俗。厚葬将人间有用的资财埋于地下，有的化为灰烬，有的腐朽而失去它的实用价值，有的是特为埋葬制作的，即明器，这种生产浪费了人力物力，却毫无实用价值。此类做法糟蹋社会财富，不利于生人的生活，不利于社会财富的积累和再生产。因此厚葬作为一种社会风尚，是弊俗。

丧葬表现出古代社会的等级制和人们的等级观念。坟墓从地下到地面的规制，令人一望而知死者及其家庭的社会身份地位；丧葬吊唁、出殡、路祭，同样显示死者和生者的社会地位；至于墓内的人殉，更是身份标志。古代社会的等级制在丧葬中也鲜明地体现出来。

丧葬是一种社交手段。丧葬不仅是死者家庭的大事，也是全家族和亲友的事情，同时是邻里看热闹的事。丧家以此识别、联络亲友，而亲友，甚至是不相干的人（所谓“杂吊之宾”）也会利用丧事活动，以图达到既定目的。人们生活中任何事情都有社会性，都要同他人发生关系，节日生活、饮食、婚姻、生育，莫不如此，丧葬从这种意义上说，同样是一种社交生活和交际手段。

第四节 古人端午节生活——兼述古人公共卫生意识

人们的社会生活有着多种类型，节庆生活是其中的一种，是有趣的快乐的

① 长孙无忌：《唐律疏议》卷一八，商务印书馆《丛书集成初编》本，第414页。

时刻，也往往伴有苦恼。比如人们将过年视作“年关”，相当多的人年前发愁，挣扎着过年，但是又对来年寄托着希望，到年三十晚上，就图吉利欢乐起来。

本节不对节庆生活作全面的考察，在极其概括地综述之后，介绍端午节的生活，以见节庆生活的一般情形。端午节生活的内容蕴涵辟邪防疫的诸多内容，故而兼论古人的公共卫生意识。

前文曾提过，南朝宗懔在《荆楚岁时记》中，以亲身的体验，记录荆楚地区岁时节令、节日的农事活动和人们的生活。元旦，人们鸡鸣起床，在院子燃烧竹筒，噼里啪啦作响，以为能驱除恶鬼。由此可知燃放爆竹是后来的事情。当天人们衣着整洁，卑幼向尊长拜年，进奉椒柏酒，祝福长寿，喝桃树枝叶烧的汤水，也以为能够驱鬼。阴历五月中旬的夏至日，人们吃粽子。同日，烧菊花为灰，以防止麦子生虫。在三伏天家家吃面馄，以为可以辟除邪恶。八月十四日，大人将朱水点在小孩的额头上，叫做“天灸”，相信可以克服疾病。腊八日农人击打腰鼓，戴上假面具，装扮成金刚力士以驱除疫鬼。

郑樵在《通志》并中设有《昆虫草木略》，他说有的学者崇尚虚无玄理，而自身注重民生的实学，故而讲求昆虫草木的学问，分类介绍各种动植物的名称、形状，间或说其功用，如讲到石榴，“其甜者，又名‘天浆’，入药，多用酸榴”①。石榴花在宋代也出现在端午节活动中。

一、生活类型及节庆生活

（一）四种生活类型

人们的生活状况，以其形式和内容来看，可以区分为四种类型：

平常的生活，或者说是常态生活。

灾难性生活。系波及民间的政治变乱、战争、天灾、瘟疫流行所造成，令人无法正常生活，人们恐慌，甚至逃亡、逃荒；或者发生家难，与本家或与他人打官司，家庭遭遇火灾等，以及家庭主要成员（家庭经济收入和社会地位的主要创造者）的死亡。

节日生活。这是民族的共同生活，有着多种类别。有政治性的，如宋代以来一年中的所谓三大节，即元旦、冬至和万寿（圣诞——皇帝生日）节。皇帝过生日，臣民要庆祝；元旦是岁首，庆贺礼形成于汉高祖时，奉正朔的臣民理

① 郑樵：《通志》卷七五《昆虫草木略》，中华书局1987年影印本，第879页。

应欢庆，也确实成为普天同庆的大节日；冬至日，白天开始变长，阳气上升，阳气表示皇家之气，所以也作为大节日。节日以民俗性的为多，如元宵节、中秋节、重阳节；有时令性、农事性的，如二月二龙抬头节（接女儿），仓王节，立春的耕社田、鞭打土牛；还有神话性的，如七巧节；有宗教性的，如四月初八佛家的浴佛节，七月十五道家的中元节；有纪念性的，如清明节、寒食节。

人生喜庆生活。个人、家庭生活中的喜庆日，如生日、冠礼、笄礼、结婚、生育、科举中式、官员升迁、家庭纪念日等。

节日生活与灾难性生活堪称人生的两极，欢乐生活增添人们的生活情趣，还说过年，古谚："老子回头，不觉重添一岁；孩童拍手，喜得又遇新年。"新年人人快乐，重温这一谚语，亦是"愉然一快"①。对这两方面生活都不宜忽视，还需要加强研究，予以揭示。

（二）节日生活的形成与特性

节日起源具有多样性。节日初起于神秘的原始崇拜与禁忌、动物图腾、天神崇拜、祖先崇拜，以及与人类对自然界、生产劳动和人类社会的某种认识的结合，后来是政治因素、英雄崇拜、生产活动在起作用。要之，节日由多种原因形成，前述节日类型已经有所表明。稍微具体地说，因有祖先崇拜，出现清明节、冬至节的祭祀祖先；对神鬼的不能理解，形成祭祀节日，如过小年的祭灶神，将灶王爷视为深知家庭隐秘的神灵，祭灶日向天帝报告家庭情况，所以以祭祀的仪式祈求他"上天言好事，下界保平安"；利用节日表达丰收过好日子的愿望，形成与节气有关的节日，如立春后第五个戊日的春社、立秋后第五个戊日的秋社，于是有春祈（祈求风调雨顺）、秋报（秋赛，庆祝有秋）；节日在形成过程中也受政治因素的影响，如因"独尊儒术"而有纪念孔子的先师节。新的节日还会随着社会生活的变化、发展而产生；新的神灵也会出现，并非都是上古文明不发达时代的事情。

节日具有传承性与缓慢变化性。节日由文化积淀而成，自然不易改变，故传承性强。特定的节日形成之后，节日内容、仪式等特征就稳定下来，但会出现某些细节的变化，以与时代合拍。地方性的节日发展为全国性的，内容必然有了包容性，如端午节的南北方内容的结合。

节日富有时代特色。节日变得欢快，内容丰富多彩，是在唐代开始盛行

---

① 张瀚：《松窗梦语》卷七《时序纪》，中华书局 1985 年版，第 135 页。

的，节日中的神话世界，不再狰狞恐怖，而是滑稽、浪漫；节日及其消费，随着时代的变迁而有所变化，有的节日渐渐被人淡化了或同其他节日合并，如寒食节，而元宵节在宋代极其热闹。

节日同政府、政治多少总有关联，或兴于政治，或受政治的移风易俗的影响。节日受传统的伦理观、道德观的某种制约，特别讲究礼仪、形式。

二、端午节的活动内容

关于端午节，早期比较完整的记载，见于南朝宗懔的《荆楚岁时记》。他写道：

> 荆楚人并蹋百草。又有斗百草之戏。采艾为人形，悬门户上，以禳毒气。按宗则字文度，常以五月五日鸡未明时采艾。见似人处，揽而取之，用灸有验。师旷占曰："岁多病，则艾草先生"是也。

又写道：

> 是日，竞渡，竞采杂药。
>
> 按五月五日竞渡，俗为屈原投汨罗日，人伤其死，故并命舟楫以拯之，至今竞渡是其遗俗。舸舟取其轻利，谓之飞凫，一自以为水军，一自以为水马。州将及士人悉临水而观之。……是日竞采杂药。《夏小正》曰："此月蓄药，以蠲除毒气"。
>
> 以五彩丝系臂，名曰辟兵，令人不病瘟。又有条达等织组杂物，以相赠遗。……
>
> 按《孝经援神契》曰："仲夏茧始出。妇人染练，咸有作务。"日月、星辰、鸟兽之状，文绣、金镂，贡献所尊。一名长命缕，一名续命缕，一名辟兵缯，一名五色丝，一名朱索，名拟甚多。青、赤、白、黑以为四方，黄为中央，襞方缀于胸前，以示妇人蚕功也。[①]

宗懔将端午节节日活动、风尚都讲到了，笔者参考其他文献记载，分项说明古人端午节的活动内容。

---

① 宗懔撰、杜公瞻注：《荆楚岁时记》，中华书局2018年版，第44—45、47—48、49—50页。

装点艾人和菖蒲。南齐人宗测，从荆州移居庐山，寻山采药，吃松术度日。[①] 他在端午日鸡还没有报晓的时候进山，采摘像人形的艾，制成艾绒，用以治病，很有疗效。大约自他开始，荆楚地方的人习惯在端午日采艾，编织成人形，悬挂在家门口祈祷消除毒害。艾，于是成为端午节“五瑞”之一，历代相沿。北宋汴梁人“钉艾人于门上，士庶递相宴赏”[②]。到南宋，五月初一至初五日，临安城内外家家插菖蒲、石榴花、蜀葵花之类，宫中用菖蒲做成张天师御虎的形象，四周围上五色染的菖蒲，张挂起来。[③] 可能自宋代开始菖蒲与艾并用，以后历代相沿，如明朝宫中门两侧安放菖蒲、艾盆，门上悬挂吊屏，上面画的是张天师或仙子、仙女仗剑降五毒的故事。[④] 形式比民间的复杂，不过内容是一致的。到清代，人们使用菖蒲、艾制成蒲龙、艾虎，插在门上，窗户贴上吉祥葫芦红色剪纸。[⑤] 端午节，人们使用艾和菖蒲，或编织成各种图像悬挂门上，或置于门侧，作为过节的标志。

采药用药。端午节采摘的艾、菖蒲，本身就有药用价值，此外人们还采取“杂药”，即各种草药，对此《荆楚岁时记》已经谈到，后世一复如此。南宋时期，如《梦粱录》所说：“此日，采百草或修制药品，以为辟瘟疾等用，藏之果有灵验。”[⑥] 后世人们采药，卖给药铺，为此觅蛤蟆、蜈蚣、蛇头，药店刺取蛤蟆沫，谓为“蟾酥”，合药，用于小儿出痘。自采草药，到明清时期在大城市发展为药铺施药，在端午日，居民到药店索取应节的消毒药品，如雄黄、芷术，酒肆则舍施酒糟。有的医家给老主顾送雄黄、衣香。大约是城市居住的人采药不方便，故有这种变相的采药（送药）形式。采药是为应用，节日当下使用，并为储存待用。这天将菖蒲、艾叶晒干，存贮，以备生子用以沐浴，也用作洗冻疮。[⑦] 至迟不晚于唐代，中午人们将菖蒲切成末泡酒喝，后来喝朱砂酒，以后就喝菖蒲、雄黄泡的“雄黄酒”，让小儿也尝一口，并将酒涂画在他的脸上，呈王字形，同时涂在手心、足心，还把雄黄酒洒在墙壁、床上，以求辟毒辟邪和逐杀毒虫。故孙曼云咏诗：“细切蒲菹劝举觞，不须九节认灵菖。娇儿

① 萧子显：《南齐书》卷五四《宗测传》，中华书局 1972 年版，第 941 页。
② 孟元老撰、伊永文笺注：《东京梦华录笺注》卷八《端午》，中华书局 2007 年版，第 754 页。
③ 吴自牧：《梦粱录》卷三《五月》，浙江人民出版社 1980 年版，第 22 页。
④ 刘若愚：《明宫史·火集·五月》，北京古籍出版社 1980 年版，第 86 页。
⑤ 潘荣陛：《帝京岁时纪胜·五月·端阳》，北京出版社 1961 年版，第 19 页。
⑥ 吴自牧：《梦粱录》卷三《五月》，浙江人民出版社 1980 年版，第 22 页。
⑦ 潘荣陛：《帝京岁时纪胜·五月·端阳》，北京出版社 1961 年版，第 19 页。

怯试烧春味，一抹妆成半额黄。”①

佩戴饰物。南北朝时期荆楚民众于端午节在手臂系上名曰“辟兵”的五彩丝带，胸前佩戴绣有日月星辰鸟兽形状的丝穗，并有吉祥的名称，叫作“长命缕”“续命缕”。用端午节的标志物艾做成百索，也是一种常见的佩戴物，北宋叫百索艾花。② 宋代人们将“百索”戴在儿童头上。有的线绳做成彩色，有的还打成珠结。明朝人是妇女戴艾花③，清代女子戴艾叶、石榴花，称为“端午景”。人们特地精工绣制小荷包，内装雄黄，称作“雄黄荷包”，还有“硃雄葫芦”，小儿佩戴在身上。人们还将菖蒲削成剑形，把蓬编出鞭形，与桃梗、蒜头一起，挂在床门上，以为可以却鬼。④

踏青斗草。南朝人端午期间踏青斗草，应是同采艾、采草药相一致的，不过后世踏青、斗草各成为单独的活动。踏青演变为城市达官贵人和文士的交游，如北京士人相约到天坛松林、高梁桥柳林、德胜门内水关、安定门满井等地，带着酒果，作竟日之游，女子亦有前往的。南京的文人到雨花台游憩。端午之后，天气炎热，一般人就不到太阳底下活动了。斗百草主要是儿童的娱乐，清代宫廷画家金廷标的《群婴斗草图》，描绘一群男孩在野外斗草嬉戏，有的拔草，有的身边放着草篮，面对面用力拉草斗胜负，有的旁观助兴。乾隆帝为此画题诗，有“赤子之心爱生意”句。画和诗反映清代儿童斗草的快活游戏，并引起成年人的兴趣。⑤ 踏青的传统，21 世纪初偶或有人进行，湖南平江出现私塾，传授传统时代的蒙学知识，举行踏青活动，并采择草药，见景生情，练习写作对联、诗词。一个学生作《约友登高》诗：“约君登太乙，愿望各山川。随带茱萸草，家人会避灾。”⑥ 茱萸可作药用，并有用以避灾的传说故事。平江青年的踏青采药活动，是端午节和踏青习俗的传承，此事又发生在古代的荆楚地区，更可知节日传承的不可忽视。

吃食粽子。纪念屈原，往江水投送食物，开始是将黍米装在竹筒里送入水中，后来用粽子。粽子，开始并不是端午节的食品，原来人们在端午日后的夏

---

① 顾禄：《清嘉录》卷五《五月》，中华书局 2008 年版，第 116 页。

② 孟元老撰、伊永文笺注：《东京梦华录笺注》卷八《端午》，中华书局 2007 年版，第 754 页。

③ 沈榜：《宛署杂记》卷一七《民风》北京古籍出版社 1980 年版，第 191 页。

④ 顾禄：《清嘉录》卷五《五月》，中华书局 2008 年版，第 118 页；潘荣陛：《帝京岁时纪胜·五月·端阳》，北京出版社 1961 年版，第 19 页。

⑤ 金廷标：《〈群婴斗草图〉与古代斗草风俗》，《文史知识》1986 年第 12 期。

⑥ 周至刚：《私塾最后的之乎者也》，《南方周末》2004 年 2 月 19 日。

至日食用，后来提前到端午，成为节日专用食品。在南宋，粽子成为必备的食物，装饰堆砌成楼阁、亭子、车辆、舟船各种形状，宴会客人也有粽子应时。[①]粽子终于同龙舟竞渡成为端午节的标志，而且它比竞渡还要普及，因为这是容易做到的，不像竞渡要在有水的地方才能实现。

龙舟竞渡。为了拯救投水的屈原，要利用舟船，为尽快到达目的地，就要将舟划得飞快，为此举行比赛，以刺激速度的提高，于是乎有了龙舟竞渡活动。南朝时有名曰“水军”和“水马”船只的竞赛，引得地方官员和士人、庶民到水边观看，成为隆重的节目和节日的重大标志。在明代，竞渡搞得最热闹的地方是南京，其次是福建，在大江大河中竞技，龙舟大的可乘 20 人，小的 10 人，击鼓划船，一会儿驶出几里远，真是往来如飞，以先到达者为胜。杭州人在西湖竞渡，然而不及江河流水那样划行得快。[②] 在清代苏州，龙舟配有 16 名划手，一名舵手，竞赛时，观众投物于河，看水手下河争取以为乐，得物多者受上赏。有人作《划龙船》记其盛况和奢华：“汨罗已死三千年，招魂野祭端阳前。苏州龙船夸绝胜，百万金钱水中迸。冶坊浜口斟酌桥，楼头水面争妖娆。小龙船划疾如驶，大龙船划乱红紫。胜会争夸十日游，青簾画舫结灯球。四更隄外笙歌散，博得人称假虎丘。”[③] 清朝皇帝于端午节泛舟中南海，宴赏王公和内廷词臣。[④]

赠送节日礼品。南北朝人们过端午节，互赠丝织佩戴物，历久相沿，成为上自皇家，下至庶民的习俗。贞观十八年（644）五月初四，唐太宗用飞白体书写“鸾凤蟠龙”等字，写好后对司徒长孙无忌、吏部尚书杨师道等说，明天是端午节，风俗是用衣服玩物互相祝贺，朕今天送你们飞白扇两柄，扇风纳凉。[⑤] 这是帝王以风雅之物作为赏赐大臣的节日礼物。宋朝皇帝赐给后妃、大太监、近侍翠叶、五色葵榴、金丝翠扇、珍珠百索、钗符、金筒、香囊等物，赏赐大臣贵族细葛、香罗、蒲丝、艾朵、彩团、巧粽。[⑥] 御书葵、榴画的扇面以及艾虎、纱匹缎，分赐学士、宰相和亲王。寺观也向施主致送礼品，就是那

---

① 《西湖老人繁胜录》卷三，中国商业出版社 1982 年版，第 10 页。
② 张瀚：《松窗梦语》卷七《时序纪》，中华书局 1985 年版，第 137 页。
③ 顾禄：《清嘉录》卷五《五月》，中华书局 2008 年版，第 122 页。
④ 吴振棫：《养吉斋丛录》卷一四，中华书局 2005 年版，第 187 页。
⑤ 王钦若：《册府元龟》卷四三《帝王部・多能》，凤凰出版社 2006 年版，第 470 页。
⑥ 周密：《武林旧事》卷三《端午》，山东友谊出版社 2001 年版，第 51 页。

些经筒、符袋，给人佩戴，图个辟毒禳灾的心理安慰。[①] 人们之间馈送礼品，模仿皇家，只是质量、数量赶不上。端午家中设宴，或到酒楼宴请亲友，百工停业，“群入酒肆哄饮，名曰‘白赏节’”[②]。

三、端午节的起源与卫生预防

关于端午节的起源，《荆楚岁时记》说是为纪念屈原，此书记叙两湖风俗，反映此间民众缅怀屈原的情愫是颇为自然的，不过这只是节日产生的一种说法。《荆楚岁时记》就保存异说，故云：“邯郸淳《曹娥碑》云：‘五月五日，时迎伍君。逆涛而上，为水所淹。’斯又东吴之俗，事在子胥，不关屈平也。《越地传》云起于越王勾践，不可详矣。”[③] 可知南北朝时期人们对于端午节的产生缘起已说不清楚，而是诸说并存。纪念伍子胥之说，出于东汉会稽人赵晔著的《吴越春秋》，认为是越王勾践怜悯伍子胥的忠君而作的纪念。究竟是为屈原，还是为伍子胥，清人顾禄在《清嘉录》中认为二说可以并存，故在介绍《荆楚岁时记》与《吴越春秋》不同记载后说，“荆楚自为灵均，吴越自为子胥耳!”[④] 今人还有几种说法，如闻一多的吴越民族龙图腾的纪念节日说[⑤]、恶日说、源于夏至说等。诸种说法难定一尊，如果能有一致意见当然很好，不然的话，也不必勉强，其实各说皆有其合理性，并有共同性，就是五月是“恶月”，需要讲求卫生，注意疾病的预防。

在古代，五月被称作“恶月”“毒月”“修善月”，《荆楚岁时记》云：“五月，俗称恶月，多禁。忌曝床荐席，及忌盖屋。”[⑥] 恶月之说不始于南北朝，早在战国时期人们就认为五月初五日生育不吉利，若生男则克父，生女则克母，表明人们厌恶和惧怕五月。我国一年四季分明，而酷暑、寒冬界限较之春秋两季更明显。农历五月进入大热季节，烈日带给人体的毒害非常严重，而毒虫经过春天的滋生，到这时壮大了，对人的危害也严重起来。因此人们将五月视为恶月是有道理的，只是说不清楚，道不明白，但认定它是“恶月”，怕有触犯，遂多有忌讳，慢慢形成若干禁忌。端午节的生活与此不无关涉。

---

① 吴自牧：《梦粱录》卷三《五月》，浙江人民出版社 1980 年版，第 22 页。
② 顾禄：《清嘉录》卷五《五月》，中华书局 2008 年版，第 114 页。
③ 宗懔撰、杜公瞻注：《荆楚岁时记》，中华书局 2018 年版，第 47—48 页。
④ 顾禄：《清嘉录》卷五《五月》，中华书局 2008 年版，第 122 页。
⑤ 闻一多：《神话与诗·端午考》，华东师范大学出版社 1997 年版，147 页。
⑥ 宗懔撰、杜公瞻注：《荆楚岁时记》，中华书局 2018 年版，第 43 页。

端午的生活内容，今人就是吃粽子，极其简单化了。古人的活动，如同前面所述，是采药制药，吃带有药性的食品，佩戴带有药性的物品，装饰带有药性的植物于门户，抛洒带有药性的液体于起居室，此外是吃粽子、划龙舟、与亲友互赠节日礼品。从事这类活动可能出于以下目的：采药储存起来，以备一年的应用；装饰菖蒲艾叶和抛洒药水，以驱毒消毒；饮用雄黄酒，杀菌免疫。整个来讲是进行卫生防疫，是预防性的卫生活动。要说这一天的活动能起那么大的作用，当然是不可能的，不过它以节日的形式提醒人们，应该注意环境卫生和家庭、个人的卫生，避免疾病，特别是避免疾病的流行和传染。古代社会的公共卫生，政府基本上是不管的，也没有这笔经费，就是要做一点事，也是向民间摊派，交由民间去做。倒是民间自发进行和维持某些公益事业，但是民间做事，难得有约束力，难得人心齐一。因此需要形成某种共识，众人就好齐心合力去实行，于是以某种神灵鬼怪、某个自然物、某个英雄人物的名义来进行，就有号召力，就可以将事情办好。环境卫生、个人卫生和预防疾病，在五月应该特别关注，有了端午节，就等于众人有了共识，约定这时大家一齐动手，清扫自家门户，讲究家庭卫生，无形中成了社会公约。节日就起这样的作用。总之，从消除病菌、预防疾病的角度看，端午节的产生及历久不衰，就有它的必然性。它是适应人们防疫健康需要而产生并流传的，不过产生之际或之后，人们打出纪念屈原或伍子胥的旗号以便遵行。由此笔者认为端午节的生活是古人医药知识和生理卫生知识提高的表现，它的出现和流传是一件好事。

民族的传统节日是民族文化的一种内涵，无疑需要重视和传承。端午节流行的食品、饰物、用物、玩物，至晚从南北朝到清代一脉相传，虽然有某种时代的变异，但总的方面并没有改变，表明它的传承性。这样传统节日形成一个民族文化的特点，是民族文化的载体，也是一个民族文化的标志。有了春节、端午节、中秋节、清明节、重阳节等节日，中华民族才成其为中华民族，所以对传统的民族节日需要传承，不可轻易废弃。

端午节与社会公共卫生事业、人体健康相联系，这种事实，令人联想到节日生活同科学、文化的关联，节日本身就贯注这种内容，如果再引发众人的关注，不就使节日既丰富人们的生活，又能提高人们的文化素质和生活技能吗？笔者特别留意端午节防疫、避疫的内涵，用艾叶、菖蒲为居室装饰物，艾、雄黄为身体佩戴物，饮食雄黄酒，不就是辟邪防疫吗？这就充分表明古人在生活经验积累中懂得防疫的重要，懂得哪些植物、矿物具有驱邪药用价值，这是保持个人、家庭卫生、身体健康必须运用的。个人、家庭讲究卫生很重要，很必要；只有所有人都讲求卫生，才能避免传染病的流行，个人也才可能保持身体健康；必须大家都来讲卫生，可是百姓之间谁也不能对谁发号施令，只有对公共卫生事业取得共识，大家自觉去做，比如通过端午节节日生活，就能号召众人共同来讲求疫病防预。所以笔者认为，端午节除了是先贤（屈原、伍子胥）的纪念日，还是个人公共卫生防疫日，是个人具有公共卫生意识的鲜明表现。我们对个人的这种意识应该尊重，应该发扬——加强公共卫生意识，努力做好公共卫生事业，力求避免瘟疫的发生和流行。

第五节　顺康雍乾时期天主教徒的宗教生活

第三章讲到唐代景教、元代也里可温教、明清之际天主教在中国的传播与中国信众，在康熙朝中西文化交流黄金时期天主教徒的生活是怎样的呢，雍乾禁教中他们又是怎样情形呢？本节从江南教徒宗教生活和禁教中教徒坚持活动回答这两个问题。

一、清代前期江南天主教徒的宗教活动与生活

清代前期江南是天主教兴盛教区，当代比利时汉学家高华士在《清初耶稣会士鲁日满常熟账本及灵修笔记研究》中说顺治康熙之际，“上海传教区，它是整个江南省也许是整个中国最为繁华的传教区之一”①。天主教圣事有七项内容，即洗礼、坚振、感恩（领圣体）、忏悔、病人傅油、圣秩和婚姻，验之清代前期江南天主教徒的宗教活动，或者可以认为，天主教堂和信众俱多，教徒的宗教生活是较为稳定、规范、丰富的，文士的加入对教会的发展起了不小的作用。

这里所说的“江南”，不是指清初一度存在的包括现在江苏、安徽两个省份的江南省，仅指苏州、松江、常州、镇江、江宁五府和太仓州，传教中心在松江府上海县、苏州府常熟县，常熟在雍正年间分为常熟、昭文二县，乾隆十

① ［比利时］高华士：《清初耶稣会士鲁日满常熟账本及灵修笔记研究》，赵殿红译，大象出版社 2007 年版，第 23 页。

二年（1747）昭文发生大教案。本节所述时间，为顺治、康熙、雍正、乾隆前期，说是清代前期，是大体而言，并非清代史分期的严谨概念。所依据的史料和参考文献，主要有三种，即前述高华士著《清初耶稣会士鲁日满常熟账本及灵修笔记研究》；中国第一历史档案馆编《清中前期西洋天主教在华活动档案史料》（中华书局2003年，下引该书资料，简单注作“档案史料”及页码）；吴旻、韩琦编校《欧洲所藏雍正乾隆朝天主教文献汇编》（上海人民出版社2008年下引该书资料，简单注作“文献汇编”及页码）。而最主要的是第一部书。为避免注释的雷同与繁琐，据这三部书所写史实，多有不作注释之处。

（一）教堂和信众俱多

江南各地多有天主教徒活动中心及教会存在标志的教堂，在不同时期教堂数量不等，康熙间上海有教堂94座。松江城内先有耶稣会院，城外有圣母堂，不久教堂增至27座。常熟有耶稣会会院、城里有两所教堂，附近村庄有14个教堂、21个传教点。太仓有两座教堂。崇明、镇江、无锡、金匮均有教堂，南京旱西门内有一座天主堂。教堂有专门建设的，也有民间住宅改建的，有的包含传教士宿室。

比较像样的教堂，教堂入口处会安放盛放圣水的铜制圣水池，大堂内主要设有祭台，它的前面有牌匾和帷幕，后面有木架安放圣人画像。祭台上放置铜烛台、焚香炉、西式香炉，装饰香炉的铜练，是西方的风格。还有讲台，安放正厅两边，装饰华美，适合中国人审美，供传道和主持使用。乡村小教堂，门口上方有题字，有帷幕的祭台和圣像。教堂备有一些福音书，另备每年的中国教会礼仪年历，即瞻礼单，开列教会节日，作为传教士组织活动和教徒宗教生活依据。

江南有众多信众，在上海，17世纪四五十年代之际，有教徒2万人，17世纪六七十年代由4万人增加到6万人，17世纪80年代达到7万人。康熙二年（1663）常熟有教徒1万人，在该县总人口中，大约40人中有一个教徒。同年松江城内有两千教徒。康熙八年（1669）太仓有教友三千人。[①] 卫匡国曾说常熟教友人数日增，教会势力逐渐壮大，“那些假神的雕像被丢弃”[②]。表明信教

① ［比利时］高华士：《清初耶稣会士鲁日满常熟账本及灵修笔记研究》，赵殿红译，大象出版社2007年版，第172、260页。

② ［比利时］高华士：《清初耶稣会士鲁日满常熟账本及灵修笔记研究》，赵殿红译，大象出版社2007年版，第156页。

者抛弃原来信仰，进入天主教堂。教徒的多寡，同清朝政策相关，允许传教时发展较多，厉行禁教时一些教徒停止宗教活动，有潜匿、潜入传教士布道时，一些信徒再度开展活动。

（二）教徒宗教生活一斑

江南天主教信徒的宗教生活的一般情形，从入教开始，依据教规从事主日与瞻礼活动，过社团生活，以及教会的特殊活动。在教堂行为之外，另有家庭的礼拜。

入教。新教徒进入教门，必有洗礼仪式，选取教名。受洗之前，需要明了注意事项及如何祈祷。受洗的日子，多选择在天主教圣人的纪念日，神父向成年人施洗，洒圣水，抹圣油，在女性洗礼时，神父为避免双方之间的肢体接触，用金属笔涂抹圣油。圣水、圣油意在使信徒灵魂洁净，坚信教义，如同乾隆前期传教士张若瑟等人所说："从教的人用油涂额，取清浮向上的意思；用盐涂口，要他会宣讲天主教；用水洒头，要取清净。祭天主要用酒、面，那油、酒都是西洋带来，盐、面是随处买的。"① 圣油和酒是从西洋带进来的，显示郑重，不滥收教徒。受洗同时，选取圣名（教名、法名），名字选择有多种因素：其一，洗礼之日、出生之日为某个"天使"的纪念日，即用其名字，这是流行做法，如徐光启孙女徐甘第大出生之日恰是"圣女"甘第大纪念日，就以她为名，表示敬意；其二，崇敬某位圣人而取其名字，如常熟人许嘉禄康熙十四年（1675）去世前受洗，取教名 Carolus，意欲仿效西方 Carolus"圣人"的美德。② 其三，传道员根据传教士设定的年历，提供的"标准化"名单作为选择依据，往往同某地、某个时间流行的"圣人"名字有关。

信徒教内社团活动。信徒在传教士组织下，参加各有社会功能的多种类型的社团组织。康熙三年（1664），上海有 140 个组织，常熟有 14 个，其中 3 个奉献耶稣基督，9 个奉献给圣母，2 个奉献给（守护）天使。"耶稣苦会"，即耶稣基督受难会，常熟有 3 个，拥有 150 名成员，星期五聚集教堂举行鞭笞礼仪，揭开耶稣受难像的屏障，在像前祈祷，唱祷文。"守护天神会"（天神会），主要是对儿童进行信仰教育。"青年会"，比天神会高一级，顾名思义，是青年信徒受教育的组织，成员经过培训可以成为讲道员。"圣伊纳爵会"，系文人社

① "档案史料"，第 229 页。

② ［比利时］高华士：《清初耶稣会士鲁日满常熟账本及灵修笔记研究》，赵殿红译，大象出版社 2007 年版，第 315 页。

团，参加的有十数人，固定时间举行弥撒，讨论抽签选出的某一教义议题，交流所学的心得，他们还在教堂宣讲教义，编辑宗教作品。“圣母会”（天主圣母会），讲述圣母历史事迹，目的是督促慈善事业的进行，在精神上、物质上对教友给予眷顾，分发救济品，埋葬穷人尸体，抚慰贫苦人。[①] 另外还有辅祭童，平时在传教士住处帮忙，男性青少年充当。各种善会皆备有器具，聚会时茶点招待会员。有的另有奖励，给予宗教物品，如念珠、圣像、十字架苦像、圣牌。青年、儿童、文人、妇女参加这些社团活动，适合信徒因年龄、性别、文化程度差别的不同需求，从而使宗教生活各得所需而有乐趣。

主日活动。全体信徒的活动有主日、教会节庆日活动等。节庆日有圣诞节、复活节、各位圣人的纪念日、圣灰日、耶稣升天节、圣神降临节、圣母纯化日等。在庆典之前，一些信徒要作告解。节庆日由传教士主持，他因故不能出席，则委托两三个信教文士负起传道责任，在庆典之前，必须做一个月的精心准备。信徒参加典礼，应遵守教会的有关规范和要求，如希望在主要节日领圣体（发给面做成的圣饼）的教友，领圣体仪式前，必须做告解，甚至公开告解，刚抽过烟的人不得进行。女教友一年必须 5 次去教堂，传教士甚至为鼓励她们出席发给轿钱。庆典中信众不仅是身到，还要心到，集体咏诵“基督教的主要德行”，即在弥撒结束前，教友共同咏诵“信、望、爱天主、痛悔和坚忍”，每咏诵一种德行鞠躬一次。[②] 圣母诞辰庆日，在教堂庆祝，常熟 12 名儿童唱诗班在讲台上向信众诵唱圣母德叙祷文。

江南教徒的宗教生活，关涉死亡和遗体安葬。虔诚的教徒死后安葬天主教公墓，按天主教规举行仪式，拒绝采取中国人传统的佛教或道教方式。康熙元年（1662）一位教徒下葬天主教墓区。康熙十四年（1675），鲁日满主持一位女信徒的天主教葬礼。同年，许嘉禄故世，遗言不让道教长老主持其葬礼，在他病危之际，鲁日满两次探视，并出席他的葬礼。

家庭礼拜。集体宗教活动之外，教徒在家中虔诚礼拜，是所谓“七日里吃西天斋”，每月初一、十五日念经，念经也就是口念“耶稣”二字。教徒们的持斋守戒，是不吃牲畜这种大荤类食物，鱼虾之类仍可食用。这些是“穷苦乡

---

① ［比利时］高华士：《清初耶稣会士鲁日满常熟账本及灵修笔记研究》，赵殿红译，大象出版社 2007 年版，第 340—346 页。

② ［比利时］高华士：《清初耶稣会士鲁日满常熟账本及灵修笔记研究》，赵殿红译，大象出版社 2007 年版，第 317 页。

愚，沿袭未改”的礼拜习俗。① 总的来讲，一般人家的教徒仪式简单，便于实行。

（三）信徒中文士与妇女的宗教活动

江南是人文荟萃之地，常熟所在的苏州，以出状元而闻名于世。传教士根据这种特点与文士交游，并采取相应的措施，以达到传教目的；从另一个角度看，有的文人为追求新知识而走进教堂。

1. 文人信徒

传教士为传教写作、翻译、印制福音书。教徒参与翻译和写作，还在传教士组织下写作教义辩论性质的书籍，出名的是何世贞主撰的《崇正必辩》。何世贞，常熟人，诸生，17 世纪 50 年代入教，教名伯多禄。康熙十一年（1672），针对反对天主教的代表人物杨光先的《不得已》论点，撰成《崇正必辩》一书。传教士利类思为之作序，说他是优秀学者，精通古文和儒学经典，是多年来积极的教友。他是鲁日满的传道员，在鲁日满因历案离开江南的八年中，他和另一位传道员谢方西维持常熟教务、教产，并代替神父为新教徒施洗。何世贞还是青年会负责人，向年轻教友解释祷文含义，祷文避免耶稣、圣母的名字，以适应中国人对圣贤崇敬的习惯。他同利类思和安文思过从甚密，他们从北京托人给他带来礼物。②《崇正必辩》成书后，多人参加改写，吴历修改第一章，后来成为神父——“中铎”。他是常熟人，字渔山，教名西满·沙勿略，书画家、诗人，著有《墨井诗抄》《墨井题跋》，后人汇集《墨井集》，他是清初六大画家之一。他前半生与佛家结缘，后来转信天主教，成为鲁日满的传道员，康熙十五年（1676）被派往太仓传道。后同在松江传教的柏应理交游，随同去澳门天主教三巴堂修道，著《三巴集》，返回内地，康熙二十七年（1688）为神父，两年后到上海传教，直至去世，葬陆家浜天主教墓地。许嘉禄是在历案时期奉教的，何世贞向他说，现在传教士们都被拘禁在广州，你的同宗、建教堂的许按察使（指许瓒曾）被撤职，你难道没有顾虑吗？许嘉禄以“志已决，无他虑”来回答，表明了信教的坚决态度。读书人信教，其中固然有科举之路走不通的思想因素，不过他们迈出这一步，比一般民众要艰难得多，他们必然会在入教之前，进行天主教教义的探究，如阅读教堂赠送的福音

---

① “文献汇编”，第 200—202 页；“档案史料”，第 149—150 页。

② ［比利时］高华士：《清初耶稣会士鲁日满常熟账本及灵修笔记研究》，赵殿红译，大象出版社 2007 年版，第 25、221 页。

书，参加教会儒会之类活动，同侪互相探讨，有了较多认识，产生了信仰，才会接受洗礼。

2. 女信徒的虔诚

传统社会要求女性三从四德，无所谓独立人格，信教方面很难自主，然而女性一旦信教，就很虔诚，这大约是女教徒的特点。常熟沈陶氏，随同丈夫沈玉书入教，教名亚加大，沈玉书在家中建立密室，容留传教士居住，沈玉书死后，沈寡妇仍以密室接待传教士和女教徒。丹阳人王天佩信教，让三个女儿都入教，长女王大姑，15 岁许配丁家，得了重痨病，夫家不娶，后来未婚夫也死了，教名得助撒；次女王二姑，未过门夫死，自身也有吐血病，教名加大理纳；三女王三姑，即许王氏，19 岁出嫁，24 岁时丈夫许宗廉出走，教名亚加大。她们在娘家守贞，由于传教士王安多尼说“一处礼拜念经容易升天”，乾隆八年（1743），王天佩和侄儿、教徒王奉加送三个女儿到沈寡妇家密室修行。① 女教徒信仰虔诚，特别表现在捐献方面。徐光启的另一个孙女潘徐氏在上海陆家浜南岸捐赠大块墓地，成为上海第一个外国人墓园，敬一堂主潘国光首先葬在这里，前述吴历也是安葬于此。高华士概述鲁日满在 1674 年 11 月 11 日至 1676 年 3 月 18 日，得到捐赠十五笔，计银四十四两余，捐献最多的十两、四两，不少是几钱。表明多数捐赠人不富裕，是普通百姓，而“女性捐赠者占绝大多数”②。女教徒做奉献，有追求精神福祉的目的，希望让传教士和被救济的人为自己和死去先人的灵魂祈祷。

最著名的女教徒是前述徐甘第大，16 岁出嫁松江城西的许远度，劝导全家入教，以女红所得捐建多处天主堂，如松江邱家湾教堂，在松江城西设女婴堂，收养、安葬弃婴，据说在 1675—1696 年收养弃婴 5400 多名。③ 长子许缵曾，一岁受洗。进士出身，官至按察使，在历案中因建设教堂而被捕④，康熙十二年（1673）归田，同乃母一道从事宗教活动⑤。像徐甘第大那样的女性天

---

① “文献汇编”，第 222—224 页。

② ［比利时］高华士：《清初耶稣会士鲁日满常熟账本及灵修笔记研究》，赵殿红译，大象出版社 2007 年版，第 496 页。

③ ［比利时］高华士：《清初耶稣会士鲁日满常熟账本及灵修笔记研究》，赵殿红译，大象出版社 2007 年版，第 34、150、157、163、174、228、250、304、311、319 页及网上文章。

④ 法国巴黎国家图书馆藏书东方部藏书，书号 courant 1022，参见韩琦：《“自立”精神与历算活动——康乾之际文人对西学态度之改变及其背景》，《自然科学史研究》2002 年第 3 期。

⑤ ［比利时］高华士：《清初耶稣会士鲁日满常熟账本及灵修笔记研究》，赵殿红译，大象出版社 2007 年版，第 175 页及网上文章。

主教徒能够影响到丈夫子女全家信教，可能是个特例，因为她的祖父徐光启作为大学士，抱着外曾孙许瓒曾去受洗礼。

二、雍乾禁教中天主教徒的宗教生活

康熙末年罗马教廷否定利玛窦、耶稣会士传教方式，康熙帝乃下令禁止天主教传教，雍正帝、乾隆帝厉行禁教政策，在雍正二年（1724）至乾隆十一年（1746）的二十多年间，先后下令禁止西洋天主教的传播，谕旨得到较为认真的贯彻，尤其是前者的禁教，被西方传教士视为灾难性打击。然而传教士并没有完全停止在中国的活动，有的教徒宁死不屈，也有的教徒或面从心非，私下仍过礼拜生活——家庭的或集体的，甚至违法容留潜伏的传教士，到澳门礼请西洋传教士。

（一）坚持宗教信仰

教民信教有着多种原因及民间社会因素。信仰缘由，一是有些人已深入了解教义，力图认识世界和人生奥秘；二是有人一般性地获知天主教对个人今生来世的影响；三是入教为的是治病去灾；四是穷人为得到些许经济实惠；五为信仰成本比佛教、道教低；六是神职人员传教士人品具有吸引力。这六个方面的一个或两个因素，就会使人产生信仰，步入教门，然以第二种原因为多。中国民间社会恰有天主教传播可利用的条件，如家族意识和父家长制，人们的从众心态，佛道早已传播的地狱，都是促成教民信仰天主教的社会因素。信徒由于对教义的了解和人生的寄托，也习惯了宗教生活，对教会有依附心理，因而形成深厚的宗教情结，相当执着，以至宁死不改变信仰，对官方禁教采取面从心非的敷衍态度，甚而接引西洋传教士。由此可知，政治强力的禁教，不会达到预期的效果，只有改变、消除教徒从教的那些社会因素，才可能消解教民的宗教情怀，而这是清朝政府万难做到的，是以天主教传教活动和民间信教不会消失。有的教徒认为天主教不同于佛教道教，不骗财物，是能够使人终身信奉、世代相承的宗教。

在禁教中即便官方声明退教可以减罪或免除死刑，一些教徒也并不接受这条生路，表示坚持信仰，如同贝勒苏努的第三子苏尔金、第十一子库尔成所言，“我们遵行此教已久，虽死断不敢除此教”①。甘愿受刑而不退教的人，认为这是为天主受难，值得。当福建福安县官员拘捕西洋传教士时，信众不满，

① “文献汇编”，第44页。

教徒、生员陈细当众表态："天主为我受难，我宜受难报之，虽死不改。"[①] 有了为天主受难的想法，就无所畏惧。江西南昌的一位教徒，别人要把他的名字写在其他寺庙的牌子上，他知道那是违犯天主教信仰的，不但不上名，还把那个牌子砸碎，别人要告官，他说"我们走着瞧，看谁有道理"[②]。他对自己信奉的宗教很自信，容不得其他宗教。誓死不退教的人，表现出对天主教的深度信仰。

（二）坚持礼拜活动

1. 对官方禁教采取面从心非的敷衍态度

乾隆十一年（1746）的福安县教案之后，闽浙总督喀尔吉善、福建巡抚潘思榘在乾隆十三年（1748）八月说当地教民，因西洋传教士"白多禄明正典刑，稍加儆惧，然革面未能革心"。"革面未能革心"，观察得何其深刻。对于官府的禁止天主教，大多数信徒表面上是接受了，然而内心颇不以为然，并不遵守，也就是喀尔吉善等说的情形："从教之家，凡开堂诵经及悬挂十字架念珠等类彰明较著之恶习虽已屏除，而守童不嫁，不祀祖先，不拜神佛，仍复如故。"[③] 此种情状，江苏教民如出一辙，所以苏州巡抚陈大受讲信教之人"虽不敢仍前聚众诵经，而阴奉其教，未能改易"[④]。喀尔吉善、陈大受等人的认识，来源于对教众态度的观察，如在福安教案审判过程中，因教徒不拜孔子，官方强迫生员、监生去孔庙礼拜，他们抵死不从，官员因此要对传教士施用刑法，他们顾惜传教士，才勉强叩拜，但是还说"身虽拜，心仍不服也"[⑤]。

2. 实行家庭礼拜

教徒对禁教面从心非，在家中仍然按照教规安排生活，做礼拜，念经吃斋，不拜祖先、神佛，关起门来如此，外形上亦有所表露，就是大门上不贴门神，却贴十字。乾隆三十三年（1768）河南桐柏县教案中，犯案教徒刘天祥、项得臣等人牵连出湖北随州教徒王象昇，"早晚持诵十戒，礼拜天主"。同教人家的"大门上不贴门神，贴一'十'字"，教徒之间，一看便知是同教。[⑥] 乾

---

① "文献汇编"，第 150 页。

② 朱静编译：《洋教士看中国朝廷》，上海人民出版社 1995 年版，第 18 页。

③ "档案史料"，第 160 页。

④ "档案史料"，第 109 页。

⑤ "档案史料"，第 117 页。

⑥ "档案史料"，第 283—285 页。

隆四十六年（1781）犯案的直隶宝坻教民，“不贴门神，不拜佛，不念僧道经”①。桐柏案中还有值得留意的事，即刘天祥等人，“俱系原籍湖广，迁居桐柏”②。原来他们是移民，把宗教信仰带到新居地，不可谓宗教情结不深厚、不执著。

3. 兴修天主堂复行宗教集体活动

一些教徒不满足家庭的宗教仪式，恢复禁教前的集体活动，而多人参与，需要适合的场所，有的教徒家庭房屋宽敞可以提供应用。前述桐柏县教案，就是集众礼拜，所谓“刘天祥、冯明山等演传天主教，聚众多人，焚香念经”，他们家藏天主教文献和用品，如“经书、画像、铜佛、谕单、起名单、通功单”。他们因为乾隆年间的禁教，停止活动，后因自称是随州人、在钦天监办事的袁胡子路过此间，说“天主教是教人行善，为来生作福，不可止歇”。刘天祥、冯明山等于是重新开展宗教活动，陆续吸收十八人入教。③乾隆四十九年（1784），在天子脚下的顺天府大兴、宛平县，出现民人刘多默开办天主堂的事④，反映教民进行集体活动的强烈愿望。还是在直隶，宝坻老家庄教民李天一，乃父李文禄在家内供奉天主图像，李天一自幼随从信教，在乾隆十年（1745）李文禄病故后，李天一与张化陇、张其让、张其汉、王廷秀等继续奉教，各在家持斋念经。到乾隆三十五年（1770），李天一以为在家拜诵，可能会亵渎天主，令张化陇、张其让等各出银钱，在家内建造草房三间，作为天主堂，用以集众礼拜。他到京城天主堂西洋人的家仆处讨取瞻礼单，购买“天主图像、经卷、乐器等物，悬设堂内”，完善了天主堂设备，他还“每年赴京中取瞻礼单，至庄，按单中瞻礼日期斋集同教人等，诵经一日”⑤。在教堂举行宗教仪式，既有一定规模，又能表现虔诚。

4. 为提高活动质量延请西洋传教士

西洋传教士不时地出现在各省，盖系当地教民因“广东西洋人念的经好”招引前来，当然也有传教士自发前往有天主教活动基础的地方游方。

教徒家庭念经，集体礼拜，但是关于天主教的知识有限，于是请知识较多

① “档案史料”，第336页。
② “档案史料”，第283页。
③ “档案史料”，第271页。
④ “档案史料”，第576页。
⑤ “档案史料”，第335—338页。

的人讲道，更远求西洋传教士前来传道。前者如福安县教徒听从由吕宋（菲律宾）回乡的冯文子宣讲。冯文子出生于世代信教的家庭，14 岁随从他人到吕宋贸易，乾隆十九年（1754）因同行者于上年死亡，乃返回福安，教徒生员刘渭、监生郭承佐等以为他“自吕宋而回，必深悉天主教规”，遂请他讲解，他连续在刘渭、郭承佐、刘宗观家讲道六天，颇受欢迎，所谓“每至一处，即有昔日传教男妇，依亲旁戚，咸赴听讲教规，或十余人、七八人不等，冯文子遂将在吕宋所闻所见天主教规一一讲论，无知男妇欢欣鼓舞，张扬传播”①。对不是传教士的教徒讲道尚且反映如此强烈，是为渴求神职人员的一种表现。

延请西洋传教士更是一些教徒的愿望，于是出现好几起事件。陕西西安教徒焦振纲、秦禄等认为“广东西洋人念的经好，要请两三个人来教经”②。他们在乾隆四十八年（1783）春天先修缮房舍供西洋传教士来居停，秋天，焦振纲、秦禄到广州做生意，求得去过意大利的福建人、教徒蔡伯多禄帮助，面见罗马教廷派驻广东的哆啰，请求派遣传教士去陕西。次年春天哆啰指派吧地哩呋等四人赴陕，在蔡伯多禄安排下，闰三月由五名教徒陪同从广州乘坐三条船，经过广西、湖南，于七月在湖北襄阳被捕，形成全国大案。此外，江西庐陵人刘若汉于乾隆二十一年（1756）请西洋人林若汉到厦下村传教，他和肖祥生兄弟、吴均上吴位三叔侄共用银 22 两买房给林若汉居住，传教十余家，次年县上查拿，林若汉离去。到乾隆三十二年（1767），蒋日逵与吴均上、吴位三、肖祥生说起无人传教，吴均上让他到广东做生意时顺便请传教士。三月蒋日逵到澳门，请得西洋人安当、呢都二人，西洋人改着内地衣帽，携带经书和银元，船行到南雄府被捕。③ 乾隆四十九年（1784）十一月初五日陕西巡抚毕沅奏称，在渭南捕获西洋人呢吗方济各；同年同月十四日晋抚农起两次奏报捕获西洋人安多尼，以及安多尼供称西洋神父在绛州传教；同月二十四日湘抚陆耀复奏严拿西洋传教士阿拉密约；乾隆五十年（1785）正月初四日，鲁抚明兴复奏严查延请西洋人至内地传教之李姓逃犯；同年二月初五日护理江西巡抚李承邺报告拿获西洋传教士李马诺；鲁抚明兴于二月初九日又报称东阿县拿获潜入西洋传教士吧地哩亚度及接引传教各犯；三月十五日四川总督奏报续获西洋人吧地哩夫西。由于有这么多的人招引西洋人潜入内地，乾隆帝于四十九年

---

① “档案史料”，第 233 页。

② 一史馆档案第二册第 474—475 页。

③ “档案史料”，第 257—260 页。

（1784）十二月初五日特发上谕，要求两广、湖广、山东、山西、直隶各省严拿伴送西洋人传教各人犯。①

上文所述的都是在禁教中坚持信仰天主教的事例，当然也有不少教徒遵从政府的禁令，退出天主教，这不是本节论述的重点，故未展开。本节是通过论述部分天主教徒在严行禁教中的宗教活动，表明民间信仰，司法禁止起不到根绝作用。同时，乾隆帝为利用西洋传教士的科技艺术知识对他们的传教采取睁一眼闭一眼的态度，教徒也利用这一缝隙继续半公开半隐蔽的宗教生活。

第六节　近现代海外华人生活与中华传统文化

当今世界各国各地区有“海外华人”（华侨华裔）数千万人，他们部分地或主要地保留中华饮食和生活习俗；建设与母国关系密切的团体，如同乡会、宗亲会、同乡商会；在中国现代化建设中以侨汇和投资，帮助亲人、乡亲改善生活，并为国家建设提供资金；传承中华传统文化，有的信仰汉化佛教、道教，沿用传统的丧礼文化，令人有“礼失求诸野”之感。他们不忘母国，书写中国社会史，应当有他们的位置，所以笔者特立专节叙述海外华人的生活史和他们对于中华传统文化的传承。

一、两次移民高潮及海外华人的国际间移动

近现代中国出现两次移民高潮，第一次是在19世纪下半叶，大量的闽粤民众移居东南亚和北美、大洋洲。第二次是从20世纪80年代开始的30多年间，在这一时期有少量中国人从中国本土移居外国，还有一些海外华人从所在国移往他国（移民非洲、马来半岛、中南半岛的华人迁移到欧美、大洋洲）。这些移动多半都与中国政局、世界局势状况有关，虽有一些人是为自身的前途和事业的发展而移徙他乡，但相当一部分人移民是出于无奈。

（一）清代后期华人大规模移民南洋的状况、原因

中国人向南洋迁徙，明朝初年业已开展，此后络绎不绝。及至19世纪60

① 各督抚奏报分别见“档案史料”，第531、554、556、577、652、669、675、681、685、680、709页，上谕598页。

年代初，清朝政府同英、法等国订约，允许华工出洋，跟着出现华人出国的高潮，光绪十九年（1893）清政府宣布废除海禁旧规，出国的人员骤增，纷纷进入美洲、大洋洲，东南亚地近中国，更是华人奔赴的处所。光绪十六年（1890），出使英法意比四国大臣薛福成讲，每年到东南亚的华工有十余万人①，几年后，即光绪二十一年（1895）出使俄国的王之春说，每年去东南亚的华人多达十五六万。② 薛、王的不同数字说明东南亚的华侨在逐年增多。在印度尼西亚的华人，1860 年为 22.1 万人，1870 年增至 26 万人，1880 年为 34.4 万人，1890 年为 46.1 万人，1900 年华人达 53.7 万人。③ 华侨的人数在 1870—1900 年三十年间呈现直线上升的势态。在缅甸的华侨，1861 年有 1 万人，1911 年达到 12.4 万人④，华侨数量迅速上升。华人不断地流出，1890 年（光绪十六年）在东南亚华人 300 万人⑤，1906 年（光绪三十二年）达到 400 万人⑥。这种情形表明 19 世纪 60 年代以后的五十年中，华人像潮水一样，汹涌澎湃流入东南亚各地，人数多，规模大，增长速度快，且有持久性，是真正的出国潮。

中国人下南洋，是国内艰于谋生和西方殖民主义者需要劳力的结果。中国君主社会等级对立，贫富分化，人口膨胀，迫使众多民众挣扎在温饱线上，在中国半殖民地化过程中，人民灾难更加深重，无法维生，闽粤沿海人民只好出洋谋求生存，陈达指出："光绪末年，国政日非，民俗日下，携眷旅居南洋群岛者，势如奔涛，不可复遏。"⑦ 中国半殖民地化加速了华人的流向东南亚。19 世纪下半叶东南亚土著居民不多，英国、法国、荷兰、西班牙殖民者为实现资本输出，更多地掠夺东南亚财富，深感劳动力的匮乏，希望用华工去补充。为此，英法两国政府于 1860 年 10 月，分别强迫清朝政府在《中英北京条约》、《中法北京条约》中承认它们来华招工的权力。正是在这种情况下，华人大量被招往东南亚做苦工。光绪间修撰的《闽县乡土志》写道："膂力强者，用应

① 薛福成：《出使英法意比四国日记》，《晚清海外笔记选》，海洋出版社 1983 年版。

② 王之春：《使俄草》，《小方壶斋舆地丛钞》再补编第三帙。

③ 沈己尧：《东南亚——海外故乡》，中国友谊出版公司 1985 年版，第 94 页。

④ B. Φ 瓦西里耶夫：《缅甸的华人村社》，转录自《中国史研究动态》1988 年第 10 期《外国学者关于中世纪华侨史的研究》。

⑤ 薛福成：《通筹南洋各岛添设领事保护华民疏》，陈翰笙主编：《华工出国史料汇编》第一辑第一册，中华书局 1985 年版，第 275 页。

⑥《杨晟为南洋华人受虐请闽粤两督酌议办法呈外务部文》，陈翰笙主编：《华工出国史料汇编》第一辑第一册，中华书局 1985 年版，第 460 页。

⑦ 陈达：《南洋华侨与闽粤社会》，商务印书馆 1938 年版，第 46 页。

洋人之招，为苦工于绝域，彼族以牛马视之。”[①] 民国间编写的福建《永泰县志》讲：“同治初年，英、荷诸国开辟荒岛，乏人垦治，以重资诱往作工，遂有贩卖猪仔之事。”[②] 描述的都是西方殖民主义者在华招劳工的事实，华人大量移民东南亚的晚清时期，正是西方资本输出、扩大在东南亚殖民的时期。

（二）20 世纪游动的海外华人移民

有的华人从一个移徙地到另外一个国度，甚或再次迁移，这就是笔者所说的移动中的华人。这种移徙是多种因素造成的复杂情况，相当一部分人是为了逃难。20 世纪六七十年代越南战争和中南半岛诸国的政局变更，迫使在越南、老挝、柬埔寨的众多华人逃难到其他国度（多以难民身份被收容）；20 世纪 90 年代南非政权变动之时，也有华人离开南非到新的国家；1998 年 5 月印度尼西亚排华事件中，几千名华人逃亡澳大利亚要求避难。有的华人为另谋生路，到另一国去发展，如新加坡、马来西亚的一些华人到北美和大洋洲谋生。有的人到移居国之后，发现谋生不易，觉得另外一个国家好，遂设法进入该国，乃至有人明知某国不是理想国度，但容易入境，于是先进去再说，以便凭其国籍转入他国，从新西兰转赴澳大利亚的就有这种情形。华人再度移徙，多因世界政局动荡，是灾难所迫，显现海外华人的可悲命运。

（三）20 世纪八九十年代的移民潮

20 世纪末有媒体报道，海外华人有 3000 万，其中 85%生活在东南亚，在北美有 200 余万，就中加拿大有 80 多万，占该国人口的近 3%。而在澳大利亚的总人口中华人占有近 2%的比重。近 20 年来，至少有 200 万中国公民移居海外，主要走向北美洲和大洋洲，有约 60 万人定居于北美。香港移民加拿大者之多，一度高居加拿大移民来源地的首位，台湾和大陆来此的移民也相继增加，1995 年大陆有 13000 多人到达，1997 年增至 18000 多人，移民来源地的排名从第四位上升为第三位。无疑，20 世纪 80 年代以后的三十多年是中国历史上一个新的移民高潮时期。

刚刚说到香港移民，20 世纪 80 年代，港人向外迁徙激增，20 世纪 80 年代末尤为显著，而 1997 年前后出现回流，有的人返回香港，移出的人也减少，以移居加拿大者为例，从前述的占移民来源地的首位，降到第六位。他们多以投

---

① 光绪《闽县乡土志》，《版籍略五・实业》，第 362 页。

② 民国《永泰县志》卷四《户口志》，第 4 页。

资移民身份出现，在新居地置有产业，开设小商店，还有香港大公司在海外设立分公司。西方文化和中国传统文化在港人文化中均占重要地位，因而移民海外，适应性强，较有生存能力。据说有学者对华人移民的海外适应能力作过某种调查，发现马来西亚华人和新加坡华人居首位，中国香港人紧跟其后，然后是中国台湾人，最后是大陆人。

台湾在历史上就是移民地区，仅在 20 世纪 40 年代末就有 200 万大陆民众迁入。20 世纪 90 年代李登辉主政台湾，鼓吹所谓“两国论”。民众忧虑“台独”，纷纷移徙他乡，北美和大洋洲是他们首选之地。他们中有从事工商业的，也有为寻觅安静之地养老的。还有人办教育，从事文化活动，出版报刊，开设学校。

20 世纪下半叶的头 30 年，大陆可谓无海外移民．改革开放后有了一定的规模，在海外多少成了气候。虽然只有短短的三十多年，似乎也可以分为两个阶段。大致上说，20 世纪 80 年代出国的多系留学生，他们凭借优秀成绩，靠领取奖学金和打工完成学业。他们打杂工，住地下室，其压力之大，其艰苦程度是可想而知的。这期间，也有极其个别的人因亲属关系而移居海外。20 世纪 90 年代以后，技术移民出现，而且日益增多，以至 20 世纪末有文章说“大陆的移民大都为技术移民”。同时，属于投资移民类型的人亦不乏其例，这是大陆移民初期所见不到的现象。21 世纪以来，投资移民明显增多，已成为引人注目的现象。

（四）海外华人究竟有多少？

时至 2021 年，在世界各国各地生活的华侨、华裔究竟有多少人，从网络上查找，数字不一，多的达 5500 万人。2019 年 1 月 3 日有人在网络上发文，谓海外华人 3936 万人，其中在印度尼西亚、马来西亚、泰国、菲律宾、新加坡、越南、缅甸，均在百万以上，在英国、法国也很多，在美国的是 3376031 人，加拿大 1612173 人，澳大利亚 70 万人，新西兰 147570 人。大约而言在海外华人当有 4000 万人。当然这也不过是一种参考。另有一种说法，说是美国联邦人口普查局最新数据：2020 年美国亚裔总人口 2140 万，华裔 5081682 人。这两个美国华人数据差异甚大，说明要确切统计海外华人数字是很困难的。

二、清代后期东南亚华侨的中华式生活

清代后期移居东南亚的华侨，基本上过着中国传统的日常生活，衣着、饮

食、婚姻、群体、节庆莫不如此，家乡情结特别浓厚，予亲人钱财，赞助家乡经济建设，因深受家国一体观念支配而官本位意识浓厚，热衷于捐纳官宦虚名。

（一）穿着、饮食、居住

19 世纪 80 年代，新加坡的华侨“衣冠语言礼仪风俗，尚守华制”，西贡（今越南胡志明市）华侨“衣冠风俗皆守旧”①，直到 1920 年，印度尼西亚网甲华侨的“衫裤式样，俱属华装”，都是用中国产的蓝黄绺条布制作的。② 前此更应是这种情形了。华侨的饮食保持在国内的习惯，1866 年西贡醉乡楼饭庄，“所有菜蔬肉食果面皆中华味”③，菲律宾的华侨，吃食中国饭菜馄饨、杂碎、烧包、米线、烤乳猪、春饼、白菜、粉条、芹菜、豆豉以及荔枝、蜜饯，所用的炊具也是中式的锅、平锅等。④ 华侨或者把中国式的建筑移植到东南亚，或者使自己的居处具有一定的中国建筑风格，在 19 世纪末的菲律宾，华侨“屋宇皆华式，店肆皆华款”⑤，华人住宅和在国内一样，雕刻飞龙、彩云、悬桂匾联。穷人家门口也贴对联，富人家花园，多有中国江南园林的假山、水池。发型与服饰联为一体，男性华侨在东南亚和国内一样梳辫子，三宝垄华人 20 世纪初才有人剪掉辫子，辛亥革命后与国内同时出现剪辫子运动。拥有清朝职衔的人，在一定场合，还穿起官服，1866 年出访西欧的官员斌椿路过新加坡，侨商陈鸿勋因有都司虚衔，“顶帽补服”地去拜会他。⑥ 由于东南亚华侨的生活方式基本上还是中华文化方式的，生活日用品需要国内供应，侨乡的出口，相当部分是对华侨进行的，潮州出口商，“凡（华侨）潮人日常生活所需，皆以配运出口销售”，为进行此种贸易，组织了南商公所等专门机构。⑦ 福建向东南亚华侨输出茶叶，光绪后期每年行销十几万石至二十多万石，获银五百多万两。⑧ 上海出现南洋庄，专做对东南亚华侨的进出口贸易，出口的主要是药材、丝绸、日用百货。⑨ 由于华侨及东南亚土著居民的需要，东南亚市场充斥着中

---

① 邹代钧：《西征纪程》，《小方壶斋舆地丛钞》第 11 帙，上海著易堂印南清河王氏板。
② 陈翰笙主编：《华工出国史料汇编》第一辑第一册，中华书局 1985 年版，第 418 页。
③ 张德彝：《航海述奇》，《小方壶斋舆地丛钞》第 11 帙，第 100 页上。
④ 欧·马·阿利普：《华人与马尼剌》。
⑤ 崔国因：《出使美日秘崔日记》，《晚清海外笔记选》，海洋出版社 1983 年版，第 33 页。
⑥ 斌椿：《乘槎笔记》，《小方壶斋舆地丛钞》第 11 帙第 42 页下。
⑦ 民国《潮州志·实业·商业·出口商》。
⑧ 光绪《闽县乡土志·商务杂述四·输出货》。
⑨ 李伯祥等：《近代上海南洋庄和南洋贸易》，《中国社会经济史研究》1986 年第 3 期。

国货物，如西贡市场到处是中国食品、杂货、绸匹、药材。① 光绪二十四年(1898)，在三宝垄佐哈尔市场，有二百四十家商摊，大多是华商，出售碗碟、布匹、杂货、铁器。② 菲律宾从中国进口的物品是：丝绸、伞、瓷器、瓮、罐、碗、盘、蛋类、通心粉、粉丝、水果、火腿、茶叶、药材、药品、皮箱等。③

（二）家庭、家族、婚姻、节庆、丧葬、祭祖

东南亚华侨中大部分人在国内结婚，婚姻由父母做主。侨乡有所谓“填房婚”，即男子在外经商或出洋，一时难以回家，就由家人代为迎娶，或者让姊妹拜堂。④ 有在侨居地华侨间联姻的，还有娶土著妇女的。华侨间通婚，采用“六礼”的方法，其实在国内亲迎之礼许多地方都不实行，而槟榔屿的华侨却信守不惑。⑤ 华侨有大家庭观念，凡成家立业者，多组成直系家庭，以代数多为荣。家庭内讲究夫唱妻随，父慈子孝。华侨出洋，往往是同宗族的人互相招来，团聚在一地，虽是这样，宗亲毕竟还是稀少，于是华侨多认同宗，凡是同姓，就以为是亲骨肉，互相帮助。⑥ 同宗族的人建立家庙，槟榔屿的林、杨、邱、李、谢、黄、王、胡、梁、陈等族都有宗祠。印度尼西亚有汾阳世家、高阳宗祠、杨氏联谊会。各个家庭、宗族极其重视祭祖，逢年过节必祭，清明扫墓⑦，娶亲拜家庙。东南亚华侨与国内一样，重视春节、端午节、中秋节以及清明节、中元节，家人的生日和忌日。春节守岁，贴对联、拜天地；元宵节提灯夜游；端午节划船；八月节晚上赏月。娶亲、过生日搭喜棚，摆设象征吉祥的物件。华侨把中国丧葬方式带到侨居地，送葬时亲属穿孝服，用锣鼓喇叭吹打，讲究典礼隆重，送葬的人愈多愈好。相信阴阳风水之说，葬期要选定吉日，葬地要选风水好的，因为选吉地需要时间，而印度尼西亚荷兰殖民当局不许停尸超过一天，华人为争取时间，经过强烈要求，获得延期出殡的允准。重

---

① 张荫桓：《三洲日记》，《晚清海外笔记选》，海洋出版社 1983 年版。

② ［印尼］林天知：《三宝垄历史：自三保时代至华人公馆的撤销（1416—1931）》，李学民等译，暨南大学华侨研究所 1984 年。

③ ［菲］欧·马·阿利普：《华人在马尼剌》，译文载《中外关系史译丛》第一辑，上海译文出版社 1984 年版。

④ 民国《同安县志》卷二二《礼俗》，第 2 页。

⑤ 力钧等：《槟榔屿志略》，《晚清海外笔记选》，海洋出版社 1983 年版，

⑥ ［印尼］林天知：《三宝垄历史：自三保时代至华人公馆的撤销（1416—1931）》，李学民等译，暨南大学华侨研究所 1984 年，第 151—152 页。

⑦ 温广益等：《印度尼西亚华侨史》，海洋出版社 1985 年版，第 438 页。

视夫妻合葬。墓地立碑，刻字如同国内——“某处诰封某某之墓”①。

（三）家乡地域观念主导下的建设会馆活动

前述宗祠是小的社会群体。会馆，依华侨的原籍建设起来，或为一省，或为一府，或为一县，或为所有华侨的组织，是规模较大的群体。它有不同的名称，在会馆之外，或称作公司、公所、公会、同方会。这种组织很普遍，所谓“南洋随地皆有会馆”②。西贡有福建会馆、广（州）肇（庆）会馆；堤岸有潮州、嘉应、琼州三会馆；河内有福建会馆；海防有华商会馆；槟榔屿有平章会馆；新加坡有福建会馆；吉隆坡有闽人会馆；仰光有宁阳会馆；巴达维亚有中华会馆、华侨公会、广肇会馆；棉兰有福建公所；三宝垄有洪义顺会馆；印度尼西亚还有嘉应州、潮州、惠州、琼州、永春、福州、焦岑、大埔、石扇、中山、漳州、玉融（福清）、晋江、安溪、金厦、同安各地会馆，江浙公馆，梅县同乡会，永定公会，山东公会；等等。华侨设立会馆，是用群体的力量谋求商业发展，保护自己利益，如由会馆聘请状师（律师），代打官司；进行慈善事业，如设立义冢，办义学，赈济贫病同乡。

（四）重视子弟教育

华侨在东南亚办学，于19、20世纪之交，经过两个阶段，前期实行私塾教育，完全模仿国内的办法。新加坡有萃英书院，槟榔屿有槟城义学、闽义学、粤义学。义学规定：学生先读《孝经》，次读“四书”，塾师先以“礼仪进退应对”教育学生，每逢朔望，要把圣谕和孝悌忠信的故事讲给学生听，令他们“心体力行”③。学习四书五经要采用背诵的方法，灌输孔孟之道，与国内没有两样。戊戌变法之后，国内情况有所变化，学堂出现，东南亚华侨跟着兴办学堂，取代私塾。这些学校请清朝留学生做教员，采用日本小学教育制度，使用上海商务印书馆出版的新式教科书④，改变了专习儒学的教育状况。

（五）宗教性信仰

中国沿海居民多崇信天妃（天后、妈祖），建造祠宇拜祀，东南亚华侨也是如此，到处建立天后宫，1889年三宝垄华侨开始建立妈祖庙，新加坡的福建会馆设立在天后宫内，西贡穗城会馆后殿供奉天妃娘娘，这就是说会馆所祭祀

① 张德彝：《航海述奇》，湖南人民出版社1981年版，第21页。
② 力钧等：《槟榔屿志略》，《晚清海外笔记选》，海洋出版社1983年版。
③ 力钧等：《槟榔屿志略》，《晚清海外笔记选》，海洋出版社1983年版。
④ 《印度尼西亚简史》，海洋出版社1985年版，第437页。

的神灵就是天妃。明清时期中国人特别崇信关羽，处处皆有关帝庙，华侨在西贡、海防设立了关帝庙。土地祠遍及中华各个村庄，印度尼西亚的华侨也敬奉土地神，称它为大伯公庙，祈求它的保佑。中国人相信各种神灵，传说有保生大帝，能给人治病，印度尼西亚华侨从国内定做保生大帝塑像运去供奉，直到19世纪末人们有病还去求它。东南亚华侨信佛的甚多，建设寺庙，不断重修，往往从国内运去菩萨塑像。①

（六）文娱

东南亚侨民中多广东人，爱看粤剧，西贡有粤人剧团，白天黑夜开演，上演的是三国戏。新加坡的戏剧，也是由广东人演出。② 华侨中不少人沾染上赌博、吸食鸦片的恶习，有的华侨上层人物以包卖鸦片，并设赌场作为增加财富的渠道。

（七）经济上接济亲属和建设故乡公共事业

华侨多系只身出洋，怀念父母妻子，把省吃俭用节余的银钱汇寄回国，赡养亲人。驻德公使杨晟于光绪三十二年（1906）估计，东南亚侨民每年寄给亲属的银钱在一千万两以上。③ 1890年薛福成就新加坡一地而论，说在此前十三年内，华侨携寄回国的钱财不下一二千万两。④ 福建的华侨90%以上在东南亚，所以侨汇主要来自东南亚华侨。从福建一省看，自1885年以来，每年侨汇一千万两以上，甚至二千多万两，数字巨大，杨晟等的估计一点也不过分。

华侨热心于家乡的公益事业，赈灾，修桥，办学，建善堂，乃至于修家庙，建寺宇。福建同安县华侨杜文艮在缅甸经商，于1887年至1908年用三十多万两银子在家乡行善，赈济灾民，修缮双溪书院考棚，又给慈禧太后献玉佛，因此使其父母、祖父母得到二品诰封，李鸿章为他建立“乐善好施”牌坊。同县菲律宾华侨陈谦善，先后捐款赈济山东、顺天、直隶、福建灾荒，清朝给予一品封典。同县朥律华侨柯祖仕，“置祀田为祖祠祭费，设义塾供人来学，每值故乡荒年，购米平粜……捐修庙宇，舍药施茶，刊刻善书，及筑桥造路，诸善举悉彰彰在人耳目”，清政府给予道员职衔。同县印度尼西亚华侨黄志信，在本县筑路，平粜，重修凤山庙，赈济直隶河间府，受到清朝中宪大夫

---

① 力钧等：《槟榔屿志略》，《晚清海外笔记选》，海洋出版社1983年版。
② 蔡钧：《出洋琐记》，《小方壶斋舆地丛钞》第11帙，第440页下。
③ 陈翰笙主编：《华工出国史料汇编》第一辑第一册，中华书局1985年版，第460页。
④ 陈翰笙主编：《华工出国史料汇编》第一辑第一册，中华书局1985年版，第276页。

的封赠。[①] 广东嘉应州印度尼西亚华侨李步南在家乡修桥，筑路，设茶亭，给松市口育婴堂、梅安书院、李氏私塾经费[②]；同县贡生陈国宝，于同治六年（1867）往暹罗贸易，同时向该处华侨募捐，回乡重建县育婴堂，收养弃婴百名。[③] 番禺县新加坡华侨胡璇泽赈济山西灾荒，在家乡建宗祠，周济贫乏，助人丧葬，光绪三年（1877）被清政府任命为新加坡总领事[④]，等等。东南亚华侨对国内的经济资助，起着重要的作用，一是是有助于解决侨眷的生计问题，二有助于弥补清代国内外贸易的入超。

（八）家国观念支配下的捐纳

清朝政府为建设海防和进行一些战争，派人到东南亚向华侨募捐，华侨也是慷慨解囊。左宗棠在福州办造船厂，资金不足，福建海澄籍暹罗华侨陈金钟捐银一万两，陈又有捐赈事，所以被清朝授予道员衔[⑤]，另一海澄籍的槟榔屿华侨邱忠波亦从事海防捐献，也获得道员虚衔[⑥]。前面说过的陈谦善在中日甲午战争中捐银助饷，胡璇泽捐献银两，供给清军镇压太平军余部。

上述晚清东南亚华侨日常生活无不体现中国民族特点，中国文化精神，几乎是中国人生活方式在东南亚的复制。（1）乡族观念。认同乡，认同宗，崇拜祖先，不忘故乡家族，笃信各种神灵，故建设祠宇种类多。（2）纲常伦理观念。尊崇君主，追求封赠、顶戴、职衔，男尊女卑，家长统治，严格等级区别，讲求衣着、仪仗形式。（3）历史意识强烈。谈古论今，以古为鉴，崇拜古人，这是中国历史悠久在人的意识中的反映。从华侨的生活现象，到它所反映的人们的思想意识，我们认识到：华侨的群体生活、生活方式和接受的教育，基本上是中国式的，是中华文明的体现，是把中国人的社会生活的主体和精神移植到海外。时值近代，华侨的中华传统意识和生活方式与时代的发展难相适应，使他们不能负担起帮助祖国近代化的任务，当然也不应该以此要求他们。

三、北美、大洋洲华人的社团与生活

北美、大洋洲华人社团很多，类型也多，主要的是同乡会、宗亲会、商

---

① 以上俱见民国《同安县志》卷三六《人物录·华侨》。

② 光绪《嘉应州志》卷二三《人物·李步南》。

③ 光绪《嘉应州志》卷一四《仓储·育婴堂》。

④ 民国《番禺县续志》卷二二《人物·胡璇泽》。

⑤ 薛福成：《出使英法意比四国日记》。

⑥ 力钧等：《槟榔屿志略》，《晚清海外笔记选》海洋出版社 1983 年版。

会、互助会，笔者对宗亲会了解相对多一些，着墨多一点。

（一）宗亲会活动

宗亲会以讲亲情、谋福利、倡互助为宗旨。一定程度上活跃在华人社区，保持、传播华人的宗亲观念和家族观念。宗亲会是现代社会团体，以同姓为同宗，会员申请入会，需要交纳会费（香油费），才能享受会员权利。宗亲会活动主要是联谊娱乐、互助敬老助学、政治性表态等三个方面。

美国华人组建有丘氏、李氏、吕氏、林氏、马氏、梅氏、许氏、梁氏、邓氏、潘氏、颜氏、伍氏等宗亲会，还有济阳柯蔡宗亲总会、至孝笃亲舜裔总会、龙岗亲义总会。加拿大有李氏、林氏、梁氏、伍氏等宗亲会，还有至孝笃亲舜裔总会、龙岗亲义总会。澳大利亚有蒋氏宗亲会。澳大利亚的梁姓华人在世界梁姓宗亲总会推动下，组建宗亲会，即梁氏宗亲总会，并举行第二届恳亲大会。正在酝酿组建宗亲会的澳大利亚梁国英、梁国霖等数人与会，会后赴南雄珠玑巷祭祖，回到澳大利亚，正式建成梁氏宗亲联谊会，向政府注册。值得注意的是当下还有新的宗亲组织的产生，如 2008 年 10 月 28 日在沙加缅度成立龙冈亲义公所，由刘、关、张、赵四姓人士组成，旨在密切龙冈人与各侨社彼此间的联络，加强团结，发扬龙冈人秉持的相互扶助、服务侨社的精神。龙冈亲义会是世界性大组织，遍及全球，分支一百多个，会员达百万余人，声势浩大。① 在东南亚、香港、洛杉矶、纽约、华盛顿、芝加哥均有分支机构，为“侨社中甚具实力的团体组织”②。

华人宗亲会多能坚持活动，在中国年节、组织建设时日举行庆祝活动。美国加州沙加缅度中华会馆于 2009 年 2 月 1 日假孔庙举行欢庆农历春节团拜，会馆所属诸家族公所成员及家属出席，计三百余人。家族公所的各个公所主席穿梭场内，分派“利是”，互道“恭喜发财”③。邓高密总公所于 2009 年 2 月 8 日举行春宴联欢，12 时在公所礼堂祀祖，茶点招待，晚 6 时在酒楼联欢，宴前卡拉 OK、音乐助兴；设有奖学金。旧金山李氏敦宗总公所为庆祝太始祖宝诞暨春节，于 2006 年 3 月 11 日（农历二月十二日）举行联欢庆会，在公所大礼堂行祀祖典礼，会后往酒家开春节联欢晚宴，“以崇祖德，共叙宗谊，同庆新春

---

① 北美《世界日报》2008 年 10 月 1 日 B11。
② 北美《世界日报》2008 年 10 月 8 日 B7。
③ 北美《世界日报》2009 年 2 月 5 日 B7《中华会馆新春团拜》。

佳节"①。同地谭家公所于 2006 年 3 月 26 日（农历二月二十七日）举办春宴庆会，行祭祖礼，颁发奖学金，欢聚会餐，"藉敦宗谊，共贺新禧"。该公所设奖助学金、敬老金，"为鼓励谭姓子弟勤奋向学，敦品励行，力求深造，设置奖学金、助学金，以资鼓励，同时并设置敬老金，以示对耆英之崇敬"。奖学金，凡 2008 年度升大学或就读于高中、初中、小学学年成绩平均在三点以上，家长为会员二年以上，就读于中文学校，可申请；敬老金，年满 65 岁，入会十年以上，向尽义务，可申请。② 波士顿至孝笃亲公所有 1500 名会员，2008 年 9 月 12 日举行中秋餐会，600 人参加，每人捐款 10 元，作为奖学金，奖励 12 名学子；2009 年 2 月 7 日晚举办"春宴敬老联欢会暨会员年会"，陈、胡、袁三姓（均以虞舜为共祖）宗亲 1100 人与会，国术队醒狮贺岁、武术表演，为四名大学生发奖学金，每人 1000 元；增设电脑班；为 105 岁陈梁葵好颁发敬老利是。北美《星岛日报》2008 年 10 月 1 日 B9 版刊登整版广告《热烈祝贺神舟七号载人飞船成功发射并凯旋返航》，署名中宗亲会诸多，如全美昭伦总公所、美国马氏宗亲总会、全美溯源总堂、原宗公所、三藩市冯翊堂、旅美伍胥山总公所、余风采总堂、美洲朱沛国总堂、美西梅氏公所、叶家公所、美洲至孝笃亲总公所、三藩市至孝笃亲公所、邓高密总公所、中山刘族福建宗亲会等。宗亲会庆祝载人飞船上天等行为，无疑有参与政治活动的意味。澳大利亚布里斯班的蒋中元于 1980 年发起成立华人宗亲会，崇宗敬祖，支持中文学校、筹办幼儿园，兴建安老院、华人墓园联合宗祠，回应者多系越南华人。

宗亲会多依会章举办换届活动，表明其存在的持续性。澳洲梁氏宗亲联谊会，按规章于 2015 年选出第四届理事会，并于中国春节期间举行第四届理事会就职典礼暨新春晚宴。③ 美国旧金山谭、许、谢诸姓的昭伦公所于 2014 年 12 月 28 日在公所举行新旧职员交接典礼，公所新旧负责人发表感言，"贯彻昭伦明理的精神，为宗亲创造更多的福祉"。新任领导班子成员年轻，旧负责人祝愿他们"推动会务迈步向前"，为昭伦公所"带出一片崭新的天地"④。林西河总堂的 2015 年新职员，于 2015 年 1 月 1 日在堂所举行祭祖及履新仪式，3 月 7

---

① 北美《星岛日报》2006 年 3 月 5 日 C2。

② 北美《星岛日报》2008 年 10 月 1 日 B8。

③ 梁国霖：《澳洲梁氏宗亲联谊会的由来》，《澳洲梁氏宗亲联谊会第四届就职典礼暨新春晚宴》，墨尔本基督教会《同路人》第 419 期，2015 年 3 月 13 日。

④《三藩市昭伦公所新旧职员交接》，《星岛日报》2014 年 12 月 31 日 B8。

日在新亚洲大酒楼举办新年春宴。[1] 全美黄氏宗亲总会于2015年2月8日选出正副主席，定于15日在总堂礼堂进行年度新旧职员交接典礼。[2] 总之，宗亲会仍有不少活动，至21世纪头二十年持续进行着，借以实现在联谊、助学、敬老助老等方面有助于宗亲的生活。

（二）同乡会的活动

北美、大洋洲同乡会的组织早于宗亲会，活动也比宗亲会为多。同乡会是以中国的县、府、省为范围建设的，还有以原先的移居国为范围的。新西兰的华人同乡会，在20世纪90年代前期有七八十个，同乡会也有多种类型：番（禺）花（县）同乡会，奥克兰东（莞）增（城）同乡会、中山同乡会、香港华人协会、台湾同乡会、惠灵顿东（莞）增（城）会馆、广州郊区侨联会、冈州会馆，奥克兰柬埔寨华裔康乐互助会、奥克兰马来西亚协会、新加坡奥克兰协会等。其时新西兰只有200多万人口，却有这么多华人同乡会，且不说其他华人的职业团体、宗教信仰团体、校友会、青年会等。

同乡会的活动在维系乡情之中，令宗亲之情与之共生。美国旧金山中山积善堂于2008年9月27日发布召开（香山移民）都侨大会及重阳节省墓通告，除选举新理事，定于10月7日重阳节上午十一时前往六山坟场省墓，“公祭先友”[3]。2009年新武侠小说作家梁羽生逝世于澳大利亚悉尼，华人文化界举办追思会，澳大利亚钦廉同乡会致送花圈。[4] 钦廉同乡会于2009年3月29日上午在会所举行一年一度的春祭大典拜祭先人，“祈求保佑钦廉族人枝繁叶茂，建功立业”[5]。澳大利亚琼府（海南）会馆内设妈祖庙，董事团于2008年7月26日在《星岛日报》75版刊登挽联，为其职员许寰来祖母逝世而发。[6] 同乡会举行祭祀活动，与家庭、家族葬礼表达的宗亲之情有异曲同工的作用。1994年清明节惠灵顿的东增会馆为故友纪念碑献花扫墓，缅怀新西兰华人前辈。“三·二九起义（黄花岗七十二烈士殉难日）”83周年，奥克兰华人各界和社团举行纪念会。在澳大利亚新南威尔士州有越棉寮华人联谊会，下属有高龄福利互助金组织，黄娣是其成员，2009年2月故世后依章获得会员应享福利金

---

① 《星岛日报》2014年12月31日B8。
② 《世界日报》2015年2月10日B10。
③ 北美《星岛日报》2008年10月1日B2。
④ 悉尼《澳洲新报》2009年3月3日。
⑤ 悉尼《澳洲新报》2009年2月28日6版。
⑥ 澳大利亚《星岛日报》2008年7月26日75版。

（抚恤金）9922 澳大利亚元。而且她是第 541 位领取人。①

在美国、澳大利亚、新西兰都有越棉寮华人联谊会，且不时有活动。这种团体不妨视作同乡会。越战中越南、柬埔寨华人被迫出逃，1975 年起，陆续有约 2 万人到达美国夏威夷，1981 年成立夏威夷越棉寮华人联谊会，有上千户成为会员，2019 年 1 月 1 日第 20 届新理事举行就职典礼。② 1994 年的春节，新西兰柬埔寨华裔康乐互助会举行庆祝春节联欢聚餐会，出席者 700 余人，会间表演太极拳。③

（三）投资移民增多以来华人商会活跃

庄国土在《21 世纪前期海外华侨华人社团发展的特点评析》（《南洋问题研究》2020 年第 1 期）中指出，以前海外华侨华人社团主要是同乡会和宗亲会，21 世纪海外商会异军突起，侨务资源多的广东、福建、浙江、海南、云南省政府推动商会建立，在美国、加拿大、日本、澳大利亚、欧洲屡见不鲜，经济大省江苏、山东、浙江、广东、福建积极性高。不言而喻，商会经济功能突出，与国内联系密切。

海外华人的日常生活状况及其特点，内容还有很多，篇幅关系暂写这些。总之，他们生活的社会环境，虽与母国迥异，但是仍然离不开中华传统文化的氛围，传统文化的笼罩，或者说一定程度上生活在中华传统生活方式之中，如有华人的社会群体——宗亲会、同乡会、汉传佛教、道教、互助会，家庭、家族生活有着浓厚的中华传统内涵；饮食起居的华人生活习俗，享受中华饮食；重视家庭和子女文化教育。

---

① 《澳洲新报》2009 年 2 月 28 日《谢唁》，60 版。

② 北美《世界日报》2019 年 1 月 6 日《夏州越棉寮华人联谊会新理事就职》。

③ 本节有关新西兰华人活动，未注明资料出处，请参阅拙文《20 世纪 90 年代初期新西兰华人社团述略》，收入《冯尔康文集·近现代海内外宗族史研究》，天津人民出版社 2019 年版。

第一版后记

本书的写作，如果从1998年开始算起，屈指已有六年，而集中精力是在2002年的第四季度至今年的第一季度，为时一年半。所以拖得时间长，是因为社会史，或者说新社会史、新史学的研究发展迅速，新的成果不断地涌现，我以喜悦的心情迎接它们，努力吸收到拙作中来。2002年冬天，适值我在台湾讲学，遂利用有利条件，贪婪地阅读台湾学者的新史学论著；在大陆，购买及学友惠赠的学术专著接踵而至，故而文献一读再读。于是将心得汇入于书稿中，补充而又补充，以至将今年1、2月发表的材料也利用上了。至今，深感到不煞住就无有底止之日，不得不杀青了。当然，再次感到学无止境以及“书无完书”的道理。人贵有自知之明，个人再努力，亦达不到完善境界，只能适可而止，不过内心是有痛苦和不安的。

写罢，回思书稿的得失，自我觉着有心得的地方在于：寻觅到研究社会史理论的方法，就是从同仁研究实践中探求社会史是什么样的学问，可能比侧重于学理的讨论要着于边际；对于社会史史料的认知方法，发出刍议，个人以为这是对搜集史料途径的探索，兴许能行之有效；对于中国古代、近代初期社会结构这样庞大内涵的课题作出初步的清理，有一点肤浅的理解，即对等级制度史和社会群体史提出认识的线索；日常生活史中的几个专题，惟生育史尚觉言之成理。

书稿中有待讨论的地方甚多，最大的问题是：“中国社会史概论”应当如此写作吗？既然是“史”，为何史实部分的叙述太少，尚不及全书的1/2，对照一下书名，难免令人失望。其实本人也是如此，视为大憾。按照原先的设想，日常社会史的部分还有许多事情要写，如娱乐史、群体活动史、婚姻史、服色史；社会运行中的农民运动问题，乃我多年关注的课目，原来也在设计提纲之内，此外还有家庭家族史、祭祀史等。理论和史料学部分既然不能压缩，而图书文字有限，只好少写史事内容，成了现在难于改变的状况。此外的问题还有不少，诸如日常生活史的述说缺乏系统性，社会史、新史学研究史的论述远没有达到系统及理论升华的程度，等等，不俱述，读者是不难发现的。

本书的写作，如《前言》所说，被列入教育部“九五”规划的重点教材之中，并得到资助，随后又受到教育部人文社会科学重点研究基地资助，列进常建华教授负责的“20世纪中国社会史研究的回顾与展望”项目，特此说明。

著者

2004年2月26日于南开大学顾真斋

第二版后记

修订煞稿之际，时刻没有忘怀的给读者一本像样的教材目标远远未能实现，尤其是没能写出“中国日常生活简史”，对社会史研究复兴以来的分期分析很不到位，内容方面略有重复，未能仔细通读删改……凡此，赧颜之情不能自已。这种话实在不好意思再说了。主观原因是能力达不到，安排不好本书第一章、第二章与第三、第四章的各自分量关系，写不出“简史”。客观原因是处在新冠疫情中蛰居国外，失去阅读纸质本参考资料机会，是以插图极不合理想；同时失去向学友请益的可能。依据本书的实际情形，笔者谨向读者诸君提出两点建议：一是请在第一章、第二章捕捉有关日常生活史内容，予以利用；二是将拙作与其他教材对观，取长补短，也许是个好主意。谨祝读者愉快乐观，学业精进！

著者

2021 年 12 月 20 日于旅次